수능형 공무원 모의고사

2024
VERSION.2

KWON LAB

이 책의 차례

모의고사 01회	004
모의고사 02회	010
모의고사 03회	016
모의고사 04회	022
모의고사 05회	028
모의고사 06회	034
모의고사 07회	040
모의고사 08회	046
모의고사 09회	052
모의고사 10회	058
모의고사 11회	064
모의고사 12회	070
모의고사 13회	076

모의고사 14회	082
모의고사 15회	088
모의고사 16회	094
모의고사 17회	100
모의고사 18회	106
모의고사 19회	112
모의고사 20회	118
모의고사 21회	124
모의고사 22회	130
모의고사 23회	136
모의고사 24회	142
모의고사 25회	148

모의고사 01회

001
다음 중 음운 변동으로 인해 음운의 수에 변화가 있는 단어는?

> ㉠ 흙일 [흥닐]　　　㉡ 색연필 [생년필]
> ㉢ 물난리 [물랄리]　　㉣ 껴안다 [껴안따]

① ㉠　　② ㉡　　③ ㉢　　④ ㉣

002
밑줄 친 단어의 쓰임이 옳은 것은?

① 시골에 계신 할머니께 편지를 <u>붙였다</u>.
② 어음을 <u>결제</u>하지 못해서 부도가 났다.
③ 앞으로 어떻게 살아야 할지 <u>막역하다</u>.
④ 이 자리를 <u>빌어</u> 감사의 말씀을 전합니다.

003
밑줄 친 단어와 바꿔 쓸 수 있는 한자어로 가장 적절하지 않은 것은?

① 의자에 앉아 빙빙 <u>돌았더니</u> 두통이 왔다. → 回轉했더니
② 기계를 잘 <u>돌리려면</u> 많은 공부가 필요하다. → 操作하려면
③ 불경기로 인해 돈이 <u>돌지</u> 않아 어려운 상황을 맞이했다. → 流通되지
④ 아버지는 지점으로만 <u>도는</u> 바람에 가족들과 떨어져 생활하는 기간이 길었다. → 傳傳하는

004
다음 대화 참여자의 말하기 방식으로 적절하지 않은 것은?

> 민지: 요즘 가족들 모두가 바빠서 얼굴 볼 시간도 없는 것 같아요. 주말에 우리 가족들끼리 함께 시간을 보내면 좋겠어요.
> 아빠: 기특한 생각을 했구나. 가족들과 시간을 함께 보내는 것이 중요하지. 아빠도 주말에는 시간을 내도록 하마.
> 민준: 그런데 주말에는 친구들과 만날 시간도 필요해요. 평일에는 학교에 다니느라 개인 시간을 갖기 어려워요.
> 엄마: 주말 이틀 중 하루만 가족과 시간을 보내고, 다른 날에 개인 시간을 가지면 되지 않겠니? 그런데 주말에 함께할 활동을 정하는 게 쉽지 않을 것 같네.
> 민지: 그럼, 각자 가족과 함께하고 싶은 활동들을 적어 봐요. 그중에서 공통점이 있는 것을 정하면 좋을 것 같아요.

① '아빠'는 '민지'의 의견에 대해 동의를 표현하고 있다.
② '민준'은 '아빠'의 의견에 대해 우회적으로 반대하고 있다.
③ '엄마'는 의문문을 통해 '민준'의 의견을 뒷받침하고 있다.
④ '민지'는 '엄마'가 우려한 문제의 해결 방안을 제시하고 있다.

005
다음 작품에 대한 독자의 반응으로 가장 적절하지 않은 것은?

> 댁들에 동난지이 사오 저 장수야 네 물건 그 무엇이라 외치느냐 사자
> 외골내육 양목(兩目)이 상천(上天) 전행 후행 소아리 팔족(八足)
> 대아리 이족(二足) 청장(淸醬) 아스슥하는 동난지이 사오
> 장수야 그렇게 장황하게 말하지 말고 게젓이라 하려무나
>
> — 작자 미상 —

① 현학적인 태도를 지닌 인물을 풍자하고 있군.
② 대상을 장황히 묘사하여 해학성을 가미하고 있군.
③ 대화체를 통해 상황을 생동감 있게 제시하고 있군.
④ 일상적 소재를 통해 서민의 가난한 모습을 부각하고 있군.

006

다음 시에 대한 설명으로 적절하지 않은 것은?

> 내 고장 칠월은
> 청포도가 익어 가는 시절.
>
> 이 마을 전설이 주저리주저리 열리고,
> 먼 데 하늘이 꿈꾸며 알알이 들어와 박혀,
>
> 하늘 밑 푸른 바다가 가슴을 열고
> 흰 돛단배가 곱게 밀려서 오면,
>
> 내가 바라는 손님은 고달픈 몸으로
> 청포를 입고 찾아온다고 했으니,
>
> 내 그를 맞아, 이 포도를 따 먹으면
> 두 손은 함뿍 적셔도 좋으련.
>
> 아이야, 우리 식탁엔 은쟁반에
> 하이얀 모시 수건을 마련해 두렴.
>
> - 이육사,「청포도」-

① 뚜렷한 색채 대비를 사용하여 희망의 이미지를 강조하고 있다.
② 역설적 표현을 활용하여 미래에 대한 기대감을 표현하고 있다.
③ 관념을 구체적 이미지로 전이시켜 시적 의미를 부각하고 있다.
④ 청자에게 말을 건네며 시상을 마무리하여 여운을 드러내고 있다.

007

다음 글의 제목으로 가장 적절한 것은?

신생아가 태어났을 때 문간에 두르는 새끼줄을 금줄, 혹은 인줄, 검줄이라고 부른다. 빈부 격차, 신분 고하, 지방 차이를 막론하고 누구든지 출생과 더불어 금줄과 인연을 맺는다. 그러나 산부인과에서 태어난 신세대들은 금줄을 구경조차 못 하였을 것이다. "아들이오, 딸이오?" 하고 따져 물을 것도 없다. 대문에 내걸린 새끼줄이 말해 준다. 빨간 고추가 걸리면 아들, 솔가지만 걸리면 딸이었으니 금줄은 그야말로 탄생의 상징과 기호였다. 금줄의 역할은 무엇보다 잡인 출입 금하기다. 금줄은 '닫힘과 열림'의 경계선이었고, 산모와 아기는 닫힌 성역 속에서 그 안전을 보장받았던 셈이다. 조금만 나이가 든 세대라면 다 아는 이 같은 금줄 문화도 금줄 없이 태어난 세대들에게는 보지도 못하고 말로만 듣던 흘러간 문화이다.

① 금줄의 역사
② 금줄의 기능
③ 금줄의 현대적 의미
④ 사라져 가는 금줄

008

다음 글에 대한 이해로 적절하지 않은 것은?

심리학자들은 학습 이후 망각이 생기는 심리적 이유를 다음과 같이 설명하고 있다. 앞서 배운 내용이 나중에 공부한 내용을 밀어내는 순행 억제, 뒤에 배운 내용이 앞에서 배운 내용을 기억의 저편으로 밀어내는 역행 억제 등이 작용해 기억을 방해했기 때문이라는 것이다. 이러한 망각을 뇌 속에서 어떤 기억을 잃어버린 것으로 이해해서는 안 된다. 기억을 담고 있는 세포들은 내용물을 흘려버리지 않는다. 기억들은 여전히 머릿속에 있는 것이다. 우리가 뭔가 기억해 내려고 애쓰는데도 찾지 못하는 것은 기억들이 혼재해 있기 때문이다. 그러므로 학습한 내용을 일정한 원리에 따라 체계적으로 잘 정리한다면 학습한 내용을 어렵지 않게 기억해 낼 수 있다.

① 학습한 내용을 체계적으로 정리하지 않으면 기억하지 못할 수 있다.
② 심리학자들에 따르면 망각은 기억을 담당하는 일부 세포가 손상되었기 때문이다.
③ 한국어를 익힌 외국인이 한국어에 해당하는 모국어를 떠올리지 못하는 것은 역행 억제에 해당한다.
④ 현관문 비밀번호를 바꾸었는데 이전 비밀번호가 떠올라 새 비밀번호가 기억나지 않는 것은 순행 억제에 해당한다.

009
두 사람의 대화에 적용된 공감적 듣기의 방법이 아닌 것은?

> **수진:** 상우 씨, 저 큰일 났어요.
> **상우:** 무슨 일이에요? 자세히 말씀해 보세요.
> **수진:** 팀장님께서 이번 분기 활동 결과 자료를 저보고 정리해 보라고 하셨는데, 처음이라서 어떻게 해야 할지 모르겠어요.
> **상우:** 수진 씨가 이번 분기 활동 결과 자료 정리를 맡았군요. 처음 하는 업무라서 막막하겠어요.
> **수진:** 네, 맞아요. 마감 기한이 얼마 남지 않았는데 어쩌죠?
> **상우:** 그런데 그 자료 정리는 분기마다 하는 것이죠? 지난번에는 누가 자료를 정리하셨어요?
> **수진:** 지난 분기 자료는 이 대리님께서 정리하셨어요. 아! 이 대리님께 자료를 요청하고 참고해서 작성해 봐야겠어요.
> **상우:** 그렇게 하면 좋겠네요.
> **수진:** 이야기 들어 주셔서 감사합니다.

① '상우'는 '수진'의 말에 집중하고 있음을 보여 주고 있다.
② '상우'는 '수진'의 말을 요약하고 감정을 헤아려 주고 있다.
③ '상우'는 '수진'의 말을 자신의 처지로 바꾸어 의미를 재구성하고 있다.
④ '상우'는 '수진'이 스스로 문제를 해결할 수 있는 실마리를 제시하고 있다.

010
㉠에 들어갈 내용으로 가장 적절한 것은?

> 소규모 생태계인 작은 호수에 서식하는 물고기의 개체 수를 조정하는 것만으로도 예기치 못한 사태를 맞이할 수 있다. 어떤 호수에서 배스(Bass)라는 외래종 물고기가 먹이 피라미드의 상층 집단을 이룬다면 이전의 생태계와는 다른 변화를 일으킨다. 호수에서 동물 플랑크톤은 말조류를 먹고 산다. 그 동물 플랑크톤을 주식으로 삼는 게 연준모치이다. 그런데 배스가 출현하면 사정이 달라진다. 배스가 먹이 사슬의 상위에 있던 연준모치를 먹어 치우는 것이다. 당연히 연준모치의 수가 줄어들고 동물 플랑크톤의 수가 늘어나면서 대기로 방출되는 탄소량이 획기적으로 많아진다. 동물 플랑크톤 수가 늘어날수록 말조류 식물이 사라지기 때문이다.
> 만일 연준모치가 지배하는 호수라면 그 양상은 반대로 나타난다. 연준모치가 동물 플랑크톤을 잡아먹으면서 호수의 말조류 식물은 천적을 피하게 되는 것이다. 이로 인해 호수에서 말조류 식물이 크게 증가하게 된다. 이렇게 해서 ㉠ .

① 배스의 유입을 막을 수 있게 된다
② 말조류 식물들이 크게 감소하게 된다
③ 동물 플랑크톤의 수가 더욱 늘어나게 된다
④ 대기 중으로 유출되는 탄소가 줄어들게 된다

011
㉠~㉣에 대한 설명으로 옳지 않은 것은?

> 이때에 호왕의 딸 숙모 공주가 있으니 천하절색이라. 마침 부마를 고르던 중이었는데, 호왕이 임경업을 마음에 두고 공주에게 말했다. 공주가 관상 보기를 잘하는지라, 경업의 상을 보게 하려고 그를 내전으로 청하니, 경업이 부마에 뽑힐까 걱정하여 신발 속에 솜을 넣어 키를 ㉠세 치나 돋우고 들어갔다. 공주가 그를 엿보고
> "㉡들어오는 걸음은 사자 모양이요, 나가는 걸음은 범의 형용이니 짐짓 영웅이로되, 다만 키가 세 치 더하니 애달프다."
> 하는지라, 호왕이 마음에 서운하나 그와 방불한 자가 없었기에 경업에게
> "장군이 부마가 되어 부귀를 누림이 어떠한가?"
> 하자 장군이 사례하며
> "어찌 이런 말씀을 하십니까. 지극히 황공하오나 ㉢제게는 조강지처가 있사오니 존명을 받들지 못하겠나이다."
> 호왕이 재삼 권유하였으나 경업이 죽기로써 좇지 아니하니, 호왕이 서운해하였다. 경업이 고국으로 돌아가기를 청하니, 호왕이 미루고 결정하지 아니하였다. 여러 신하들이
> "절개가 높고 충의가 중한 사람을 잡아두어 무익하고 보내어도 해로움이 없사오니, 의로써 보내면 또한 의로써 섬길 것이니 보냄이 마땅하나이다."
> 하였다. 이에 호왕이 그 말을 따라 ㉣잔치를 베풀고 예물을 갖추어 의주로 보냈다.
>
> ─ 작자 미상, 「임경업전(林慶業傳)」에서 ─

① ㉠: 위기에서 벗어나고자 하는 '임경업'의 기지가 돋보인다.
② ㉡: '임경업'의 꾀에 넘어간 '공주'가 박한 평가를 내리고 있다.
③ ㉢: 의리를 중시하는 '임경업'의 성격이 대화를 통해 드러난다.
④ ㉣: '호왕'은 '임경업'을 마지못해 보내면서 그에게 은혜를 내리고 있다.

012

⊙을 통해 말하고자 하는 바로 가장 적절한 것은?

어떤 약이 심장에 미치는 효과를 추적한다고 하자. 약의 효과를 완벽하게 알려면 심장을 따로 떼어 내 살펴보는 게 좋겠지만, ⊙따로 떼어 낸 심장은 심장이 아니라 근육 덩어리일 뿐이다. 심장이 심장일 수 있는 것은 몸 안에 자리하여 제 기능을 하고 있을 때뿐이다. 연구의 편의상, 심장 활동을 극도로 단순화하고 몇 개의 요인들을 분석한 다음 인과 관계를 적용하기는 하지만, 그렇다고 해서 심장 활동을 완벽하게 이해했다고 자신할 수는 없는 것이다.

이상화되지 않은 구체적 사실을 다룬 많은 학문에서는 문제와 관련하여 알려진 모든 사실들을 연구해야 하고, 알려진 요인들이 산출할 수 있는 모든 결과들을 분석하여야 한다. 이럴 경우 어떤 요인들이 포착되고 그 요인들을 통해 어떠한 설명 모델이 수립되느냐에 따라 도출되는 결론의 내용은 달라진다. 생물학과 의학 등 물리학을 제외한 여타의 학문이 요인을 단순화하지 못하고 인과 법칙 또한 단순하게 적용하지 못하는 것은 각각의 학문이 연구하고자 하는 현상의 내재적 특성에서 비롯하는 것으로 볼 수 있다. 여타의 학문이 단순 명쾌하지 않고 진전이 없어 보이는 것은 다만 그렇게 보이는 것일 뿐이다.

① 학문 전체와의 연관성을 고려하지 않고서는 특정한 부분을 제대로 이해할 수 없다.
② 학문의 각 부분들에 대한 연구가 바탕이 되지 않으면 전체 구조를 이해할 수 없다.
③ 학문의 부분은 전체에 영향을 주지 않으므로 인과 법칙을 명확하게 이해할 수 없다.
④ 학문의 체계는 다양한 요인들에 의해 설명되므로 전체와 부분의 경계를 분명하게 나눌 수 없다.

013

밑줄 친 조사의 쓰임이 올바른 것은?

① 소매치기를 잡은 용감한 시민에 감사패를 수여했다.
② 옆 가게는 국내산 고춧가루만을 넣어 김치를 만들었다.
③ 그가 합류한다는 소식은 우리 팀에서 활기를 불어넣었다.
④ 사람들은 이번 사건이 정말 일어날 수 있는 일인지 모르겠다고 하였다.

014

다음 글을 통해 알 수 있는 내용으로 적절하지 않은 것은?

한국 전통 건축의 특징 중 하나는 친자연적이라는 것이다. 이를 단적으로 잘 보여 주는 것이 휜 나무의 사용이다. 휜 나무는 궁궐에서부터 민가, 불교 건축에서 유교 건축에 이르기까지 두루 사용되었다. 하회 마을 병산 서원에 있는 만대루에는 휜 나무가 기둥으로 사용되어 하단을 받치고 상단부에서는 대들보 역할을 하고 있다. 이렇게 사용된 휜 나무는 구조적인 안정성과 심미성을 동시에 나타낸다. 병산 서원의 백미로 평가받는 만대루는 이렇듯 휜 나무를 사용하여 자연 재료의 아름다움과 가치를 드러내고 있다.

휜 나무를 쓴 또 다른 건축물로 개심사의 범종각을 들 수 있다. 범종각에는 누각을 이루는 기둥 네 개에 모두 휜 나무가 사용되었다. 심하게 휘어져 있는 나무를 네 군데 모두 사용하였지만, 곧은 나무를 사용한 다른 누각과 다르지 않게 널따란 지붕을 거뜬히 잘 받치며 오랫동안 잘 유지되어 왔다. 개심사 범종각의 휜 기둥은 건축물에 율동감을 주면서, 동시에 자연적인 상태를 받아들이고 더 이상의 치장은 욕심이며 불필요한 것임을 깨닫게 하는 정신적 경계의 역할을 하고 있다.

① 휜 나무는 전통 건축물에 계층과 종교를 넘어 널리 사용되었다.
② 만대루에는 휜 나무가 기둥과 대들보로 사용되어 구조적 안정성을 드러낸다.
③ 범종각에는 굽거나 곧은 형태의 휜 나무를 사용하여 자연을 존중하는 의도를 담았다.
④ 만대루와 범종각에 사용된 휜 나무는 한국 전통 건축의 친자연적 건축관을 보여 준다.

015

㉠, ㉡에 대한 설명으로 가장 적절하지 않은 것은?

인류학적 기록들은 단순한 눈 깜박거림처럼 한 꺼풀을 벗기고 나면 아무것도 남지 않는 '얇은 묘사'가 아니라, 현상적으로는 눈 깜박거림과 비슷하지만 그 속에 많은 의미의 층위를 담고 있는 ㉠'두꺼운 묘사'들이다. 따라서 인류학적 기록의 의미를 파악하기 위해서는 그 두꺼운 의미의 층위를 캐내고, 그 의미 체계를 이해하려고 하는 ㉡'두꺼운 읽기'가 필요하다. 왜냐하면 원주민의 행동에 대한 인류학자들의 묘사는 객관적 사실의 기록에 그치는 것이 아니라 이미 1단계의 해석을 내린 것이고, 그로부터 비롯되는 인류학적 진술들은 2단계, 3단계의 해석을 더하여 기술한 것들이기 때문이다.

인류학자나 역사가가 자료를 두껍게 읽어 그 의미의 층위를 캐내려 할 때 해야 하는 작업은, 먼저 자료를 둘러싼 변화하지 않는 전체적인 틀을 파악하고, 그 틀 속에서 자료에 담긴 시대적 의미 변화를 추적하는 일이다. 인류학자가 원주민을 인터뷰하거나 역사가가 어떤 문서를 읽을 때, 피상적으로 드러난 것을 읽어 내는 데 머물러서는 안 된다. 인류학자나 역사가는 원주민이나 또는 옛날에 살았던 사람들에 관한 기록들이 지닌 의미와 상징의 체계를 읽어 내야 한다. 따라서 인류학자나 역사가는 그 사람들의 지평에 자신을 놓아두고 사물을 보고 생각하는 해석학적인 자세를 갖추고 있어야 한다.

이러한 '두꺼운 읽기'는 표면적이고 현상적인 설명에 그치는 자연 과학의 글과 대비되는 인문학의 글을 해석하는 데에 필요하며, 우리의 문화유산을 이해하는 데에도 필요한 작업이다. 장길산이 황해도 봉산에서 춤을 추었을 때 그의 춤사위에는 천민 광대의 한이 담겨 있었다. 단지 그 춤이 사라지지 않기를 바라서였을지도 모르지만 그 탈춤은 몇몇 장인들에 의해 지금까지 이어져 내려왔다. 그러던 것이 이후 세대의 대학생들에게 전수되면서 독재 체제에 저항하는 운동의 상징으로 바뀌었고, 학생 운동이 시들자 이제는 우리 것을 좋게 여겨 취미 생활로 그 춤을 즐기는 사람들의 몫으로 변했다.

① ㉡은 ㉠의 자료의 진술들로부터 심층적인 의미를 밝히는 분석 방법이다.
② ㉡은 ㉠에 기록된 대상의 관점에서 시대적 의미를 파악하는 탐구 방법이다.
③ ㉡은 거시적인 시각에서 ㉠의 기록이 갖는 의미 체계를 이해하는 방법이다.
④ ㉡은 ㉠을 통해 세운 가설을 수정해 가며 정확한 의미를 찾는 연구 방법이다.

016

다음 글의 전개 순서로 가장 자연스러운 것은?

(가) 장염은 장 속에 서식하는 미생물에 의해 일어난다. 장 속의 미생물들은 평소에 서로 거리를 두고 떨어져 있다. 그러나 스트레스 같은 요인에 의해 결집할 경우 수소 가스를 평소보다 많이 뿜는다. 이때 수소 가스는 일종의 독소이기 때문에 증가한 가스가 장벽을 자극하면서 염증이 발생한다.

(나) 장 내부가 오염되면 장벽에 있는 장 크롬 친화성 세포가 이를 인지하고 장 밖으로 신호를 내보낸다. 장 외부로 보내진 이상 신호는 대뇌 피질까지 연결되어 대뇌로 신호를 전달하거나 대뇌에서 내보낸 신호를 전달받는 기능을 하는 미주 신경을 통해 대뇌로 전달된다.

(다) 세로토닌이 증가하면 장의 연동 운동이 촉진된다. 장 운동이 과도하게 촉진되면 음식물 찌꺼기가 장에 머무는 시간이 줄어들고, 따라서 수분이 원활하게 흡수되지 못하여 설사가 나게 된다. 이러한 일련의 과정을 통해서 장내 미생물이 뇌의 신경 물질 분비에 영향을 준다는 사실을 발견할 수 있다.

(라) 장의 이상 신호를 받은 대뇌는 장을 공격하는 독소를 제거하기 위해 신경 전달 물질의 일종인 세로토닌의 양을 늘리도록 지시한다. 세로토닌은 일반적으로 사람의 감정에 관여하는 감정 조절 호르몬이지만, 장 근육 운동을 제어하는 역할도 담당하고 있다.

① (가) – (나) – (라) – (다)
② (가) – (다) – (나) – (라)
③ (나) – (가) – (다) – (라)
④ (나) – (다) – (라) – (가)

017

㉠, ㉡에 들어갈 한자성어의 표기가 옳은 것은?

○ 국제선의 공항 이전은 무엇보다 실효성 및 현실성이 없는 ㉠ 의 계획이라는 지적이다.

○ 이제 와서 일을 해결해 보겠다는 것은 ㉡ 일 뿐이다.

	㉠	㉡
①	下石上臺	亡羊補牢
②	下石上對	亡羊補牢
③	下石上臺	亡羊保牢
④	下石上對	亡羊保牢

018

다음 글에 대한 설명으로 옳지 않은 것은?

> 어느 날 저녁 광석이는 작업반 반장을 끌고 왔다. 두찬이는 화차 칸에 벌렁 누운 채 아는 체도 안 했다. 하원이는 귀빈이라도 온 듯이 퍽이나 대견스러워했다. 광석이는 술 몇 사발 값이나 내놨다. 하원이는 곧 술을 받으러 갔다. 겸해서 초 한 자루도 사왔다. 그제서야 두찬이는 마지못해 일어나 앉았다.
> "이러구 어째 사노?"
> 반장이 지껄였다.
> "이것두 다아 경험임넨다."
> 광석이는 공손히 대답했다. 그러자 두찬이는 벌컥 성난 소리로,
> "참례 마소."
> "그러니 어떻게 해야잖소? 밤낮 이러구 있을래나."
> "참례 말라는데, 참례할 거 머 있어? 남의 일에."
> "……"
> 반장은 조금 뒤에 곧 자리를 떴다. 광석이는 배웅까지 하고 돌아왔다.
> "두찬이 넌 그리 고집을 부리니?"
> "머이 고집이야."
> "……"
> "타향에 나와선 첫째, 사교성이 좋고 주변머리가 있어야 하는 긴데."
> 광석이는 혼잣소리처럼 꿍얼댔다.
> 두찬이와 광석이는 스물네 살이었다. 그러나 두찬이 편이 네댓 살은 더 들어 보였다. 훤칠하게 큰 키에 알맞게 뚱뚱한 것이며, 검은 얼굴에 뒤룩뒤룩한 눈, 두꺼운 입술, 술 사발이나 들어가면 둔하게 와자지껄하지만 어느 때는 통히 말이 없었다. 광석이는 키는 큰 편이나 조금 여위었고 까무잡잡한 바탕에 오똑 선 콧대, 작은 눈, 엷은 입술에 쉴새없이 날름거리는 혓바닥이며, 홀가분한 걸음걸이, 진득한 데라고는 두 눈을 씻고 보자 해도 찾아볼 수 없었다. 하원이는 나보다 한 살 밑이어서 열여덟 살이었다. 어디서나 입을 헤에 벌리고 있곤 했다.
>
> — 이호철, 「탈향」에서 —

① '두찬이'와 '광석이' 간의 갈등이 부각되고 있다.
② 인물들은 타향에서 힘들게 살아가고 있다.
③ 외양 묘사를 통해 인물의 성격을 간접 제시하고 있다.
④ 작품 밖 서술자가 작중 상황을 객관적으로 전달하고 있다.

019

㉠~㉢에 들어갈 말로 가장 적절한 것은?

> 고고학은 땅속이나 바닷속의 유물을 발굴하여 고증·복원하고 체계를 세워서 역사의 고리를 ㉠ 하는 학문이다. 따라서 그것은 주로 인문 과학의 영역 안에 있었고 학문적인 방법도 인문 과학적이었다. 그런데 고고학에서 다루는 유물의 제작 연대나 제작지, 제작 방법을 ㉡ 하는 데에는 자연 과학적 실험 방법이 요구된다. 실험 고고학은 인문 과학적 방법으로는 쉽게 해결되지 않는 고고학의 여러 문제를 푸는 데 결정적으로 ㉢ 한다. 실험 고고학의 가장 큰 업적은 우리에게 이미 상식처럼 정착된 이른바 '카본 데이팅'이라는 고대 유물의 연대 측정법이다.

	㉠	㉡	㉢
①	계승	포착	공헌
②	계승	파악	기여
③	승계	파악	기여
④	승계	포착	공헌

020

다음 글에서 추론한 것으로 적절하지 않은 것은?

> 유럽의 봉건 제도는 중세 유럽에서 형성된 지방 행정 제도이자 정치·사회 체제이다. 영주와 농노로 이루어진 장원(莊園)을 기초 단위로 하여, 각 장원의 통치자인 영주는 쌍무적 계약을 통해 상위 영주의 가신(家臣)이 되고 대영주 또한 더 상위 영주의 가신이 되어 궁극적으로 국왕 또는 황제와 계약 관계를 맺어 계층적인 가신 관계를 형성했다. 즉, 하위 영주는 세금과 일정 기간의 군사적 봉사를 제공하고 상위 영주는 토지(봉토)를 제공하는 관계였다. 봉토의 소유권과 충성 계약은 세습되었으며, 혼인과 상속을 통해 이전될 수 있었다. 또한 다수의 상위 영주와의 계약을 통해 다수의 봉토를 받거나, 혼인과 상속을 통해 다수의 봉토를 획득함으로써 여러 명의 상위 영주를 가지게 되는 경우가 많았다. 심지어 국왕조차도 이러한 혼인과 상속을 통해 직할령 혹은 직속 영주를 확대하는 정책을 취했다. 충성을 맹세한 상위 영주가 다수이다 보니 군사적 봉사를 제공할 때 어느 영주를 우선으로 두는지에 대한 계약 관계가 따로 존재하기도 했다.

① 유럽의 영주들 간에는 혈연관계로 묶인 경우도 있겠군.
② 유럽의 영주는 충성해야 할 대상이 한 명이 아닐 수도 있겠군.
③ 유럽의 영주가 세금을 내야 할 대상과 군사적 봉사를 제공하는 대상이 같지 않았겠군.
④ 유럽의 영주는 자신의 후손에게 토지에 대한 권리뿐만 아니라 책무도 함께 물려줬겠군.

모의고사 02회

001
다음 중 품사가 다른 하나는?

① 사람은 늙거나 병들면 죽는다.
② 새 시대에 걸맞은 인물이 필요하다.
③ 저녁을 굶었더니 몹시 배가 고프다.
④ 서로의 눈높이를 맞춰 살아야 한다.

002
밑줄 친 어휘 중 표준어가 아닌 것은?

① 말이 두루뭉실하여 어떤 의미인지 모르겠다.
② 지나치게 멋을 부려 옷차림이 남사스럽다.
③ 빌린 돈을 메꾸기 위해 고군분투하였다.
④ 아이의 미소가 티 없이 이쁘다.

003
㉠~㉢을 고쳐 쓰기 위한 의견으로 알맞지 않은 것은?

> 여름철에는 집중 호우의 발생 가능성이 커지므로, 이를 미리 대비해야 한다. 주거 지역 중 주변 지대보다 낮은 곳에 위치한 집에서는 빗물 배수구와 배수펌프를 ㉠점검되어야 한다. 특히 강이나 둑 근처의 주거 지역에서는 물이 급격하게 불어나므로 ㉡주변 상황과 일기 예보를 항상 청취해야 한다. 그 이외에 임야와 논밭도 집중 호우에 대비해야 한다. 물을 막아 벼를 재배하는 논에 많은 비가 내리면 배수가 잘 이루어지지 않는다. ㉢물론 논마다 수로를 잘 정비해 두어야 한다. ㉣한편 밭은 배수가 빠르게 일어나 가뭄에는 불리하다.

① ㉠: 불필요한 피동 표현이 사용되었으므로 '점검시켜야 한다'로 수정해야 한다.
② ㉡: 목적어와 호응하는 서술어가 생략되었으므로 '주변 상황에 주의를 기울이고'로 수정해야 한다.
③ ㉢: 접속어가 문장과 문장을 자연스럽게 연결하지 못하므로 '따라서'로 수정해야 한다.
④ ㉣: 전체 글 내용과 관련이 없으므로 글의 통일성을 위해 삭제해야 한다.

004
밑줄 친 한자어의 쓰임이 적절한 것은?

① 고장 난 휴대폰을 數理 센터에 맡겼다.
② 종합 주가 지수가 이미 최저치를 輕新하였다.
③ 부모의 지나친 干涉으로 아이는 삐뚤어져만 갔다.
④ 결승 경기에서 이긴 것은 복부 價格이 주효했기 때문이다.

005
다음 글에 대한 설명으로 적절하지 않은 것은?

> 군(君)은 어비여
> 신(臣)은 ᄃᆞᅀᆞ샬 어ᅀᅵ여
> 민(民)은 얼혼아ᄒᆡ고 ᄒᆞ샬디
> 민(民)이 ᄃᆞᄉᆞᆯ 알고다
> 구믈ㅅ다히 살손 물생(物生)
> 이흘 머기 다ᄉᆞ라
> 이 ᄯᅡᄒᆞᆯ 브리곡 어듸 갈뎌 홀디
> 나라악 디니디 알고다
> 아으 군(君)다이 신(臣)다이 민(民)다이 ᄒᆞᄂᆞᆯᄃᆞᆫ
> 나라악 태평(太平)ᄒᆞ니잇다
>
> – 충담사, 「안민가(安民歌)」 –

① '나라'를 가족에 빗대어 그 구성원들의 관계를 제시하고 있다.
② '군(君)', '신(臣)', '민(民)'이 자신의 직분을 다해야 함을 강조하고 있다.
③ '민(民)'을 평화롭게 살게 하는 것을 바람직한 통치 방향으로 제시하고 있다.
④ '신(臣)'의 횡포로 인해 '군(君)'이 바른 정치를 펴지 못하는 현실을 비판하고 있다.

006

밑줄 친 부분의 띄어쓰기가 옳지 않은 것은?

① 그가 장염에 걸린 것은 한꺼번에 많이 먹어서 이다.
② 대답은커녕 내가 하는 말을 듣지도 않았다.
③ 이제는 목소리마저 잘 기억나지 않는다.
④ 선생님같이 누군가를 돕고 싶어요.

007

다음 중 ㉠~㉣에 해당하는 공손성의 원리가 사용되지 않은 대화문은?

> 대화의 참여자들은 서로를 존중하는 마음을 바탕으로 '공손성의 원리'를 지켜야 한다. 이때 ㉠'요령의 격률'은 상대에게 부담을 주는 표현을 줄이고 도움이나 이익을 주는 표현을 쓰는 것을 말한다. 반면 자신에게는 이러한 내용을 반대로 적용하여, 자신에게 혜택이 되는 표현을 줄이고 부담이 되는 표현을 늘리는 것을 ㉡'관용의 격률'이라고 한다. 한편 상대에 대한 비방을 줄이고 칭찬을 늘리는 것을 찬동의 격률, 반대로 자신에 대한 칭찬을 줄이고 비방을 늘려 겸손함을 나타내는 것을 ㉢'겸양의 격률'이라고 한다. 마지막으로 ㉣'동의의 격률'은 상대의 의견에 동의를 표현하고 자신의 입장을 말하는 것이다.

① ㉠ 가: 괜찮다면 잠깐만 이것 좀 같이 들어줄 수 있어?
　　　나: 그럼, 물론이지. 언제든지 말만 해.
② ㉡ 가: 방금 설명한 내용 잘 알아듣겠니?
　　　나: 제가 그 부분을 잘 이해하지 못해서 그런데, 다시 한 번만 말씀해 주시겠어요?
③ ㉢ 가: 어쩜 그렇게 목소리가 좋아? 비법이 있니?
　　　나: 특별한 비법이 있는 것은 아닙니다. 아버지께 유전적으로 물려받았어요.
④ ㉣ 가: 사형 제도가 없다고 범죄자가 교화되지는 않아.
　　　나: 그 점에서는 네 말이 맞아. 하지만 인도적인 차원도 고려해 봐야 해.

008

다음 시에 대한 설명으로 가장 적절한 것은?

> 한 여름에 들린
> 가야산
> 독경 소리
> 오늘은 철 늦은 서설이 내려
> 비로소 벙그는
> 매화 봉오리.
>
> 눈 맞는
> 해인사
> 열두 암자를
> 오늘은
> 두루 한겨울
> 면벽한 노승 눈매에
> 미소가 돌아.
>
> － 김광림, 「산(山)」 －

① 자연과 인간을 대비하여 자연 친화적 주제 의식을 드러내고 있다.
② 음성 상징어를 활용하여 자연물의 역동적 이미지를 부각하고 있다.
③ 특정한 색채어를 반복하여 산사의 풍경을 감각적으로 묘사하고 있다.
④ 현재와 과거를 교차하여 시간의 흐름에 따른 자연의 변화를 보여주고 있다.

009
다음 글에 대한 이해로 적절하지 않은 것은?

인간의 순간적인 행동, 그리고 나아가 자아 형성은 다른 사람들이 나를 부르는 호칭에 영향을 받는다. 처음으로 어린아이를 가지는 사나이가 '아버지'라고 불렸을 때, 이 아버지라는 말은 그의 행동과 삶에 크게 작용하며, 그의 자아 형성에 영향을 주게 된다. 다른 사람들이 나를 '선생님'이라고 부를 때, 이 말은 나의 행동과 삶을 선생님이라는 일정한 틀에 몰아넣는다. 사회적인 지위나 직업은 단순히 인간의 자아의식에 미치는 심리적인 규제로만 존재하는 것이 아니다. '선생님' 혹은 '아버지'라고 불렸을 때, 그 말들은 순간적으로 나의 행동과 삶에 작용하여 유동적인 행동이나 삶을 늘 일정한 길을 따라 발전해 가게 한다.

① 호칭에는 삶의 방향성을 결정하는 효과가 있다.
② 자기 정체성을 형성하는 과정에 타인의 영향을 받는다.
③ 사회적 지위는 인간의 심리적 규제에 영향을 끼치지 않는다.
④ 인간의 행동은 유동적이지만 틀에 따라 발전해 나가기도 한다.

010
다음 개요의 수정 사항으로 가장 적절하지 않은 것은?

제목: 아동 급식 제도의 개선 방안
서론: 결식 우려 아동들의 아동 급식 카드 사용 실태
본론
Ⅰ. ⊙아동 급식 제도의 추진 배경
  1. ⓒ지자체별 아동 급식의 과도한 편차 발생
  2. 아동 급식 카드의 사용 가맹점 부족
Ⅱ. 아동 급식 제도의 개선 방안
  1. 지자체에 아동 급식의 최저 단가 기준 준수 권고
  2. ⓒ아동 급식 카드의 디자인 개선
결론: (㉢)

① ㉠은 하위 내용을 고려하여 '현행 아동 급식 제도의 미비점'으로 수정한다.
② ㉡은 '본론-Ⅱ-1'을 고려하여 '아동 급식 지원 현황의 실태 조사 근거 마련'으로 수정한다.
③ ㉢은 '본론-Ⅰ-2'를 고려하여 '아동 급식 카드의 가맹점 확대 및 가맹 절차 간소화'로 수정한다.
④ ㉣은 '본론'을 고려하여 '아동 급식에 대한 국가와 지자체 지원 및 관리 책임'으로 작성한다.

011
다음 글에 대한 설명으로 적절하지 않은 것은?

우리 집 이웃의 늙은 부부는 늦게야 아들 하나를 얻었는데, 자기네가 목불식정인 것이 철천의 한이 되어서 아들만은 어떻게 해서든지 글을 시켜보겠다고, 어려운 살림에도 아들을 서당에 보내고 노상 "우리 서당 애, 우리 서당 애." 하며 아들 이야기를 했었다. 그의 집 단칸방에 있는 다 깨어진 질화로 위에, 점심 먹으러 돌아오는 예(例)의 서당 아이를 기다리는 따뜻한 토장찌개가 놓였음은 물론이다. 그 아들이 『천자문』을 읽는데, '질그릇 도(陶), 당국 당(唐)'이라 배운 것을 어찌 된 셈인지 '꼬끼요 도, 당국 당'이라는 기상천외의 오독을 하였다. 이것을 들은 늙은 '오마니'가, 알지는 못하나마 하도 괴이하여 의의(疑義)를 삽(揷)한즉, 늙은 영감이 분연히,
"여보 할멈, 알지도 못하면서 공연히 쓸데없는 소리 마소. 글에 별 소리가 다 있는데, '꼬끼요 도'는 없을라고."
하였다. 이렇게 단연(斷然)히 서당 아이를 변호한 것도 바로 질화로의 찌개 그릇을 둘러앉아서였다. 얼마나 인정미 넘치는 태고연(太古然)한 풍경이냐.

… (중략) …

돌이켜 우리 집은 어떠했던가? 나도 5, 6세 때에는 서당 아이였고, 따라서 질화로 위에는 나를 기다리는 어머니의 찌개 그릇이 있었고, 사랑에서는 밤마다 아버지의 담뱃대 터시는 소리와 고서(古書)를 읽으시는 소리가 화로를 둘러 끊임없이 들렸었다.

- 양주동, 「질화로」에서 -

① 해학적인 사건을 통해 가족애를 드러내고 있다.
② 경험한 사건을 제시하여 사실감을 형성하고 있다.
③ 담담한 문장을 통해 과거의 후회를 드러내고 있다.
④ 중심 소재와 관련된 삽화를 병렬적으로 전달하고 있다.

012
다음 글의 내용에 부합하지 않는 것은?

표면적으로는 예술과 철학은 멀리 떨어져 있는 감이 없지 않다. 예술가는 어떤 소재의 미적 감흥, 분명한 형태의 쾌감, 정서적인 공감의 설득에 관심이 있지만, 철학자는 적어도 어떤 의도를 가지고 주제를 논리적으로 관련시키는 정열 없는 고찰을 꾀하여 일반성을 찾기 때문에 자연히 추상적인 관념을 갖게 된다. 양자의 관심에 못지않게 그 용어나 수법도 다르다. 시인은 구체적인 영상을 전달하기 위하여 초혼의 이름을 부르지만, 철학자는 보편적인 것을 전달하거나, 어떤 암시를 고정시키기 위하여 자연히 퇴색되고 둔감한 용어를 사용한다. 예술가도 그 나름대로의 논리를 가지기는 하지만, 그것은 소재를 조정시키는 논리이거나 기분을 조화시키는 논리이다. 그것은 사상가가 사용하는 것 같은 변증법적이고, 추상적이며, 내적인 논리가 아니다. 예술가의 업무는 생생하고 감각적인 표면의 강조나 정서의 투영에 눈을 기울이지 않고, 전체의 구조, 곧 진리의 구조에 전념한다. 시인과 화가는 철학자와 마찬가지로 대상에 눈을 던질 것을 주장한다.

① 철학은 논리적이나 예술은 상대적으로 그렇지 않다.
② 예술은 열정적이지만 철학은 그렇지 않다.
③ 철학과 예술 모두 대상의 본질에 주목하려 한다.
④ 예술의 논리는 관념적이지만 철학은 그렇지 않다.

013
㉠의 예로 보기 어려운 것은?

한 비행기에 타더라도 그 요금은 천차만별이다. 서비스가 서로 다른 일등석과 비즈니스석, 이코노미석의 요금이 크게 차이 나는 것은 당연하지만, 동일한 이코노미석이라도 언제 어디서 구입했느냐에 따라 요금은 제각각이다. 가장 비싼 요금을 내는 사람은 아마도 공항에서 긴급하게 구입한 사람이겠지만, 어떤 때는 출발 직전의 공석이 가장 쌀 때도 있다. 여행사마다 요금이 다른 것은 물론이고, 인터넷 구매 형태도 각양각색이며, 9시와 10시에 출발하는 비행기 요금이 각기 다를 때도 있다.

이처럼 동일한 재화나 서비스를 공급하는 데 있어 비용상의 차이가 없음에도 불구하고 각기 다른 소비자들에게 각기 다른 가격을 책정하는 행위, 또는 각 소비자에게 재화나 서비스를 공급하는 비용이 서로 다른 상황에서 동일한 가격을 부과하는 행위를 경제학에서는 ㉠'가격 차별화'라고 부른다. 이와 같이 기업들이 동일한 서비스나 재화에 다른 가격을 부여하는 이유는 가격 차별 전략을 통해 보다 높은 이윤을 달성할 수 있기 때문이다.

① 원가는 동일한데 지불하는 가격이 다를 경우
② 시간에 따라 서로 다른 가격을 지불하는 경우
③ 제품의 등급에 따라 서로 다른 가격을 지불하는 경우
④ 제공하는 서비스가 많은데도 지불하는 가격이 같은 경우

014
다음 글의 필자가 조언하는 독서 방법으로 가장 적절한 것은?

한(漢)나라가 번성하던 시절에 유향(劉向)과 반고(班固)가 읽은 책이 대개 13,269권이다. 옛사람들은 대나무를 편철하여 책을 만들었으므로 10여 권이라야 지금의 1권에 해당하니 실제로는 수천 권에 불과하다. 그러므로 그 무렵에는 비록 천하의 책을 다 보는 것이라도 힘이 드는 일이라고 말할 수 없다. 후세에 오면서 갈수록 문식(文飾)이 더욱 승하게 되니, 학문을 하는 사람은 점차 근본에서 이탈하여 부질없는 말로 서로 다투어 자랑하고, 책에 실린 것이 날마다 더욱 많아졌다. 그래서 박학(博學)에 힘쓰는 사람 가운데는 밤낮을 더하고 정신을 폐하며 오직 기록하고 암송하는 일에만 전념하는 사람도 있었다. 그러므로 독서를 많이 할수록 마음은 더욱 흩어지고 지식이 넓어질수록 어진 성정은 더욱 황폐해졌다.

나는 여섯 살 때부터 독서할 줄 알아 이제 30여 년이 되었다. 대개 일찍이 널리 배우고 많이 듣는 일에 뜻을 두었으나 그 요령을 얻지 못하여 무릇 제자백가, 술수서(術數書)에 패관잡기(稗官雜記)와 황당무계하고 자질구레하며 불경스러운 이야기에 이르기까지 마구 읽었다. 그러다 보니 오히려 옛것을 상고하는 경전과 세상을 다스리는 업무에 대해서는 공부할 겨를이 없었다. 중도에 그러한 사실을 깨달아 비로소 점차로 간략함을 따랐다. 그러나 총명함이 미치지 못함이 개탄스럽고 나이가 따르기 어려움을 느꼈다. 매양 꼿꼿이 앉아서 책을 어루만질 때마다 멍하게 회한이 남지 않은 적이 없었다.

- 홍석주, 「홍씨 독서록」 서문(序文)에서 -

① 모름지기 세상에는 잡다한 책도 많으니 가치 있는 책을 가려서 읽어야 한다.
② 책에는 옛사람의 지혜가 담겨 있으니 종류를 따지지 말고 두루 섭렵해야 한다.
③ 효과적인 독서를 위해서는 필요한 부분만을 발췌하여 읽는 지혜부터 길러야 한다.
④ 책을 읽는 것은 글쓴이의 마음을 꿰뚫어 보는 것이므로 놓치는 책의 내용이 없어야 한다.

015
다음 글에 대한 이해로 적절하지 않은 것은?

한 집단에서 함께 살아가는 구성원들은 자신들만의 행동 양식이나 생활 양식, 가치관 등을 공유한다. 그리고 구성원 사이에 공유되는 모든 것은 집단의 고유한 문화로 자리 잡는다. 이처럼 문화는 하나의 집단, 즉 사회 내에서 형성된다. 따라서 모든 문화는 자신이 속한 사회에서 일반적으로 추구하는 사회적 가치를 반영한다. 그런데 각 문화가 추구하는 다양한 가치 중 특정한 하나의 가치, 그리고 이와 상반되는 가치 사이에는 긴장이 존재한다. 가령, 미국 문화 내에서의 주된 긴장 중 하나는 자유와 금지 사이에 있다고 할 수 있다. 미국은 헌법 제1조에서부터 자유를 보장하며 자유를 국가와 국민의 필수적 권리로 여긴다. 또한 미국 정부는 역사적으로 자유를 수호하기 위하여 많은 전쟁을 치렀고, 자유를 지키는 것을 사명으로 생각해 왔다. 그러나 미국은 금지에도 강조를 두었다. 미국 사람들은 지나친 유흥이나 향락 등을 문화적 금지 사항으로 여겨 왔다. 자신이 많은 부를 가지고 있음을 지나치게 자랑하는 것도 문화적인 금지에 해당한다. 이처럼 자유와 금지를 동시에 추구하는 문화 내에서 사람들은 두 필수적 가치 사이에서 갈등한다. 그리고 다양한 상황에서 충돌하는 가치 중 무엇을 추구해야 하는지 긴장을 겪게 된다.

① 문화는 사회 구성원들 사이에 공유되는 가치를 포함한다.
② 집단의 고유한 문화는 일반적인 사회적 가치와 상반된다.
③ 미국 문화에서 금지는 자유와 마찬가지로 중요한 가치이다.
④ 특정 상황에서 상반되는 가치가 충돌할 때 긴장이 나타난다.

016
빈칸에 들어갈 말로 가장 적절한 것은?

지난 수 세기 동안 사람들은 배고픔이나 추위를 면하는 등의 기본적인 욕구만을 채우기에 급급했다. 전쟁과 기근의 지속은 일차적인 욕구를 추구하는 것 자체를 어렵게 만들었고, 사람들은 끼니 걱정을 하지 않는 것을 최고의 가치로 여겼다. 따라서 서양 사람들은 자신들이 가진 재능을 사용하거나, 자신의 복지를 향상시키거나, 흥미로움을 느끼는 직업을 가졌는지에 대해서는 신경 쓸 여유가 없었다. 어떤 일이 성취감을 가져다주는지에 대한 고민은 그들 마음에 존재하지 않았고, 영어권 최초의 근대 사전 'A Dictionary of the English Language(1755)'에는 _____. 그러나 기술이 발달하고 물질적인 풍요가 확산됨에 따라 오늘날의 사람들은 더 이상 굶주림에 시달리지 않게 되었고, 이에 따라 성취감을 좇으려는 마음을 하나둘 추구하게 되었다. 이를 바탕으로, 현대 사회에서 많은 이들이 자연스레 추구하는 성취감과 성취감을 주는 일, 즉 목적의식을 바탕으로 가치관이나 열정, 개성을 반영하려는 욕구는 현대적인 개념임을 알 수 있다.

① 성취감과 유사한 단어들이 많았다
② 성취감의 반의어가 존재하지 않았다
③ 성취감이라는 단어가 등재되지 않았다
④ 성취감이 추상적인 개념으로 서술되었다

017
다음 글에서 이끌어 낼 수 있는 진술로 가장 적절한 것은?

백화점의 등장은 물질문명의 모델임과 동시에 그 기술을 구체화시키는 데 많은 기여를 했고, 대중으로 하여금 사회의 평등화에 참여하게 했다. 대중은 같은 공간과 시간에 진열된 다양한 상품을 비교하고 선택함으로써 즉석에서 행복감을 만끽할 수 있게 되었다. 그뿐 아니라 그 공간과 시간에 머물고 있다는 느낌만으로도 행복감을 얻을 수 있게 되었다. 이런 점에서 백화점의 팽창은 유한 계층에서나 누릴 수 있었던 사치를 통속화시켰다고 할 수 있다.
또한 백화점은 새로운 산업에서 발전시킨 새로운 상품들을 사치품으로 변화시키는 데 공헌을 했다. 양탄자, 유리 제품, 크리스털 등과 같은 일상용품들은 새로운 산업 기술의 도움으로 고품질화되고, 마침내 산업 예술이 되었다. 이 같은 새로운 형태의 사치품의 등장은 생산 논리를 앞세운 산업 발전에서 야기된 현상으로, 개인이 조금씩 생산하던 희소성의 가치를 기계적으로, 그리고 대량으로 재생산 가능한 것으로 변모시킨 것이다.

① 편리함을 추구하는 현대인의 욕망이 사치품을 발달시켰다.
② 일상용품들이 사치품이 되면서 산업 발전이 가속화되었다.
③ 과거의 대중들은 백화점에서 판매하는 사치품의 가치를 인정하지 않았다.
④ 백화점의 등장으로 희소하지 않아도 사치품으로 인정받을 수 있게 되었다.

018

다음 글에 대한 이해로 적절하지 않은 것은?

> "군관 동무, 군관 선생님. 우리 집엔 여자들만 산다니까요."
> 어머니의 눈의 푸른 기가 애처롭게 흔들리면서 입가에 비굴한 웃음이 감돌았다. 나는 어머니가 환각으로 보고 있는 게 무엇이라는 걸 알아차렸다. 가엾은 어머니, 차라리 저승의 사자를 보시는 게 나았을 것을……
> 어머니는 그 다리를 어디다 숨기려는지 몸부림쳤다. 그러나 어머니의 다리는 요지부동이었다.
> "군관 나으리, 우리 집엔 여자들만 산다니까요. 찾아보실 것도 없다니까요. 군관 나으리."
> 그러나 절체절명의 위기가 어머니에게 육박해 오고 있음을 난들 어쩌랴. 공포와 아직도 한 가닥 기대를 건 비굴이 어머니의 얼굴을 뒤죽박죽으로 일그러뜨리고 이마에선 구슬 같은 땀이 송글송글 솟아오르고 다리를 감싼 손과 앙상한 어깨는 사시나무 떨듯 떨고 있었다.
> 가엾은 어머니, 하늘도 무심하시지, 차라리 죽게 하시지, 그 몹쓸 일을 두 번 겪게 하시다니……
> "어머니, 어머니, 이러시지 말고 제발 정신 차리세요."
> 나는 어머니의 어깨를 흔들면서 울부짖었다. 어머니는 어디서 그런 힘이 솟는지 나를 검부러기처럼 가볍게 털어 내면서 격렬하게 몸부림쳤다.
> "안 된다. 안 돼, 이노옴. 안 돼, 너도 사람이냐? 이노옴, 이노옴."
> 나는 벽까지 떠다밀린 채 와들와들 떨면서 점점 심해 가는 어머니의 광란을 지켜 볼 수밖에 없었다. 어머니의 몸에서 수술한 다리만 빼고는 온몸이 노한 파도처럼 출렁였다.
> 그래서 더욱 그 다리는 어머니의 몸이 아닌 이물질처럼 괴기스러워 보였다. 어머니의 그 다리와 아들과의 동일시가 나한테까지 옮아 붙은 것처럼 나는 그 다리가 무서웠다.
>
> – 박완서, 「엄마의 말뚝 2」에서 –

① '나'는 환영을 보고 두려움을 느끼는 '어머니'를 안타까워한다.
② '나'는 '어머니'가 자신을 '군관'으로 여기는 것이 과거의 경험과 관련 있다고 생각한다.
③ '나'는 '어머니'가 환각 상태에 빠졌다는 것을 알면서도 해결 방안을 찾지 못한다.
④ '어머니'는 자신의 다리를 '나'로 인식하여 숨기고 보호하고자 한다.

019

밑줄 친 한자성어의 쓰임이 가장 옳지 않은 것은?

① 그가 올 때가 지났는데 아직도 咸興差使이다.
② 눈앞의 이익에만 집착하면 小貪大失의 우를 범할 수 있다.
③ 그들은 한결같이 不撓不屈의 의지를 갖고 확신에 차 있는 사람들이었다.
④ 2년 만에 고향에 내려갔는데, 건물이 빈틈없이 들어선 것을 보고 曲學阿世가 따로 없음을 느꼈다.

020

다음 글을 통해 추론한 내용으로 옳지 않은 것은?

> 피타고라스는 이 우주의 아름다움을 빚어내는 비밀을 수, 즉 수적 구조에서 찾았다. 만물은 수적인 질서를 가지고 있으며 두 사물 사이의 관계도 수적인 비율로 표현될 수 있다는 것이다. 음악에서 오늘날 '아름다움'을 대신하는 용어는 '하모니아(harmonia)'이다. 피타고라스에 의하면, 하모니아는 '수와 척도와 비례에 입각한 수학적 배열'이다. 그는 음의 조화에 주목하고 있다. 즉, 현악기의 줄은 그 길이가 간단한 숫자들과 관계되어 있을 때 조화로운 소리를 낸다는 것이다. 이와 같은 미에 대한 사고는 시각 예술로 확대된다. 음악의 하모니아에 해당하는 개념이 시각 예술에서는 '시메트리아(symmetria)'였다. 고대 그리스인들에게 시메트리아는 비례, 곧 전체를 이루는 각 부분이 균형 있고 조화롭게 배열된 상태를 뜻했다. 이처럼 피타고라스는 '미는 곧 비례다'를 핵심으로 하는 미학 이론을 세웠다. 이러한 미 개념은 서구 문화에서 18세기를 거쳐 차츰 퇴조하기 전까지 유구한 역사를 자랑하며 광범위하게 인식되어 왔다.

① 피타고라스에 따르면 두 대상의 아름다움을 비교할 수 있다.
② 피타고라스에 따르면 만물의 아름다움은 수로 표현할 수 있다.
③ 피타고라스에 따르면 추상적 대상도 아름다움을 인식할 수 있다.
④ 피타고라스에 따르면 아름다움은 객관적인 법칙으로 파악할 수 있다.

모의고사 03회

001
밑줄 친 부분에 ⊙에 해당하는 문장 성분이 사용되지 않은 것은?

> 문장은 문장 안에서 일정한 문법적 기능을 하는 부분들로 이루어진다. 이러한 각 부분들을 문장 성분(文章成分)이라고 한다. 문장 성분은 문장을 이루는 데 골격이 되는 주성분과 주로 주성분의 내용을 수식하는 ⊙부속 성분, 다른 문장 성분과는 직접적인 관련이 없는 독립 성분으로 나뉜다.

① 아! 버스가 빨리 와야 할 텐데.
② 그는 헌 양복을 걸치고 집을 나섰다.
③ 그녀의 눈이 아름답게 빛나고 있었다.
④ 한글은 매우 독창적이고 과학적으로 만들어졌다.

002
다음 밑줄 친 부분의 어휘 사용이 옳은 것은?

① 네덜란드 정부는 중요 정책을 국민 투표에 부쳤다.
② 오늘은 우리 가게에 손님이 많이 올런지 모르겠다.
③ 고구마는 있다가 간식으로 먹고, 지금은 밥을 먹자.
④ 매일 만나는 사람인데 오늘따라 웬지 멋있어 보인다.

003
다음의 조건에 따라 제작한 표어로 적절한 것은?

> ○ 타인이 나와 깊은 상관을 맺고 있다는 점이 드러나도록 함.
> ○ 비유와 대구의 방법을 활용함.

① 나무와 나무 사이의 간격이 숲을 이루는 것처럼
  사람과 사람 사이의 배려가 사회를 성숙하게 합니다.
② 아름다운 꽃들 중에 제 홀로 피는 것들이 있을까요?
  우리 모두는 인연이라는 양분 속에서 피는 꽃입니다.
③ 나라는 존재가 없다면 너라는 존재가 있을 수 없지만
  너라는 존재가 없다면 우리는 존재할 수 없습니다.
④ 섬은 떨어져 있지만 바다 밑에서 서로 연결되어 있듯이
  남은 멀게 느껴지지만 보이지 않는 관계 속에 있습니다.

004
대담 참여자들의 말하기 방식에 대한 설명으로 적절하지 않은 것은?

> **진행자:** 여러분 안녕하십니까? '직업의 탐구' 시간입니다. 오늘은 외교관이라는 직업에 대해서 알아보기 위해 ○○대학교 외교학과 황□□ 교수님을 모셨습니다. 교수님, 안녕하세요?
> **황 교수:** 네, 안녕하세요.
> **진행자:** 교수님, 외교관은 정확히 어떤 직업을 이르는 말인가요?
> **황 교수:** 외교관은 '외국에 주재하며, 자국을 위해 외교 사무에 종사하는 공무원'을 뜻합니다. 그 종류로는 대사와 공사, 그리고 영사가 있습니다.
> **진행자:** 그렇군요. 저는 대사와 공사는 외교 사절이라고 하고, 영사는 그렇지 않다고 알고 있습니다. 맞습니까?
> **황 교수:** 네, 맞습니다. 대사와 공사는 자국을 대표해서 파견되기 때문에 외교 사절이라고 합니다. 반면 영사는 외국에 있으면서 외교부 장관과 대사, 공사의 지시를 받는 공무원으로 자국을 대표하지 않기 때문에 외교 사절이라고 하지 않는 것입니다.
> **진행자:** 그렇다면 대사와 공사, 그리고 영사가 하는 일이 다르겠네요?
> **황 교수:** 그렇습니다. 대사와 공사는 자국을 대표하여 외교 교섭을 할 수 있고 자국민에 대한 보호·감독의 의무를 수행하는 데 비해, 영사는 자국민의 보호·감독이 주된 임무입니다.
> **진행자:** 그러니까 대사와 공사는 외교 교섭을 할 수 있는데, 영사는 그렇지 못하다는 말씀이군요.
> **황 교수:** 네, 그렇습니다.

① '진행자'는 '황 교수'의 설명을 듣고 요약하여 제시하고 있다.
② '진행자'는 화제와 관련된 자신의 지식이 맞는지 점검하고 있다.
③ '황 교수'는 구체적인 사례를 들어 일반적 통념을 반박하고 있다.
④ '황 교수'는 대상 간의 차이점을 제시하며 비교하여 설명하고 있다.

005
밑줄 친 부분의 한자 표기가 잘못된 것은?

① 고위층의 비리를 밝히라는 興論이 일고 있다.
② 연말에는 決産 업무로 경리부가 매우 바빠진다.
③ 당신이 그 사건의 범인이라는 明白한 증거가 있습니다.
④ 선거 기간이 되면 표를 얻기 위해 공약을 濫發하는 후보들이 있다.

006

다음 한글 맞춤법 규정을 참고하여 이해한 내용으로 적절하지 않은 것은?

> **제11항** 한자음 '랴, 려, 례, 료, 류, 리'가 단어의 첫머리에 올 적에는, 두음 법칙에 따라 '야, 여, 예, 요, 유, 이'로 적는다.
> [붙임1] 단어의 첫머리 이외의 경우에는 본음대로 적는다.
> 다만, 모음이나 'ㄴ' 받침 뒤에 이어지는 '렬, 률'은 '열, 율'로 적는다.
> [붙임2] 외자로 된 이름을 성에 붙여 쓸 경우에도 본음대로 적을 수 있다.
> [붙임3] 준말에서 본음으로 소리 나는 것은 본음대로 적는다.
> [붙임4] 접두사처럼 쓰이는 한자가 붙어서 된 말이나 합성어에서, 뒷말의 첫소리가 'ㄴ' 또는 'ㄹ' 소리로 나더라도 두음 법칙에 따라 적는다.

① '쌍룡(雙龍)'은 본음대로 적고, '실패율(失敗率)'은 '율'로 적는다.
② 독립운동가 '최린(崔麟)'은 본음대로 적은 것이다.
③ '국제 연합'의 준말은 '국련'으로 적는다.
④ '실락원(失樂園)', '구름-량(量)'은 두음 법칙에 따라 적은 것이다.

007

다음 글에 대한 설명으로 옳지 않은 것은?

> 만고강산 유람할제 삼신산이 어디메뇨
> 일봉래(一蓬萊) 이방장(二方丈)과 삼영주(三瀛洲)이 아니냐
> 죽장(竹杖) 집고 풍월 실어 봉래산을 구경갈 제
> 경포 동령(東嶺)의 명월(明月)을 구경하고
> 청간정(淸澗亭) 낙산사(洛山寺)와 총석정을 구경하고
> 단발령을 얼른 넘어 봉래산을 올라서니
> 천봉만학(千峰萬壑) 부용(芙蓉)들은 하늘 위에 솟아 있고
> 백절폭포(百折瀑布) 급한 물은 은하수를 기울인 듯
> 잠든 구름 깨우랴고 맑은 안개 잠겼으니
> 선경(仙境) 일시가 분명쿠나
> 때마침 모춘(暮春)이라 붉은꽃 푸른 잎과
> 나는 나비 우는 새는 춘광춘색(春光春色)을 자랑한다
> — 작자 미상 —

① 계절적 소재를 통해 작품의 분위기를 형성하고 있다.
② 목적지를 잃고 배회하는 화자의 처지를 강조하고 있다.
③ 비유적인 표현을 통해 대상의 아름다움을 부각하고 있다.
④ 감각적 이미지의 대비를 통해 선명한 인상을 제시하고 있다.

008

㉠의 의미로 가장 적절한 것은?

> 그림을 이해하는 데는 적어도 두 가지 서로 다른 입장이 있을 수 있다. 하나는 회화를 매우 허망한 것으로 보는 것이고, 다른 하나는 그것을 매우 아름다운 것으로 보는 것이다. 미술 작품을 바라보는 이 두 가지 태도의 근거는 분명하다. 누군가가 회화를 허망한 것이라고 단정했다면 그것은 그가 회화를 단순히 정확히 대상을 재현하는 한 기술로 간주했고, 그 이상의 것을 작품 속에서 찾아보려 하지 않았다는 사실에 기인한다. 한편 또 다른 이가 회화를 아름답게 바라봤다면 그것은 그 작품의 회화적 또는 조형적 조화에 이끌렸다는 의미이다.
>
> 이 중에서 전자를 사실주의라고 하는데, 사실주의는 회화가 결코 대상을 좇아갈 수 없다는 한계를 가지고 있다. 가장 철저하고 의식적인 사실파 화가임을 자처했던 쿠르베마저도 화가적 식견에서는 대상의 객관적 재현이라는 지상 명령을 자신도 모르게 어기고 있었다. 그에 대한 유명한 일화가 그것을 말해 준다.
>
> 어느 날 산속에서 그림틀을 세우고 그림에 몰두하고 있는 쿠르베 곁을 지나가던 사람이 발길을 멈추고 쿠르베에게 이렇게 물었다.
> "지금 당신이 그리고 있는 것이 무엇이요?"
> 그제서야 정신이 든 쿠르베는 자신이 그리고 있던 화폭을 바라보다가 그 그려진 사물 쪽으로 다가서고 난 후에 외쳤다.
> ㉠"아, 이건 나뭇단이군!"

① 대상의 아름다움을 재현한 것이군.
② 회화에 몰두하면 세상과 단절되는군.
③ 대상의 조형적 아름다움에만 집착했군.
④ 그림이 대상을 그대로 재현하지 못했군.

009
다음 시에 대한 설명으로 적절하지 않은 것은?

> 과목에 과물들이 무르익어 있는 사태처럼
> 나를 경악케 하는 것은 없다.
>
> 뿌리는 박질 붉은 황토에
> 가지들은 한낱 비바람들 속에 뻗어 출렁거렸으나
>
> 모든 것이 멸렬하는 가을을 가려 그는 홀로
> 황홀한 빛깔과 무게의 은총을 지니게 되는
>
> 과목에 과물들이 무르익어 있는 사태처럼
> 나를 경악케 하는 것은 없다.
>
> ─흔히 시를 잃고 저무는 한 해, 그 가을에도
> 나는 이 과목의 기적 앞에 시력을 회복한다.
>
> ─ 박성룡, 「과목(果木)」 ─

① '과목'을 출렁거리게 했던 '비바람'은 일종의 시련을 상징한다.
② '시력을 회복한다'고 한 것은 자연물을 통해 얻은 깨달음을 표현한 것이다.
③ 과목이 '뿌리' 내린 '박질 붉은 황토'는 생명을 키워내는 풍요로운 삶의 터전을 의미한다.
④ '시를 잃고' 한 해를 보내는 화자의 모습에서 화자가 안고 있는 문제점이 부각된다.

010
밑줄 친 부분을 잘못 고친 것은?

① 회원으로 가입하려면 소정의 입회금을 내야 한다. → 정해진
② 먼저 오신 분들부터 순번을 매긴 종이를 가져가세요. → 차례를
③ 얼마 안 되지만 힘들게 모은 돈이니 여비에 보탰으면 좋겠어.
    → 남은 돈
④ 사원들을 무작정 쫓아내는 것은 노동법에 저촉되는 행위이다.
    → 어긋나는

011
다음 글에 대한 이해로 적절하지 않은 것은?

> 아담 스미스는 그의 저서 『국부론』에서 모든 재화는 사용 가치와 교환 가치를 가진다고 하였다. 여기서 스미스의 사용 가치는 유용성과, 교환 가치는 시장 가격과 연관되는 개념으로 통한다. 스미스는 재화의 사용 가치가 크면 교환 가치도 당연히 클 것이라 생각했다. 그런데 그는 물과 다이아몬드를 비교하고 당황하였다. 물은 사용 가치가 무엇보다 큼에도 불구하고 교환 가치가 작고, 다이아몬드는 사용 가치가 작음에도 불구하고 교환 가치가 컸기 때문이다. 스미스는 이를 지적하면서 이 현상을 어떻게 설명해야 할 것인가 하는 의문을 제기하였다. 스미스가 제기한 이와 같은 가치의 이율배반 현상을 '스미스의 역설'이라 부른다.
>
> 그런데 경제학자들은 '스미스의 역설'을 당연한 것으로 보았다. 재화의 가치는 만족감으로 측정할 수 있기 때문이다. 재화는 소비할수록 얻을 수 있는 만족감의 정도가 줄어든다. 사람들의 만족감은 타인과의 비교에서도 나타난다. 누구나 얻을 수 있는 재화는 소유한다고 해서 큰 만족감을 주지는 않는다. 그러나 희소한 재화는 소유할 때 우월감을 주기 때문에 큰 만족감을 줄 수 있다.

① 유용하지 않은 대상이 비싼 가격으로 거래되기도 한다.
② 재화의 사용 가치와 교환 가치가 반드시 정비례하는 것은 아니다.
③ 재화의 가치를 희소한 정도로 보면 '스미스의 역설'을 해결할 수 있다.
④ 사용 가치가 높은 재화는 그 수가 많지 않더라도 만족감을 주기는 어렵다.

012
다음 글에 대한 설명으로 가장 적절한 것은?

주생은 몸을 숨긴 채 다가가서 숨을 죽이고 엿보았다. 금빛 병풍과 채색 담요가 황홀하여 눈이 부시었다. 부인은 붉은 비단 적삼을 입고 백옥(白玉) 방석에 기대어 앉아 있었다. 나이는 50세 정도 되어 보였으나 지긋이 한쪽 눈을 감고 돌아보는 태도에는 아직 예전의 어여쁜 모습이 남아 있었다. 꽃다운 나이의 소녀가 부인 옆에 앉아 있었는데, 구름처럼 고운 머릿결에는 푸른빛이 맺혀 있고 아리따운 뺨에는 붉은빛이 어리어 있었다. 밝은 눈동자로 살짝 흘겨보는 모습은 흐르는 물결에 비친 가을 햇살 같았으며, 어여쁨을 자아내는 아름다운 미소는 봄꽃이 새벽 이슬을 머금은 듯했다. 배도가 그 사이에 앉아 있었는데, 배도는 그 소녀에 비하면 봉황에 섞인 갈가마귀나 올빼미요, 옥구슬에 섞인 모래나 자갈일 뿐이었다. 그 소녀를 본 주생은 넋이 구름 밖으로 날아가고 마음이 공중에 뜬 듯이 황홀하였다. 그래서 몇 번이나 미친 듯이 소리를 지르며 달려 들어갈 뻔했다.

– 작자 미상, 「주생전(周生傳)」에서 –

① 사건이 역동적으로 서술되고 있다.
② 인물의 심리가 세밀하게 묘사되고 있다.
③ 대화를 중심으로 이야기가 전개되고 있다.
④ 서로 다른 공간에서 벌어진 사건을 병치하고 있다.

013
다음 글의 논리적 전개 순서로 가장 적절한 것은?

(가) 공공 미술에서는 대중과의 소통을 위해 누구나 쉽게 다가가 감상할 수 있는 작품을 만들어야 하므로, 미술가는 자신의 미학적 입장을 어느 정도 포기해야 한다고 우려할 수 있다.
(나) 대중과 미술의 소통을 위해 공공장소에 설치된 미술 작품 또는 공공 영역에서 이루어지는 예술 행위 및 활동을 공공미술이라 한다.
(다) 따라서 공공 미술에서 예술의 자율성은 소통의 가능성과 대립하지 않는다. 공공 미술가는 예술의 자율성과 소통의 가능성을 높이기 위해 대중의 예술적 감성이 어떠한지, 대중이 어떠한 작품을 기대하는지 살펴 작품을 창작해야 한다.
(라) 그러나 이러한 우려는 대중의 미적 감상 능력을 무시하는 편협한 시각이다. 왜냐하면 추상적이고 난해한 작품이라도 대중과의 소통의 가능성은 늘 존재하기 때문이다.

① (가) – (나) – (다) – (라)
② (가) – (다) – (라) – (나)
③ (나) – (가) – (라) – (다)
④ (나) – (라) – (다) – (가)

014
다음 글에 부합하는 사례로 적절하지 않은 것은?

우리가 문화를 어떠한 것으로 이해하든 인간은 문화를 통해서 환경에 적응하고 있는 것이 틀림없다. 대부분의 인류학자들이 인간 이외의 다른 동물들의 행위에까지 문화의 개념을 적용하는 데에는 동의하지 않는다. 본능적이고 생리적인 행위들은 문화적인 것이 아니다. 다만 그런 것이 표현되는 양식들 또는 생물학적인 욕구들이 충족되는 양식은 선천적인 것이 아니라 후천적으로 학습된 것이기에 문화의 범주 속에 포함된다.

문화와 인간 사이에는 불가분의 관계가 있다. 인간은 문화 없이는 살 수 없고, 인간 없는 문화는 존재할 수도 없는 일이다. 어떤 점에서는 문화란 인간과 환경의 중간에 위치한 매개체라고 말해도 좋겠다. 그러나 다른 한편 인간과 문화 간에 불가분의 관계가 있다는 말은 특정의 인간 또는 특정의 인간 집단과 특정의 문화 형식 간에 상관관계가 있다는 것을 의미하는 진술은 아니다. 인간은 문화라는 수단을 통해서 환경에 적응하는 것이지만, 그 적응 수단으로서의 문화는 단지 한 가지의 방법만이 있는 것이 아니라 다양한 방식으로 나타난다는 점을 기억해 둘 필요가 있다. 이런 점에서 우리는 문화의 다양성을 이야기할 수 있고, 인류학의 모든 분야들이 이런 문제를 중점적으로 다루고 있다.

① 어느 나라 어느 지역에서든 동족을 살해하는 일은 나쁘다고 평가한다.
② 어느 지역 사람이든지 언어를 사용하지만 각각의 언어는 동일하지 않다.
③ 아이는 태어나자마자 엄마의 젖을 찾지만 이를 특정 문화라고 하지는 않는다.
④ 특정 국가는 끌어안으며 반가움을 표현하고, 또 다른 국가는 절을 하며 반가움을 표현한다.

015
필자가 궁극적으로 주장하는 바로 가장 적절한 것은?

지금 우리의 독서란 대충대충 섭렵하여 읽다 말다 하는 것이다. 이미 정밀하지도 익숙지도 않은데 어찌 적실하고 진실됨을 논하겠는가? 독서가 이런 지경인데도 또 한 책을 다 읽고는 자기 일을 이미 마쳤다고 말하며, 함부로 날뛰고 망령된 행동을 하면서도 아무 거리낌이 없다. 책을 다 읽은 뒤에는 문득 가서 이를 실행하는 큰일이 남아 있음을 알지 못한다. 어떤 사람이 먼 길을 가려 하는 것에 비유해 보자. 책이란 한 부의 노정기(路程記)이고, 행함이란 말에게 꼴을 먹이고 수레에 기름칠을 해서 노정기에 따라 몰고 또 달리는 것이다. 다만 말에 고삐를 씌우고 수레를 손질해 두고는 몰지도 않고 달리지도 않으면서, 오직 열심히 노정기만 강론한다면, 먼 길을 가려는 계획은 끝내 무너져 이루어질 날이 없다.

① 책의 내용을 곱씹어 의미를 제대로 이해해야 한다.
② 책을 읽는 것에서 그치지 않고 행동으로 옮겨야 한다.
③ 책의 내용을 그대로 따르지 말고 자기 생각을 가져야 한다.
④ 여러 책을 비교해서 읽으며 내용을 넓고 깊이 이해해야 한다.

016
다음 글에서 알 수 없는 것은?

연료 전지란 수소와 산소가 결합하여 물이 될 때 발생하는 화학 에너지를 전기 에너지로 바꾸는 장치로서, 물이 수소와 산소로 전기 분해하는 원리를 역으로 이용한 것이다. 이러한 원리의 연료 전지는 미래의 석유 고갈과 환경 문제에 대비할 수 있는 효과적인 에너지 장치로 떠오르고 있다.

화력 발전, 원자력 발전 등 기존의 발전 시스템은 연료를 연소시켜서 증기를 발생시키고, 증기로 터빈을 회전시킨 후 여기에 발전기를 연결하여 회전시켜서 전기를 만드는 등의 복잡한 공정이 필요하다. 또한 발전소 하나를 세우려면 넓은 부지에 오랜 기간을 걸쳐서 대규모의 시설을 건설하지 않으면 안 된다. 그러나 연료 전지를 이용하여 전기 에너지를 생산할 경우, 중간 공정이 필요 없어 발전 장치를 매우 작게 만들 수 있고 소음도 없기 때문에 도심이나 주택가에도 발전소를 지을 수 있다. 또한 전기 에너지를 직접 만들기 때문에 발전 효율도 종래의 발전 시스템보다 훨씬 높다. 그뿐만 아니라 화석 연료에 비해 이산화 탄소의 발생량도 적고, 인체에 해로운 질소 화합물이나 황산화물 등은 전혀 배출되지 않는다.

① 연료 전지는 석유 에너지가 고갈되었을 때 이를 대체할 수 있는 효과적인 장치이다.
② 연료 전지를 이용한 발전은 터빈을 회전시켜서 전기를 얻는 방법을 활용하지 않는다.
③ 연료 전지는 수소와 산소가 결합할 때 발생하는 전기 에너지를 화학 에너지로 전환한다.
④ 화력 발전과 달리 연료 전지를 이용한 발전은 공정이 간단하고, 공간을 많이 차지하지 않는다.

017
다음 글의 내용과 부합하지 않는 것은?

채석장 밑에 가 보니 과연 용성이가 일러 준 대로 맥고모자를 쓴 양복쟁이와 푸릇푸릇한 남방을 걸친 청년 두 사람이 아카시아 밑에서 땡볕 더위를 식히고 있었다.
– 아찌들이 절 찾았나요?
– 네 이름이 호영이냐?
– 그런데요?
– ……!
남방을 입은 청년은 날 뚫어지게 쳐다보고 있었고 맥고모자는 땀범벅이 된 내 머리를 쓰다듬어 주었다. 나는 맥고모자를 빤히 올려다보았다. 어디서 많이 본 듯한 느낌이 들었다.
그 느낌은 특히 남방을 입은 청년에게 더 강렬했다. 그러자 이상하게도 무섬증이 와락 달라붙었다.
– 아찌 누구세요? 애들 잡아가는 사람이에요? 전 보기보담 호락호락하지 않으니깐 그리아세요!
– 염려 놓으라니깐. 우린 네 아버지를 잘 아는 사람이야.
아버지를 잘 안다는 말에 내 귀는 솔깃해졌고 눈길은 자연스레 남방 청년이 쥐고 있는 풍풍한 비닐 가방에 가 닿았다. 혹시 울 아버지를 도와주려고 왔나!
– 아버지 집에 계시지?
그러면서 맥고모자는 청년을 시켜 가방에서 캐러멜하고 일제 과자가 든 봉지를 내밀었다. 나는 마른침을 꼴깍 삼켰다. 그러나 덥석 받진 않았다. 오른발 검정 고무신 끝으로 내 주위의 땅을 파고 둥그런 원을 되풀이해서 그랬다.
– 이거 받아라! 그리고 너희 집으로 우리를 안내하렴.
나는 체면을 지키려고 애를 썼지만 허사였다. 그러기에는 어린 나의 인내력은 너무도 취약했던 것이다.

– 김소진, 「목마른 뿌리」에서 –

① '나'는 '맥고모자'가 준 과자를 거부하지 못했다.
② '나'는 '맥고모자'를 처음 보지만 낯익은 느낌을 받는다.
③ '맥고모자'는 '나'의 경계심을 풀기 위해서 머리를 쓰다듬어 주었다.
④ '나'는 '맥고모자'가 가지고 온 가방의 물건을 수상하게 바라보았다.

018

필자의 관점에서 ㉠에 대해 반론을 제기한다고 할 때, 그 논거로 가장 타당한 것은?

환경 변화에 대해 인간이 어떻게 반응해야 하는가에 초점을 맞춘 논쟁이 활발하게 일어나고 있다. 여러 환경 변화 중 특히 전 지구적 대기 환경에 대한 논쟁은 예방론자와 적응론자라는 상반된 입장으로 대표된다. 예방론자들은 (온실 기체의 축적과 같은) 환경 변화가 인간에게 미치는 영향은 잠재적으로 매우 파괴적인 것이며, 따라서 변화율을 감소시키기 위한 과감한 저감(低減) 대책이 필요하다고 주장한다. 반면에 적응론자들은 기후 변화의 속도가 상대적으로 매우 느리다는 데 주목하면서, 인간은 이 현상을 충분히 예보하고 이에 따라 확실하게 적응할 수 있다고 주장한다.

지구 환경 변화를 연구하는 선진국의 많은 사람들은 환경 변화에 대한 인간의 적응 능력에 대해 매우 낙관적이다. 예를 들면, 기업형 농업과 기술의 발달을 통해 대규모 환경 변화에 성공적으로 적응할 수 있고, 이에 따라 ㉠미래에 필요로 하는 식량을 충분히 생산할 수 있다고 확신한다.

물론 환경 변화에 대해 적응은 중요한 역할을 한다. 그러나 국가의 부에 따라 적응의 가능성이 명확하게 달라진다는 점을 간과해서는 안 된다. 환경 변화의 영향을 제대로 평가하기 위해서는 적응하는 데 드는 사회적 비용과 적응 능력의 차이를 이해해야 하는데, 예방론자나 적응론자 모두 이에 대해서는 관심을 기울이지 않았다. 예방론자들은 적응에 대한 연구를 회피해 왔고, 적응론자들은 사회적 비용은 무시해도 좋은 하찮은 것이거나 자본주의 경제의 소위 '보이지 않는 손'의 원리에 의해 움직이는 것이라고 생각했기 때문이다.

① 적응 가능성을 비용의 관점으로만 연구하여 적응 능력이 감소할 수 있다.
② 자본주의의 발전에 따라 환경 변화로 인한 경제적 손실이 커질 수 있다.
③ 보이지 않는 손의 원리에 의해 적응을 위한 사회적 비용이 조정될 수 있다.
④ 사회적 비용 문제 때문에 적절하게 농업 환경을 변화시키지 못할 수 있다.

019

<보기>와 한자성어의 뜻이 가장 비슷한 것은?

> 보기
>
> 꾸준히 노력하는 사람은 계속 발전한다.

① 莫無可奈
② 刻苦勉勵
③ 貧而無怨
④ 水魚之交

020

다음 글을 통해 추론할 수 있는 내용은?

제국주의 시대에 서양인의 가치관을 동양에 강요하려는 시도는 분명히 옳지 않았다는 인식 때문에 사회 과학, 특히 인류학에서는 윤리적 상대주의가 상당한 영향력을 행사하고 있다. 즉 많은 사회 과학자들은 우리가 다른 사회의 규범에 간섭해서는 안 되며, 그러한 규범에 대해 가치 판단을 해서도 안 된다고 주장한다. 그렇다고 해서 각 사회에서 통용되는 도덕 기준이 언제나 옳은 것은 아니다. 한 사회의 구성원 대다수가 어떤 행위를 옳게 여긴다고 해서 그 행위가 반드시 옳다고 말할 수 없는 경우는 많다. 예를 들어 인도의 카스트 제도나 나치의 유태인 박해 등이 그것이다.

여기서 우리는 두 가지 문제를 구별해야 한다. 행위가 옳은가 그른가 하는 것과 어떤 사회가 옳지 않은 규범을 갖고 있을 때 우리가 어떻게 해야 하는가는 서로 다른 문제다. 다른 사회의 규범과 관행이 탐탁지 않다고 해서 군사적으로 간섭하는 것은 분명히 옳지 않다. 그러나 그 사회의 규범에 대해 보편적 기준에서 판단하는 일이 불가능하거나 바람직하지 않은 것은 아니다.

① 윤리적 가치의 보편적 옳고 그름은 그 사회 구성원들에 의해 결정된다.
② 한 사회에서 옳게 여겨지는 규범도 보편적인 기준에 부합하지 않을 수 있다.
③ 다른 사회의 규범에 대해 가치 판단을 하기 위해서 그 사회의 기준에 따라야 한다.
④ 다른 사회의 규범과 관행이 옳지 않을 때는 군사적으로 간섭할 명분을 확보할 수 있다.

모의고사 04회

001
'먹다'의 유의어에 해당하는 예문으로 적절하지 않은 것은?

유의어	예문
배어들다	㉠
빨아들이다	㉡
느끼다	㉢
품다	㉣

① ㉠: 옷감에 풀이 잘 먹어야 다림질하기 좋다.
② ㉡: 김이 습기를 먹어 눅눅하다.
③ ㉢: 그의 위협에 나는 잔뜩 겁을 먹었다.
④ ㉣: 그는 인색해서 동네 사람들에게 욕을 먹는다.

002
밑줄 친 부분이 바르게 쓰인 것은?

① 며칠을 쉬었더니 공부가 손에 안 잡힌다.
② 울쩍한 마음에 혼자서 여행을 떠났다.
③ 물을 들이키고 산 정상에 올라가자.
④ 실이 얼키고설켜서 풀 수가 없다.

003
㉠~㉣을 사전에 올릴 때 한글 맞춤법 규정에 따른 순서로 적절한 것은?

㉠ 젊다   ㉡ 죄송하다
㉢ 점심   ㉣ 좌석

① ㉠ → ㉢ → ㉡ → ㉣
② ㉠ → ㉢ → ㉣ → ㉡
③ ㉢ → ㉠ → ㉡ → ㉣
④ ㉢ → ㉠ → ㉣ → ㉡

004
밑줄 친 부분이 표준 발음이 아닌 것은?

① 닁큼[닁큼] 일어나 앉으렴.
② 내 차례[차례]가 오기를 손꼽아 기다렸다.
③ 그동안 많은 혜택[헤:택]을 누리지 않았니?
④ 선생님께서 우리에게 주의[주:이]를 주셨다.

005
다음은 학급 회의의 일부분이다. 남녀 합반에 대한 '수현'과 '찬혁'의 공통된 의견으로 가장 적절한 것은?

> **사회자:** 오늘은 남녀 합반에 대해 의견을 나눠 보도록 하겠습니다. 우선 긍정적인 면부터 말해 봅시다.
> **수현:** 남녀의 역할에 대한 고정 관념을 벗어나게 하는 데에 도움을 주는 것 같습니다. 여학생들도 운동을 잘할 수 있고, 남학생들도 청소를 잘하고 학급 게시판을 잘 꾸밀 수 있다는 사실을 알게 되었어요.
> **찬혁:** 저는 동성끼리 지낼 때보다 남녀 합반이 더 폭넓은 인간관계를 맺게 해 준다고 봅니다. 남녀 합반이 되면 여학생들과도 스스럼없이 친해질 수 있으니까요.
> **수현:** 여학생끼리만 있을 때에는 남학생들이 불편하고 어렵게만 느껴졌어요. 그런데 남녀 합반을 하니 남학생들과 편하게 어울릴 수 있게 되었어요.
> **찬혁:** 그리고 성적 향상에도 도움을 주는 것 같습니다. 여학생들이랑 경쟁해야 하기도 하지만, 이성에게 잘 보이려고 공부를 열심히 하게 됩니다.
> **수현:** 학급 분위기도 더 좋아진 것 같습니다. 아무래도 이성을 서로 배려하다 보니 학급 분위기가 자연스럽게 밝아진 것 같아요.

① 서로 배려하는 밝은 학급 분위기를 조성한다.
② 잘못된 성 역할에 대한 인식을 수정할 수 있다.
③ 공부를 더 열심히 하게 만드는 동기를 제공한다.
④ 폭넓은 인간관계를 형성하는 능력을 기를 수 있다.

006

밑줄 친 부분의 한자가 나머지 셋과 다른 것은?

① 조별 발표 과제를 준비하기 위해 팀원들을 만났다.
② 사건의 자세한 경과는 아직 밝혀져 있지 않다.
③ 과잉한 친절은 오히려 부담스러운 법이다.
④ 비용이 계획했던 것보다 초과되었다.

007

(가)와 (나)에 대한 설명으로 적절하지 않은 것은?

> (가) 반중(盤中) 조홍(早紅)감이 고와도 보이나다
>   유자(柚子) 아니라도 품엄즉도 하다마는
>   품어가 반길 이 없을새 글로 설워하노라
>   - 박인로 -
>
> (나) 서방(書房)님 병(病) 들여 두고 쓸 것 업셔
>   종루(鐘樓) 져재에 달래 파라 배 사고 감 사고 유자(榴子) 사고
>   석류(石榴) 삿다 아차아차 이저고 오화당(五花糖)을 니저발여고나
>   수박(水朴)에 술 고자 노코 한숨계워 하노라
>   - 김수장 -

① (가)는 구체적 사물로부터 대상이 부재하는 현실을 확인하고 있다.
② (나)는 열거의 방식을 활용하여 시상 전개에 생동감을 부여하고 있다.
③ (가)와 (나)는 모두 영탄적 표현을 통해 화자의 정서를 직접적으로 나타내고 있다.
④ (가)와 (나)는 모두 고사에 화자의 처지를 대입하여 현실 극복 의지를 드러내고 있다.

008

㉠에 들어갈 내용으로 가장 적절한 것은?

> Ⅰ. 서론: 신용 카드 사용 인구의 증가
> Ⅱ. 본론
>   1. 신용 카드 사용으로 인한 부작용
>   가. 개인적 측면
>   - 불필요한 소비를 조장함
>   - 가계 부채를 증가시킴
>   나. 사회적 측면
>   - 신용 불량자가 증가함
>   2. 부작용의 원인
>   가. 개인적 측면
>   - 신용 카드 사용에 대한 올바른 인식이 부족함
>   나. 사회적 측면
>   - 부작용을 막을 제도적 장치가 미흡함
>   - 카드 회사들이 카드를 남발함
>   3. 해결 방안
>   - 경제적 능력을 고려하여 신용 카드를 사용해야 함
>   - 카드 회사에 대한 정부의 관리·감독 강화
> Ⅲ. 결론: (㉠   )

① 신용 카드의 올바른 사용을 위해 개인의 인식 전환이 필요함
② 신용 카드의 효과적인 사용을 위해 법적 제도를 마련해야 함
③ 신용 카드의 올바른 사용을 위해 개인과 사회의 노력이 필요함
④ 신용 카드의 효과적인 사용을 위해 다양한 혜택을 확인해야 함

009
다음 시의 표현상의 특징에 대한 설명으로 적절하지 않은 것은?

> 흙이 풀리는 내음새
> 강바람은 / 산짐승의 우는 소릴 불러
> 다 녹지 않은 얼음장 울멍울멍 떠내려간다.
>
> 진종일 / 나룻가에 서성거리다
> 행인의 손을 쥐면 따뜻하리라.
>
> 고향 가까운 주막에 들러
> 누구와 함께 지난날의 꿈을 이야기하랴.
> 양귀비 끓여다 놓고
> 주인집 늙은이는 공연히 눈물지운다.
>
> 간간이 잔나비 우는 산기슭에는
> 아직도 무덤 속에 조상이 잠자고
> 설레는 바람이 가랑잎을 휩쓸어 간다.
>
> 예제로 떠도는 장꾼들이여!
> 상고(商賈)하며 오가는 길에 / 혹여나 보셨나이까.
>
> 전나무 우거진 마을
> 집집마다 누룩을 디디는 소리, 누룩이 뜨는 내음새…….
> - 오장환, 「고향 앞에서」 -

① 계절적 배경을 제시하여 화자의 정서를 드러내고 있다.
② 대립적 이미지를 배치하여 화자의 체념적 정서를 강화하고 있다.
③ 현재형 시제를 통해 화자가 처한 상황에 대한 현장감을 부각하고 있다.
④ 다양한 감각적 표현을 활용하여 화자가 지향하는 공간의 모습을 구체화하고 있다.

010
다음 글의 중심 내용과 관련된 문장으로 가장 적절한 것은?

> "쑥이 삼밭에 나니 받쳐 주지 않아도 스스로 곧고, 흰 모래가 진흙 속에 있으니 더불어 모두 검어진다."라고 한 것은 증자(曾子)의 말이다. 쑥대는 홀로 나면 굽기도 하고 비뚤어지기도 한다. 하지만 빽빽하게 들어선 삼 가운데 나면 주위의 영향을 받아서 자연히 곧아진다. 흰 모래는 본질이 흰 것이나 이토(泥土), 즉 진흙 중에 들어가면 검어지지 아니할 수가 없다.

① 사람의 천성은 서로 비슷하나 습관에 의해 멀어진다.
② 굳고 여문 물건은 아무리 갈고 닦아도 얇게 되지 않는 것이다.
③ 반반한 판자를 굽은 판자 위에다 두게 되면 굽은 판자도 단단하게 된다.
④ 어진 사람을 보면 그를 본받으려 하고, 어질지 못한 사람을 보면 스스로를 반성한다.

011
다음 글을 읽은 독자의 반응으로 적절하지 않은 것은?

> 문화에 따른 언어의 차이는 낱말에서만이 아니라 동사 활용에서도 나타난다. 우리말에는 피동형이 발달되어 있지 않다. 머리를 다듬고 싶을 때 "머리를 깎이러 간다"라는 말은 하지 않고, 또 "머리를 깎였다"라는 표현도 잘 하지 않는다. "머리를 깎으러 간다"라거나 "머리를 깎았다"라고 말한다. 얼핏 보면 피동형으로 표현하는 것이 더 합리적인 것이다. 머리는 분명히 이발사에게 깎이는 것이니까 말이다.
> 그런데 우리는 왜 이렇게 표현하는 것일까? 사실 이발사는 제 마음대로 남의 머리를 깎은 것이 아니다. 주인공인 내가 깎으라고 해서 깎는 것이니 깎는 주체는 나다. 이러한 생각이 밑바탕이 되어 우리는 "머리를 깎았다"라고 한다. 그리고 거기에는 스스로 깎은 것이 아니라 남을 시켜 깎는 것이라는 의미가 숨어 있는 것이다. 만약 우리의 일상생활에서 누가 "머리를 깎이었다"라고 표현하였다면 그것은 자의에 의한 것이 아니라 강제로 머리를 깎이었다는 뜻으로 이해하기 쉽다.

① "머리를 깎으러 간다"라는 말에는 화자의 의지가 반영돼 있겠군.
② "머리를 깎았다"라는 말은 화자가 직접 머리를 깎았다는 의미를 내포하는군.
③ "머리를 깎였다"라는 말이 "머리를 깎았다"라는 말보다 더 합리적인 표현이겠군.
④ "머리를 깎였다"라는 말은 자의로 머리를 깎고 싶지는 않았다는 의미로 볼 수 있겠군.

012
다음 글의 필자가 궁극적으로 말하고자 하는 바는?

서얼(庶孼) 자손에게 벼슬을 할 수 없게 한 것은 오래된 일이 아니다. 『경제육전(經濟六典)』을 보면 1415년(명나라 영락 13)에 중국 명나라의 우대언(右代言) 서선(徐選) 등이 서얼 자손에게는 높은 벼슬을 주지 말자고 주장하였는데, 이는 적서(嫡庶)를 구분하고자 함이다. 1415년 이전에는 높은 직위의 벼슬도 주었는데, 그 이후로는 양반들에게만 과거를 응시할 수 있도록 하였다. 『경국대전』을 편찬한 뒤부터 벼슬길이 막혔으니 지금에까지 100년이 채 되지 않았다. 세상 천지에 벼슬길을 막는 나라가 있다는 것을 나는 아직 듣지 못했다. 뛰어난 재주와 능력을 가지고 있는 높은 벼슬가의 자손이라도 오직 외가가 하찮아 벼슬길이 막힌다면, 남에게 머리를 조아리다 죽어 향리나 수군만도 못하니 가엽도다.

- 어숙권, 「패관잡기(稗官雜記)」 권2에서 -

① 적자와 서자의 구별 없이 가문의 계보를 이어야 한다.
② 적서 차별은 중국의 법이므로 조선의 법을 따라야 한다.
③ 벼슬의 높고 낮음을 잘못 가르고 있는 법률을 개혁해야 한다.
④ 적서의 계통을 구분하지 않고 과거를 치를 수 있게 해야 한다.

013
글의 흐름을 고려할 때 빈칸에 들어갈 말로 가장 적절한 것은?

두레는 □□□□□ 농촌 공동체에 급속히 퍼질 수 있었다. 이앙법의 도입에 따라 벼는 다른 작물에 비해 더 많은 노동력을 요구하게 되었으며, 특정한 시기에 집중적인 노동력을 필요로 하게 되었다. 봄철 못자리 만들기부터 모내기, 김매기 그리고 벼 베기와 타작에 이르기까지 벼농사는 짧은 기간 동안에 집중적인 관리가 필요하다. 이러한 경제적 조건과 필요 속에서 마을 단위로 상부상조하는 공동체 문화인 두레가 농촌 사회에 정착되었다.

① 벼농사의 노동 집약적 성격 때문에
② 농민들 간의 깊은 신뢰 때문에
③ 상부상조하는 문화를 위해
④ 벼의 생산량 증대를 위해

014
다음 글에 대한 이해로 적절하지 않은 것은?

정보의 본질적 요소는 소통이다. 정보는 의사소통을 위해 존재하며, 이 의사소통이 없다면 정보는 무의미하다고까지 말할 수 있다. 또한 정보는 송신자와 수신자 간의 소통성이 증가함에 따라 가치를 증가시키게 된다. 그런 점에서 정보화란 인간들 사이의 소통성이 획기적으로 증대하고, 이를 통해 우리가 접하는 대상이나 상황에 대한 불확실성을 감소시키는 능력이 증대되는 것을 의미한다고 볼 수 있다. 이러한 능력은 정보의 절대량, 이를 처리하는 속도와 능력의 증대, 처리 비용의 감소, 그리고 정보원들 간의 상호 작용 증대를 통한 소통성 증가 등을 의미한다.

진정한 의미의 사회적 소통성의 증대를 위해서는 사람들 사이의 열린 관계가 매우 중요하며, 정보 민주주의의 필요성이 여기에서 제기된다. 정보의 본질적 속성이 소통성에 있고, 정보 사회의 핵심 가치관이 개방성과 민주성에 있다고 해서 현실의 사회가 그러한 방향으로 나아간다는 보장은 어디에도 없다. 정보 사회의 본질적 의미와 원리는 현실적 사회관계의 논리와 충돌하면서 얼마든지 어이없는 방향으로 변질되거나 왜곡될 가능성이 있기 때문이다. 정보 사회에서 정보는 그 자체로 권력을 의미한다. 만약 정보가 특정한 사회 세력에 의해 지배된다면, 정보 사회 역시 불평등 사회로 이어질 수 있다.

① 정보 처리 속도가 증대될수록 정보의 가치는 커질 수 있다.
② 특정 세력이 정보를 독식할수록 공평한 사회를 이루기 어려워진다.
③ 정보의 가치는 우리가 접하는 대상에 대한 불확실성을 감소시키는 데 있다.
④ 사람들 사이의 자유롭고 막힘없는 의사소통이 이루어지면 민주주의 사회가 정착된다.

015
다음 글에 대한 이해로 적절하지 않은 것은?

구석기 시대 미술은 신석기 시대의 도래와 함께 전혀 새로운 국면을 맞게 된다. 즉, 자연을 충실하게 묘사하려는 자연주의적 경향을 대신하여 다양화, 이상화된 표현의 형식주의가 등장한 것이다. 아놀드 하우저의 말대로 "예술은 이제 자연의 구체적이고 생생한 모습보다는 사물의 이념이나 개념 내지는 본질을 포착하려 하고, 대상의 묘사보다 상징의 창조에 주력한다." 그리하여 감각적 인상의 직접성 대신에 개념의 고정 불변성에 많이 의존하게 되고, 표현은 상징화되어 드디어는 상형 문자에 가깝게 기호화된다.

① 구석기 시대의 미술은 자연을 재현하는 데에 초점을 두었다.
② 신석기 시대의 미술은 개념의 불변성을 상징적으로 표현하였다.
③ 구석기와 신석기 시대의 미술이 표현하고자 한 본질은 동일했다.
④ 신석기 시대의 미술은 외적 묘사보다 의미 표현에 주목하였다.

016
㉠~㉢에 들어갈 적절한 접속어를 순서대로 나열한 것은?

우리는 매일 사람들을 만난다. 그중에는 업무로 인해 만나야 하는 사람도 있고 호감 혹은 애정으로 인해 만나고 싶은 사람도 있으며 그저 우연찮게 마주치는 사람들도 있다. 우리는 많은 관계에 둘러싸여 있지만, 모든 관계를 원하는 것은 아니다. ㉠ 각각의 관계에 대해 우리가 원하는 친밀도 혹은 접촉의 수준이 다르다는 것이다. 사람들이 흔히 하는 대표적인 거짓말 중의 하나가 "우리 한번 봐야지!" 혹은 "언제 밥 한번 먹자!"와 같은 인사말이다. 이런 말을 들었을 때, "그래, 언제?"라고 하며 약속을 잡으려고 들면 많은 사람은 당황한다. 기대했던 친밀도의 수준을 넘어섰기 때문이다. ㉡ 친밀도는 만남이 지속됨에 따라 일반적으로 증가하지만, 우리는 적정 수준의 친밀도를 원하고 그것을 넘어서면 불편해한다. ㉢ 사람들은 자신이 원하는 수준에 대해서는 민감하지만, 관계의 상대방이 원하는 수준에 대해서는 깊이 생각하지 않는 경우가 많다.

	㉠	㉡	㉢
①	그러니까	한편	하지만
②	말하자면	그래도	차라리
③	결과적으로	반면	대신에
④	다시 말해	물론	그런데

017
글쓴이의 견해에 부합하지 않는 것은?

제품에 대한 최종 소비자의 수요는 그 변동 폭이 크지 않다. 그러나 소매상, 도매상, 완제품 제조업자, 부품 제조업자 등 공급 사슬을 거슬러 올라갈수록 변동 폭이 크게 확대되는 현상이 발생한다. 이처럼 공급 사슬에서 최종 소비자로부터 멀어질수록 수요와 재고의 불안정성이 확대되는 현상을 채찍 효과라 한다. 이 같은 이름이 붙여진 이유는 수요 변동의 단계적 증폭 현상이 마치 긴 채찍을 휘두를 때 손잡이 부분에 작은 힘만 가해도 끝부분에서는 큰 파동이 생기는 것과 유사한 양상을 보이기 때문이다.

1971년부터 1995년까지의 미국 자동차 산업 및 자동차 장비 산업을 분석한 앤더슨(Anderson)의 실증 분석은 채찍 효과에 관한 흥미로운 자료를 제시하고 있다. 즉 25년간 국내 총생산(GDP)은 일반적으로 2~3%의 범위에서 변동했는데, 자동차 산업의 매출은 최대 25% 내에서 등락을 보였고, 장비 산업은 최대 75%나 변화했다. 공급 사슬에서 채찍 효과가 발생하는 원인은 무엇보다도 수요 예측상의 문제점들 때문이다. 기업은 제품 수요 예측, 생산 규모 계획, 재고 조정 등 다양한 경영 기획 활동에 고객들의 제품 주문량을 중요한 정보로 활용한다. 그러나 제품 주문량은 현재의 실제 수요를 정확하게 반영한다고 말하기 힘들다. 주문은 미래의 예측 수요 및 안전 재고의 합이기 때문이다.

① 자동차 산업보다는 장비 산업이 공급 사슬의 상단에 위치한다.
② 수요 예측은 미래를 예상하는 것이기 때문에 정확하게 이루어지기 어렵다.
③ 제품을 실제 소비하는 쪽의 수요 변동 폭은 도매상의 주문 변동 폭보다 크지 않다.
④ 채찍 효과가 발생할 경우, 수요의 변화가 미미할수록 공급 사슬의 혼란은 가중된다.

018

다음 글에 대한 이해로 가장 적절한 것은?

> 그는 피아노를 향하여 앉아서 머리를 기울였습니다. 몇 번 손으로 키를 두드려 보다가는 다시 머리를 기울이고 생각하고 하였습니다. 그러나 다섯 번 여섯 번을 다시 하여 보았으나 아무 효과도 없었습니다. 피아노에서 울려 나오는 음향은 규칙 없고 되지 않은 한낱 소음에 지나지 못하였습니다. 야성? 힘? 귀기? 그런 것은 없었습니다. 감정의 재뿐이 있었습니다.
> "선생님, 잘 안 됩니다."
> 그는 부끄러운 듯이 연하여 고개를 기울이며 이렇게 말하였습니다.
> "두 시간도 못 되어서 벌써 잊어버린담?"
> 나는 그를 밀어 놓고 내가 대신하여 피아노 앞에 앉아서 아까 베낀 그 음보를 펴 놓았습니다. 그리고 내가 베낀 곳부터 다시 시작하였습니다.
> 화염! 화염! 빈곤, 주림, 야성적 힘, 기괴한 감금당한 감정! 음보를 보면서 타던 나는 스스로 흥분이 되었습니다.
> 즉 그때에 그가 갑자기 달려들더니 나를 떠밀쳐 버렸습니다. 그리고 자기가 대신하여 앉았습니다.
> 의자에서 떨어진 나는 너무 흥분되어 다시 일어날 힘도 없이 그 자리에 앉은 대로 그의 양을 쳐다보았습니다. 그는 나를 밀쳐 버린 다음에 그 음보를 들고서 읽기 시작하였습니다. 아아 그의 얼굴! 그의 숨소리가 차차 높아지면서 눈은 미친 사람과 같이 빛을 내기 시작하였습니다. 그러더니 그 음보를 홱 내어던지며 문득 벼락같이 그의 두 손은 피아노 위에 덧 업혔습니다.
> — 김동인, 「광염 소나타」에서 —

① '그'는 귀기 넘치는 자신의 연주에 불만을 드러내었다.
② '그'는 자신의 음악을 기억하지 못함을 당당하게 여겼다.
③ '나'의 연주를 못마땅하게 생각했던 '그'는 '나'를 밀쳐냈다.
④ '나'는 '그'의 음악을 따로 기록해 두었다가 그것을 재현했다.

019

밑줄 친 한자성어의 표기가 적절한 것은?

① 인간들은 자연을 인간을 위한 이용후생(利用後生)의 대상으로 삼았다.
② 상황이 너무 급박하여 좌고우면(左顧右眄)의 겨를도 없이 일을 결정해 버렸다.
③ 적군에게 부하를 잃은 그는 절치부심(切齒府心)을 하며 복수의 마음을 불태웠다.
④ 우리의 거사는 기호지세(氣虎之勢)의 형국이니 목적을 달성할 때까지 버텨야 한다.

020

다음 글을 통해 추론한 것으로 적절하지 않은 것은?

> 과거의 기업은 프로젝트 진행을 위한 자금이 부족한 경우, 은행에서 대출을 받거나 전문 투자자의 지원을 받아야만 했다. 그렇지 못하면 프로젝트를 일시적으로 중단하거나 아예 포기해야 했다. 그러나 오늘날에는 크라우드 펀딩을 통해 이러한 문제를 해결할 수 있다. 크라우드 펀딩이란 군중으로부터 자금을 조달받는 것으로, 온라인 플랫폼을 통해 불특정 다수로부터 프로젝트에 필요한 자금을 지원받는 것을 말한다. 이를 통해 기업과 개인은 사업의 기반을 마련할 수 있으며, 또 다른 누군가는 비전을 갖춘 일에 투자하여 금전적 보상을 기대하거나, 기부 형식의 후원을 통해 가치 있어 보이는 일에 금전적 도움을 줄 수 있다.
> 크라우드 펀딩에서 모금자들은 전 세계에 있는 사람들에게 프로젝트의 의의와 모금의 취지 등을 설명한다. 그리고 후원자들은 세계 곳곳에서 벌어지는 프로젝트들을 이해하고, 기대에 따라 협력 여부를 결정한다. 이러한 점에서 크라우드 펀딩은 모금이 필요한 이들에게는 자본을 얻을 기회를 제공하고, 투자 대상을 찾고 있던 이들에게는 보다 넓은 범위의 아이디어를 접할 기회를 제공하는 일이라 할 수 있다. 즉, 크라우드 펀딩은 소셜 네트워킹과 벤처 자본주의의 융합과 같다. 소셜 네트워킹이 인터넷망에서 벌어지는 사람들 간의 의사소통 및 상호 작용의 규칙을 마련한 것처럼, 크라우드 펀딩은 미래 기업들의 자금 마련 방법과 규칙을 다시 정립할 수 있는 것이다. 이를 활용한다면 기업들은 더 이상 고정된 소수의 투자자에게 의존하지 않아도 될 것이다.

① 기업의 프로젝트의 내용이 매력적이지 않으면 크라우드 펀딩에 실패할 수도 있겠군.
② 우수한 아이디어만 있다면 기업가가 아닌 개인도 크라우드 펀딩을 활용하여 사업을 벌일 수 있겠군.
③ 크라우드 펀딩으로 인해 기업에 투자하는 대상의 범위가 소수의 전문 투자자에서 불특정 다수로 확장되겠군.
④ 크라우드 펀딩을 통해서라면 프로젝트의 성공 가능성을 예상하지 못하는 개인도 투자에 따른 손해를 방지할 수 있겠군.

모의고사 05회

001
다음 내용을 근거로 할 때, 단어의 구성이 '달리기'와 같은 것은?

> 파생어는 어근과 접사가 결합한 말이다. 어근에는 여러 가지 품사의 말이 쓰일 수 있다. 예를 들어 '가위질'은 접사 '-질'이 명사 어근 '가위'에 붙어 명사가 된 것, '헛디디다'는 접사 '헛-'이 동사 어근 '디디-'에 붙어 동사가 된 것, '새까맣다'는 접사 '새-'가 형용사 어근 '까맣-'에 붙어 형용사가 된 것이다.

① 걸음   ② 날고기   ③ 넓이   ④ 오뚝이

002
가장 자연스러운 문장은?

① 요즘 들어 쌍무지개가 자주 보인다.
② 열이 나면 가능한 빨리 병원에 가야 한다.
③ 꼭 하고 싶었던 말은 언제나 용기를 잃지 않기를 바란다.
④ 다이어트에 성공하려면 식단과 운동을 열심히 해야 한다.

003
다음 대화 참여자들의 말하기 방식으로 적절하지 않은 것은?

> **현우:** 나 좋아하는 사람이 있는데 연애를 하면 학업에 소홀해지지 않을까 걱정이야. 나만 그렇게 생각하는 걸까?
> **지은:** 나도 지금은 학업에 집중하기 위해 연애를 미뤄야 한다고 생각해. 연애를 하면 성적이 떨어질 거야.
> **성민:** 연인이 생기면 서로를 응원하면서 학업으로 인한 스트레스를 이겨내고, 성적이 떨어지지 않을 수도 있잖아?
> **지은:** 그럴 수 있을까? 그런데 우리 언니만 보더라도 남자친구가 생긴 이후로부터 성적이 꽤 많이 떨어졌어.
> **성민:** 사람마다 다를 수 있잖아. 연애도 중요한 경험이야. 현우가 노력한다면 학업과 연애 둘 다 잘할 수 있을 거야.

① '지은'은 첫 번째 발화에서 '현우'의 생각에 동의하고 있음을 드러내고 있다.
② '성민'은 첫 번째 발화에서 '지은'이 한 주장의 타당성에 의문을 제기하고 있다.
③ '지은'은 두 번째 발화에서 언니의 사례를 들어 자신의 주장을 강화하고 있다.
④ '성민'은 두 번째 발화에서 '지은'의 의견을 수용하여 자신의 의견을 수정하고 있다.

004
표준어 규정에 맞는 것만으로 묶은 것은?

① 끄나풀, 깡충깡충, 허드레, 짓무르다
② 수평아리, 담쟁이덩쿨, 또아리, 천장
③ 숫염소, 으례, 귀이개, 나무래다
④ 사글세, 부조돈, 웃어른, 귀띔

005
다음 작품에서 화자가 말하고자 하는 바로 가장 적절한 것은?

> 죽을 고생 하는 사람 칠팔십도 살아 있고
> 부귀 호강 하는 사람 이팔청춘 요사하니
> 고생하는 사람 덜 사잖코 호강하는 사람 더 사잖네
> 고생이라도 한이 있고 호강이라도 한이 있어
> 호강살이 제 팔자요 고생살이 제 팔자라
> 남의 고생 꿔다 하나 한탄한들 무엇할고
> 내 팔자가 사는 대로 내 고생이 닿는 대로
> 좋은 일도 그뿐이요 그른 일도 그뿐이라
> 춘삼월 호시절에 화전놀음 왔거들랑
> 꽃빛을랑 곱게 보고 새소리는 좋게 듣고
> 밝은 달은 예사로 보며 맑은 바람 시원하다
> 좋은 동무 좋은 놀음에 서로 웃고 놀다 보소
>
> - 작자 미상, 「덴동어미화전가」 -

① 자신에게 주어진 운명에 만족하고 살아야 한다.
② 항상 근면 성실하게 살면서 안분지족하여야 한다.
③ 아무리 좋은 일을 당하였더라도 마냥 좋아해서는 안 된다.
④ 남이 잘못했더라도 남을 원망하지 않고 포용할 수 있어야 한다.

006

밑줄 친 부분의 한자 표기가 잘못된 것은?

① 일의 자초지종을 세세히 보고(報告)하였다.
② 파업 직전에 노사 교섭(敎涉)이 타결되었다.
③ 그는 묻는 말에 무어라고 응답(應答)하지 않고 딴전을 피우고 있다.
④ 그 사건과 관련된 자료들은 이미 파기(破棄)되어 남은 것이 하나도 없었다.

007

㉠~㉣ 중 통일성에서 어긋나는 것은?

> 한국인은 예로부터 정착 생활을 요하는 농경 사회를 유지해 왔다. ㉠그래서 한국인은 개인보다는 집단의 이익을 중시하는 공동체 사회를 지향해 왔다. ㉡"팔은 안으로 굽는다."라는 속담처럼 한국인의 행동은 연줄 의식에 의해 지배받는다. 연줄 의식은 기계적이지 않고 따뜻한 인간미가 있는 사회를 건설하는 데 필요하다. ㉢한국인은 향약, 두레, 품앗이, 계 등 공동체 사회를 위한 덕목을 많이 지니고 있었다. ㉣한국인이 전통적인 생업으로 삼아 온 벼농사는 한국 문화의 근간이었다. 그래서 한국인은 한 마을에서 수십 대를 대대로 살아왔고 그 고향 땅에 묻혀왔기로 고향 의식은 유별나게 강할 수밖에 없었다.

① ㉠   ② ㉡   ③ ㉢   ④ ㉣

008

㉠~㉣에 대한 설명으로 적절하지 않은 것은?

> 흙이 풀리는 내음새
> 강바람은
> 산짐승의 우는 소릴 불러
> 다 녹지 않은 얼음장 울멍울멍 떠내려간다.
>
> 진종일
> ㉠나룻가에 서성거리다
> 행인의 손을 쥐면 따뜻하리라.
>
> 고향 가까운 주막에 들러
> 누구와 함께 지난날의 꿈을 이야기하랴.
> 양구비 끓여다 놓고
> ㉡주인집 늙은이는 공연히 눈물지운다.
>
> 간간이 잔나비 우는 산기슭에는
> 아직도 무덤 속에 조상이 잠자고
> 설레는 바람이 가랑잎을 휩쓸어간다.
>
> 예 제로 떠도는 장꾼들이여!
> 상고(商賈)하며 오가는 길에
> ㉢혹여나 보셨나이까.
>
> 전나무 우거진 마을
> 집집마다 누룩을 디디는 소리, ㉣누룩이 뜨는 내음새……
>
> – 오장환, 「고향 앞에서」 –

① ㉠: 고향을 그리워하는 화자의 마음이 드러나는 공간이다.
② ㉡: 고향을 잃은 화자의 처지와 대비되는 인물이다.
③ ㉢: 고향을 그리워하는 화자의 태도를 드러낸다.
④ ㉣: 화자의 마음속 고향의 이미지를 환기한다.

009
밑줄 친 외래어 표기가 옳은 것은?

① 생일에 <u>케잌</u>이 없으면 섭섭하지.
② 다양한 <u>컨텐츠</u>를 제공하여 구독자가 늘었다.
③ 그 영화는 결말의 잔잔한 <u>내레이션</u>이 감동적이다.
④ 매년 기후 변화 문제에 관한 <u>심포지움</u>이 개최된다.

010
다음 글에 대한 설명으로 적절하지 않은 것은?

> '도스 공격'은 여러 명의 공격자가 특정 웹 사이트에 동시에 접속하여 단시간 내에 과부하를 일으키는 행위를 뜻한다. 도스 공격에서 많이 이용되는 것이 핑 공격이다. 핑 공격은 수십에서 수백 명에 달하는 공격자가 동시에 지속적으로 핑 명령어를 실행하기 때문에 서버나 네트워크가 신호나 명령을 감당할 수 없게 되는 것이다. 핑 공격을 당하면 서버가 마비되는 일이 발생하므로, 대부분의 웹 사이트는 반복적인 대량의 패킷에 응답하지 않도록 설정하여 핑 명령어를 차단한다.

① 인과의 방식을 통해 문제 상황을 제시한다.
② 개념을 정의하여 어려운 어휘를 쉽게 풀이한다.
③ 문제의 원인을 분석하고 해결책을 설명하고 있다.
④ 구체적 예를 통해 문제의 심각성을 상세히 전달한다.

011
다음 글에 대한 이해로 적절하지 않은 것은?

> 춘풍이 반기면서,
> "그 사이에 잘 있었는가?"
> 하고, 열두 바리 실은 돈을 장사에서 남긴 듯이 여기저기 들여놓고 의기양양하는구나. 춘풍에게 차담상을 별나게 차려 들이거늘, 춘풍이 온 교태(驕態)를 다할 적에 기구하고 볼 만하다. 콧살도 찡그리며 입맛도 다셔 보고 젓가락도 휘저으며 하는 말이,
> "생치(生雉) 다리도 덜 구워졌으며. 자반에도 기름이 적고, 황육(黃肉)조차 맛이 적다. 평양으로 갈까 보다. 호조 돈 아니었더라면 올라오지 아니했지. 내일은 호조 돈을 다 바치고 평양으로 내려갈 제, 너도 함께 따라가서 평양 감영 소가(小家) 집의 그 음식 먹어 보소."
> 온갖 교만 다할 적에, 춘풍 아내 춘풍을 속이려고 황혼을 기다려서 여자 의복 벗어 놓고, 비장 의복 다시 입고 흐늘거리며 들어오니, 춘풍이 의아하여 방 안에서 주저주저하는지라. 비장이 호령하되,
> "평양에 왔던 일을 생각하라. 네 집에 왔다 한들 그다지 거만하냐?"
> 춘풍이 그제야 자세히 본즉, 과연 평양에서 돈 받아 주던 회계 비장이라. 깜짝 놀라면서 문밖에 뛰어내려 문안을 여쭈오되, 회계 비장 하는 말이,
> "평양에서 맞았던 매가 얼마나 아프더냐?"
> 춘풍이 여쭈오되,
> "어찌 감히 아프다 하오리까? 소인에게는 상(賞)이로소이다."
> 회계 비장 하는 말이,
> "평양에서 떠날 적에 너더러 이르기를, 돈을 싣고 서울로 올라오거든 댁에 문안하라 하였더니, 풍문에 소식 들리기를 매일 기다리다가 아까 마침 남산 밑에 박 승지 댁에 가 술을 먹고 대취하여 종일 놀다가 홀연히 네가 왔단 말을 듣고 네 집에 돌아왔으니 흰죽이나 쑤어 달라."
>
> — 작자 미상, 「이춘풍전(李春風傳)」에서 —

① '춘풍'은 장사로 이익을 남긴 체하며 교만한 태도를 보인다.
② '춘풍 아내'는 '비장'의 모습으로 나타나 '춘풍'에게 과거의 잘못을 상기시킨다.
③ '춘풍 아내'는 평양의 일을 언급하며 자신의 행동에 대한 자부심을 드러낸다.
④ '춘풍'은 '비장'의 정체가 '아내'임을 알지 못하고 '비장'의 비위를 맞추는 모습을 보인다.

012

⊙~㉢ 중 문맥적 의미가 다른 하나는?

동양 건축은 내부 공간과 외부 공간의 사이가 깊은 추녀, 기단, 마루의 높이 등에 의해 밀도 있게 이루어지고 있다. 동양 건축은 ⊙허(虛)한 방(房)을 두고 마당을 두어 무 또는 ㉡여백의 미를 주고, 이용자 참여에 의한 건축의 본질이 이루어지도록 한 것이다. 여기에서 허는 실을 유도하는 공간으로, 서양의 빈[空] 공간과는 달리 기(氣)가 있는 공간이다. 즉 동양 건축의 미는 건축물에 있는 것이 아니라 건축물과 자연과의 사이, ㉢건축물과 이용자와의 사이의 설정에 있으며, 자연과 인간에게 개방된 시스템을 지향한다. 이러한 건축의 특수성과 아름다움은 건축 그 자체에 있는 것이 아니라 건물과 환경과의 연결의 특수성, 아름다움에 있는 것이다. 따라서, 동양, 또 한국의 건축에서는 ㉣새로운 형태의 발명, 창조에 의한 절대미의 추구보다, 자연의 기를 파악하고, 자연의 미와 연계시킴으로써 의미와 아름다움을 찾는다.

① ⊙　　② ㉡　　③ ㉢　　④ ㉣

013

다음 글에서 이끌어 낼 수 있는 것은?

일찍이 로마 황제 마르쿠스 아우렐리우스가 마르코만인(人)들과 싸우게 되었을 때, 그는 일 군대를 적지에 파견함에 제하여 그의 병사들에게 말하되 "나는 너희에게 내 사자(獅子)를 동반시키노라!"라고 하였다. 이에 그들은 수중지대왕(獸中之大王)이 반드시 적지 않은 조력을 할 것임을 확신한 것이었다. 그러나 많은 사자가 적군을 향하여 돌진하였을 때 어떤 마르코만인들은 물었다. "저것이 무슨 짐승인가?" 하고, 옆에 있던 마르코만인이 그 질문에 대하여 왈 "그것은 개다. 로마의 개다!" 하였다. 여기서 힘을 얻은 사람들은 미친개를 두드려 잡듯이 사자를 쳐서 드디어 싸움에 이겼다.

① 지휘관의 리더십이 전쟁의 승패를 좌우할 수 있다.
② 아무리 강대한 적이라도 힘을 합치면 극복할 수 있다.
③ 전쟁에 승리하기 위해서는 전술보다 전략이 더 중요하다.
④ 대상을 어떻게 인식하느냐에 따라 태도가 달라질 수 있다.

014

다음 글에 나타난 '순자'의 생각으로 적절하지 않은 것은?

유교에서 '성인'은 인간이 지향해야 할 이상적인 상태를 의미한다. 순자는 누구나 '심(心)'을 수양하면 이러한 성인의 경지에 이를 수 있다고 보았다. 순자에 따르면 심은 도덕적 행위의 기준이 되는 '도(道)'를 인식하고 실천하는 주체이다. 즉, 심은 인간의 욕망을 다스려 인간이 도덕적으로 행동할 수 있도록 이끌어 주는 역할을 하는 것이다. 그런데 심은 불안정하여 외부 사물의 방해를 받아서 편견(偏見)에 빠지기 쉽다. 인간의 심이 편견에 빠지면 도를 제대로 보지 못해 도덕적으로 행동하는 주체가 되지 못한다. 순자는 이렇게 심이 올바르게 작용하지 못하는 상태를 '폐(蔽)'라고 규정했다. 그런데 한 사람의 심이 폐의 상태가 되면, 이것이 다른 사람에게 영향을 주어 그를 혼란에 빠뜨리고, 결국 인간의 사회적 관계를 어긋나게 하여 사회적 혼란을 야기할 수 있다. 이런 문제의 해결책으로 순자는 인간이 끊임없이 수양을 해야 한다고 보았다.

① '도'는 인간의 도덕적 행위의 기준이다.
② '심'을 억압하지 않아야 편견에 빠지지 않을 수 있다.
③ '심'이 '폐'의 상태가 되지 않기 위해서 지속적인 수양이 필요하다.
④ '심'이 제대로 작용하지 않으면 비도덕적 행동으로 이어질 수 있다.

015
다음 글의 내용을 뒷받침하기에 가장 적절한 사례는?

> 사회화는 우리가 출생 후 자신이 속한 사회의 문화를 내면화함으로써 인성을 발전시키는 끊임없는 연속 과정이다. 아기 때 언어를 배우고 걸음마를 익히며 대소변을 가리는 일부터 시작해서 학생이나 직장인이 되고, 결혼을 해서는 남편과 아내 그리고 아버지와 어머니가 되어 가는 새로운 상황에 따라 우리는 끊임없이 새로운 역할과 새로운 생활 형태를 배우고 내면화시킨다. 따라서 어느 특정 개인의 사회화 과정은 그가 구체적으로 어떤 사회적 상황을 겪어 왔는가를 살펴보지 않고서는 알 수가 없다.

① 일란성 쌍둥이가 각각 다른 나라에 입양된 후 성인이 되면 각각 다른 사고방식을 가지게 된다.
② 유대인들은 한때 세계 각지에 흩어져 살았지만 자신들의 가치관을 유지하면서 민족성을 잃지 않았다.
③ 남녀 간에 선천적으로 나타나는 생물학적 차이로 인해 이상적인 양성평등 사회를 구축하기는 쉽지 않다.
④ 지리적으로 유사한 환경에 속한 두 부족의 문화적 관습을 조사해 본 결과 서로 간의 유사점이 발견되었다.

016
토론 규칙에 대한 설명으로 적절하지 않은 것은?

① 토론 전에 찬성 측과 반대 측을 나누고 토론 주제와 규칙을 숙지해야 한다.
② 입론 과정에서는 분명한 근거를 들어 자신의 주장이 뚜렷하게 드러나도록 말해야 한다.
③ 반론 과정에서는 자신이 주장한 내용에 대하여 잘못된 근거나 자료를 수정해야 한다.
④ 최종 변론 과정에서는 전 과정을 종합하여 자신의 주장과 타당한 근거를 들어 강조해야 한다.

017
밑줄 친 부분의 이유로 가장 적절한 것은?

> 100명의 화가를 한 방에 모아두고 똑같은 대상을 그리도록 요청했다고 해 보자. 어떤 그림을 얻을 수 있는가? 아무리 대단한 화가들을 불러 모았다고 하더라도 100개의 그림 중 완벽하게 일치하는 그림은 없을 것이다. 그림을 마주하는 이들이 이 점을 명심한다면, 각자가 가진 독특한 예술성을 그림으로 나타내는 것에 있어서 훨씬 더 많은 즐거움을 누릴 수 있을 것이다. 어떤 사람이 특정한 대상을 그림으로 나타내고자 한다면, 그는 대상을 자신만의 방식으로 표현하는 유일한 예술가가 된다. 그리고 다른 사람이 동일한 대상을 그린다고 한다면, 그 사람 역시 유일한 예술가가 될 것이다. 따라서 올바르게 그림을 그리는 방법이 무엇인지를 고민하는 것이 아니라, 당신이 어떻게 그림을 그리는지를 탐구해야 한다. 당신이 좋아하는 색감과 표현을 연구하고, 대상을 바라보는 시각을 이해해야 한다. 자신만의 방식을 발전시키는 것이 곧 능력의 성장을 의미하기 때문이다.

① 대상이 지닌 예술성을 그림으로 나타내기 때문이다.
② 대상과 완벽하게 일치하는 그림을 그리기 때문이다.
③ 자신만의 독특한 방식으로 대상을 표현하기 때문이다.
④ 대상을 바라보는 자신만의 시각을 연구하기 때문이다.

018

⊙~ⓔ에 대한 설명으로 적절하지 않은 것은?

S# 118. 윤 씨의 방
⊙윗목에 무릎 꿇고 앉은 준구.

준구: 제가 기별해서 집을 팔아 그간의 부채를 정리하라고 했사온 바 집을 방매하고 앞으로의 생계가 막막하여 당분간만 아주 머니께 폐를 끼치려고 내려오라고 기별했사옵니다.
윤 씨: ……
ⓛ소리: 울 아씨 마님께서 인사드리러 드셨습니다.

삼월이가 열어 주는 문으로 홍 씨가 들어선다. 옥색 항라 치마저고리 옷고름에는 남빛 오장수술에 밀화장도. 손에는 옥가락지 끼고 검정 자주의 감 댕기를 감은 쪽에는 옥비녀에 비취로 된 나비잠 말뚝잠 어느 유족한 사대부집 부인 못지않다. 홍 씨는 윤 씨 부인에게 절을 올린다.

윤 씨: 먼 길 오느라 수고가 많았네.
준구: 젊은이들이 뭘요.
윤 씨: 거처할 곳이 만만치 않을 것 같은데.
준구: ⓒ네?
윤 씨: 우선 비어 있는 사랑 협실도 있고 하니 그 방을 쓰는 게 어떨까? 차차 마련토록 하고.
준구: 네, 네. 그거야 뭐.
윤 씨: 그럼 물러가서 쉬도록 하게.

S# 119. 안채-사랑채
준구와 홍 씨가 물러나온다.

홍 씨: 아녀자가 어떻게 사랑에서 거처하겠소?
준구: 쉿! 차차 마련토록 하신다 하셨잖소.
홍 씨: ⓔ별당, 그곳을 썼으면 뜰도 시원하고 연당도 있어서 좋던데.
준구: 거긴 안 될 게요. 서희 있는 곳이라.
홍 씨: 할머님 옆에 오면 될 거 아니오? 안채도 넓어서 별유천지 같은데.
준구: 며칠만 참으시오.
홍 씨: 안 오겠다는 사람을 천 리 길을 오게 해 놓고……

- 박경리 원작·이형우 각색, 「토지」에서 -

① ⊙: '윤 씨'와 '준구' 사이에 존재하는 가문의 위계와 질서를 보여준다.
② ⓛ: '준구'의 대화와 관련되어 '홍 씨'의 등장을 예고하는 장면 밖의 목소리이다.
③ ⓒ: 기대하지 않았던 처우를 베푼 '윤 씨'에게 감사해하는 '준구'의 심리를 암시하는 발화이다.
④ ⓔ: '서희'가 생활하는 공간으로, 가문 내에서 '서희'가 갖는 지위를 드러낸다.

019

밑줄 친 한자성어의 쓰임이 적절하지 않은 것은?

① 회사에서 인원 감축이 있을 거란 소문이 돌자 모두 痴人說夢이었다.
② 세속에서 초탈한 스님은 모든 욕심을 버리고 明鏡止水와 같은 마음으로 살아간다.
③ 이사장의 아들인 권 과장은 동료는 물론이고 상사에게까지도 眼下無人으로 굴었다.
④ 지역 개발을 앞세워 환경 파괴를 일삼는다면 이는 本末顚倒한 처사라 아니 할 수 없다.

020

다음 글을 읽고 추론한 내용으로 적절하지 않은 것은?

플라톤주의는 수학적 대상들과 같은 추상적 존재자들이 비록 시공간 안에는 존재하지 않지만, 인식 주체와 독립적으로 그리고 객관적으로 존재한다는 입장을 말한다. 추상적 존재자의 예로 적어도 다음 세 가지를 들 수 있다. 수학적 대상, 속성, 명제가 그것이다. 예컨대 수 3은 단순히 칠판이나 종이에 쓰인 눈에 보이는 기호를 의미하지 않고, 추상적 존재자로서 수학적 대상이다. 이러한 대상들은 우리가 생각하지 않는다고 없어지거나 생각한다고 생성되는 존재가 아니며, 시공간 안에 존재하지도 않는다. 플라톤주의자들은 예컨대 푸른 하늘, 푸른 지붕, 푸른 공이 물리 세계에 있다는 것에서 더 나아가 '푸름'이라는 속성이 존재한다고 믿는다. 물론 오늘날 플라톤주의자들은 속성과 대상 간의 인과 관계를 인정하지 않지만, 속성은 추상적 존재자로서 시공간 밖에 존재하며 푸른 사물들은 이 속성이 예로 나타난 것으로 본다. 또한 이에서 더 나아가 '…은 …의 동쪽에 있다'와 같은 관계도 추상적 존재자로 받아들인다. 명제들 역시 플라톤주의자들에게는 추상적 존재자들이다. 그들에 따르면 명제는 머릿속에 있는 관념과는 구별되는 것으로 명제 자체는 비물리적이고 비정신적인 것으로 시공간을 벗어나 있다고 본다.

① 플라톤주의에 따르면 명제는 이를 파악하는 주체가 없어도 존재한다.
② 플라톤주의에 따르면 '푸름'이라는 속성은 현실을 초월해 존재한다.
③ 플라톤주의에 따르면 추상적인 수학적 대상이 존재한다면, 그것은 시공간 밖에 존재한다.
④ 플라톤주의에 따르면 '…는 …의 아버지이다'라는 관계는 아버지가 아이를 얻을 때 생겨난 것이다.

모의고사 06회

001
밑줄 친 부분에 해당하는 표현으로 옳은 것은?

> 청유문은 화자가 청자에게 같이 행동할 것을 요청하는 문장이다. 즉, 청유문은 청유형 어미 '-자', '-(으)ㅂ시다' 등이 붙는 서술어의 행동을 화자와 청자가 공동으로 하도록 유발하는 것이다. 그러나 간혹 청자만 행하기를 바라거나 화자만 행하기를 바랄 때에도 쓰인다.

① (버스에서 문 앞에 있는 사람에게) 좀 내립시다.
② (철수네 집 앞에서 수지가) 철수야, 학교 가자.
③ (선생님이 지각한 학생에게) 빨리 좀 다니자.
④ (늦은 밤 시끄러운 옆집 사람에게) 잠 좀 잡시다.

002
밑줄 친 부분이 어법에 맞지 않는 것은?

① 비를 흠뻑 맞고 이틀날 앓아누웠다.
② 배불뚝이 배낭을 메고 산에 올라갔다.
③ 섣부른 행동으로 괜한 오해를 사지 마라.
④ 실망하지 말고 오뚝이처럼 다시 일어서자.

003
㉠, ㉡에 들어갈 한자를 순서대로 바르게 나열한 것은?

> ○ 막강한 영향력을 행사(㉠)하여 사건을 종결시켰다.
> ○ 그녀는 회의 때마다 참신(㉡)한 아이디어를 낸다.

	㉠	㉡
①	行事	斬新
②	行使	斬新
③	行事	參新
④	行使	參新

004
밑줄 친 부분이 바르게 쓰이지 않은 것은?

① 핸드폰을 보며 걷다가 문에 머리를 부딪쳤다.
② 발표를 들어보니 책꽤나 읽은 것 같아.
③ 싱그러운 봄나물이 입맛을 돋우었다.
④ 저 산 너머 작은 마을이 있다.

005
다음 대화 상황에서 의사소통 장애가 일어났다고 한다면, 그 이유로 가장 적절한 것은?

> 학생 1: 다음 수업에 우리가 조별 과제를 발표해야 해. 주제는 '성공한 마케팅 사례 분석'으로 정해졌으니, 역할을 나눠 볼까?
> 학생 2: 그러자. 내가 자료 조사를 할게.
> 학생 3: 그럼, PPT 제작, 발표가 남았네?
> 학생 1: 네가 PPT 제작을 하는 건 어때? 나는 PPT를 잘 다루지 못하거든.
> 학생 3: 그렇구나. 일단 알겠어.
> 학생 2: 그럼, 내가 자료를 조사해서 너한테 넘겨줄게.
> 학생 3: 무슨 소리야. 나보고 PPT 제작을 하라고?
> 학생 2: 조금 전에 알겠다고 한 거 아니야?
> 학생 3: PPT를 잘 다루지 못한다고 해서 대답했을 뿐이야. 내가 발표를 할래.
> 학생 1: 그게 뭐야. 알겠어. 그럼 내가 PPT 정리를 할게. 자료 조사가 되는 대로 나에게 넘겨줘.

① '학생 1'이 권위적으로 역할을 나누려고 했다.
② '학생 1'이 맥락과 관계없는 화제로 전환했다.
③ '학생 2'가 갈등의 책임을 상대에게 전가하려고 했다.
④ '학생 3'이 상대의 질문에 분명하게 반응하지 않았다.

006
(가)와 (나)에 대한 설명으로 가장 적절한 것은?

> **(가)**
> 비 개인 긴 둑에는 풀빛이 짙은데　　　　雨歇長堤草色多
> 그대 보내는 남포엔 슬픈 노래 울리네　　送君南浦動悲歌
> 대동강 물은 어느 때 다 마를 건가　　　　大同江水何時盡
> 해마다 이별의 눈물 푸른 물결에 더하거니　別淚年年添綠波
> 　　　　　　　　　　　　　　　- 정지상,「송인(送人)」-
>
> **(나)**
> 열다섯 어여쁜 아가씨　　　　十五越溪女
> 부끄러워 말도 못하고 헤어졌어라　　羞人無語別
> 돌아와서 중문을 닫고는　　　　歸來掩重門
> 배꽃에 걸린 달 향해 눈물 흘리네　　泣向梨花月
> 　　　　　　　　　　　　- 임제,「무어별(無語別)」-

① 자연물에 의탁하여 이별 상황을 그려내고 있다.
② 도치를 활용하여 임에 대한 사랑을 강조하고 있다.
③ 회상의 방식을 활용하여 이별의 원인을 드러내고 있다.
④ 선경후정의 방식으로 재회에 대한 소망을 드러내고 있다.

007
다음 빈칸에 들어갈 사자성어로 가장 적절한 것은?

> 우리의 새싹들이 올바른 품성과 역량을 갖춰 미래 사회를 주도하는 □□□□이/가 되도록 부모나 기성세대들이 적극적인 관심을 가져야 한다.

① 棟梁之材
② 見蚊拔劍
③ 隔靴搔癢
④ 傍若無人

008
㉠에 들어갈 내용으로 가장 적절한 것은?

> - **주제:** ○○구청 홈페이지 참여 게시판 이용률을 높이자.
> - **실태 파악:** ○○구청 홈페이지 참여 게시판 이용률이 매우 낮음.
> - **문제 인식:** 게시판의 필요성을 못 느끼거나 이용 방법에 문제가 있지 않을까?
> - **조사 내용:** 게시판 필요성에 대한 주민들의 인식, 게시판 이용 방법이나 절차
> - **조사 결과:** 참여 게시판 필요성에 대한 주민들의 인식이 높음. 본인의 실명 확인 및 승인 절차를 반드시 거쳐야 게시판에 글을 올릴 수 있음.
> - **결과 분석:** 주민들의 인식과 이용의 괴리 현상은 게시판에 쉽게 접근할 수 없기 때문임.
> - **서술 방향:** (　　　㉠　　　)

① 참여 게시판 이용률이 저조한 것은 이용이 불편하기 때문임을 밝히고, 이용 절차를 간소화해야 함을 강조한다.
② 참여 게시판 이용률이 높은 다른 구청 홈페이지의 우수 사례를 제시하여 참여 게시판 이용의 필요성을 환기한다.
③ 주민들이 참여 게시판에 대한 필요성을 인식하지 못하는 점을 지적하고, 참여 게시판을 홍보해야 한다는 점을 강조한다.
④ 참여 게시판에 대한 주민들의 무관심을 지적하고, 참여 게시판을 이용하는 것이 주민 생활에 도움이 된다는 점을 일깨운다.

009
㉠~㉢ 중 문맥적 의미가 다른 하나는?

> 여보
> 내 마음은 ㉠유린가 봐 겨울 한울처럼
> 이처럼 작은 한숨에도 흐려 버리니……
>
> 만지면 무쇠같이 굳은 체하니
> 하룻밤 찬 서리에도 ㉡금이 갔구료
>
> 눈포래 부는 날은 소리치고 우오
> 밤이 물러간 뒤면 온 뺨에 ㉢눈물이 어리오
>
> 타지 못하는 정열 박쥐들의 등대
> 밤마다 날아가는 ㉣별들이 부러워 쳐다보며 밝히오
>
> 여보
> 내 마음은 유린가 봐
> 달빛에도 이렇게 부서지니
>
> - 김기림, 「유리창」-

① ㉠   ② ㉡   ③ ㉢   ④ ㉣

010
다음 글에 전제되어 있는 글쓴이의 생각으로 가장 적절한 것은?

> 외래어는 받아들인 쪽의 말 체계뿐만 아니라 그 말을 쓰는 사람의 의식 구조에까지 영향을 미친다. 언어는 그 말을 사용하는 겨레의 몸과 마음 그리고 삶을 총체적으로 반영하기 때문이다. 외래어가 들어와서 원래 있던 토박이말의 자리를 차지하게 되는 과정은 단지 원래 있던 뜻을 다른 소리로 부르게 되는 차원이 아니라 뜻과 소리 두 면에서 전혀 이질적인 요소가 들어오는 것이다. 예를 들어 '쌀' 대신에 '라이스(rice)'라는 단어를 사용할 때, 얼핏 생각하면, '쌀'이 가지고 있던 뜻은 그대로 남고 소리만 [s'al]에서 [rais]로 바뀐 것 같지만 실제로는 그렇지 않다. '라이스'는 '쌀'이 가지고 있던 소리와 뜻뿐 아니라 그 안에 담겨 있던 우리 겨레의 삶과 관련된 많은 부분도 변해 가도록 하는 것이다.

① 언어와 문화는 불가분의 관계에 있다.
② 언어는 시대의 흐름에 따라 변화한다.
③ 언어는 사회 구성원들의 약속 체계이다.
④ 새롭게 탄생된 말은 옛말보다 세력이 강하다.

011
다음 글에 대한 이해로 가장 적절하지 않은 것은?

> 생물학을 비롯한 다른 과학 분야에는 물리학에서 찾아볼 수 없는 문제가 있다. 이 문제를 표현할 적절한 단어가 없기 때문에, 일단은 역사적 질문이라고 해 두자. 만일 우리가 생물학의 모든 것을 이해하게 되었다면, 그다음에는 "지구 위에 그런 생물들이 왜 존재하는가?"에 대해 궁금해질 것이다. 지질학의 경우에도 우리는 산의 생성 과정뿐만 아니라 지구 자체의 생성 과정, 더 나아가서는 은하계의 기원까지도 알고 싶어 한다. 물론 이러한 의문은, "이 세상은 어떤 물질들로 이루어져 있는가?"라는 질문으로 귀결된다. "별들은 어떻게 진화하는가?" 이것은 또 천문학에서 다루어야 할 역사적 질문이다.
>
> 그러나 현시점에서 물리학은 역사적 질문으로 고민하지 않는다. "여기 물리학 법칙이 있다. 그런데 왜 하필 이런 법칙이어야 하는가?" 물리학에서는 이런 식의 질문이 없다. 물론 물리 법칙은 시간과 함께 변할 수도 있다. 만일 이것이 사실로 판명된다면, 물리학의 역사적 질문은 곧 우주의 역사에 대한 질문으로 발전할 것이며, 이때부터 물리학자는 천문학자나 지질학자, 생물학자 등과 동일한 주제를 놓고 대화하게 될 것이다.

① 생물학은 지구 생물의 존재 이유에 대해 역사적 질문을 한다.
② 천문학에서는 별들의 진화 과정에 대해 역사적 질문을 한다.
③ 물리학에서는 물리 법칙과 관련된 역사적 질문을 하지 않는다.
④ 만약 물리 법칙이 불변하면 물리학에서도 역사적 질문을 할 수 있다.

012
다음 글의 결론으로 가장 적절한 것은?

엄격한 규율과 강력한 군주, 풍부한 물자와 호전적인 군대 등 상앙과 한비자에 의해 거듭난 진나라는 마침내 중국 대륙을 통일하였다. 그러나 진나라는 채 20년도 버티지 못하고 무너지고 말았다. 이들이 몰락한 이유는 무엇일까? 바로 개발 독재의 한계에서 찾을 수 있을 것이다. 처음에는 백성들이 배고픔을 이기고 잘살아 보자는 욕망이 크기 때문에 철권통치로 국민을 하나로 묶는 방식이 효과적일 수 있다. 그러나 그 사회가 어느 정도 풍요를 이루게 되면 국민들은 인간다운 삶에 눈뜨기 시작한다. 이런 상황에서는 더 이상 국가의 일방적인 강요, 검소와 내핍의 강조가 통하지 않는다. 개발 독재는 아무리 경제 발전에 기여한다 해도 독재에 지나지 않는다. 국민들의 거부감이 클 뿐만 아니라 결국에는 스스로의 모순 때문에 쇠락의 길을 걷고 만다. 상앙과 한비자의 나라인 진나라의 화려한 성장과 비참한 몰락은 우리에게 뼈아픈 가르침을 주고 있다.

① 백성들의 배고픔을 활용해야 경제적 성장을 거둘 수 있다.
② 엄격한 규율로 백성과 나라를 다스릴 때 부국강병 할 수 있다.
③ 위정자가 검소한 삶을 추구해야 나라의 안정을 담보할 수 있다.
④ 국민의 질적 삶에 대한 욕구를 충족시켜 줄 정치 체제가 필요하다.

013
다음 글에 대한 이해로 적절하지 않은 것은?

사회 계층은 일반적으로 소득 수준에 따라 상·중·하의 세 층으로 구분된다. 이 가운데 중간층은 상·하층 사이의 완충 지대로서 사회 안정과 발전에 중요한 역할을 한다. 한편 개인이 느끼는 계층적 소속감을 계층 귀속 의식이라고 하는데, 중간층 귀속 의식이 하층으로 확산될수록 사회는 그만큼 안정을 유지할 가능성이 높다.

중간층은 시대에 따라 많은 변화를 겪었다. 산업 자본주의 이전에는 자영업자나 소규모 사업가를 중심으로 중간층이 형성되어 있었다. 그러나 19세기 중반 이후 산업 자본가들이 크게 성장하면서, 중간층은 경쟁에서 밀려나고 상당수의 사람들이 하층으로 몰락하는 양극화 현상이 나타나기 시작했다. 이로 인해 사회 안정이 위협받게 되자, 일부 국가에서는 사회 보장 제도를 도입하여 위기에 대처하려고 하였다.

20세기에 접어들어 기업의 규모가 커지고 대량 생산이 이루어지면서 소유와 경영의 분리가 급진전되었다. 이에 따라 기업의 효율적 운영에 필요한 중간 관리자나 사무직이 증가하면서 이들이 중간층의 주축으로 성장하였다.

① 중간층은 사회 구조를 공고히 하는 데 중요한 역할을 한다.
② 하층이 중간층이라고 생각할수록 사회의 안정이 공고화된다.
③ 20세기에 기업의 규모가 커지면서 중간층의 성장이 가팔라졌다.
④ 소규모 사업가 중심으로 중간층이 형성되면서 양극화 현상이 심화되었다.

014
다음 글에 대한 설명으로 적절하지 않은 것은?

벚나무 아래에 긁어모은 낙엽의 산더미를 모으고 불을 붙이면, 속엣것부터 푸슥푸 타기 시작해서, 가는 연기가 피어오르고, 바람이나 없는 날이면, 그 연기가 낮게 드리워서, 어느덧 뜰 안에 가득히 담겨진다. 낙엽 타는 냄새같이 좋은 것이 있을까. 갓 볶아낸 커피의 냄새가 난다. 잘 익은 개암 냄새가 난다. 갈퀴를 손에 들고는 어느 때까지든지 연기 속에 우뚝 서서, 타서 흩어지는 낙엽의 산더미를 바라보며, 향기로운 냄새를 맡고 있노라면, 별안간 생활의 의욕을 느끼게 된다. 연기는 몸에 배서 어느 결엔지 옷자락과 손등에서도 냄새가 나게 된다.

나는 그 냄새를 한없이 사랑하면서 즐거운 생활감에 잠겨서는 새삼스럽게 생활의 제목을 진귀한 것으로 머릿속에 떠올린다. 음영과 윤택과 색채가 빈곤해지고 초록이 전혀 그 자취를 감추어 버린 꿈을 잃은 허전한 뜰 복판에 서서, 꿈의 껍질인 낙엽을 태우면서 오로지 생활의 상념에 잠기는 것이다. 가난한 벌거숭이의 뜰은 벌써 꿈을 꾸기에는 적당하지 않은 탓일까? 화려한 초록의 기억은 참으로 멀리 까마득하게 사라져 버렸다. 벌써 추억에 잠기고 감상에 젖어서는 안 된다.

가을이다! 가을은 생활의 계절이다. 나는 화단의 뒷바라지를 깊게 파고 다 타 버린 낙엽의 재를 – 죽어 버린 꿈의 시체를 – 땅속 깊이 파묻고, 엄연한 생활의 자세로 돌아서지 않으면 안 된다. 이야기 속의 소년같이 용감해지지 않으면 안 된다.

– 이효석, 「낙엽을 태우면서」에서 –

① 다양한 감각적 이미지로 배경을 드러내고 있다.
② 의문형 표현으로 글쓴이의 상념을 드러내고 있다.
③ 영탄적 표현으로 계절감을 강하게 드러내고 있다.
④ 청자를 호명하는 방식으로 삶에 대한 무상감을 드러내고 있다.

015

다음 (가)에 이어지는 (나)~(마)의 순서를 문맥에 맞게 배열한 것은?

> (가) 때때로 우리는 누군가의 말을 들을 때에 잘 집중하지 못하고 상황을 산만하게 느끼기도 한다.
> (나) 질문을 하며 듣는다는 것은 자연스럽게 상대의 말을 적극적으로 듣게 만드는 효과가 있다.
> (다) 따라서 상대방의 이야기가 아니라 우리는 스스로의 이야기에 집중하게 되며 이해력을 향상시킨다.
> (라) 이런 경우의 문제는 궁금한 점에 대해 질문을 하며 상대의 말을 들음으로써 해결할 수 있다.
> (마) 그뿐만 아니라 질문을 하며 들으면 우리 머릿속에서 듣는 내용과 관련된 자신만의 이야기를 구성할 수 있다.

① (나) – (마) – (라) – (다)
② (다) – (라) – (마) – (나)
③ (라) – (나) – (마) – (다)
④ (마) – (다) – (나) – (라)

016

다음 글의 맥락을 고려할 때 빈칸에 들어갈 말로 가장 적절한 것은?

> 독서의 과정이 필자와 독자의 상호 작용의 과정이기는 하지만 독자의 입장에서는 책을 통해 필자의 견해를 미루어 짐작하는 정도에서 그치며, 글의 내용에 대해 필자와 의견을 나누는 것은 쉬운 일이 아니다. 즉, 독서를 통해 글의 내용을 이해하고 비판하며 종합하는 행위는 독자에 의해 이루어지는 일방적인 독서 과정인 셈이다. 그러나 전자 매체는 독자를 역동적으로 변화시킨다고 할 수 있다. 전자 매체의 독자는 필자의 견해를 직접, 그리고 즉시 옹호하거나 비판할 수 있다. 이러한 활동은 독자가 비판적인 읽기를 바탕으로 글쓰기를 적극적으로 할 수 있게 된 것을 의미한다. 이를 볼 때, 전자 매체의 독서 과정은 [   ]와 유사하다고 할 수 있겠다.

① 서로가 서로를 지탱하는 아치형 구조
② 반대 방향으로 차가 이동할 수 있는 도로
③ 전류의 움직임을 제어할 수 있는 반도체
④ 듣기도 하고 눈으로도 볼 수 있는 스크린

017

㉠과 ㉡에 대한 설명으로 적절하지 않은 것은?

> 근대의 복지 국가는 공동체 내의 모든 구성원이 동질적인 생활 양식을 소유하고 있다는 인식에 기초하고 있었고, 그러한 동질성을 증진시키고자 하였다. 모든 남성은 일하러 나가고 그사이 모든 여성은 집에 머물며 아이를 양육하는 체계를 국가를 구성하는 기본 틀로 인식한 것이다. 이러한 인식에 따르면 실업은 남성에게 불안감을 주었고, 실업의 위험, 질병, 상해 그리고 주기적인 노동 중단에 맞서 적절한 보호를 받아야 할 사람은 다름 아닌 남성이었다. 가족들은 함께 지내며 아동은 가족의 틀 내에서 양육되고 가족이 노인을 부양할 것이라는 가정을 당연시하는 사회적 분위기 덕분에 국가는 복지 부문에서 공적 지출을 줄일 수 있었다.
> 동질성을 강조하는 ㉠복지 국가 시대와는 달리 ㉡탈근대성의 시대는 차이와 다원주의를 우선시한다. 탈근대성은 근대의 공동체에 입각한 국가 운영이 종종 그릇된 합의를 산출했고 암묵적인 억압과 불관용을 초래했음을 비판하고 이를 개선하려 한다. 탈근대성은 인간을 개별적인 삶의 계획을 갖는 독특한 개인으로 취급할 수 있는 기회를 만들어 주기 때문이다. 또한 여성들이 개인적 삶을 위해 공동체적인 가족 관계를 포기함에 따라 아이들이 가족의 테두리 밖에서 양육되는 상황이 발생하고 있다. 그러므로 자녀 부양과 같은 사회 체계는 이러한 사회적 변화를 반영하여 변화될 수밖에 없다.

① ㉠에는 공동체의 모든 구성원이 동질적인 생활 양식을 소유하고 있음을 전제하여 동질성을 증진시키고자 하였다.
② ㉠에는 공동체 구성원에게 고정된 역할을 기대하고 제 역할을 수행하지 못하는 이들을 위한 복지를 국가가 담당하였다.
③ ㉡에는 공동체를 우선한 국가 운영의 문제점을 개선해 나가며 공동체로부터 개인의 삶이 독립할 수 있는 기회가 마련되었다.
④ ㉡에는 여성들이 가족 형성을 포기하고 육아의 의무에서 벗어나 개인적인 삶을 추구함으로써 사회 체계가 이에 따라 변화하게 된다.

018

다음 글에 나타난 서술상의 특징으로 가장 적절한 것은?

> 이튿날부터 부산에서의 새 사업계획에 분망한 틈을 타서, 나는 미이를 하루 한 번씩은 만났고, 그의 판잣집에도 찾아가 보았네. 그 생활이란 말이 아니데. 꼼짝 못하고 누워 있는 미이 아버지의 얼빠진 모양, 고생 모르고 늙던 어머니의 목판장사 하는 정경.
>
> 나는 미이의 가족을 구해야겠다는 생각이 더욱 간절했네. 그러나 미이와 자주 만나는 사이 처음 순수했던 생각보다도 야심이 더 앞을 섰다는 것을 고백하네. 술과 계집이 마음대로였던 내 생활이라, 미이에 대해 밖으로 나타나는 태도도 좀 다르다고, 미이 자신이 눈치챘을 것일세.
>
> 나는 다방을 하나 차려 줄 것에 생각이 미치었네. 이것이면 내 힘으로 자금 유통도 되고, 미이의 명랑성도 센스도 살릴 수 있고, 수입 면도 문제없다고 생각했네. 이 계획을 말했더니, 처음에는 그럴싸하게 듣고 얼굴에 희망의 불그레한 홍조까지 떠올리던 미이였으나, 다음 날 오 일간의 생각할 여유를 달라는 것이었었네. 더 생각할 여지도 없는 일일 터인데 망설이는 것이 수상쩍었으나, 그러마 하고 나는 동아극장 옆에 있는 마침 물려 주겠다는 다방 하나를 넘겨 맡기로 이야기가 다 되었었네. 그 닷새 되는 날이 오늘이고 정한 시간에 연락 장소인 다방엘 갔더니, 레지가 내민 것이 이 종이 꾸러미였었네. 펴 보고 놀라지 않을 수 없었네. 다른 길과 달라 간호 장교이고 보니, 생활 방편을 위한 것이 아님이 대뜸 짐작이 갔고, 더욱 나의 뒤통수를 때린 것이 검정 넥타이였었네. 그러면 미이가 첫날 다방에서 '사명 운운'했던 것은 그 길을 말함이었던가? 나는 부끄럽기 짝이 없었네. 검정 넥타이를 들고 나는 비로소 삼 년 동안 내가 정신적으로 타락의 길을 걷고 있었다는 것을 뼈아프게 느끼었네. 미이가 말하는 그 사명을 찾는 길, 사명을 다하는 일을 나는 사변이라는 외적인 격동 때문에 포기하고 만 것일세. 가장 잘 생각하는 척하던 나는 가장 바보같이 생각했고, 부박(浮薄)하다고 세상을 모른다고 여기었던 미이는 사변에서 키워졌고 굳세어졌고, 올바른 사람이 된 것일세. 이렇게 생각하자 나는 천야만야한 낭떠러지를 굴러 떨어지는 듯했네. 구르면서 걷어 잡으려고 한 것이 친구의 구원이었네. 자네를 찾은 것은 이 때문일세.
>
> 조운의 긴 이야기를 듣고 난 석은, 여기 올 때까지 그렇게 호기심을 끌었고 기대의 대상이 되었던 그에게는 이젠 아무런 흥미도 가지지 않았다. 더욱이 그의 고민 같은 것은 문제도 아니었다. 석의 뇌와 마음은 강렬한 미이의 인상으로 꽉 차 있었다. 그리고 미이가 조운의 마음에 던져 준 충격 이상의 충격을 석도 받지 않을 수 없었다. 안주가 좋아서만이 아니었다. 그 강렬한 배갈도 석을 취하게 하지 못했다. 역시 마음이 미이로 말미암아 팽팽 차 있었기 때문이었다.
>
> – 안수길, 「제3인간형」에서 –

① 상징적 소재를 활용하여 작중 인물이 지닌 가치관을 드러내고 있다.
② 1인칭 주인공 시점을 유지하여 사건 전개의 일관성을 확보하고 있다.
③ 간결한 문장으로 장면을 빠르게 전환하여 작품 전개에 박진감을 주고 있다.
④ 두 공간에서 동시에 벌어진 사건을 나란히 배치하여 사건의 흐름을 지연시키고 있다.

019

㉠~㉣에 들어갈 단어로 적절하지 않은 것은?

> ○ 그의 제안에 대해 다시 한번 (㉠)해 봐야겠다.
> ○ 두 나라의 외교적 갈등이 (㉡)하게 대립하고 있다.
> ○ 그의 (㉢) 덕분에 문제를 빠르게 해결할 수 있었다.
> ○ 이번 공연은 관객들의 애국심을 (㉣)시키는 데 큰 역할을 했다.

① ㉠: 제고(提高)
② ㉡: 첨예(尖銳)
③ ㉢: 통찰(洞察)
④ ㉣: 고취(鼓吹)

020

다음 글을 통해 추론할 수 없는 것은?

> 그림을 제대로 배우지 못한 사람이 그린 그림을 민화라고 한다. 민화는 화가의 창조적인 예술품이라기보다는 집 안팎을 곱게 단장하기 위해 그렸거나, 민속 신앙과 관습에 얽힌 내용을 대중의 요구에 따라 오랜 세월을 두고 되풀이하여 그린 그림이다. 민화는 주제에 따라 종교적인 내용이 담겨 있는 종교적인 민화와 장식을 위한 비종교적인 민화로 나눌 수 있다. 종교적인 민화에는 무속에 관련된 민화, 불교에 관련된 민화, 유교에 관련된 민화가 있다. 무속에 관련된 민화에는 부귀영화를 누리며 건강하게 오래오래 살기를 바라는 기원이 드러난다. 그리고 불교에 관련된 민화에는 예불하는 모습을 그린 그림과 한국의 풍습을 넣어 그린 그림이 있다. 유교에 관련된 민화에는 삼강행실도, 오륜행실도 등이 있는데, 이 그림들은 윤리와 도덕을 강조하고 있다. 비종교적인 민화는 산천의 풍경, 갖가지 나무와 꽃, 동물과 곤충, 사군자를 그린 그림과 구운몽, 춘향전, 삼국지의 장면을 그린 그림 등 다양한 유형이 있다. 이러한 비종교적인 민화에는 즐겁고 건강하게 행복한 한평생을 살아가기 기원하는 마음이 그림 속에 강력하게 담겨 있다. 한국 민화는 이러한 주제를 되풀이하여 그렸으나 똑같이 그린 그림은 없다.

① 민화는 전문 작가층의 예술 작품으로 보기 어렵다.
② 기원을 담은 주제의 민화는 종교적 민화에 해당한다.
③ 민화는 장식적 목적으로 소설 장면을 그리기도 하였다.
④ 민화는 작품의 주제가 반복되나 작가의 개성을 느낄 수 있다.

모의고사 07회

001
밑줄 친 단어 중 다음에서 설명하는 음운 현상이 일어나지 않은 것은?

> 용언 어간의 끝 모음과 동일한 어미가 결합할 때 그중 한 모음이 탈락하는 현상

① 창문을 닫아 놔서 집안이 덥다.
② 농부는 곡괭이로 하루 종일 땅을 팠다.
③ 배가 가득 차서 더 이상은 못 먹겠어요.
④ 수업이 끝나면 한눈팔지 말고 곧장 집으로 가.

002
밑줄 친 부분이 어법에 맞는 것은?

① 하굣길에 달고나를 먹으러 가자.
② 안경을 벗었더니 촛점이 맞지 않았다.
③ 전래 동화인 햇님 달님을 읽어 주었다.
④ 우리 집 뒷뜰에 새끼 고양이가 들어왔다.

003
다음 시의 밑줄 친 부분에 나타난 표현법과 가장 유사한 것은?

> 백두산 바윗돌은 칼을 갈아 닳게 하고
> 두만강 물은 말에게 먹여 없애리라
> 사나이 이십 세에 나라를 평정하지 못한다면
> 후세에 어느 누가 대장부라 불러 주랴
> 　　　　　　　　　　　- 남이, 「오랑캐를 정벌하고」 -

① 앞 남산의 피나무 단풍은 / 구시월에 들고요 / 이내 가슴 속 단풍은 / 시시때때로 든다
② 짚방석(方席) 내지 마라 낙엽(落葉)엔들 못 안즈랴
　솔불 혀지 마라 어제 진 둘 도다 온다
　아희야 박주산채(薄酒山菜)ㄹ망졍 업다 말고 내여라
③ 늦겨울 한강에 얼음이 꽁꽁 어니 / 사람들 우글우글 강가로 나왔네 / 꽝꽝 도끼로 얼음을 찍어내니 / 울리는 소리가 용궁까지 들리겠네
④ 흥망(興亡)이 유수(有數)하니 만월대(滿月臺)도 추초(秋草) ㅣ 로다
　오백 년(五百年) 왕업(王業)이 목적(牧笛)에 부쳐시니
　석양(夕陽)에 지나는 객(客)이 눈물계워 ᄒ노라

004
밑줄 친 부분이 모두 바르게 쓰인 것은?

① 그는 주꾸미를 잡으려고 아둥바둥했다.
② 도리어 콧방울을 벌름거리며 웃어 댔다.
③ 총각무를 다듬고 쌀뜬물로 된장찌개를 끓였다.
④ 아무리 미워할려고 해도 애달픈 마음을 지울 수 없었다.

005
'민호'의 말하기 방식으로 적절하지 않은 것은?

> 수지: 요즘에 아빠랑 사이가 별로 좋지 않아.
> 민호: 왜? 아버지께 걱정 끼쳐 드린 일 있어?
> 수지: 내가 2학년 때에 비해서 성적이 떨어졌잖아. 그런데 아빠가 계속 성적 이야기를 하시니 나도 모르게 짜증을 자주 냈어.
> 민호: 수지 너도 공부 때문에 스트레스를 받는데, 아버지께서 그런 말씀을 하셔서 속상했겠구나. 그런데 아버지께서도 네 걱정을 하시느라 그러셨을 거야.
> 수지: 하지만 내 성적을 제일 걱정하는 사람은 바로 나야. 나도 성적이 떨어지는 게 불안하단 말이야. 그런데 아빠는 그것도 모르고….
> 민호: 사실 나도 얼마 전부터 어머니가 성적 이야기를 자주 하신 적이 있어. 그래서 내가 어머니께 나도 최선을 다하고 있으니까 조금만 나를 믿고 기다려 달라고 말씀드렸어. 그랬더니 어머니께서 부담을 주려고 한 건 아니라고 말씀하시면서 학교생활에 다른 문제가 있는 건 아닌지 걱정해서 그러신 거라고 하셨어. 네 아버지께서도 그런 마음에서 말씀하신 게 아닐까 싶어.
> 수지: 너도 그런 일이 있었구나. 네 말을 들어보니 그런 것 같아. 우리 아빠는 늘 내 걱정만 하거든. 내가 요즘 스트레스를 받아서 아빠 말을 너무 예민하게 받아들였나 봐. 아빠에게 먼저 말씀을 꺼내 봐야겠어. 고마워.
> 민호: 친구 사이에 고맙긴.

① 상대방의 말에 관심을 보이며 말을 이어가도록 하고 있다.
② 상대방의 처지와 감정에 공감하는 말을 하며 위로하고 있다.
③ 자신의 경험을 이야기하며 상대방의 문제 해결을 돕고 있다.
④ 상대방의 태도를 지적하며 원인을 자신에게서 찾게 하고 있다.

006
다음 시에 대한 설명으로 적절하지 않은 것은?

> 하늘은 날더러 구름이 되라 하고
> 땅은 날더러 바람이 되라 하네
> 청룡 흑룡 흩어져 비 개인 나루
> 잡초나 일깨우는 잔바람이 되라네
> 뱃길이라 서울 사흘 목계 나루에
> 아흐레 나흘 찾아 박가분 파는
> 가을볕도 서러운 방물장수 되라네
> 산은 날더러 들꽃이 되라 하고
> 강은 날더러 잔돌이 되라 하네
> 산서리 맵차거든 풀 속에 얼굴 묻고
> 물여울 모질거든 바위 뒤에 붙으라네
> 민물 새우 끓어 넘는 토방 툇마루
> 석삼년에 한 이레쯤 천치로 변해
> 짐 부리고 앉아 쉬는 떠돌이가 되라네
> 하늘은 날더러 바람이 되라 하고
> 산은 날더러 잔돌이 되라 하네
>
> - 신경림, 「목계 장터」 -

① 유사한 시구를 반복하여 시적 의미를 강조하고 있다.
② 화자의 내적 갈등을 중심으로 시상을 전개하고 있다.
③ 토속적인 시어를 사용하여 향토적 분위기를 환기하고 있다.
④ 말을 건네는 방식을 활용하여 화자의 심리를 드러내고 있다.

007
문맥을 고려할 때 빈칸에 들어갈 말로 가장 적절한 것은?

> 오랫동안 농사를 지어 온 한 농부가 농작물의 수확량을 늘릴 수 있는 경작 방식을 고민하고 있다고 가정해 보자. 농부는 두 밭을 각기 다른 방식으로 일구고, 이를 비교하여 더 나은 경작 방식을 결정하기로 했다. 그런데 농작물의 생장에는 밭의 위치, 농작물과 비료의 종류, 일조량, 물의 양 등의 다양한 요소가 영향을 미친다. 따라서 다음 해에 적용할 더 나은 경작 방식을 결정하기 위해서는 _____. 그렇지 않으면 비교의 결과를 신뢰하기 어려우며 어떤 경작 방식이 수확량에 영향을 미쳤는지 파악할 수 없다.

① 농작물의 생장을 좌우하는 요소들의 정보를 정확히 파악해야 한다
② 수확량을 결정하는 요소 중 한 가지만을 변화시켜 비교해야 한다
③ 기존의 경작 방식과 바뀐 경작 방식에 따른 수확량을 따져보아야 한다
④ 농작물의 생장에 미치는 요소를 기존의 경작 방식과 달리 설정해야 한다

008
밑줄 친 한자어의 쓰임이 문맥상 적절한 것은?

① 매표가 시작된 지 3분도 안 돼 邁進되었다.
② 경찰력을 동원하여 집회 군중을 解産하였다.
③ 코로나로 인해 시험이 한 달 뒤로 延期되었다.
④ 우리나라의 수출 현황은 商術한 대로이니 그 부분을 참고하면 됩니다.

009
다음 글을 이해한 것으로 가장 적절한 것은?

> 인간에게는 언어화되지 않은, 그리고 언어화될 수도 없는 직관적인 앎이 있다. 로고스적 서양 문화의 관점에서 보면 언어화되지 않은 앎은 진정한 의미에서 앎이 아니요, 인식이 아니라고 할 것이다. 그것은 하나의 불분명한 상념이나 인상 정도에 지나지 않을 것이다. 로고스, 즉 말과 이성을 존중하는 입장에서 볼 것 같으면, 인식이란 어디까지나 분명한 개념적 명확성을 지녀야 하기 때문이다. 이것이 소크라테스 이래 서양 철학의 로고스 중심적 사고이다.
>
> 이와는 대조적으로 동양 사상에서는 최고의 진리는 결코 말로 담을 수 없음이 강조되어 왔다. 언어란 일상적 삶에서 접하는 사물들의 표현에는 적합할지 모르나, 이러한 사물들의 배후에 있는 숨은 진리를 나타내기에는 부족하다고 여겨져 온 것이다. 이른바 언어도단(言語道斷)이라는 말은 바로 이러한 사실을 말해 주는 것이다.

① 서양의 로고스 중심적 사고에 따르면 말은 진정한 의미의 앎을 담기에 부족하다.
② 동양 사상에 따르면 언어로 표현할 수 있어야 숨은 진리를 깨달았다고 말할 수 있다.
③ 서양의 관점에 따르면 언어화되지 않은 상념은 개념적 명확성을 지니지 못한 인상에 불과하다.
④ 동양 사상에 따르면 직관적인 앎을 초월한 이성적 인식을 통해서만 최고의 진리에 도달할 수 있다.

010

다음 글에 대한 이해로 적절하지 않은 것은?

경제 환경이 복잡해짐에 따라 기업과 이해관계를 이미 갖고 있거나 앞으로 갖고자 하는 사람들은 기업과 관련된 경제적 의사 결정을 해야 하는 경우가 많아지고 있다. 이러한 사람들은 기업에 여러 유용한 정보를 요구하고 기업은 이해관계자에게 정보를 제공해야 원활한 경제 활동이 이루어진다. 이때 기업의 유용한 정보는 회계를 통해 투자자나 종업원, 금융 기관이나 다른 기업 등과 같은 이해관계자에게 전달된다. 회계란 기업이 자신의 다양한 활동 중에서 식별되는 경제적 활동을 화폐액으로 측정하여 체계적으로 기록하고 일정한 절차에 따라 처리하여 그 정보를 이해관계자에게 전달하는 것을 말한다.

정보 이용자이며 자금의 공급자인 투자자에 비해, 정보 제공자이며 자금의 수요자인 기업은 회계 정보에 관해 양적으로 또 질적으로 우월한 지위에 있다. 따라서 정부는 기업이 투자자에게 정보를 공정하게 제공하도록 보장하기 위해 제도적인 장치를 만든다. 즉 정부는 기업이 공정한 정보를 작성할 수 있도록 일반적으로 인정되는 회계 원칙을 정하고, 투자자에게 제공되는 정보가 그러한 회계 원칙에 따라 적정하게 작성되었는지를 감독하기 위한 외부 감사 제도를 마련하는 것이다.

① 기업과 관련된 의사 결정을 할 때 회계 정보는 유용하게 쓰인다.
② 정보 이용자가 부정을 저지르지 못하도록 정부가 관리해야 한다.
③ 투자자에게 제공되는 정보의 공정성을 위해 외부 감사 제도가 존재한다.
④ 정부는 회계 정보가 공정성을 띨 수 있게 규제해야 경제 활동이 원활하게 돌아갈 수 있다.

011

㉠과 ㉡에 대한 설명으로 가장 적절한 것은?

이익이 분화되고 가치가 다원화됨에 따라 현대 사회에서는 크고 작은 사회 갈등이 발생한다. 따라서 현대 민주주의에서는 구성원 간의 사회적 합의를 도출해 내기 위해 의회의 역할이 강조된다. 의회는 법률을 제정·개정·폐지하는 '입법 과정'을 통해 갈등을 관리할 수 있기 때문이다. 최적의 입법 과정은 ㉠'사전적 관리 기능'과 ㉡'사후적 관리 기능'을 모두 담당할 수 있어야 한다.

사전적 관리 기능은 입법을 위해 의제를 설정하는 순간부터 작동하며, 입법과 관련하여 발생할 수 있는 사회 갈등을 사전에 예방하기 위한 것이다. 이를 위해 중립성과 전문성을 갖춘 평가 기관이 갈등 영향을 사전에 분석하고 평가하여 그 결과를 해당 법률안과 함께 의회에 제출하는데, 이 내용이 부정적이라면 입법은 무산될 수 있다. 사후적 관리 기능은 이미 발생하여 현재 존재하는 사회 갈등을 해결하는 것이다. 사회 갈등은 사회적 비용이 발생하는 등 부정적인 결과를 초래하기 때문에 갈등 현안이 발생하면 의회는 이에 적극적으로 대처하기 위한 활동을 하게 된다. 우선 여론 수렴을 위해 여론 조사나 공청회 등을 진행하고, 갈등의 당사자들이나 시민 대표단이 포함된 참여 기구를 구성한다. 이때 참여 기구의 인적 구성은 사회적 합의를 이끌어 낼 수 있도록 대표성과 중립성이 담보되어야 한다.

① ㉠, ㉡은 모두 갈등을 일으킨 당사자들의 직접적인 참여와 의사소통이 필요하다.
② ㉠은 입법적 조치를 취하는 것에, ㉡은 예산상 조치나 갈등의 중재안 마련에 목적이 있다.
③ ㉠은 입법 과정에서 개인 간의 갈등을, ㉡은 입법 과정에서 정부 등 공적 주체들 간의 갈등을 조정한다.
④ ㉠은 입법 과정에서 발생할 수 있는 갈등을 예방하려는 것이고, ㉡은 존재하는 갈등을 입법을 통해 해결하는 것이다.

012

㉠ 다음으로 이어질 글의 전개 순서로 가장 자연스러운 것은?

> ㄱ. 고사리는 둥글고 굵은 모양의 뿌리줄기를 지닌다. 뿌리줄기는 땅 아래에 묻혀 옆으로 길게 뻗어 있고, 많은 양의 전분을 함유하고 있다.
> ㄴ. 고사리는 온난다습한 곳에서 군락을 이루며 서식하고, 경사진 곳에서도 잘 자라나는 특성을 지닌다. 따라서 대부분의 아시아 지역 곳곳에서 쉽게 발견할 수 있다.
> ㄷ. 고사리의 부분 중 우리가 식용으로 채취하는 것은 땅 위로 나오는 잎자루와 잎인데, 이 중 잎자루는 곧게 뻗어 있는 형태로 가장자리가 꼬리처럼 말려 있다.
> ㄹ. 고사리가 인류보다 긴 역사를 지니는 이유도 여기에 있다. 고사리는 이러한 습성과 생명력을 바탕으로 현재까지 대표적인 화석식물로 자리하고 있다.
> ㅁ. 고사리의 잎은 잎자루로부터 역삼각형 모양으로 자라나며 잎의 끝부분이 뾰족한 형태를 띠고 있다. 따라서 고사리는 잎이 뾰족한 식물을 지칭하는 양치식물에 속한다.

① ㄴ - ㄷ - ㅁ - ㄹ
② ㄴ - ㄹ - ㅁ - ㄷ
③ ㄷ - ㄴ - ㄹ - ㅁ
④ ㄷ - ㅁ - ㄴ - ㄹ

013

다음 대화에 나타난 공손성의 원리로 가장 적절한 것은?

> A: 꽃들이 참 이쁘네. 어쩜 이렇게 화단을 잘 가꾸어 놓았니? 여간 애정을 쏟은 게 아니겠는걸?
> B: 어머, 그렇게 말해 줘서 고마워.

① 자신에 대한 혜택을 최소화하고 부담의 표현을 최대화한다.
② 자신에 대한 칭찬은 최소화하고 비난의 표현을 최대화한다.
③ 상대방에 대한 비난을 최소화하고 칭찬의 표현을 최대화한다.
④ 상대방에 대한 부담은 최소화하고 혜택의 표현을 최대화한다.

014

㉠에 대한 이해로 적절하지 않은 것은?

> 로이 릭텐스타인의 ㉠'행복한 눈물'은 팝 아트 미술의 대표적 작품으로 평가된다. 그는 작품에 붉은 머리의 여인이 두 뺨을 감싸고 눈물을 흘리는 모습을 담았으며, 채색에는 검은색을 제외한 네 가지 원색만을 사용하였다. 릭텐스타인은 일반적인 미술 작품과 달리, 색을 균일하게 칠하지 않았다. 그는 넓은 면적을 빽빽한 점으로 채우는 것으로 채색 효과를 불러일으켰으며, 점을 하나하나 손으로 그렸다. 그리고 그 과정에서 점의 모양이 일그러지거나 물감이 번지더라도 수정하지 않고 그대로 두었다.
>
> 이처럼 릭텐스타인은 작품에 새로운 시도를 담았지만, 대중들은 곧바로 이에 호응하지 않았다. 당시 사람들에게는 팝 아트 작품들이 대중문화와 미술을 융합하는 것에 거부감을 느꼈기 때문이다. 당시 사람들에게 미술 작품이 예술의 한 영역으로 감상의 대상이었던 것과 달리, 만화는 대중문화로서 쉬운 것, 가치 없는 것 등으로 평가받고 있었다. 그런데 릭텐스타인은 작품 속 여인을 진한 윤곽선으로 단순하게 그리며 만화와 미술의 경계를 모호하게 만들었다. 따라서 릭텐스타인의 작품은 미술의 가치를 전락시킨다는 비판을 받았다.
>
> 그러나 그는 자신의 작품 세계에서 예술의 장난스러운 변형을 지속했고, 점차 진보적인 시각을 가진 새로운 계층의 미술 애호가들이 형성되었다. 팝 아트 예술은 이들을 바탕으로 새로운 세대를 이끌어 가는 미술의 한 유파가 되었다. 그리고 신흥 부자들은 팝 아트를 적극적으로 후원하며, 자신의 경제력을 과시하는 한편 새롭게 맞는 예술의 시대의 중추가 되고자 했다. 이러한 흐름을 바탕으로 릭텐스타인은 성공 가도를 달렸고, '행복한 눈물'은 2002년 경매에서 710만 달러에 판매되며 현재까지도 작품으로서의 가치를 인정받고 있다.

① ㉠에서 점의 모양이 일그러지거나 물감이 번져 있는 것은 새로운 시도라고 볼 수 있겠군.
② 당시 사람들은 대중문화의 가치를 훼손했다는 점에서 ㉠을 감상의 대상으로 여기지 않았겠군.
③ 릭텐스타인이 ㉠에서 대상을 만화처럼 표현한 것은 예술을 장난스럽게 변형하기 위한 시도였겠군.
④ 새로운 계층의 미술 애호가들과 신흥 부자들은 모두 ㉠의 가치를 높이는 데 기여했다고 볼 수 있겠군.

015
다음 글에 대한 설명으로 적절하지 않은 것은?

대학생에겐 삶은 이 세상과 구별할 수 없는 그 무엇이다. 스물셋의 나이인 그에게는 세상 돌아가는 내력을 모르고, 아니 모른 척하고 산다는 것은 절대로 용서할 수 없다. 그런 삶은 잠이다. 마취상태에 빠져 흘려 보내는 시간일 뿐이라고 청년은 믿고 있다. 하지만 그는 얼마 전부터 그런 확신이 조금씩 흔들리기 시작하는 걸 느끼고 있다. 유치장에서 보낸 한 달 남짓한 기억과 퇴학. 끓어오르는 그들의 신념과는 아랑곳없이 이루어지고 있는 강의실 밖의 질서…… 그런 것들이 자꾸만 청년의 시야를 어지럽히고 혼란을 일으키고 있는 중이다.

행상꾼 아낙네들은 산다는 일이 이를테면 허허한 길바닥만 같다. 아니면, 꼭두새벽부터 장사치들이 때로 엉겨 아우성치는 시장에서 허겁지겁 보따리를 꾸려 나와, 때로는 시골 장터로 혹은 인적 뜸한 산골 마을로 돌아다니며 역시 자기네 처지보다 나을 것이라곤 눈곱만큼도 없는 시골 사람들 앞에서 거짓말 참말 다 발라 가며 펼쳐 놓는 그 싸구려 옷가지 같은 것인지도 모른다. 어쨌든 그녀들에겐 그 따위 사치스런 문제를 따지고 말고 할 능력도 건덕지도 없다. 지금 아낙네들의 머릿속엔 아이들에게 맡겨 둔 채로 떠나온 집 생각으로 가득 차 있다. 어린것들이 밥이나 제때에 해먹었을까. 연탄불은 꺼지지 않았을까. 며칠째 일거리가 없어 빈둥대고 있는 십 년 노가다 경력의 남편이 또 술에 취해서 집구석에 법석을 피워 놓진 않았을까…….

그러는 사이에도, 밖은 간간이 어둠 저편으로 바람이 불어왔고, 그때마다 창문이 딸그락거렸다. 전신주 끝을 물고 윙윙대는 바람소리, 싸륵싸륵 눈발이 흩날리는 소리, 난로에서 톡톡 튀어오르는 톱밥. 그런 크고 작은 소리들이 간헐적(間歇的)으로 토해 내는 늙은이의 기침 소리와 함께 대합실 안을 채우고 있을 뿐, 사람들은 각기 골똘한 얼굴로 생각에 빠져 있다.

- 임철우, 「사평역」에서 -

① 인물들의 생각이 병렬적으로 연결되어 있다.
② 등장인물의 심리가 세밀하게 묘사되고 있다.
③ 한정된 공간을 배경으로 사건이 전개되고 있다.
④ 서술의 시점을 바꾸어 사건을 입체적으로 전달하고 있다.

016
'제 역량을 생각하지 않고, 강한 상대나 되지 않을 일에 덤벼드는 무모한 행동거지.'를 비유적으로 이르는 사자성어로 적절한 것은?

① 怒氣登天
② 送舊迎新
③ 螳螂拒轍
④ 類類相從

017
다음 중 ㉠의 사례로 적합하지 않은 것은?

망원경이나 현미경 같은 기기가 감각 기관의 지각 능력을 증대하는 것으로 생각되면서 몸과 기술의 접점이 형성됐다면, 몸과 기술의 또 다른 접점은 ㉠인간의 몸에 대한 기계적 인식에서 형성됐다. 이는 인간의 몸을 가시적인 현상으로만 설명하려는 시도이다. 갈릴레오의 제자인 보렐리는 이전 이론을 바탕으로 하여 체계적으로 생각한 끝에 1680년에 출판된 『동물의 운동』에서 자신의 이론을 펼쳤다. 그는 이 책에서 새의 비행, 물고기의 운동은 물론 사람의 근육 운동, 호흡과 같은 운동을 물리학의 법칙과 기계적 작용으로 이해하려는 체계적인 시도를 전개하였다. 예를 들어, 그는 사람의 근육에 수축하는 부분이 있음을 주장했고, 이 수축은 화학적인 효소 작용과 같은 반응에 의해 발생한다고 설명했다.

물론 17세기 과학 혁명기 때 나타난, 사람은 기계에 불과하다는 주장이 널리 수용된 것은 아니었다. 무엇보다도 인간에게는 기계에는 없는 영혼이라는 것이 존재한다고 믿어졌고, 사유와 믿음으로 대별되는 이런 영혼의 기능과 그 세계는 무기물이나 동물에게는 없는 인간만의 특성이라 생각되었다. 18세기 초의 계몽 철학자인 라메트리 같은 무신론자가 『인간 기계론』이라는 책에서 인간의 영혼을 물질적인 작용만으로 설명하려고 시도했지만, 대부분의 사람들은 그의 철학을 이단으로 생각했다.

① 인간의 감정은 체내에 분비되는 호르몬 때문이다.
② 인간의 눈은 카메라가 작동되는 원리로 설명할 수 있다.
③ 마음과 몸의 조화로운 균형이 깨어지면 질병이 찾아온다.
④ 인간이 느끼는 고통은 말단에 있는 신경계의 작용 때문이다.

018

다음 글에 대한 설명으로 적절하지 않은 것은?

> 양왕 부부는 하는 수 없이 자기 딸의 굳은 의지를 황제께 아뢰었다.
> 황제께서 말씀하셨다.
> "매향은 왕의 딸인데, 이선의 둘째 부인이 된다면 남들로부터 조롱을 받을 것이다. 어찌하면 이를 면할 수 있겠느냐?"
> 곁에 있던 매향 낭자가 이렇게 여쭈었다.
> "어른께서 말씀하시는데 구태여 제 뜻을 말씀드리는 것이 옳지 않사오나, 부모님도 계시니 한 말씀 아뢰겠습니다. 저는 이선의 둘째 부인은커녕 그 집에서 종살이를 하는 일이 있더라도 부끄러워하지 않겠습니다. 하오나 이제 다른 가문에 시집간다는 것은 여자로서 올바른 도리가 아니옵니다. 저는 기필코 이선의 둘째 부인이 되기를 바라나이다."
> 왕이 말했다.
> "네 뜻이 그러하나, 이미 일이 이렇게 되었으니 어찌해야 하겠느냐?"
> 이튿날 궁궐에서 조회가 열리자 양왕은 이선의 아버지인 위왕을 보고 말했다.
> "왕이 지난날 댁의 아들을 내 딸과 혼인시키자고 약조하시고, 이렇듯 약속을 어기셨습니다. 이는 진실로 예의에 맞는 일이 아닌 듯합니다."
> 위왕이 부끄러워하며 대답했다.
> "과연 그 일은 신의를 저버리려고 일부러 그런 것이 아닙니다. 그때 제가 황제의 명을 받들어 서울로 올라온 사이에 제 누님께서 그렇게 정하신 일이었습니다. 제 누님께서는 자식이 없는지라 평소에 선을 자식처럼 사랑하셨는데, 이번에 제게 기별도 없이 선의 혼사를 정하셨습니다. 그 일은 진실로 제가 일부러 약속을 어기려 한 것이 아니옵니다. 하오나 대왕께서 먼저 이 말씀을 꺼내셨으니, 송구스럽기 짝이 없습니다."
> 이 사연을 황제께서 들으시고 다음과 같이 말씀하셨다.
> "이선과 숙향은 하늘이 맺어 준 인연이라 마음대로 할 수 없으니 양왕은 다른 곳에서 좋은 사위를 정하시게."
> 양왕이 아뢰었다.
> "일이 그렇게 순조롭게 될 수 있다면 구태여 위왕과 다투겠사옵니까? 다만 신의 딸이 꼭 이선과 혼인하겠다고 고집하오니 진실로 민망할 따름이옵니다."
> 황제께서 말씀하셨다.
> "경의 여식이 얼음처럼 차고 굳은 정절을 지녔으니, 그 인연도 끊을 수 없겠도다. 이선이 어진 사람이라 사람마다 섬기려 하고, 그 벼슬도 부인을 두 명 얻을 수 있는 초공의 지위에 있으니, 위왕은 양왕 딸과의 혼사를 허락하시게."
>
> – 작자 미상, 「숙향전(淑香傳)」에서 –

① '황제'는 딸의 혼사 문제로 인한 '양왕'의 체면을 걱정하고 있다.
② '매향'은 사회적 지위보다 여자가 지켜야 할 이치를 중시하고 있다.
③ '위왕'은 혼사의 약속을 지키지 않은 '양왕'의 잘못을 지적하고 책망하고 있다.
④ '황제'는 '매향'이 '이선'과 혼인할 수 있는 명분을 밝혀 문제 해결의 실마리를 제시하고 있다.

019

밑줄 친 부분이 바르게 쓰인 것은?

① 생각지 못한 질문에 <u>곤혹</u>을 느꼈다.
② 그녀는 재산 <u>일절</u>을 학교에 기부하였다.
③ 환경 운동가들은 도시 <u>계발</u>에 반대하였다.
④ 그는 <u>불편부당</u>한 태도로 편파적인 심사를 하였다.

020

다음 글에서 추론한 내용으로 적절하지 않은 것은?

> 자유의 개념을 시민권이라는 관점에서 접근해 보면, 그리스 특히 아테네와 로마의 역사적 경험은 통치권의 범위에 있어서 명백한 차이를 보인다. 민주 정치를 지향했던 아테네는 통치권을 성인 남자 시민의 자유로 넓혀 놓았지만, 로마는 통치권을 소수 특권층의 권리로 제한했다. 로마인은 전통적으로 보다 더 많은 위엄(dignitas)을 갖춘 자가 더 큰 영예를 누려야 한다고 믿었다. 로마인들에게 위엄은 통치의 권리, 즉 공직의 기회를 뜻했다. 따라서 로마에서 '시민의 자유'는 '민회에서의 투표권' 같은 소극적 참정권을 가리키는 데 불과했다.
>
> 공화정 시기 로마의 정치를 주도했던 원로원(元老院)은 공직을 역임한 시민들 중에서 품위를 유지할 만큼의 재산을 가지고 있거나, 뚜렷한 활동 실적이 있는 경우에만 그 구성원이 될 수 있었던 기구였다. 따라서 원로원이 민회 같은 공화정의 다른 정무 기구보다 더 우월한 통치의 권위를 주장한 것은 당연한 결과였다. 다시 말해 국사(國事)는 자유로운 시민보다 원로원의 권위에 입각해 운영하는 것이 로마 공화정의 전통이었다.

① 로마인들에게 위엄은 경제적인 능력과 직결되었다.
② 로마에서 평등함은 정치권력의 평등함을 뜻하진 않았다.
③ 로마인들은 자유와 통솔권을 동일시하며 이 둘을 중시하였다.
④ 로마인 중 시민은 원로가 아니더라도 참정권을 지니고 있었다.

모의고사 08회

001
밑줄 친 부분에 해당하는 예시로 가장 적절한 것은?

> 1인칭 대명사 '우리'는 항상 청자인 '나'를 포함하는 것은 아니다. 즉 '우리'는 ㉠청자를 포함하는 경우에도 쓰이고, ㉡청자를 포함하지 않는 경우에도 쓰인다.

① ㉠: 우리 모두 힘을 합쳐 살기 좋은 나라를 만듭시다.
　㉡: 누나가 곧 도착한다고 하니, 우리가 미리 주문을 해 두자.
② ㉠: 우리는 여러분들과 의견이 다른 점이 많습니다.
　㉡: 많이 기다렸어? 미안해, 우리가 좀 많이 늦었지.
③ ㉠: 아버지, 우리 오늘은 가까운 공원으로 산책 갈까요?
　㉡: 언젠가 자네가 우리 부부를 초대한 적이 있었지.
④ ㉠: 우리가 당신한테 무슨 잘못을 했다고 이러시오?
　㉡: 진수야, 우리 오늘 저녁으로 떡볶이 먹는 것 어때?

002
밑줄 친 표현 중 잘못 사용된 것은?
① 오랜만에 만나 데면데면 대하였다.
② 긴장된 분위기 속에서 시험을 치뤘다.
③ 언제나 실수할 수 있음을 염두에 두어야 해.
④ 독감에 걸려 고생했다더니, 눈이 상큼해졌네.

003
밑줄 친 부분의 띄어쓰기가 옳지 않은 것은?
① 한밤중에 문을 두드리는 소리가 났다.
② 그녀는 온국민의 사랑을 받는 스타가 되었다.
③ 경기가 끝나자 천여 명의 관중이 쏟아져 나왔다.
④ 우천 시에는 야외 놀이 기구를 이용할 수 없습니다.

004
토론자들의 말하기 방식에 대한 설명으로 적절한 것은?

사회자: 오늘 여러분과 함께 진행할 토론 주제는 '교복 자율화를 실시해야 한다.'입니다. 그럼 토론을 시작하도록 하겠습니다. 먼저 찬성 측 의견 말씀해 주세요.

찬성 측: 교복은 이전 시대에 학생들을 통제하던 수단이었습니다. 획일화된 복장은 학생들이 자신을 수동적인 존재로 인식하게 만들기 때문입니다. 그러나 학생들은 통제받아야 하는 수동적 존재가 아니라 자신의 개성을 펼쳐 갈 능동적 존재입니다. 따라서 학생들은 교복을 벗고 자유로운 복장으로 학교생활을 할 권리가 있습니다.

사회자: 다음으로 반대 측 의견 말씀해 주세요.

반대 측: 교복 자율화는 이상적으로 보일 수 있습니다. 그러나 현실적으로 많은 문제를 안고 있습니다. 학생들은 옷을 고르는 데 불필요한 시간을 소모할 것이며, 학생 개개인의 복장은 평가의 대상이 될 수 있습니다. 경쟁이나 소외가 발생할 수 있는 것이지요. 교복은 이러한 문제들을 방지할 수 있는 효율적인 방법입니다.

사회자: 다음으로는 상대의 의견에 대한 반론이 있겠습니다. 반대 측과 찬성 측은 각각 한 번씩 반론을 해 주세요.

반대 측: 복장이 자유로워진다고 학생들이 능동적인 존재가 되나요? 아닙니다. 학생들의 자유로운 활동은 복장이 아니라 교육 환경에서 나옵니다. 교복 자율화로 인해 학생들이 유행에 맞는 옷, 친구들이 많이 입는 옷 등을 좇는 것이 오히려 학생들을 수동적으로 만드는 것 아닐까요?

찬성 측: 학생들이 옷을 고르는 데 불필요한 시간이 소모된다는 것은 반대 측의 개인적인 생각이므로 객관적인 근거가 될 수 없습니다. 그리고 예상되는 문제들은 교내 인성 교육 등을 통해 방지할 수 있습니다. 교복 자율화가 교육의 수준을 높일 계기를 마련해 주는 것입니다.

① '찬성 측'은 교복에 대한 사회적 통념을 바탕으로 학생들의 요구를 충족하기 위해 교복 자율화가 필요함을 제시했다.
② '찬성 측'은 '반대 측'의 근거가 타당하지 않음을 지적하고 상대방을 반박하여 교복 자율화가 필요하다는 주장의 타당성을 제고했다.
③ '반대 측'은 친숙한 상황에 빗대어 문제 상황을 효과적으로 제시함으로써 학생들에게 교복 자율화가 필요함을 드러냈다.
④ '반대 측'은 '찬성 측' 발언의 모순을 지적하며 학생을 수동적으로 만드는 것은 교복 자율화가 아니라 교육 환경임을 강조했다.

005
(가)와 (나)를 비교하여 이해한 내용으로 가장 적절한 것은?

> (가) 바람이 눈을 몰아 산창(山窓)에 부딪치니
> 찬 기운(氣運) 새어들어 잠든 매화(梅花)를 침노(侵勞)한다
> 아무리 얼우려 한들 봄 뜻이야 앗을쏘냐
> - 안민영 -
>
> (나) 매화 옛 등걸에 춘절(春節)이 돌아오니
> 옛 피던 가지에 피염즉도 하다마는
> 춘설(春雪)이 난분분하니 필동말동 하여라
> - 매화 -

① (가)는 '매화'에 미래에 대한 다짐을 투영하고 있고, (나)는 '매화'를 통해 과거를 반성하고 있다.
② (가)는 '매화'의 절개를 본받으려 하고 있고, (나)는 '매화'와 대비되는 자신의 처지에 좌절하고 있다.
③ (가)는 '매화'와 자신을 동일시하여 지향을 표현하고 있고, (나)는 '매화'가 상징하는 임을 그리워하고 있다.
④ (가)는 고난을 이겨 내고 핀 '매화'를 예찬하고 있고, (나)는 시련으로 인해 '매화'가 피지 않는 것을 안타까워하고 있다.

006
다음 글의 필자의 입장에 부합하지 않는 것은?

> 사람이 사는 이 세상에는 이미 하늘도 있었고 땅도 있었다. 그러나 옛날에는 없었던 많은 것이 인간에 의해 만들어졌다. 무(無)였던 것이 창조되었다. 사회 제도에 있어서, 또는 기타 문화적인 여러 현상에 있어서, 인간의 창조적인 활동은 각기 시대의 요구로서의 도전에 대한 응답의 몫을 담당하여 왔다. 이러한 활동은 개별적으로 고립된 것이 아니고, 역사적·사회적으로 상호 연관성을 갖고 전개된다. 이것이 다름 아닌 새로운 역사 형성의 추진력이요, 그 힘을 북돋우어, 창조 과정에 있어서 실적을 거두고 있는 국가, 민족이 비로소 그의 주체성을 살리고 있는 것이다.
> 세월이 흐르는 물과 같다는 말도 있듯이, 자연의 시간은 내가 자고 있는 동안에도 흘러간다. 코를 골며, 꿈을 꾸는 사이에도 시간만 지나가면 동이 트고 새날이 찾아온다. 그러나 인간의 새로운 역사는 자연에 있어서처럼 저절로 이루어지는 것은 아니다. 의식적인 노력, 분투의 성과요, 그것을 위하여 고민하여 때로는 피로 물들이면서 싸워 얻는 역사다.

① 인간이 존재하지 않았다면 사회 제도나 문화 등은 형성될 수 없다.
② 인간의 새로운 역사는 자연의 변화와 달리 인위적 개입 없이 이루어지지 않는다.
③ 민족적 주체성을 확립하기 위해서는 의식적인 노력을 통해 목표를 성취해야 한다.
④ 인간의 창조 활동은 시대적 요구에 따른 것으로 외부 상황에 의존하지 않고 전개된다.

007
밑줄 친 부분의 한자 표기가 잘못된 것은?

① 밀수품을 암거래하던 조직들이 적발(積發)되었다.
② 범인의 보복(報復)이 두려워 범행 신고를 망설였다.
③ 교과서를 새 교과 과정에 맞추어 개편(改編)하였다.
④ 호흡이 곤란(困難)한 환자에게 산소마스크를 씌웠다.

008
다음 개요를 통해 알 수 있는 글쓰기 전략으로 가장 적절한 것은?

> I. 서론
>   1. 청년 예술인 지원 사업의 현황
>   2. 청년 예술인 지원 사업의 의의와 필요성
> II. 청년 예술인 지원 사업의 활성화 저해 요인
>   1. 청년 예술인 지원 사업의 홍보 부족
>   2. 청년 예술인 지원 사업의 예산 부족
>   3. 청년 예술인 지원 사업의 대상 및 프로그램 제한
> III. 청년 예술인 지원 사업의 활성화 방안
>   1. 청년 예술인 지원 사업에 대한 지속적인 홍보
>   2. 청년 예술인 지원 사업의 예산 확충
>   3. 청년 예술인 지원 사업의 대상 확대 및 프로그램 다양화
> IV. 결론

① 청년 예술인 지원 사업의 의의와 필요성을 알리고 청년 예술인 지원 사업을 활성화하기 위해, 논의의 초점을 청년 예술인 지원 사업의 활성화 저해 요인에 맞춘다.
② 청년 예술인 지원 사업의 의의와 필요성과 활성화 방안이 초점이므로, 청년 예술인 지원 사업의 의의와 필요성을 토대로 청년 예술인 지원 사업의 현황을 이끌어 낸다.
③ 청년 예술인 지원 사업의 현황을 토대로 의의와 필요성을 밝히고, 청년 예술인 지원 사업의 활성화 저해 요인을 해결하는 방향으로 활성화 방안을 밝히는 데에 초점을 맞춘다.
④ 청년 예술인 지원 사업의 홍보 부족과 예산 부족 문제가 초점이므로, 청년 예술인 지원 사업의 현황과 문제점을 비판하고 청년 예술인 지원 사업의 의의와 필요성을 알린다.

009
다음 시에 대한 설명으로 적절하지 않은 것은?

> 순이, 벌레 우는 고풍한 뜰에
> 달빛이 밀물처럼 밀려왔구나.
>
> 달은 나의 뜰에 고요히 앉아 있다.
> 달은 과일보다 향그럽다.
>
> 동해 바다 물처럼
> 푸른
> 가을
> 밤
>
> 포도는 달빛이 스며 고웁다.
> 포도는 달빛을 머금고 익는다.
>
> 순이, 포도 넝쿨 밑에 어린 잎새들이
> 달빛에 젖어 호젓하구나.
>
> — 장만영, 「달·포도·잎사귀」 —

① 시각적 이미지를 위주로 시상을 전개하고 있다.
② 공감각적 표현으로 인상을 선명하게 전달하고 있다.
③ 포도와 달빛을 조응시켜 성숙의 이미지를 제시하고 있다.
④ 전원적 분위기를 미화함으로써 도시 문명을 비판하고 있다.

010
다음 글의 주제로 가장 적절한 것은?

> 글을 모르는 아동이 처음으로 글 읽기를 배우는 것이 글 깨치기이다. 글을 배워 읽을 수 있게 되면 아동은 그때부터 음성 언어 세계에서 벗어나 문자 언어의 세계에서 초월적인 삶을 살 수 있게 된다. 읽기는 바로 이런 새로운 세계에로의 여행이며, 글 깨치기는 그 관문에 해당된다. 그러나 이 관문은 누구나 통과할 수 있는 그런 쉬운 것이 아니다. 음성 언어는 언어 사회에 노출되기만 하면 누구나 쉽게 획득할 수 있지만 문자 언어는 학습이라는 의식적인 노력을 기울여야만 한다.
>
> 영어에서는 같은 글자가 여러 소리를 나타낸다. 'a'라는 글자는 art〉[아], apple〉[애], date〉[에이], ball〉[오] 따위와 같이 여러 소리를 나타낸다. 또 한 가지의 소리를 여러 글자로 적는다. [오]라는 소리를 적는데, 'boy'에서는 /0/, 'caught'에서는 /au/, 'ball'에서는 /a/ 따위의 여러 글자로 적고 있다. 이러한 차이는 학습이라는 의식적인 노력을 기울여야 배울 수 있다.

① 영어는 배우기 어려운 언어이다.
② 아동이 살아가는 데에는 학습이 필요하다.
③ 열심히 노력하지 않으면 문자를 배우기 어렵다.
④ 언어를 배운다는 것은 한 세계를 이해한다는 의미이다.

011
다음 글을 쓴 글쓴이의 견해에 부합하는 것은?

> 시대와 지역이 마련하는 사회적 내지 역사적 상황에 따라서 사람의 음악적 기호는 변한다. 그러니까 불멸의 기호는 없다는 말이다. 1백 년 내지 2백 년 사이에는 동일한 기호가 계속적으로 유지될 수 있을지 모르나 1천 년 내지 2천 년 사이에는 반드시 사람의 음악적 기호는 변하고 만다. 즉 불멸의 기호는 없다.
>
> 사람들이 불멸의 음악이 있는 것으로 생각하는 이유는 이렇다. 사람들에게 음악적 기호를 제공해 주는 이른바 음악 양식이 동일 성격을 유지하면서 2백 년 내지 3백 년 동안 계속되곤 하는 것이 음악 역사라면, 사람은 2백 년 내지 3백 년 사이에 태어나서 죽는다. 한 음악 양식의 생명보다 사람의 생명이 훨씬 짧다. 그렇기 때문에 기호의 변화를 목격할 기회를 사람들은 가지지 못하는 것이다.
>
> 설사 기호의 변화를 목격할 수 있는 시기에 태어나서 살다가 죽는다고 해도 역사의식이 결여되면 기호의 변화 현상을 있을 수 있는 일로 받아들이지 않고, 있을 수 없는 일로 받아들인다. 그래서 새로운 기호의 성립을 인정하지 않고 불멸의 기호만을 믿는 것이다.

① 불멸의 음악은 존재할 수 없지만 불멸의 기호는 있을 수 있다.
② 사람들은 음악 기호의 변화를 새로운 기호로 받아들이지 않는다.
③ 음악적 기호는 사람의 수명보다 짧기 때문에 불멸의 기호는 없다.
④ 음악적 기호는 시대나 지역적 특성에 영향을 받기 때문에 불변한다.

012
㉠에 함축된 의미와 그 뜻이 가장 가까운 것은?

> 해주집 술청에는 불이 켜져 있었고 가겟문도 반쯤 열려 있었다. 가겟문 안으로 들어서려다 병국은 그만 발걸음을 묶었다. 안에서 아버지의 목소리가 들렸기 때문이었다.
> "물론 히, 힘든 문제지요. 그렇다고 이 세월이 세상 끝날까지 갈 건 아니잖아요." 아버지는 벌써 엔간히 취해 있었.
> "아무래도 내 평생 통일은 글렀네. 생이별한 처자식은 영영 못 볼 것 같아. 삼십 년을 하루같이 기다려 오다 백발이 다 된 마당 아닌가. ㉠사람 목숨도 한계가 있는데 살면 언제까지 산다구." 강 회장의 허탈한 목소리였다.
> "형님, 역사란 바, 반드시 그렇지만은 않아요. 세상의 변혁이란 아무도 예, 예측을 못 해요."
> "에끼, 이 사람아. 마른 땅에 물 고이랴. 남북한 서로가 닮은 점이 있어야지. 평화통일은 어렵네. 내남없이 강병책만 일삼으니 언제 가서 형 아우하고 지낼 것이며, 양보하는 맘들을 가지겠는가."
>
> – 김원일, 「도요새에 관한 명상」에서 –

① 달도 차면 기운다.
② 고생 끝에 낙이 온다.
③ 바늘구멍으로 하늘 보기.
④ 하늘도 끝 갈 날이 있다.

013
㉠~㉣에 들어갈 적절한 접속어를 순서대로 나열한 것은?

> 마케팅(Marketing)은 시장을 뜻하는 '마켓'에 진행형이 덧붙어 만들어진 단어로, 제품을 생산자로부터 소비자에게 원활하게 이전하기 위한 기획 활동을 말한다. ㉠ 생산자와 소비자 사이에 제품이 거래되는 것은 곧 시장의 특징이다. ㉡ 마케팅은 시장에서의 활동 자체를 의미한다고 볼 수 있다. 이러한 특성에 따라 마케팅은 특별한 영역에 국한되어 있지 않으며, 종류나 양식이 한정되어 있지 않다. 생산자와 소비자를 연결하는 방법 이외의 다양한 시도들이 모두 마케팅이 될 수 있는 것이다. ㉢ 제품을 소비자에게 전달할 새로운 경로를 찾는 것이나 제품을 홍보하는 것, 심지어는 지난 상품을 더 이상 판매하지 않는 것 등이 모두 마케팅의 종류가 될 수 있다. ㉣ 시대의 변화는 곧 마케팅의 변화로 이어진다. 육로나 항로가 발전하는 등의 변화에 따라 제품이 소비자에게 전달되는 경로가 달라질 수 있으며, 소비자의 요구나 새로운 제품의 생산 역시 시대의 흐름에 영향을 받기 때문이다.

	㉠	㉡	㉢	㉣
①	그리고	따라서	가령	반면
②	그런데	그러므로	이를테면	따라서
③	그러나	그래서	그런데	말하자면
④	그래서	이에 따라	한편	그러므로

014
(가)~(라)의 논리적 전개 순서로 가장 적절한 것은?

> 사람들 중에는 유독 길눈이 밝아 길을 잘 찾는 사람이 있는가 하면, 여러 번 갔던 길도 잘 못 찾는 사람도 있다. 이처럼 사람들의 공간 지각 능력에 차이가 나는 이유가 무엇일까?
>
> (가) 그리고 가상의 지도를 기반으로 특정 목적지의 위치와 경로를 탐색하고, 길을 따라 이동할 때 우리의 위치와 방향에 대한 실시간 정보를 처리해 나가야 한다.
> (나) 우리가 공간에 대한 정보를 처리하고 기억하는 과정을 이해함으로 이 질문에 대한 답을 찾을 수 있다. 사람이 한 번 가 봤던 길을 찾아가기 위해서는 여러 능력이 필요하다.
> (다) 그러나 길을 찾는 일은 처음에 설정한 경로를 그대로 따라가기만 하는 것은 아니다. 길을 지나쳐 오거나 길을 잘못 들었을 때 실시간으로 처리한 정보를 기반으로 경로를 재탐색하고 수정해야 한다.
> (라) 먼저 한 번 가 봤던 길을 기억해야 하는데, 주변 지형과 상징적인 건물에 주목하고 이에 대한 정보를 저장해야 한다. 이때 저장된 정보를 공간 기억이라고 하는데, 뇌는 이러한 공간 기억을 떠올려 가상의 지도를 생성한다.
>
> 즉, 길을 찾아가는 것은 공간에 대한 정보를 기억하고, 확인하고, 계속해서 문제를 해결해 나가는 연속적이고 복잡한 과정이다.

① (나) – (가) – (다) – (라)
② (나) – (라) – (가) – (다)
③ (라) – (다) – (나) – (가)
④ (라) – (가) – (다) – (나)

015

⊙의 의미로 가장 적절한 것은?

사회에서 사람들이 살아가는 역사를 살펴보면 꾸준하게 공공에 대한 협조적 행위가 지속되어 왔고, 우리 역시 일상적으로 상대방과 공공에 대한 협조적 행위를 하며 살고 있음을 알 수 있다. 이는 상호 이타성이라는 행동 경향으로 설명할 수 있다. 상호 이타성이란 무엇이며, 이는 왜 발생할까? 상호 이타성이란 사람들이 협조에는 협조로, 적의에는 적의로 대응하는 경향을 말한다. 즉, 자신이 협조하지 않는 것을 보고 상대방이 이에 대응하여 행동할 것이라는 점을 고려하게 되면, 협조하지 않는 것이 궁극적으로 자신에게 유익하지는 않다는 것이다.

그렇다면 익명적 상황이나 미래에 상대의 반응이 있을 수 없는 1회적 상황에서는 어떻게 될까? 이를 설명하기 위해서 경제학자들이 간단한 실험을 하였다. 피실험자들에게 일정한 돈을 준 후, 이 돈을 그냥 가질 수도 있거나 공공재에 투자할 수도 있게 하였다. 투자한 돈은 사람 수보다는 작은 k배로 커지고, 커진 돈은 공공재 투자 여부와 관계없이 모두에게 똑같이 나누어진다. 이 실험에서는 1회 실행할 때와 실험을 반복할 때, 즉 미래에 상대의 반응을 알 수 없는 경우와 알 수 있는 경우 서로 다른 결과가 나왔다. ⊙<u>실험 결과 1회적 상황에서는 보통 40~60% 정도의 피실험자들이 공공재에 투자하는 것이었다.</u>

① 사람들은 상대방의 반응을 기대할 때 이기적으로 반응한다.
② 사람들은 상대방의 반응을 알고 있을 때 이타적으로 반응한다.
③ 사람은 상대방의 반응이 없더라도 협조하려는 마음을 지닐 수 있다.
④ 사람은 상대방의 반응이 없을 때 상대방에게 협조하지 않는다.

016

다음 글에 대한 이해로 가장 적절한 것은?

비자반 일등품 위에 또 한층 뛰어 특급품이란 것이 있다. 반재며, 치수며, 연륜이며 어느 점이 일급과 다르다는 것은 아니나, 반면에 머리카락 같은 가느다란 흉터가 보이면 이게 특급품이다. 알기 쉽게 값으로 따지자면, 전전 시세로 일급이 2천 원 전후인데, 특급은 2천 4, 5백 원, 상처가 있어서 값이 내리기는커녕 오히려 비싸진다는 데 진진한 묘미가 있다.

반면이 갈라진다는 것은 기약치 않은 불측의 사고이다. 사고란 어느 때 어느 경우에도 별로 환영할 만한 것이 못 된다. 그 균열의 성질 여하에 따라서는 일급품 바둑판이 목침감으로 전락해 버릴 수도 있다. 그러나 그렇게 큰 균열이 아니고 회생할 여지가 있을 정도라면 헝겊으로 싸고 뚜껑을 덮어서 조심스럽게 간수해 둔다.

… (중략) …

과실은 예찬할 것이 아니요, 장려할 노릇도 못 된다. 그러나 그와 동시에 과실이 인생의 '올 마이너스'일 까닭도 없다. 과실로 해서 더 커 가고 깊어 가는 인격이 있다. 과실로 해서 더 정화되는, 굳세어지는 사랑이 있다. 생활이 있다.

- 김소운, 「특급품」에서 -

① 현실의 세태를 비판적으로 바라보고 있다.
② 특정 대상에서 얻은 깨달음을 확장하여 전달하고 있다.
③ 서로 반대되는 의미를 지닌 대상을 비교하여 관찰하고 있다.
④ 과거의 삶을 회상하며 발견한 원리를 일상에 적용하고 있다.

017

밑줄 친 한자성어의 쓰임이 적절하지 않은 것은?

① 모든 사람이 그를 <u>異口同聲</u>으로 칭찬한다.
② 워낙 기습적인 폭우여서 <u>束手無策</u>으로 당할 수밖에 없었습니다.
③ 두 회사의 경쟁은 <u>刮目相對</u>에 이르러 물밑에서 치열한 로비와 홍보를 벌이고 있다.
④ 부모님과 <u>指呼之間</u>에 살고 있으면서도 바쁘게 지낸다고 찾아뵙지 못한 것을 후회한다.

018
다음 글이 말하고자 하는 바를 가장 잘 드러내는 표현은?

동물의 몸은 생물학적 단서로서, 그들의 행동 양상을 파악하기 위한 단서로 활용된다. 예를 들어 가다랑어가 빠르게 헤엄친다는 사실은 그들의 몸이 매끄러운 유선형으로 이루어져 있다는 사실을 통해 유추할 수 있다. 그리고 실제로 가다랑어의 생태를 통해 이러한 추측이 옳다는 것을 확인할 수 있다. 그러나 새의 경우 날개를 통해 그들이 하늘을 날 수 있다는 것을 알 수 있지만, 이를 통해 새가 둥지를 짓는다는 행동 양상은 알 수 없다. 유령거미의 경우에도 그러하다. 유령거미는 다른 거미들보다 긴 다리를 가지고 있지만 아주 촘촘한 거미줄을 친다. 겉으로 보기에 그들의 긴 다리는 거미줄을 치기에 거추장스러운 것처럼 보인다. 따라서 사람들은 유령거미가 친 거미줄을 보기 전까지, 그들은 매우 널찍한 거미줄을 치거나 아예 거미줄을 치지 않을 것이라고 추측할 수밖에 없다.

① 본질과 무관한 현상이란 있을 수 없다.
② 모든 결과는 특정한 원인에서 비롯된다.
③ 형상만으로는 모든 속성을 알 수 없다.
④ 사물의 외양보다 내면을 들여다봐야 한다.

019
밑줄 친 관용어의 뜻풀이가 옳지 않은 것은?

① 돈 자랑을 하는 친구를 보니 은근히 <u>부아가 났다</u>.
 – 부아가 나다: 걱정이 되거나 안타까워 마음이 몹시 달다.
② 그는 좀처럼 주변 사람들에게 <u>곁을 주지</u> 않았다.
 – 곁을 주다: 다른 사람으로 하여금 자기에게 가까이할 수 있도록 속을 터 주다.
③ 나는 누님의 속마음을 알면서도 괜히 <u>어깃장을 놓았다</u>.
 – 어깃장을 놓다: 짐짓 반항하는 말이나 행동을 하다.
④ 나는 학창 시절에 수학이라면 거의 <u>학을 뗐다</u>.
 – 학을 떼다: 괴롭거나 어려운 상황을 벗어나느라고 진땀을 빼거나, 그것에 거의 질려 버리다.

020
다음 글에서 추론한 내용으로 가장 적절한 것은?

불국사 3층 석탑은 불국사 대웅전 앞뜰에 위치한 두 개의 석조 불탑 중 하나로, 석가탑 혹은 무영탑이라고 불린다. 이때 석가탑은 마주 보고 서 있는 다보탑과 대응되도록 붙여진 명칭이며, 무영탑은 아사녀가 신라의 석공 아사달을 기다리다 연못에 빠져 죽었다는 전설이 반영된 명칭이다.

석가탑의 형태는 신라 특유의 절제된 아름다움을 잘 보여 준다. 총 3층으로 이루어진 탑은 각 층이 약 1:1.16의 황금 비율을 이루는 동시에 위로 올라갈수록 층의 높이가 낮아진다. 따라서 전체의 균형과 조화를 바탕으로 안정감을 부여한다. 이는 이전까지 답습했던 목조 불탑 형식에서 벗어나 완전한 석조 불탑의 정형을 확립한 것이므로, 현재까지 한국 석탑의 원형으로 여겨진다. 석가탑은 당대에 추구했던 미적 감각을 단적으로 보여 준다는 점에서 1962년에 국보 제21호로 지정되었다.

1966년 10월, 도굴꾼에 의해 훼손된 부분을 복원하기 위해 석가탑의 해체 작업이 진행되었다. 그런데 수리 도중에 2층 중앙의 빈 공간에서 국보 제126호인 「무구 정광 대다라니경」이 발견되었다. 이는 현존하는 목판 인쇄물 중 가장 오래된 것으로, 당시 신라가 뛰어난 인쇄술을 지녔음을 잘 보여 준다.

① 불국사 대웅전 앞뜰에 있는 두 개의 불탑인 석가탑과 무영탑은 석조 구조로 지어졌다.
② 신라 시대에는 균형과 조화를 통한 아름다움이 중시되었으며 석조 불탑의 정형이 확립되었다.
③ 도굴당한 문화재를 되찾는 과정에서 석가탑 2층 중앙의 빈 공간이 드러나 해체 작업이 진행되었다.
④ 석가탑과 「무구 정광 대다라니경」의 국보 번호는 신라 시대의 두 문화재가 제작된 연대 차이를 반영한다.

모의고사 09회

001
밑줄 친 부분을 참고할 때 '주체 높임법'의 예로 적절하지 않은 것은?

> 주체 높임법은 문장의 주체를 높이는 높임법이다. 국어에서 주체 높임법은 주로 주체 높임의 선어말 어미 '-시-'를 통해 실현된다. 예를 들어 '크다'의 주체가 높임의 대상일 경우, 선어말 어미 '-시-'가 결합한 '크시다'가 쓰이는 것이다. 한편, 주체 높임법은 <u>특수 어휘를 통해 실현되기도 한다.</u>

① 할머니께서는 피곤하셨는지 하루 종일 <u>주무시고</u> 계신다.
② 어머니께서는 모르는 것이 있으면 선생님께 <u>여쭈라고</u> 하셨다.
③ 할머니께서는 할아버지와 함께 집에서 점심을 <u>잡수고</u> 계셨다.
④ 아버지께서는 지금 할머니 댁에 <u>계시고</u>, 어머니께서는 집에 계신다.

002
밑줄 친 부분의 맞춤법이 옳은 것은?

① 사랑이 <u>담뿍</u> 담긴 편지에 감동을 받았다.
② 놀러 나온 사람들로 오랜만에 <u>북쩍거렸다</u>.
③ 시장에서 사 온 제철 무로 <u>깍두기</u>를 담갔다.
④ <u>딱다구리</u>는 단단한 부리로 나무에 구멍을 낸다.

003
표준 발음법에 맞지 않는 것은?

① 묽고[묵꼬]
② 훑다[훌따]
③ 밟소[밥:쏘]
④ 넓죽하다[넙쭈카다]

004
다음 대화 참여자의 말하기 방식으로 적절하지 않은 것은?

> **미경:** 우리 사회에서 너무 많은 사람들이 비만에 시달리고 있고, 비만이 건강 문제를 일으키고 있어. 정부가 강력한 대책을 세워서 이 문제를 해결해야 해.
> **은수:** 음, 자신의 건강을 돌보는 것은 개인의 책임이야. 정부가 비만 문제에 개입하면 개인의 자유가 제한될 수도 있고, 정부의 권력이 남용될 수도 있어.
> **미진:** 비만 문제를 개인의 문제로만 생각하고 방치하면 비만으로 인한 사회적인 의료비 부담이 증가하고, 생산성이 저하될 수도 있어.
> **재영:** 개인들이 건강한 선택을 할 수 있도록 정부가 교육과 정보를 제공하면 어떨까? 그러면 비만 문제 해결에도 도움이 되고, 개인의 자유도 보호할 수 있을 거야.

① '미경'은 비만 문제를 화제로 제시하며 정부가 적극적으로 비만 문제를 해결해야 한다고 주장하고 있다.
② '은수'는 자신의 건강을 돌보는 것은 개인의 자유와 책임이라고 말하며 '미경'의 주장에 반대하고 있다.
③ '미진'은 비만을 사회적 문제로 보아야 하는 구체적 이유를 밝히며 '은수'의 주장을 뒷받침하고 있다.
④ '재영'은 정부가 개인의 자유를 침해하지 않고 비만 문제를 해결할 수 있는 방안을 제시하고 있다.

005
㉠~㉣의 의미로 적절하지 않은 것은?

> ㉠<u>가던 새</u> 가던 새 본다 믈 아래 가던 새 본다
> ㉡<u>잉</u> 무든 장글란 가지고 믈 아래 가던 새 본다
> 얄리얄리 얄라셩 얄라리 얄라
> ㉢<u>이링공</u> 뎌링공 ᄒᆞ야 나즈란 디내와손뎌
> 오리도 ㉣<u>가리도</u> 업슨 바므란 ᄯᅩ 엇디 호리라
> 얄리얄리 얄라셩 얄라리 얄라
>
> – 작자 미상, 「청산별곡(靑山別曲)」–

① ㉠은 '날아가던'을 의미한다.
② ㉡은 '이때'를 의미한다.
③ ㉢은 '이렇게'를 의미한다.
④ ㉣은 '갈 사람'을 의미한다.

006

⊙~㉣ 중 어색한 곳을 찾아 수정하는 방안으로 적절하지 않은 것은?

우리는 왜 김홍도를 풍속화의 대가로만 ㉠인식하지 않았을까? 그 이유로 근대의 민족주의를 생각해 볼 수 있다. 우리는 일제 강점기를 거치면서 우리의 역사에서 가장 한국적인 요소를 ㉡버리기 위해 노력했다. 그 결과 김홍도의 그림 중에서 한국적인 요소가 풍부하게 드러나는 풍속화를 강조하게 된 것이다. 이러한 입장에서 그의 풍속화는 한국적 가치의 진수를 보여 주는 것으로 ㉢격하되었고 다른 작품들은 크게 주목받지 못하게 된 것이다. 이런 점들을 살필 때, 우리는 김홍도를 한국적 풍속화의 대가로만 인식하는 것에서 벗어나 당대의 조선을 대표하는 최고의 작가이자 한국미의 전형을 이룬 작가로 ㉣보아야 할 것이다.

① ㉠: '인식하게 되었을까'로 수정한다.
② ㉡: '찾고자'로 수정한다.
③ ㉢: '격상되었고'로 수정한다.
④ ㉣: '판단해서는 안 될 것이다'로 수정한다.

007

다음 시에 대한 감상으로 적절하지 않은 것은?

저것은 벽
어쩔 수 없는 벽이라고 우리가 느낄 때
그때
담쟁이는 말없이 그 벽을 오른다

물 한 방울 없고 씨앗 한 톨 살아남을 수 없는
저것은 절망의 벽이라고 말할 때
담쟁이는 서두르지 않고 앞으로 나아간다

한 뼘이라도 꼭 여럿이 함께 손을 잡고 올라간다
푸르게 절망을 다 덮을 때까지

바로 그 절망을 잡고 놓지 않는다.
저것은 넘을 수 없는 벽이라고 고개를 떨구고 있을 때

담쟁이 잎 하나는 담쟁이 잎 수천 개를 이끌고
결국 그 벽을 넘는다.

– 도종환, 「담쟁이」 –

① 자연을 의사소통의 대상으로 삼고 있다.
② 연대하는 대상의 모습을 긍정적으로 보고 있다.
③ 감각적 이미지를 활용하여 시상을 전개하고 있다.
④ 현재형 시제를 활용하여 대상의 움직임을 포착하고 있다.

008

다음 조건을 모두 충족하는 글로 가장 적절한 것은?

○ 나트륨 섭취를 줄이자는 취지를 표현할 것.
○ 대구법을 사용할 것.
○ 비유법을 사용할 것.

① 나트륨 섭취를 줄여 보세요. 당신의 생명이 늘어납니다.
② 맛을 위해 먹는 나트륨, 당신의 몸이 절여지고 있습니다.
③ 적당한 나트륨 섭취는 약이지만, 과도한 나트륨 섭취는 독입니다.
④ 지나친 나트륨 섭취, 나트륨 권장량이라는 안전선을 넘으셨습니다.

009

다음 글로 미루어 알 수 있는 바가 아닌 것은?

보통 동양의 카펫이라 하면 손으로 짠 카펫을 지칭한다. 먼저 베틀을 만들고 베틀에 세로로 날줄을 팽팽히 건 다음 염색된 실을 가로로 옭아매는 과정을 거친다. 가로로 한 줄의 올이 완성되면 곧 씨줄이 된다. 그다음에 들쭉날쭉 나와 있는 올을 특수 가위로 고르게 잘라 낸다. 디자인이 얼마나 정교한가는 그 카펫이 얼마나 촘촘하게 짜였는가에 달려 있으며 또한 올을 얼마나 짧게 잘라 내느냐에 달려 있다. 카펫의 촘촘한 정도는 가로세로 1인치 내에 몇 올이 들어가 있느냐로 결정하는데 그 정도가 곧 카펫의 질과 내구성을 결정하는 기준이 된다. 즉, 올이 많을수록 좋은 카펫이 된다. 고급 카펫은 인치당 500~1,000올이 들어가 있다.

유목민들에게 있어서 카펫은 마루이자 벽이 될 수 있고, 커튼이나 말 안장도 될 수 있어서 단지 장식품으로만 머물지 않고 실생활의 중요한 실용품이 되는 것이다. 유목민 카펫 직조자들은 자연적인 요소이든 인위적인 침략 행위이든 자신들의 안전이 위협받을 때는 언제든지 베틀을 해체하거나 급히 이동시켜야 했기 때문에 그들의 창작품들은 직조법이나 크기, 그리고 디자인 등이 일정하지 않다.

① 카펫을 제작하기 위해서는 베틀이 필요하다.
② 1인치 내 800올이 들어가 있는 카펫의 품질은 좋다.
③ 동일한 제작자가 만든 카펫이라도 직조법이 다를 수 있다.
④ 카펫은 실용적인 제품으로 디자인의 정교함은 중요하지 않다.

010
밑줄 친 부분의 한자가 나머지 셋과 다른 것은?

① 그의 성공 요인은 성실한 생활 태도이다.
② 받아들이기 어려웠지만 패배를 인정했다.
③ 하역한 물품들의 내용과 수량을 일일이 확인했다.
④ 우리 모임에서는 사소한 사항이라도 회원들의 승인을 받아야 한다.

011
다음 글에서 쓰인 설명 방식이 쓰이지 않은 것은?

> 표준어가 아닌 말은 모두 방언이라고 하는데, 방언 중에서 지역적 요인에 의한 것을 지역 방언이라고 하고, 사회적 요인에 의한 것을 사회 방언 또는 계급 방언이라고 한다. 그러나 좁은 의미에서의 방언은 지역 방언만을 의미한다. 우리나라의 지역 방언은 크게는 제주도 방언, 경상도 방언, 전라도 방언 등으로 나누며, 작게는 대구 방언, 목포 방언, 청주 방언, 수원 방언, 강릉 방언 등으로 나눈다. 사회 방언은 언어의 사회적 요인에 의한 변이가 나타난 것인데, 대체로 계층, 세대, 성별, 학력, 직업 등이 중요한 사회적 요인이다. 가령, '물개'는 군인들이 해군을 의미하는 말로 쓰며, '낚다, 건지다'는 신문이나 방송에 종사하는 사람들이 '기사를 취재하다'라는 의미로 사용한다.

① 인간이 태어나면서부터 하늘로부터 부여받는다고 여겨지는 인권으로, 인간이라면 누구나 가지는 기본적인 권리를 천부 인권이라고 한다.
② 국가란 일정한 영토와 거기에 사는 사람들로 구성되고, 주권에 의한 하나의 통치 조직을 가지고 있는 사회 집단으로 국민, 영토, 주권의 3요소를 필요로 한다.
③ 이이는 자극과 반응의 형식 속에서 감정이 발생하는 것이라고 본다. 예컨대, 부모에게 자극을 받으면 효성스러운 감정이 반응하고, 임금에게 자극을 받으면 충성스러운 감정이 반응한다는 것이다.
④ 계절에 따른 이동 여부에 따라 새를 철새와 텃새로 구분할 수 있다. 철새는 계절에 따라 번식지와 월동지를 이동하는 새를 말하며, 텃새는 계절에 관계없이 이동하지 않고 한 지역에서 살아가는 새를 말한다.

012
다음 작품에 대한 이해로 적절하지 않은 것은?

> 그리고 일주일이 채 못 돼서 법원으로부터 출두 통지서가 나왔다. 호동수가 수도 시설을 철거시켜 달라는 소송을 제기했던 것이다. 물론 황거칠 씨는 이의를 내걸고 반대했다. 그러나 끌다끌다 결국 힘 부족 세 부족으로 재판에 지고, 집달리가 현장에 나타났다. 강제 철거다. 미리 시끄러울 것을 짐작했던지 경찰관까지 현장에 동원되었다.
> '마샛등'에서도 그날 일을 나가지 않은 사내꼭지들은 거의 다 현장인 샘터에 나와 있었다. 아낙네들도 더러 나왔었다. 군중 심리의 탓이랄까, 경찰이 해산을 명령해도 꿈쩍도 하지 않았다. 도리어 일촉즉발의 험악한 공기가 되어 갔다.
> 황거칠 씨는 내처 풀이 죽어 있었다. 정상 작량도 법을 쥔 사람의 자유다. 게다가 집달리란 사람들에게는 애당초 눈물도 인정도 없기 마련이다.
> '마샛등' 사람들이 애써 만들어 놓은 다섯 개의 수도용 우물이 집달리가 데리고 온 인부들의 괭이에 무참히 헐리고, 대나무로 된 파이프들이 물을 문 채, 그들이 보는 앞에서 이리 저리 내던져졌다.
> 황거칠 씨는 더 참을 수가 없었다. 그는 거의 발작적으로 일어섰다.
> "이 개 같은 놈들아, 어쩌면 남이 먹는 식수까지 끊으려노?"
> 그는 미친 듯이 우르르 달려가서 한 인부의 괭이를 억지로 잡아서 저만큼 내동댕이쳤다. 그것을 계기로 부락민들도 와 몰려갔다. 집달리 일행과의 사이에 벌싸움이 벌어졌다.
>
> — 김정한, 「산거족」에서 —

① 요약적 제시를 활용하여 사건을 압축적으로 전달하고 있다.
② 비속어를 통해 부당한 현실을 향한 비판 의식을 드러내고 있다.
③ 내적 독백을 활용하여 인물의 심리를 효과적으로 드러내고 있다.
④ '황거칠'을 중심으로 하여 부조리한 현실에 저항하는 집단의 모습이 드러나 있다.

013

빈칸에 들어갈 말로 가장 적절한 것은?

아이의 일기장을 읽은 부모가 "글을 무척 잘 쓰는구나. 내일도 이렇게 써 보렴."과 같이 말하는 것은 현명한 반응이라고 할 수 있는가? 많은 사람들은 이러한 반응이 자녀에 대한 부모의 관심과 격려라고 생각한다. 그러나 실제로 이와 같은 칭찬을 한다면, 생각하는 것과는 전혀 다른 효과가 나타날 수 있다. "훌륭한 글솜씨"와 같은 일반적인 표현은 구체적인 성과 혹은 행동을 발견하는 것에 비해서 칭찬의 의미가 떨어진다. 따라서 "훌륭한 글솜씨"라는 표현보다 "이 부분의 표현이 마음에 드는구나.", "너의 속마음이 잘 담겨 있구나." 등의 구체적인 표현을 하는 것이 더욱 효과적이다. 또 하나 주의해야 할 점은, 아이가 보여 주려는 것을 제대로 확인하지 않은 채 "정말 좋다."라고 말하는 것은 아이의 자존감에 악영향을 미친다는 것이다. 이 경우 자녀는 부모가 자신에게 관심이 없다고 여겨 심리적으로 위축될 수 있다. 따라서 현명한 부모가 되기 위해서는, ☐☐☐☐☐이 자녀에게 부모의 관심에 대한 확신을 주고, 더 나아가 부모의 사랑을 알게 해 준다는 점을 생각해야 한다.

① 아이의 눈높이에 맞춰 구체적으로 칭찬하는 것
② 일반적인 표현보다 격려를 담은 표현을 쓰는 것
③ 눈에 띄는 관심에서 비롯된 구체적 칭찬을 하는 것
④ 아이가 하는 말에 귀를 기울여 자존감을 높여 주는 것

014

다음 글에 대한 이해로 적절하지 않은 것은?

언어 표현의 궁극적 의미는 실제로 언어를 사용하는 상황에서 결정된다. 화용론은 실제 언어의 사용과 관련하여 어떤 의미를 갖느냐 하는 문제에 접근한다. 이러한 화용론의 중요 주제인 직시, 전제, 화행 등을 살펴봄으로써 언어의 의미의 도출 과정을 확인할 수 있다.

먼저, 직시는 의미 해석을 위해 언어 사용의 맥락을 고려하는 일을 말한다. 가령 '그것과 저것 중에 하나만 줘.'라는 문장이 있을 때, 지시사인 '그것'과 '저것'이 어떤 것을 가리키는지는 화자와 청자가 처한 환경을 고려하지 않으면 알 수 없다. 이렇게 그 해석을 위해 맥락이 절대적으로 필요한 표현들을 직시적 표현이라고 부른다. '이', '그', '저'와 같은 지시 관형사도 누가 말하느냐에 따라 가리키는 대상이 달라지며, 이를 정확히 알기 위해서는 대화가 사용되는 맥락을 이해해야 한다.

우리가 대화에서 흔히 발견할 수 있는 '전제'도 대화의 맥락을 고려해야 알 수 있는 사항이다. 어떤 진술을 하기 위해 당연한 것으로 여기는 의미 부분을 전제라고 하는데, 이는 이미 화자가 참인 것으로 가정하는 부분이다. 예를 들어 '준모는 영희가 외국 유학을 간 것을 못마땅하게 생각한다.'라고 했을 때, 이러한 말을 들은 사람 중에서 영희가 유학 간 것을 아는 사람은 전제를 받아들여 다음 대화를 이어 나간다.

화행은 말로 하는 행위, 즉, 선언, 진술, 질문, 응답, 명령 등등 모든 언어로 하는 행위를 말한다. 서양에서 왕이 기사의 작위를 수여할 때 칼로 그 사람의 어깨를 두드리며 '기사의 작위를 주노라.'라고 말한다. 이렇게 말함으로써 새로운 기사가 탄생하는 것인데 궁중 요리사가 식사용 나이프를 들고 이런 말을 한다면 새로운 기사가 탄생할 수 없는 것이다.

① '이것이 그것보다 예쁘다.'를 이해할 때 화자와 청자의 위치를 고려하는 것은 직시에 해당하겠군.
② '저 사람이 범인이야.'에서 '저'는 해석을 위해 맥락이 필요하다는 점에서 직시적 표현에 해당하겠군.
③ '저녁에 눈이 내릴지도 모르니까 우산을 챙겨 봤어.'에서 '저녁에 눈이 내리는 것'은 전제에 해당하겠군.
④ '종신형을 선고합니다.'라고 하며 판사 봉을 두드리는 것은 언어 행위를 통해 형을 확정한 것이므로 화행에 해당하겠군.

015
밑줄 친 부분의 쓰임이 옳은 것은?

① 조용한 와중에 가끔 콜록하는 소리가 났다.
② 선수들의 정신력이 경기의 성패를 좌우할 수 있다.
③ 내가 한 요리를 그가 맛있게 먹으매 마음이 흡족했다.
④ 선생님은 인격이 높으심으로, 모든 이에게 존경을 받는다.

016
다음 글의 표제와 부제로 가장 적절한 것은?

> 지도는 지구의 표면을 일정한 비율로 줄여 나타낸 그림으로, 인류의 역사에 큰 도움을 주며 발전해 왔다. 그런데 지도는 지리적 정보를 제공하기 위해 현실을 왜곡한다. 삼차원적인 세상을 이차원의 종이 위에 그리기 위해 현실의 논리를 넘어서는 것이다. 가령 지도의 축척이 1:50,000이라면, 즉 현실 속의 500m가 지도상에 1cm로 표시된다면, 지도에 나타나는 학교와 공장 등의 기호도 5만 배 작게 표시해야 한다. 이에 따르면 지도상의 기호들은 거의 보이지 않을 만큼 작아야 하는 것이다. 그러나 지도는 정보 제공을 목적으로 하고 있으므로 건물이나 지형을 나타내는 기호에 축척을 적용하지 않는다. 또한 지도는 모든 것을 보여 주지 않는다. 특정한 산을 표시하는 과정에서 눈에 띄는 정도의 높낮이만을 등고선에 적용하고, 세밀한 높낮이는 반영하지 않을 수 있다. 이처럼 지도는 현실 세계의 불완전한 모습을 담고 있다. 그러나 오히려 이것이 현실에 유용한 그림을 완성해 준다고 볼 수 있다.

① 지도의 함정 − 지도의 오차와 오류
② 지도의 비밀 − 지도의 측량의 문제점
③ 지도의 가치 − 지도의 불완전성의 역설
④ 지도의 한계 − 지도의 사실성 구현 원리

017
다음 작품에 대한 설명으로 적절한 것은?

> 유 자사는 백학선을 찾으려고 남자로 변복(變服)한 조 소년(曺少年)을 오래 옥중에 가두고 추궁하였으나, 그의 철석간장을 굽히지 못하여 주야로 근심하다가, 하루는 홀연히 깨닫고,
> "소년을 너무 고생시키는 것도 잔인하다. 백학선을 잃은 것도 또한 하늘이 주신 운수니 할 수 없다."
> 하고, 조 소년을 옥에서 석방하였으나, 은하 낭자는 옥중에서 수척한 심신이 일시에 긴장이 풀리는 통에 새로운 충격으로 기절하더라. 시비 춘낭이 정성껏 간호한 공으로 낭자가 소생하여 꿈에 본 천상의 사변을 생각하고 심중으로 신기하게 여기면서, 사모하는 천정배필인 유 한림과 만날 희망을 품게 되더라.
> 출옥한 은하 낭자는 유 한림을 찾으려고 곧 청주로 향하여 출발하였으며, 수십 일 만에 수백 리를 갔으나 기력이 더욱 좋아져서 조금도 피로를 느끼지 않았으므로 계속 길을 달려가니, 하루는 도중에서 홀연히 어떤 사람을 만났는데, 그는 다행히도 시비 춘낭이가 아는 형주 사람이니라. 춘낭이 반가워하면서 순무 어사의 소식을 물으니,
> "그 유 어사께서는 신병으로 황제께 표를 올리고, 지금 고향으로 가서 휴양하신다더라."
> 춘낭이 낙망하고 은하 낭자에게 그 사실을 전하자 낭자가 깜짝 놀라며,
> "네가 잘못 들은지 모르니 다시 자세히 물어보라."
> 하고 반신반의로 근심하였으니, 춘낭이 다시 아는 사람에게 묻기를,
> "순무 어사께서 병환으로 고향에 돌아가셨다는 것이 정말인가요?"
> "거짓말이 어디 있느냐? 우리는 지금 군관(軍官)으로서 직접 호송해 드리고 돌아오는 길이다."
> 그 말을 다시 춘낭에게 전해 들은 은하 낭자는 하는 수 없이 길을 돌이켜서 남경으로 향하더라.
>
> ─ 작자 미상, 「백학선전(白鶴扇傳)」에서 ─

① 사건이 전개됨에 따라 주변 인물에 대한 주인공의 오해가 점차 해소된다.
② 초월적 존재가 개입하여 숨겨져 있던 주인공의 정체에 대한 단서를 제공한다.
③ 주인공의 성격과 행위의 괴리를 보여 주어 인물이 처한 심리적 상황을 부각한다.
④ 새로운 인물의 발화를 통해 다른 공간에서 벌어진 사건의 정보가 주인공에게 전해진다.

018
다음 글을 통해 알 수 없는 것은?

　18세기 기계의 발달은 산업 혁명을 불러왔다. 그리고 산업 혁명은 사회·경제적 구조를 변화시켰다. 이처럼 기술의 발전이 구조적 변화를 일으킨 것은 농업 사회에서도 마찬가지였다. 농업 기술의 발달은 또 다른 혁명인 녹색 혁명을 일으켰고, 녹색 혁명은 전통 농법에 과학 기술을 적용하여 농업 사회 전체를 발전시켰다. 녹색 혁명이란 농업 분야의 기술 혁신을 통해 농작물의 생산량을 획기적으로 증가시키는 것을 의미한다. 20세기에는 범국가적인 식량 문제로 인해 농작물의 생산량 증대가 불가피했다. 따라서 많은 국가들은 녹색 혁명을 국가의 정책으로 삼아 농업의 발전을 이루기 위해 노력했다.
　녹색 혁명의 대표적 방법으로는 먼저 화학 비료와 살충제, 제초제 등을 개발하는 것이 있다. 농작물의 생장을 최대화할 수 있는 비료를 화학적으로 개발하고, 그 과정을 방해하는 해충과 잡초 등을 효율적으로 제거한다면 농작물의 수확량을 늘릴 수 있다. 또 다른 대표적 방법은 신품종을 개발하는 것이다. 이는 농작물에 병충해에 대한 내성을 주입하여 기존의 농작물이 지닌 성질을 변형시키거나, 농작물들을 교잡하여 다수확이 가능한 새로운 품종을 개발하는 것으로 이루어질 수 있다. 멕시코와 필리핀 등은 이러한 방법을 통해 각국의 농업 생산량을 크게 늘렸다.
　1960년대 우리나라에서도 녹색 혁명이 진행되었다. 한국 녹색 혁명의 목표는 벼 생산량을 증대시키는 것이었으며, 이에 따라 농촌진흥청은 전문가들을 해외에 파견하여 새로운 벼 품종을 개발하도록 하였다. 그리고 열대 지역의 인디카 품종과 온대 지역의 자포니카 품종의 교잡을 통해 신품종의 벼 '통일벼'가 개발되었다. 통일벼는 키가 작고 잎이 경사져 있으며 병충해에 잘 견디는 특성을 지닌다. 통일벼의 재배로 인해 한국의 벼 수확량은 이전보다 30%가 증가하였고, 벼를 자급자족할 수 있게 되었다.

① 녹색 혁명은 과학 기술을 통해 농업 방식을 발전시켜 전 세계적인 식량 문제를 해결하려 한 정책이다.
② 녹색 혁명은 화학 비료로 농작물의 생장을 촉진하거나 신품종을 개발하여 농업 생산량을 증가시키려 하였다.
③ 우리나라의 녹색 혁명은 과학 기술을 활용하여 농업 생산량을 증가시킨 멕시코와 필리핀의 사례를 본받은 것이다.
④ 농촌진흥청이 온·열대 지역의 품종을 교잡하여 통일벼를 개발함으로써 우리나라도 녹색 혁명을 이루어 냈다.

019
다음 상황에 어울리는 한자성어로 적절하지 않은 것은?

　순호는 관심이 있는 분야에 대해서는 많은 지식을 가지고 있다. 다만 관심이 없는 분야에 있어서는 아무리 쉽게 설명하고 여러 번 설명해 줘도 이해를 못 한다.

① 牛耳讀經
② 自繩自縛
③ 對牛彈琴
④ 馬耳東風

020
다음 글에서 추론한 내용으로 적절하지 않은 것은?

　협상이란 서로 다른 이해관계를 가진 둘 이상의 상호 의존적인 사회 개체들이 갈등을 해소하기 위해 공동으로 의사 결정을 내리는 과정이다. 여기서 서로 다른 이해관계란 개체 상호 간에 존재하는 여러 가지의 선택들 가운데 서로 양립할 수 없는 관심이 있다는 것을 의미하고, 상호 의존적인 사회 개체란 서로 영향을 주고받는 관계의 개체를 의미한다. 그러므로 협상의 결과에 따라 협상의 당사자들은 서로 다른 이익을 취하게 되는데, 갈등의 당사자들이 추구하는 실리의 대립 관계와 여러 가지 가능한 협상의 결과는 협상자들이 갖는 일련의 전략에 따라 다양하게 나타나게 된다.

① 협상 당사자들 사이의 갈등은 협상을 하기 위한 전제 조건이다.
② 협상 당사자들의 전략에 따라 각각이 취하는 이익이 달라질 수 있다.
③ 협상을 성공적으로 이끌기 위해 각 주체들은 자신의 이익을 포기하기도 한다.
④ 협상의 당사자들이 내리는 결정은 각각 상대방에게 특정 영향을 끼칠 수 있다.

모의고사 10회

001
다음을 참고할 때 밑줄 친 단어의 반의어로 적절하지 않은 것은?

> 단어는 문맥에 따라 여러 가지 뜻을 가질 수 있으므로 반의어도 여럿이 될 수 있다. 예를 들어 '벗다'의 반의어가 '옷을 벗었다.'의 경우에 '입다'이지만, '모자를 벗었다.'의 경우에는 '쓰다'이다.

① 병마개를 막다. – 열다
② 돌로 구멍을 막다. – 뚫다
③ 건물이 햇빛을 막다. – 주다
④ 사무실의 벽을 막다. – 트다

002
밑줄 친 부분이 바르게 쓰이지 않은 것은?

① 삼촌은 물려받은 재산을 몽땅 털어먹었다.
② 그런 케케묵은 이야기는 누구도 들으려 하지 않는다.
③ 그 사람은 성격이 괴팍해 사람들과 잘 화합하지 못한다.
④ 이 영화는 러닝 타임이 너무 길어서 지루하다는 평을 받고 있다.

003
문장 성분의 호응이 가장 자연스러운 것은?

① 내가 얘기해 주고 싶은 점은 상대방의 말을 경청해야 한다.
② 그녀의 생각은 며칠만이라도 휴가를 떠나는 것이 좋겠다고 결정했다.
③ 교수님께서는 내 발표 내용이 훌륭하다고 여러 학생 앞에서 칭찬하셨다.
④ 이번 신제품은 비싸기만 한 기존 제품을 보완하여 가격 부담과 내구성을 높여 출시되었다.

004
㉠~㉣ 중 시적 의미가 이질적인 것은?

> 모든 것은 나의 안에서
> 물과 피로 육체를 이루어 가도
> 너의 밝은 ㉠은빛은 모나고 분쇄(粉碎)되지 않아
> 드디어 무형(無形)하리만큼 부드러운
> 나의 꿈과 사랑과 나의 비밀을,
> 살에 박힌 ㉡파편(破片)처럼 쉬지 않고 찌른다.
> 모든 것은 연소되고 취(醉)하여 ㉢등불을 향하여도
> 너만은 끌려 나와 호올로 눈물을 맺는 달밤……
> 너의 차가운 ㉣금속성(金屬性)으로
> 오늘의 무기를 다져 가도 좋을
> 그것은 가장 동지적(同志的)이고 격렬한 싸움.
> – 김현승, 「양심의 금속성(金屬性)」 –

① ㉠   ② ㉡   ③ ㉢   ④ ㉣

005
'교내에 CCTV를 설치해야 한다.'라는 논제로 토론한다고 할 때, 찬성 측에서 활용할 수 있는 근거로 적절한 것만을 모두 고른 것은?

> ㉠ 교내에서 학생들 간의 폭력 사건 발생 시 사건의 진상 규명에 도움이 될 수 있다.
> ㉡ 범죄 예방을 위한 교내 경비 인력을 충원하는 것보다 경제적 비용을 아낄 수 있다.
> ㉢ 교사에게 수업권을 보장하고 교내 사생활과 표현의 자유를 침해받지 않을 수 있다.
> ㉣ 교내 사각지대에서 발생할 수 있는 흡연, 절도, 성범죄 등을 방지할 수 있다.
> ㉤ 학부모가 학교나 교사를 대상으로 불필요한 민원을 제기하는 근거로 활용될 수 있다.

① ㉠, ㉡, ㉣
② ㉠, ㉢, ㉣
③ ㉡, ㉢, ㉣
④ ㉡, ㉢, ㉤

006

다음 시조에 대한 설명으로 적절하지 않은 것은?

> 청풍(淸風)을 좋이 여겨 창을 아니 닫았노라
> 명월(明月)을 좋이 여겨 잠을 아니 들었노라
> 옛사람 이 두 가지 두고 어디 혼자 갔노
> <제1수>
>
> 내라서 누구라 하여 작녹(爵祿)을 맘에 둘꼬
> 조그만 띠집을 시내 위에 이룬바
> 어젯밤 손수 닫은 문을 늦도록 닫치었소
> <제2수>
>
> 상 위에 책을 놓고 아래 신을 내어라
> 이봐 아해야 날 볼 이 그 뉘고
> 알게라 어제 맞춘 므지술 맛보러 왔나보다
> <제3수>
>
> 두고 또 두고 저 욕심 그지없다
> 나는 내 집에 내 세간을 살펴보니
> 우습다 낚싯대 하나 외에 거칠 것이 전혀 없어라
> <제4수>
>
> ― 이정, 「풍계육가(楓溪六歌)」 ―

① <제1수>에서는 '청풍', '명월'에 대한 화자의 친화적 태도가 나타난다.
② <제2수>에서 '띠집'은 '작녹'과 상반되는 의미를 형성한다.
③ <제3수>에서는 '술'이라는 소재를 통해 화자의 풍류적 태도를 부각한다.
④ <제4수>에서 '우습다'는 '세간'이 부족한 처지에 대한 화자의 자조적 태도를 보여 준다.

007

'한유'에 대한 이해로 적절하지 않은 것은?

> 한유는 올바른 독서를 위해 첫 번째, 빠지는 것과 두 번째, 빠지지 않는 것이 다 필요하다고 말한다. 한유는 젊은 날 자신의 독서법을 회고하며 독서할 때는 푹 빠져야 깊이 들어갈 수 있다고 말한다. 하지만 빠지되 방향을 잃어서는 안 된다. 그래서 '빠지되 빠지지 말라'라고 한 것이다. 독서나 공부의 초기 단계에서 무언가에 빠지지 않고는 깊이 있는 단계로 나아가기 어렵다. 빠지는 것 자체가 다음 단계 내지는 높은 차원으로 올라가는 원동력이 된다.
>
> 하지만 이렇게 빠지기만 한다면 독서의 방향을 잃기 쉽기 때문에 이를 방지하기 위해 빠지지 않는 것이 필요하다는 것이다. 말하자면 흠뻑 빠지되 잘못된 길로 빠지지 않는 경지에 올라야 고리타분한 교조주의의 질곡에서 벗어나 비로소 진정한 지식을 얻을 수 있다는 것이다. 한유가 바람직한 독서법으로 근면과 함께 독창성을 중시한 것도 그 때문이다. 그렇기 때문에 한유의 독서법은 매력적이다.

① '한유'는 독서를 할 때 초기 단계에서는 몰입을 강조하였다.
② '한유'는 독서의 방향을 잃지 않기 위해서 독창성을 중시하였다.
③ '한유'는 자기만의 생각을 갖추기 위해 책에 빠져야 한다고 보았다.
④ '한유'의 독서법은 모순적인 내용을 담고 있지만 매력적인 방법이다.

008

밑줄 친 부분의 한자 표기가 옳은 것은?

① 그 문제는 사전(思前)에 의논된 바 없다.
② 목표 달성이 무난할 것으로 전망(展望)된다.
③ 그는 시민들에게 복지 기관을 신설(新設)하겠다고 공약했다.
④ 단지 남의 나라를 모방(模方)만 하지 말고 우리의 독특한 제도를 만들 필요가 있다.

009

'청소년 스마트폰 중독 현상과 문제 해결'에 대한 글을 작성하고자 한다. 글의 내용으로 포함하기에 적절하지 않은 것은?

① 대부분의 게임 업체들이 청소년이 법정 대리인의 동의 없이도 과도한 결제를 할 수 있도록 방치하고 있다는 조사 결과를 예로 제시한다.
② 스마트폰에 중독되는 청소년 증가 추세가 성인에 비해 더 가파르다는 통계를 활용하여 해당 사안이 시급히 해결되어야 할 문제임을 강조한다.
③ 안전사고, 안과 질환, 우울증, 수면 장애, 인지 발달 저해 등 스마트폰 중독이 야기할 수 있는 부작용을 열거하여 문제의 심각성을 환기한다.
④ 청소년 개인의 의지만으로는 스마트폰 중독을 해결하기 어렵고 부모의 협력과 치료 프로그램이 병행되어야 한다는 전문가 의견을 인용하며 해결 방안을 소개한다.

010

㉠과 ㉡에 대한 설명으로 적절하지 않은 것은?

> 인간들이 살고 있는 지역은 자신과 관계된 의미에서 ㉠여기와 ㉡저기로 나누어 생각할 수 있다. 여기란 자신이 살고 있는 지역, 즉 자기가 발을 대고 있는 장소로 자기에 의해 부여된 독특한 장소적 실체를 의미하며, 저기란 자신에 의해 의미성이 부여된 여기 이외의 모든 장소를 가리키는 말이다. 그러나 여기를 잘 이해하기 위해서는 저기에 대한 연구가 필요하다.
> 지역은 정지되어 있는 것이 아니라 끊임없이 변화하는 공간이다. 변화하는 본질을 가지는 지역을 이해하기 위해서는 변화의 본질뿐 아니라 변화가 가지는 의미까지도 규명해야 한다. 또한 이런 변화는 여기에서 일어나는 변화뿐만 아니라 저기에서 일어나는 변화가 여기에도 영향을 미치는 상호 의존적인 변화이다.

① ㉠은 의미가 부여된 장소를 의미한다.
② ㉡은 ㉠ 이외의 모든 장소를 지칭한다.
③ ㉡은 ㉠을 이해하기 위해서 연구가 필요하다.
④ ㉠의 변화가 선행되어야 ㉡의 변화가 나타난다.

011

다음 글에 대한 설명으로 적절하지 않은 것은?

> 작년 봄에 이웃에서 파초 한 그루를 사 왔다. 얻어 온 것도 두어 뿌리 있었지만 모두 어미 뿌리에서 새로 찢어낸 것들로 앉아서나 들여다볼 만한 키들이요 '요게 언제 자라서 키 큰 내가 들어선 만치 그늘이 지나!' 생각할 때는 적이 한심하였다. 그래 지나다닐 때마다 눈을 빼앗기던 이웃집 큰 파초를 그예 사 오고야 만 것이다.
> 워낙 크기도 했지만 파초는 소 선지가 제일 좋은 거름이란 말을 듣고 선지는 물론이고 생선 씻은 물, 깻묵물 같은 것을 틈틈이 주었더니 작년 당년으로 성북동에선 제일 큰 파초가 되었고 올봄에는 새끼를 다섯이나 뜯어내었다. 그런 것이 올여름에도 그냥 그 기운으로 장차게 자라 지금은 아마 제일 높은 가지는 열두 자도 훨씬 더 넘을 만치 지붕과 함께 솟아서 퍼런 공중에 드리웠다.
> 지나는 사람마다
> "이렇게 큰 파초는 처음 봤군!"
> 하고 우러러보는 것이다. 나는 그 밑에 의자를 놓고 가끔 남국의 정조(情調)를 명상한다.
> 파초는 언제 보아도 좋은 화초다. 폭염 아래서도 그의 푸르고 싱그러운 그늘은, 눈을 씻어 줌이 물보다 더 서늘한 것이며 비 오는 날 다른 화초들은 입을 다문 듯 우울할 때 파초만은 은은히 빗방울을 퉁기어 주렴(珠簾) 안에 누웠으되 듣는 이의 마음 위에까지 비를 뿌리고도 남는다. 가슴에 비가 뿌리되 옷은 젖지 않는 그 서늘함, 파초를 가꾸는 이 비를 기다림이 여기 있을 것이다.
>
> – 이태준, 「파초」에서 –

① 글쓴이는 이웃에게서 사 온 파초를 정성껏 키웠다.
② 글쓴이는 파초를 사기 전에도 파초를 가지고 있었다.
③ 글쓴이는 파초에서 다른 화초와는 다른 매력을 느꼈다.
④ 글쓴이는 비 오는 날이면 파초를 보며 자신의 삶을 반성했다.

012

다음 글에 대한 이해로 적절하지 않은 것은?

문학과 영화는 문자를 통해 이루어지는 서사물이라는 점에서 범주적으로 유사하다. 문학은 텍스트를 매체로 삼으며, 영화는 대본에 따라 진행되기 때문이다. 그러나 영화는 문자뿐만 아니라 영상, 음향, 음악 등과 결합되어 있다. 즉 시각적, 청각적 부호들을 시간적으로 체계화시킨 장르인 것이다. 따라서 영화의 본질은 문자만으로 설명할 수 없으며, 영화를 제대로 감상하기 위해서 관객은 영화 속의 장면과 배경 음악, 촬영 기술 등 다른 요소들에 대해서도 고려해야 한다.

영화는 기본적으로 영상을 중요한 매체로 삼는다. 따라서 영화에서 대본의 기능은 종속적으로 작용한다. 대본에 담긴 내용은 관객이 상상할 필요가 없도록 사실적이며 디테일한 영상으로 나타나야 한다.

연극도 희곡을 현실의 무대로 구현하여 관객들에게 보여 준다는 점에서 영화와 비슷하다고 볼 수 있으나, 연극 무대의 3차원적 공간은 2차원적 영화의 영상보다 한정되어 있다. 또한 연극 무대가 인위적으로 형성된 공간이라는 점과 달리 영화의 영상은 관객들에게 자연적이고 직접적인 공간을 제공한다. 따라서 관객들은 카메라 초점을 중심으로 생생한 삶을 체험할 수 있다.

이때 영화 속의 시간은 균질적으로 나타나지 않는다. 영화 속에서 시간은 장면의 중요도에 따라서 늘어나기도 하고, 짧아지기도 한다. 예컨대 중요한 장면에서 같은 장면을 다각도로 촬영하여 여러 번 반복하는 것은 시간이 늘어난 것이다. 이는 영화에서만 나타나는 고유한 특성이다. 이를 고려할 때, 영화는 문학의 장르 체계에서 유래한 창작물이지만 다른 서사물과 다른 개성을 지니는 독특한 장르라고 볼 수 있다.

① 영화는 이야기를 전달한다는 점에서 문학에서 비롯된 갈래로 볼 수 있으나 대본의 역할이 종속적이다.
② 영화는 영상을 매체로 삼으며 다양한 시청각적 요소를 활용한다는 점에서 문학과 본질적인 차이점이 있다.
③ 영화는 연극과 달리 가공하지 않은 공간을 바탕으로 대본을 구현하여 관객에게 제공하기 때문에 영상이 제한적이다.
④ 영화는 연극과 달리 카메라의 초점을 따라 관객에게 사실적 삶을 체험하도록 이끌며 영상의 시간을 조작하기도 한다.

013

다음 글의 설명 방식으로 적절하지 않은 것은?

지구촌이라는 말이 무색하게 인종적·민족적 갈등은 해가 갈수록 극심해지고 있다. 세계화의 기본 취지는 변질된 지 오래다. 이러한 변질을 막을 방안은 없을까? 나는 먼저 인종적·민족적 갈등이 적대와 증오의 관계로 변질되지 않도록 하는 자기 성찰의 확산을 지적하고 싶다. 이를 위해서는 새로운 시대가 요구하는 지구촌 사회의 새로운 덕목으로 차이에 대한 관용을 내세우고 함양해야 한다. 다른 인종·민족에 대한 개방적 감수성도 길러 내야 한다. 기든스가 〈제3의 길〉에서 "다원주의는 현대 사회의 핵심적인 특징 중 하나로, 이러한 다양성은 현대 사회의 발전과 번영에 큰 역할을 한다."라고 한 말도 이러한 관점에서 생각해 볼 수 있다.

둘째, 인종·민족적 차이가 내포하는 불평등과 억압을 넘어서는 인종·민족적 평등한 구조를 만들기 위한 노력이 필요하다. 차이에 대한 관용과 동시에 차이가 내포하는 억압을 극복하지 못한다면, 즉 다른 인종·민족 간에 존재하는 현실 억압 관계를 극복하지 못한다면, 근본적으로 인종 및 민족 분규로 표출되는 적대와 증오는 극복되지 않는다.

① 당면한 문제에 대한 해결책을 나열하고 있다.
② 유추의 방식을 통해 주장의 설득력을 높이고 있다.
③ 자문자답의 방식을 통해 주된 논지를 전개하고 있다.
④ 전문가의 말을 인용하여 자신의 주장을 강화하고 있다.

014

다음 중 훈민정음 초성 17자에 포함되지 않는 것은?

① '니르고져 홇 배 이셔도'의 'ㆆ'
② '첫소리를 어울워 뚫디면 굴밝쓰라'의 'ㅸ'
③ '산행(山行)가 이셔 하나빌 미드니잇가'의 'ㆁ'
④ '믈잇 字쫑ㅣ 모로매 어우러사 소리 이ᄂ니'의 'ㅿ'

015

다음 글을 잘못 이해한 것은?

> S# 23. 다시 촌장 집 마당, 밤 / 외부
> 마을 사람들 사이사이로 간간이 보이는 적군의 모습들. 싸늘한 기운이 흐르고……
>
> 영희: (겁에 질린 투로) 상위(上尉) 동지……. 아니 군대 없데서 왔는데……. 결정하는 것마다 와 이럽네까?
> 치성: (이를 악문다.)
> 택기: 열 발 안짝에 있습니다. 우린 셋이고 저게는 둘입니다. 확 까치웁시다!
> 치성: 전사 동무, 그냥 내 뒤에 있으라우!
> 영희: 쫄랑거리며 일 맨들디 말구 가만 좀 있으라우.
> 상상: 수적(數的)으로 우리가 밀리는데 어떡해요? 그러게 그냥 지나쳐 가자니까 왜 여기까지 와 가지구……. 난 되는 게 없어.
> 현철: (무섭게 인민군을 노려보다 소리 지른다.) 야!
>
> 인민군 셋 침묵. 마을 사람들, 인민군과 국군을 번갈아 보다가,
>
> 달수: (인민군들에게) 안 들려요? 부르는 거 같은데.
> 달수 처: (현철에게) 우리한테 말해요. 전해 줄 테니.
> 치성: 와? 방아쇠에 손가락 집어 넣었으면 땡겨야지……. 다른 볼 일 있네?
> 영희: 상위 동지, 거 괜히 세게 나가디 마시라요. 우린 총알도 없는데…….
>
> - 장진 외, 「웰컴 투 동막골」에서 -

① 해학적 상황을 통해 심리적 긴장을 이완시킨다.
② 인물 간의 우호적 관계와 대립적 관계가 드러나고 있다.
③ 행동과 대화를 통해 인물의 성격을 간접적으로 제시하고 있다.
④ 인물의 성격이 변화하는 양상을 통해 이야기의 긴장감을 고조시키고 있다.

016

다음 글의 순서로 가장 적절한 것은?

> ㄱ. 한국의 가족주의적 전통은, 사라져야 할 구시대의 유물이라기보다는 미래 사회에 형성해 나가야 할 공동체적 원형이 될 가능성이 크다.
> ㄴ. 가족과 이웃이 서로 돕는 한국의 전통적 가치에 부합되는 복지 제도를 정착시키기 위해서는 무엇보다도 가족 복지의 전통을 살려 나가는 것이 중요하다.
> ㄷ. 이것은 단순히 국민 복지에 대한 국가적, 사회적 책임을 가족 성원, 특히 여성에게 전가하는 것으로 매도해서는 안 된다.
> ㄹ. 그러므로 늘어날 노인 복지 수요에 대비하여 서구식 양로원 등 노인 시설을 무조건 늘릴 것이 아니라, 노인 공경, 자녀 보호 등 전통적 가족주의를 되살려 나가도록 노력해야 한다.

① ㄱ-ㄷ-ㄹ-ㄴ
② ㄱ-ㄹ-ㄴ-ㄷ
③ ㄴ-ㄷ-ㄱ-ㄹ
④ ㄴ-ㄹ-ㄱ-ㄷ

017

㉠~㉣ 중 문맥상 같은 의미끼리 묶인 것은?

> 카오스란 혼돈이라는 뜻이고 주기가 일정하지 않은 진동을 말한다. 1961년 미국 메사추세츠 공과 대학의 로렌츠 교수가 컴퓨터로 기상 계산을 하고 있을 때, ㉠소수점 이하의 숫자를 반올림하느냐 안 하느냐에 따라 그 뒤의 일기의 변천이 완전히 다르게 예측된다는 것으로부터 이 연구가 시작되었다고 한다. 일기 예보가 잘 맞지 않는 이유로 흔히 나비 효과를 든다. 나비 효과란 우리나라에서의 ㉡나비 날갯짓 하나가 진동시킨 공기가 미국에 가면 태풍을 일으킬 수도 있을 정도의 영향을 끼칠 수 있다는 것이다. 카오스 이론은 이를 토대로, ㉢엄청나게 다른 결과를 낳은 원인이 겉으로는 드러나지 않을 만큼 작은 것에서 비롯되듯이, 겉으로는 무질서하게 보이는 현상에도 내적으로는 ㉣놀라운 규칙성이 있음을 밝혀낸 이론이다. 이 이론은 지난 30년간 서구 과학계에 엄청난 변화를 일으켰으며, 현재 자연 과학 분야는 물론 정치학, 경제학, 공학, 의학, 예술 등에 폭넓게 이용되고 있다.

① ㉠, ㉡
② ㉠, ㉢
③ ㉠, ㉡, ㉢
④ ㉠, ㉡, ㉣

018
다음 글을 이해한 내용으로 적절하지 않은 것은?

추상 표현주의는 표현주의와 초현실주의의 영향을 받은 추상 양식의 하나로, 주로 작가의 내면을 표현하는 1940년대 말부터 1960년대 초에 미국에서 전개된 미술의 한 동향이다. 추상 표현주의가 결정적으로 태동할 수 있었던 결정적 계기는 미국이 제2차 세계 대전에 참전한 직후 페기 구겐하임이 뉴욕에서 '세기의 예술'이라는 갤러리를 연 사건이었다. 당시 뉴욕의 젊은 화가들은 미국에서 확고하게 자리를 잡은 지역주의 회화를 주제가 너무 한정되어 있고 형식주의적이라는 이유로 거부했다. 또 유럽의 추상 미술은 내용이 없는 일종의 장식품 정도로 여기고 있었다. 그와 반대로 초현실주의는 그들에게 매력적으로 느껴졌으며, 이러한 움직임은 무엇보다도 뉴욕에 있는 대표적인 초현실주의자 살바도르 달리와 막스 에른스트의 동참에 의해 고무되었다.

초현실주의는 '자동기술법'이라는 용어와 기법을 제공하였는데, 이것을 바탕으로 그들은 대체로 인간적인 경험들을 표현하고자 했다. 그리고 그러한 경험들은 인간의 잠재의식으로부터 창작되어야 했다. 추상 표현주의가 초현실주의의 이념과 기법을 전면적으로 수용한 것은 아니지만 초현실주의의 이러한 자동기술법은 잭슨 폴록을 포함한 추상 표현주의자들을 시종일관 추상 미술로 이끌었다.

페기 구겐하임이 '갤러리의 스타'라고 표현한 폴록은 뉴욕 무대에서 가장 빠르게 성공을 거뒀다. 1946년 겨울, 그는 물감을 쏟아붓는 기법과 물감 방울을 떨어뜨리는 기법으로 첫 번째 '흘리기 그림'을 완성했다. 이때 폴록은 모든 그림의 의미를 파악하는 데 어떠한 근거도 제공하지 않을 목적으로 제목을 붙이지 않았으므로, 이 그림은 〈작품 No. 1A〉로 명명되었다. 여기에서 폴록은 무의식적으로 끊임없이 뒤엉킨 색의 실타래를 새로 풀고자 하였으며, 거미줄같이 얽혀버린 심리적 미로를 표현했다.

① 추상 표현주의는 작가의 정신적 측면을 표현하는 미술 양식으로, 표현주의의 영향을 받아 탄생하였다.
② 초현실주의자인 살바도르 달리는 미국의 지역주의 회화에서 벗어난 유럽의 추상 미술 양식을 발전시켰다.
③ 추상 표현주의는 초현실주의자들의 자동기술법을 수용하여 잠재의식에서 비롯된 인간의 경험을 형상화하였다.
④ 추상 표현주의자인 잭슨 폴록의 〈작품 No. 1A〉는 다양한 기법을 활용하여 복잡한 인간의 무의식적 세계를 표현하였다.

019
다음 빈칸에 들어갈 말로 가장 적절한 것은?

획 그은 한 가닥 난초 그림에서 참으로 ▢▢▢▢의 진수를 맛볼 수 있는 것도 한 작가의 난초에 쏟은 애정 덕분이 아닐 수 없다.

① 一筆揮之
② 優柔不斷
③ 目不識丁
④ 表裏不同

020
다음 글에서 추론할 수 없는 것은?

공리주의자는 동일한 강도의 행복을 동등하게 고려한다. 즉, 공리주의자들은 '나'의 행복이 '너'의 행복보다 더 도덕적 가치가 있다고 생각하지 않는다. 이런 점에서 볼 때 공리주의에서 행복이 누구의 것인가는 중요하지 않다. 하지만 누구의 행복인가 하는 질문이 행복 주체의 범위로 이해될 때에는 다르다. 이미 실제로 존재하고 있는 생명체의 행복만을 고려할 것인가, 아니면 앞으로 존재할 생명체의 행복까지 고려할 것인가?

이와 관련해서 철학자 싱어는 행복의 양을 증가시키는 방법에 대한 공리주의의 두 가지 견해를 구별한다. 하나는 '실제적 견해'로서, 이에 따르면 도덕적으로 중요한 것은 이미 실제로 존재하는 사람이 갖는 행복이지 아직 태어나지 않은 사람들의 행복이 아니다. 이와 구별되는 다른 견해는 '전체적 견해'이다. 이 견해에 따르면 이미 존재하고 있는 사람들의 행복의 양을 늘리는 것뿐 아니라 새로운 존재를 만들어 행복의 양을 늘리는 것도 도덕적으로 옳은 행동이다. 왜냐하면 실제로 존재하는 사람들의 불행과 아직 태어나지 않은 사람들의 행복은 상쇄될 수 있기 때문이다. 따라서 이 견해는 실제로 존재하는 사람들의 행복의 양과 새로운 존재들의 행복의 양을 늘리는 것을 옳은 행동으로 본다.

① '실제적 견해'에 따르면 X라는 행동의 도덕적 가치를 판단할 때 미래 존재들의 행복의 양은 고려의 대상이 아니다.
② '실제적 견해'에 따르면 X라는 행동으로 인해 미래의 존재가 불행해지더라도 현재 존재들의 행복의 양이 증가한다면 X는 도덕적 가치가 있다.
③ '전체적 견해'에 따르면 X라는 행동으로 인해 현재 존재들의 행복의 양과 미래 존재들의 행복의 양이 모두 증가한다면 X는 도덕적 가치가 있다.
④ '전체적 견해'에 따르면 X라는 행동으로 인해 현재 존재들의 행복이 증가한 양이 미래 존재들의 행복이 감소한 양보다 크더라도 X는 도덕적 가치가 없다.

모의고사 11회

001
㉠과 ㉡에 해당하는 예로만 묶인 것은?

> 불규칙 용언은 그 활용형에 따라 ㉠어간만이 불규칙적으로 바뀌는 것, ㉡어미만이 불규칙적으로 바뀌는 것, 어간과 어미가 모두 불규칙적으로 바뀌는 것으로 나뉜다.

	㉠	㉡
①	물이 흐르다	집을 짓다
②	생선을 굽다	목적지에 이르다
③	음악을 듣다	바다가 파랗다
④	공부를 하다	언덕을 구르다

002
밑줄 친 부분의 활용형이 옳지 않은 것은?

① 소란을 펴서 정말 죄송합니다.
② 부자가 돼서 이웃을 도울 것이다.
③ 길거리에서 우연히 선생님을 뵀다.
④ 여행을 갈 생각에 가슴이 설레었다.

003
㉠~㉣의 고쳐쓰기 방안으로 적절하지 않은 것은?

> ㉠ 나는 컴퓨터 학원 주말반에 등록시키고 왔다.
> ㉡ 매주 월요일마다 모두 모여 회의를 갖겠습니다.
> ㉢ 현관문이 잘 닫혀져 있는지 항상 확인해야 한다.
> ㉣ 유사한 내용의 질문이 접수되었을 때에는 먼저 접수된 것부터 처리합니다.

① ㉠: '등록시키고'는 사동의 뜻을 나타내므로 '등록하고'로 고쳐 쓴다.
② ㉡: '회의를 갖겠습니다'는 번역 투이므로 '회의하겠습니다'로 고쳐 쓴다.
③ ㉢: '닫혀져'는 '-히-'와 '-어지다'가 결합한 이중 피동 표현이므로 '닫혀'로 고쳐 쓴다.
④ ㉣: '접수되었을 때에는'은 사건이나 행위가 완료된 상황을 나타내므로 '접수될 때에는'으로 바꾼다.

004
'진행자'가 사용한 말하기 방식으로 적절하지 않은 것은?

> **진행자:** 안녕하세요, 여러분. '등산 교실'입니다. 지난주에 이어 전문 산악인 송○○ 선생님을 모시고 이야기를 나눠 보겠습니다. 선생님, 반갑습니다.
> **산악인:** 안녕하세요. 또 뵙습니다.
> **진행자:** 선생님, 지난여름에 제가 처음 가 본 산에서 길을 잃고 고생을 한 적이 있습니다. 나침반도 없어서 무척 당황했는데요. 나침반이 없어도 방향을 찾을 수 있는 방법은 없나요?
> **산악인:** 네, 나침반이 있으면 좋지만 이를 휴대하지 않아 곤란을 겪는 경우가 종종 있죠. 이런 경우에는 손목시계를 이용하면 방향을 알 수 있어요.
> **진행자:** 손목시계로 어떻게 방향을 알 수 있죠?
> **산악인:** 우선 시계의 시침을 태양과 일직선이 되게 합니다. 그 상태에서 시침과 12시 방향과의 각도를 이등분 한 방향이 남쪽을 가리킵니다. 당연히 반대쪽은 북쪽이겠죠.
> **진행자:** 그러니까 시침과 태양을 잇는 일직선과 12시 방향을 반으로 가르는 방향이 남쪽이라는 것이군요. 신기하고도 유용한 방법이네요. 그런데 정오에는 시침의 방향과 12시 방향이 일치하는데 이때는 어떻게 방향을 알 수 있죠?
> **산악인:** 그때는 12시 방향이 남쪽이 됩니다.
> **진행자:** 등산뿐만 아니라 평상시에도 시침이 있는 시계가 있으면 유용하겠는데요. 오늘 소개해 주신 방법들을 잘 기억해 두면 좋을 것 같네요.

① '진행자'는 개인적 경험을 들어 대담을 시작하고 있다.
② '진행자'는 상대방의 설명을 듣고 내용을 요약하고 있다.
③ '진행자'는 자신의 이해가 맞는지 상대방에게 질문하고 있다.
④ '진행자'는 상대방에게 추가 설명을 요청하는 질문을 하고 있다.

005
㉠, ㉡의 한자 표기로 모두 옳은 것은?

> ○ 지구 온난화로 인해 생태계의 ㉠교란이 우려된다.
> ○ 친구의 ㉡부탁은 거절하기가 어렵다.

	㉠	㉡
①	攪亂	付託
②	矯亂	付託
③	矯亂	負託
④	攪亂	負託

006
다음 작품에 대한 이해로 적절하지 않은 것은?

> 생사(生死)길흔
> 예 이샤매 저히고
> 나는 가누다 말ㅅ도
> 몯다 닏고 가누닛고
> 어느 ᄀᆞᅀᆞᆯ 이른 ᄇᆞᄅᆞ매
> 이에 뎌에 ᄠᅥ딜 닙다이
> ᄒᆞᄃᆞᆫ 가재 나고
> 가논 곧 모ᄃᆞ온뎌
> 아으 미타찰(彌陀刹)애 맛보올 내
> 도(道)닷가 기드리고다
>
> – 월명사, 「제망매가(祭亡妹歌)」 –

① 비유를 통해 누이의 죽음을 표현하고 있다.
② 화자 자신의 슬픔을 구도적 태도로 승화하고 있다.
③ 낙구에서 감탄사를 활용하여 감정을 집약하고 있다.
④ 시상을 전환하여 과거 지향적인 태도를 보이고 있다.

007
다음 글을 통해 알 수 있는 법에 대한 '정조'의 생각으로 적절하지 않은 것은?

> 정조는 '법이란 천하 공공(公共)의 명기(名器)'이므로 국왕이 사은(私恩)으로 굽혀서는 안 되며, '형정 운용은 천리의 공정함에 맞아야 한다'라는 법률관을 지니고 있었다. 법의 공공성을 강조하는 이 주장에는 세 가지 의미가 내포되어 있다. 하나는 법이 사회의 척도로서 국가 통치에 없어서는 안 될 필수 불가결한 도구라는 인식이다. 즉, 사회 질서를 바로잡는 데 교화(敎化)만으로는 한계가 있다는 것이다. 두 번째는 모든 사람이 법의 구속을 받아야 한다는 인식이다. 즉, 왕은 법을 제정하는 입법자이지만 일단 법이 제정된 후에는 왕 자신도 마음대로 법을 위반하거나 폐기할 수 없다는 것이다. 마지막으로 법 집행은 공정하게 이루어져야 한다는 인식이다. 즉, 형벌은 공의(公義)와 대의(大義)로 결단해야 하며 사사로운 감정에 흔들려서는 안 된다는 인식이다. 법의 공공성을 강조하는 주장은 통치자의 주관적인 판단에 의존하는 것이 아니라 법률이라는 객관적인 기준에 의거하여 백성을 다스려야 한다는 것으로 법치주의를 염두에 두고 있다.

① 법은 국가 통치의 중요한 수단이다.
② 법을 제정한 사람 또한 법을 지켜야 한다.
③ 사회 질서를 유지하는 데에 교화가 우선되어야 한다.
④ 법을 집행할 때에는 사사로운 감정에 휘둘려서는 안 된다.

008
다음 중 ⊙의 입장과 거리가 먼 것은?

> 식민지 근대화론이 본격적으로 제기된 것은 1980년대 중후반 이후이다. ⊙일부 경제사학자들이 주축이 되어 주장하는 식민지 근대화론은 한국의 경제 발전을 민족주의적 관점과 대비되는 비교사적 관점에서 접근한다. 이에 따르면 전근대 사회가 근대 사회로 이행하는 본질은 자본주의의 도입과 발전이며, 한국은 비록 부분적이고 왜곡된 것이기는 하지만 일제 강점기 시기에 이를 경험하면서 1960년대 이후의 고도 경제 성장의 기반을 마련하였다는 것이다.
> 이 시기에는 토지 조사 사업 실시에 의한 근대적 소유관계 확립이 있었고, 식민지 상황에서는 이례적이라고 볼 수 있는 중 화학 공업 유치도 있었다. 식민지 경제는 1911년부터 1938년까지 연평균 3.7 퍼센트의 성장을 보였고, 공업 생산액이나 공장 수 등도 괄목할 정도로 늘어났다. 비교적 관점에서 볼 때 이는 분명 장기 지속적 경제 성장이었고, 일제 강점기를 거치면서 조선의 경제는 선진 제국이 근대 경제 성장으로 진입할 때의 수준에 도달하였다는 것이다.
> 식민지 근대화론자들은 식민지 시대의 착취와 압제가 그동안 과장되었다고 생각하기는 하지만 그 존재 자체를 부정하려는 것은 아니다. 식민지 근대화론자들은 자신들이 식민지 시대의 착취나 압제에 대한 관심을 약화시키려는 것이 아니라 실증적이고 계량적인 자료에 근거한 탈민족주의적 담론을 통해 역사 연구의 수준을 질적으로 향상시키려 한다고 주장하고 있다.

① 민족적 시각에서 탈피해서 역사를 계량적으로 바라볼 필요가 있다.
② 식민지 시대의 착취와 압제가 자본주의 발전에 긍정적 영향을 주었다.
③ 일제 강점기 시기의 경제 발전이 1960년대 경제 발전을 이루는 초석이 되었다.
④ 우리나라가 전근대 사회에서 근대 사회로 이행하기 위해서는 자본주의의 도입이 필요했다.

009
다음 글에 대한 이해로 적절하지 않은 것은?

> 우리는 어디로 갔다가 어디서 돌아왔느냐 자기의 꼬리를 물고 뱅뱅 돌았을 뿐이다 대낮보다 찬란한 태양도 궤도를 이탈하지 못한다 태양보다 냉철한 뭇별들도 궤도를 이탈하지 못하므로 가는 곳만 가고 아는 것만 알 뿐이다 집도 절도 죽도 밥도 다 떨어져 빈 몸으로 돌아왔을 때 나는 보았다 단 한 번 궤도를 이탈함으로써 두 번 다시 궤도에 진입하지 못할지라도 캄캄한 하늘에 획을 긋는 별, 그 똥, 짧지만, 그래도 획을 그을 수 있는, 포기한 자 그래서 이탈한 자가 문득 자유롭다는 것을
>
> – 김중식, 「이탈한 자가 문득」 –

① 반어를 활용하여 시상을 전개하고 있다.
② 대조의 방식으로 주제 의식을 부각하고 있다.
③ 별과 인간을 대응시켜 주제를 표현하고 있다.
④ 삶에서 얻은 주관적 깨달음을 드러내고 있다.

010
밑줄 친 한자성어의 쓰임이 적절하지 않은 것은?

① 아버지는 <u>名論卓說</u>을 좀처럼 얼굴에 나타내지 않으신다.
② 산림이 훼손되면 큰비를 이겨 내기 어렵다는 것은 <u>不問可知</u>이다.
③ 차라리 <u>三旬九食</u>을 할지라도 마음 편하게 지내는 것이 더 낫다고 생각한다.
④ 그는 기업의 사장직을 그만두면서 국세청의 고위 인사로 가게 되었는데 많은 사람에게 <u>烏飛梨落</u>으로 비쳤다.

011
㉠에 들어갈 말로 가장 적절한 것은?

빛에 따라 변화하는 자연의 모습을 그림으로 담아내려고 한 이들을 '인상파'라고 부른다. 이 명칭은 안개가 가시지 않은 한 항구에 해가 뜨면서 밝아 오는 아침 바다의 분위기를 표현한 모네의 그림 '해돋이 인상'과 관련이 있다. 모네가 이 그림을 그린 당시에는 그리스-로마 시대의 작가들을 이상형으로 보고, 이들을 연구하는 것이 유행이었다. 또, 화실 안에서 관념적인 생각에 따라 대상의 고유색, 즉 잎은 초록색, 땅은 갈색, 하늘은 파란색 등으로 하여 그림을 그렸다. 그러나 모네는 화실 안에서 유명한 작가들의 그림을 모방하듯 그대로 그려내는 것이 싫었다. 결국, 모네는 밖으로 나와 태양 광선 아래서 자연을 느끼며 그림을 그렸다. 자연을 관찰하면서 모네는, 각각의 대상물이 빛에 따라 시시각각 다르게 보인다는 것을 알게 되었다. 모네는 순간순간 변화하는 인상을 그려내기 위해서 구체적인 형태를 생략하고 간단한 터치나 밝은 채색으로 빛의 움직임을 표현하였고, 이는 인상파의 화풍이 되었다.

인상파의 작품은 당시 사람들에게 푸대접을 받았지만, 인쇄와 사진 기술의 발달로 인해 화가들의 느낌을 중요시하게 되면서 독자적인 화파로 인정받게 되었다. 모네는 세상을 떠나기 직전 자연의 변화무쌍함과 아름다움을 아무리 열심히 관찰하고 그려도, 자연의 진정한 모습을 완전히 이해할 수 없다고 하였다. 즉, 모네는 무엇을 그릴 것인가보다는 ㉠ 를 더욱 중요시했던 것이다.

① 어떻게 사진과 똑같이 표현할 것인가
② 어떻게 보이는 그대로를 표현할 것인가
③ 어떻게 대상의 고유색을 잘 표현할 것인가
④ 어떻게 고대 작품의 전통을 이어 나갈 것인가

012

다음 글에 대한 이해로 가장 적절한 것은?

> 진실한 기쁨과 진실한 슬픔이 진실한 시를 만든다. 아기는 태어나자마자 우는데, 울기를 그치면 웃는다. 여기에는 어떠한 허위도 없는데, 그 까닭은 아무도 모른다. 이것이 시의 근본이다. 동자가 두세 살이 되어서는, 밥을 많이 주면 웃고, 밥을 적게 주면 운다. 느끼는 대로 기쁨과 슬픔이 일어나는데, 여기에는 반드시 그 이유가 있다. 이것이 시의 기미(幾微)이다. 아이가 성장해서는, 귀인(貴人)에게 아첨하여 환심 사기에 애쓰고, 가깝지 않은 사람에게도 슬픈 척 조문한다. 이것이 시의 허위(虛僞)이다.
> — 이덕무, 「선서재시집(蘇書齋詩集)」의 서 —

① 구성의 측면에서 대화법을 활용하고 있다.
② 서술의 측면에서 역설(逆說)을 활용하고 있다.
③ 논리의 측면에서 연역적 방식을 활용하고 있다.
④ 표현의 측면에서 열거의 표현을 활용하고 있다.

013

다음 중 글쓴이의 주장으로 보기 어려운 것은?

> 혹자는 현대 문화 상황의 통속적인 측면에 분노하고, 더 나아가 대중 예술이란 용어에 대해서 예술이란 어휘가 세속적으로 사용된 것에 못마땅해하기도 한다. 그러나 대중 예술이란 용어는 나름대로의 의의를 가지고 있다. 대중 예술이라는 용어의 두 성분, 즉 '통속적'과 '예술'이 서로 분리될 수 없이 상호 관련을 맺으면서 만들어 내는 힘의 장은 통속성에도 불구하고 그 나름의 잠재력을 완성시키는 기존에 없었던 어떤 특정한 체험 영역을 가능케 한다. 결국 대중 예술이란 용어는 자신의 통속성을 양보하지 않으면서 전통적인 제도권의 예술의 논의에 포함될 수 있는 자기 완성체로서의 가능성을 지니고 있는 것이다.

① 전통적 예술에 포괄될 수 없는 대중 예술은 잠재력을 지니고 있다.
② 대중 예술은 전통 예술이 담지 못했던 새로운 의미를 창출할 수 있다.
③ 대중 예술이라는 용어에 대해 무작정 부정적으로 인식해서는 안 된다.
④ 대중 예술에 융합되어 있는 통속성과 예술성은 상호 관련을 맺고 있다.

014

다음 글을 뒷받침하는 사례로 보기 어려운 것은?

> "언어는 사회의 거울이다"라는 말과 같이 언어만큼 인간 사회를 잘 반영하는 것도 드물다. 실제로 언어 현상을 잘 들여다보면 그 언어를 사용하는 공동체의 문화와 역사를 확인할 수 있다. 예전에 중국과의 교류가 많았던 시절에는 한자어에 바탕을 두고 새말이 만들어졌는데, 최근에는 영어권 국가와의 교류가 활발해지면서 영어에 바탕을 둔 새말이 늘어나고 있다.
>
> 한편 계층 구조의 언어적 반영과 관련하여 가장 주목되는 것은 우리말의 경어법이다. 우리말처럼 사회 계층, 지위, 연령에 따른 화법이 엄격히 구분되어 있는 언어도 드물다. 그러나 최근 까다로운 경어법의 체계는 상당히 느슨해지고 있다. 특히 젊은이들 사이에서 이러한 현상은 현저한데, 이를 두고 신문이나 방송에서 동방예의지국의 전통이 무너지고 있다는 식으로 비판하는 경우를 심심찮게 볼 수 있다. 그러나 언어가 사회 구조를 반영하는 이상, 경어법은 봉건 사회의 산물 이상의 것이라고 할 수 없다.
>
> 계층 구조보다 더욱 뿌리가 깊은 것은 남녀의 성 역할에 대한 편견이다. 어느 청년이 교통사고를 당해 병원으로 옮겨져 수술을 받게 되었는데 수술실에 들어온 의사가 환자를 보는 순간 "아니 내 아들이잖아!" 하고 소리쳤다. 이 의사와 청년의 관계는 무엇일까? 이 이야기를 듣고 대부분은 부자 관계일 것으로 추측했을 것이다. 의사는 대개 남자일 것이라는 편견 때문에 어머니와 아들, 즉 모자 관계일 것으로 추측하는 사람은 별로 없다. 이는 물론 우리나라만의 문제는 아니다.

① 영어에서 'fireman'은 소방관을 지칭하지만 여성 소방관을 의미하지는 않는다.
② 국어에서는 겸양의 정도에 따라 동사 어미가 "해, 하네, 해요, 합니다, 하옵니다" 등으로 바뀐다.
③ 요즘 젊은이들은 '아버지'를 '아빠'라고 말하는데 이를 두고 버릇없다고 말하는 사람이 적지 않다.
④ 자신의 느낌을 말할 때에는 '감사드린다'라고 정확하게 표현해야 하는데 '감사드리고 싶다'라고 하면서 돌려서 표현한다.

015
다음 글을 참고할 때 '반영하기'에 해당하는 것은?

> 적극적인 듣기 방법에는 요약하기와 반영하기가 있다. 화자가 자신의 상태에 대해 직접 말하는 경우에는 요약하기와 같은 재진술이 가능하지만 그렇지 않으면 불가능하다. 한편 반영하기는 상대의 생각을 수용하고 상대의 현재 상태에 감정 이입을 하여 의미를 재구성하는 방법으로, 상대를 이해하고 있다는 청자의 적극적인 표현이기 때문에 원활한 의사소통에 도움이 된다.

① ㉠ A: 엄마, 저 일찍 일어났더니 너무 졸려요.
  B: 민수가 일찍 일어나서 너무 졸린가 보구나.
② ㉡ A: 아빠, 저 형이 입던 옷 좀 그만 물려 입으면 안 돼요?
  B: 우리 현우도 새 옷을 입고 싶은가 보구나.
③ ㉢ A: 저는 운동도 좋아하고, 독서도 좋아하고, 꽃 키우기도 좋아해요.
  B: 주현이는 다양한 취미를 가지고 있구나.
④ ㉣ A: 선생님, 공부할 게 너무 많아요. 시험 범위 좀 줄여 주세요.
  B: 공부할 게 많기는. 공부하기 싫어서 그런 거지.

016
(나)의 입장에서 (가)의 필자에게 할 말로 가장 적절한 것은?

> **(가)** 남을 측은하게 여기는 마음은 인(仁)의 시작이고, 옳지 못함을 부끄러워하고 미워하는 마음은 의(義)의 시작이며, 사양하는 마음은 예(禮)의 시작이고, 옳고 그름을 가리는 마음은 지(智)의 시작이다. 인의예지는 마음 바깥에서부터 나에게 녹아 들어오는 것이 아니라 내가 본시부터 가지고 있는 것이지만 그것을 생각하지 않을 뿐이다.
>
> **(나)** 구부러진 나무는 반드시 이를 바로잡는 기둥을 대주거나 불을 쬐어 잡아준 다음에야 비로소 반듯하게 되고, 무딘 칼은 숫돌에 간 뒤에야 비로소 예리해진다. 마찬가지로 사람의 본성은 본래 악하기 때문에 선함은 후천적으로 길러져야만 한다. 그렇게 될 때 비로소 인간은 예의를 알아 인간다운 삶을 누릴 수 있게 된다.

① 남을 측은하게 여기지 않는 자들은 모두 올바른 배움을 얻지 못한 자들이라고 말할 수 있는가?
② 옳지 못함을 부끄러워하고 미워하는 마음을 지니는 자는 선한 본성을 지닌 일부 사람에 불과하지 않은가?
③ 사양하는 마음을 본래부터 지닌 자더라도 교육이 없다면 이를 발현할 수 없어 이득만을 좇게 되지 않는가?
④ 외부로부터의 교육을 받지 않은 자는 무엇이 옳고 그른지 가릴 수 없어 자기 마음대로 행동하지 않는가?

017
'아리스토텔레스'의 견해와 일치하지 않는 것은?

> 고대 철학자들은 '변화'에 대해 많은 관심을 가졌다. 그중 아리스토텔레스는 '기체(基體)'와 '형상(形相)'이라는 개념을 통해 변화의 문제를 설명하려고 했다. '기체'란 변화의 시작부터 끝까지 유지되는 변화의 토대를 의미한다. 그리고 '형상'이란 그런 토대 위에 구현되어 현실 세계에서 감각적으로 나타나는 것을 의미한다. 예를 들어 검은색의 머리카락이 흰색으로 변할 때 머리카락은 변화의 시작부터 끝까지 유지되는 기체이며, 검은색과 흰색과 같은 머리카락의 색깔이 형상에 해당한다.
>
> 그는 변화의 종류와 성격에 따라 변화를 ㉠실체적 변화와 ㉡비실체적 변화로 구분하였다. 실체적 변화란 실체의 변화 정도가 커서 기체가 무엇인지 분명하지 않은 변화를 가리킨다. 애벌레가 나비가 되는 것을 그 예로 들 수 있는데, 이는 마치 애벌레 자체가 소멸하고 나비가 생성되는 것으로 생각될 수도 있다. 그러나 아리스토텔레스는 무에서의 생성과 무로의 소멸을 인정하지 않는데, 왜냐하면 모든 변화에서 기체가 유지된다는 것을 전제하기 때문이다. 비실체적 변화에는 얼굴이 빨개지는 등의 질적 변화, 살이 찌거나 빠지는 등의 양적 변화, 장소를 이동하는 장소 변화가 있는데, 이들이 비실체적이라는 것은 실체가 전혀 또는 많이 변하지 않아서 기체가 분명하게 식별된다는 것을 의미한다.

① ㉠의 예로 병아리가 자라서 닭이 되는 것을 들 수 있다.
② ㉡의 예로 바람을 넣어서 풍선이 커지는 것을 들 수 있다.
③ ㉠은 ㉡과 달리 형상과 기체가 모두 바뀔 수 있다.
④ ㉡은 ㉠에 비해 기체를 분명하게 식별할 수 있다.

018

다음 글에 대한 설명으로 가장 적절한 것은?

> 그러면서 슬며시 돌아눕는데, 글쎄 잠뱅이만 입구 알몸으로 누웠던 등어리가 땀이 어떻게두 지독으로 났든지, 방바닥이 흥그은해요, 오죽해서 내가 걸레를 집어다가 닦았으니, 천주학이라구는!
> 일 글른 줄 알면서두, 그리지 말구 같이 갑시다. 당신두 같이 가서 소풍두 허구 그래야 좋지, 우리 둘이만 무슨 재미루다가 가겠수. 자, 어서 일어나서 우선 냉수루 저 땀두 좀 씻구, 그리라구 비선허듯 애기 달래듯 하니깐
> "재미?"
> 암말두 않구, 한참 있다가, 따잡듯 시비조야.
> "재미라……? 게 임자네 재미 보자구 나는 고통을 받아야 하나?"
> "그런 억짓 소릴라컨 내지두 마시우!"
> 나두 그제서는 속에서 부애가 치밀다 못해 대구 쏠밖에.
> "뭔, 놀러가는 게 어쩌니 고통이며, 당신 말대루 설령 고통이 된다구 합시다. 당신 좀 고통받구서, 머 나는 둘째야, 저 어린 것 하루 실컷 즐겁게 해주면, 그게 못할 일이우?"
> "그것두 천하사를 도모하는 노릇이라면……."
> "에구! 거저…….."
> "……."
> "글쎄, 여보!"
> "……."
> "당신 이러다가 아닐말루 죽기나 하면 어떡하자구 그러시우?"
> "헐 수 없겠지. 인간 목숨이 소중하다는 것두 요새는 전설같아서 까마득허이!"
> "드끄러워요! 내가 어디 가서 기두 맥두 없이 죽어버려야, 당신이 정신을 좀 채릴려나 보우."
>
> – 채만식, 「소망」에서 –

① 서술자를 교체하면서 새로운 사건을 도입하고 있다.
② 작품 밖의 서술자가 인물에 대한 평가를 직접 내리고 있다.
③ 장면을 빈번하게 전환하며 인물 간 갈등의 원인을 드러내고 있다.
④ 대화 장면을 통해 인물 간 소통이 제대로 이뤄지지 않는 상황을 드러내고 있다.

019

신체를 나타내는 말의 뜻풀이가 적절하지 않은 것은?

① 복장: 가슴 한복판.
② 꼭뒤: 뒤통수의 한가운데.
③ 오금: 종아리의 살이 불룩한 부분.
④ 하관: 광대뼈를 중심으로 얼굴의 아래쪽 턱 부분.

020

다음 글을 통해 추론한 내용으로 적절하지 않은 것은?

> 문인을 기억하는 핵심적인 방법은 그가 남긴 작품을 오래도록 보존하는 것, 그리고 작품의 가치를 높이는 것이다. 이때 작품을 보존한다는 것은 사람들이 작품을 잊지 않도록 하는 것으로, 문학관을 만들어 관광객에게 작품을 소개하거나, 공식 석상에서 꾸준히 작품을 언급하는 것 등으로 이루어질 수 있다. 그런데 작품의 가치는 노력을 통해 높일 수 없다. 따라서 앞선 노력을 하더라도 작품의 가치가 어떻게 평가되는지는 순전히 글의 내용에 달렸다고 볼 수 있다.
> 문인을 기억하기 위한 노력은 우리나라 곳곳에서 이루어지고 있다. 후배 문인이 존경하는 문인의 글을 인용하는 것, 문인의 작품을 새긴 비석을 세우는 것 등이 이러한 노력에 속한다. 소설가 황순원의 제자들이 '소나기 마을'을 조성하여 소설 「소나기」를 현실에 구현해 낸 것 또한 이러한 노력 중 하나이다. 이들은 스승을 기억하기 위해 양평의 한 마을을 작품 속의 세계로 구성하여, 작품에 등장하는 개울과 징검다리, 수숫단 오솔길 등을 그대로 구현했다. 그리고 두 시간마다 인공 소나기를 뿌려 마을을 찾는 관광객이 소설의 한 장면을 직접 체험할 수 있도록 하였다.
> '소나기 마을'을 바탕으로 황순원의 「소나기」는 여전히 많은 이들에게 사랑받고 있으며, 소년과 소녀의 순수한 사랑 이야기를 담았다는 점에서 그 가치도 높게 평가받고 있다. 또한 이와 같은 특색 있는 노력은 문인을 기억하는 것 이외에도 다른 긍정적 효과를 불러일으킨다. 문학관을 둘러싼 다양한 볼거리는 문학관을 개성 있는 관광지로 만들어 줄 수 있으며, 해당 마을을 찾는 관광객이 늘어난다면 지역 사회의 발전으로까지 이어질 수 있는 것이다.

① 문학 작품을 널리 알려서 사람들이 작품을 기억하도록 하는 것이 곧 문인을 기억하는 방법이라고 할 수 있다.
② 특정한 문인의 작품을 계속적으로 언급하고 인용하는 것은 작품의 가치를 높이기 위한 노력이라고 볼 수 있다.
③ 문학 작품의 배경을 마을에 구현한 것은 작품을 체험하는 효과뿐만 아니라 작품을 소개하는 효과도 낼 수 있다.
④ 「소나기」의 가치가 현재까지도 높게 평가받는 것은 '소나기 마을'의 영향이라기보다 작품 자체의 영향으로 볼 수 있다.

모의고사 12회

001
다음 중 겹문장이 아닌 것은?

① 우리는 삼촌의 이야기가 끝나기만 기다렸다.
② 그 둘은 어색한 나머지 찻잔만 만지작거렸다.
③ 서울에서 부산까지 가려면 세 시간은 걸립니다.
④ 그는 작년에 친구 몇몇과 함께 여행을 다녀왔다.

002
밑줄 친 어휘 중 표준어가 아닌 것은?

① 설날에 가족들과 오손도손 만두를 빚었다.
② 손주인 나는 할머니의 유일한 자랑거리였다.
③ 급하게 계단을 내려오다 발목을 접지른 것 같아.
④ 그 사람은 자신의 성과를 동료에게 돌려 추켜세웠다.

003
다음 밑줄 친 말 중 어법에 맞는 것만 고른 것은?

> ㄱ. 아이가 얼마나 밥을 많이 먹든지 배탈 날까 걱정이 되었다.
> ㄴ. 딸 때는 푸르던 토마토도 며칠 후면 붉게 된다.
> ㄷ. 어머니는 어디에 살던 고향을 잊지는 말라고 하셨다.
> ㄹ. 계속 가든지 여기서 있다가 굶어 죽든지 네가 결정해라.

① ㄱ, ㄴ
② ㄴ, ㄷ
③ ㄴ, ㄹ
④ ㄷ, ㄹ

004
다음의 개요를 수정·보완할 방안으로 적절하지 않은 것은?

> **주제문:** 유해 식품을 퇴출하여 국민 건강을 지키자.
> Ⅰ. 서론: 유해 식품이 만연해진 상황
> Ⅱ. 본론
>   1. 유해 식품의 실태와 문제점
>   가. 유해 식품에서 발암 물질 검출
>   나. 식품의 원산지 허위 표시 ········· ㉠
>   다. 불량 유해 식품을 가려낼 기술과 시설 장비 부족 ········· ㉡
>   2. 유해 식품이 근절되지 않는 이유
>   가. 식품 안전을 단속할 전문 인력의 부족
>   나. 식품 제조 인허가에 대한 미약한 규제 및 처벌 규정
>   3. 유해 식품 퇴출을 위한 정부의 방안 ········· ㉢
>   가. 식품 위생법 개정을 통한 규제 및 처벌 규정 대폭 강화
>   나. 예산 지원으로 식품 위생 검사 기술과 장비 확보
> Ⅲ. 결론: 먹을거리에 대한 국민들의 인식 전환 촉구 ········· ㉣

① 글의 정확성을 고려하여 ㉠을 '식품의 영양 성분 함유량 허위 표시'로 변경한다.
② 상위 항목과의 상관관계를 고려하여 ㉡의 위치를 'Ⅱ-2'의 하위 항목으로 이동한다.
③ 글의 완결성을 고려하여 ㉢에 '전문 인력 확보를 통한 철저한 식품 관리'를 추가한다.
④ 글의 흐름을 고려하여 ㉣을 '유해 식품 퇴출을 위한 정부의 철저한 대책 촉구'로 수정한다.

005
(가)와 (나)에 대한 설명으로 적절하지 않은 것은?

> (가) 강호(江湖)에 기약(期約)을 두고 십 년을 분주하니
>   그 모르는 백구(白鷗)는 더디 온다 하려니와
>   성은(聖恩)이 지중(至重)하시매 갚고 가려 하노라
>   - 정구 -
>
> (나) 말 없는 청산(靑山)이요 태(態) 없는 유수(流水)로다
>   값 없는 청풍(淸風)과 임자 없는 명월(明月)이라
>   이 중(中)에 병(病) 없는 내 몸이 분별(分別) 없이 늙으리라
>   - 성혼 -

① (가)는 자연물을 의인화하여 친근감을 드러내고 있다.
② (나)는 유사한 시구를 반복하여 운율감을 드러내고 있다.
③ (가)와 (나)는 모두 자연을 향한 화자의 지향을 드러내고 있다.
④ (가)와 (나)는 모두 계절적 이미지를 통해 공간을 형상화하고 있다.

006
다음에 제시된 (가)~(라)의 예로 옳지 않은 것은?

> (가) 제19항 어간에 '-이'나 '-음/-ㅁ'이 붙어서 명사로 된 것과 '-이'나 '-히'가 붙어서 부사로 된 것은 그 어간의 원형을 밝히어 적는다.
> (나) [붙임] 어간에 '-이'나 '-음' 이외의 모음으로 시작된 접미사가 붙어서 다른 품사로 바뀐 것은 그 어간의 원형을 밝히어 적지 아니한다.
> (다) 제20항 명사 뒤에 '-이'가 붙어서 된 말은 그 명사의 원형을 밝히어 적는다.
> (라) [붙임] '-이' 이외의 모음으로 시작된 접미사가 붙어서 된 말은 그 명사의 원형을 밝히어 적지 아니한다.

① (가): 다듬이, 죽음
② (나): 마중, 무덤
③ (다): 삼발이, 바둑이
④ (라): 마개, 먹이

007
㉠~㉣에 대한 이해로 적절하지 않은 것은?

> ㉠검은 벽에 기대선 채로
> 해가 스무 번 바뀌었는데
> 내 기린(麒麟)은 영영 울지를 못한다
>
> ㉡그 가슴을 퉁 흔들고 간 노인(老人)의 손
> 지금 어느 끝없는 향연에 높이 앉았으려니
> 땅 우의 외론 기린(麒麟)이야 하마 잊어졌을라
>
> ㉢바깥은 거친 들 이리떼만 몰려다니고
> 사람인 양 꾸민 잔나비떼들 쏘다니어
> 내 기린(麒麟)은 맘둘 곳 몸둘 곳 없어지다
>
> ㉣문 아주 굳이 닫고 벽에 기대선 채
> 해가 또 한 번 바뀌거늘
> 이 밤도 내 기린(麒麟)은 맘 놓고 울들 못한다
> 　　　　　　　　　　　　　　- 김영랑,「거문고」-

① ㉠: '해'는 '기린'이 울도록 만드는 부정적인 상황을 의미한다.
② ㉡: '노인'은 '기린'을 퉁기고 떠나간 존재로 볼 수 있다.
③ ㉢: '이리떼'와 '잔나비떼'는 '기린'이 내적 갈등을 겪도록 만드는 대상이다.
④ ㉣: '문'을 굳게 닫은 것은 3연의 부정적 상황 때문으로 볼 수 있다.

008
밑줄 친 한자어의 쓰임이 문맥상 적절한 것은?

① 힘들었던 그 시절이 想起되자 눈물이 흘렀다.
② 그 논문은 논리의 全開가 너무나 비약적이다.
③ 누나는 요즘 육아와 家솔에 전념하고 있다.
④ 비서실에서 각 팀의 同情을 살피고 있다.

009
다음 글에 대한 이해로 적절하지 않은 것은?

> 비변사는 처음에는 국가적 비상사태가 발생하면 소집되는 한시적인 기관이었으나, 임진왜란을 계기로 국정 전반을 관장하는 최고 기구의 역할을 하기 시작하였다. 비변사는 임진왜란 이후에도 기능의 축소가 이루어지지 않고 상설화되었다. 초기에는 전·현직 의정부 관료 등이 구성원이 되었으나 이후에는 세도 정치와 맞물려 소수 가문이 비변사의 요직을 차지하였다. 이 때문에 의정부의 기능이 마비되고 국가 행정 체제가 문란해짐과 동시에 왕권이 상대적으로 약화되었다. 이런 상황을 타개하기 위해 흥선 대원군은 비변사의 기능을 축소하여 그 사무를 의정부로 이관하였다가, 나중에는 비변사를 완전히 폐지하여 전제 왕권을 확립하였다.

① 전직 관료의 경우에는 비변사의 요직을 차지하기 어려웠다.
② 비변사의 권력이 강화되는 만큼 왕권은 상대적으로 약화되었다.
③ 비변사는 처음 설립되었을 때보다 권력 행사의 범위가 확대되었다.
④ 비변사는 임시적인 기관이었지만 나중에는 상설 기관으로 인정받게 된다.

010
다음 대화에서 밑줄 친 부분의 표현 효과에 대한 설명으로 적절한 것은?

> **박 교수**: 이 교수, 자네 참 부지런하군. 토요일도 없이 나와서 세미나 준비를 하다니.
> **이 교수**: 아닙니다. 제가 게을러 일을 제때 하지 못해서 어쩔 수 없이 나온 것뿐입니다.
> **박 교수**: 허허허. 이 사람 겸손하기까지 하군. 그럼, 수고하시게.
> **이 교수**: 네, 교수님. 세미나 때에 뵙겠습니다.

① 자신과 상대방의 의견 차이를 최소화한다.
② 상대방에게 부담이 되는 표현을 최소화한다.
③ 상대방에 대한 비방을 최소화하고 칭찬을 최대화한다.
④ 자신에게 혜택을 주는 표현을 최소화하고 비방을 최대화한다.

011
다음 글에 대한 설명으로 적절하지 않은 것은?

> "동이 트느냐?"
> 물으니, 아직 멀기로 연하여 대답하고, 물 치는 소리가 천지진동하여 한풍(寒風) 끼치기 더욱 심하고, 좌우 시인(左右侍人)이 고개를 기울여 입을 가슴에 박고 추워하더니, 마이 이윽한 후, 동편의 성수(星宿)가 드물며, 월색이 차차 엷어지며, 홍색(紅色)이 분명하니, 소리하여 시원함을 부르고 가마 밖에 나서니, 좌우 비복과 기생들이 옹위(擁衛)하여 보기를 죄더니,
> 이윽고 날이 밝으며 붉은 기운이 동편 길게 뻗쳤으니, 진홍 대단(眞紅大緞) 여러 필을 물 위에 펼친 듯, 만경창파(萬頃蒼波)가 일시에 붉어 하늘에 자욱하고, 노하는 물결 소리가 더욱 장(壯)하며, 홍전(紅氈) 같은 물빛이 황홀하여 수색(水色)이 조요(照耀)하니, 차마 끔찍하더라.
> 붉은빛이 더욱 붉으니, 마주 선 사람의 낯과 옷이 다 붉더라. 물이 굽이져 치니, 밤에 물 치는 굽이는 옥같이 희더니, 즉금(卽今) 물굽이는 붉기 홍옥 같아서 하늘에 닿았으니, 장관을 이룰 것이 없더라.
>
> - 의유당 남씨, 「동명일기」에서 -

① 비유적 표현을 활용하여 섬세한 관찰력을 보여주고 있다.
② 색채 이미지를 활용하여 자연을 감각적으로 묘사하고 있다.
③ 시간의 흐름에 따라 변화하는 자연의 모습을 제시하고 있다.
④ 자연과 인간을 대비하여 자연에 대한 외경심을 표현하고 있다.

012
'뒤프렌'의 생각과 일치하지 않는 것은?

> 뒤프렌은 예술 작품과 미적 대상이 일치하지 않을 수 있다고 말한다. 그는 예술 작품이 미적 대상이 되기 위해서는 현전(現前), 표상(表象), 반성(反省)이라는 미적 지각의 단계를 거쳐야 한다고 보았다. 뒤프렌에 따르면 현전은 감상자가 작품의 감각적 특징에 신체적으로 반응하면서 주목하는 단계이다. 즉 색채, 명암, 질감 등에 매료되어 눈이 커지거나 고개를 내미는 등의 신체적 자세를 취하는 상태를 의미한다. 그다음 표상은 작품을 상상력으로 지각하는 단계이다. 상상력은 감상자가 현전에서 파악한 것에 시공간적 내용과 구체적 상황을 추가해 풍부한 이미지를 떠올리는 것이다.
> 마지막으로 반성에는 비평적 반성과 공감적 반성이 있다. 비평적 반성은 구도, 원근법, 형태 묘사와 같은 기법, 예술가의 제작 의도 등을 객관적으로 분석하여 상상력이 만든 감상자의 표상이 타당한 것인지를 검증하는 것이다. 그러나 뒤프렌은 비평적 반성만을 하다 보면 작품 속에 담긴 내면적 의미까지는 이해하지 못한다고 보았다. 따라서 그는 감상자의 미적 지각은 공감적 반성을 통해 완성된다고 하였다. 공감적 반성은 작품이 자아내는 내면적 의미를 감상자가 정서적으로 느끼면서 감동을 얻는 단계이다. 이는 감상자가 예술가의 감정이 '표현된 세계'를 파악하는 것이면서, 그 세계와 자신의 내면세계가 일치함을 느끼는 것이다.

① 감상자가 신체적으로 반응하면서부터 예술 작품에 주목하게 된다.
② 상상력이 만든 표상은 객관적인 작품 분석을 통해 그 타당성이 검증된다.
③ 시공간적인 내용을 덧붙임으로써 감상자는 작품과 일치감을 느끼게 된다.
④ 예술가의 제작 의도에 대한 파악만으로는 작품에 담긴 내면적 의미를 이해할 수 없다.

013
다음 글을 이해한 내용으로 적절하지 않은 것은?

> 영호는 아무 대답도 하지 않았다. 그러나 눈만은 똑바로 형 철호를 쳐다보고 있었다.
> "그렇게나 살자면 이 형도 벌써 잘 살 수 있었다."
> 철호의 목소리는 떨리고 있었다.
> "그렇게나라니요?"
> "양심을 버리고, 윤리와 관습을 무시하고, 법률까지도 범하고!"
> 흥분한 철호의 큰 목소리에 영호는 지금까지 철호의 얼굴에 주었던 시선을 앞으로 죽 뻗치고 앉은 자기의 발끝으로 떨구었다.
> "저도 형님을 존경하고 있어요. 고생하시는 형님을 용케 이 고생을 참고 견디는 형님을. 그렇지만 형님은 약한 사람이야요. 용기가 없는 거지요. 너무 양심이 강해요. 아니 어쩌면 사람이 약하면 약한 만치, 그만치 반대로 양심이란 가시는 여물고 굳어지는 것인지도 모르죠."
> "양심이란 가시?"
> "네. 가시지요. 양심이란 손끝의 가십니다. 빼어버리면 아무렇지도 않은데 공연히 그냥 두고 건드릴 때마다 깜짝깜짝 놀라는 거야요. 윤리요? 윤리. 그건 나이롱 빤쯔 같은 것이죠. 입으나 마나 불알이 덜렁 비쳐 보이기는 매한가지죠. … (중략) … 법률? 그건 마치 허수아비 같은 것입니다. 허수아비. 덜 굳은 바가지에다 되는 대로 눈과 코를 그리고 서 있는 허수아비. 누더기를 걸치고 팔을 쩍 벌리고 서 있는 허수아비. 참새들을 향해서는 그것이 제법 공갈이 되지요. 그러나 까마귀쯤만 돼도 벌써 무서워하지 않아요. 아니 무서워하기는커녕 그놈의 상투 끝에 턱 올라앉아서 썩은 흙을 쑤시던 더러운 주둥이를 쓱쓱 문질러도 별일 없거든요. 흥."
> 영호는 코웃음을 쳤다. 그리고 거기 문턱 밑에 담배갑에서 새로 담배를 한 개를 빼어 물고 지금까지 들고 있던 다 탄 꽁다리에서 불을 옮겨 빨았다.
>
> - 이범선, 「오발탄」에서 -

① '철호'는 '영호'의 삶의 방식을 비도덕적이라고 비난했다.
② '영호'는 '철호'가 양심을 지키며 살아갈 필요가 없다고 생각했다.
③ '영호'는 힘겨운 삶을 이겨 내려고 노력하는 '철호'를 높게 평가했다.
④ '철호'는 '영호'의 불성실한 태도 때문에 자신이 가난하다고 생각했다.

014
다음 글의 괄호 안에 들어갈 내용으로 가장 적절한 것은?

> 자원을 원하는 사람이 많아질수록 공동 자원을 운용하는 것은 점점 더 나쁜 결과를 초래한다. 미국의 아메리카 들소의 개체 수 변화 사례는 이러한 점을 여실히 보여 준다. 권총을 든 개척자들이 황야를 누비고 있을 무렵, 그들은 들소를 사냥해서 가장 맛있는 부위인 혀만을 식사로 사용하고 나머지는 그냥 버리곤 했다. 그럼에도 불구하고 그들의 행동은 들판을 내달리는 수천만 마리의 들소 떼의 생태에 거의 영향을 미치지 못했다. 이렇듯 (   ). 그러나 들소의 수가 수만 마리까지 줄어든 오늘날에는 더 이상 들소를 공동 자원으로 운용할 수 없다. 들소의 희소성이 커지면서 소유권이 중요해졌기 때문이다.

① 자원의 수요보다 공급이 많을 때는 공동 자원 운용이 합리적인 분배 방식일 수 있었다
② 자원의 종류가 다양할 땐 공동 자원을 운용하는 것이 보다 유익한 결과를 이끌어 냈다
③ 자원으로 여겨지는 오늘날의 대상이 과거에는 어떠한 가치도 갖지 않는 존재일 수 있었다
④ 자원의 소유권을 누가 보유하고 있느냐에 따라 자원이 갖는 희소성이 달라지곤 했다

015
㉠~㉢에 들어갈 말로 가장 적절한 것은?

> 어려운 때를 당한 사람에게는, 명확하고 분명한 태도가 귀중한 미덕(美德)임에 틀림이 없다. 그러나 명확하고 분명한 태도가 참으로 슬기로운 것이 되기 위해서는, 그 명확하고 분명한 태도를 취한 동기가 순수해야 하며, 그러한 결단에 이르기까지의 과정이 높은 지식과 생각에 의하여 뒷받침되어 있어야 한다. ㉠ , 깊은 산 속에서 길을 잃은 사람들이 위기를 넘기기 위해서는 신중함과 결단력(決斷力)이 있어야 한다. 그들은 우선 상황 판단(判斷)을 정확히 하기 위하여 침착하고 신중한 관찰을 해야 할 것이다. ㉡ 안전한 하산 전략(下山戰略)을 세우기 위하여 서로의 의견을 교환해야 할 것이다. 되도록 시야(視野)가 넓은 곳으로 올라가서 산의 모양과 목적지의 방향(方向)을 파악하는 일이 특히 중요할 것이며, 남의 의견을 서로 존중함으로써 지혜를 모으는 것도 중요할 것이다. ㉢ 분명하게 말하기에 앞서서, 그 말을 입증하기에 충분한 준비를 갖추어야 한다. 주저 없이 행동하기에 앞서서, 깊이 생각하고 널리 고려하는 성찰의 과정을 겪어야 할 것이다.

	㉠	㉡	㉢
①	예를 들어	그러므로	결국에는
②	예를 들어	그리고	요컨대
③	이를테면	그러므로	요컨대
④	이를테면	그리고	결국에는

016

다음 중 '홉스'의 견해에 부합하지 않는 것은?

> 홉스는 인간을 기계적으로 끊임없이 운동하는 자연물 중의 하나로 보고, 인간의 본질은 이성 능력에서 찾을 수 있는 것이 아니라, 자기 보존의 본능과 자기 보존을 위한 힘의 추구라는 의지 능력에서 찾을 수 있다고 생각했다. 홉스에 의하면, 운동은 운동 그 자체가 목적이지, 일정한 곳에 도달하여 정지하기 위해 운동이 행해지는 것이 아니다.
>
> 마찬가지로 인간의 욕망은 그것이 충족된 목표점에 도달했다고 해서 사라지는 것이 아니다. 욕망의 무한한 전진 안에서는 어떠한 목적이든 일단 그것이 충족된 순간에는 그 자체가 목적으로서의 의미를 잃고, 곧 또 다른 목적을 위한 수단이 되어 버린다. 아무리 긴박하게 추구된 욕망일지라도 그것이 일단 충족되면 인간은 그 만족 상태에 계속 머물러 있지 못한다. 왜냐하면 인간의 욕망은 끊임없이 나아가는 운동성을 그 본질로 삼기 때문이다.
>
> 그러므로 한 목적에 도달하면 그것은 즉시 새로운 목적을 달성하기 위한 수단으로 바뀌게 된다. 결국 한 욕망에서 다음 욕망으로 나아가는 것은 설정된 목적의 끊임없는 수단화, 탈목적화 과정이라고 말할 수 있다.

① 자연물은 끊임없이 운동하며, 인간은 그런 자연물의 일종이다.
② 인간의 본질은 불변의 목적을 이루기 위해서 나아가는 것이다.
③ 이미 이룬 목적은 다음 목적을 이루기 위한 수단으로 기능한다.
④ 목적을 이룬 인간은 거기서 만족하지 않고 또다시 나아가려 한다.

017

다음 글의 전개 순서로 가장 자연스러운 것은?

> ㄱ. 경의 재료로는 경석이 사용된다. 와경, 도경 등 다른 재료로도 경을 만들 수는 있었으나, 경석으로 만들어진 경만이 정확하고 청아한 소리를 낼 수 있었다. 그러나 국내에서는 경석이 발견되지 않아 편경을 외국에서 들여올 수밖에 없었다.
> ㄴ. 편경은 본래 고대 중국의 대표적인 타악기로, 동아시아에서 아악을 연주할 때 사용되었다. 편경의 소리는 12율 4청성의 16가지 음인데, 편경이 16개의 음을 낼 수 있는 이유는 편경에 총 16개의 경이 달려 있기 때문이다.
> ㄷ. 편경은 목재의 받침대 위로 두 개의 틀을 세워, 아래위의 목재 틀에 경을 매단 형태로 만들어진다. 이때 경은 경석을 'ㄱ' 자 모양으로 깎아 만든 것으로, 경의 두께에 따라 음의 높낮이가 달라진다.
> ㄹ. 편경이 국가적으로 극진하게 대접받은 이유는 경의 재료가 경석이라는 점에 있다. 경석은 석회암과 대리석이 혼합된 것으로 시간이 흘러도 부식되지 않았다. 따라서 편경은 궁중악을 연주하는 다른 악기를 조율할 수 있는 기준이 되었다.
> ㅁ. 그런데 세종 7년, 국내에서 양질의 경석이 발견되었고, 박연은 세종의 명령에 따라 편경을 제작했다. 이러한 편경은 「대전통편」의 '전쟁이 나면 편경을 가장 먼저 숨겨라' 등의 항목에서도 알 수 있듯 매우 귀하게 여겨졌다.

① ㄴ - ㄱ - ㄹ - ㄷ - ㅁ
② ㄴ - ㄷ - ㄱ - ㅁ - ㄹ
③ ㄷ - ㄱ - ㄴ - ㄹ - ㅁ
④ ㄷ - ㄴ - ㄹ - ㅁ - ㄱ

018
(가)를 바탕으로 (나)를 이해한 것으로 적절하지 않은 것은?

> (가) 자본주의가 발전함에 따라 업무의 효율성을 위해 분업화가 추구되었다. 공장의 철저한 분업은 인간을 기계 부품으로 전락시켰으며, 이로 인해 인간 소외 현상이 발생했다. 자본주의가 만연해질수록 사람들은 자신을 더 나은 상품으로 과시하기 위해 스스로를 상품화했다. 그 결과 인간은 상품 가치로 평가되며, 가치를 증명하지 못하면 쓸모없는 존재가 되고 말았다.
>
> (나) 찰리 채플린은 무성 영화 「모던 타임즈」를 통해 산업화 과정에서 나타나는 인간성의 상실을 비판했다. 「모던 타임즈」의 주인공은 공장의 컨베이어 벨트에서 나사 조이는 일을 맡았다. 그는 종일 나사를 조이다 모든 것을 조이려는 강박증을 얻었고, 지나가는 여성의 상의 단추까지 조이려고 한다. 주인공은 정신 병원에 들어가 강박을 고쳤으나 실업자가 되었으며, 떠돌아다니다가 누명을 쓰고 감옥에 수감된다. 이후 감옥에서 사면되자 주인공은 불안을 느끼며, 다시 감옥에서 편안한 생활을 하기 위해 고군분투한다.

① 주인공이 나사를 조이는 강박을 얻은 것은 인간이 분업에 의해 기계 부품으로 전락했음을 의미하는군.
② 주인공이 여성의 상의 단추를 나사로 여긴 것은 인간이 스스로를 상품으로 취급하게 되었음을 보여 주는군.
③ 주인공이 강박증으로 인해 정신 병원에 들어간 것은 자본주의로 인한 문제가 비정상적인 상황임을 드러내는군.
④ 주인공이 다시 감옥에 들어가려고 한 것은 자본주의 현실에서의 삶이 두렵고 위태로운 일임을 비판적으로 나타내는군.

019
사자성어 중 뜻이 나머지와 가장 다른 하나는?
① 경국지색(傾國之色)
② 단순호치(丹脣皓齒)
③ 경중미인(鏡中美人)
④ 설부화용(雪膚花容)

020
다음 글에서 추론한 내용으로 적절하지 않은 것은?

> 도시에는 전문 소매업, 대기업 본사가 모여 있는 지역이 있는가 하면, 공장이나 주택이 모여 있는 곳도 있다. 일반적으로 전문 소매업이나 대기업 본사와 같은 업무 기능은 도시의 중심으로 모이고, 주거지, 학교, 대규모 공장 등과 같은 기능은 도시의 외곽으로 흩어지려는 경향을 가지는데, 이러한 집적과 분산의 배후에는 지대(地代) 원리가 있다. 지대란 토지 이용의 대가로서 토지 매매 가격인 지가와 구별된다. 지대의 높낮이는 다양한 변수에 의해 좌우되지만, 가장 큰 영향을 미치는 것은 위치이다. 유동 인구가 많고 교통이 편리하여 접근성이 좋은 도심이 일반적으로 지대가 높게 형성된다.

① 지대는 도심으로부터 거리에 비례한다.
② 대규모 공장은 지대가 낮은 지역을 선호한다.
③ 지대는 여러 기능들을 분산시키는 역할을 한다.
④ 유동 인구가 중요한 사업일수록 도심지를 선호한다.

모의고사 13회

001
다음 중 음운 변동과 그 발음에 대한 설명으로 가장 적절한 것은?

① '많은'은 겹받침 중 하나가 탈락하는 자음군 단순화를 적용하여 [마는]으로 발음해야 한다.
② '삶만'은 겹받침 중 하나가 탈락하는 자음군 단순화를 적용하여 [삼:만]으로 발음해야 한다.
③ '넓네'는 겹받침 중 하나가 탈락하는 자음군 단순화 후 비음화를 적용하여 [넘네]로 발음해야 한다.
④ '읽는'은 겹받침 중 하나가 탈락하는 자음군 단순화 후 유음화를 적용하여 [일른]으로 발음해야 한다.

002
밑줄 친 부분이 맞춤법에 맞지 않는 것은?

① <u>아니오</u>, 저는 먹지 않았어요.
② 라면이 <u>붇기</u> 전에 얼른 먹어.
③ 날씨에 <u>걸맞은</u> 옷차림이 아니었다.
④ 부모님께 <u>자랑스러운</u> 딸이 되고 싶었다.

003
다음 대화 참여자들의 말하기 방식으로 가장 적절한 것은?

> A: 인공 지능 기술이 발전하면서 일자리가 감소할 것으로 예상됩니다. 실제로 최근 2년 사이 인공 지능 기술을 활용한 비대면 업무를 중심으로 2천 명의 채용이 중단되거나 미뤄졌다고 합니다. 앞으로 인공 지능 기술로 인한 사회적 불평등이 더욱 심화될 것인데, 이를 해결하기 위해 인공 지능에 세금을 부과해야 하지 않을까요?
> B: 인공 지능에 법인세나 소득세 이외에 별도의 세금을 부과하면 중복 과세가 됩니다. 그러면 기업들의 투자 의욕이 줄어들게 되고 결국 인공 지능 기술 발전과 혁신을 저해할 수도 있을 것 같아요.
> C: 저는 인공 지능으로 인한 일자리 감소 문제에 대처해야 한다는 점에는 동의합니다. 하지만 인공 지능에 세금을 부과하는 것보다 정부가 교육 및 재교육 프로그램을 강화하여 인공 지능 산업 변화에 대처할 수 있는 인력을 양성하는 것이 좋지 않을까요?

① 'A'는 문제 현황을 언급하며 자신의 주장을 드러내고 있다.
② 'B'는 'A' 주장의 한계를 지적하고 보완 방법을 제시하고 있다.
③ 'C'는 질문의 형식으로 'B'의 주장에 대한 근거를 요구하고 있다.
④ 'C'는 'A' 주장의 의도에 공감하면서 그 주장을 재진술하고 있다.

004
밑줄 친 한자어의 한글 표기가 옳은 것은?

① <u>정답란</u>(正答欄)에 바르게 표기하시오.
② 대관령 일대는 <u>고냉지</u>(高冷地) 농업으로 유명하다.
③ 이해하기 어려우니 <u>백분률</u>(百分率)로 환산해 보자.
④ 우리나라는 1월 1일부터 <u>회계년도</u>(會計年度)가 시작된다.

005
ⓐ와 ⓑ를 비교하여 이해한 내용으로 가장 적절한 것은?

말에서 내려 인가를 찾아가 보니	下馬問人居
아낙네 문간에 나와 맞이하네	婦女出門看
초가집 안으로 손님을 맞아들이고	坐客茅屋下
나그네 위하여 밥상 내온다	爲我具飯餐
남편은 어디 계시오	丈夫亦何在
아침에 쟁기 들고 산에 갔다오	扶犁朝上山
산밭을 일구느라 고생하며	山田苦難耕
해가 저물도록 못 오신다오	日晚猶未還
사방을 둘러봐도 이웃은 없고	四顧絶無隣
개와 닭도 산기슭에서 서성대는구나	鷄犬依層巒
숲속에는 사나운 호랑이 많아	中林多猛虎
나물도 함부로 못 뜯는다네	采藿不盈盤
가련할손 이곳이 뭐가 좋다고	哀此獨何好
척박한 ⓐ<u>두메산골</u>에서 산단 말인가	崎嶇山谷間
ⓑ<u>평지</u>에 살면 더없이 좋으련만	樂哉彼平土
가고파도 벼슬아치 두렵다네	欲往畏縣官
– 김창협, 「산민」 –	

① ⓐ는 정신적 만족감을 느끼는 공간이고, ⓑ는 물질적 풍요로움을 경험하는 공간이다.
② ⓐ는 현실과 거리를 두는 탈속적 공간이고, ⓑ는 현실과 타협하게 되는 세속의 공간이다.
③ ⓐ는 이웃과 유대감을 느낄 수 있는 인정의 공간이고, ⓑ는 인적이 끊긴 고독한 공간이다.
④ ⓐ는 생계를 꾸리기 어려운 척박한 공간이고, ⓑ는 착취를 두려워해야 하는 시련의 공간이다.

006

밑줄 친 단어의 한자 표기가 모두 옳은 것은?

- 이번 대회는 준비가 ㉠미진해 아쉬운 점이 많았다.
- 경찰은 범인들의 도주로를 미리 ㉡간파하고 있다.

	㉠	㉡
①	未盡	看把
②	未眞	看把
③	未盡	看破
④	未眞	看破

007

다음 글에 대한 독자의 반응으로 가장 적절한 것은?

> 근대화론에서 말하는 근대란 19세기 유럽 제국주의의 문명화와 서구화를 의미한다. 근대화론은 유럽 중심부와 미국을 중심으로 한 사회 진화 모델을 근대의 기준으로 잡고, 세계 모든 국가들의 변화를 '근대'와 '전근대', '개발'과 '저개발', '정상'과 '일탈'이라는 이항 대립의 범주로 측정한다. 그들은 자신들의 사회 진화 모델에서 벗어나는 사례들을 '전근대', '후진', '저개발', '특수'라고 규정한다. 결국 근대화론에서는 서구 중심주의의 관점에서 자의적, 선별적으로 작성된 근대의 잣대를 가지고 다른 사회의 모습을 재단하는 오류를 범하고 있다.

① 근대화론에 따르면 '근대'와 '전근대'로 나눌 수 없는 것도 있겠군.
② 근대화론에서 '저개발'이라는 것은 서구의 근대화를 기준으로 판단한 것이겠군.
③ 유럽 중심부에서 바라보는 '근대'와 미국 중심으로 바라본 '근대'는 서로 다르겠군.
④ 근대화론은 사회 구조의 진화 정도에 따라 '후진, 전근대, 특수'로 나누어서 파악하겠군.

008

㉠~㉣에 대한 설명으로 적절하지 않은 것은?

> 산 너머 고운 노을을 보려고
> 그네를 힘차게 차고 올라 발을 굴렸지
> 노을은 끝내 어둠에게 잡아먹혔지
> ㉠<u>나를 태우고 날아가던 그넷줄이</u>
> <u>오랫동안 삐걱삐걱 떨고 있었어</u>
>
> 어릴 때는 나비를 쫓듯
> 아름다움에 취해 땅끝을 찾아갔지
> 그건 아마도 끝이 아니었을지 몰라
> 그러나 살면서 몇 번은 땅끝에 서게도 되지
> ㉡<u>파도가 끊임없이 땅을 먹어 들어오는 막바지에서</u>
> <u>이렇게 뒷걸음질 치면서 말야</u>
>
> 살기 위해서는 이제
> 뒷걸음질만이 허락된 것이라고
> ㉢<u>파도가 아가리를 쳐들고 달려드는 곳</u>
> 찾아 나선 것도 아니었지만
>
> 끝내 발 디디며 서 있는 땅의 끝,
> 그런데 이상하기도 하지
> 위태로움 속에 아름다움이 스며 있다는 것이
> ㉣<u>땅끝은 늘 젖어 있다는 것이</u>
> 그걸 보려고
> 또 몇 번은 여기에 이르리라는 것이
>
> – 나희덕, 「땅끝」 –

① ㉠: 소망이 좌절된 상황으로 인해 화자가 느끼는 불안과 안타까움을 투영하고 있다.
② ㉡: 계속되는 삶의 위기로부터 벗어나고자 하는 화자의 태도를 보여 주고 있다.
③ ㉢: 아름다움을 적극적으로 찾아 나서지 못한 과거의 태도에 대한 화자의 뉘우침이 나타나 있다.
④ ㉣: 역설적인 인식을 바탕으로 절망 속에서 희망을 깨닫는 성숙한 화자의 태도를 드러내고 있다.

009
다음을 모두 만족시키는 슬로건으로 적절한 것은?

> ○ 독서를 권장하는 내용을 표현할 것.
> ○ 대구의 방식을 활용할 것.
> ○ 유사한 음절을 반복한 표현을 활용할 것.

① 책장을 넘기다 / 깨달음을 남기다
② 향기로운 책 한잔 / 같이 마실래요?
③ 온라인에서 만나요 / 세상이 맞나요
④ 내가 뿌린 책 한 권 / 생각의 꽃이 되다

010
㉠과 ㉡의 공통된 견해로 가장 적절한 것은?

> 춘추 전국 시대를 살았던 제자백가들에게 인간의 욕망은 커다란 화두였다. 그들은 인간의 욕망을 어떻게 바라볼 것인지, 그것에 어떻게 대처해야 할지를 탐구하였다. 먼저 ㉠순자는 욕망의 불가피성을 인정하면서, 그것이 인간의 본성에서 우러나오는 것이라고 하였다. 또한 개인에게 내재된 도덕적 판단 능력만으로는 욕망을 완전히 제어하기 힘들다고 보았다. 더군다나 이기적 욕망을 그대로 두면 한정된 재화를 두고 인간들끼리 서로 다투어 세상을 어지럽히게 되므로, 왕이 '예(禮)'를 정하여 백성들의 욕망을 조절해야 한다고 생각하였다. 그래서 순자는 나라에서 교육과 학문을 통해 예를 세워 인위적으로 선(善)이 발현되도록 노력해야 한다고 주장하였다.
> 이와 달리 ㉡한비자는 권력과 재물, 부귀영화를 바라는 인간의 욕망을 부정적으로 바라보지 않았다. 인간의 본성이 이기적이라고 본 점에서는 순자와 같은 입장이지만, 그와는 달리 본성을 교화할 수 없다고 하였다. 오히려 욕망을 추구하는 이기적인 본성이 이익 추구를 위한 동기 부여의 원천이 되고, 부국강병과 부귀영화를 이루는 수단이 된다는 것이다. 따라서 그는 사람들이 자발적으로 선을 행할 것을 기대하기보다는 법을 엄격히 적용하는 것이 필요하다고 강조하였다. 엄격한 법치가 이루어질 때 백성들은 특혜와 불로 소득을 감히 생각하지 않게 된다고 보았다.

① 인간은 환경에 의해 이기적으로 변한다.
② 인간의 욕망은 부귀영화를 이루는 수단이다.
③ 사회적 규범으로 인간 본성을 교화할 수 있다.
④ 인간의 욕망은 사회적으로 제한될 필요가 있다.

011
다음 글에 대한 이해로 가장 적절한 것은?

> 원래 배 씨는 처녀로 시집을 갔다가 '팥쥐'라 하는 딸 하나를 낳은 후에 남편을 여의고 과부의 박명(薄命)이 참담하여 말이 아니더니, 좋은 중매로 인하여 최씨 가문에 들어온 터이나, 천성이 요악간특(妖惡奸慝)하고 그가 데려온 팥쥐 역시 마음이 곱지 못하며, 얼굴조차 덕스럽지 못한 인물이 요사스럽고 간악하기는, 짝이 없는 그 어미보다도 한풀 더 하더라. 그러하므로 터무니없는 모함과 고자질하기가 일쑤요, 그 모녀 사이에 소곤거림이 그치면 콩쥐의 신변에는 참혹한 일이 벌어지되, 그 부친은 한번 배 씨가 눈에 든 다음으로는 말할 나위 없이 감겨들어 배 씨의 말이라면 '팥으로 메주를 쑨다' 하더라도 곧이듣게 되었는지라, 허물없는 콩쥐를 오히려 구박하여 마지 아니 하더라.
> 하루는 배 씨가 두 딸을 불러 놓고 이르기를,
> "시골 사는 계집아이가 농사일을 몰라서는 목구멍에 밥알이 들어가지 아니하나니, 콩쥐는 오늘부터 벌밭으로 김을 매러 다녀라. 팥쥐는 너보다 한 살이나 덜 먹었고 아직 어린것이라 어찌, 김을 맬 수 있겠느냐마는 어찌 그렇다고 집에 있으면 콩쥐부터라도 제 자식만 사랑한다 할 것이니, 팥쥐 너도 오늘부터 김을 매러 다니도록 하라."
> 하고, 팥쥐에게는 쇠 호미를 주어 집 근처 모래밭을 매게 하고, 콩쥐에게는 나무 호미를 주어 산비탈에 있는 돌밭을 매게 하니라.
> - 작자 미상, 「콩쥐팥쥐전」에서 -

① 비현실적인 사건을 통해 환상적 분위기를 연출하고 있다.
② 짧은 문장으로 긴박한 상황을 묘사해 작중 긴장감을 고조시킨다.
③ 관용적인 표현을 통해 인물의 처지에 대한 독자의 이해를 돕는다.
④ 시공간적 배경을 자세하게 묘사하여 인물의 심리를 암시하고 있다.

012
빈칸에 들어갈 사자성어로 가장 적절한 것은?

> 이 책도 결국은 다른 나라의 모습을 통해 우리의 모습을 비추어 보는 [   ]이지만, 지금 우리에게는 더욱 절실한 현실 문제가 놓여 있다.

① 一刀兩斷
② 玉石俱焚
③ 反面敎師
④ 支離滅裂

013
(가)~(라)의 논리적 순서로 자연스러운 것은?

(가) 그런데 우리 사회는 어떠한가? 생명을 위협하는 범죄들이 사회 곳곳에서 일어나고 있다. 많은 사람들이 생명의 가치를 망각하고 약물이나 마약에 중독되어 자신을 파멸시킬 뿐만 아니라, 다른 사람에게까지 피해를 주고 있다.

(나) 생명이란 고귀한 것이다. 자신의 생명이 귀하다고 생각하는 사람은 내 생명이 고귀한 만큼 다른 사람의 생명도 소중하게 생각하고, 나아가 자신을 존재하게 하는 생태계의 모든 생명체의 중요성을 알게 된다. 만일 세상 사람들이 자신의 생명만 귀하게 여기고 남의 생명을 가볍게 여긴다면, 우리는 이 세상에서 항상 공포에 떨며 살아야 할 것이며, 사회를 이루고 살 수도 없을 것이다.

(다) 우리 사회에서 생명을 존중하기 위해서는 어떻게 해야 하는가? 먼저 모든 생명은 존귀하며 수단이 아닌 그 자체로서 목적성을 가진다는 것을 인식할 필요가 있다. 그리고 생명 보존을 위한 인간의 도덕적 책임 범위를 확대하고 인간과 자연의 동반자적 관계를 정립해야 할 것이다.

(라) 이제 우리는 생명의 가치를 단순히 인식하는 수준에서만 그칠 것이 아니라, 사회의 잘못된 편견과 제도들을 개선하려는 노력을 해야 한다. 모든 인간은 정당한 대우를 받아야 하며, 성별, 종교, 인종, 사회적 지위 등에 의해 차별받아서는 안 되기 때문이다.

① (나) - (가) - (다) - (라)
② (나) - (다) - (라) - (가)
③ (다) - (라) - (나) - (가)
④ (다) - (나) - (가) - (라)

014
다음 글에서 알 수 없는 것은?

개인적 자유의 극대화와 공동체적 자유의 극소화를 추구했던 콩스탕은, 인간이란 존재의 어느 부분은 어쩔 수 없이 개인적인 것으로서 독립성을 지니고 있으며, 이는 어떠한 사회적 권위도 초월하는 것이라고 주장했다. 이러한 자유의 논리는 개인의 정신적 내면화와 외적 권위에의 저항이라는 프로테스탄티즘의 전통을 통해 인간 주체의 자율적 세계를 형성해 온 서구 자유주의의 도덕적 원리를 대변한 것이었다. 그는 특히 고대적 자유와 근대적 자유를 구별하여 주권의 많은 부분을 집단적, 직접적으로 행사하는 자유로서의 고대적 자유보다는 대의 제도를 통한 주권 행사라는 정치 활동의 형식에 만족하면서 사적 활동의 자유에서 얻어지는 과실을 누리는 자유가 보다 중요하다고 보았다.

그러나 사적 생활의 고유한 영역을 지키려는 개인적 자유는, 인간이 추구하는 자유의 한 부분에 지나지 않는다. 개인의 고유한 영역을 확보하고 이를 지키는 것이 본디 자유롭고 마땅히 자유로워야 할 인간의 일차적인 과제임에는 틀림없으나, 사회적 동물로서의 인간이 지닌 자아실현에의 욕구는 개인 생활의 범위를 넘어서서 공동체의 운영과 발전에 참여하려는 적극적인 자유를 아울러 희구한다.

① 고대적 자유와 근대적 자유의 차이는 주권 행사의 직접성 여부에서 나타난다.
② 콩스탕은 공동체적 자유를 개인적 자유와 대립적인 관계를 이루는 것으로 보았다.
③ 콩스탕의 주장은 정치적 자유를 중시한다는 점에서 프로테스탄티즘과 맥을 같이 한다.
④ 인간이 지닌 자아실현의 욕구가 성취되기 위해서는 공동체적 자유의 충족을 무시할 수 없다.

015

다음 글의 중심 내용을 담은 제목으로 가장 적절한 것은?

파괴적 혁신은 단순하고 저렴한 제품으로 시장 밑바닥을 공략하며 빠르게 시장 전체를 장악하는 기업 전략이다. 이러한 파괴적 혁신은 기본 제품을 개선하여 이전보다 더 나은 제품을 높은 가격에 제공하는 존속적 혁신과 상반된다. 파괴적 혁신을 시행하는 기업은 존속적 혁신의 틈을 파고든다. 소비자의 요구를 넘어서지 않는 수준의 제품을 낮은 가격으로 제공하여 시장에 진입하며, 점차 제품의 영역을 늘려 간다. 그리고 이전 기업을 제치며 기존 시장을 파괴하고 시장의 중심이 된다.

이러한 예로 온라인 스트리밍 콘텐츠 사업을 들 수 있다. 기존 시장에서 오래전에 개봉한 영화를 보기 위해서는 DVD를 구매하거나 대여해야 했다. 그러나 스트리밍 콘텐츠 기업은 낮은 가격으로 다양한 영화를 감상할 수 있는 플랫폼을 제공했고, 다수의 소비자를 형성하며 시장에 진입했다. 그리고 일정 정도로 안정화된 이후에는 동시 접속이 가능한 인원수에 따라 가격을 높이는 방식으로 더 많은 소비자를 끌어당겼고, 마침내 새로운 시장의 중심 세력이 되었다.

① 스스로를 와해하는 혁신의 명과 암, 파괴적 혁신의 양면성
② 혁신 기업의 딜레마, 존속적 혁신과 파괴적 혁신 사이
③ 기존의 시장을 무너뜨리는 경쟁자, 파괴적 혁신 전략
④ 밑바닥으로부터의 반란을 막아라, 존속적 혁신의 생존

016

다음 글에 대한 이해로 적절하지 않은 것은?

언어는 우리의 삶의 세계를 밝히며, 우리의 사람됨을 창조한다. 언어가 우리의 현실을 창조하는 것과 언어가 우리의 사람됨을 창조하는 것은 서로 불가분의 보충 관계를 가지고 있다. 왜냐하면 우리의 외부 세계와 내부 세계는 서로 대응되기 때문이다.

언어의 창조적인 기능은 내부 세계에서 더욱 뚜렷하다. 인간은 언어를 통해서 이성을 가지게 되었다는 헤르더의 말은 이성은 처음부터 완벽한 모습으로 부여되지 않으며 언어 사용을 통해 발전된다는 의미이다. 이와 마찬가지로 우리의 정서 역시 우리가 언어를 사용하고 주위의 사람들과 언어를 통해 의사소통을 해 나가면서 발전하게 된다고 할 수 있는 것이다. 이러한 내부 세계의 발전은 외부 세계의 이해와 밀접한 관련을 가지고 있다. 인간이 언어를 통해서 외부 세계를 파악하고 정리하고 형성하는 바로 그 과정을 통해서 인간의 정신적인 기능들이 발전한다.

① 언어는 인간성을 창조하며 세계를 탐구한다.
② 타인과의 의사소통을 통해 정서는 발전한다.
③ 인간의 내면은 세계와 대응적 관계를 맺는다.
④ 이성의 완성 없이는 언어 사용은 불가능하다.

017

다음 글에 나타난 설명 방식으로 적절하지 않은 것은?

'게슈탈트'란 어떠한 형태, 모양, 전체 등을 이르는 말로, 게슈탈트 심리학을 설명하기 위한 용어로 사용된다. 게슈탈트 심리학은 전체가 부분의 합 이상의 의미를 지닌다고 보는 학파이다. 게슈탈트 심리학자들은 개별적 요소들이 모여 전체를 형성할 경우 전체는 특정한 의미를 지니며, 전체의 의미에 따라 부분들의 특성이 달라진다고 보았다. 이는 대사와 행동, 장면 등의 부분적 요소들이 모여 하나의 연극 작품을 이룰 경우, 작품이 그 자체로 특별한 의미를 지니게 되는 것과 같다. 게슈탈트 심리학자들은 전체의 이러한 특성에 따라, 인간도 전체를 중심으로 지각 활동을 한다고 보았다.

게슈탈트 심리학에 따르면 인간은 무언가를 파악할 때 각각의 요소가 아니라 전체의 모습 자체를 인식하는데, 이러한 시각은 간결성의 원리에서 비롯되었다. 간결성의 원리란 인간의 지각 활동은 가장 간결한 것을 중심으로 이루어진다는 것이다. 이에 따르면 인간은 특정한 상황이나 현상을 지각할 때 가장 단순한 것을 중심으로 인식하며, 대상이나 그림을 볼 때도 가장 두드러지는 것을 기억하려고 한다. 간결성의 원리가 나타나는 이유는 인간이 최소한의 에너지를 사용하여 목적을 달성하려고 하기 때문이다. 모든 것을 기억하는 데에는 많은 에너지가 필요하므로, 가장 간결한 것만을 기억하여 에너지 소모를 줄이는 것이다.

① 간결성의 원리의 뜻을 밝혀 규정하고 있다.
② 간결성의 원리가 나타나는 원인에 대해 밝히고 있다.
③ 인간의 지각 활동의 과정을 단계별로 나누어 제시하고 있다.
④ 전체와 부분의 관계를 다른 대상에 빗대어 설명하고 있다.

018

다음 글에 대한 설명으로 적절하지 않은 것은?

　시월 칠일에 국군이 개성을 넘어섰다는 소식을 듣고, 서학준 씨는 지옥과 같은 병원에서 빠져나가기로 결심했다. 그는 하루 종일 특병동 안을 이리 뛰고 저리 뛰면서 열심히 일하는 척하다가 초저녁에야 한영덕 씨를 찾아보았다. 서학준 씨가 조수에게 물으니, 그는 겁을 먹은 얼굴로 또 보통 병동에 나갔을 거라고 대답했다. 그들은 너무도 바빠서 며칠씩이나 말 한마디 건네지 못할 정도였는데, 그럴 시간이 남아 있었으면 단 몇 분이라도 아무데나 쓰러져 눈을 붙여 보려 했을 것이다. 한 교수는 억지로라도 틈을 내어 의사의 손길이 거의 닿지 않는 보통 병동에 나가 전염병 환자와 응급 환자를 돌보곤 했다. 당원인 원장이란 자는 특병동에 한씨가 없을 때마다 그를 불러오라고 얼굴을 붉히며 호통을 쳐대는 거였다. 원장의 의견은 정수의 애국 인민과 평양의 행정에 종사할 사람을 치료하기에도 일손이 모자란다는 것이었으나, 한 교수는 여전히 보통 병동으로 나가 진료를 했다.

… (중략) …

　서학준 교수는 들끓는 환자들의 어느 구석에 한 교수가 처박혀 있는지 도저히 찾아낼 엄두가 나지 않았다. 반 시간 남아 헤매다 보니 그는 태연하게 빈 방공호 안에서 수술 준비를 하고 있었다. 복부 파편상을 입은 열서너 살짜리 계집아이가 방공호 밖에 눕혀져 있었다. 한 교수는 보통 병동에서 낯익은 간호원과 중년의 조수와 함께 있었다. 서학준 교수는 그들이 밖으로 나가기를 기다렸다가 한 교수의 귓가에 입을 대고 재빨리 소곤거렸다.

　"야, 급하게 돼서. 빠제 나가지 않을랜? 네 처랑 데빌구 강서루 가자우."

　"덤비지 좀 말라. 시자 위험이 닥칠 리두 없잖네."

　간호원과 조수가 환자 아이를 옮겨 오는 동안 서씨는 입을 다물고 기다렸다. 한씨의 눈이 붉게 충혈되어 있었고 얼굴까지 부석부석했다. 그들이 환자를 어둠침침한 방공호 속으로 끌어내린 것은 남의 눈에 띄지 않게 하기 위해서였다. 수술대 대신에 이어 놓은 세 개의 나무 의자 위에 계집아이를 운반해다 눕히자 간호원이 아이의 옷을 벗겨 버렸다. 그들에게서 경계의 시선을 떼지 않으며 서 교수가 말했다.

　"덤비는 거이 아니라 사정이 정 급하게 돼서. 너 모르구 있댄? 국군이 삼팔선을 넘어서야. 정신 똑바루 채리라우."

　서 교수는 주위를 둘러보고 나서 침을 삼켰다.

　"나 오늘 빠제 나가서."

　"정신 나갔구나이? 기런 생각 앳쎄 버리라우 괘난이…… 저 밖엘 좀 보라. 몇 사람인가 헤 보라우."

　— 황석영, 「한씨 연대기」에서 —

① 시대적 배경을 짐작하게 하는 어휘를 통해 작중 분위기를 환기하고 있다.
② '서학준'은 사회적 의무보다 개인적 안위를 중요하게 여기는 모습을 보인다.
③ 서로 다른 가치관을 지닌 두 인물의 태도를 대비시켜 극적 긴장감을 고조시키고 있다.
④ '원장'은 '한영덕'에게 이념에 따라 생명의 가치를 판단하는 태도를 경계하도록 요구했다.

019

㉠과 ㉡에 들어갈 말로 가장 적절한 것은?

○ 그의 경력을 (㉠)하면 이번 승진은 적절한 조치이다.
○ 정부는 이 문제에 대하여 확고한 입장을 (㉡)하여야 한다.

	㉠	㉡
①	상정(想定)	주의(注意)
②	상정(想定)	견지(堅持)
③	감안(勘案)	주의(注意)
④	감안(勘案)	견지(堅持)

020

다음 글에서 추론할 수 있는 것은?

　원래 '문명'은 진보 사관을 지닌 18세기 프랑스 계몽주의자들이 착안한 개념으로, 무엇보다 야만성이나 미개성에 대비된 것이었다. 그러나 독일 낭만주의자들은 '문화'를 민족의 혼이나 정신적 특성으로 규정하면서, 문명을 물질적인 것에 국한시키고 비하했다. 또한 문화는 상류층의 고상한 취향이나 스타일 혹은 에티켓 등 지식인층의 교양을 뜻하기도 했다. 아놀드를 포함해서 빅토리아 시대의 지성인들은 대체로 이런 구분을 받아들였다. 그래서 문명이 외적이며 물질적인 것이라면, 문화는 내적이며 정신과 영혼의 차원에 속하는 것이었다. 따라서 문명이 곧 문화를 동반하는 것은 아니었다.
　한편 19세기 인문주의자들은 문화라는 어휘를 광범위한 의미에서 동물과 대비하여 인간이 후천적으로 습득한 지식이나 삶의 양식을 총체적으로 지칭하는 데 사용하였다. 인류학의 토대를 마련한 타일러도 기본적으로 이를 계승하였다. 그는 문화를 "인간이 사회 집단의 구성원으로서 습득한 지식, 믿음, 기술, 도덕, 법, 관습 그리고 그 밖의 능력이나 습관으로 구성된 복합체"라고 정의하였다. 그는 독일 낭만주의자들의 문화와 문명에 대한 개념적 구분을 배격하고, 18세기 프랑스 계몽주의자들이 야만성이나 미개성과 대비하기 위해 착안한 문명이라는 개념을 받아들였다. 즉 문화와 문명이 별개의 것이 아니라, 문명은 단지 문화가 발전된 단계로 본 것이다.

① 독일 낭만주의자들에 따르면 문화는 문명에서 발전된 것이다.
② 아놀드에 따르면 상류층에서는 문화와 문명이 구별되지 않는다.
③ 타일러에 따르면 원시적이고 미개한 사회에서도 문화는 존재한다.
④ 19세기 인문주의자들은 프랑스 계몽주의자들의 문화의 개념을 배격했다.

모의고사 14회

001
다음을 참고할 때 밑줄 친 말이 올바르지 않은 것은?

> **제39항** 어미 '-지' 뒤에 '않-'이 어울려 '-잖-'이 될 적과 '-하지' 뒤에 '않-'이 어울려 '-찮-'이 될 적에는 준 대로 적는다.
> **제40항** 어간의 끝음절 '하'의 'ㅏ'가 줄고 'ㅎ'이 다음 음절의 첫소리와 어울려 거센소리로 될 적에는 거센소리로 적는다.

① 그녀의 소식은 심심잖게 들려온다.
② 차린 음식이 변변찮아도 먹어 보렴.
③ 생각건대 돈을 벌려면 어쩔 수 없다.
④ 아까 본 그는 성격이 만만찮은 사람이다.

002
<보기>의 밑줄 친 동사와 어미 활용의 양상이 같은 것은?

―| 보기 |―
바람에 날아가지 않도록 서류를 책으로 눌러 덮었다.

① 물은 높은 데서 낮은 데로 흐르다.
② 경찰이 범인의 뒤를 따르다.
③ 옷값을 치르고 가게를 나왔다.
④ 친구 집에 들르다.

003
밑줄 친 단어의 쓰임이 옳지 않은 것은?

① 차가 막혀서 <u>걷잡아</u> 한 시간은 더 걸릴 것 같아.
　거센 바람에 불길이 <u>걷잡을</u> 수 없이 번져 나갔다.
② 이번 연말 행사는 <u>거칠</u> 것이 없이 진행되었다.
　곧 안개가 <u>걷힐</u> 것이라는 일기 예보를 들었다.
③ 옆 사람과 간격을 <u>벌려</u> 줄을 서 주세요.
　사업을 <u>벌이려면</u> 그만한 노력은 해야지.
④ 새우를 불에 <u>그슬어</u> 초밥을 만들었다.
　모자를 썼는데도 얼굴이 검게 <u>그을었다</u>.

004
밑줄 친 부분이 표준 발음법에 맞지 않는 것은?

① 상견례[상견녜] 날짜를 잡아서 알려 드렸다.
② 광한루[광ː한누]는 경내에 춘향의 사당이 있다.
③ 그는 새 운동화가 닳는[달른] 것이 걱정되었다.
④ 식생활 변화에 따라 쌀 생산량[생산냥]이 줄어들었다.

005
다음 대화에서 알 수 있는 협상의 특징으로 적절하지 않은 것은?

> A: 올해 말 저희 ○○ 물류와 △△ 운송의 물류 운송 계약이 종료됩니다. 오늘 만나 뵙자고 한 것은 계약 종료 전에 재계약을 하려고 해서입니다.
> B: 저희와의 재계약을 고려해 주셔서 감사합니다.
> A: 다만, 계약 기간은 2년으로 하되, 운송비를 이전 계약보다 8% 인하해 주셨으면 좋겠습니다.
> B: 그건 어렵습니다. 현재 ○○ 물류의 운송비는 다른 업체보다 저렴한 편입니다. 인하율을 4% 정도로 했으면 좋겠습니다.
> A: 저희 ○○ 물류에서는 내년에 제품 생산 확대를 계획하고 있어 운송을 요청할 물류량도 많아질 것으로 예상됩니다. 그러니 운송비를 인하하더라도 저희와 재계약을 한다면 분명 △△ 운송에 이익이 될 것입니다.
> B: 그래도 운송비를 현재보다 8% 인하하는 것은 저희 쪽의 손실이 너무 큽니다. 저희도 ○○ 물류와 꼭 재계약을 하고 싶으나, 그 조건대로라면 재계약을 하는 것이 어려울 것 같습니다.
> A: 그럼 운송비를 6% 인하해 주시면, 계약 기간을 4년으로 늘리고 저희 자회사의 물류 운송까지 모두 △△ 운송에 맡기도록 하겠습니다. 이건 어떠신가요?
> B: 음, 좋습니다. 그렇게 하시죠.
> A: 감사합니다. 그럼, 조건을 정리하여 계약서를 보내드리겠습니다. 최종 검토 후에 재계약 건으로 다시 뵙도록 하시죠.

① 이해 당사자들이 상호 이익이 되는 합의에 도달하기 위해 자신의 이익을 양보한다.
② 자신의 제안이 상대방에게 이익이 됨을 강조하여 합의를 유도하는 전략을 사용한다.
③ 물러설 수 없는 자신의 입장을 밝히고 협상이 결렬될 수 있음을 표현하는 전략을 사용한다.
④ 자신의 요구를 숨기고 상대방의 요구를 분석함으로써 유리한 상황을 유지하는 전략을 사용한다.

006
밑줄 친 부분의 한자가 나머지 셋과 다른 것은?

① 이십 년 동안 모은 재산을 도박으로 탕진했다.
② 주문이 쇄도해서 며칠째 공장을 계속 가동하였다.
③ 열차의 도착을 알리는 종소리가 기차역에 울려 퍼졌다.
④ 시대가 달라지고 있다는 징표를 도처에서 잘 볼 수 있다.

007
다음 시에 나타난 시어에 대한 이해로 적절하지 않은 것은?

> 공산리(空山裏) 저 가는 달에 혼자 우는 저 두견(杜鵑)아
> 낙화광풍(落花狂風)에 어느 가지 의지하리
> 백조(白鳥)야 한(恨)하지 말아 내곳 설워 하노라
>
> 저 가마귀 짖지 말아 이 가마귀 좇지 말아
> 야림 한연(野林寒烟)에 날은조차 저물거늘
> 어엿불사 편편(翩翩) 고봉(孤鳳)이 갈 바 업서 하낫다
>
> 서산(西山)에 해 저 간다 고깃배 몃단 말가
> 죽간(竹竿)을 둘러 뫼고 십리 장사(十里 長沙) 나려 가니
> 연화(煙火) 수삼 어촌(數三漁村)이 무릉(武陵)인가 하노라
> - 권구, 「병산육곡(屛山六曲)」 -

① '낙화광풍'은 '두견'을 힘들게 하는 대상으로 시련을 상징한다.
② '백조'가 우는 모습에서 화자는 자신의 설움을 이입하고 있다.
③ 화자는 '고봉'을 예찬함으로써 '가마귀'에 대한 비판을 은연중에 드러내고 있다.
④ '무릉'은 화자가 추구하는 이상향으로 자연 친화적 공간이다.

008
다음은 '안전사고를 예방하자'라는 주제의 글을 쓰기 위한 개요이다. 내용상 적절하지 않은 것은?

> Ⅰ. 서론
>   - 최근의 안전사고 발생 현황
> Ⅱ. 본론
> 1. 안전사고가 자주 발생하는 원인
>   가. 안전 교육의 부재
>   나. 정부 차원의 안전 관리 체계 미비 ·············· ㉠
>   다. 정책 담당자들의 안전 의식 부재
> 2. 안전사고를 예방할 수 있는 방안
>   가. 자연재해 방지를 위한 시설 정비 ·············· ㉡
>   나. 정부 차원의 안전 관리 체계 정비 ·············· ㉢
>   다. 정책 담당자들의 안전 의식 강화
> Ⅲ. 결론
>   - 안전 의식 강화와 안전 관리 체계 정비 촉구 ·············· ㉣

① ㉠　　② ㉡　　③ ㉢　　④ ㉣

009
다음 글의 중심 생각으로 가장 적절한 것은?

각 개인의 뇌는 독특한 속성을 가지고 있는데, 그 이유는 개인의 삶도 독특하기 때문이다. 뇌는 컴퓨터가 아니라 살아 있으며, 우리의 목적에 적합하게 변화한다. 생물학적인 측면에서 뇌의 목적은 우리의 생존을 보장하는 것이다. 따라서 뇌는 개인에게 요구되는 역할에 반응하여 그 구조를 수정한다. 특정한 일을 지속적으로 수행하면 뇌는 그 문제를 해결하는 데에 필요한 신경계를 연결한다. 즉, 우리가 뇌의 특정 부분을 더 많이 사용할수록 뇌의 해당 부분이 더욱 효율적으로 발달하는 것이다. 배우의 뇌에서 언어를 담당하는 부분은 더욱 발달하고, 택시 운전자의 뇌에서 방향과 공간 기억을 다루는 부분이 더욱 발달하는 것은 바로 그러한 까닭이다.

① 직업의 특성에 따라 요구되는 능력이 다르다.
② 뇌는 반복적으로 수행하는 역할에 따라 변화한다.
③ 개인마다 뇌의 구조가 다르므로 능력에도 차이가 있다.
④ 뇌의 여러 영역들은 서로 다른 특정 기능들을 수행한다.

010

다음 시에 대한 설명으로 적절하지 않은 것은?

> 푸른 산이 흰 구름을 지니고 살 듯
> 내 머리 위에는 항상 푸른 하늘이 있다
>
> 하늘을 향하고 산림처럼 두 팔을 드러낼 수 있는 것이 얼마나 숭고한 일이냐
>
> 두 다리는 비록 연약하지만 젊은 산맥으로 삼고
> 부절히 움직인다는 둥근 지구를 밟았거니……
>
> 푸른 산처럼 든든하게 지구를 디디고 사는 것은 얼마나 기쁜 일이냐
>
> 뼈에 저리도록 '생활'은 슬퍼도 좋다
> 저문 들길에 서서 푸른 별을 바라보자……
>
> 푸른 별을 바라보는 것은 하늘 아래 사는 거룩한 나의 일과이거니……
>
> — 신석정, 「들길에 서서」 —

① 색채어를 반복하여 희망의 정서를 표현하고 있다.
② 비유를 활용하여 자연물과 인간의 유사성을 제시하고 있다.
③ 현재와의 대비를 통해 과거에 대한 그리움을 표현하고 있다.
④ 설의적 표현을 활용하여 현실 극복의 의지를 표현하고 있다.

011

다음 글의 사례로 가장 적절한 것은?

> 동양은 그 사유 형태의 근원인 불교 사상과 노장사상 및 유가 사상에서 볼 수 있듯이 신비적 직관에 의거한 통합적이고 종합적인 세계의 전체상을 지향하는 경향을 강하게 보이고 있다. 색심불이(色心不二), 천인합일(天人合一), 심물합일(心物合一)을 주장하는 데서 알 수 있듯이 현상과 실체, 정신과 물질의 이분(二分)을 근원적으로 허용치 않고 있다. 따라서, 동양적 사유 속에서 '나'는 우주 만물과 하나로서 일체화된 '나'이기 때문에 우주를 말할 땐 항상 그 자체가 인간을 동시에 거론하고 있는 것이기도 하다.

① 잠새 소리 하나 들리지 않고 시내도 보이지 않는데 어디선가 물소리만이 들려와 산속의 고요함을 일층 더 느끼게 해 준다. 맑은 공기와 산의 정기를 마음껏 마시며 우리는 인호대(引虎臺)를 지나서 상원암에 다다랐다.

② 살구, 복숭아, 매화, 진달래, 개나리, 장미, 모란 모두가 아롱다롱 울긋불긋 곱고 다채로워 사람의 눈을 끌고 마음을 빼내는 데가 있으나, 초록 일색의 나무가 갖는 은근하고 흐뭇하고 건전한 풍취에 비하면 어딘지 얇고 옅고 야한 데가 있다.

③ 보이는 것이라고는 그저 단풍뿐이어서 정말 우리도 한 떨기 단풍에 지나지 않아 보인다. 다리는 줄기요, 팔은 가지인 채, 피부는 단풍으로 물들어 버린 것 같다. 옷을 훨훨 벗어 꽉 쥐어 짜면, 물에 헹궈 낸 빨래처럼 진주홍 물이 주르르 흘러내릴 것만 같다.

④ 굴 문을 나서니, 밖에는 선경(仙境)이 또한 나를 기다린다. 훤하게 터진 눈 아래 어여쁜 파란 산들이 띄엄띄엄 둘레둘레 머리를 조아리고 그 사이사이로 흰 물줄기가 굽이굽이 골안개에 싸였는데, 하늘 끝 한 자락이 꿈결 같은 푸른 빛을 드러낸 어름이 동해 바다라 한다.

012
다음 글에 대한 설명으로 적절하지 않은 것은?

병일이가 월급을 얼마나 받느냐고 물은 것이 벌써 그저께였다.
어젯밤에는 하숙비는 얼마나 내느냐고 물은 다음에, 흐지부지 허튼 돈을 안 쓰는 긴상이라 용처로 한 달에 기껏 6원을 쓴다 치고라도 한 달에 7, 8원은 저금하였을 터이니 이태 동안에 소불하 2백 원은 앞세웠으리라고 계산하였다. 그 말에 병일이는 웃으며, 글쎄 그랬더라면 좋았을 걸 아직 한 푼도 저축한 것이 없다고 하였더니, 내가 긴상에게 돈 꾸려고 할 사람이 아니니 거짓말할 필요는 없다고 서두르다가, 정말 돈을 앞세우지 못하였다면 그 돈을 무엇에다 다 썼을까고 대단히 궁금해하는 모양이었다.
사진사가 오늘 이렇게 묻는 것도 그러한 궁금증에서 나오는 말인 것을 짐작하는 병일이는 하기 싫은 대답을 간신히,
"갑갑하니까 그저 책이나 보지요."
하고 담배 연기를 핑계로 찡그린 얼굴을 돌렸다. 사진사는 서슴지 않고 여전히 병일이를 바라보며,
"책? 법률 공부 하시우? 책이나 보시기야 무슨 돈을 그렇게…… 나를 속이시는 말인지는 모르지만 혼자서 적지 않은 돈을 저금도 안 하고 다 쓴다니 말이 되오?"
이렇게 말하며 충혈된 눈을 더욱 크게 뜨고 병일이를 마주 보는 것이었다.
술이 반쯤 취할 때마다 "사람이란 것은……." 하고 흥분한 어조로 자기의 신념을 말하거나 설교를 하려 드는 것이 사진사의 버릇임을 이미 아는 바이오, 또한 그 설교를 무심중 귀를 기울이고 들은 적도 있었지만 오늘같이 병일의 생활을 들추어서 설교하려 드는 것은 대단히 불쾌한 것이다.
술에 흥분된 병일이는 '그래 댁이 무슨 상관이오.' 하는 말이 생각나기는 하였으나 이런 경우에 잘 맞지 않는 남의 말을 빌리는 것 같아서 용기가 없었다.

- 최명익, 「비 오는 길」에서 -

① '사진사'는 '병일'의 월급과 저금에 대해 궁금해했다.
② '병일'은 자신에 대한 '사진사'의 관심을 불편하게 느꼈다.
③ '사진사'는 저금하는 대신 책을 사 보는 '병일'을 이해하지 못했다.
④ '병일'은 '사진사'에게 반감을 느꼈으나 결국 그의 지적을 받아들였다.

013
다음 글이 전제하는 것으로 가장 적절한 것은?

창의적 독해란 글에 제시된 필자의 생각과 자신의 생각을 종합하여 새로운 의미를 만들어 내는 것을 의미한다. 독자는 글을 읽으면서 글에 제시된 화제, 주제, 필자의 관점 등을 자신의 시각에서 새롭게 논리적으로 구성하며, 개인 혹은 개인이 속한 사회적 문제를 해결할 수 있는 방법이나 대안에 대해서도 생각을 진전시킬 수 있다. 이렇게 볼 때 창의적 독해는 능숙한 독자의 독해 능력과 연관되는 것으로, 자기 주도적 문제 해결 능력을 기르기 위해 필요한 것이다.

① 독자는 책을 통해서 당면한 문제를 해결할 수 있다.
② 창의적 독해는 필자의 견해를 온전히 따르는 것이다.
③ 타인의 시각을 통한 독해는 책의 의미를 왜곡시킬 수 있다.
④ 능숙한 독자는 독해를 통해 자신의 생각을 타인과 공유할 수 있다.

014
다음 글을 통해 알 수 없는 내용은?

조선 후기 농업 경영과 기술의 변화는 부를 축적할 수 있는 기반이 되었다. 농업을 통해 부를 축적하는 방식은 두 가지가 대표적인데, 첫 번째는 이미 소유한 토지를 소작농에게 대여하고 일정한 지대(地代)를 받는 경우가 있다. 두 번째는 토지를 기반으로 한 지주형 부농과 달리 농지를 스스로 경작하는 데 있어 새로운 농법을 도입하고 새로운 작물을 선택하여 이익을 극대화한 경우이다. 이들은 선진적으로 상품 작물을 선택하여 재배하였고 주곡 농업에서는 이앙법, 시비법 등 새로운 농법을 적극적으로 활용하여 부를 축적할 수 있었다.
부농의 등장은 단순히 부의 축적으로 끝나지 않고 봉건 체제의 핵심이었던 신분제에 동요가 나타나는 원인이 되기도 했다. 농민들이 축적한 재산을 배경으로 신분을 상승시키고자 노력하였기 때문이었다. 이들은 납속(納粟), 공명첩(空名帖)과 같은 제도를 이용해 신분을 상승시키는 경우도 있었고, 각 지방에서 향직(鄕職)에 진출하여 적극적으로 자신의 이익을 대변하는 경우도 있었다. 이들은 향촌에서 수령과 유착하여 중간 수탈을 자행하는 경우도 있었지만, 고착화되어 있던 조선 후기 신분제에 경제력을 기반으로 새로운 흐름을 불러일으켰다고 평가할 수 있다.

① 조선 후기에는 새로운 농업 경영과 기술로 부를 축적한 농민 계층이 등장하였다.
② 재산을 축적한 부농의 등장으로 봉건 체제의 핵심이었던 신분제에 변화가 나타났다.
③ 부농 중에는 향직에 진출하거나 지방 권력층과 결탁하여 착취를 자행하는 이들도 있었다.
④ 조선 후기 정부에서는 경제력을 갖춘 농민들로부터 비롯된 신분제의 동요를 막으려 하였다.

015

(가)와 (나)의 필자의 주장과 일치하지 않는 것은?

(가) 인간 배아 복제 연구에 대해서 나라마다 차이는 있으나 일반적으로 수정 후 14일 이전의 수정란만 연구가 가능하도록 허용하고 있다. 이것은 14일 이후에는 배아가 줄기세포에서 분화하기 시작하여 장기가 형성되기 때문이다. 종교에서는 인간의 생명은 수정된 순간부터 시작된다고 믿고 있으나, 생물학적으로는 분화 전 단계의 수정란은 생명으로 보지 않으므로 윤리적으로 문제가 되지 않는다. 배아 줄기세포를 체외에서 배양하면 세포가 분화하는 과정, 예를 들면 혈액을 형성하는 세포, 신경을 형성하는 세포, 연골을 형성하는 세포 따위를 관찰할 수 있다. 이런 세포 분화 과정에 관한 신비를 풀 수만 있다면 줄기세포 연구를 통해서 인간의 노화 현상을 규명하고, 현대의 난치병인 암의 발생 기전을 밝혀낼 수 있을 것이다.

(나) 연구나 치료 목적의 인간 배아 복제 허용을 주장하는 사람들은 이 기술이 자궁 착상 이전 단계의 배아를 다루는 것이기 때문에 생식을 목적으로 한 배아 복제와는 다르다는 것을 주장하고 있다. 이런 점에서 보면 인간 배아 복제 문제를 그 생명 가치나 도덕적 지위 문제로 다루어 윤리 논쟁의 대상으로 삼는 것은 그리 설득력이 없는 것이 사실이다. 그보다는 인간 배아의 복제는 그것이 인간 개체 복제로 이어질 가능성과 이 경우 초래될 사회, 문화, 종교 등 전체 인류 사회에 미치는 영향이 너무도 크다는 점을 문제 삼을 필요가 있다. 연구나 치료 목적으로라도 배아 복제가 허용되는 경우 비록 논리적 필연은 아니지만 과학 기술의 실천적 측면으로 볼 때 이것이 인간 개체 복제로 이어질 개연성은 불을 보듯 뻔하기 때문이다.

① (가): 배아 복제 연구는 생물학적으로 생명체로 볼 수 없는 분화 이전의 수정란을 대상으로 진행하고 있다.
② (가): 배아 복제 연구는 세포의 분화 과정을 관찰하고 난치병인 암과 노화 연구에 이바지할 수 있으므로 허용되어야 한다.
③ (나): 배아 복제 기술은 착상 이전의 배아를 다루므로 윤리적 논쟁의 대상이 아니라고 한 연구자의 주장은 설득력이 없다.
④ (나): 배아 복제 연구는 인간 복제로 이어질 가능성이 크며 인류 사회에 큰 파장을 일으킬 것이므로 허용되어서는 안 된다.

016

㉠~㉣ 중 의미가 가장 이질적인 것은?

땅집이 아름다운 것은 그것이 많은 것을 숨기고 있기 때문이다. 어린 왕자에 대한 아름다운 산문을 남긴 생텍쥐페리는 사막이 아름다운 것은 어디엔가 ㉠우물이 있기 때문이라고 말한 적이 있다. 과연 그렇다. 땅집이 아름다운 것은 곳곳에 우물과 같은 비밀스러운 것들이 있기 때문이다. 아파트에는 그 ㉡비밀이 있을 수가 없다. 오 분 안에 찾아낼 수 없는 것은 아파트에 없다. 거기에는 모든 것이 노출되어 있다. 스물두 평 또는 서른두 평의 평면 위에 무엇을 숨길 수가 있을 것인가. 쓰임새 있는 것만이 아파트에서는 존중을 받는다. 아파트에 쓰임새 없는 것으로서 존재하는 것은 값비싼 골동품뿐이다. 그 ㉢골동품들 또한 아파트에서는 얼마나 얇게 보이는지. 그것은 얼마짜리로서 존재하는 것이지 그것의 ㉣두께로 존재하지 않는다.

- 김훈, 「두꺼운 삶, 얇은 삶」에서 -

① ㉠ ② ㉡ ③ ㉢ ④ ㉣

017

다음 빈칸에 들어갈 말로 가장 적절한 것은?

영국의 정치학자 홉스는 강력한 공화국을 만들어 내기 위해서는 시민들이 자신의 자유와 권리를 권력자에게 양도해야 한다고 보았다. 그는 이러한 사회적 계약만이 무정부의 혼란을 극복할 수 있다고 주장하며 여러 시민 집단을 하나로 통합하고자 하였다. 이때 다양한 집단의 통합을 위해서는 다수의 의지를 하나로 집중시킬 만한 강력한 주권자가 필요하다. 홉스는 주권자의 단일 의지와 판단이 사회적 계약에 따라 곧 모든 시민의 의지나 판단을 대표할 수 있게 된다고 보았다. 이를 통해 군주의 힘은 절대적이라는 결론을 얻을 수 있다. 홉스의 사회 계약론은 사람들이 평화를 위해 지배를 선택한다는 점에서 능동적 피지배의 계약이라고 할 수 있다. 그런데 이러한 계약의 상태에 놓이면 시민들은 주권자에게 저항할 가능성을 잃는다. 왜냐하면 _____.

① 주권자는 시민에 의해 선출되었으므로 집단의 의지에 저항하면 주권자로서 지위를 잃게 되기 때문이다
② 시민에 의해 선출된 주권자는 다수의 의지 중 집단의 통합에 기여하는 대표적인 의지만을 고려할 것이기 때문이다
③ 시민들이 주권자에게 대항하는 것은 무정부의 혼란을 방지하기 위해 맺은 사회적 계약보다 우선시될 수 없기 때문이다
④ 주권자의 단일 의지가 평화를 위해 사용되지 않을 때에 시민들은 사회적 계약을 무효화할 수 있는 권리가 있기 때문이다

018
다음 글에 제시된 '사회 궁지'의 해결 방안으로 적절하지 않은 것은?

국가 차원의 핵무기 개발은 소수의 강대국들에게 군사적 우위를 가져다주었으나, 결과적으로 전 세계에 핵전쟁의 위험성을 안겨 주었다. 이처럼 개인의 즉각적인 이익이 장기적으로 집단 전체의 부정적 결과를 초래하는 상황을 '사회 궁지'라고 한다. 실제로 사회 궁지는 범국가적으로 일어나고 있으나, 개인의 행동을 정확하게 파악할 수 없다는 점에서 그 해결이 쉽지 않다. 그러나 지구촌 사회가 도래함에 따라 각국에서는 세계와 인류의 보존을 위해 사회 궁지를 해결할 여러 방안을 제시하고 있다.

사회 궁지를 해결하기 위한 방안으로 먼저 공동선을 위한 법률 및 규제 마련을 들 수 있다. 특정한 사안에 대한 규제는 공동체의 모든 개인에게 동일하게 적용되므로, 특정한 개인만이 독자적으로 이익을 추구할 수 없게 하여 사회 궁지를 막을 수 있다. 구성원들 간의 의사소통을 활성화시키는 것 또한 사회 궁지의 해결에 도움이 된다. 공동의 우려 상황에 대해 토의하는 과정에서 집단 정체성이 형성되고, 구성원 사이에 집단 규범에 대한 기대가 형성될 수 있기 때문이다.

개인의 행위에 대해 차등적인 보상을 지급하는 것도 또 다른 방안이 될 수 있다. 즉, 개인이 전체의 이익을 위해 협조한다면 긍정적인 보상을 부여하고, 사회 궁지를 야기하는 이익을 추구한다면 긍정적 보상을 줄이거나 부정적 보상을 부여할 수 있다. 이를 통해 개인적인 이익의 크기를 줄인다면 사회 궁지를 일으키는 상황을 방지할 수 있을 것이다. 마지막으로 개인들에게 이타적 동기를 유발시키는 방안도 효과적이다. 이는 개인의 이기적인 행동이 잘못되었다는 점을 일깨워 주거나 바람직한 행동을 시범으로 보여 주는 것으로 시행될 수 있다.

① 국내 하천의 수질 오염 예방을 위해 폐수의 일일 배출 한도를 법률로 정하여 각 공장에 통보한다.
② 자원 고갈 문제의 해결을 위해 국가적인 토의의 장을 마련하여 자원의 현황과 낭비 사례 등을 토의한다.
③ 지구 온난화 방지를 위해 기업이 배출하는 온실가스의 양에 비례하여 차등적으로 기업의 세금을 부여한다.
④ 재활용품 분리배출을 유도하기 위해 분리배출을 통해 개인의 쓰레기 처리 비용을 절감할 수 있음을 홍보한다.

019
밑줄 친 한자성어의 쓰임이 가장 옳지 않은 것은?

① 90대 노모를 모시는 70대 아들의 反哺之孝가 주위를 훈훈하게 했다.
② 나는 힘든 일이 닥칠 때마다 十日之菊이라는 말을 생각하며 어려움을 참아 냈다.
③ 이 힘든 경기 속에서 우리 회사가 살아남기 위해서는 여러분들의 殺身成仁하는 정신이 필요합니다.
④ 무슨 동맹이니 연합이니 하는 것은 모두 有名無實할 뿐 정작 단합된 힘을 갖춘 조직은 하나도 없었다.

020
다음 글을 통해 추론한 내용으로 적절하지 않은 것은?

한국어가 알타이 어족에 뿌리를 두고 있다는 가설은 꽤 오래전부터 전해져 왔다. 따라서 많은 사람들이 알타이가 무엇인지는 잘 몰라도, '알타이어'가 일정 부분 우리말과 비슷한 점을 지녔다는 것은 어렴풋이 알고 있다. 알타이어는 문장 성분의 순서나 모음 조화 등이 한국어의 속성과 같은데, 한국어뿐만 아니라 터키어, 몽골어 등 다양한 언어들과도 유사한 속성을 공유하고 있다. 이처럼 알타이어의 특징이 여러 언어에서 나타나는 이유는 알타이가 오랜 기간 동안 중앙아시아의 여러 민족이 교착하는 지점이었기 때문이다. 알타이에서 다양한 민족이 교류함에 따라 알타이어에도 서로 다른 언어의 특성이 남아 있게 되었다.

알타이의 지리적 특성은 알타이어뿐만 아니라 알타이인의 구성에도 영향을 미쳤다. 알타이인은 다양한 민족으로 이루어져 있으므로, '알타이인'이라는 용어 자체도 독립적인 민족을 나타내는 말이 아니라, 여러 민족을 통합하는 개념이라고 볼 수 있다. 이때 다양한 민족을 알타이인이라고 칭할 수 있는 이유는 이들이 동일한 문화를 향유하고 있기 때문이다. 알타이인은 주거나 생활에서의 문화뿐만 아니라 종교 등의 정신적인 문화까지 같은 문화를 공유하며 살아간다. 가족 단위를 중심으로 생활한다는 점, 인구의 80%가 전통 종교인 부르하니즘을 믿는다는 점, 교육적 가치로 도덕성을 중시하거나 초록색과 흰색, 황금색을 소중한 색으로 여긴다는 점 등은 알타이인을 하나로 묶이도록 하는 공통적 문화라고 볼 수 있다.

① 알타이 어족에 속하는 중앙아시아의 언어들 간에는 공통된 문법 규칙이 존재하겠군.
② 알타이 지역의 높은 지리적 접근성은 알타이어의 언어적 유사성에 영향을 미쳤겠군.
③ 언어와 생활 방식, 가치관 등을 바탕으로 알타이인이라는 개념의 의미를 규정할 수 있겠군.
④ 다수의 알타이인들이 따르는 전통 종교를 믿지 않는 이들은 알타이인으로 묶을 수 없겠군.

모의고사 15회

001
㉠과 ㉡의 예문으로 적절하지 않은 것은?

-겠- 「어미」
1. ㉠추측을 나타내는 어미.
    ⓔ 지금 떠나면 새벽에 도착하겠구나.
2. 주체의 의지를 나타내는 어미.
    ⓔ 나는 시인이 되겠다.
3. ㉡가능성이나 능력을 나타내는 어미.
    ⓔ 그런 것은 삼척동자도 알겠다.

① ㉠: 볕이 좋아서 빨래가 금방 마르겠다.
② ㉠: 지금쯤 고향에도 진달래가 피었겠다.
③ ㉡: 내일은 일찍 일어나 마당을 쓸겠다.
④ ㉡: 그 수학 문제는 내 동생도 풀겠다.

002
밑줄 친 말이 표준어인 것은?

① 오랜만에 축구를 했더니 장딴지가 땅긴다.
② 친구는 냉장고에서 남은 음식을 뒤어냈다.
③ 허구헌 날 말만 해서는 믿음이 가지 않는다.
④ 좀처럼 구하기 힘든 그림이라 윗돈을 주고 샀다.

003
문장 성분의 호응이 자연스러운 것은?

① 인간은 환경에 적응하고 지배하기에 이르렀다.
② 그는 아기 코끼리가 무리에서 벗어나지 않기를 바랐다.
③ 날씨가 변덕스러운 까닭은 지구 온난화가 심해진 것이다.
④ 가장 자랑스러운 점은 우리 민족이 유구한 역사를 지녔다.

004
대화 참여자들의 말하기 방식으로 적절하지 않은 것은?

선생님: 상민아, 무슨 일 있니? 힘이 없어 보이네.
상민: …
선생님: ㉠상민이가 걱정이 있는 것 같은데, 선생님이 무슨 일인지 물어봐도 될까?
상민: 사실은 어머니와 진로 문제로 심하게 다퉜어요.
선생님: ㉡상민이 너는 예전에 진로 계획서에 웹툰 작가가 꿈이라고 적었잖니? 상민이는 만화도 좋아하고 그림도 잘 그려서 너와 잘 어울리는 장래 희망이라고 생각했는데…….
상민: 그런데 어머니께서 제가 평범한 직업을 가지길 바라신다고 하시면서 반대만 하세요.
선생님: ㉢어머니 입장에서는 그러실 수도 있겠구나. 그런데 상민이 너는 웹툰 작가에 대해 구체적으로 알고 있니?
상민: 그럼요. 웹툰 작가가 되기 위해 갖추어야 하는 능력과 조건, 작업 환경과 수입, 관련 학과 등 제가 얼마나 자세히 알아봤는데요.
선생님: 상민이가 꿈을 구체적으로 설계하고 있구나. 그러면 ㉣어머니께서도 웹툰 작가에 대해서 잘 아시니? 선생님도 상민이만큼은 모를 것 같거든.
상민: 아뇨, 어머니도 잘 모르시는 것 같아요. 선생님 말씀을 듣고 보니, 어머니께서 반대하시는 이유가 웹툰 작가에 대해서 잘 모르시기 때문일 수도 있을 것 같아요.

① ㉠: 부담을 줄이는 질문의 방식을 활용하여 부드러운 대화의 분위기를 조성하고 있다.
② ㉡: 대화와 관련된 정보를 활용하여 상대의 말을 경청하고 있음을 표현하고 있다.
③ ㉢: 대화 상대방의 입장을 이해하고 감정에 공감하고 있음을 드러내고 있다.
④ ㉣: 새로운 관점의 질문을 하여 상대방 스스로 문제를 해결할 수 있도록 돕고 있다.

005
사자성어 중 뜻이 나머지와 가장 다른 하나는?

① 蓋世之才
② 群鷄一鶴
③ 人面獸心
④ 囊中之錐

006
(가)와 (나)의 서술상 특징에 대한 설명으로 적절한 것은?

> (가) 냇ᄀᆞ에 히오라바 므스 일 셔 잇는다
> 무심(無心)혼 져 고기를 여어 므슴ᄒᆞ려는다
> 아마도 혼 믈에 잇시니 니저신들 엇드리
> — 신흠 —
>
> (나) 굼벙이 매암이 되야 ᄂᆞ래 도쳐 ᄂᆞ라 올라
> 노프나 노픈 남게 소릐는 죠커니와
> 그 우희 거믜줄 이시니 그를 조심ᄒᆞ여라
> — 작자 미상 —

① (가)는 (나)와 달리 명령적 어조를 활용하여 화자가 경계하는 바를 드러내고 있다.
② (나)는 (가)와 달리 의문형 표현을 활용하여 시적 의미를 강조하고 있다.
③ (나)는 (가)와 달리 대비되는 시어를 설정하여 주제를 효과적으로 전달하고 있다.
④ (가)와 (나)는 모두 자연물을 활용하여 인간 세태를 우의적으로 표현하고 있다.

007
문장 부호 규정과 그 예시로 가장 적절하지 않은 것은?

① 말이나 글을 직접 인용할 때 큰따옴표를 쓴다.
　예 나는 "굳고 정한 갈매나무"라는 시구를 떠올렸다.
② 고유어에 대응하는 한자어나 외래어를 표기할 때 대괄호를 쓴다.
　예 자세[姿勢], 커피[coffee]
③ 책의 제목이나 신문 이름 등을 나타낼 때 겹화살괄호를 쓴다.
　예 《하늘과 바람과 별과 시》는 윤동주의 유고 시집이다.
④ 한 문장 안에 몇 개의 선택적인 물음이 이어질 때는 맨 뒤에만 물음표를 쓴다.
　예 너는 한국인이냐, 중국인이냐?

008
다음 글에 대한 이해로 적절하지 않은 것은?

　많은 논란이 있기는 하지만 우리나라의 역사 시대 구분 역시 유럽의 근대 역사학으로부터 많은 영향을 받았다. 그래서 일부 역사학자들은 우리나라의 역사를 발전의 역사로 인식하면서 역사 시대를 다음과 같이 구분하였다. 그들은 고조선부터 통일 신라까지를 노예 제도가 존재하던 고대, 고려 시대부터 조선의 개항까지를 봉건제 사회인 중세, 그리고 그 이후의 시기를 자본주의 사회인 근대로 구분하였다. 한편, 이러한 견해는 근대의 기점과 관련하여 다양한 내부적 논란을 거치면서 18세기 영·정조 시대를 새로운 근대의 기점으로 설정해야 한다는 새로운 견해로 귀결되었다. 비록 18세기 영·정조 시대 이후 일제에 의해 자생적이고 주체적인 자본주의의 발전이 좌절되기는 하였지만, 당시 조선 사회에 자본주의 체제가 싹트고 있었다는 평가가 지배적이었기 때문이다.

① 우리나라 역사를 발전적으로 바라보는 시각은 유럽의 근대 역사학 때문이다.
② 고조선부터 통일 신라 시대를 하나로 묶은 것은 제도의 동일성 때문이다.
③ 영·정조 시대에는 자본주의 체제가 생겨나고 있었던 시기로 볼 수 있다.
④ 자본주의의 자생적 발전이 좌절되었기에 중세를 조선 개항 전까지로 보는 것이다.

009
㉠~㉣ 중 문맥적 의미가 다른 하나는?

　일상 경험에서 알 수 있듯이 눈에 보이는 모든 것은 고체, 액체, 기체 등의 물질로 되어 있다. 그런데 20세기 초에 이르러 모든 물질은 에너지로 이루어져 있다는 사실을 알게 되었다. 즉, 물질의 ㉠본질은 비물질성이라는 것이 과학적으로 밝혀진 것이다. 오래전부터 보이는 것과 보이지 않는 것은 별개의 것으로 여겨져 왔다. 돌이나 ㉡물 등은 빛이나 열과는 전혀 무관하다고 이해되었던 것이다. 100년 전만 해도 보이는 것들이 물질이 아니라 에너지로 되어 있다고 주장하면 당장 강단에서 쫓겨났을 것이다. 그러나 모든 물질이 ㉢에너지로 되어 있다는 것은 더 이상 미신적 공상이 아닌 과학적 사실이다. 이것은 그동안 보이는 물질세계에 관해 답습되어 온 유물론적 개념이 수정되어야 함을 의미한다. 왜냐하면 오랫동안 인간은 눈에 보이거나 손으로 만질 수 없는 것은 당연히 ㉣존재하지 않는 것으로 생각해 왔기 때문이다.

① ㉠　　② ㉡　　③ ㉢　　④ ㉣

010

다음 시에 대한 감상으로 적절하지 않은 것은?

> 사시사철 엉겅퀴처럼 푸르죽죽하던 옥례 엄마는
> 곡(哭)을 팔고 다니는 곡비(哭婢)였다
>
> 이 세상 가장 슬픈 사람들의 울음
> 천지가 진동하게 대신 울어 주고
> 그네 울음에 꺼져 버린 땅 밑으로
> 떨어지는 무수한 별똥 주워 먹고 살았다
> 그네의 허기 위로 쏟아지는 별똥 주워 먹으며
> 까무러칠 듯 울어 대는 곡(哭)소리에
> 이승에는 눈 못 감고 떠도는 죽음 하나도 없었다
> 저승으로 갈 사람 편히 떠나고
> 남은 이들만 잠시 서성일 뿐이었다
>
> 가장 아프고 가장 요염하게 울음 우는
> 옥례 엄마 머리 위에
> 하늘은 구멍마다 별똥 매달아 놓았다
>
> 그네의 울음은 언제 그칠 것인가
> 엉겅퀴 같은 옥례야, 우리 시인의 딸아
> 너도 어서 전문적으로 우는 법 깨쳐야 하리
>
> 이 세상 사람들의 울음
> 까무러치게 대신 우는 법
> 알아야 하리
>
> — 문정희, 「곡비」 —

① 비유와 상징을 통해 대상의 기구한 처지를 드러내고 있다.
② 청자를 호명하며 대상이 갖춰야 할 삶의 자세를 당부하고 있다.
③ 명령형 표현을 통해 대상에게 닥칠 미래의 고난에 대한 경계를 드러내고 있다.
④ 청각적 이미지를 활용하여 대상의 슬픔을 위로하는 인물의 모습을 드러내고 있다.

011

토론 참여자들의 역할로 적절하지 않은 것은?

① 사회자는 토론의 절차에 따라 찬성 측과 반대 측에 기회를 공정하게 주어야 한다.
② 사회자는 토론의 주제와 규칙을 설명하고 토론자들이 규칙을 지키도록 해야 한다.
③ 토론자는 주장을 말할 때 근거를 함께 밝히며 상대방과의 의견 차이를 좁혀 나가야 한다.
④ 참석자는 토론 중에 말하지 않고 발표가 끝나면 기회를 얻어 자신의 생각을 제시해야 한다.

012

다음 글에 대한 이해로 적절하지 않은 것은?

> 일상에서 흔히 하는 말로 '외교적 발언'이라는 말이 있다. 이는 태풍 전야에 직면하여 어느 한쪽의 입장에도 서 있지 않은 것처럼 보이기 위해 일부러 애매모호하게 말하는 것이나, 명확하게 분리해 낼 수 있는 내용이 발화 속에 들어 있지 않은 말하기를 의미한다.
> 외교 수사에 대한 잘 알려진 고정 관념들이 있다. 그것은 외교 수사를 가리켜 알맹이 없이 형식에 치우친 말이라고 생각하는 것이다. 외교 수사는 물론 세련되고, 우회적이며, 완곡한 표현이다. 그러나 이러한 표현을 가리켜 알맹이가 없다거나 형식에 치우쳐 있다고 몰아붙이는 일은 부당하다. 잘 구사된 외교 수사는 상대방에게 심리적·실질적 부담으로 작용할지도 모를 직접적이거나 공격적인 표현을 삼감으로써 최소한 상대방과의 갈등을 예방할 수 있다는 점에서 매우 긍정적인 사회적 기능을 수행하고 있다.
> 외교 수사를 거짓말로 이해하는 것 또한 그릇된 고정 관념이다. 거짓말은 존재하지 않는 비사실을 말하지만 외교 수사는 부분적으로든 전적으로든 사실을 말하기 때문이다. 외교 수사를 가리켜 거짓말이라고 한다면, 그것은 '새빨간 거짓말'이 아니라 '선의의 거짓말'로 볼 수 있다. 어느 누구에게도 해가 되지 않으며 오히려 그렇게 말함으로써 상호 관계를 악화시키지 않고 긍정적·발전적으로 유지시켜 나가기 때문이다.

① 외교 수사의 내용은 사실에 근거한다.
② 외교 수사를 통해 상대를 배려할 수 있다.
③ 외교 수사의 핵심 내용은 가려질수록 좋다.
④ 외교 수사는 자국 보호의 수단이 될 수 있다.

013
⊙의 사례로 적절하지 않은 것은?

> 여름에 차가운 면을 먹는 것은 한·중·일이 다르지 않다. 중국에서 여름에 먹는 량몐(凉麵)은 렁반몐(冷拌麵)이나 간반몐(乾拌麵)이라 부른다. 국물 없이 면을 차갑게 해서 야채나 고기, 소스에 비벼 먹는 음식이다. 찬 육수에 면을 말아 먹는 한국식 냉면 문화는 중국이나 일본에는 없다. 한국의 중식당에서 파는 중국냉면은 짜장면, 짬뽕처럼 한국화된 중국 음식이다. ⊙이는 다른 나라의 것도 우리의 실정에 맞게 바꾸어 나가는 한국인의 태도가 유감없이 발휘된 예이다.

① 온돌 문화를 적용하여 '돌침대'를 만들었다.
② 전통 한복을 활용하여 '생활한복'을 만들었다.
③ 냉장고를 응용하여 '김치냉장고'를 만들었다.
④ 통조림 햄을 이용하여 '부대찌개'를 만들었다.

014
(가)~(라)를 순서대로 배열한 것으로 가장 적절한 것은?

> **(가)** 베트램 볼트우드는 우라늄이 포함되어 있는 암석에 헬륨과 함께 다량의 납이 포함되어 있다는 것을 발견하고 납이 우라늄의 방사성 붕괴로 만들어지는 최후의 원소라고 주장했다.
> **(나)** 이후 지구에서 발견된 가장 오래된 암석의 나이를 측정하여 지구의 나이를 알아내기 위한 과학자들의 노력이 이어졌으며, 지구의 나이가 14억 6,000만 년에서 30억 년 사이라는 발표가 이루어졌다.
> **(다)** 이것이 사실로 밝혀짐에 따라 암석에 남아 있는 우라늄의 양과 방사성 붕괴 생성물인 납의 양을 비교하여 암석의 나이를 측정할 수 있게 되었다.
> **(라)** 홈스는 우라늄을 포함한 암석 속에 함유된 납의 양을 측정하여 17가지 이상의 암석의 나이를 결정했는데, 이 중 가장 오래된 암석은 16억 4,000만 년 전에 만들어진 것이었다.

① (가) - (나) - (다) - (라)
② (가) - (다) - (라) - (나)
③ (라) - (나) - (가) - (다)
④ (라) - (다) - (나) - (가)

015
다음 글에 대한 이해로 적절하지 않은 것은?

> 칸트는 '인간(人間)'이란 이성을 바탕으로 자신이 지켜야 할 도덕 법칙을 인식하고 이를 실천할 수 있는 '실천 능력'을 가진 존재라고 생각하였다. 그리고 이러한 도덕적 인간성을 '인격(人格)'이라 불렀고, 이는 인간이라면 누구나 동일하게 가지고 있는 보편적인 것이라 보았다.
> 그러나 셸러는 칸트의 이러한 견해가 인간의 감정을 배제하고 인간을 몰개성적인 존재로 보았다고 비판하면서 새로운 인격 개념을 제시하였다. 셸러는 가치에는 객관적인 위계질서가 있는데 재화, 도구처럼 유용함과 관련된 가치는 낮은 가치이며, 도덕성과 같은 정신적 가치는 높은 가치라고 구분하면서 이러한 가치의 위계질서를 직관적으로 파악하는 것이 감정이라고 주장했다. 또한 셸러는 감정에도 객관적인 위계질서가 있으며, 낮은 감정은 그에 대응하는 낮은 가치를, 높은 감정은 높은 가치를 선택한다고 보았다. 인격은 이러한 감정 작용을 통해 더 높은 가치를 선택하여 선(善)을 실현할 수도 있고, 또 낮은 가치를 선택하여 악을 실현할 수도 있다는 것이다. 이처럼 셸러는 인간의 감정이 어떤 가치를 지향하느냐에 따라 인격이 달라지므로 인격은 보편적인 것이 아니라 개별적인 것이라고 파악했다.

① 칸트는 모든 인간에게는 이성이 있으므로 도덕적 인간성을 가진다고 보았다.
② 셸러에 의하면 인간이 더 높은 가치를 선택하는 것은 인격과 독립적으로 작용한다.
③ 셸러에 의하면 가치와 감정은 객관적인 위계질서를 지니며 높고 낮음을 평가할 수 있다.
④ 셸러는 인간의 감정이 어떤 가치를 지향하느냐에 따라 인격의 차이가 나타난다고 보았다.

016

다음 글에 드러난 인물들의 말하기 방식으로 적절하지 않은 것은?

> "너도 염치없다. 내 말을 들어 보아라. 천불생무록지인(天不生無祿之人)이요, 지불생무명지초(地不生無名之草)라. 네 복을 누굴 주고 나를 이리 보채느냐? 쌀이 많이 있다 한들 너 주자고 노적을 헐며, 벼가 많이 있다고 한들 너 주자고 섬을 헐며, 돈이 많이 있다 한들 괴목궤에 가득 든 것을 문을 열며, 가룻 되나 주자 한들 북고왕 염소독에 가득 넣은 것을 독을 열며, 의복이나 주자 한들 집안이 고루 벗었거든 너를 어찌 주며, 찬밥이나 주자 한들 새끼 낳은 거먹 암캐 부엌에 누웠거늘 너 주자고 개를 굶기며, 지게미나 주자 한들 구중방(九重房) 우리 안에 새끼 낳은 돝이 누웠으니 너 주자고 돝을 굶기며, 겻섬이나 주자 한들 큰 농우가 네 필이니 너 주자고 소를 굶기랴. 염치없다, 흥부놈아."
>
> 하고, 주먹을 불끈 쥐어 뒤꼭지를 꽉 잡으며, 몽둥이를 지끈 꺾어 손잰 스님의 매질하듯 원화상의 법고 치듯 아주 쾅쾅 두드리니, 흥부 울며 하는 말이,
>
> "아이고 형님 이것이 웬일이요. 방약무인 도척(盜跖)이도 이보다는 성현이요, 무거불측(無據不測) 관숙(菅叔)이도 이보다는 군자로다. 우리 형제 어찌 이다지도 극악한가."
>
> – 작자 미상, 「흥부전」에서 –

① 반복과 열거를 활용한 장황한 인물의 발화가 나타난다.
② 언어유희를 활용한 발화를 통해 작중 상황을 해학적으로 묘사한다.
③ 한자어와 고유어를 함께 사용하여 발화의 의도를 풍부하게 전달한다.
④ 역사적 인물과 상대를 비교한 발화를 통해 상황에 대한 안타까움을 드러낸다.

017

다음 글을 이해한 내용으로 적절하지 않은 것은?

> 20세기 서유럽에서 시작된 추상주의는 미술 작품에서 현실을 배제하려고 하였다. 추상주의 작가들은 작품에 구체적인 사물을 드러내지 않기 위해 색, 선, 형의 요소만으로 화면을 구성했다. 추상주의 유파 중 하나인 신조형주의는 대상을 더욱 엄격하게 배격하려고 하였다. 이들은 작품 속 조형 요소들이 특정한 대상처럼 비춰질 수 있음을 경계하며, 이러한 가능성을 차단하기 위해 작품에 기하학적인 형태만을 제시했다.
>
> 신조형주의 작가들은 색의 다채로운 사용은 작품과 현실을 밀접하게 연결시키는 것이라고 보았다. 따라서 빨강, 파랑, 노랑의 삼원색만을 사용하여 작품을 채색했다. 또한 화면의 구도를 정확하게 설계하기 위해 작품에 엄밀한 수학적 계산을 적용했는데, 이때 곡선에는 명확한 비례 관계를 적용하기 어려웠으므로 오직 열십자 모양의 수평선, 수직선으로만 작품을 구성했다.
>
> 신조형주의의 중추적 작가인 몬드리안은 현실이 지속적으로 변화하는 것과 달리, 질서와 규칙은 시간이 흘러도 변하지 않는다고 보았다. 따라서 〈차가운 추상〉을 비롯한 그의 작품에서는 기하학적 무늬들이 규칙성을 바탕으로 구성되어 있는 것을 확인할 수 있다. 이처럼 몬드리안이 추구한 신조형주의는 변치 않는 본질을 추구하는 방향으로 계승되었으며, 이후 추상주의 미술의 발전에 영향을 주었다.

① 추상주의에서는 현실의 대상을 배제한 작품을 그리기 위해 작품의 구성 요소로 색, 선, 형만을 사용했다.
② 신조형주의 작가들은 작품과 현실의 관련성을 떨어뜨리기 위해 삼원색만을 사용하여 작품을 채색했다.
③ 신조형주의에서는 직선을 교차시키는 방식으로 작품을 구성하여 작품에 정확한 수학적 원리를 반영했다.
④ 몬드리안은 세계의 고유한 본질을 표현하기 위해 〈차가운 추상〉에서 기하학적 요소들을 무질서하게 배열했다.

018

다음 글에 나타난 서술 방식으로 옳은 것은?

> 정확한 정보는 대부분의 상황에서 나쁘게 여겨지지 않지만, 언제든지 예외는 존재한다. 예를 들어 어떤 기업이 새로운 치약을 출시한 뒤, 이 치약은 경쟁사의 제품에 비해 치아 미백 효과가 '92.192%' 더 뛰어나다는 것을 대대적으로 광고한다고 하자. 대다수의 고객들에게 이러한 구체적인 수치는 알 필요가 없는 것이다. 그들에게는 '90% 이상'이라는 말 하나만으로도 충분할 것이다. 이렇듯 적절한 상황보다 더 큰 정도의 정확성으로 정보, 혹은 수치를 제공해 주는 것을 부정확한 정밀성이라 한다.

① 정의
② 분류
③ 인용
④ 유추

019

밑줄 친 한자 표기가 옳은 것은?

① 부지런히 일한 덕분에 <u>소득(所得)</u>이 배가하였다.
② 시험을 보고 그 <u>순위(純位)</u>에 따라서 근무지를 배정했다.
③ 총을 들이대고 사람을 끌고 갔다면 이번 사건은 분명 <u>납치(納致)</u> 사건이다.
④ 이번 회의에서는 문제를 해결하기 위한 별다른 <u>대책(代柵)</u>을 내놓지 못했다.

020

다음 글에서 추론한 내용으로 적절하지 않은 것은?

> 형태소는 의미를 가진 가장 작은 말의 단위이다. 형태소는 동일한 의미를 가지고 있지만 특정한 환경에서 꼴을 달리하기도 하는데, 이를 이형태라고 한다. 예를 들어, 주격 조사의 경우 '이'와 '가'는 이형태에 해당한다. 이형태는 실현되는 조건에 따라 음운론적 이형태와 형태론적 이형태로 나눌 수 있다. 예를 들어, 주격 조사 '이/가'의 경우 앞에 오는 체언이 자음으로 끝날 때는 '이', 모음으로 끝날 때는 '가'가 오는데, 이처럼 음운론적 조건에 따라 바뀌어 나타나는 것을 음운론적 이형태라 한다. 이와 달리 명령형 어미 '-아라'는 어간 '하-'와 결합할 때만 '하여라'로 바뀌는데, 이처럼 형태론적 조건에 따라 바뀌어 나타나는 것을 형태론적 이형태라 한다.
>
> 단어는 형태소보다 큰 단위로 형태소 자체가 하나의 단어가 되기도 하지만 몇 개의 형태소가 결합하여 단어를 이루기도 한다. 단어는 자립할 수 있는 말이나 자립할 수 있는 형태소에 붙어서 쉽게 분리될 수 있는 말이다. 모든 자립 형태소는 단어가 될 수 있지만, 대부분의 의존 형태소는 단어의 자격을 갖지 못한다. 그런데 조사는 의존 형태소이지만 자립할 수 있는 형태소에 붙어서 쉽게 분리되는 특성이 있기 때문에 단어로 본다.

① 모든 형태소와 단어는 의미를 가지고 있다.
② 형태가 다르더라도 의미가 같은 형태소가 있다.
③ 형태소와 단어 중에는 자립성이 있는 것이 있다.
④ 모든 의존 형태소는 그 자체로는 단어가 될 수 없다.

모의고사 16회

001
동음이의어와 다의어의 차이를 고려할 때, 밑줄 친 단어의 의미 관계가 다른 하나는?

① ┌ 동생은 목을 길게 빼고 형을 기다렸다.
　└ 아버지께서 아끼시는 백자는 목이 길다.
② ┌ 너무 걸었더니 다리가 후들후들 떨렸다.
　└ 마을 입구에는 나무로 만든 다리가 있다.
③ ┌ 언니가 거울을 보며 치마를 허리에 걸쳤다.
　└ 형이 잣나무 허리에 등을 대고 하늘을 보았다.
④ ┌ 반장은 무안하면 머리를 긁는 버릇이 있다.
　└ 저 멀리 역으로 들어오는 기차의 머리가 보였다.

002
밑줄 친 단어의 쓰임이 옳지 않은 것은?

① 그녀는 설움에 받혀서 눈물을 흘렸다.
② 화장품을 바르지 않았더니 얼굴이 당겼다.
③ 분한 마음을 삭이고 먼저 내 얘기를 들어봐.
④ 답을 가장 많이 맞힌 사람에게 상품을 줄게요.

003
다음은 사이시옷 규정의 일부이다. 이 조건에 부합하지 않는 것은?

> **제30항** 사이시옷은 다음과 같은 경우에 받치어 적는다.
> 1. 순우리말로 된 합성어로서 앞말이 모음으로 끝난 경우
>   (1) 뒷말의 첫소리가 된소리로 나는 것
>   (2) 뒷말의 첫소리 'ㄴ, ㅁ' 앞에서 'ㄴ' 소리가 덧나는 것
>   (3) 뒷말의 첫소리 모음 앞에서 'ㄴㄴ' 소리가 덧나는 것
> 2. 순우리말과 한자어로 된 합성어로서 앞말이 모음으로 끝난 경우
>   (1) 뒷말의 첫소리가 된소리로 나는 것
>   (2) 뒷말의 첫소리 'ㄴ, ㅁ' 앞에서 'ㄴ' 소리가 덧나는 것
>   (3) 뒷말의 첫소리 모음 앞에서 'ㄴㄴ' 소리가 덧나는 것

① 마굿간　② 귓밥　③ 최댓값　④ 제삿날

004
다음 글에서 설명한 공감적 대화로 가장 적절한 것은?

> 대화는 화자와 청자 간에 이루어지는 상호 교섭적 행위이다. 공감적 대화를 하기 위해서는 상대방이 무엇을 생각하고 느끼고 필요로 하는지에 대해 귀 기울여 들을 수 있어야 한다. 진정한 공감은 상대방에게 잘못을 지적하거나 해결책을 제시하거나 조언을 해 주는 것이 아니라 상대방의 경험을 존중하고 이해해 주는 것이다.

① ㉠ A: 면접 생각에 너무 떨려.
　　 B: 누구라도 면접을 준비하면 다 걱정될 거야. 나만 떨리는 게 아니라는 생각을 가져 봐.
② ㉡ A: 면접 준비를 하느라 너무 지쳤어.
　　 B: 그만큼 네가 면접 준비를 열심히 했다는 뜻일 거야. 며칠만 아무 생각 말고 좀 쉬면 어떨까?
③ ㉢ A: 면접을 잘 치를 수 있을지 모르겠어.
　　 B: 자신감이 많이 떨어진 것 같구나. 그럴수록 더 열심히 면접 준비를 하다 보면 조금 더 자신감이 생길 거야.
④ ㉣ A: 면접 준비를 어떻게 해야 할지 모르겠어.
　　 B: 면접 준비를 처음 해 봐서 더 그렇지? 네가 중요하게 생각하는 시험 면접인데, 준비 방법을 몰라서 답답하겠구나.

005
밑줄 친 단어와 바꿔 쓸 수 있는 한자어로 가장 적절한 것은?

① 혼자 영화를 보는 것도 나쁘지 않다. → 感傷하는
② 너무 급한 나머지 길 아래로 내려가 소변을 봤다. → 放免했다.
③ 일주일 뒤의 시험을 보기 위해 책의 내용을 다 외웠다. → 應援하기
④ 원장님은 오전에만 환자를 보시고 오후에는 강의를 하신다. → 診察하시고

006
다음 시의 특징으로 적절하지 않은 것은?

> 가시리 가시리 잇고
> 버리고 가시리 잇고
> 위 증즐가 태평성대
>
> 날더러 어찌 살라하고
> 버리고 가시리 잇고
> 위 증즐가 태평성대
>
> 붙잡아 둘 일이지마는
> 서운하면 아니 오실까
> 위 증즐가 태평성대
>
> 서러운 임 보내 드리니
> 가시는 것처럼 다시 오소서
> 위 증즐가 태평성대
>
> - 작자 미상, 「가시리」 -

① 어절을 규칙적으로 배열하여 리듬감을 드러내고 있다.
② 의문형 표현을 이용하여 화자의 정서를 강조하고 있다.
③ 반어적인 표현을 통해 자조적인 태도를 드러내고 있다.
④ 후렴구를 반복하여 작품 전체에 통일성을 부여하고 있다.

007
㉠과 ㉡의 예로 적절하지 않은 것은?

> ㉠감성적 광고란 자아 표현, 성, 유머, 두려움, 사랑과 배려, 정, 향수, 즐거움 등을 통해 구매 동기를 유발하는 광고로, 표현의 무게 중심이 제품 자체보다는 제품과 관련되거나 관련시키고자 하는 추구 가치에 있게 된다. 따라서 광고물은 제품에 대한 합리적 설득보다는 다양한 분위기와 감정, 이미지, 자아, 동질화 등을 유발함으로써 브랜드에 대한 긍정적 반응을 형성시키는 데 초점을 두게 된다. 반면 ㉡이성적 광고란 제품의 속성 및 차별적 경쟁 우위, 가격, 신규성, 소비자 혜택 등을 통해 구매 동기를 유발하는 광고로 표현의 무게 중심은 제품의 물리적 속성에 있게 된다.

① ㉠: 티슈로도 닦아 낼 수 없는 그리움이 있다. – 티슈 광고
   ㉡: 다운 패딩보다 1.5배 따뜻한 새로운 패딩. – 패딩 광고
② ㉠: 한 잔의 커피는 한 번의 여행입니다. – 커피 광고
   ㉡: 두 번이나 세척한 껍질까지 깨끗한 바나나. – 바나나 광고
③ ㉠: 긴 인생 아름답도록 함께하겠습니다. – 보험 광고
   ㉡: 모험이 부족하면 좋은 어른이 될 수 없다. – 여행사 광고
④ ㉠: 고백에 필요한 것은 용기가 아니라 술이다. – 술 광고
   ㉡: 가루가 아니라 커피 원액을 스틱에 담다. – 커피 광고

008
다음 시에 대한 설명으로 적절하지 않은 것은?

> 시인이라는 말은
> 내 성명 위에 늘 붙는 관사
> 이 낡은 모자를 쓰고
> 나는
> 비 오는 거리를 헤매었다.
> 이것은 전신을 가리기에는
> 너무나 어줍잖은 것
> 또한 나만 쳐다보는
> 어린 것들을 덮기에도
> 너무나 어처구니없는 것
> 허나, 인간이
> 평생 마른 옷만 입을까부냐
> 다만 두발이 젖지 않는
>
> 그것만으로
> 나는 고맙고 눈물겹다.
>
> - 박목월, 「모일(某日)」 -

① '시인'이라는 특수한 직업을 통해 보편적인 고뇌를 노래한다.
② '비 오는 거리'는 화자가 겪는 현실의 어려움을 상징한다.
③ '마른 옷'은 화자가 되찾으려 하는 과거의 가치를 가리킨다.
④ '고맙고 눈물겹다'는 현재의 처지에 감사하는 태도를 의미한다.

009
㉠과 ㉡이 비슷한 의미의 사자성어가 아닌 것은?

	㉠	㉡
①	脣亡齒寒	易地思之
②	刻舟求劍	守株待兔
③	群鷄一鶴	囊中之錐
④	甲男乙女	張三李四

010

다음 글의 글쓴이의 견해에 부합하는 것은?

> 아이를 낳지 않게 된 원인으로는 자본주의 경제의 발전, 여성의 경제 참여 확대, 새롭게 출현한 산아 제한 기술의 광범위한 수용 등이 꼽힌다. 그러나 미국은 자본주의 경제가 가장 발달한 나라이지만 출산율이 2.0명 이상으로 선진국 중에서 가장 높다. 유럽은 여성의 경제 활동 참가율이 높은 나라일수록 출산율도 높다.
>
> 우리나라의 낮은 출산율의 직접적인 원인은 '양육 및 교육비 증가'이다. 우리나라 국민들의 60%는 출산율 저하의 원인으로 양육 및 교육비 증가를 꼽았다. 주목할 만한 사실은 연평균 소득이 높을수록 출산율 저하의 원인으로 양육 및 교육비 증가를 지목했다는 점이다.
>
> 프랜시스 후쿠야마는 선진국에서 기존 질서와 가치관이 붕괴되고 있다고 주장하면서, 이를 대붕괴라고 불렀다. 대붕괴의 특징은 범죄 증가와 사회 혼란의 심화, 가족과 친족의 몰락, 신뢰도의 감소이다. 후쿠야마는 문화적 요인은 경제적 요인보다 출생률의 변화에 더 결정적인 영향력을 미치며 출산율의 저하는 대붕괴와 관련이 있다고 주장했다. 후쿠야마의 분석처럼 우리나라의 경우에도 출산율 하락은 이혼율의 증가 등 전통적인 가족 개념 해체의 영향을 받고 있는 것으로 보인다. 가족의 성격도 확장 가족에서 핵가족으로, 다시 핵가족에서 가족 해체로 분화되는 중이다.

① 경제적으로 하위 계층일수록 교육비에 대한 부담을 많이 느낀다.
② 미국의 출산율은 자본주의가 출산율 저하의 원인이 아님을 보여 준다.
③ 우리나라 출산율이 저하된 가장 큰 원인은 연평균 소득의 증가이다.
④ 지역과 상관없이 여성의 경제 활동 참여율이 높을수록 출산율은 낮아진다.

011

다음 글의 서술상 특징에 대한 설명으로 가장 적절한 것은?

> "할머님 병환이 이렇듯 위중하신데 너희는 태평치고 잠을 잔단 말이냐."
>
> 우리가 건넌방에 들어서면 그는 다짜고짜로 야단을 쳤다. 그중에도 가장 나이 어리고 만만한 내가 이 꾸중받이가 되었다. 인정사정 없는 그의 태도가 불쾌는 하였지만 도덕적 우월을 빼앗긴 우리는 대꾸 한마디 할 수 없었다.
>
> "다들 뭐란 말이냐. 나는 한 달이나 밤을 새웠다. 며칠들이나 된다고."
>
> 졸음 오는 눈을 비비는 우리를 보고 그는 자랑스럽게 또 이런 꾸중도 하였다.
>
> '놀라운 효성을 부리는 게 도무지 우리 야단칠 밑천을 장만하는 게로구나.' 나는 속으로 꿀꺽꿀꺽하며 이런 생각을 하였다.
>
> 한번은 또 그의 명령으로 우리는 건넌방에 모여들었다. 그 방문을 열어젖히었는데 문지방 위에 할머니의 지팡이가 놓이고 그 밑에 또 신으시던 신이 놓여 있었다. 방 안 할머니의 머리맡에는 다라니가 걸려 있다.
>
> '할머니가 운명을 하시나 보다!'
>
> 우리는 번개같이 이런 생각을 하며 할머니 곁으로 다가들었다. 그는 담을 그르렁그르렁거리며 혼혼(昏昏)히 누워 있었다. 중모는 흐르는 눈물을 걷잡지 못하며 그의 귀에 들이대고 울음소리로 아미타불과 지장보살을 구슬프게 부르짖고 있었다.
>
> 한동안 엄숙한 긴장이 여기 있었다. 모두 같은 일을 기대하면서.
>
> 십 분! 이십 분! 환자의 신상에는 아무 별증이 나타나지 않았다.
>
> "아마, 잠이 드신 모양입니다."
>
> 이윽고 아버지가 이 긴장한 침묵을 깨뜨렸다. 그리고 중모를 향하여,
>
> "잠 주무시게스리 염불을 고만 뫼십시오."
>
> 하고 나가 버렸다. 그 뒤를 따라 빽빽하게 들어섰던 자손들이 하나씩 둘씩 헤어졌다.
>
> — 현진건, 「할머니의 죽음」에서 —

① 서술자를 교체하여 하나의 사건을 다양한 시각에서 조명하고 있다.
② 서술자의 회상을 통해 현재적 관점에서 과거의 의미를 도출하고 있다.
③ 특정 인물의 관점에서 다른 인물을 판단하여 주관적인 정서를 전달하고 있다.
④ 의식의 흐름 기법을 활용하여 다양한 인물들의 내면을 다층적으로 그려내고 있다.

012
다음 글의 맥락을 고려할 때 빈칸에 들어갈 말로 가장 적절한 것은?

과학적인 방법은 서로 경쟁하는 이론 가운데 어떤 이론이 주어진 증거 자료에 비추어 보다 합리적인지 가릴 수 있는 기준을 제공해야 한다. 귀납주의자들은 관찰이나 실험이 그러한 기준을 제공한다고 주장한다. 이러한 주장은 관찰이나 실험은 이론과 별개의 것으로, 과학자가 어떤 과학 이론을 받아들이고 있건, 혹은 어떤 신념들을 지니고 있건 관찰이나 실험은 이에 전혀 영향을 받지 않는다는 것이다. 이를 '관찰의 이론 독립성'이라 한다.

그러나 1950년대 이후, 이러한 귀납주의자의 주장은 '관찰의 이론 의존성'을 주장하는 이들에 의해 강력한 저항을 받았다. 예를 들어, 핸슨이 산양으로 보이기도 하고 물새로 보이기도 하는 '산양'-'물새' 그림을 보여 주었을 때 어떤 사람은 산양으로 보았고, 또 어떤 사람은 물새로 보았다. 이처럼 사람마다 다른 반응을 보이는 점에 주목하여 그는 □□□□□고 주장하였다.

① 중립적이고 순수한 관찰은 어려울 수 있다
② 객관성이 결여된 관찰 결과를 믿을 수 없다
③ 관찰을 통해 과학 이론의 우열을 결정할 수 있다
④ 과학 이론이 관찰이나 실험에 영향을 끼칠 수 없다

013
다음 글의 주된 내용을 표현하는 말로 가장 적절한 것은?

과학 기술이 인간 생활에 미치는 영향은 인간 생활의 가능성 확대라는 면과 함께 문제점 발생이라는 두 가지 면에서 생각해 볼 수 있다. 그러나 사람들은 과학 기술의 양면성 중 어느 한쪽 면만을 주목하는 경향이 있다. 인간 생활을 위하여 무한한 가능성을 확대한다는 점을 찬양하거나 부작용과 문제점만을 질시하기도 한다. 이러한 편향적인 태도는 어느 쪽이든 과학 기술과 인간관계에 대한 오해나 몰이해에 기인한 것이기 때문에 바람직하지 못하다. 과학 기술에는 두 가지 면이 다 존재한다는 점이 중요하다.

① 고통은 지혜의 어머니이다.
② 빛과 그림자는 항상 함께한다.
③ 숲을 봐야지 나무만 봐서는 안 된다.
④ 열 길 물속은 알아도 한 길 사람 속은 모른다.

014
다음 글의 내용과 일치하지 않는 것은?

중력으로부터의 자유로움이라는 관점에서 보면 춤이 지향하는 바와 스포츠가 추구하는 바가 같은 테두리 안에 있음을 알 수 있다. 빨리뛰기, 멀리뛰기, 높이뛰기 등의 모든 육상 경기나 체조는 신체가 지니는 중력으로부터의 자유로움을 향한 꿈이다. 운동 경기가 추구하는 바의 중력으로부터의 자유로움은 포환과 창을 던지거나 역기를 드는 경우에서처럼 자신의 중력을 대상의 중력으로 옮긴 경우까지 적용된다.

중력으로부터의 자유라는 점에서 스포츠와 춤과 음악은 일맥상통한다. 이런 점에서 보면 지휘는 보다 엄격히 제한된 체조다. 지휘는 발레처럼 날려 하지 않고 한국의 춤처럼 바람에 흔들리듯 수동적으로 움직이지 않는다. 지휘의 모습은 소리가 마치 지휘자의 팔과 손끝을 통해 몸속에서 바깥으로 분출하듯 신체를 뒤흔든다. 힘찬 물줄기가 고무호스의 끝을 통해 용솟음치며 나오듯이 음악은 지휘자의 손끝으로 솟아 나오는 것이다. 그러나 지휘자의 춤에는 금기가 있다. 그것은 발이 바닥으로부터 떨어져서는 안 된다는 것이다. 아마 이 점이 지휘와 발레와의 차이이리라.

관현악단 앞에서의 지휘자의 모습은 19세기 이후에나 규범화되는 것이지만 자신이 연주하는 음악에 대한 연주자 자신의 신체적 반응은 모든 연주자에게 공통적인 욕망이다. 다만 음악에 대한 그러한 신체 반응의 운동이 형식화되거나 관습화되지 않기 때문에 연주자들에게 금지되고 있을 따름이다. 관현악단 단원들은 자신의 음악을 반주로 춤추는 지휘자의 몸짓을 감상하는 것으로 스스로 춤추고 싶은 욕망을 달래는 것인지도 모른다.

① 춤과 체조 모두 중력으로부터 자유로워지기를 희망한다.
② 지휘자의 지휘는 역동적이지만 일정한 제한 속에서 이루어진다.
③ 한국의 춤은 수동적이지만 땅에서 벗어나려는 욕망을 품고 있다.
④ 지휘자의 지휘는 관현악단의 연주에 따른 일종의 춤으로 볼 수 있다.

015

오늘날과 다른 조선 시대의 법률에 대한 설명으로 적절하지 않은 것은?

조선 시대의 법률은 기본적으로 문자로 명시되어 문서의 형식을 갖추는 성문법이었다. 그러나 상황에 맞는 조항이 없을 경우, 다른 조항의 내용으로부터 유추 적용하여 판결하는 것이 허용되었다. 예컨대 성종 때에는 노비들이 공모하여 주인을 모함한 사건이 발생하였는데, 이때 직접적인 처벌 조항이 없어서 신하가 나라에 반란을 일으킨 죄의 처벌 조항을 인용하여 적용하기도 했다. 반면 오늘날의 법률에서는 유사한 경우에 대한 법률을 다른 상황에 끌어다가 쓰는 것을 엄격하게 금지하고 있다.

한편 오늘날의 법적 체계에서는 사적인 보복을 허용하지 않는다. 개인적인 복수가 허용될 경우 사회에 무질서가 횡행할 우려가 있기에 처벌에 대한 모든 권한은 국가에 귀속되어야 한다는 것이 현대법의 입장이다. 그러나 조선 시대에는 사적인 처벌이나 복수가 합법적으로 행해지는 경우가 종종 있었다. 예컨대, 조선 시대의 가장들은 자신의 식솔이나 노비가 잘못을 범할 경우 스스로 체벌을 가할 수 있었다. 심지어 법률은 특정한 경우에 대해서는 죄인의 처분을 가장에게 맡긴다고 규정하기까지 하였다. 그리고 삼강오륜의 덕목을 지키기 위한 복수도 허용되었다. 정조 때에는 한 여인이 자신에 관련된 음란한 헛소문을 퍼트린 노파를 잔혹하게 살해한 사건이 있었는데, 임금은 그 여인을 무죄 방면하였다.

조선 시대에는 송사 자체를 부정적인 것으로 보았다는 점도 특징적이다. 누구나 자신의 권리를 주장할 수 있도록 보장하는 오늘날의 법치주의 체계에서와는 달리, 조선 시대에는 소송이 증가하는 것을 어지러운 시대적 상황으로 인해 백성들이 간사해져서 일어나는 일로 인식하였다. 따라서 송사는 적게 발생할수록 좋은 것이었으며, 이로 인해 오늘날의 변호사와 같은 법률가 계층이 성장하기 어려울 수밖에 없었다. 실제로 조선 시대에는 보수를 받고 소장의 작성을 돕는 외지부라는 집단이 존재하였는데, 국가는 이들의 법률 서비스를 사법 질서를 어지럽히는 불법적인 행위로 간주하였다. 특히 성종 때는 이들의 행위를 강도죄와 같은 강도의 처벌로 다스리기도 하였다.

① 특정 사건에 대해 문자로 명시된 법이 없을 경우 다른 법률을 유추 적용하는 것을 금지하지 않았다.
② 법률에서 규정한 바는 없지만 가장에게 노비를 처벌할 수 있는 권한이 있음을 법적으로 인정하였다.
③ 가족이 아닌 대상을 상대로 복수를 행한 경우에도 유교적 질서를 지키기 위해서라면 법률상 죄가 되지 않는다고 보았다.
④ 송사가 간사해진 풍속에서 비롯된 것이라고 보았기 때문에 송사를 돕는 행위를 불법으로 간주하여 처벌하기도 하였다.

016

㉠~㉣에 들어갈 말로 적절한 것은?

디자인이 대상을 예쁘게 만드는 것이라고 생각하는 사람들이 많다. ㉠ 디자인에 대한 이해나 정의를 '스타일링' 혹은 '미화(美化), 아름답게 꾸밈' 정도로 바꿀 수 있다. ㉡ 이는 디자인에 대한 오해이다. 디자인에 스타일링이 포함될 수는 있지만, 그것만이 디자인의 목표라고 볼 수는 없다. ㉢ 디자인은 무엇이며, 무엇을 목표로 하는가? 스티브 잡스는 디자인을 정의하며 단순화와 본질성이라는 용어를 사용한 바 있다. 스타일링은 제품 표면의 처리와 외양, 표현적 특성과 관계있다. ㉣ 디자인은 제품의 기능을 고려하여 무엇을 드러내고 감출 것인지를 결정하고, 제품의 본질을 드러낼 수 있도록 하는 문제 해결과 관련된 행위라고 할 수 있다.

	㉠	㉡	㉢	㉣
①	이러한	하지만	그러므로	따라서
②	이로부터	그런데	그러니까	한편
③	이를테면	그리고	그처럼	역시
④	이와 같은	그러나	그렇다면	반면

017

다음 글에 대한 이해로 적절하지 않은 것은?

서술어가 되는 용언은 그 종류에 따라서 주어만을 필요로 하는 것이 있고, 주어와 목적어가 있어야 하는 것도 있으며, 주어 또는 주어와 목적어 외에도 그 밖의 문장 성분을 필수적으로 요구하는 것도 있다. 같은 동사이지만 '울다, 쏟아지다, 끓다' 등은 주어만 있으면 하나의 완전한 문장을 이룬다. 이러한 동사를 자동사라 한다. 한편 '먹다, 만지다, 삼다' 등은 주어와 목적어가 있어야 완전한 문장을 이룬다. 이러한 동사를 타동사라 한다.

그런데 자동사나 타동사 중에는 주어나 목적어 이외에 보어, 부사어와 같은 다른 성분을 필수적으로 요구하는 것이 있다. '구름이 비로 변한다.', '순이가 동생에게 장난감을 주었다.'와 같은 문장은 주어와 목적어 외의 밑줄 그은 말들이 없으면 불완전한 문장이 된다. 그런데 이 문장들은 그 앞에 문맥이 주어지면 뜻이 통할 수도 있다. 예컨대 '순이가 장난감을 주었다.'는 단독으로 쓰이면 불완전한 문장이지만, 그 앞에 '동생이 자꾸 칭얼거렸다.'와 같은 문장이 있으면 순이가 장난감을 동생에게 준 것으로 뜻이 통할 수 있는 것이다.

① '먹다'는 주어와 목적어가 있어야 완전한 문장이 된다.
② 자동사의 경우에는 부사어가 있어야 문장이 성립된다.
③ '쏟아지다'는 자동사로 주어만 있으면 문장이 성립된다.
④ 불완전한 문장도 적절한 문맥을 통해 의미를 전달할 수 있다.

018

다음 글에서 '변소'에 대한 설명으로 적절하지 않은 것은?

> 그러나 나에게는 한 복지(福地)가 남아 있다. 변소에 문을 닫고 용변하는 시간만은 완전히 이 세상과 절연된 특권을 향유한다. 겨우 두 다리를 오그리고 앉을 수 있는 좁은 우주. 그러나 자유가 확보되어 있는 우주요, 나에게만 주권이 부여되어 있는 왕국이다. 이 우주 안에 들어 있는 동안만은 완전히 치외 법권에 속하는 지역으로 할애받고 있다. 그 시간만은 아무도 내 절대권을 침해하려 들지 않는다. 영원히 연결되어 있는 시간 선상에서도 나에게만 완전히 포기해 준 은총의 시간이다. 큰 기침을 하건 가래침을 뱉건 바지춤을 끄르고 하반부의 둔육(臀肉)을 노출하건, 수륙 병진(水陸竝進)으로 배출을 하건, 악취를 마음대로 분산시키건, 아무 시비도 체면도 없다. 법률이야 물론이지만 도덕도 예의도, 인습도 전통도 아무것도 ㅡ. 모든 사회적인 간섭, 인간적인 관련에서 오는 시비 훼예도 없다.
>
> 나는 굳이 내 결백을 수식할 필요도 내 단정한 품격을 조작할 필요도, 시간에 분망할 필요도 없다. 우선 조여 매었던 혁대를 끄르고 커커로 입었던 바지며 내의, 속내의에서부터 하반부의 둔육을 해방시키고 두 발을 고여, 전신을 편안히 내려앉히면 위로 충만했던 모든 들뜬 기운이 가라앉으며 평온한 희황 시대(羲皇時代)로 돌아온다.
>
> 향기롭지 못한 냄새도 어느덧 잊어버리고 만다. 마치 이 세상에 오래 살아 이 세상 냄새를 모르고 배기듯이. 아무도 이 문을 열 사람은 없다. 아무 일도 내 스스로가 나가기 전에는 부를 리도 없다. 찾을 리도 없다. 나에 대한 모든 것은 나의 이 작업으로 말미암아 권위 있게 스톱 당하고 만다. 지구조차 이 속에서는 돌지 않는다. 외계에서 수소탄이 터지든 태양이 물구나무를 서든 나는 결코 개의하지 아니해도 좋다. 내가 이 작업을 하고 있는 한, 이런 무관심과 태만에 대해서도 아무도 문책하는 사람은 없다. 잠시 가쁜 숨을 그치고 유유자적한 세계에서 기상천외의 꿈속을 헤매며 오유(遨遊)하는 것도 나의 자유일 것이다.
>
> ㅡ 윤오영, 「측상락(廁上樂)」에서 ㅡ

① 현실로부터 완전히 단절되는 공간이다.
② 타인으로부터 어떠한 간섭을 받지 않는 공간이다.
③ 자신을 되돌아보며 평소의 행실을 반성하는 공간이다.
④ 평온한 상태로 자유롭게 상상을 할 수 있는 공간이다.

019

(가)와 (나)에 들어갈 말로 가장 적절한 것은?

> ○ 그의 말에서 문제 해결의 ☐(가)☐ 를 찾을 수 있었다.
> ○ 그가 그런 말을 한 ☐(나)☐ 가 무엇인지 모르겠다.

	(가)	(나)
①	단초(端初)	개요(概要)
②	단초(端初)	저의(底意)
③	유래(由來)	개요(概要)
④	유래(由來)	저의(底意)

020

다음 글을 통해 추론한 내용으로 적절하지 않은 것은?

> 우리는 약속을 하거나 빚을 지면 약속을 지키거나 빚을 갚아야 하는 의무를 진다. 그러나 우리에게는 이렇게 우리 스스로 만들어 낸 의무뿐만 아니라 다른 사람에 대한 도덕적 의무도 역시 있다고 생각하는 사람들이 많다. 예컨대 길을 잃고 우는 아이를 돕는 경우처럼, 어떤 행위가 타인에게 도움이나 이익이 된다면 우리는 그러한 행위를 해야 할 의무를 갖는다는 것이다. 그러나 우리에게는 타인에 대해 가져야 하는 '당연한' 의무는 없다고 주장하는 사람들도 있다. 윤리적 이기주의라고 부르는 사상은 각 개인이 오로지 자신의 이익만을 추구해야 한다고 주장한다.
>
> 그러나 윤리적 이기주의가 자기 자신의 이익만을 추구하기 위해 타인들에게 피해를 주어야 한다고 주장하는 것은 아니다. 자신의 창조적 재능을 계발하는 행위나 몸이 아플 때 치료를 받는 행위는 자기 이익을 따르는 것이지만 타인에게 피해를 주는 것이 아니다. 또한 윤리적 이기주의는 다른 사람을 돕는 행위를 하지 말아야 한다고 말하지도 않는다. 자신에게 도움이 되는 행위를 하면서 타인을 돕는 상황에 놓이게 되기도 하고, 타인을 돕는 일이 자신의 이익을 도모하는 효과적 수단이 되기도 하기 때문이다. 윤리적 이기주의가 주장하는 것은 단지 어떤 행위가 다른 사람에게 이익이 된다는 이유로 옳은 행위가 되지는 않는다는 점이다.

① 윤리적 이기주의는 누군가가 자신과 타인에게 모두 이익이 되는 행위를 했다면 옳다고 평가할 것이다.
② 윤리적 이기주의는 자신의 이익을 추구하는 것이 반드시 타인에게 피해를 주는 것이 아니라고 볼 것이다.
③ 윤리적 이기주의는 길을 잃고 우는 아이를 돕는 것이 나에게 이익이 되지 않는다면 도울 의무가 없다고 볼 것이다.
④ 윤리적 이기주의는 자신에게 이익이 되는 경우에만 타인을 돕는 행위를 한다면 옳지 않다고 평가할 것이다.

모의고사 17회

001
㉠과 ㉡에 대한 예시로 적절하지 않은 것은?

> 인칭 대명사 중에는 1~3인칭 대명사 외에 미지칭, 부정칭 대명사가 있다. ㉠'미지칭 대명사'란 모르는 사물이나 사람을 가리키는 대명사로, '누구, 어디' 등이 이에 해당한다. ㉡'부정칭 대명사'란 정해지지 않은 사람이나 물건, 방향 등을 가리키는 대명사로, '아무, 아무개' 등이 이에 해당한다. 한편, 맥락에 따라 미지칭 대명사가 부정칭 대명사로 사용되는 경우도 있다.

① ㉠: 오늘 아침에 운동장을 뛰고 있던 사람은 누구일까?
② ㉠: 어디나 정들면 고향이라지만 내 고향은 한 곳뿐이다.
③ ㉡: 시끄럽게 구는 저 아이를 누가 좀 데리고 나가라.
④ ㉡: 어디라도 좋으니 바람을 쐬러 가고 싶다.

002
밑줄 친 한자어의 쓰임이 문맥상 적절한 것은?

① 아버지는 常住를 위로하고는 밖으로 나가셨다.
② 原告는 오래전에 썼는데 아직 출판이 되지 않았다.
③ 진학할 대학은 未定이지만, 전공 학과는 이미 결정했다.
④ 정보가 넘쳐나는 요즘, 정보들을 炊事선택할 수 있는 능력이 중요하다.

003
다음 중 어법에 어긋난 문장을 수정하고 설명한 예로 적절하지 않은 것은?

① 우리나라에는 세 살 적 버릇이 여든까지 간다라는 속담이 있다.
  → 속담을 간접 인용한 것이므로 '라는'을 '는'으로 수정한다.
② 무엇보다 중요한 것은 자신이 하고 싶은 일이 무엇인지 스스로 발견하도록 해야 한다.
  → 주어 '~ 것은'과 호응하도록 '발견하도록 해야 한다'를 '발견할 수 있어야 한다'로 수정한다.
③ 비록 사소한 것이기 때문에 아버지와 의논해야지.
  → '비록'은 '-ㄹ지라도'와 함께 쓰여 뒤 문장과 내용이 다르거나 반대되는 앞 문장을 이끄는 부사이므로 '사소한 것이기 때문에'를 '사소한 것일지라도'로 수정한다.
④ 나는 동생과 매일 저녁 운동을 하러 가는데, 다른 곳에 비해 시설이 좋기로 소문난 곳이다.
  → 앞 문장의 주어는 '나'이고 뒤 문장의 주어는 '내가 운동을 하러 가는 곳'인데 뒤 문장의 주어가 빠져 있으므로 '그곳은'과 같은 주어를 보충한다.

004
밑줄 친 부분의 띄어쓰기가 두 문장 모두 바르게 된 것은?

① 높이 올라갈수록 기온은 떨어진다.
  오늘은 높이 올라갈 수 있을 것이다.
② 철수가 그 책을 읽는데 삼 일이 걸렸다.
  철수가 그 책을 읽는 데 전화벨이 울렸다.
③ 그가 나에게 돌아온 것은 10년만이다.
  그는 나에게 10년 만 기다려 달라고 말했다.
④ 분명한 건 너도 노력한만큼 성과는 있을 거야.
  분명한 건 나도 당신 만큼은 할 수 있어.

005
다음 대화에 나타난 말하기 방식을 설명한 것으로 가장 적절한 것은?

> 박 과장: 오늘은 하반기에 출시될 새로운 제품의 마케팅 방향에 대해 이야기하려고 합니다. 기술적인 측면에서 새 제품의 장점을 강조하는 쪽으로 마케팅을 진행하면 어떨까요?
> 이 대리: 저희 디자인팀은 제품의 시각적인 매력을 강조하는 것이 필요하다고 생각합니다. 왜냐하면 고객들은 먼저 눈으로 보고 마음에 들지 않으면 기술적인 측면을 알아보려고 하지도 않습니다.
> 김 대리: 마케팅 측면에서 디자인을 강조하여 고객들의 관심을 끌어야 하고, 제품의 구매로까지 이어지게 하기 위해서는 제품의 기술적 특성을 강조해야 한다고 생각합니다. 그래서 마케팅은 디자인을 강조하고, 제품을 체험할 수 있는 이벤트나 프로모션을 통해 기술적 측면을 알리는 것이 좋을 것 같습니다.

① '박 과장'은 마케팅 방향에 대한 자신의 의견을 제시하고 기대 효과를 언급하고 있다.
② '이 대리'는 명시적인 이유를 밝히며 '박 과장'이 제안한 마케팅 방향에 동의하고 있다.
③ '김 대리'는 '박 과장'과 '이 대리'가 제안한 마케팅 방향의 장단점을 비교하고 있다.
④ '김 대리'는 '박 과장'과 '이 대리'가 제안한 마케팅 전략의 실현 방법을 제시하고 있다.

006
⊙~㉢에 대한 설명으로 적절하지 않은 것은?

> 어제 영명사를 지나다가
> 잠시 부벽루에 올랐네
> ⊙텅 빈 옛 성터에 조각달 떠 있고
> ㉡천년의 구름 아래 바위는 늙었네
> 기린마는 떠나간 뒤 돌아오지 않으니
> 천손은 지금 어느 곳에서 노니는가
> 돌다리에 기대어 길게 ㉢휘파람 부노라니
> ㉣산은 오늘도 푸르고 강은 절로 흐르네
>
> – 이색, 「부벽루(浮碧樓)」 –

① ⊙: 인간의 유한성을 느끼게 하는 공간이다.
② ㉡: 세월의 덧없음을 느끼게 하는 자연물이다.
③ ㉢: 단절된 역사의 회복을 기대하는 행위이다.
④ ㉣: 인간과 대비되는 변함없는 자연의 모습이다.

007
다음 글의 주된 논지 전개 방식은?

> 자본주의 맹아론은 자본주의가 한국의 역사 속에서 스스로 발전해 왔다고 주장하는 내재적 발전론을 뒷받침하려고 한다. 자본주의 맹아론이란 자본주의 발전의 동인이 한국 사회에 이미 내재해 있었고, 17~18세기경에는 그 맹아가 실제로 출현하였다는 이론이다. 따라서 만약 일제를 포함한 제국주의의 침략만 없었다면 조선 사회의 자본주의 이행은 스스로도 무난했을 것이라는 결론에 도달한다. 자본주의 맹아론 자체는 1960년에 태동하여 1970년에 절정을 이루었다가 1980년대 이후 크게 쇠퇴하고 있는 상태지만, 그럼에도 불구하고 내재적 발전론의 기조는 아직도 우리나라 학계에서 상당한 위치를 차지하고 있는 것이 사실이다.

① 정의
② 인과
③ 비유
④ 분류

008
다음에서 알 수 있는 언어 기호의 특성으로 가장 적절한 것은?

> ⊙ 사물의 이름은 짓기 나름이다. '코'를 '귀'로 해도 된다.
> ㉡ 다의어의 경우 언어의 내용 대 형식 간의 관계가 다대일(多對一) 대응을 이룬다.
> ㉢ 언어권에 따라 동일한 내용이 다른 형식으로 나타난다.
> ㉣ 의성어의 경우에도 언어권마다 다른 형식으로 나타난다.
> ㉤ 새말의 경우 언어와 의미 간의 관계가 언중이 임의적으로 규정할 수 있다는 증거가 된다.

① 분절성
② 자의성
③ 개방성
④ 추상성

009
다음 글에 나타난 '순자'에 대한 이해로 적절하지 않은 것은?

> 순자는 인본주의적 시각에서 인간이 사회적 존재라는 사실을 중시했다. 순자는 힘은 소보다 못하고 달리기는 말보다 못한 인간이 도리어 소와 말을 이용하는 것은 인간의 사회적 능력 때문이며 그런 사회적 능력이야말로 인간을 인간답게 하는 가장 중요한 조건이라고 생각했다. 그는 이와 같은 생각을 토대로 인간 사회를 유지시켜 주는 것이 상하의 신분 질서이고 그런 신분 질서를 유지하는 데에 절대적으로 필요한 것이 예라고 주장했다. 순자는 예를 기준으로 한 가변적이며 차등적인 신분 질서를 인정하였는데, 비록 왕공이나 사대부의 자손이라도 예를 지키지 못하면 서인으로 강등시키고, 서인의 자손이라도 예를 지킬 줄 알면 사대부로 승격시켜야 한다고 주장했다. 이러한 생각은 예는 귀족들의 전유물이고 일반 백성들은 예와 관계없는 계층이라는 기존의 인습적인 생각을 넘어서는 것이었다.

① 순자는 신분제 사회를 옹호하였다.
② 순자는 신분의 이동이 가능해야 한다고 주장했다.
③ 순자는 신분 세습을 정당화하는 근거로 예를 들었다.
④ 순자는 짐승보다 인간이 나은 이유를 사회 능력에서 찾았다.

010
다음 글의 특징으로 가장 적절한 것은?

낙엽은 폴란드 망명 정부의 지폐
포화에 이지러진
도룬 시의 가을 하늘을 생각하게 한다.
길은 한 줄기 구겨진 넥타이처럼 풀어져
일광(日光)의 폭포 속으로 사라지고
조그만 담배 연기를 내뿜으며
새로 두 시의 급행열차가 들을 달린다.
포플라 나무 근골 사이로
공장의 지붕은 흰 이빨을 드러내인 채
한 가닥 구부러진 철책이 바람에 나부끼고
그 위에 셀로판지로 만든 구름이 하나,
자욱한 풀벌레 소리 발길로 차며
호올로 황량한 생각 버릴 곳 없어
허공에 띄우는 돌팔매 하나.
기울어진 풍경의 장막 저쪽에
고독한 반원을 긋고 잠기어 간다.

– 김광균, 「추일서정」 –

① 공감각적 표현을 통해 가을의 무상감을 드러내고 있다.
② 말을 건네는 방식을 통해 독자와의 거리감을 좁히고 있다.
③ 영탄적 표현을 통해 화자의 정서를 강렬하게 드러내고 있다.
④ 색채어를 효과적으로 사용하여 시적 분위기를 전환하고 있다.

011
다음을 모두 만족시키는 표어로 가장 적절한 것은?

○ 소방 안전 지키기를 홍보한다.
○ 대구의 표현 방식을 활용한다.
○ 화재 발생 시의 대응 방법을 강조한다.

① 작은 불은 진화부터 / 큰불에는 대피부터
② 소화기는 눈에 띄게 / 비상구는 막힘없게
③ 당신이 막은 비상 출구 / 누군가에겐 생명의 출구
④ 소화기를 가까이 두면 / 우리의 안전도 가까워집니다

012
㉠~㉢ 중 문맥상 의미가 다른 하나는?

사진에는 ㉠실물이 등장한다. 아무리 제3의 의미로 포장이 되어도 사진에는 실물이 등장함으로써 사진 작품은 실물로, 실물의 복제로 인식되는 빌미를 제공한다. 실물이 실물 그대로의 모습으로 등장한다는 것은 이른바 작가의 통제를 거치지 않았다는 뜻이다. 따라서 사진은 예술 작품으로서의 이미지, 곧 작가의 경험으로서의 이미지가 아니라, 사물 자체의 단순한 복사물로 인식되기 쉽다. 그러나 작가에 의해 완벽하게 ㉡통제되지 않는다고 해서 사진에 창조성이 없다는 것은 잘못된 생각이다. 오히려 인위적 조작이라고 하는 울타리에서 벗어나 있으므로 다른 장르보다 더 창조적이라고 할 수 있다.
통제의 불완전성은 작품으로서의 미완성을 연상시키는데, 이 미완성으로 인해 사진은 사진작가가 전하고자 하는 메시지의 울타리를 벗어나, 보는 이의 상상이 펼쳐질 공간이 생긴다. ㉢주어진 정보 이외의 정보가 이로 인해 덧붙는다. 이 덧붙음은 반대로 의미 변질의 부담이 될 수도 있지만 본래보다 확장된 의식 공간이 만들어진다는 점에서는 긍정적인 현상이다. 사진 작품의 미완성은 현실, 또는 삶의 근원적 미완성과 통하는 것으로, 사진이 ㉣현실을 존중하는 현실적 예술이라는 말에는 이런 측면도 있다.

① ㉠   ② ㉡   ③ ㉢   ④ ㉣

013

다음 글에 대한 설명으로 적절하지 않은 것은?

> 좌수는 비록 망처의 유언을 생각하였지만 후사를 안 돌아볼 수도 없어서, 이에 혼처를 두루 구하였으나, 원하는 여인이 없으므로 부득이 허씨라는 여인에게 장가를 들었다.
>
> 허씨의 용모를 말하자면 두 볼은 한 자가 넘고, 눈은 퉁방울 같고, 코는 질병 같고, 입은 메기 같고, 머리털은 돼지털 같고, 키는 장승만 하고, 소리는 이리 소리 같고, 허리는 두 아름이나 되는 것이 게다가 곰배팔이요, 수종다리에 쌍언청이를 겸하였고, 그 주둥이를 썰어 내면 열 사발은 되고, 얽기는 콩멍석 같으니 그 형상은 차마 바로 보기 어려운 데다가 그 심지가 더욱 불량하여 남이 못 할 노릇만을 골라 가며 행하니, 집에 두기가 단 한시인들 난감하였다.
>
> 그래도 그것이 계집이라고 그 달부터 태기가 있어 연달아 아들 삼형제를 낳았다. 좌수는 그로 말미암아 어찌할 바를 모르니 매양 딸과 더불어 죽은 장씨 부인을 생각하며, 잠시라도 두 딸을 못 보면 삼추(三秋)같이 여기고, 돌아오면 먼저 딸의 침실로 들어가 손을 잡고 눈물을 흘리며,
>
> "너희 자매들이 깊이 규중에 있으면서, 어미 그리워함을 늙은 아비도 매양 슬퍼한다."
>
> 하며 가련히 여기는 것이었다. 허씨는 그럴수록 시기하는 마음이 대발(大發)하여 장화 · 홍련을 모해하고자 꾀를 생각하였다. 이에 좌수는 허씨의 시기함을 짐작하고 허씨를 불러 크게 꾸짖었다.
>
> "우리는 본래 가난하게 지내다가, 전처의 재물이 많아 지금 풍부히 살고 있소. 그대의 먹는 것이 다 전처의 재물이니 그 은혜를 생각하면 크게 감동해야 마땅한데, 저 어린 것들을 심히 괴롭게 하니, 다시는 그러지 마오."
>
> 하고, 조용히 타일렀지만 승냥이 같은 그 마음이 어찌 뉘우치겠는가. 그 후로는 더욱 불측하여 두 자매를 죽일 뜻을 주야로 생각하였다.
>
> – 작자 미상, 「장화홍련전」에서 –

① 인물의 외양을 묘사하여 성격을 간접적으로 드러내고 있다.
② 요약적 서술을 활용하여 사건을 속도감 있게 전개하고 있다.
③ 서술자가 개입하여 작중 상황에 대한 논평을 제시하고 있다.
④ 현재와 과거의 상황을 대비하여 인물의 특성을 부각하고 있다.

014

다음 글을 이해한 내용으로 적절하지 않은 것은?

> 동물들은 홍채에 있는 근육의 수축과 이완을 통해 눈동자를 크게 혹은 작게 만들어 눈으로 들어오는 빛의 양을 조절하므로 눈동자 모양이 원형인 것이 가장 일반적이다. 그런데 고양이나 늑대와 같은 육식 동물은 세로로, 양이나 염소와 같은 초식 동물은 가로로 눈동자 모양이 길쭉하다. 특별한 이유가 있는 것일까?
>
> 세로로 길쭉한 눈동자는 주로 매복형 육식 동물에게서 나타나는 특징이다. 세로로 길쭉한 눈동자는 빛을 수직으로 집중시켜 초점을 맞춘 대상이 더욱 뚜렷하게 보이므로, 사냥감은 더욱 선명해지고 사냥감을 제외한 다른 물체들이 흐릿해진다. 따라서 세로로 길쭉한 눈동자는 먼 거리에서 사냥감을 추적하거나 빠르게 움직이는 먹이를 포착하기에 유용하다. 그리고 매복형 육식 동물은 양쪽 눈으로 초점을 맞춰 대상을 보는 양안시인데, 이 역시 사냥감과의 거리감을 파악하는 데에 중요한 역할을 한다. 반면, 가로로 길쭉한 눈동자는 주로 초식 동물에게서 나타나는 특징이다. 초식 동물의 가로로 길쭉한 눈동자는 수평 방향으로 넓은 지역을 관찰하고 모든 물체가 뚜렷하게 보이게 도와준다. 이는 포식자의 출현을 확인하는 데에 효과적이다. 또한 양안시인 매복형 육식 동물과 달리 초식 동물은 한쪽 눈으로 초점을 맞추는 단안시여서 눈의 위치가 좌우로 많이 벌어질수록 유리하다. 두 시야가 겹쳐 입체 영상을 볼 수 있는 영역은 정면뿐이지만 바로 뒤를 빼고 거의 전 영역을 볼 수 있기 때문이다.

① 동물들은 홍채에 있는 근육의 수축과 이완을 통해 빛의 양을 조절한다.
② 고양이나 늑대는 초점을 맞춘 사냥감을 제외한 다른 물체는 흐릿하게 보인다.
③ 세로로 눈동자가 길쭉한 동물은 사냥감과의 거리를 파악하는 능력이 뛰어나다.
④ 단안시인 동물은 눈의 위치가 위아래로 벌어질수록 넓은 시야를 경계하는 데에 유리하다.

015

㉠, ㉡에 들어갈 말로 가장 적절한 것은?

> 다다이즘 미술은 세계 대전 이후 현실에 대한 자조적인 시각에서 탄생했다. 뒤샹, 엘뤼아르 등의 다다이즘 예술가들은 전쟁의 고통을 야기한 근대 사회 체제와 문명을 부정하였고, 기존의 질서가 예술 작품에도 반영되었으므로 이를 전면적으로 거부해야 한다고 보았다. 따라서 이들은 반이성, 반예술, 반현실 등을 추구하며 '㉠'을 창작했다. 즉, 예술이 특정한 의미를 담아야 한다는 기존의 인식에 반발하며 무의미함의 의미를 강조한 것이다. 또한 작품의 창작 과정에서도 전통적인 기법을 배제하며, 이전까지 사용하지 않았던 신문지와 우표, 철사, 화폐 등을 재료로 삼아 작품을 완성했다. 또한 이들은 예술에 대한 ㉡ 은 기존 체제에 순응하는 것이라고 주장하며 작품을 새로운 시각으로 감상해야 한다고 보았다. 이러한 다다이즘 운동은 전후 사회에서 예술이 새로운 방향으로 나아갈 수 있도록 선구적 역할을 하였다.

	㉠	㉡
①	예술다운 예술	감각적이고 사실적인 감상
②	예술을 벗어난 예술	비판적이고 반항적인 감상
③	예술 같지 않은 예술	합리적이고 현실적인 감상
④	예술을 위한 예술	추상적이고 낭만적인 감상

016

다음 글의 전개 순서로 가장 자연스러운 것은?

> (가) 불가사리는 쇠붙이를 먹으면 몸집이 커지고 단단해진다고 한다. 완전히 커진 불가사리는 죽일 수 없었기 때문에 '불가살(不可殺)', 죽일 수 없는 생물이라는 이름이 붙었다.
> (나) 사람들은 불가사리가 쇠를 먹고 불에 죽는 까닭을 '물(水)'의 기운을 가지고 있기 때문이라고 생각하였다. 이 때문에 목조 건물의 화재를 막기 위해 불가사리의 조각을 세우기도 하였다.
> (다) 불가사리는 한국의 전설에 등장하는 상상의 동물이다. 그 모습은 곰의 몸과 코끼리의 얼굴, 소의 꼬리, 호랑이의 다리를 하고 있다고 한다.
> (라) 이러한 불가사리에게도 유일한 약점이 있었는데, 그것은 바로 '불(火)'이었다. 그 이름을 '불가살(火可殺)', 즉 불에 죽는 생물이라고 부르기도 한 까닭은 이 때문이다.
> (마) 현재 경복궁 경회루에 불가사리 석상이 남아 있는데, 이는 불가사리의 이러한 능력에 대한 믿음에서 비롯한 화재와 악한 기운을 방지하고자 하는 소망이 투영된 것이다.

① (가) - (다) - (라) - (마) - (나)
② (다) - (가) - (나) - (마) - (라)
③ (가) - (라) - (다) - (나) - (마)
④ (다) - (가) - (라) - (나) - (마)

017

다음 글에 나타난 인물에 대한 이해로 가장 적절한 것은?

> "뭐야? 시시껄렁하다구?"
> 고함치듯 그는 말했다.
> "네 녀석들이 멍청하니깐 그렇지 이게 왜 시시껄렁해? 뭐, 지저분하다구? 야 임마, 이 흙이 어째서 지저분하단 말이냐? 어째서 불결해? 병이 든 건 차라리 네놈들의 고 하얀 손이다 이놈들아……."
> 울컥 넘어오는 열기를 토해 내다 말고 나기배 씨는 멍해졌다. 이 무슨 맹랑한 짓인가. 그는 풀썩 웃고 말았다. 느닷없이 머리통을 쥐어박혀 잔뜩 부어터진 낯짝을 하고 있던 큰 녀석이 호되게 쏘아붙였다.
> "아빤 괜히 신경질이야. 재미있음 아빠 혼자서나 해!"
> 그러자 머쓱해 있던 둘째도 금세 기를 폈다. 녀석은 호주머니 속에 쓸어 담았던 구슬들을 한 줌씩 꺼내 팽개쳤다.
> "그래, 아빠 혼자서나 해. 형, 우리 테레비 보자. 은하철도999 같은 거."
> 의기투합한 두 녀석은 그 즉시 텔레비전 앞으로 달려가 버렸다. 모든 것 ─ 일테면, 밝고 따뜻한 봄볕과 파 뒤집어 놓은 흙과, 거기 점점이 흩뿌려져 있는 색색의 고운 구슬들과 함께 그들의 아버지까지도 죄다 미련 없이 내버려 둔 채 말이다…….
> 혼자가 된 나기배 씨는 한동안 우두커니 서 있기만 하였다. 더 이상 삽질하고픈 생각이 없었다. 어찌, 흙을 파 뒤집는 일만이겠는가. 지금까지 열심히 매달려 씨름해 왔던 온갖 일들은 물론, 앞으로 새로이 부딪치게 될 작업들에 대해서조차도 아무런 기대나 의욕을 느낄 것 같지 않았다. 참 맹랑한 노릇이군. 그는 속으로 중얼댔다. 불혹의 생애가 너무나 가볍게 흔들렸다. 그는 고개를 꺾은 채 땅바닥을 내려다보았다. 이제는 아무도 미련 두지 않는 색구슬들이 파헤친 흙더미 위 여기저기에 점점이 흩어져 있었다. 마침 비스듬히 기운 햇빛을 받아 그것들은 자디잔 별 떨기처럼 곱게 빛나고 있었다. 다시 땅속 깊이 은닉해 둘 필요는 없으리라.
> ─ 이동하, 「밝고 따뜻한 날」에서 ─

① 인물의 권위주의적인 성격이 부각된다.
② 갈등을 회복하기 위한 인물의 노력이 제시된다.
③ 겉과 속이 다른 인물의 이중적인 모습이 나타난다.
④ 소중했던 가치를 잃어버린 인물의 아픔이 드러난다.

018

다음 글의 필자가 주장하는 바로 적절하지 않은 것은?

글로벌 시대의 철학으로서 국가는 인종주의, 민족주의를 넘어서 지역 공동체를 만들자고 뜻을 모으고 있으며, 민족 국가의 신화를 깨려는 움직임이 대세를 이루고 있다. 그러나 그런 흐름 속에서 한국은 뒤처져 있다. 여전히 감정적인 차원에서만 다민족 사회에 대한 거부감을 걷어내자는 구호를 외칠 뿐, 제도와 체제 등 구체적인 대응은 발을 맞추지 못하고 있다.

이미 우리와 다를 바 없이 성장한 화교 3세들에게 취업과 직책 및 임금과 승진의 기회를 차등 적용하고, 한국 혈통의 국민이 한국에 거주하는 외국인에 비하여 국가로부터 받는 공공복지에서 더 많은 혜택을 누려야 한다고 주장한다. 현재 우리나라의 상황으로 보아 앞으로 10년 이내에 국제결혼으로 태어난 자녀가 군 복무를 하게 될 것임을 생각하면 이처럼 편협한 인식은 하루빨리 바로잡을 필요가 있다.

또한 외국인 노동자와 국제결혼 이주자에 대해 단지 온정주의적 자세로서만 접근한다면 우리 사회가 온전한 공동체로 발전해 나가기 어렵다. 법적으로나 제도상으로 모두가 동등한 국가 공동체를 만들기 위해서는 무엇보다도 바로 우리 뇌리에 깊이 박혀 있는 문화적 민족주의나 인종주의적 편견의 한계에서 벗어나야 한다. 각자가 자기 문화를 지키면서 타인의 문화를 인정하고 인간은 모두 본질적으로 같다는 점을 깊이 되새길 때 다민족 사회는 이질성에 의한 분열이 아니라 오히려 역동성을 실천할 수 있게 된다.

① 한국에 정착한 다른 민족에게 경제 활동의 기회와 보상을 차등적으로 제공하는 것은 옳지 못하다.
② 한국 거주 외국인에게 한국민보다 낮은 공공복지 혜택을 제공해야 한다고 생각하는 인식을 개선해야 한다.
③ 외국인 노동자에게 동정심을 가짐으로써 서로 협력하고 배려하는 노사 관계를 유지하도록 서로 노력해야 한다.
④ 문화적 민족주의나 인종주의적 편견을 바로잡고 다민족 사회로의 변화에 대비하여 제도와 체제를 마련해야 한다.

019

밑줄 친 한자성어의 쓰임이 적절하지 않은 것은?

① 농민들은 계속되는 內憂外患에 대처해 싸웠다.
② 교수님께서 학생들의 논문을 보고 靑出於藍이라고 칭찬하셨다.
③ 최근 정부의 발표는 국민의 비난을 피하려는 和而不同에 불과하다.
④ 회사에서 일 년 내내 사원들이 十匙一飯으로 모은 성금을 연말에 기부하는 데 사용한다.

020

다음 글을 통해 추론한 내용으로 적절하지 않은 것은?

신의 존재 여부에 관한 오늘날의 논의는 신의 존재를 인정하는 유신론과 신의 존재를 부정하는 무신론의 대립에서 출발한다. 화이트헤드를 필두로 하는 유신론의 입장은 신의 존재 근거를 우리 일상의 경험적 사실로부터 찾는다. 예컨대 나무에 사과가 새빨갛게 익어 있다. 그런데 저 사과가 반드시 빨간색이어야만 할 이유가 있을까? 혹자는 여러 자연법칙을 통해 사과의 색깔이 빨간색일 수밖에 없다고 설명할 것이다. 그렇다면 저 사과를 빨간색이게끔 하는 자연법칙이 꼭 그렇게 규정될 수밖에 없는 필연적인 이유가 있을까? 우리는 그 자연법칙이 아닌 다른 자연법칙의 지배를 받는 경우를 상상할 수 있을 것이다. 그리고 그 경우를 지배하는 자연법칙에 따라 사과의 색깔이 파란색이 된다고도 상상할 수 있을 것이다. 이러한 여러 경우가 서로 모순되지 않는다면, 우리는 한 가지 의문을 가질 수 있다. 왜 우리가 사는 현실은 하필이면 파란색이 아닌 빨간색의 사과가 존재할 수밖에 없으며, 왜 반드시 이러한 방식의 자연법칙의 지배를 받아야만 할까? 유신론자들은 이 질문에 대한 대답은 신으로부터 찾을 수 있다고 말한다. 신이 다양한 가능성 중에 하나를 선택하여 현실로 구체화한다는 것이다. 따라서 유신론은 유한자들의 현존하는 양태들은 필연적인 것으로 이해한다. 유신론의 이러한 입장은 자연 세계의 모든 사태가 이성을 통해 합리적으로 설명될 수 있어야 한다는 근대 합리주의의 연장선에 있는 것이다.

한편 이에 대해 사르트르를 필두로 하는 무신론자들은 피조물이자 유한자로서의 세계와 인간이 지금 보이는 것과 같은 방식으로 존재하는 필연적인 이유란 없고, 이는 단지 우연에 의한 것이라고 주장한다. 사과는 빨간색일 수도 있고 파란색일 수도 있었다. 그러나 이 세계의 사과는 빨간색으로 결정이 되었으며 그렇게 정해진 이유는 없다. 이 입장은 그 사과를 빨간색이게끔 만든 조건들 또한 모두 우연적으로 정해져 있다고 한다. 심지어 모든 존재자들이 존재하는 이유도 없다. 존재자들은 필연적 이유에 의해서 존재하는 것이 아니라 그저 존재하는 것이다. 따라서 모든 존재자들은 무의미하고, 부조리하다. 이 입장은 세계는 합리적으로 설명되지만은 않는다는 비합리주의와 맞닿아 있으며, 자연 선택의 우연성을 통해 진화를 설명한 다윈의 견해와도 상통한다.

① 화이트헤드는 사과의 색이 파란색이라 하더라도 사과의 색은 신의 의지가 개입된 필연적 결과라고 설명할 것이다.
② 사르트르는 우리가 신이나 신에 의한 인과 관계에 의해 존재하는 것이 아니라 무의미하게 존재한다고 설명할 것이다.
③ 합리주의는 세계를 이성적으로 설명하려 한다는 점에서 모든 사태의 원인으로서 신의 존재를 인정하는 유신론과 유사하다.
④ 다윈의 견해는 생물이 자연의 질서를 실현하는 방향으로 진화한다고 본다는 점에서 신의 존재를 부정하는 무신론과 맞닿아 있다.

모의고사 18회

001
밑줄 친 부사어가 필수적 부사어가 아닌 것은?
① 농부가 <u>논에서</u> 소를 끌고 있었다.
② 농부는 밭 주변을 <u>울타리로</u> 둘러쌓았다.
③ 그는 상대를 <u>만만하게</u> 보는 버릇이 있다.
④ 누나는 작은 상자를 예쁜 <u>포장지로</u> 쌌다.

002
밑줄 친 부분의 쓰임이 옳은 것은?
① 직접 들으니 노래를 정말 <u>잘하대</u>.
② <u>친구로써</u> 언제나 네 편이 되어 줄게.
③ 누가 <u>왔길래</u> 사람들이 이렇게 줄을 섰어요?
④ 운동을 할려고 했지만 마음먹은 대로 되지 <u>않네</u>.

003
㉠~㉣에 따라 밑줄 친 부분의 표기를 수정한 것으로 적절하지 않은 것은?

> ㉠ **제19항** 어간에 '-이'나 '-음/-ㅁ'이 붙어서 명사로 된 것과 '-이'나 '-히'가 붙어서 부사로 된 것은 그 어간의 원형을 밝히어 적는다.
> 다만, 어간에 '-이'나 '-음'이 붙어서 명사로 바뀐 것이라도 그 어간의 뜻과 멀어진 것은 원형을 밝히어 적지 아니한다.
> ㉡ **제19항 [붙임]** 어간에 '-이'나 '-음' 이외의 모음으로 시작된 접미사가 붙어서 다른 품사로 바뀐 것은 그 어간의 원형을 밝히어 적지 아니한다.
> ㉢ **제20항** 명사 뒤에 '-이'가 붙어서 된 말은 그 명사의 원형을 밝히어 적는다.
> ㉣ **제20항 [붙임]** '-이' 이외의 모음으로 시작된 접미사가 붙어서 된 말은 그 명사의 원형을 밝히어 적지 아니한다.

① ㉠: 노름에 빠지면 돈을 잃기 쉽다. → 놀음
② ㉡: 언덕 <u>넘어</u> 작은 마을이 있다. → 너머
③ ㉢: 이번 일은 <u>난나치</u> 조사할 것이다. → 낱낱이
④ ㉣: 겨울의 <u>끝머리</u>에 강추위가 몰아닥친다. → 끄트머리

004
다음은 '청소년 놀이 문화'에 대해 글을 쓰기 위한 개요이다. ㉠, ㉡에 들어갈 내용으로 가장 적절한 것은?

> **주제문**: 청소년 놀이 문화를 개선하여 건강한 삶을 영위하자.
> Ⅰ. **서론**: 청소년 놀이 문화의 현황
> Ⅱ. **본론**
>   1. **청소년 놀이 문화의 의의**
>   가. 사회성을 향상시킴
>   나. 정신적 성장에 도움을 줌
>   2. _____㉠_____
>   가. 개인 중심적이고 폐쇄적임
>   나. 오락성만 추구하는 경향이 강함
>   3. **청소년 놀이 문화의 개선 방안**
>   가. _____㉡_____
>   나. 놀이를 통한 자기 계발의 중요성 교육
> Ⅲ. **결론**: 청소년 놀이 문화의 개선을 통한 건강한 삶 추구

① ㉠: 청소년 놀이 문화의 유래
  ㉡: 가족 놀이 문화의 연구와 보급
② ㉠: 청소년 놀이 문화의 유래
  ㉡: 개인적 놀이 문화의 개발과 지원
③ ㉠: 청소년 놀이 문화의 문제점
  ㉡: 전통적 놀이 문화의 연구와 보급
④ ㉠: 청소년 놀이 문화의 문제점
  ㉡: 공동체 놀이 문화의 개발과 지원

005
'面從腹背(면종복배)'의 뜻과 가장 거리가 먼 한자성어는?
① 羊頭狗肉
② 口蜜腹劍
③ 刮目相對
④ 表裏不同

006
다음 글에 대한 설명으로 적절하지 않은 것은?

> 추성(秋城) 진호루(鎭胡樓) 밧긔 울어 예는 저 시내야
> 무음 호리라 주야(晝夜)에 흐르는다
> 님 향한 내 뜻을 조차 그칠 뉘를 모르나다
> <제3수>
>
> 뫼흔 길고 길고 물은 멀고 멀고
> 어버이 그린 뜻은 많고 많고 하고 하고
> 어디서 외기러기는 울고 울고 가느니
> <제4수>
>
> 어버이 그릴 줄을 처엄부터 알아마는
> 님군 향한 뜻도 하날이 삼기시니
> 진실로 님군을 잊으면 긔 불효(不孝)인가 여기노라
> <제5수>
> – 윤선도, 「견회요(遣懷謠)」 –

① 자연물에 감정을 이입하여 화자의 신념을 표현하고 있다.
② 반어적 표현을 활용하여 부정적 정치 현실을 비판하고 있다.
③ 부모에 대한 효(孝)와 임금에 대한 충(忠)을 대응시키고 있다.
④ 동일한 시어를 반복하여 부모를 향한 그리움을 강조하고 있다.

007
다음 글에서 언급되지 않은 것은?

> 폐기물 처리란 환경을 위해 폐기물을 인위적으로 조작하여 무게를 줄이고 해가 없는 물질로 만들어 재생을 꾀하는 일련의 공정을 말하며, 분류 체계에 따라 정해진 과정을 거쳐 처리된다. 일반적으로 소형 가전제품이나 가구 등의 생활 폐기물은 재활용이 가능한 것을 뺀 나머지를 수집·운반하여 적환장에 모은 다음, 종류에 따라 곧바로 매립하거나 소각하고, 대형 설비 기계 등의 사업장 폐기물은 폐기물 처리업자에 의해 수집된 뒤 중간 처리 과정을 거쳐 처리된다. 중간 처리를 철저히 하면 자원 절약과 에너지 회수 효과를 얻을 수 있고, 최종 처리의 부담을 덜 수 있다.

① 중간 처리 과정의 필요성
② 폐기물 처리의 구체적인 정의
③ 폐기물을 처리하는 단계적 과정
④ 종류에 따라 처리 과정이 다른 이유

008
㉠과 ㉡에 대한 이해로 적절하지 않은 것은?

> **면접자:** 지원자의 소개서를 보니, 기계공학을 전공했는데 영업 마케팅 부서에 지원했군요. 기계공학과 영업 마케팅은 거리가 멀어 보이는데, 영업 마케팅 부서에 지원했다는 것이 조금 의아합니다. 지원자는 어떤 생각에서 영업 마케팅 부서에 지원했나요? ㉠전공과 지원 부서 사이에 어떤 관계가 있을까요?
> **피면접자:** 아, 네. 아마 그 점에 대해서 의아해하실 거라 생각했습니다. 제가 왜 영업 마케팅 부서에 지원했냐는 말씀이시죠? 사실 저는 영업은 일종의 설득이라고 생각합니다. 제품에 대해서 잘 알지 못하는 판매자는 소비자에게 제품 구매를 설득하기 어렵다고 봅니다. 하지만 판매자가 제품에 대한 전문적 지식을 가지고 있다면 그만큼 설득력 있게 소비자의 구매를 이끌어 낼 수 있을 거라고 생각했습니다.
> **면접자:** 알겠습니다. 지원자의 답변을 들으니 앞으로 영업에 상당한 의욕을 보일 것 같은데, 만약 입사한다면 앞으로도 계속 영업 업무를 담당할 생각입니까?
> **피면접자:** 그렇진 않습니다. ㉡저는 영업 업무를 충분히 경험해 본 이후에 제품 기획 일을 맡고 싶습니다. 영업은 제품에 대한 이해를 바탕으로, 기획은 영업에 대한 이해를 바탕으로 이루어지는 거라고 생각합니다. 저의 최종 목표는 구매자들이 가장 필요로 하는 제품을 개발하는 것입니다.

① ㉠은 '면접자'가 지원자 소개서에서 확인한 '피면접자'에 대한 정보를 토대로 한 질문이다.
② ㉠은 '면접자'가 '피면접자'의 정보와 업무와의 연관성을 알고자 하는 면접 목적을 달성하기 위해 한 질문이다.
③ ㉡은 '피면접자'가 지원자 소개서에서 밝힌 내용을 더욱 자세히 설명하는 답변이다.
④ ㉡은 '피면접자'가 자신의 업무 목표에 대한 정보를 전달하고자 하는 면접 목적을 달성하기 위해 한 답변이다.

009
다음 시에 대한 감상으로 가장 적절한 것은?

> 나는 꿈꾸었노라, 동무들과 내가 가지런히
> 벌가의 하루 일을 다 마치고
> 석양에 마을로 돌아오는 꿈을,
> 즐거이, 꿈 가운데.
>
> 그러나 집 잃은 내 몸이여,
> 바라건대는 우리에게 우리의 보습 대일 땅이 있었다면!
> 이처럼 떠돌으랴, 아침에 저물손에
> 새라 새로운 탄식을 얻으면서.
>
> 동이랴, 남북이랴,
> 내 몸은 떠가나니, 볼지어다.
> 희망의 반짝임은, 별빛이 아득임은.
> 물결뿐 떠올라라, 가슴에 팔다리에.
>
> 그러나 어쩌면 황송한 이 심정을! 날로 나날이 내 앞에는
> 자칫 가늘은 길이 이어 가라. 나는 나아가리라.
> 한 걸음, 또 한 걸음, 보이는 산비탈에
> 온 새벽 동무들, 저 저 혼자…… 산경(山耕)을 김매이는.
> – 김소월, 「바라건대는 우리에게 우리의 보습 대일 땅이 있었다면」 –

① 회상을 통해 과거 지향적 태도를 드러내고 있다.
② 반어적 표현을 통해 일상의 소중함을 노래하고 있다.
③ 시상을 전환하며 현실을 이겨 내려는 모습을 보이고 있다.
④ 역설법을 활용하며 소박한 삶에 대한 지향을 드러내고 있다.

010
다음 글의 주제로 가장 적절한 것은?

20세기 초 이후 초가공식품의 소비는 가파르게 증가해 왔다. 초가공식품이란 식품 첨가물이 들어 있으며 가공과 변형이 많이 된 식품을 가리킨다. 과자, 음료, 즉석 편의 식품, 패스트푸드, 인스턴트식품 등이 대표적인 초가공식품이다. 이러한 초가공식품에 대한 체계적인 연구가 시작된 것은 겨우 지난 십 년간이다. 1990년대 초반이 되어서야 연구자들은 화학적으로 개조된 트랜스 지방에 관심을 가지기 시작했으며, 최근까지 고당분 섭취가 신진대사에 끼치는 영향에 대한 연구는 무시되어 왔다. 대신 영양학자들에 의해 초가공식품들이 함유하고 있는 영양분에 기초한 상대적 평가만이 이루어졌다. 이러한 상황은 가공 처리 기술이 식품 매트릭스, 즉 식품 성분들의 고유한 조합과 자연 재료의 결합 방식을 변형시키고 손상시킬 수 있다는 점을 간과하고 있다.

① 초가공식품의 정의와 종류
② 초가공식품과 자연식의 차이점
③ 초가공식품의 영양학적 불균형 문제
④ 초가공식품에 대한 과학적 연구 부족

011
다음 중 ㉠의 예로 가장 적절한 것은?

색깔을 나타내는 말에 '새-'가 붙으면 그 색깔의 정도가 매우 짙다는 뜻이 더해진다. 예를 들어 '새까맣다'는 '매우 까맣다'라는 뜻으로 쓰인 것이다. 그런데 '새-'가 붙어 다른 의미를 갖게 되는 경우도 있다.

(ㄱ) 여름휴가를 다녀왔는지 후배가 새까맣다.
(ㄴ) 졸업 연도를 따져 보니 새까만 후배로구나.

(ㄱ)과 (ㄴ)의 밑줄 친 단어는 그 의미가 서로 다르다. '후배가 새까맣다'는 후배의 피부색이 매우 검다는 뜻이지만 '새까만 후배'는 직장이나 학교에 들어온 시기가 자신과 차이가 많이 나는 후배를 일컫는다. 즉 (ㄴ)의 '새까만'은 색깔과는 무관한 말로, 중심 의미에서 일정한 관련성을 맺으며 번져 나간 ㉠전이 의미로 쓰인 경우이다.

① 가열된 열기에 기구가 뜨거워졌다.
② 눈이 밝은 사람도 제대로 보기 어려웠다.
③ 그는 매우 깊은 곳까지 탐험해 들어갔다.
④ 하얗게 깔린 눈을 밟으면서 앞으로 나아갔다.

012
다음 글의 논리적 전개 순서로 가장 적절한 것은?

(가) 이와 같이 국가나 공공 기관에서 공식적으로 사용해야 하므로, 표준어는 공용어이기도 하다. 그러나 어느 나라에서나 표준어가 곧 공용어는 아니다.

(나) 나라에 따라서는 다른 나라 말이나 여러 개의 언어로 공용어를 삼는 수도 있다. 전자는 부득이 다른 나라 말을 공용어로 하는 경우인데, 인도나 필리핀 등이 그러하다. 후자는 여러 민족의 언어를 공용어로 인정해 주는 경우인데, 스위스 같은 나라가 이에 속한다.

(다) 표준어는 나라에서 대표로 정한 말이기 때문에, 각급 학교의 교과서는 물론이고 신문이나 책에서 이것을 써야 하고, 방송에서도 바르게 사용해야 한다.

(라) 공용어가 여럿이면 그것을 쓰는 사람들 간에 위화감이 생길 수 있고, 하나의 언어가 다른 언어를 무력화시킬 수도 있는데, 우리나라는 민족이나 언어가 하나이니 다행이라 하겠다.

① (다) – (라) – (나) – (가)
② (다) – (가) – (나) – (라)
③ (나) – (다) – (라) – (가)
④ (나) – (가) – (다) – (라)

013

⊙~㉢에 대한 이해로 적절하지 않은 것은?

한 해 동안 애를 졸이며 홑자식 모양으로 알뜰히 가꾸던 그 벼를 거둬들임은 기쁨에 틀림없었다. 꼭두새벽부터 엣, 엣, 하며 괴로움을 모른다. 그러나 ⊙<u>캄캄하도록 털고 나서 지주에게 도지를 제하고, 장리쌀을 제하고, 색조를 제하고 보니 남은 것은 등줄기를 흐르는 식은땀이 있을 따름.</u> 그것은 슬프다 하기보다 끝없이 부끄러웠다. 같이 털어 주던 동무들이 뻔히 보고 섰는데 ㉡<u>빈 지게로 덜렁거리며 집으로 돌아오는 건 진정 열없기 짝이 없는 노릇이었다.</u>

… (중략) …

처음에야 그럴 작정이 아니었다. 그는 여러 곳 물을 마신 만치 어지간히 속이 트인 건달이었다. 지주를 만나 까놓고 썩 좋은 소리로 의논하였다. 올 농사는 반실이니 도지도 좀 감해 주는 게 어떠냐고. 그러나 ㉢<u>지주는 암말 없이 고개를 모로 흔들었다.</u> 정 이러면 하여튼 일 년 품은 빼야 할 테니 나는 그놈에다 불을 지르겠수, 하여도 잠자코 응치 않는다. 지주로 보면 자기로도 그 벼는 넉넉히 거둬들일 수는 있다. 마는 한번 버릇을 잘못해 놓으면 여느 작인까지 행실을 버릴까 염려하여 겉으로 독촉만 하고 있는 터였다. 실상이야 고까짓 벼쯤 있어도 고만 없어도 고만― 그 심보를 눈치채고 응칠이의 화를 벌컥 낸 것만은 좋으나, ㉣<u>저도 모르게 대뜸 주먹뺨이 들어갔던 것이다.</u>

― 김유정, 「만무방」에서 ―

① ⊙: 소작인들이 성실하게 농사를 지어도 가난을 벗어나지 못하는 왜곡된 농촌 현실을 형상화하고 있다.
② ㉡: 자신의 억울한 처지에 공감해 주지 않는 '동무들'을 책망하는 인물의 심리가 드러나 있다.
③ ㉢: 소작인들이 처한 어려운 사정을 고려해 주지 않는 인물의 매정한 모습이 나타나 있다.
④ ㉣: 몰인정한 '지주'로 인한 분노를 주체하지 못하는 인물의 태도를 보여 주고 있다.

014

다음 글을 이해한 내용으로 적절하지 않은 것은?

맹자에 따르면 인간은 태초부터 선하나, 외물에 의해 선한 본성이 어지럽게 변화한다. 이에 따르면 인간은 외물과 관계를 맺으며 나날이 불선을 지니게 된다. 순자는 이에 반대하며 선은 인위적 노력의 결과라고 주장했다. 순자에 따르면 인간은 모두 악하게 태어나므로, 선을 함양하기 위해 힘써야 한다. 성선설과 성악설의 대립은 오래 지속되었는데, 세석은 인간의 본성에는 선악이 모두 들어 있다며 두 주장을 융합했다. 그러나 고자는 인간의 본성에는 오히려 선악을 포함한 그 어떤 것도 들어 있지 않다고 주장했다.

이를 바탕으로 중국의 철학자들이 인간 본성을 순수한 이론적 측면에서 탐구했다고 생각할 수 있으나, 이는 잘못된 해석이다. 이들이 인간 본성을 구분한 이유는 사회적이고 정치적인 이유 때문이었다. 맹자의 성선설은 공권력에 저항하려는 호족들에게 자신들을 간섭하지 말라는 이념적 논거로 사용되었으며, 순자의 성악설은 공권력을 정당화하는 논거로 사용되었다. 이를 고려할 때, 중국 철학사에서 다양한 인성론이 전개된 것은 사실이지만, 이러한 논쟁이 인간의 본성 자체에 대한 철학적 고민은 아니었다고 평가할 수 있다.

이때 '결국에는 아무것도 없다.'라는 고자의 인성론은 오히려 철학사적으로 중요한 의의를 지닌다. 고자는 본성이라는 윤리적 개념을 선악과 관련된 정치적 개념으로 다룰 수 없음을 명시했기 때문이다. 고자는 인간의 본성을 그 자체로 사유했으며, 이러한 시각은 중국 철학사에서 논의된 다양한 인성론들이 사회적, 정치적 이념에 종속되어 있던 점과 선명하게 대비된다.

① 맹자는 선한 본성을 지닌 인간이 외부의 사물에 의해 악해진다고 보았으며, 순자는 악한 본성을 지닌 인간이 외부의 노력을 통해 선해진다고 보았다.
② 성선설이 공권력을 정당화하는 논거로, 성악설이 공권력에 저항하는 논거로 사용된 것을 고려할 때, 세석의 주장은 정치적 중립을 표방한 것으로 볼 수 있다.
③ 맹자와 순자가 인간의 본성을 선악으로 구분한 것은 사회적 이유에 따라 정치적 이념을 적용한 것이므로, 인간 본성 자체에 대한 철학적 고민이라고 보기 어렵다.
④ 인간의 본성에 선과 악 중 무엇도 없다는 고자의 인성론은 윤리적 개념과 사회·정치적 개념을 분리한 것으로, 인간 본성을 순수한 이론적 측면에서 탐구한 것에 해당한다.

015

㉠, ㉡의 한자 표기로 옳은 것은?

> ○ 이 나라의 헌정사는 권력자의 ㉠자의에 의한 파행으로 얼룩져 있다.
> ○ 그는 조직에 이미 깊숙이 ㉡간여하고 있었다.

	㉠	㉡
①	恣意	干與
②	自意	間與
③	恣意	間與
④	自意	干與

016

다음 글에서 설명하고 있는 내용이 아닌 것은?

> '빙고'는 '얼음'을 뜻하는 '氷'과 '곳집'을 뜻하는 '庫'가 결합한 단어로 '얼음을 두는 창고'를 뜻한다. 그리고 '석빙고'는 돌로 만든 빙고라는 뜻이다. 석빙고는 땅을 일정한 모양으로 파서 반지하 공간에 지어졌다. 빙고를 반지하에 만든 것은 지상보다 온도 변화가 적어 낮은 온도를 일정하게 유지하는 데 유리하기 때문이다. 자연 상태에서 한여름 석빙고 내부의 기온은 외부보다 10도 이상 낮은 상태를 유지한다. 석빙고 바닥은 흙으로 다지거나 편평한 돌을 깔고 경사지게 만들었다. 입구 반대편 끝의 바닥에 배수구를 두어 얼음이 녹은 물이나 땅속에서 흘러들어온 지하수가 바깥으로 빨리 배출되도록 하였다. 이는 실내 공기를 냉각하는 효과뿐 아니라 건조하게 유지하여 얼음이 빨리 녹는 것을 방지한다. 천장에는 환기구가 있는데 빙실 내의 데워진 공기가 대류에 의해 상부로 올라가 환기구를 통해 외부로 배출될 수 있도록 한 것이다. 또한 얼음을 오래 보관하기 위해 상당히 많은 양의 볏짚이나 갈대를 사용하였다. 볏짚이나 갈대는 속이 비어 있어서 열을 잘 전달하지 않기 때문에 자연에서 얻을 수 있는 가장 좋은 단열재였다. 석빙고에 사용된 석재들은 화강암이 가장 많은데, 대부분 석빙고가 위치한 지역 안에서 조달된 돌이다. 또한 다른 건물에 사용되었던 석재를 재활용하거나 근처에서 쉽게 구할 수 있는 강돌이나 자연 할석도 많이 이용하였다.

① 석빙고 명칭의 의미
② 석빙고의 기원과 역사
③ 석빙고의 과학적 원리
④ 석빙고의 구조와 재료

017

다음 글의 필자의 견해에 부합하지 않는 내용은?

> 총명한 선비에게는 괴이하게 생각되는 것이 없으나 무식한 사람에게는 의심스러운 것이 많다. 그야말로 견문이 적으면 괴이하게 여김이 많다는 격이다. 무릇 총명한 선비라고 해서 어찌 일일이 물건을 제 눈으로 봐야만 아는 것이랴? 한 가지를 들으면 열 가지가 형상화되고 열 가지를 보면 마음에는 백 가지가 넘쳐흐른다. 그리하여 천 가지 괴이한 것과 만 가지 신기로운 것에 대해서도 그 물건의 본질에 충실하여 객관적으로 보려 하되 주관을 섞지 않는다. 그런 까닭으로 마음에 여유가 있어서 응수를 무궁무진하게 할 수 있다.
>
> 본 것이 적은 사람은 해오라기를 가지고 까마귀를 비웃고 물오리를 들어서 학의 자태를 위태롭게 여긴다. 그 사물 자체는 전혀 괴이하다 생각하지 않는데 자기 혼자 성을 내어 꾸짖으며 한 가지라도 제 소견과 다르면 천하 만물을 다 부정하려고 덤벼든다.
>
> 아아! 저 까마귀를 바라보자. 그 날개보다 더 검은 색깔도 없는 것이 사실이지만 햇빛이 언뜻 흐릿하게 비치면 얕은 황금빛이 돌고, 다시 햇빛이 빛나면 연한 녹색으로도 되며, 햇빛에 비추어 보면 자줏빛으로 솟구치기도 하고, 눈이 아물아물해지면서는 비취색으로 변하기도 한다. 그렇다면 푸른 까마귀라고 불러도 옳으며 붉은 까마귀라고 불러도 역시 옳을 것이다.
>
> 그 사물에는 애초부터 정해진 색깔이 없건만 그것을 보는 내가 눈으로 색깔을 먼저 결정하고 있다. 어찌 눈으로만 색을 결정하는 것뿐이랴? 심지어 보지도 않고 미리 마음속으로 결정해 버리기도 한다.
>
> 아아! 까마귀를 검은 색깔에다 봉쇄시키는 것쯤이야 그래도 괜찮다. 이제는 천하의 모든 빛깔을 까마귀의 검은 색 하나에 봉쇄시키려 한다. 까마귀가 과연 검은색으로 보이긴 하지만 소위 푸른빛, 붉은빛을 띤다는 것은 바로 검은색 가운데서 푸르고 붉은빛이 난다는 사실을 의미함을 그 누가 알고 있으랴? 검은색을 어둡다고 보는 사람은 까마귀만 모를 뿐 아니라 검은색조차 알지 못하는 사람이다. 어째서 그러한가? 물은 검붉기 때문에 능히 비출 수 있고 옻칠은 까맣기 때문에 능히 비추어 볼 수 있다. 그런 까닭으로 색깔이 있는 것치고 광채가 없는 것은 없고, 형체가 있는 것치고 맵시가 없는 것은 없다.
>
> — 박지원, 「능양시집서(菱洋詩集序)」에서 —

① 현명한 사람은 현상의 본질에 초점을 두어 배움을 얻어 지식을 확장해 나간다.
② 어리석은 사람은 자신의 이해를 기준으로 모든 사물의 옳고 그름을 따지려 한다.
③ 현명한 사람은 객관적인 태도로써 사물을 바라보며 대상의 다양한 속성을 알게 된다.
④ 어리석은 사람은 식견이 좁아 자신이 경험하지 못한 일에 대해서는 짐작조차 하지 못한다.

018

⊙, ⓒ에 대한 이해로 적절하지 않은 것은?

17세기 초에 대두된 ⊙바로크 회화는 이전까지 유럽 전역에 성행했던 ⓒ르네상스 회화와 대립되는 양상을 보였다. 바로크 회화가 시대의 중심적인 양식으로 자리 잡음에 따라 작품에서는 더 이상 균형과 조화가 중시되지 않았으며, 역동적인 움직임이나 감동이 중시되었다. 하인리히 뵐플린은 이러한 변화를 '사물을 바라보는 눈의 변화'라고 설명했다.

기존의 회화에서는 작품 속 대상들을 명료하고 뚜렷하게 표현해야 한다고 생각했다. 따라서 사물의 형태를 그리는 드로잉 과정이 중시되었으며, 모든 대상은 배경과 구분되도록 뚜렷한 윤곽선으로 표현되었다. 반면 바로크 회화는 대상에 고정된 윤곽을 적용할 수 없다고 보았다. 눈에 보이는 모든 것은 끊임없이 변화하므로, 형태들을 불명확하게 표현하는 것이 오히려 본질에 가깝다는 것이다. 이러한 인식에 따라 바로크 회화의 대상들은 온전한 모습으로 표현되지 않았으며, 윤곽선 또한 희미하거나 끊긴 상태로 그려졌다.

르네상스와 바로크 회화를 구별하는 또 다른 기준으로는 완결성을 들 수 있다. 르네상스 회화의 작품은 안정된 구조를 이루며 닫힌 형식으로 완결되어 있다. 반면 바로크 회화의 작품은 열린 형식으로, 그림의 구도가 외부와 연결되도록 하여 그림 자체로 완결성을 갖지 않도록 하였다. 가령 인물을 삼각형 구도로 배치한다면, 르네상스 회화에서는 작품 속에 삼각형의 구도가 모두 드러난다. 그러나 바로크 회화에서는 삼각형의 일부가 바깥으로 벗어나 구도가 바깥으로 이어지는 것처럼 보인다. 이러한 특징은 각 시기의 조각상에도 반영되어 있다. 르네상스 시대의 조각이 바른 자세로 정면을 바라본다면, 바로크 시대의 조각은 역동적인 동작을 하고 측면을 바라보는 것이다.

이러한 점을 고려할 때, 르네상스 회화에서의 대상은 작품 속에 존재하는 각각의 주체라고 볼 수 있다. 그리고 바로크 회화에서의 대상은 작품 안팎에 녹아들어 배경과 함께 어우러진 존재로 볼 수 있다.

① ⊙은 ⓒ과 달리 역동적인 동작을 중시했으며, 불명확한 형태가 대상의 본질을 잘 나타낼 수 있다고 보았다.
② ⓒ은 ⊙과 달리 작품에 균형과 조화를 담았으며, 작품의 대상을 배경과 뚜렷하게 구별되는 각각의 주체로 보았다.
③ ⊙은 ⓒ과 달리 열린 형식으로 회화와 현실 세계가 이어지는 것처럼 나타내었으며, 특정한 구도를 갖추지 않도록 했다.
④ ⓒ은 ⊙과 달리 작품의 완결성이 높아야 한다고 보았으며, 작품을 닫힌 형식에 따라 구도가 모두 드러나도록 설계했다.

019

밑줄 친 단어의 뜻풀이로 적절하지 않은 것은?

① 교사인 제게 양육은 여반장(如反掌)인 줄 알았지요.
　- 손바닥을 뒤집는 것 같다는 뜻으로, 일이 매우 쉬움을 이르는 말.
② 옆에 있던 학생들까지 도매금(都賣金)으로 징계를 받았다.
　- 각각의 차이에도 불구하고 여럿이 같은 무리로 취급받음을 비유적으로 이르는 말.
③ 주춤했던 시위는 시민들의 참여로 남상(濫觴)을 맞이했다.
　- 다른 방향이나 상태로 바뀌는 계기 또는 고비를 이르는 말.
④ 수습사원이 계약을 성사시킨 것은 파천황(破天荒)의 일이었다.
　- 이전에 아무도 하지 못한 일을 처음으로 해냄을 이르는 말.

020

다음 글에서 추론한 내용으로 적절하지 않은 것은?

외환 위기 이후 우리나라의 환율 제도는 외환 시장에서의 수요와 공급에 따라 환율이 결정되는 자유 변동 환율 제도로 바뀌었지만, 환율의 급격한 변동을 초래하는 외부 충격이 발생하는 경우에 한해 정부나 중앙은행이 외환 시장에 개입하고 있다. 이를 '스무딩 오퍼레이션(smoothing operation)'이라고 한다. 이는 환율의 급격한 변동으로 인해 수출입 기업과 국민이 큰 피해를 입거나 경제의 불확실성이 확대되는 것을 방지하기 위하여 실시하는 환율 정책의 일종이다.

사실 외환 시장을 방임하고 있는 국가는 거의 없다. 특히 환율의 수급은 경상 수지에 의해 결정되기 때문에, 경상 수지에 의존하는 국가에서는 정부가 외환 시장에 개입하여 안정적인 환율을 유지하기 위해 노력한다. 일반적으로 정부나 중앙은행은 균형 환율로 되돌리기 위해 또는 환율을 안정시키기 위해 외환 시장에 개입한다. 경상 수지가 지속적으로 적자 또는 흑자의 불균형을 보이는 경우와 같이 시장에서 형성되는 환율이 한 나라 경제의 대외 균형을 이루는 환율과 상당히 차이가 나는 경우가 있을 수 있다. 예를 들어, 내수 부족으로 인해 경제가 침체되어 있는 경우 정책 당국이 수출 진작으로 경기를 부양하기 위해 외환 시장 개입을 하여 환율 상승을 유도할 수 있다.

① 우리나라는 수요와 공급에 따라 환율이 결정되는 제도를 운영하고 있다.
② 경제가 부진하여 경기를 부양하기 위해 국가가 개입하여 환율을 조정할 수 있다.
③ 경제의 불확실성이 확대되면 환율의 급격한 변동을 초래하는 외부 충격이 발생할 것이다.
④ 경상 수지에 의존하는 정도가 높을수록 환율이 경제에 끼치는 영향이 상당할 것이다.

모의고사 19회

001
다음 ㉠과 ㉡에 알맞은 것으로 짝지은 것은?

> '꽃향기'는 '음절 끝소리 규칙'에 의해 (㉠)가 되고, 다시 (㉡)에 의해 [꼬턍기]로 소리 난다.

	㉠	㉡
①	[꽃향기]	축약
②	[꽃향기]	탈락
③	[꼳향기]	축약
④	[꼳향기]	탈락

002
밑줄 친 부분이 바르게 쓰이지 않은 것은?

① <u>내노라하는</u> 연예인들이 공익 광고를 찍었다.
② 등산을 다녀와 침대에 <u>널브러져</u> 있었다.
③ 아이들 <u>뒤치다꺼리</u>에 하루가 지나갔다.
④ 그 많던 과자를 <u>금세</u> 먹어 치웠다.

003
다음 외래어 표기법을 고려할 때, 외래어 표기가 올바른 것은?

> (가) 외래어의 1음운은 원칙적으로 1기호로 적는다.
> (나) 파열음 표기에는 된소리를 쓰지 않는 것을 원칙으로 한다.
> (다) 국어를 존중해서 'ㅈ, ㅊ' 다음에 반모음 'ㅣ'의 결합을 제한한다.
> (라) 이미 굳어진 외래어는 관용을 존중하되, 그 범위와 용례는 따로 정한다.

① 까페
② 콩트
③ 쥬니어
④ 화운데이션

004
대담 참여자의 말하기 방식에 대한 설명으로 적절하지 않은 것은?

> **진행자:** '지역 소식' 시간입니다. 지난주에 ○○ 대교가 완공되었습니다. 완공까지의 이야기를 듣기 위해 현장 책임자를 모셨습니다. 소장님, 안녕하십니까?
> **소장:** 네, 반갑습니다.
> **진행자:** ○○ 대교 건설에 대한 지역 주민들의 성원이 많았던 만큼 공사 기간 내내 부담도 적지 않았을 텐데요?
> **소장:** 공사를 맡고서 부담이 되었지만, 편리하고 안전한 주민 생활 환경 조성에 도움이 되는 일이라고 생각하며 최선을 다했습니다.
> **진행자:** 그렇군요. 대단히 큰 공사였기에 주민분들의 궁금한 점이 많을 것 같아 몇 가지 여쭤보겠습니다. 이번에 완공된 ○○ 대교는 5년 전 완공된 □□ 대교보다 얼마나 더 길죠?
> **소장:** ○○ 대교 길이는 7.5km이고, □□ 대교의 길이는 5.5km입니다.
> **진행자:** 그러니까 ○○ 대교가 □□ 대교보다 2km 더 길다는 말씀이군요. 영상으로 본 ○○ 대교는 □□ 대교와 형태가 다르던데, ○○ 대교의 형태를 무엇이라고 하나요?
> **소장:** ○○ 대교와 같은 다리를 현수교라고 합니다. 현수교란 양쪽 언덕에 줄을 건너지르고, 거기에 의지하여 매달아 놓은 다리 형태를 말합니다. 반면, □□ 대교는 아치에 부착된 줄이 다리를 지지하는 아치교입니다.
> **진행자:** 그래서 ○○ 대교에 여러 줄의 케이블이 있었던 것이군요.

① '진행자'는 '소장'의 설명을 듣고 내용을 정리하고 있다.
② '소장'은 용어의 개념을 분명하게 밝히며 설명하고 있다.
③ '진행자'는 '소장'의 설명을 듣고 자신의 잘못된 이해를 수정하고 있다.
④ '소장'은 다른 대상과 비교하며 중심 대상의 특징을 드러내고 있다.

005
다음 글의 특징으로 가장 적절한 것은?

> 흔들리는 나뭇가지에 꽃 한 번 피우려고
> 눈은 얼마나 많은 도전을 멈추지 않았으랴
>
> 싸그락 싸그락 두드려 보았겠지
> 난분분 난분분 춤추었겠지
> 미끄러지고 미끄러지길 수백 번,
>
> 바람 한 자락 불면 휙 날아갈 사랑을 위하여
> 햇솜 같은 마음을 다 퍼부어 준 다음에야
> 마침내 피워 낸 저 황홀 보아라
>
> 봄이면 가지는 그 한번 덴 자리에
> 세상에서 가장 아름다운 상처를 터뜨린다
>
>   - 고재종, 「첫사랑」 -

① 반어적 표현을 활용하여 시상을 전환하고 있다.
② 역설적 표현을 활용하여 주제 의식을 드러내고 있다.
③ 정형적인 운율을 통해 시적 안정감을 확보하고 있다.
④ 사물을 의인화하여 사회 구조적 문제를 보여주고 있다.

006
밑줄 친 조사의 쓰임이 다른 것은?

① 드디어 동생이 선생님<u>이</u> 되었다.
② 우리가 이기는 것<u>이</u> 분명하다.
③ 선생님께서 숙제를 내 주셨다.
④ 정부<u>에서</u> 실시한 조사 결과가 발표되었다.

007
다음 글에 대한 이해로 적절하지 않은 것은?

> 언어 기호는 언어 형식과 의미로 나눌 수 있다. '나무'라는 우리가 보거나 듣는 시청각적 기호가 언어 기호라면, 실제 나무는 그 의미가 되는 것이다. 이렇게 생각하면 언어의 의미는 그것이 가리키는 현실 세계라는 말이 된다. 하지만 '나무'라는 언어 기호의 의미는 실제 나무를 지칭하는 것이 아니라 실제 나무들의 공통점을 추상화한 개념이다. 따라서 언어 기호가 갖고 있는 의미는 추상화된 개념인 까닭에 현실의 구체적 사물과 다르다. 이에 따르면 언어는 현실 세계의 실제 사물인 지시 대상을 직접 가리키지 않는다. 언어 기호는 어떤 개념을 의미할 뿐이며, 그 개념이 지시 대상을 가리키는 것이다. 즉, 언어는 개념을 통하여 지시 대상을 인식하는 것이다.

① 현실에 존재하는 나무는 '나무'라는 개념을 직접 지시한다.
② 언어 기호는 형식과 추상화된 개념으로 나눌 수 있다.
③ '나무'라는 언어 기호의 의미는 현실의 사물이 아니다.
④ '나무'라는 언어 기호는 실제의 나무를 직접 지칭하지 않는다.

008
다음 글의 주제로 가장 적절한 것은?

> 다른 사람의 글을 보다가 뜻에 맞지 않는 부분이 있다 해서 성급하게 배척하여 이를 버려서는 안 된다. 옛사람의 시문 중에 이름나고 빼어난 문장으로 당대에 일컬어진 것도 종종 몹시 눈에 차지 않으니, 이 어찌 옛사람이 안목이 없고 나 홀로 안목을 갖췄기 때문이겠는가. 옛사람과 명가의 글이 내 뜻에 맞지 않는다 하여 이를 가볍게 보아서는 안 된다. 비록 동시대에 학문이 얕은 사람의 글이라 해도, 또 어찌 내가 미치지 못하는 바임에도 우습게 본 것이 아님을 알겠는가. 다른 사람의 글을 읽다가 마땅치 않은 곳이 있으면 다만 스스로를 돌아보아 내 생각이 좁고 막힌 것을 병통으로 여겨야 한다.

① 책 속에 답이 있으니 책을 여러 번 정독해야 한다.
② 내가 주체가 되어 책의 내용을 탐독할 수 있어야 한다.
③ 책의 내용은 관점에 따라서 다르게 읽힐 수 있음에 주의해야 한다.
④ 책이 담고 있는 의미를 열린 마음으로 받아들이려고 노력해야 한다.

009
밑줄 친 부분에 해당하는 예로 가장 적절한 것은?

> 대화의 원리 중에는 공손하지 않은 표현은 최소화하고, 공손한 표현은 최대화하라는 원리가 있다. 이 원리의 핵심은 상대방에게 정중하게 말하고 실례를 범하지 말라는 것인데, 구체적인 방법 중의 하나는 화자 자신에 대한 칭찬은 최소화하고 자신에 대한 비방을 극대화하는 것이다.

① 더 고민할 필요 없이 그냥 이 디자인으로 진행하는 편이 좋지 않겠어?
② 회의 내용을 반영하여 디자인한 것은 좋지만 색을 수정해야 할 것 같아.
③ 아주 훌륭한걸. 나는 창의력이 부족해서 이런 디자인을 생각해 내지 못했을 거야.
④ 지금도 나쁘지 않지만 서두를 필요는 없으니 보다 나은 디자인이 없는지 더 고민해 보면 어때?

010
(가)와 (나)에 대한 설명으로 적절한 것은?

> (가) 임 그리워한 꿈이 실솔(蟋蟀)의 넋이 되어
> 　　추야장(秋夜長) 깊은 밤의 임의 방에 들렀다가
> 　　날 잊고 깊이 든 잠을 깨워 볼까 하노라
> 　　　　　　　　　　　　　　　　　　　　- 박효관 -
>
> (나) 꿈에 뵈는 임이 신의(信義) 없다 하건마는
> 　　탐탐(貪貪)이 그리울 때 꿈 아니면 어이 보리
> 　　저 임아 꿈이라 말고 자주자주 뵈소서
> 　　　　　　　　　　　　　　　　　　　　- 명옥 -

① (가)의 '꿈'과 (나)의 '꿈' 모두 '임'과 화자의 재회에 대한 낙관적 전망을 드러내고 있다.
② (가)의 '임'은 화자에 대한 그리움을 드러내고, (나)의 화자는 '임'에 대한 사랑을 표현하고 있다.
③ (가)의 화자는 '임'을 원망하고 있지만, (나)의 '임'은 '꿈' 속에서 화자에게 '신의 없다'라며 못마땅함을 드러내고 있다.
④ (가)에서 화자는 자신이 '실솔'이 되어 '임'을 만나려 하고, (나)에서는 '임'에게 자신의 소망을 들어 달라고 부탁하고 있다.

011
빈칸에 들어갈 한자성어로 가장 적절한 것은?

> 사건의 해결을 위해서 결정을 확실하게 해야 했으나 □□□□한 성격을 가진 그는 결정을 하지 못했다. 결국 상황이 악화되어 해결할 수 없게 되어 버렸다.

① 牽强附會
② 艱難辛苦
③ 優柔不斷
④ 虛張聲勢

012
밑줄 친 부분의 의미를 풀어 쓴 것으로 적절하지 않은 것은?

> ⊙대학가 점포에서 하루에 200개의 콜라가 팔린다고 하자. 테헤란로 점포에선 똑같은 콜라가 하루에 100개 정도 팔리고 있다. 이때 두 곳에서 팔린 상품은 같은 콜라이지만, 그 상품이 고객과 맺고 있는 상관관계는 전혀 다르다고 할 수 있다. 하나는 학생들이 하루에 200개씩 마시는 콜라이고, 다른 하나는 직장인들이 하루에 100개씩 마시는 콜라이다. 이러한 사실을 고려하여 대학가의 편의점에서는 테헤란로의 편의점에서보다 콜라를 고객과 가까우면서도 ⓒ손에 닿기 쉬운 위치에 배열한다. 고객과의 상관관계를 고려하여 제품을 구성하고 배열하는 등, 가능한 한 모든 상품이 점포 지역의 고객과 깊이 있는 관계를 갖도록 노력을 집중하는 것이다.
> 　이와 같은 관계 지향적 사고는 디지털 시대의 대표적인 가치관이다. ⓒ쏟아져 들어오는 메일과 각종 회원제 프로그램, 그리고 신용카드사의 제휴 프로그램을 보라. 모두가 더 많이, 더 깊은 관계를 맺고자 애쓰는 모습이다. 인터넷 포털 사이트는 최대한 많은 네티즌과 지속적인 관계를 맺는 데 사력을 다한다. '타깃 마케팅'이라는 말 역시 마찬가지이다. ⓔ인터넷과 통신 기술은 개인의 관계 영역과 대상을 지속적으로 확장시켰다. 시공간을 넘어선 관계로 확장시킨 것이다.

① ⊙: 학생 고객을 대상으로 운영하는 점포
② ⓒ: 제품과 제품의 관계에 집중하는 것
③ ⓒ: 관계를 확장시키고자 하는 노력
④ ⓔ: 시공간을 초월한 관계로 확장시키기 위한 수단

013
등장인물들의 말하기 방식으로 적절하지 않은 것은?

> 옆에서 이 모양을 지켜보고 있던 까투리는, 어떤 불길한 예감이 들어서,
> "아직 그 콩 먹지 마오. 눈 위에 사람 자취가 수상하오. 자세히 살펴보니 입으로 훌훌 불고 비로 싹싹 쓴 흔적이 심히 괴이하니. 제발 덕분 그 콩일랑 먹지 마오."
> "자네 말은 미련하기 그지없네. 이때를 말하자면 동지섣달 눈 덮인 겨울이라. 첩첩이 쌓인 눈이 곳곳에 덮여 있어 천산에 나는 새 그쳐 있고, 만경에 사람의 발길이 끊겼는데 사람의 자취가 있을까 보냐?"
> 까투리도 지지 않고 입을 연다.
> "일이 되어가는 형편은 그럴 듯 하오마는 지난밤 꿈이 크게 불길하니 자량하여 처사하오."
> 그러자 장끼가 또 하는 말이,
> "내 간밤에 한 꿈을 얻으니 황학(黃鶴)을 빗겨 타고, 하늘에 올라가 옥황상제께 문안드리니 상제께서 나를 보시고는 산림처사를 봉하시고, 만석고(萬石庫)에서 콩 한 섬을 내주셨으니, 오늘 이 콩 하나 그 아니 반가운가? 옛글에 이르기를 '주린 자 달게 먹고 목 마른 자 쉬 마신다.' 하였으니, 어디 한번 주린 배를 채워 봐야지."
>
> - 작자 미상, 「장끼전」에서 -

① '까투리'는 콩 주위의 수상한 자취를 근거로 상대방을 만류하고 있다.
② '까투리'는 지난밤에 꾼 불길한 꿈을 근거로 상대방을 만류하고 있다.
③ '장끼'는 겨울 산중의 인적이 드물다는 점을 근거로 상대방을 반박하고 있다.
④ '장끼'는 상대방이 꾼 꿈을 다르게 해석하여 행위의 정당성을 주장하고 있다.

014
다음 글의 빈칸에 들어갈 말로 가장 적절한 것은?

> 자본주의는 창조적 파괴의 끊임없는 강풍에 의하여 발전하는 경제 및 정치 체제이며 그 강풍이 멎으면 자본주의는 살아남기가 어렵게 된다. 그 강풍은 끊임없는 자유 경쟁에 의해서만 유지된다. 자본주의 체제는 안온한 체제가 아니다. 약자는 도태되고 강자만이 살아남는 비정한 체제이다. 강자에게는 너무 많은 포상이 주어지고 약자의 몫은 너무 적게 되는 제도이다. 따라서 이 체제는 어떤 다른 체제보다도 불평등을 가시적으로 만들어 내는 체제이다. 그렇기 때문에 이 체제는 언제나 부패할 가능성이 농후하다.
> 자본주의가 건전한 발전을 하려면 항상 이 두 가지가 시장의 원리 이외의 어떤 다른 원리에 의하여 보완되지 않으면 안 된다. 불평등이란 약점을 보완하기 위해서 사회주의적인 이념이 필요하며, 가치관 마모의 약점을 보완하기 위해서 종교와 철학이 자본주의를 도와주어야 하는 것이다. 즉 사회주의, 종교, 철학은 자본주의 체제에서 _____ 역할을 하는 것이다.

① 기폭제
② 시금석
③ 방부제
④ 견인차

015
다음 글에 대한 이해로 적절하지 않은 것은?

> 마당극이 열린 공간을 선택한 것은 열린 연극을 지향하기 위한 것이었고, 마당극의 열린 연극 지향성은 이데올로기적으로는 닫힌 사회에 대한 저항적 표현이라고 할 수 있다. 닫힌 사회의 모순들을 열린 공간 속에서 개방적으로 논의함으로써 문제 해결의 실마리를 찾고자 하는 것이다. 따라서 마당극의 마당이라는 공간은 열린 사회에 상응하며, 공연자-관객의 개방적 상호 관계는 마당극이 지향하는 열린 관계인 셈이다.
> 모든 공연은 일상적 시간을 멈추고 그것을 또 다른 시간으로 전환시킨다는 점에서 제의적이고 축제적인 시간이다. 그런 면에서, 어떤 연극이 시간적으로 힘을 얻는 것은 바로 이 시간에 대한 태도에서 비롯된다. 마당극의 시간은 역사의 과정을 보여주기 위해서 구성된 시간이 아니라, 체험하도록 하기 위해 구성된 시간이라는 점에 그 특징이 있다. 그래서 마당극은 상연의 '지금 여기'와 관객의 '지금 여기'가 연속적인 관계에 있다. 사건이 일어난 그때가 아니라 공연이 일어나고 있는 '지금'을 지속적으로 환기시키는 것이다.

① 마당극은 닫힌 사회에 대한 저항적 표현이다.
② 마당극의 관객은 무대 위의 공연자와 연결된다.
③ 마당극을 통해 일상적 삶을 축제로 받아들일 수 있다.
④ 마당극은 공연이 상연되는 그 순간의 시간을 중시한다.

016

다음 글을 이해한 내용으로 적절하지 않은 것은?

> 조각은 근대 이전에는 신전, 사원, 왕궁 등의 장소의 일부로서 존재하며, 종교적인 분위기를 조성하거나 왕의 권력을 상징하는 기능을 수행했다. 그러나 근대에 들어서면서 종교의 영향력 및 왕권이 약화되어, 장소에 놓인 조각에 부여되었던 종교적, 정치적 의미도 약화되었다. 이러한 경향은 19세기 이후 미술의 흐름 속에서 더욱 두드러졌고, 작품 외적 맥락에 구속되기보다는 작품 자체에서 의미의 완결을 추구하는 경우가 많아졌다. 이로 인해 작품 바깥의 대상을 지시하거나 재현하기보다는 감상자의 시선을 작품에만 집중시키는 단순하고 추상화된 작품들이 많이 등장했다.
>
> 이러한 경향 속에서 미니멀리즘이 등장하였다. 미니멀리즘은 1960년대에 미국을 중심으로 발달한 예술 사조로, 작품의 의미가 예술가의 의도에 의해 결정되는 것을 최소화하고 꾸밈과 표현도 최소화하여 극단적으로 단순화된 기하학적 형태를 추구했다. 미니멀리즘 작가들은 가공하지 않은 있는 그대로의 산업 재료들을 사용하는 등의 방법으로 무의도성과 단순성을 구현했기 때문에, 그 결과물은 작품이라기보다는 사물로 인식되기도 했다. 또한 미니멀리즘 조각은 감상자와 작품 간의 거리를 축소하고, 동선에 따라 개별적이고 다양한 경험과 의미 형성이 가능하도록 했다. 이러한 특징은 근대 이전의 조각이 장소의 특성에 종속되어 있었던 것과도 차별화된다.

① 근대 이전의 조각들은 장소의 속성에 의존하여 부여된 의도를 표현하였다.
② 19세기 이후의 조각들은 외적 요소로부터 독립하여 그 자체로 완결된 의미를 추구하였다.
③ 미니멀리즘 조각은 가공하지 않은 산업 재료를 사용하여 감상자들이 사물로 착각하기도 하였다.
④ 미니멀리즘 조각가들은 조각을 향한 감상자들의 시선을 분산시켜 다양한 의미를 띠도록 하였다.

017

'실업'에 대해 이해한 내용으로 적절하지 않은 것은?

> 실업이란 일할 의사와 노동력이 있는 사람이 일자리를 얻지 못한 상태를 말한다. 즉 일을 하고자 하며, 일할 능력이 있는데도 일자리를 얻지 못하면 실업 상태로 분류되는 것이다. 경기 침체가 지속됨에 따라 실업 상태에 놓인 인구가 증가하고 있다. 이는 심각한 사회적 문제를 야기할 수 있으므로, 정부의 대비책 마련이 불가피하다.
>
> 실업은 그 원인에 따라 구조적 실업, 경기적 실업, 마찰적 실업으로 유형화할 수 있다. 먼저 구조적 실업은 기술의 빠른 발전에 따라 과거의 기술을 보유한 노동자가 일자리를 잃는 것을 의미한다. 그리고 경기적 실업은 재화나 서비스에 대한 총수요가 부족해짐에 따라 노동에 대한 수요가 감소하기 때문에 발생한다. 마지막으로 마찰적 실업은 노동자가 알맞은 직업을 찾는 과정에서 생기는 실업 상태를 의미한다. 이는 더 나은 일자리를 선택하기 위한 일시적 실업이므로, 다른 실업의 유형에 비해 문제가 될 가능성이 적다.
>
> 이처럼 실업은 원인에 따라 다양한 유형으로 나타나므로, 일률적인 대비책으로는 실업과 관련된 문제를 완전히 해소할 수 없다. 따라서 정부는 유형에 따른 대비책을 마련하여 국가적 손실을 막기 위해 노력해야 한다.

① 재학 중인 대학생이나 노인 복지 시설의 보호를 받는 노인이 일을 하지 않는 것은 실업 상태로 분류하지 않겠군.
② 기술 로봇의 도입에 따라 기술직 근로자가 관리 업무를 담당하는 부서로 옮기게 되는 것은 구조적 실업에 해당하겠군.
③ 경기 침체로 백화점을 찾는 소비자가 감소하여 백화점에서 신규 직원을 채용하지 않는 것은 경기적 실업을 발생시키겠군.
④ 대학을 졸업한 후 전공과 관련된 회사를 찾는 동안의 실업 상태는 다른 유형의 실업에 비해 문제가 될 가능성이 낮겠군.

018

밑줄 친 부분의 한자가 나머지 셋과 다른 것은?

① 이번 사고에 대한 문책으로 감독이 전격 <u>경</u>질되었다.
② 올해 체육 행사에 드는 <u>경</u>비는 사장님께서 부담하기로 했다.
③ 그 <u>경</u>위는 알 수 없지만 결과만 놓고 본다면 우리에게 아주 유리하다.
④ 그녀는 기업의 소유와 <u>경</u>영은 원칙적으로 분리되어야 한다고 주장하였다.

019

다음 글에 드러난 인물들의 발화에 대한 설명으로 적절하지 않은 것은?

> 마을 회관 앞, 황만근이 직접 심어놓은 등나무 덩굴 아래, 직접 짠 평상에 사람들이 모였다. 먼저 이장이 입을 열었다.
> "만그인지 반그인지 그 바보자석 하나 따문에 소 여물도 못하러 가고 이기 뭐라. 스무 바리나 되는 소가 한꺼분에 밥 굶는 기 중요한가, 바보자석 하나가 어데 가서 술 처먹고 집에 안 오는 기 중요한가, 써그랄."
> 마을에서 연장자 축에 들고 가장 학식이 높아 해마다 한 번씩 지내는 용왕제(龍王祭)에 축(祝)을 초(草)하는 황재석 씨가 받았다.
> "그래도 질래 있던 사람이 없어지마 필시 연유가 있는 기라. 사람이 바늘이라, 모래라. 기양 없어지는 기 어디 있어. 암만 그래도 우리 동네 사람 아이라. 반그이, 아이다, 만그이가 여게서 나서 사는 동안 한 분도 밖에서 안 들어온 적이 없는데 말이라."
> "아이지요, 어르신. 가가 군대간다 캤을 때 여운지 토깨인지하고 밤새도록 싸우니라고 하루는 안 들어왔심다."
> 용왕제에서 집사 역을 하는 황동수가 우스개처럼 말을 이었다.
> … (중략) …
> 민 씨는 이장이 궐기대회 전날 황만근을 따로 불러 무슨 말을 건네던 것을 기억해 냈다.
> "그제 밤에 내일 궐기대회 한다고 사람들 모였을 때 이장님이 황만근 씨에게 뭐라고 하셨죠. 모임 끝난 뒤에."
> 이장은 민 씨를 흘기듯 노려보았다.
> "왜, 농민보고 농민궐기대회 꼭 나오라 캤는데, 뭐가 잘못됐나."
> 민 씨는 자신도 모르게 따지는 어조가 되었다.
> "군 전체가 모두 모여도 몇 명 안되었다면서요. 그런 자리에 황만근 씨가 꼭 가야 합니까. 아니, 황만근 씨만 가야 할 이유라도 있습니까. 따로 황만근 씨한테 부탁을 할 정도로."
> "이 사람이 뭐라 카는 기라. 이장이 동민한테 농가부채 탕감촉구 전국농민 총궐기대회가 있다. 꼭 참석해서 우리의 입장을 밝히자 카는데 뭐가 잘못됐다 말이라."
> "잘못이라는 게 아니고요, 다른 사람들은 다 돌아왔는데 왜 황만근 씨만 못 오고 있나 하는 겁니다."
>
> – 성석제, 「황만근은 이렇게 말했다」에서 –

① '황재석'은 '황만근'이 사라진 일을 대수롭지 않게 여기는 '이장'의 말을 반박하며 상황의 심각성을 환기하였다.
② '황동수'는 '황만근'이 군대를 간다고 했던 사건을 언급하며 그가 외박한 적이 없다는 '황재석'의 말에 동의하였다.
③ '민 씨'는 과거 사건을 떠올리고 '황만근'이 농민궐기대회에 꼭 참석할 필요가 있었는지 '이장'에게 따져 물었다.
④ '이장'은 농민궐기대회의 취지를 내세워 '황만근'에게 농민궐기대회에 참석하라고 한 자신의 요구를 옹호하였다.

020

다음 글을 읽고 추론한 내용으로 적절하지 않은 것은?

> 차명 계좌란 자산의 실소유자와 거래 명의자가 일치하지 않는 금융 계좌, 즉 다른 사람의 이름으로 개설한 계좌를 의미한다. 차명 계좌에는 상대의 허락을 받아 개설한 합의 차명 계좌와 상대의 허락 없이 몰래 개설한 도명 계좌가 포함되며, 실재하지 않는 가상의 이름으로 개설하는 가명 계좌는 포함되지 않는다. 90년대 이전까지는 금융 기관이 실적을 올리기 위해 합의 차명 계좌를 권유하기도 하였다. 그러나 차명 계좌가 주로 비자금이나 범죄 수익 등의 불법 자금 유통의 용도로 사용되자, 정부는 1993년 금융 실명제 실시를 통해 차명 계좌의 개설을 법적으로 금지했다. 또한 이미 개설된 차명 계좌의 자산에 대해서는 높은 세율의 소득세를 부과하여, 명의자와 실소유자가 일치하지 않는 비실명 자산이 실명의 자산으로 이동할 수 있도록 하였다.
> 현재까지도 차명 계좌를 개설하거나 운용하는 것은 법적 제재를 받으며, 차명 계좌를 개설하여 불순한 의도로 사용한 것이 적발될 경우 명의를 빌린 사람뿐만 아니라 명의를 빌려준 사람까지 모두 처벌의 대상이 된다. 단, 곗돈이나 동창회 등 친목 단체의 회비를 관리하기 위한 계좌 혹은 교회나 문중 등 기업이 아닌 임의 단체의 자산을 관리하기 위한 계좌는 그 특수성을 인정하여 대표자 이름으로 차명 계좌를 개설하는 것이 허용된다.

① 현재에는 자산의 실소유자가 거래 명의자의 동의를 얻어 합의 차명 계좌를 개설하는 것도 법적으로 금지되겠군.
② 가명 계좌를 차명 계좌와 구분하는 까닭은 가명 계좌의 거래 명의자는 실존하는 인물이 아니기 때문이겠군.
③ 현재에는 자금 세탁의 용도로 도명 계좌를 개설하여 사용할 경우 명의를 빌린 사람과 빌려준 사람 모두 처벌받겠군.
④ 금융 실명제에서 예외적으로 친목 단체와 임의 단체의 차명 계좌를 허용하는 것은 단체라는 특이성을 고려한 것이겠군.

모의고사 20회

001
밑줄 친 부분 중 보조 용언이 결합하지 않은 것은?
① 그들은 서로 누가 더 잘못했는지 따져 봤다.
② 그는 콧등에 맺힌 땀방울을 손으로 닦아 냈다.
③ 사람들이 불을 피우려고 나뭇가지를 꺾어 왔다.
④ 날이 어두워지지도 않았는데 방에 전등을 켜 뒀다.

002
밑줄 친 부분의 발음이 표준 발음법에 맞는 것은?
① 꽃 위[꼬뒤]에 나비가 앉았다.
② 들녘에는[들:려게는] 누런 벼가 익어 갔다.
③ 밭에[바체] 씨를 뿌리다.
④ 입고 나갈 옷이[오디] 마땅찮다.

003
다음 중 토의에 대한 설명으로 적절하지 않은 것은?
① 여러 사람들이 참여하는 집단적 담화 행위이다.
② 협력을 통해 공동의 문제를 해결하는 말하기이다.
③ 참여자들이 대립될 수 있는 논제에 대해 논의한다.
④ 상대방의 의견을 하나의 방안으로 파악하고 검토한다.

004
어법에 어긋난 문장을 수정하고 설명한 예로 적절하지 않은 것은?
① 공기를 자주 환기하지 않으면, 실내에 미세 먼지가 많아진다.
   → '공기'와 '환기'는 의미상 중복되므로 '공기를'을 삭제한다.
② 나는 방긋 웃으면서 떠나는 친구를 배웅하였다.
   → 수식 구조의 중의성이 나타나므로 '웃으면서'에 쉼표(,)를 붙인다.
③ 몸이 아픈 관계로 오늘 가게 영업은 하지 않습니다.
   → '~한 관계로'는 번역 투의 문장이므로 '아픈 관계로'를 '아픈 관계 때문에'로 바꾼다.
④ 이불을 자주 빨지 않으면 변색되거나 냄새의 원인이 된다.
   → 서술어와 호응하는 '변색되거나'와 '냄새의'의 구조가 같지 않으므로 '냄새의'를 '냄새가 나는'으로 바꾼다.

005
(가)와 (나)에 대한 설명으로 적절하지 않은 것은?

(가) 翩翩黃鳥(편편황조)	훨훨 나는 저 꾀꼬리
雌雄相依(자웅상의)	암수 서로 정답구나
念我之獨(염아지독)	외로운 이 내 몸은
誰其與歸(수기여귀)	누구와 함께 돌아갈까
	- 유리왕, 「황조가(黃鳥歌)」-
(나) 公無渡河(공무도하)	임이여 물을 건너지 마오
公竟渡河(공경도하)	임은 결국 물을 건너네
墮河而死(타하이사)	물에 휩쓸려 돌아가시니
當奈公何(당내공하)	가신 임을 어이할꼬
	- 작자 미상, 「공무도하가(公無渡河歌)」-

① (가)는 '꾀꼬리'와 화자를 대비함으로써 현재 상황을 강조하고 있다.
② (나)는 '물'의 의미를 달리하면서 현재 상황에 대한 안타까움을 드러내고 있다.
③ (가)와 (나) 모두 시간의 흐름을 통해 시상을 전개하고 있다.
④ (가)와 (나) 모두 우리말을 표기할 우리 문자가 없을 때 창작된 작품이다.

006
제시된 자료에서 알 수 있는 중세 국어의 특징으로 가장 적절하지 않은 것은?

① 나·랏 :말쏘·미
  → 받침을 조사나 어미에 연달아 소리 나는 대로 이어 적는 연철 표기를 활용하였다.
② 니르·고·져 ·홇 ·배 이·셔·도
  → 주격 조사 '가'가 사용되었다.
③ ᄆᆞ·ᄎᆞᆷ :내 제 ·ᄠᅳ·들
  → 초성에 2개 이상의 자음이 오는 어두 자음군이 사용되었다.
④ 시·러 펴·디
  → 구개음화가 일어나지 않았다.

007
다음 ㉠~㉣ 중 의미가 동일한 것끼리 묶인 것은?

우리가 어떤 대상을 판단함에 있어서 자신의 가치관으로 대상의 속성을 고정시키는 우를 범하는 경우가 많다. 이와 관련해 동양 철학의 고전인 〈장자〉를 통해 가치의 양면성 문제를 살펴볼 수 있다. 장자가 그의 친구 혜자와 한참 이야기를 하고 있는데, 혜자가 장자에게 "㉠자네의 말은 다 쓸데없는 말이야."라면서 반박하였다. 이에 장자는 그에게 "자네가 내 이야기의 쓸데없음을 알기에 내 이야기는 쓸데 있는 것이네. 예를 들어 이 큰 대지 위에 자네가 서 있는 자리, 즉 설 수 있는 것은 겨우 ㉡발바닥 밑부분뿐이지. 그렇다고 ㉢나머지는 필요 없는 것이라 하여 발바닥 이외의 땅을 다 파 버리면 자네가 선 땅덩어리는 존재 가치가 있다고 여기는가?"라고 말하였다. 자신이 서 있는 자리의 땅을 제외하고 모두 파내면 자신은 오도가도 못함은 물론이거니와 땅이 밑으로 무너지는 것은 당연한 일일 것이다. 우리는 혹시 자신이 자기중심적 사고방식만을 고집하여 아집에 빠져들고 있는 것은 아닌지 ㉣자문해 보아야 할 것이다.

① ㉠, ㉡
② ㉠, ㉢
③ ㉠, ㉣
④ ㉡, ㉣

008
다음 시에 대한 설명으로 적절하지 않은 것은?

나직하고 그윽하게 부르는 소리 있어
나아가 보니 아, 나아가 보니―――
어렴풋이 나는 지난 날의 회상같이
떨리는, 뵈지 않는 꽃의 입김만이
그의 향기로운 자랑 안에 자지러지노라!
아, 찔림 없이 아픈 나의 가슴!

나직하고 그윽하게 부르는 소리 있어
나아가 보니 아, 나아가 보니―――
이제는 젖빛 구름도 꽃의 입김도 자취 없고
다만 비둘기 발목만 붉히는 은실 같은 봄비만이
소리도 없이 근심같이 내리누나!
아, 안 올 사람 기다리는 나의 마음!

- 변영로, 「봄비」 -

① 동일한 시행을 반복하여 운율감을 느끼게 한다.
② 영탄적인 어조로 고조된 감정을 표현하고 있다.
③ 명사로 끝맺은 시행을 반복하여 시적인 여운을 준다.
④ 표면에 드러나지 않은 화자가 대상을 관찰하고 있다.

009
밑줄 친 단어의 한자 표기가 모두 옳은 것은?

○ 이번 협상으로 우리는 큰 ㉠수확을 거두었다.
○ 우리는 그 집에 초대되어 정중한 ㉡대우를 받았다.

	㉠	㉡
①	收穫	待遇
②	授穫	待遇
③	授穫	待憂
④	收穫	待憂

010
다음 글에 대한 이해로 적절하지 않은 것은?

우리나라는 로마법의 영향을 받은 대륙법 체계를 따르는 국가이다. 대륙법 체계에서는 성문법을 기준으로 하는데, 여기에서 성문법은 제도상 입법권을 가진 자에 의하여 만들어지고, 그 내용이 문서로 작성되어 일정한 형식과 절차를 거쳐서 공포된 법을 일컫는다. 따라서 대륙법제 국가에는 입법 기관을 통과하여 만들어진 법률들이 법전에 수록되어 있다. 성문법을 기준으로 하기 때문에 불변적이고 보수적인 특징을 갖지만 현대 사회에서는 활발한 입법 활동을 통해 새로운 법률이 수시로 추가된다. 변화하는 사회 현실에 발맞추어 법률 또한 신속하게 새로운 기능을 갖출 필요가 있기 때문이다.

과거 대부분의 국가들이 로마법을 따라 대륙법제를 갖출 때 유일하게 로마법을 받아들이지 않은 나라는 영국이다. 영국은 자국의 전통적이고 토속적인 법 제도를 고수했는데, 이것이 바로 영미법제이다. 이 영미법제에서는 성문법을 반대한다. 왜냐하면 법의 기본 원칙은 의회가 제정한 법률 속에서 발견되는 것이 아니라, 법원의 구체적인 판결에서 발견된다고 믿었기 때문이다.

① 우리나라는 로마법의 영향을 받은 법체계를 따르고 있다.
② 우리나라 법은 일정한 형식과 절차를 거쳐 법을 공포한다.
③ 현대 사회에 대응하기 위해서는 성문법의 기능을 살려야 한다.
④ 법률에 법의 기본 원칙이 내포되지 않는다고 보는 입장도 있다.

011
다음 글에 대한 설명으로 적절하지 않은 것은?

내가 하동(河東)에 있을 때에 집 곁에 작은 샘이 있는데, 그 근원이 수풀 속에 파묻혀 나오는 방향을 알지 못하므로, 이웃 사람들이 더러운 흙에서 나오는 것이라 억측하고, 더럽게 여겨 먹지 않으려 하였다. 내가 가서 보고 그 근원을 청소하고 그 흐름을 터놓아, 조금 동쪽에다가 벽돌로 우물을 만드니 바로 이웃에 있는 냉정(冷井)으로 이름난 것과 수맥이 같고 맛이 또 같으니, 한 근원이요 물줄기만 나누어진 것이었다. 이에 부로(父老)들이 서로 와서 치하하며 왕래하고 길어 써도 마르지 않으니, 내가 진실로 옛말과 같이 지혜를 써서 물을 흐르게 한 것인가, 흐르는 것을 거슬러 근원을 알아낸 것인가.

- 이첨, 「원수(原水)」에서 -

① 글쓴이가 직접 경험한 사건을 제시하여 주제를 전달하고 있다.
② '하동'이라는 구체적인 지명을 이용하여 사실성을 부각하고 있다.
③ 겉모습보다 근원을 파악하는 것이 중요하다는 교훈을 드러내고 있다.
④ 자연과 인간의 속성을 대비하여 집단의 지혜를 모아야 함을 강조하고 있다.

012
다음 글에서 보여 주는 진술 방식을 사용하고 있는 것은?

자유와 평등은 인간의 삶에서 필수적이다. 모든 인간은 자유와 평등을 지니고 태어나며, 이를 바탕으로 행복을 추구할 권리가 있기 때문이다. 이때 자유가 개인의 삶에 바탕이 되는 원리라면 평등은 공동체 사회에 바탕이 되는 원리이다. 자유가 음(陰)이라면 평등이 양(陽)이 되는 것이다. 양과 음은 서로 다르지만 모두 서로의 존재를 전제하여 존재한다. 자유와 평등도 이와 마찬가지로, 둘 중 어느 한쪽만 중시한다면 사회는 균형을 잃게 된다. 일률적인 크기의 새장에 갇혀 먹이를 공급받는 사회는 인간의 품위를 존중하는 사회의 모습이라고 하기 어렵다. 그리고 가장 낮은 곳에 있는 자들을 위한 배려 장치가 없는 사회는 어떠한 명분으로도 정당화될 수 없다.

① 한국어, 일본어, 터키어, 만주어, 몽골어, 헝가리어 등은 대표적인 교착어로 알려져 있다.
② 초상권이란 자기의 얼굴이 본인의 허가 없이 촬영되거나 또는 공표되지 않을 권리를 말한다.
③ 철새가 풍부한 먹이와 온화한 기후를 찾아 날아가듯 기업도 기업하기 좋은 곳으로 떠나기도 한다.
④ 우리 몸의 구성 요소인 관절은 조직의 특징을 바탕으로 윤활 관절과 섬유 관절, 연골 관절로 나눌 수 있다.

013

(가)~(다)를 맥락에 따라 가장 자연스럽게 배열한 것은?

> 도리안은 음악이 해석을 통해 생명을 갖는다고 했다.
>
> **(가)** 베커가 생각한 이상적 연주는 '즉흥 연주'였다. 물론 베커가 말한 즉흥 연주는 악보 없이 연주하는 것이 아니라 연구가가 악보에 대해 순간적인 상상력을 발휘하여 자유롭게 연주하는 것을 의미한다.
> **(나)** 이 말은 음악에 대한 해석과 연주의 중요성을 의미하는 것으로, 20세기 초반 음악 평론가인 파울 베커에서 비롯되었다고 할 수 있다.
> **(다)** 그에 따르면, 음악 작품의 반은 예술적 착상을 악보로 기록한 작곡가에 의해 이루어지는 것이고 나머지 반은 연주가에 의해 연주될 때 이루어지는 것으로, 이때에야 비로소 하나의 예술 작품이 완성된다는 것이다.
>
> 이런 관점에서 베커는 '재생산적 연주'를 강하게 비판했다.

① (나)-(가)-(다)
② (나)-(다)-(가)
③ (다)-(가)-(나)
④ (다)-(나)-(가)

014

밑줄 친 한자성어의 쓰임이 가장 옳지 않은 것은?

① 회사의 성공을 위해서 어떤 일이든 犬馬之勞를 다하겠습니다.
② 해적들에게 납치된 선원들은 나름대로 탈출할 방법을 暗中摸索하였다.
③ 박사님은 이번 연구가 泣斬馬謖으로 그치지 않도록 막바지에 박차를 가했다.
④ 결혼한 친구들이 애들로 정신없는 모습을 보면 孤子單身인 내가 다행스러울 때가 있다.

015

다음 글에 대한 이해로 가장 적절한 것은?

> 부정적 감정은 인간의 생존과 깊은 관련이 있지만 일상에서 이성을 마비시켜 합리적 대처를 어렵게 만들기도 하고 사회 규범과 갈등을 빚는 경우도 있다. 즉, 인간의 자연스러운 감정 반응이 사회 환경과 갈등을 빚는 경우가 발생하기도 하는 것이다. 따라서 일상생활에서 부정적 감정을 적절하게 조절하고 처리하는 것이 중요하다. 이를 위해서는 ㉠능동적 방식, ㉡회피 분산적 방식, ㉢지지 추구 방식 등이 동원된다. 능동적 방식은 감정을 유발하게 한 문제 상황을 해결하여 감정을 조절하는 방식이고, 회피 분산적 방식은 부정적 상황을 외면하거나 축소시켜 인식하는 방식이다. 마지막으로 지지 추구 방식은 타인의 지지와 공감을 통해 부정적 감정을 해결하는 방식이다. 이때 감정을 조절하는 가장 건설적인 방법은 능동적 방식이라고 할 수 있으나, 때로는 회피 분산적 방식과 지지 추구 방식을 적절하게 사용하는 것도 효과적이다.

① ㉠은 부정적 상황 자체를 해결하는 방식이고, ㉡과 ㉢은 부정적 상황에 대한 인식과 감정을 조절하는 방식이다.
② ㉠과 ㉡은 이성적으로 부정적 감정을 해결하는 방식이고, ㉢은 비합리적으로 부정적 감정을 해결하는 방식이다.
③ ㉠과 ㉢은 타인에 의해 부정적 상황을 해결하는 방식이고, ㉡은 자발적으로 부정적 감정을 해결하는 방식이다.
④ ㉡과 ㉢은 건설적으로 부정적 상황을 해결하는 방식이고, ㉠은 비생산적으로 부정적 상황을 해결하는 방식이다.

016

다음 중 「위치 정보법」에 저촉되는 경우에 해당하는 것은?

> 최근 GPS 기술이 발전함에 따라 위치 정보가 개인 정보와 연결될 때 사생활권이 침해될 수 있다는 우려가 제기되었고, 이를 완화할 수 있는 법적·제도적 장치인 「위치 정보법」이 제정되었다. 이러한 법의 등장은 사생활권의 의미가 내 정보의 가치를 적극적으로 보호받을 권리로 변화한 것과 관련된다. 「위치 정보법」은 단순히 개인 위치 정보 이용을 제한한 것이 아니다. 그 목적은 개인의 위치 정보의 보호와 이용을 균형 있게 추구하여 공공복리 증진에 이바지함에 있다. 개인의 사생활이 적절히 보호될 때 위치 정보의 안전한 이용 환경이 조성되어 위치 정보 이용 활성화로 이어질 수 있다고 본 것이다. 「위치 정보법」의 주요한 내용은 다음과 같다. 위치 기반 서비스 사업자는 정부 기관에 허가를 받도록 하고, 개인의 동의 없이 위치 정보를 수집·이용 또는 제공할 수 없도록 했다. 다음으로 위치 기반 서비스 사업자가 개인 위치 정보를 제3자에게 제공 시 통보하도록 하고, 개인 위치 정보의 수집·이용 및 제공 목적을 달성한 뒤에는 개인 위치 정보를 파기하도록 했다. 단, 긴급 구조 기관은 개인 위치 정보 주체나 가족 등의 긴급 구조 요청이 있는 경우 위치 정보 사업자에게 개인 위치 정보의 제공을 요청할 수 있도록 했다.

① 위치 정보 사업자로부터 고객 위치 정보를 제공받은 백화점이 무단으로 근처 고객에게 모바일 할인권을 제공한 경우
② 위치 기반 게임 서비스를 제공하는 사업체가 위치 정보 이용 가능성을 약관에 명시함으로써 고객의 확인을 받은 경우
③ 고객의 긴급 호출 시 이동 통신사로부터 위치 정보를 제공받아 긴급 출동을 한 경호업체가 개인 위치 정보를 파기한 경우
④ 주변 식당 찾기, 주변 길 안내 등의 서비스를 신청한 고객에게 애플리케이션을 통해 이동 통신업체가 정보를 제공한 경우

017

다음 글에 대한 이해로 적절하지 않은 것은?

> 채 군수는 한숨을 내쉬며 이재수를 바라본다. 고개를 숙이고 있는 이재수. 채 군수는 답답한지 깊은 한숨을 내쉰다. 고개를 들어 채 군수를 쳐다보는 이재수의 눈이 붉게 충혈되어 있다. 이재수는 채 군수의 발치로 와 무릎을 꿇는다.
>
> **이재수**: 채 군수 어른, 소인을 용서해 주십시오.
> **채 군수**: 아니 왜 이러시오?
> **이재수**: 미천한 소인이 군수 어른께 한마디 상의도 없이 감히 장두로 나섰습니다.
> **채 군수**: (이재수의 손을 잡아 일으키며) 일어나시게, 자네는 이미 내 종복이 아닐세. 장두가 이러면 되겠나.
> **마찬삼**: 이 장두 어서 일어나시게. 자네는 장두가 아닌가.
>
> 하지만 제자리에 꼼짝 않고 고개를 숙이고 있는 이재수.
>
> **이재수**: 채 군수 어른. 관노(官奴)인 소인이 비천한 신분으로 장두에 나선 것은 젊은 객기가 영웅 소릴 듣고픈 야욕 때문이 아니우다. 죽지 못해 사는 우리 백성들을 봅세게. 성을 공격하면 지금 당장은 피를 보겠지만, 이대로 흩어진다면 자자손손 더욱 많은 피를 볼 것이우다. 소인은 불쌍한 제주민들이 이번 난리로 조금이라도 나은 생활을 자식들에게 물려줄 수 있다면 하는 생각으로 이 미천한 목숨을 바치기로 결심한 거우다.
>
> — 현기영·박광수, 「이재수의 난」에서 —

① '이재수'의 발화를 통해 지난 사건의 정보를 제시하고 있다.
② 부당한 권력에 맞서는 민중들의 저항 의지를 그려내고 있다.
③ '이재수'는 사회적 지위 관계에 따라 '채 군수'를 존대하고 있다.
④ '채 군수'는 '이재수'와의 과거의 개인적인 관계에 따라 상대를 대하고 있다.

018
다음 글에 대한 이해로 적절하지 않은 것은?

> 영국의 데미안 허스트는 90년대 미술계의 주목을 받았던 현대 예술가 중 한 명이다. 그가 뜨거운 관심을 받는 이유는 특정한 사조나 시대적 양식을 따르지 않은 그의 작품만이 지닌 호소력 때문이다. 허스트는 종래의 미학적 관점을 일부 수용하긴 하였으나, 과거의 것을 그대로 계승하기보다는 그것을 차용하고 발전시켜 새로운 작품으로 창작했다.
> 허스트는 '삶과 죽음'이라는 주제를 작품으로 구현하여 감상자들에게 충격과 경외감을 불러일으켰다. 그는 다양한 방법을 통해 삶과 죽음 사이의 갈등, 영원성을 향한 인간의 욕망 등을 드러냈다. 〈의사소통을 위해 한 방향으로 헤엄치는 고립된 존재들〉에서는 죽음에 대한 그의 인식을 확인할 수 있다. 그의 작품은 수조에 담긴 물고기들을 한쪽 방향으로 나열한 것인데, 감상자들의 시각에서는 언뜻 물고기들이 살아 한 방향으로 헤엄치는 것처럼 보일 수 있다. 그러나 사실 물고기들은 그 사체를 포름알데히드 담긴 수조에 넣은 것이었으며, 그것들은 각각의 수조에 따로 떨어져 있었다. 허스트는 이러한 구성을 통해 삶과 죽음에 대한 감상자들의 성찰을 유도했다. 즉, 그는 삶의 의미를 깨닫기 위해 노력하는 각각의 개체들이 결국 공통적으로 죽음에 이르게 된다는 의미를 전달하려 한 것이다.
> 허스트의 작품 세계를 관통하는 주제는 작품 외적으로까지 확장되었다. 이전까지 예술은 주관적 감정에 의한 것, 예술가의 독창적 상상력이나 영감에 의해서만 이루어지는 것으로 간주되었다. 그러나 허스트는 이러한 인식을 전복시켜 기존의 작품들과 일상의 사물, 자신의 작품까지도 복제와 활용의 대상으로 삼았다. 이는 기존의 미학적 관점에서는 예술로 취급될 수 없는 것이었으나, 그의 시도로 인해 예술계에서는 예술 자체가 무엇인지에 대해 묻는 근본적인 성찰이 일어났다. 그리고 이로 인해 무엇이든지 예술이 될 수 있다는 인식이 일어나고 예술가는 그들에게 부여된 독창성의 의무에서 자유로워졌다. 허스트의 시도로 인해 근대적 의미의 예술은 죽음을 맞이하는 동시에, 새로운 예술의 탄생을 불러왔다.

① 허스트가 예술계의 주목을 받은 까닭은 기존의 미학적 관점을 부분적으로 수용하여 발전시킨 그의 작품이 지닌 호소력 때문이다.
② 허스트는 삶과 죽음의 의미를 담은 자신의 작품을 감상자들이 착각하고 성찰하도록 의도함으로써 충격과 경외감을 불러일으켰다.
③ 허스트는 기존의 작품과 일상적 사물마저 예술 작품의 재료로 활용함으로써 예술에 대한 정의마저 바꾸는 새로운 변화를 일으켰다.
④ 허스트는 기존 예술의 인식을 끝맺고 예술가의 독창성과 영감에 의해 근대적 예술이 탄생될 수 있게 하는 가능성을 열었다.

019
삶의 고난에 대처하는 방법을 '항해'에 빗대어 설명한 글로 가장 적절한 것은?

① 노련한 항해사일수록 선원들을 소중히 대하고 살핀다. 항해사 혼자서는 어떤 파도도 넘을 수 없기 때문이다.
② 항해 중에 풍랑을 만나더라도 꼭 나아갈 필요는 없다. 풍랑이 지나가기를 버티는 것만으로도 당신은 훌륭한 항해사다.
③ 우리는 모두 인생이란 바다를 항해하는 선장이다. 따라서 우리는 누구에게도 내 배의 키를 남에게 맡겨서는 안 된다.
④ 목적지가 없는 배에는 어떤 바람도 순풍이 아니다. 그런 배에는 어떤 바람도 그저 자신을 괴롭히는 장애물일 뿐이다.

020
다음 글에서 추론할 수 없는 것은?

> 총효용이란 어떤 사람이 일정 기간 동안에 어떤 재화나 용역을 여러 개 소비함으로써 얻는 주관적 만족감의 합계를 말한다. 예를 들면 빵 1개를 먹으면 10의 효용이, 2개째 먹으면 8의 효용이, 3개째 먹으면 5의 효용이, 4개째 먹으면 1의 효용이 있다고 했을 때 빵 4개를 먹어서 얻는 총효용은 24이다. 이처럼 일반적으로 총효용은 그 재화의 소비량이 증가함에 따라서 일정 수준까지는 증가하지만 어느 한계점에 도달하면 총효용은 극대가 되고 그 이상을 더 소비하면 총효용은 증가하지 않고 오히려 감소한다.

① 빵을 3개째 먹었을 때 얻을 수 있는 총효용은 23이다.
② 재화를 소비하더라도 만족감이 더 커지지 않을 수 있다.
③ 재화 소비량과 총효용의 증가 폭은 비례할 수 있다.
④ 재화 소비량이 일정 수준을 넘어서면 총효용은 감소할 수 있다.

모의고사 21회

001
다음 중 ㉠~㉢에 대한 설명으로 적절하지 않은 것은?

> ㉠ 내가 방이 조용함에도 노래를 불렀다.
> ㉡ 누나가 노래를 부른 나를 나무랐다.
> ㉢ 누나가 진짜와 다름없이 그림을 그렸다.
> ㉣ 내가 노래를 부르고, 누나가 그림을 그렸다.

① ㉠은 '방이 조용하다.'라는 문장이 '내가 노래를 불렀다.'라는 문장에 명사절로 안긴 구조이다.
② ㉡은 '나는 노래를 불렀다.'라는 문장이 '누나가 나를 나무랐다.'라는 문장에 관형절로 안긴 구조이다.
③ ㉢은 '그림이 진짜와 다름없다.'라는 문장이 '누나가 그림을 그렸다.'라는 문장에 명사절로 안긴 구조이다.
④ ㉣은 '내가 노래를 불렀다.'라는 문장과 '누나가 그림을 그렸다.'라는 문장이 대등하게 이어진 구조이다.

002
밑줄 친 부분이 바르게 쓰이지 않은 것은?

① 시덥지 않은 농담은 하지 말렴.
② 자투리 시간을 활용하여 책을 읽어야지.
③ 지하상가에서는 길을 잃어버리기 십상이다.
④ 약속 시간이 지나자 왠지 불길한 예감이 들었다.

003
주제 문장과 뒷받침 문장이 긴밀하게 연결되지 않은 것은?

① 한옥의 구성에는 꺾임이 많다. 한옥은 'ㅡ' 자형 구성이 거의 없다. 최소한 'ㄴ' 자형 이상의 꺾인 구성을 가지며, 'ㅁ' 자형이 가장 흔하다.
② 고전을 읽음으로써 오늘날의 문제 해결의 실마리를 찾을 수 있다. 옛 글에 담긴 옛사람들의 정신의 깊이나 사고의 폭은 우리들에게 깊은 감동을 준다.
③ 김치에 들어 있는 유산균은 생존력이 강하다. 어떤 유제품에서 검출되는 유산균도 위산 속에서 40% 이상 생존하기 어렵지만, 김치의 유산균은 위산 속에서도 90% 이상이 생존 가능하다.
④ 대중문화 속에서 한복의 복원과 재창작이 이루어지고 있다. 각종 사극 드라마나 게임에서 고증을 통해 한복을 사실적으로 표현하고, 패션쇼에서 한복을 활용한 옷을 선보이기도 한다.

004
다음 대화에서 나타난 말하기 방식을 설명한 것으로 적절하지 않은 것은?

> 강 대리: 최근에 우리 회의가 너무 길어지는 느낌이 들어요. 간결하고 빠른 결정을 위해 회의 시간을 단축하는 것이 좋지 않을까요?
> 전 대리: 하지만 중요한 결정을 내릴 때 충분한 토론과 논의가 필요합니다. 회의를 빨리 진행하려고 하면 문제가 발생할 수도 있어요.
> 송 팀장: 두 분의 의견이 모두 일리가 있습니다. 그럼 회의의 목적과 중요도에 따라서 방식을 다르게 적용하는 것은 어떨까요? 가벼운 논의에는 간결한 회의를, 중요하고 전략적인 결정에는 충분한 토의를 진행하는 방식으로 말이죠.

① '강 대리'는 의문의 방식으로 자신의 의견을 간접적으로 드러내고 있다.
② '전 대리'는 우려되는 문제 상황을 들어 '강 대리'의 주장에 반대하고 있다.
③ '송 팀장'은 '강 대리'와 '전 대리'의 주장이 받아들여질 경우의 문제점을 우려하고 있다.
④ '송 팀장'은 '강 대리'와 '전 대리'의 주장을 긍정적으로 평가하며 절충안을 제시하고 있다.

005
밑줄 친 부분의 한자 표기가 옳지 않은 것은?

① 부모님께서는 평생을 성실(誠實)하게 생활하셨다.
② 그 사람은 볼 때마다 인상(人相)을 찌푸리고 있었다.
③ 그 당시 나는 가장 고통스러운 시기(時期)를 보내고 있었다.
④ 며칠째 계속되는 열대야 현상(現像)으로 잠을 못 이루는 사람이 많다.

006
다음 글에 대한 이해로 적절하지 않은 것은?

> 늙고 병(病)든 몸을 주사(舟師)로 보내시므로
> 을사(乙巳)년 삼하(三夏)에 진동영(鎭東營) 내려오니
> 관방중지(關防重地)에 병(病)이 깊다고 앉아 있겠는가
> 일장검(一長劍) 비스듬히 차고 병선(兵船)에 굳이 올라
> 여기진목(勵氣瞋目)하여 대마도(對馬島)을 굽어보니
> 바람 좇은 황운(黃雲)은 원근(遠近)에 쌓여 있고
> 아득한 창파(滄波)는 긴 하늘과 같은 빛일세
> 선상(船上)에 배회(徘徊)하며 고금(古今)을 사억(思憶)하고
> 어리석고 미친 회포(懷抱)에 헌원씨(軒轅氏)를 원망하노라
> 대양(大洋)이 망망(茫茫)하여 천지(天地)에 둘려 있으니
> 진실로 배 아니면 풍파 만리(風波萬里) 밖에서 사이(四夷)가 엿볼 것인가
> 무슨 일을 하려고 배 만들기를 비롯했는고
> 만세천추(萬世千秋)에 끝없는 큰 폐(弊)가 되어
> 보천지하(普天地下)에 만민원(萬民怨)을 기르고 있도다
>   - 박인로, 「선상탄(船上歎)」 -

① 고사를 활용하여 안분지족의 삶을 예찬하고 있다.
② 대상에 대한 화자의 부정적 인식을 드러내고 있다.
③ 영탄적 어조로 표현하고자 하는 바를 강조하고 있다.
④ 설의적 표현을 통해 감정을 효과적으로 전달하고 있다.

007
문맥상 빈칸에 들어갈 말로 가장 적절한 것은?

> 일반적으로 물감을 섞을 때 쓰는 3원색은 빨강, 노랑, 파랑이다. 이론적으로는 이 세 가지 색의 물감을 섞으면 모든 색을 만들 수 있다. 빨강, 노랑, 파랑을 섞으면 검정이 되는데, 이런 혼색을 감산 혼합이라고 한다. 물감의 색소는 다른 색을 흡수하고 특정한 색만 반사하기 때문에 우리가 빨간색으로 인식하는 물체는 사실 다른 색은 모두 흡수하고 빨간색만 반사하는 것이다. 이에 따라 두 가지 색을 섞게 되면 양쪽의 색소가 각기 특정의 흡수대가 있어서 광자를 흡수하게 되는데, 여러 가지 색을 섞게 되면 그만큼 광자가 많이 흡수되어 나중에는 _____가 되는 것이다.

① 흰색만 반사되는 상태
② 검은색만 반사되는 상태
③ 모든 것을 흡수하는 상태
④ 어떤 색도 반사되는 상태

008
다음 글에 대한 퇴고 의견으로 가장 적절하지 않은 것은?

> 사회생활을 하다 보면 자신과 의견이 다른 사람을 종종 만나게 된다. 이런 경우 대개의 사람들은 인간관계를 해치지 않기 위해 논쟁을 피한다. 하지만 이럴 때일수록 ㉠요구시키는 것이 토론이다. 상대방의 입장을 이해하고 나의 생각을 전달하여 옳고 그름을 분명하게 따져 볼 때에 갈등을 해결할 수 있다.
>   ㉡그러므로 우리에겐 이런 토론 문화가 제대로 정착되어 있지 않다. 토론 문화의 정착을 위해 가장 시급한 것은 ㉢우리의 의식을 전환해야 한다. 다양한 사고방식을 가진 사람들이 살아가는 사회 속에서 자신의 생각만 고집할 수는 없다. 적극적으로 다른 사람들의 생각을 받아들이고 자기 생각을 전달할 줄 아는 자세가 필요하다.
>   TV에서 찬반 토론을 많이 접한 사람들은 '토론'을 '말다툼'으로 인식하는 경우가 많다. 바람직한 토론은 내가 옳으냐, 네가 옳으냐를 ㉣가리키는 것이 아니라, 여러 사람의 입장과 의견을 종합한 건설적인 대안을 찾는 것이어야 한다.

① ㉠은 불필요한 사동 접미사가 쓰였으므로, '요구하는'으로 수정해야 한다.
② ㉡은 문단과 문단을 매끄럽게 연결해 주지 못하므로, '그러나'로 수정해야 한다.
③ ㉢은 주어와의 호응 관계를 바로잡도록, '우리의 의식을 전환하는 일이다'로 수정해야 한다.
④ ㉣은 어휘의 사용이 적절하지 않으므로, '가려내는'으로 수정해야 한다.

009
다음 글에 나타난 '퍼포먼스'에 대한 이해로 적절하지 않은 것은?

퍼포먼스는 미술, 음악, 연극, 무용 등 예술 매체 사이의 벽을 허물며 나타나는 새로운 형식에 대한 탐구로부터 그 출발점을 찾아볼 수 있다. 즉, 퍼포먼스는 고정 관념화된 예술의 범주와 한계를 벗어나 새로운 미적 실험을 시도하는 예술 현상으로서의 독특한 특징을 가지고 있다. 또한 퍼포먼스는 전통적 의미의 음악, 연극, 무용과 같은 공연 예술(Performing Art)이 아니라 독립된 장르로서 형식 실험적인 경향의 실연 예술(Live Art)에 속한다. 공연 예술은 대본에 의해 공연자가 장면을 재현하며 반복적인 공연이 가능하지만 실연 예술은 실제로 행위를 함으로써 공간과 상황을 창조한다. 따라서 실연 예술에는 대본이 없으며 똑같은 행위를 반복하지 않는다. 반복의 불가능성은 공간과 상황, 작업이 일회라는 점에서 나타나는 퍼포먼스의 특징이다.

① 퍼포먼스에는 실험적인 요소가 가미되어 있다.
② 퍼포먼스에는 반복적인 행위가 나타나지 않는다.
③ 퍼포먼스는 주어진 상황에 맞춰 장면을 재현한다.
④ 퍼포먼스에는 여러 장르의 형식이 혼합되어 나타난다.

010
㉠~㉣ 중 의미하는 바가 다른 하나는?

사람들은 많은 바닷물을 조사해 보고서 그 물이 짜다는 것을 알고, 또한 많은 냇물을 관찰하고서 그 물에는 소금기가 아주 적다는 것을 알게 된다. 여기서, 바닷물은 염수이고, 냇물은 담수라는 결론이 나온다. 이렇게 많은 사실들을 관찰하고 난 다음, 그 관찰을 기초로 하여 ㉠보편적 법칙을 세우는 것이 귀납 추리이다. 과학자들은 어느 정도의 사실 관찰에 근거하여, "모든 쇠는 산소에 접하면 녹슨다."든지, "모든 생물은 죽는다."와 같은 ㉡일반적인 명제를 주장하게 된다.

그러나 이처럼 부분적인 관찰 사실로부터 얻은 결론을 일반적인 진리로 여기는 것은 논리적으로 오류이다. 과학자들은 그들이 주장하는 일반 법칙에 대하여 모든 사례를 완전히 조사, 관찰한 것은 아니기 때문이다. 따라서, 이 경우의 전제들은 결론이 ㉢확실한 진리임을 보장해 주는 완전한 증거가 되지 못한다.

영국의 철학자 러셀은 귀납 추리의 약점에 대해 다음과 같이 설명하였다. "닭 한 마리가 오랫동안 농부 아낙이 손으로 좋은 낟알을 먹이로 주는 것을 되풀이해서 경험했다. 마침내 그 닭은, ㉣농부 아낙의 손은 먹이를 주는 손이라는 믿음을 갖게 되었다. 그러나 어느 날, 그 손은 닭의 목을 비틀게 될 것이 분명하다."

① ㉠　　② ㉡　　③ ㉢　　④ ㉣

011
다음 시에 대한 설명으로 적절하지 않은 것은?

눈을 감으면

어린 때 선생님이 걸어오신다.
회초리를 드시고

선생님은 낙타처럼 늙으셨다.
늦은 봄 햇살에 등을 지고
낙타는 항시 추억한다
－옛날에 옛날에－

낙타는 어린 때 선생님처럼 늙었다.
나도 따뜻한 봄볕을 등에 지고
금잔디 위에서 낙타를 본다.

내가 여읜 동심의 옛 이야기가
여기 저기
떨어져 있음직한 동물원의 오후.

　　　　　　　　　　－ 이한직, 「낙타」－

① 회상을 통해 화자의 정서를 드러내고 있다.
② 화자는 '낙타'와 '선생님'을 동일시하고 있다.
③ 자신의 삶의 태도를 반성하면서 개선하고자 한다.
④ 시구의 반복과 변형을 통해 시적 정서를 드러내고 있다.

012
다음 글의 제목으로 가장 적절한 것은?

여론 현상이란 다수인의 결합된 의견이더라도 결코 전체 의견인 것은 아니기에 상대성을 띠는 것이고, 따라서 전체 의견에 내재된 모순을 어느 정도 털어 버릴 수가 있다. 그렇다고 여론 그 자체가 항상 옳다고 말할 수는 없다. 제아무리 여론 그 자체에 상대성이 깃들어 있다고 하더라도 여론이 항상 옳다고 우기는 것 역시 독선이 도사리고 있기 때문이다.

따지고 보면 여론이란 본질적으로 야누스적인 성격을 지니고 있다. 따라서 여론은 존중되기도 하는가 하면 동시에 경멸되기도 한다. 여론에 관해서 많은 관심을 기울였던 헤겔이 말하기를, "여론에는 진실과 허위가 공존하고 있다. 여론에서 진실을 발견해 내는 것은 위대한 인간의 임무이다. 왜냐하면, 여론이 무엇을 원하고 무엇을 의미하며 무엇을 수행하는가를 말하는 사람은 바로 자기 시대의 내면과 본질을 인식하고 있는 위대한 인물이기 때문이다. 그러나 한편 여론이 일부 표현에서 어떻게 경멸되고 있는가를 알지 못하는 사람은 결코 위대한 인물이 될 수 없을 것이다."라고 했다.

① 여론의 이중성
② 여론의 일치성
③ 여론의 상대성
④ 여론의 다양성

013
다음 글에 대한 이해로 적절하지 않은 것은?

계몽을 너무 강조하면 그것은 이데올로기로 빠질 수 있다. 변화만을 강조하다 보면 그것이 어떤 객관성에 의해서 또는 어떤 기준에 의해서 변화해야 하는지에 대한 점검 없이 변화 자체만을 위해서 실천을 논할 수 있다. 또한 역으로 계몽 없는 학문은 현실적 가치를 얻지 못한다. 그렇지 않아도 이미 오래전부터 개별 과학은 철학적 수단으로 얻어질 수 있는 모든 과학적 지식을 그 객관성과 입증 가능성에서 훨씬 능가하고 있다.

그런데도 이 둘을 하나의 이해 속에 일치시키는 것은 쉬운 일이 아니다. 계몽은 그 자체가 대상 상실, 객관성 상실, 진리 상실의 경향을 띠고 있다. 그것은 주관적 임의성 및 사적 내밀성의 위험을 불러일으켜 흔히 권위적인 지위를 요구 주장하고 개인적인 믿음의 자세를 버젓이 요구하고 나오게 된다. 이에 반해서 학문은 주체 상실의 혐의를 변호해야 한다. 다시 말해서 학문은 인간의 조건들, 요구들, 관심들을 도외시해 버리고 있다는 혐의를 벗어날 수 있어야 한다. 그렇지 못할 경우 그것은 "전문 바보"라는 비난을 면치 못할 것이다.

① 계몽과 학문은 상호 보완적 관계에서 가치를 지닐 수 있다.
② 계몽에서 벗어나야 학문이 현실적 가치를 획득할 수 있다.
③ 계몽만 강조하면 변화 자체를 위한 관념에 빠질 수 있다.
④ 계몽을 극단적으로 추구하면 이데올로기에 갇힐 수 있다.

014
다음 글에 대한 설명으로 적절하지 않은 것은?

19세기 말에는 프로이트 이론이 심리 치료를 지배하였다. 프로이트는 인간의 마음을 의식과 무의식으로 나누어서 이해하려고 하였다. 그의 연구 결과에 따르면 무의식은 마음속 깊은 곳에 잠재하여 좀처럼 겉으로 드러나지 않는 것으로 그 무의식 속에 숨어 있는 억압된 욕구나 과거에 경험한 마음의 상처가 신경증의 원인이 된다는 것이다. 즉, 프로이트는 신경증이 유발되는 '원인'을 파악하여 그것을 치료할 수 있다는 '원인론'을 주장하였다. 프로이트는 마음의 상처나 갈등을 의식 수준으로 끌어올려야 신경증을 치료할 수 있다고 생각하였다.

이에 반해 프로이트와 동시대에 활동했던 아들러는 "개인은 오직 사회적인 관계 안에서만 개인으로 존재한다."라고 하였다. 즉, 아들러는 인간은 서로 관계를 맺으면서 사회를 만들어 가는 존재이고 인간의 고민 중 상당 부분이 대인 관계에서 비롯된다는 점에 주목했다. 아들러는 인간은 누구나 무기력한 상태에서 벗어나 타인보다 우월한 존재가 되고 싶다는 욕구가 있으며 열등감을 느끼기 때문에 우월한 존재가 되기 위해 노력한다는 원인론적 관점과는 달리 우월성을 추구하기 때문에 열등감이 발생한다고 생각하였다.

① 문제 발생의 원인을 분석하여 제시하고 있다.
② 역사적 관점으로 대상의 변화에 주목하고 있다.
③ 비교 대상 간의 차이점을 중심으로 서술하고 있다.
④ 전문가의 견해를 인용하여 독자에게 전달하고 있다.

015
다음 중 어휘의 쓰임이 적절하지 않은 것은?

① 빈부 격차의 심화가 사회적 문제로 부각(浮刻)되었다.
② 이번 파업은 회사의 부당한 대우가 수습(收拾)한 것이다.
③ 그의 노력으로 지역 주민들의 불안감이 불식(拂拭)되었다.
④ 협상이 계속 진행되었지만 결론이 도출(導出)되지 않았다.

016
다음 글에 대한 설명으로 적절하지 않은 것은?

> 이때 태수 설인수는 원수(元帥)를 가까이에서 모셨으되, 원수는 설인수인 줄 아나 인수는 경작이 원수가 되었음을 생각지 못하더라. 원수가 아는 체하고자 하되, 군영(軍營)이 요란하여 사사로운 정을 펴지 못하였더니, 이제 변왕 남곽을 평정하고 군영이 고요한데 인수 홀로 모셨더라. 원수가 저의 물러가지 않음을 보고 시동을 불러 당상으로 청한대, 태수 사양하여 오르지 않거늘 원수가 친히 이끌고 가로되,
> "인수 형이 능히 경모를 모르오?"
> "소관(小官)이 정신이 밝지 못하고, 일찍 면식이 없으니 알지 못하겠사옵니다."
> 원수가 잠소(潛笑) 왈,
> "형이 과연 눈이 무디다 하리로다. 옛날 금주에서 소 먹이던 목동이었다가 양 승상의 둘째 사위가 된 이경작을 모르오?"
> 태수가 생각 밖이라. 깨닫지 못하여 가로되,
> "그 사람은 소관의 동서거니, 금주를 떠난 지 벌써 십일 년이옵니다."
> "십일 년 못 보던 경작이 곧 나이니 형은 모름지기 의아치 마오."
> 설 태수가 어지러운 듯, 취한 듯하여 오래 말을 못 하더니 이에 자세히 보니 완연한 경작이라. 놀라고 반가움을 이기지 못하여 지위를 잊고 손을 잡아 급히 이르되,
> "경작 형! 꿈이오? 생시오?"
> 원수가 웃으며 왈,
> "형은 놀라지 마오."
>
> - 작자 미상, 「낙성비룡(洛城飛龍)」에서 -

① '이경작'과 '설인수'는 서로 동서지간(同壻之間)이다.
② '설인수'는 원수를 만났지만 처음에는 상대가 '이경작'임을 알아차리지 못했다.
③ '이경작'은 태수가 '설인수'인 것을 알고 아는 체하려 했지만 기회를 놓친 적이 있다.
④ '이경작'과 '설인수'는 서로의 정체를 알고서도 군(軍)의 상하 관계에 따라 대우하였다.

017
다음 글을 이해한 내용으로 적절하지 않은 것은?

> 영화에서는 관객의 흥미를 끌기 위해 다양한 스토리텔링 장치를 구사한다. 이때 '반전'은 이야기를 극적으로 형성하여 관객에게 정서적 반응을 일으킨다. '반전'이란 관객이 예상했거나 기대했던 결과와는 전혀 다른 상황이 진행되는 것을 의미하며, 보통 등장인물의 반전과 상황의 반전으로 구분할 수 있다. 등장인물의 반전은 영화 시작 부분에서의 캐릭터 설정이 영화의 끝부분에 가서 완전히 뒤바뀌는 경우를 말한다. 가령 영화 초반까지는 선한 것 같았던 인물이 뒷부분에서 악인으로 밝혀진다면 등장인물의 반전이 나타난 것이다. 반면 상황의 반전은 영화가 진행되면서 특정한 사건이 전혀 다른 원인에 따른 결과라는 사실이 알려지게 되는 경우를 말한다. 반전은 극적 긴장감을 극도로 높일 수 있기 때문에 스릴러 장르에서 많이 이용되지만, 반전을 구사하기 위해서는 시나리오 단계에서부터 치밀한 계산이 필요하다. 치밀하지 않은 반전은 관객들에게 작위적이라는 느낌과 반감을 줄 수 있기 때문이다.
> 한편 스릴러 장르의 거장 히치콕은 이야기의 극적 전개를 위하여 반전 이외의 장치를 고민했고, 새로운 스토리텔링 장치로 맥거핀을 개발했다. 맥거핀은 매우 중요해 보이거나 결정적인 역할을 할 것 같은 소품이나 인물, 상황 등이 영화의 끝으로 가면서 별 의미 없는 것이 되는 경우를 말한다. 즉, 관객의 관심과 주의를 붙들어 놓거나 관객의 긴장감을 유지시키기 위해 의도적으로 설정한 속임수인 것이다. 맥거핀은 영화가 이야기하고자 하는 중심 내용과는 관련이 없다. 그러나 관객들은 맥거핀을 통해 혼란·공포·전율 등의 극적 재미를 느낄 수 있다. 이러한 맥거핀의 특성은 재미에서 더 나아가 관객들에게 비판적 태도를 가지게 하기도 한다. 즉, 관객은 스스로의 믿음과 판단력이 조롱당했음을 깨닫고, 이를 통해 자신이 처한 현실에 대해서도 성찰해 볼 수 있는 것이다.

① 주인공의 절친한 친구가 알고 보니 주인공을 위험에 빠뜨리는 악인이었음이 드러났다면 관객의 흥미를 끌기 위해 등장인물의 반전을 설정한 것이라고 볼 수 있겠군.
② 영화 후반부에 주인공이 귀신을 보게 된 것이 정신적 피로 때문이 아니라 주인공 자신이 죽었기 때문이라는 사실이 밝혀진다면 상황의 반전이 나타났다고 볼 수 있겠군.
③ 주인공이 자신의 목걸이가 저주를 받았다고 생각했으나 그 목걸이가 사실 주인공을 저주로부터 지켜 주는 것이었다면 스토리텔링 장치로 맥거핀을 사용했다고 볼 수 있군.
④ 범죄 영화에서 빈민 남성을 범인으로 의심했으나 그가 사건과 관련 없는 인물임을 깨닫고 사회 계층에 대한 자신의 편견을 돌아봤다면 맥거핀을 통해 삶을 성찰한 것이라고 볼 수 있군.

018
다음 글에 대한 이해로 적절한 것은?

> 그 또는 그녀는 오비라거와 코카콜라를 즐겨 마시고 쿨 담배를 피우며 새우탕면을 좋아한다. 그 또는 그녀는 왼손잡이고 머리카락이 긴 여자거나 혹은 장발의 남자다. 이렇게 추론하는 것은 쉽다. 초콜릿이나 과자 봉투, 종이 기저귀 따위가 발견되지 않는 것을 보면 그 집에는 현재 아이가 없다.
> 남자는 지난 겨울부터 지금까지 통틀어 100개가 넘는 쓰레기봉투를 뒤졌다. 쓰레기를 뒤지는 동안 자연스럽게 이 아파트에 사는 90가구의 취향을 조금씩이나마 알게 되었다. 15평의 이 작은 아파트에는 두 부류의 사람들이 산다. 남자처럼 독신이거나 아니면 신혼부부인 한 부류와 자식들을 모두 출가시키고 난 후 큰 집을 되팔고 이사를 들어온 노부부가 그 한 부류이다. 텔레비전에서 선전하는 신제품의 상품들에 민감한 것은 언제나 젊은 사람들이다. 그들에게는 아직까지 모험심이 남아 있다. 포장이 화려하고 열대 지방의 과일이 섞인 펀치류의 음료수도 망설이지 않고 구입한다. 양이나 크기에 비해 값비싼 물건들을 구입하는 것도 그들이다. 그동안의 자료를 가지고 통계를 낸 적도 있다. 이 아파트에 사는 여자들은 손을 보호하는 성분이 들어간 고급 트리오를 쓰고 직장 여성이 많은 까닭인지 샴푸와 린스 겸용의 샴푸를 쓰며 양 날개가 달린 생리대를 쓴다.
>
> – 하성란, 「곰팡이꽃」에서 –

① 단절된 관계 속에서 타인을 향한 일탈적인 관심을 묘사하고 있다.
② 세상에서 소외받은 자를 향한 소극적이지만 따뜻한 관심을 형상화하고 있다.
③ 무의식이 개인의 행동에 미치는 영향을 사물의 병치를 통해서 드러내고 있다.
④ 의지와 괴리되는 감정적 행동을 통해 현대인이 겪는 의식의 분열을 암시하고 있다.

019
다음 속담의 뜻과 가장 비슷한 한자성어는?

> 간에 붙었다 쓸개에 붙었다 한다.

① 炎凉世態
② 釣而不綱
③ 流芳百世
④ 魚魯不辨

020
다음 글을 읽고 추론한 내용으로 적절하지 않은 것은?

> 르네상스 이후부터 대표적인 무용 예술로 여겨지던 발레는 18세기에 들어서면서 형식과 기교에 치우친 장르라는 비난을 받았다. 이에 따라 무용의 새 장르로 형식의 추구 없이 내적 감정을 중시하는 '모던 댄스'가 탄생하였다. 모던 댄스를 주도한 서구의 무용가들은 무용을 살아 있는 예술로 만들고자 하였고, 무용은 개인의 감정과 경험을 구체적으로 전달할 수 있어야 한다고 보았다. 이러한 시각에 따라 무용은 화려한 볼거리에서 개인을 투사하는 수단으로 변화하게 되었다.
> 모던 댄스의 발전에 따라 무용에서의 주제의 중요성도 강조되었다. 이전까지 무용의 주제는 옛이야기나 낭만적인 이야기 등이었다. 그러나 모던 댄스의 주제는 심리적 차원에서 다뤄졌다. 이는 무용의 주제가 더 이상 부수적인 요소가 아니라는 것을 보여 준다. 모던 댄스의 탄생은 무용에서 주제의 위치를 작품의 핵심이자 본질로 이동시켰다. 던컨은 "나의 춤은 나의 존재를 표현하기 위한 시도 이외에 아무것도 아니다."라는 말을 통해 모던 댄스가 추구하는 방향을 명시했다.
> 모던 댄스의 모든 움직임은 메시지에 의해 촉발되므로, 모던 댄스에서의 동작은 엄격하게 절제되었다. 만일 무용수가 무용을 하는 과정에서 도약이나 회전을 한다면, 이는 정서적인 이유에 따른 것이며 결코 보여 주기 위한 것이 아니었다. 따라서 모던 댄스의 무대나 의상에서는 화려함이 배제되었고, 무용수들은 단조로운 배경에서 검은 티와 바지를 입고 맨발로 춤을 췄다. 배경 음악 또한 마찬가지였으므로 무용수들은 무반주, 혹은 불협화음에 맞추어 춤을 추었다.

① 모던 댄스 무용가들은 기존 무용이 주제로 삼은 이야기는 개인의 내면을 표현할 수 없다고 여겼겠군.
② 모던 댄스에서는 주제 구현에 기여하지 않는 화려한 볼거리로서의 동작은 엄격하게 배제하려 했겠군.
③ 모던 댄스 무용가들은 무용가의 존재를 효과적으로 표현하기 위해 형식과 내용의 균형을 중시하였겠군.
④ 모던 댄스에서 단조로운 배경과 의상을 활용한 것은 무용가의 동작이 전달하는 의미를 부각하기 위함이었겠군.

모의고사 22회

001
밑줄 친 부분과 같은 의미로 사용된 것은?

> 내가 부모가 되어서야 부모님의 사랑을 <u>알게</u> 되었다.

① 그는 차는 없었지만 운전을 할 줄 <u>알았다</u>.
② 저는 우리 팀이 우승할 줄로 <u>알고</u> 있었습니다.
③ 단어의 뜻을 <u>알아야</u> 문장의 뜻을 이해할 수 있다.
④ 사람이 부끄러움을 <u>알지</u> 못하면 짐승과 다를 바 없다.

002
밑줄 친 부분의 활용형이 옳은 것은?

① 그의 뒷이야기가 <u>만만찮게</u> 들린다.
② 의자가 흔들리면 나사를 <u>좨어</u> 보렴.
③ 지도를 보면서도 오랜 시간을 <u>헤매였다</u>.
④ 늦잠을 자서 지각하지 않기 위해 준비를 <u>서둘었다</u>.

003
밑줄 친 말이 표준어가 아닌 것은?

① 큰 실수를 하고도 <u>뉘연히</u> 모임에 나오다니.
② 그녀는 <u>눈초리</u>가 올라가 날카롭게 느껴졌다.
③ 그는 긴장했는지 <u>귓불</u>을 연신 만지작거렸다.
④ 사진을 보고 나서 무슨 일이 있었는지 <u>깨단하였다</u>.

004
다음 대화에 대한 설명으로 적절하지 않은 것은?

> A: 저 지난번 디자인 시안으로 계속 작업을 진행해도 될지 모르겠어요. 팀장님께서 그 이후로 별다른 말씀이 없으시네요.
> B: 회의 때 보여 준 디자인 시안 말이죠? 그때 팀장님께서 "디자인 좋은데요? 검토해 보고 알려줄게요."라고 말씀하신 걸 보면 마음에 들어 하셨던 것 같은데요.
> A: 팀장님께서는 늘 좋게 말씀해 주시잖아요. 저는 팀장님 표정이랑 목소리가 좋지 않아서 마음에 들어 하시지 않는 것 같다고 생각했어요.
> B: 팀장님께서 "디자인이 제품 콘셉트에 잘 어울리네요."라고 말씀하셨던 걸 보면 아마 긍정적으로 검토 중이실 거예요.
> A: 기다리지 말고 팀장님께 디자인 시안이 통과되었는지 여쭤봐야겠어요.

① 'A'와 'B'는 디자인 시안에 대한 팀장의 말을 서로 다르게 해석한다.
② 'A'는 팀장이 회의 때 보여 준 태도와 평소의 태도가 다르다고 판단한다.
③ 'A'는 팀장의 언어적 표현에 초점을 두고, 'B'는 팀장의 비언어적 표현에 초점을 둔다.
④ 'B'는 디자인이 제품 콘셉트에 잘 어울린다는 말을 디자인 시안에 대한 긍정적 평가라고 판단한다.

005
다음 시의 주제로 가장 적절한 것은?

> 참새야 어디서 오가며 나느냐　　　黃雀何方來去飛
> 일 년 농사는 아랑곳하지 않고　　　一年農事不曾知
> 늙은 홀아비 홀로 갈고 맸는데　　　鰥翁獨自耕耘了
> 밭의 벼며 기장을 다 없애다니　　　耗盡田中禾黍爲
> 　　　　　　　　　　　　　　　　　　－ 이제현, 「사리화(沙里花)」－

① 남을 위한 일이 반드시 남에게 도움이 되지는 않는다.
② 시야가 좁다 보면 의도치 않게 남에게 해를 끼칠 수 있다.
③ 세상을 살다 보면 부정한 권력이 폐해를 끼치는 경우가 있다.
④ 정의롭지 못한 일을 보면 침묵하지 말고 적극적으로 나서야 한다.

006
다음 중 중의적으로 해석되는 문장을 올바르게 수정한 예로 적절하지 않은 것은?

① 아이는 지금 가방을 메고 있다.
  → 아이는 지금 가방을 메는 중이다.
② 교실에는 철수의 그림이 걸려 있다.
  → 철수의 그림이 교실에 걸려 있다.
③ 엄마는 나보다 영희를 더 좋아한다.
  → 엄마는 내가 영희를 좋아하는 것보다 영희를 더 좋아한다.
④ 그는 웃으면서 매장에 들어오는 손님에게 인사했다.
  → 그는 매장에 들어오는 손님에게 웃으면서 인사했다.

007
다음 글에 대한 설명으로 적절하지 않은 것은?

> 남들은 자유를 사랑한다지마는, 나는 복종을 좋아하여요.
> 자유를 모르는 것은 아니지만, 당신에게는 복종만 하고 싶어요.
> 복종하고 싶은데 복종하는 것은 아름다운 자유보다도 달콤합니다. 그것이 나의 행복입니다.
>
> 그러나 당신이 나더러 다른 사람을 복종하라면 그것만은 복종할 수가 없습니다.
> 다른 사람을 복종하려면 당신에게 복종할 수가 없는 까닭입니다.
> – 한용운, 「복종」 –

① 말 건네는 방식으로 시상을 전개하고 있다.
② 경어체를 사용하여 시적 분위기를 조성하고 있다.
③ 공감각적 이미지를 통해 시적 의미를 부각하고 있다.
④ 역설적 표현을 활용하여 주제 의식을 강조하고 있다.

008
다음 중 밑줄 친 상황이 나타난 경우로 가장 적절한 것은?

> 대화를 정상적으로 진행하기 위해서는 말하는 이와 듣는 이의 협력이 필요하다. 이들은 화제나 목적에 적합한 발화를 하며 대화의 맥락을 유지해야 한다. 그러나 특정한 상황에서는 말하는 이가 이러한 <u>관련성의 규칙을 의도적으로 위배하는 경우</u>도 나타난다. 이는 맥락과 관계없는 발화를 통해 이면적인 의미를 전달하는 것으로, 이 경우 듣는 이는 말하는 이의 발화에 담긴 숨겨진 의도를 파악해야 한다.

① A: 시험 준비하느라 고생이 많네. 먹고 싶은 거 있니?
  B: 아니요, 괜찮습니다.
② A: 김 교수님은 아동문학의 중심에 서 계신 분이셔.
  B: 한국아동문학협회 회장은 지난번에 뵈었던 박 교수님 아니야?
③ A: 이번 주말에 새로 개봉한 영화 보실래요?
  B: 팀장님께서 다음 주까지 중요한 보고서를 제출하라고 하셨어요.
④ A: 혹시 어제 저녁에 오락실에 가지 않았니?
  B: 어제 종일 집에만 있으면서 오로지 공부밖에 안 했는데 오락실이라뇨.

009

밑줄 친 한자어의 쓰임이 문맥상 적절한 것은?

① 폭도들은 誣告한 시민들까지 마구 학살하였다.
② 이웃끼리 서로 돕는 것은 우리 민족의 아름다운 風俗이다.
③ 그 일을 맡기로 한 理想 최선을 다해 일을 마무리 지어야 한다.
④ 전기 자동차는 한 번의 充塡으로 달릴 수 있는 거리가 짧은 것이 단점이다.

010

다음 글에 대한 이해로 적절하지 않은 것은?

공자는 인간을 본성과 육체로 이루어진 존재로 파악하였다. 본성은 그냥 '성(性)'이라고도 하는데, 인간이 날 때부터 가지고 있는 선천적 마음이다. 공자에 따르면, 인간의 본성은 하늘로부터 왔는데, 하늘은 선한 존재이므로 인간의 본성도 하늘을 닮아 선하다. 즉 인간의 본성에는 어진 마음인 인(仁)이 있으며, 이것은 동물과는 달리 인간만이 가지고 있는 성질이라고 본 것이다.

반면 인간의 몸에서 나오는 성질, 즉 기질은 땅의 성질을 가지고 있다. 기질은 인간의 욕망이나 감정에 해당하는 것으로, 선악으로 나누어지지만 본성과는 달리 항상 선하지도, 항상 악하지도 않다. 하지만 기질로 인해 남의 것을 탐했다면 기질이 악하게 작용한 것이다. 군자에게는 갈고 닦은 인(仁)이 있기 때문에 기질이 악하게 작용하지 않는다. 그러나 평범한 사람들은 기질이 악하게 작용하기도 한다.

① 군자는 본성과 기질 모두 선한 사람이다.
② 군자의 인(仁)은 군자를 군자답게 하는 본성이다.
③ 기질의 유무에 따라 군자와 평범한 사람들로 나눌 수 있다.
④ 평범한 사람들이라고 할지라도 기질이 악한 것만은 아니다.

011

다음 글의 내용을 보충하는 사례로 활용하기 어려운 것은?

환경이 바뀐다고 해서 반드시 모든 종들이 멸종하는 것은 아니다. 환경 오염에 강한 종들은 오히려 더 번성하고 있는 사례도 많다. 만약 멸종되어 가는 종들이 자신들의 적응 방식을 손쉽게 바꿀 수만 있었다면 그들 모두는 살아남을 수 있었을 것이다. 인간이 만들어 낸 급속한 환경 변화 속에서도 그들은 씩씩하게 살아남을 수 있었을 것이다. 그러나 대부분의 생물들은 수백, 수천만 년 동안 환경 적응의 결과로 만들어진 본능을 변화시킬 수 없었다. 만물의 영장이라고 한껏 자만심에 가득 찬 인간은 어떠한가? 인간 역시 급격히 변화해 버린 환경 속에서 힘들어하기는 마찬가지이다. 자신이 만들어 놓은 변화이긴 하지만 생활 환경이 바뀌었다는 점, 그리고 적응하는 데 어려움이 많다는 점에서 다른 동물들과 별반 다른 점이 없다.

① 온난화로 북극의 얼음이 녹으면서 북극곰의 생태계가 위협받고 있다.
② 인간은 다른 동물과 달리 자유 의지를 가지며 결과를 선택할 수 있다.
③ 매미들은 새라는 천적이 사라진 도시의 환경에서 번영을 구가하고 있다.
④ 공해 물질을 먹고 사는 적조류는 현대 사회에서 자손을 빠른 속도로 퍼뜨리고 있다.

012
다음 글에 대한 이해로 적절하지 않은 것은?

> 공방은 생김새가 밖은 둥글고 구멍은 모나게 뚫렸다. 그는 때에 따라서 변통을 잘한다. 한번은 한나라에 벼슬하여 홍려경(鴻臚卿)이 되었다. 그때 오왕(吳王) 비(妃)가 교만하고 참람(僭濫)하여 나라의 권리를 혼자서 도맡아 부렸다. 방은 여기에 붙어서 많은 이익을 보았다.
> 무제 때에는 온 천하의 경제가 말이 아니었다. 나라 안의 창고가 온통 비어 있었다. 임금은 이를 보고 몹시 걱정했다. 방을 불러 벼슬을 시키고 부민후(富民侯)로 삼아, 그의 무리인 염철승(鹽鐵丞) 근(僅)과 함께 조정에 있게 했다. 이때 근은 방을 보고 항상 형이라 하고 이름을 부르지 않았다.
>
> – 임춘, 「공방전(孔方傳)」에서 –

① '근(僅)'은 '공방'과 함께 정계에 머물면서 그를 따랐다.
② '공방'이 벼슬을 하면서부터 나라의 경제가 어려워졌다.
③ '공방'은 '오왕(吳王) 비(妃)'와 부정적으로 결탁하여 사리사욕을 채웠다.
④ '공방'의 외양을 통해 인물의 성격을 간접적으로 드러내고 있다.

013
㉠~㉣ 중 문맥적 의미가 다른 하나는?

> 모든 것은 다 변하므로 사실은 고정된 실체가 없다. 심지어 나라고 생각하는 ㉠존재조차도 없다. 이것이 모든 존재의 참모습이며, 그 때문에 일체개공이라고 하는 것이다. 이러한 온갖 사물의 본모습을 깨달은 상태를 불교에서는 열반이라고 한다. 열반은 산스크리트어로 니르바나라고 하는데, 이 말의 본래 뜻은 '훅 불어서 끈다'이다. 원효가 ㉡어둠 속에서 해골바가지의 물을 마시고 깨달음을 얻었던 것처럼 불을 꺼 버린 깜깜한 방에서는 깨끗한 것과 더러운 것, 좋은 것과 나쁜 것의 ㉢구분이 없다. 따라서 집착할 것이 없게 되고, ㉣집착이 없으므로 고통도 없어지는 것이다.

① ㉠　　② ㉡　　③ ㉢　　④ ㉣

014
㉠~㉢에 들어갈 말로 가장 적절한 것은?

> 의태어와 의성어는 서로 다른 목적에 의해 만들어졌으나, 그 차이점에 비해 유사성이 많아 함께 논의되어 왔다. 대상으로부터 인지된 움직임이나 소리를 묘사한다는 것, 여러 감각을 동시에 표현한다는 것, 그리고 의미상 심리적인 부분까지 보여 준다는 것은 의태어와 의성어의 ㉠ 에 해당한다. 대부분의 단어가 반복적으로 구성된다는 점도 이들이 함께 논의되는 이유 중 하나이다.
> 유사성 사이에서 의태어와 의성어를 구별할 수 있는 것은 청각적 요소 때문이다. 의성어의 경우 자연 발생적인 소리뿐만 아니라 인공적인 소리까지 묘사하는 데에 비하여 의태어의 경우는 비청각적인 것을 음성적으로 바꾸어 표현했다. 따라서 의태어와 의성어는 음운과 음절 구조에 따라 표현된다는 점에서 ㉡ 으로 유사하더라도 서로 다른 것이며, 따라서 동일한 개념이 아니라 서로 대응되는 개념으로 쓰인다.
> 이때 의성어는 언어와 지시 대상의 소리가 거의 유사하다. 반면 의태어는 지시 대상과 언어가 일치되지 않는 경우가 많은데, 이는 청각 이외의 감각을 ㉢ 형태로 보여 주기 때문이다. 즉 의태어는 특정한 움직임과 서로 전혀 관계가 없음에도, '그럴 것이다'라는 의도적 동기를 바탕으로 해당 움직임을 표현하는 언어가 되는 것이다. 가령 '깡충깡충'은 뛰는 모습을 보여 주는 의태어이지만, 이 의태어는 대상과의 유사성이 아니라 임의적인 의도에서 비롯되었다.

	㉠	㉡	㉢
①	공통점	구조적	정형적
②	동일점	상황적	유동적
③	유사점	형태적	자의적
④	대응점	결과적	임의적

015

문맥을 고려할 때 (가)~(바)를 순서대로 배열한 것은?

(가) 인출하려는 정보가 장기 기억 속에 저장되어 있지만 다른 정보들과 복잡하게 얽혀 있어 인출에 장애가 발생하는 것이다.
(나) 윌리엄 제임스는 이를 '설단 현상'이라고 명명했다. 설단 현상은 일종의 노화에 따른 망각 현상으로, 장기 기억이 체계적으로 정립되지 못한 것에서 비롯된다.
(다) 이는 저장된 정보를 인출하는 과정에서 문제가 발생한 것이므로 다른 사람의 도움을 받으면 금방 해결할 수 있다.
(라) 예를 들어 얼굴은 또렷하게 기억나지만 이름이 떠오르지 않는 옛 친구를 생각할 때, 그 친구의 성씨를 들으면 '아!' 하고 바로 떠올릴 수 있는 것과 같다.
(마) 누구나 무언가를 말하려고 할 때, 알고 있는 내용임에도 정확히 기억나지 않아 표현하지 못했던 적이 있었을 것이다.
(바) 예를 들어 어떤 영화배우에 대해 말하려고 하는데 그 배우의 이름이 또렷하게 기억나지 않는 경우가 이에 해당한다.

① (나) – (라) – (마) – (다) – (가) – (바)
② (마) – (라) – (나) – (가) – (다) – (바)
③ (나) – (바) – (마) – (다) – (가) – (라)
④ (마) – (바) – (나) – (가) – (다) – (라)

016

다음 글에 대한 이해로 적절하지 않은 것은?

고대의 조각품을 올바르게 감상하기 위해서는 감상의 고전적인 척도가 필요하다. 동서양의 고대 조각품들은 대부분 그 당시 사람들의 종교적 이상을 실현시킨 것이기 때문이다. 고대의 조각품을 바람직하게 감상하기 위해서는 일차적으로 그 조각이 상징하는 그 무엇에 대한 숭배심이 전제되어야 한다. 그럴 때 그것은 단순히 돌로 만들어진 물질의 의미를 훨씬 능가하는 것이 된다. 우리가 고대의 조각품을 볼 때, 미적 정서가 직감적으로 촉발되는 것은 사실이다. 그러나 미적 정서를 중심으로 작품을 감상하게 된 것은 훨씬 후대에 와서야 가능해진 것이다. 한마디로 고대의 조각품은 보는 이로 하여금 신성함, 거룩함 등과 같은 초월적인 느낌을 갖도록 하기 위해 존재했던 것이다.

① 고대 조각품들에는 당대인들의 종교적인 성향이 반영돼 있다.
② 고대 조각품들은 당대인이 숭배했던 대상과 밀접한 관련이 있다.
③ 고대 조각품들이 띠는 신성함과 거룩함은 비현실적 느낌을 준다.
④ 고대 조각품을 감상할 때에는 심미적인 특성에 초점을 둬야 한다.

017

다음 글의 내용에 부합하지 않는 것은?

침팬지와의 공동 조상에서 진화해 오늘에 이른 인류의 미래 모습은 과연 어떨까. 인류가 더 이상 자연 선택에 의해 진화하기란 불가능해 보인다. 과거 지구 생명체의 진화 역사를 살펴보면 생물은 생태계가 안정된 평형 상태에서는 오랫동안 거의 진화하지 않는 특성을 보였다. 그러다가 빙하기가 닥치는 등 환경이 갑작스럽게 변하게 되면 순식간에 진화를 하여 적응하거나 그렇지 못하면 소멸하곤 했다. 그러나 인간은 이제 웬만한 자연의 변화에는 대처할 수 있는 과학 기술을 갖게 됨으로써 자연의 선택에 의한 진화는 일어나지 않을지도 모른다. 그럼 인간의 진화는 이대로 멈추어 버리는 것일까. 그렇지는 않다. 풍부해진 식생활과 선진화된 의료 기술, 교통의 발달로 인한 세계화 등이 인류의 진화에 영향을 미칠 수 있는 새로운 요인들로 등장하였기 때문이다.

여기에 더 추가한다면 급속하게 발전하는 과학 기술이라는 환경의 대변화다. 과학 기술을 통해 더 나은 인간으로 발전할 수 있다고 주장하는 '트랜스 휴머니즘'은 그와 같이 미래에 나타날 새로운 인간을 '포스트 휴먼'이라 부른다. 또한 현재의 인간과 포스트 휴먼 사이의 중간 단계를 '트랜스 휴먼'이라 부르기도 한다. 지난 20여 년간 사회 운동의 한 형태로 발전해 온 트랜스 휴머니즘은 현재 인간의 모습이 발달의 끝이 아니며 과학 기술의 진보를 통해 신체 기능 및 삶의 조건 등 인간의 가능성을 무한히 향상시킬 수 있다고 보는 철학이다.

① 생태계의 안정된 평형 상태가 깨어진 시기에 생명체는 진화해 왔다.
② 환경의 변화를 극복한 인류는 자연 선택에 의해 진화할 가능성이 낮다.
③ 미래의 인간은 과학 기술의 진보에 의해 더 나은 인간으로 발전할 것이다.
④ 트랜스 휴머니즘은 인류가 미래의 환경 변화를 극복할 것이라고 보는 철학이다.

018
다음 작품의 '까마귀'에 대한 설명으로 가장 적절한 것은?

> "모두 날 위해 주구 친구들이 꽃을 가지구 찾어와 주구, 그리구 건강했을 때보다 여간 희망이 많지 않어요. 인제 병이 나으면 누구헌테 제일 먼저 편지를 쓰겠다, 누구헌테 전에 잘못한 걸 사과하리라 참 벨벨 희망이 다 끓어올랐에요…… 병든 걸 참 감사했에요. 그땐……."
> "지금은요?"
> "무서워졌에요. 죽음두 첨에는 퍽 아름다운 걸루 알었드랬에요. 언제든지 살다 귀찮으면 꽃밭에 뛰어들듯 언제나 아름다운 죽음에 뛰어들 수 있는 걸 기뻐했에요. 그런데 이렇게 닥뜨리고 보니 겁이 자꾸 나요. 꿈을 꿔두……."
> 하는데 까악— 까악— 하는 소리가 바로 그 전나무 삭정가지에서인 듯, 언제나 똑같은 거리에서 울려 왔다.
> "여기 나와선 까마귀가 내 친굽니다."
> 하고 그는 억지로 그 불길스러운 소리를 웃음으로 덮어 버리려 하였다.
> "선생님은 친구라구꺼정! 전 이 동네가 모두 좋은데 저게 싫어요. 죽음을 잊어버리면 안 된다구 자꾸 깨쳐 주는 것 같어요."
> "건 괜한 관념인 줄 압니다. 흰 새가 있듯 검은 새도 있는 거요. 소리 맑은 새가 있듯 소리 탁한 새도 있는 거죠. 취미에 따라 까마귀도 사랑할 수 있는 샌 줄 압니다."
> "건 죽음을 아직 남의 걸로만 아는 건강한 사람들의 두개골을 사랑하는 것 같은 악취미겠지요. 지금 저헌텐 무서운 짐승이에요. 무슨 음모를 가지구 복면허구 내 뒤를 쫓아다니는 무슨 음흉한 사내같이 소름이 끼쳐요. 아마 내가 죽으면 저 새가 덥석 날러와 앞을 설 것만 같이……."
> "……"
> "죽음이 아름답게 생각될 때 죽는 것처럼 행복은 없을 것 같어요."
> 하고 여자는 너무 길게 지껄였다는 듯이 수건으로 입을 코까지 싸서 막고 멀—거니 어두워 들어오는 미닫이를 바라보았다.
> — 이태준, 「까마귀」에서 —

① '그'가 '여자'를 오해하게 되는 원인이 된다.
② '그'와 '여자'가 모두 불길하게 여기는 대상이다.
③ '그'에게 생의 의지를 회복하게 만드는 계기로 작용한다.
④ '여자'에게 병을 이겨내고자 하는 삶의 의지를 불러일으킨다.

019
다음 빈칸에 들어갈 한자성어로 가장 적절한 것은?

> 어머니는 지난 일을 [____]로/으로 삼고, 이와 똑같은 실수가 다시는 없어야 한다고 말씀하셨다.

① 聲東擊西
② 他山之石
③ 朝變夕改
④ 累卵之勢

020
다음 글에서 추론한 내용으로 적절하지 않은 것은?

> 우리나라는 '개인 정보 보호법'에서 '개인 정보'를 살아 있는 개인에 관한 정보로서 성명, 주민 등록 번호 및 영상 등을 통하여 개인을 알아볼 수 있는 정보로 규정하고, 정보 주체의 동의 없이 무단으로 개인 정보를 제3자에게 제공하거나 개인 정보를 목적 외 이용 혹은 제공할 경우 법에 따라 처벌하고 있다. 이는 개인 정보가 개인에 대한 통제, 기업의 이익 확보 등에 활용될 수 있는 중요한 정보임을 고려한 것이다. 다만, 사망한 자의 정보가 사망자와 유족과의 관계를 나타내는 정보이거나 유족 등의 사생활을 침해하는 등의 경우에는 사망한 자의 정보인 동시에 관계되는 유족의 정보이기도 하므로 개인 정보 보호법에 따른 보호 대상이 될 수 있다.

① 사망자의 정보라 할지라도 개인 정보 보호의 대상이 될 수 있다.
② 개인을 특정할 수 없는 정보는 개인 정보 보호법의 대상이 아니다.
③ 비영리적 활동을 전제로 수집한 개인 정보도 보호의 대상이 될 수 있다.
④ 정보 주체의 동의를 구한 정보를 활용하였다면 개인 정보 보호법에 위배되지 않는다.

모의고사 23회

001
다음 <보기> 가운데 우리말의 부사어에 대한 설명으로 옳은 것을 모두 고르면?

---보기---
㉠ 부사어는 주성분의 내용을 수식하는 부속 성분이다.
㉡ 부사는 그대로 부사어가 될 수 있다.
㉢ 서술어의 필수 성분이 반드시 되는 문장 성분이다.
㉣ 용언, 관형어 등을 수식할 수 있다.

① ㉠, ㉡
② ㉡, ㉢, ㉣
③ ㉠, ㉡, ㉣
④ ㉠, ㉡, ㉢, ㉣

002
밑줄 친 부분이 바르게 쓰이지 않은 것은?
① 당분간은 사무실을 <u>임대하여</u> 쓰기로 했다.
② 그의 미담은 아직까지도 <u>회자되고</u> 있다.
③ 지금 이것저것 가릴 <u>계제</u>가 아닙니다.
④ 이 조건만은 필수 <u>불가결</u>이다.

003
㉠~㉣ 중에서 띄어쓰기가 옳지 않은 것은?

대학교를 졸업한 지 ㉠<u>10년 만에</u> 동창회에서 그 친구를 만났다. 옆자리에 앉았지만 어색함이 감돌아 그저 ㉡<u>웃을 수밖에</u> 없었다. 그러나 스무 살에 가장 많은 추억을 쌓은 ㉢<u>동창인 바</u> 금세 긴장이 풀렸다. 시간 가는 줄 모르고 이야기를 나누다 보니 마치 그 시절로 ㉣<u>돌아간 듯</u> 즐거웠다.

① ㉠ ② ㉡ ③ ㉢ ④ ㉣

004
다음 개요의 흐름을 고려할 때, ㉠에 들어갈 내용으로 가장 적절한 것은?

I. 서론: 재활용이 어려운 포장재 쓰레기가 늘고 있다.
II. 본론
 1. 포장재 쓰레기가 늘고 있는 원인
  (1) 기업들이 과도한 포장 경쟁을 벌이고 있다.
  (2) 소비자들이 호화로운 포장을 선호하는 경향이 있다.
 2. 포장재 쓰레기의 양을 줄이기 위한 방안
  (1) 기업은 과도한 포장 경쟁을 자제해야 한다.
  (2) ㉠
III. 결론: 상품의 생산과 소비 과정에서 환경을 먼저 생각하는 자세를 지녀야 한다.

① 기업들이 환경친화적인 상품 개발을 위한 투자를 해야 한다.
② 기업들이 상품 판매를 위한 지나친 가격 경쟁을 자제해야 한다.
③ 소비자들이 겉치레보다 실속을 중시하는 소비 인식을 갖춰야 한다.
④ 소비자들이 재정 상태를 고려하여 분수에 맞는 소비를 해야 한다.

005
(가)와 (나)에 대한 이해로 적절하지 않은 것은?

(가) 산두(山頭)에 한운(閑雲)이 기(起)호고 수중(水中)에 백구(白鷗)이 비(飛)이라
  무심(無心)코 다정(多情)호니 이 두 거시로다
  일생(一生)에 시르믈 닛고 너를 조차 노로리라

(나) 장안(長安)을 도라 보니 북궐(北闕)이 천리(千里)로다
  어주(漁舟)에 누워신들 니즌 스치 이시랴
  두어라 내 시름 안니라 제세현(濟世賢)이 업스랴
  － 이현보, 「어부단가(漁父短歌)」－

① (가): 자연물을 '너'로 설정하여 말을 건네고 있다.
② (가): '한운'과 '백구'에 대한 긍정적 인식을 나타내고 있다.
③ (나): '천리(千里)'라는 시어로 공간적 거리감을 드러내고 있다.
④ (나): '제세현'에 대한 비판적 인식을 나타내고 있다.

006
다음과 같은 뜻을 가진 속담으로 적절한 것은?

> 언뜻 보면 없을 듯한 곳에서도 자세히 살펴보면 혹 있을 수 있음을 비유적으로 이르는 말.

① 깻묵에도 씨가 있다
② 물도 가다 구비를 친다
③ 개똥도 약에 쓰려면 없다
④ 콩밭에 가서 두부 찾는다

007
다음 글의 중심 내용으로 가장 적절한 것은?

> 법률의 명명하는 바에 의하면 출생계는 2주 이내에 출생아의 성명을 기입하여 당해 관서에 제출해야 할 것으로 규정되어 있다. 어떠한 것이 여기 조그만 공간이라도 점령했다는 것은 결코 단순한 일이 아니다. 고고의 성을 발하며 비장히도 출현하는 이러한 조그마한 존재물에 대하여 대체 우리는 이것을 무어라고 명명해야 될까 하고 머리를 갸우뚱거리지 않는 부모는 아마도 없을 터이지만, 그가 그의 존재를 작은 형식으로서라도 주장한 이상엔 그날로 그가 다른 모든 것과 구별되기 위해서는 한 개의 명목을 갖지 않으면 아니 될 것은 두말할 것이 없다. 모든 것이 자신의 이름을 가지듯이 아이들 또한 한 개의 이름을 가지지 않으면 아니 된다.

① 이름은 다른 대상과 구별 짓는 명명 행위이다.
② 법률이 명명하는 출생계 작성은 매우 중요하다.
③ 아이의 개성에 걸맞게 심사숙고하여 작명하여야 한다.
④ 아이의 이름을 짓는 것은 매우 의미 있고 당위적 행위이다.

008
다음 글에 대한 설명으로 적절하지 않은 것은?

> 어느 날 당신과 내가
> 날과 씨로 만나서
> 하나의 꿈을 엮을 수만 있다면
> 우리들의 꿈이 만나
> 한 폭의 비단이 된다면
> 나는 기다리리, 추운 길목에서
> 오랜 침묵과 외로움 끝에
> 한 슬픔이 다른 슬픔에게 손을 주고
> 한 그리움이 다른 그리움의
> 그윽한 눈을 들여다볼 때
> 어느 겨울인들
> 우리들의 사랑을 춥게 하리
> 외롭고 긴 기다림 끝에
> 어느 날 당신과 내가
> 하나의 꿈을 엮을 수만 있다면
>
> — 정희성,「한 그리움이 다른 그리움에게」—

① 구체적 사물을 통해 추상적 이미지를 표현하고 있다.
② 처음과 끝의 내용을 대응시켜 화자의 소망을 강조하고 있다.
③ 문장 구조를 도치시켜 화자의 의지적 태도를 부각하고 있다.
④ 계절의 흐름에 빗대어 변화된 화자의 정서를 형상화하고 있다.

009
토의의 과정에 대한 설명으로 적절하지 않은 것은?

① **토의 문제 분석**: 토의 문제의 발생 원인을 조사하고 문제의 핵심을 분석한다.
② **해결안 제시**: 근거가 구체적이지 못하더라도 문제 해결안을 최대한 많이 제시한다.
③ **해결안 선택**: 제시된 해결안의 장단점, 실현 가능성 등을 따져 본 후 최선의 해결안을 선택한다.
④ **실행 방안 모색**: 선택된 해결안을 실행하는 데에 필요한 구체적이고 현실적인 방법을 모색한다.

010

다음 글에 대한 이해로 적절하지 않은 것은?

브레송은 일상의 순간에 예술적 생명감을 불어넣은 '결정적 순간'의 미학을 탄생시킨 사진작가이다. 브레송에 따르면 '결정적 순간'이란 어떤 하나의 사실과 관련해 시각적으로 포착된 다양한 모습들이 하나의 긴밀한 구성을 이루고, 그 구성 안에 의미가 실리는 것을 순간적으로 동시에 인식하는 것이다.

그는 자신의 예술성을 드러내기 위해 안정된 구도와 유동성을 기반으로 하여 움직임 가운데 균형을 잡아낸 사진을 촬영하였다. '안정된 구도'란 회화에 기초한 구도를 통해 사진에서 안정감을 느낄 수 있도록 하는 것을 의미한다. 그리고 '유동성'은 움직이는 대상에 집중하는 것으로, 그는 자신이 미리 계획했던 구도에 움직이는 대상이 들어와 원하는 형태적 구성을 완성한 순간이 포착될 때까지 끈질기게 기다렸다. 한편 카메라를 눈의 연장으로 생각했던 그는, 화각이 인간의 시야와 가장 비슷한 표준 렌즈를 주로 사용해 사람의 눈높이에서 촬영했다. 이때 화각은 카메라 렌즈를 통해 이미지를 담을 수 있는 범위를 뜻한다. 그는 표준 렌즈에 비해 화각이 넓은 광각 렌즈나 플래시의 사용을 가급적 피했다. 이런 장치를 사용하면 눈으로 보는 실제 모습과 달라지기 때문이었다.

① 브레송은 내용과 구성이 조화를 이루는 순간을 촬영하였다.
② 브레송은 돌발성을 기반으로 하여 사진작가의 의도대로 촬영하였다.
③ 브레송은 카메라의 위치나 렌즈 선택 시 사람의 눈과의 유사성을 중시하였다.
④ 브레송은 순간적으로 균형을 벗어난 대상을 포착하여 결정적 미학을 탄생시켰다.

011

다음 문장이 들어가기에 가장 적절한 곳을 ㉠~㉣에서 고르면?

'제4의 벽'은 하나의 방으로 된 무대의 한쪽 벽이 관객들을 위해 제거된 것으로 영화의 '스크린'과 같은 기능을 한다.

연극 공연에서 무대와 객석 사이에는 가상의 벽인 '제4의 벽'이 존재한다. ㉠ 무대와 객석 사이에는 보이지 않는 벽인 '제4의 벽'이 있기 때문에, 객석에서는 무대 위에서 벌어지는 사건들을 볼 수 있지만 무대 위의 등장인물들은 객석과 관객의 존재를 모른다. ㉡ 관객들은 이 가상의 제4의 벽을 통해 등장인물들의 행동을 관찰하게 된다. ㉢ 간혹 등장인물이 제4의 벽을 돌파하여 관객들에게 말을 건네거나 특정 행위를 하는 경우가 있는데 여기에는 작가의 의도가 담겨 있다. ㉣

① ㉠   ② ㉡   ③ ㉢   ④ ㉣

012

밑줄 친 한자성어의 쓰임이 적절하지 않은 것은?

① 동물의 세계에서는 <u>弱肉强食</u>의 법칙이 철저하게 적용된다.
② 같은 민족끼리 총을 겨누게 되는 <u>目不忍見</u>의 참상이 벌어졌다.
③ 그는 부모를 여의고 <u>見物生心</u>의 상태에서 불우한 청소년기를 보냈다.
④ 민족의 역사를 주장하는 데에 어떤 근거도 없이 <u>牽强附會</u>한 설명을 하여서는 안 된다.

013
다음 작품에 대한 이해로 적절하지 않은 것은?

> "누가 새긴 것입니까?"
> "수하인이란 사람이 새겼다나 봅니다."
> 주인도 그것이 수하인의 솜씨임을 모르고 물은 말은 아니다. 무슨 까닭에 이 도장이 한길에 나오게 되었는지를 알고 싶어 묻는 말이다.
> "수하인 같은 분이 새겼다면 값을 말하기가 힘들지요."
> "건 무슨 말씀이요?"
> "우리 영업하는 사람이야 석재와 치수에 따라 값을 정하지만, 수하인 같은 분이야 원래 장사가 아니시니까 헐값에 그냥도 줄 수 있는 반면, 부르는 것이 값이 되는 경우도 있지요."
> "글쎄, 선살 하려면 좋은 석재를 써서 하지 영 어울려야죠……. 그 좋은 재료를 좀 구경합시다."
> 주인도 그 재료가 무슨 재료인지는 감별한 능력이 없었다. 밀화(蜜花) 같이 말끔한 돌이라는 것으로, 혹시나 수하인이 늘 말하던 전황석(田黃石)이 아닌가 하는 생각이 들었지만, 그렇다고 아무것도 모르는 손님에게 설명할 필요 없었다.
> 주인이 먼지를 훅 불어 내놓는 곽 속엔 각종 석재가 그득히 들어 있었다.
> "골러 보시우."
> 이렇게 뒤섞어져 있는 곽 속엔 각종 석재가 그득히 들어 있었다.
> "이게 어떻습니까?"
> "그야 손님 의향이시죠."
> "대리석이죠?"
> "대리석에다 대겠습니까? 계혈석이란 특수한 돌입니다."
>   … (중략) …
> "네, 오늘 좀 이상스러운 물건이 들어왔기에 일찍 문을 닫고 선생님을 뵈러 왔습니다."
> 젊은 친구가 내놓는 도장갑을 보고 수하인은 깜짝 놀랐다.
> "어떻게 된 연고인고?"
> 젊은 친구는 오준이라는 작자가 그 도장을 갖고 와서 결재 도장으로선 어울리지 않는다고 하던 말에서부터 낱낱이 일러 바쳤다.
> "자네 복일세……. 술을 좀 하던가?"
> 조용히 묻고 난 수하인은 술상을 청했다.
> 술을 들으면서도 아무런 말이 없는 것이 마음의 동요를 누르려고 애쓰는 것 같이 보여, 젊은 주인은 오히려 미안스러웠다.
> "그것이 전황석일세, 자네 처음이지?"
> "네?"
> 젊은 주인은 전황석이라는 말에 주기가 훅 위로 오르는 것 같았다.
> — 정한숙, 「전황당인보기(田黃堂印譜記)」에서 —

① '수하인'은 자신의 도장을 보고 느낀 쓸쓸함을 나타내지 않으려고 참았다.
② '주인'은 선의로 '수하인'에게 도장을 보여 줬지만 오히려 미안함을 느꼈다.
③ 계혈석은 전황석의 가치를 속이기 위해 '주인'이 '오준'에게 소개한 석재이다.
④ '주인'은 '오준'이 도장의 가치를 모를 것이라 생각해 전황석에 대해 말하지 않았다.

014
㉠에 들어갈 접속 부사로 가장 옳은 것은?

> 결핍은 풍족함과 상반되지만 동전의 양면처럼 존재하지는 않는다. 즉, 풍족하면 결핍을 못 느끼고, 반대로 결핍을 느끼는 상황에서는 풍족함이 존재하지 않는 상호 배타적인 상황은 아닌 것이다. ㉠ 우리가 결핍의 덫에 빠지는 이유는 단순히 풍족함이 사라졌기 때문이라기보다는, 풍족함 속에서 다가올 미래에 만끽할 수 있는 느슨함 혹은 여유가 준비되지 못했기 때문이다. 결핍 상황에서는 미래에 대한 대처나 준비가 이루어지기 어렵기 때문에 이런 악순환은 이어진다. ㉠ 현시점의 풍족한 상황에서 미래 시점에 혹여 겪게 될 결핍 상황을 미연에 대비할 수 있는 여유를 마련해 두어야 한다.

① 그런데
② 하지만
③ 따라서
④ 더구나

015
㉠~㉣을 문맥에 맞게 수정하는 방안으로 적절하지 않은 것은?

> 비만은 일부 유전적인 영향도 있지만, 일반적인 원인은 오랜 시간 동안 앉아서 생활하는 데서 오는 운동 부족, 인스턴트식품이나 패스트푸드 중심의 식단으로 인한 영양 불균형과 특정 영양소 ㉠과다 결핍 등이다. 따라서 공급되는 영양분을 근본적으로 차단하는 방법, 즉 금식이 단기간에 체중을 감량하는 데 가장 효과적일 수 있다. 그러나 필수 영양소 ㉡과다 섭취로 인해 건강이 오히려 악화될 수 있고, 요요 현상도 일어날 수 있다. 또, 정신적으로도 무기력증이나 스트레스가 나타날 수 있다.
> 최근 유행하고 있는 체중 감량법으로 고지방 저탄수화물 감량법이 있다. 이 방법은 고기나 버터 같은 지방을 70% 이상 섭취하고 탄수화물은 10~15% 이하로 섭취하여 체중을 줄이는 방식을 말한다. 이 방법은 금식의 고통이 없고 기름진 음식을 마음껏 먹어도 되며, 원래 식단으로 돌아가더라도 요요 현상이 ㉢나타난다는 이유 때문에 인기를 끌고 있다. 실제로 이 방법을 체험해 본 한 기자는 일주일 만에 몸무게를 5kg이나 ㉣줄였다고 한다. 그러나 지방을 너무 많이 섭취하면 고지혈증, 심장 질환 등의 위험성이 높아진다는 연구 결과가 있다.

① ㉠을 '과다 축적'으로 수정한다.
② ㉡을 '결핍으로'로 수정한다.
③ ㉢을 '나타나지 않는다는'으로 수정한다.
④ ㉣을 '늘였다'로 수정한다.

016
다음 글의 내용에 부합하지 않는 것은?

> 신용 카드 사용이 보편화되면서 신용 불량자의 양산이라는 문제를 낳고 있다. 전체 신용 불량자 가운데 44.5%에 해당하는 사람이 신용 카드 불량자이다. 또한 신용 카드 회사 간의 치열한 경쟁은 무심사 카드 발급과 미성년자 카드 발급으로 이어져 사회 문제가 되고 있다.
> 이런 부정적인 문제가 발생하는 이유를 경제학적 관점에서 살펴보면, 첫 번째는 정보의 비대칭성으로 설명할 수 있다. 신용 카드를 신규 발급할 때 신용 카드 회사는 가입 희망자의 신용 상태를 정확히 알지 못한다. 반대로 가입 희망자는 자신의 경제력과 신용을 가장 잘 알고 있으나 대부분 자신이 실제보다 더 신용이 있는 사람이라고 거짓을 말하는 경향을 보인다. 그러므로 신용 카드 회사는 신용 카드 가입자의 정보를 알아내려는 노력을 철저히 해야 한다. 그러나 신용 카드를 한 장 발행할 때 드는 비용과 그것으로 인해 얻는 수입을 비교했을 때, 후자가 많기 때문에 신용 카드 회사 간에 과당 경쟁이 발생한다.
> 두 번째로는 가입자들의 무분별한 가입 행위를 지적할 수 있다. 대부분 가입자들은 미래 소득을 담보로 현재 소비 지출을 하려는 심리에서 신용 카드를 사용하게 된다. 미래 소득이 확실하지 않다면 현재의 소비를 낮추어야 하는데 그렇지 못한 사람이 빚을 지게 된다. 신용 카드를 씀에 있어 오용과 남용의 우려가 있음을 상기해야 한다. 그래서 신용 사회에 걸맞은 경제 교육이 필요하다.

① 신용 카드 회사 간의 경쟁은 미성년자에게 카드를 발급하는 사태로까지 이어지고 있다.
② 신용 카드 회사는 과당 경쟁 때문에 회원 수 늘리기에 급급하여 수익보다 큰 발행 비용을 부담하고 있다.
③ 신용 카드 불량자가 늘고 있는 까닭은 카드 사용자가 카드 회사에 정확한 정보를 제공하지 않기 때문이다.
④ 신용 카드는 미래 소득을 담보로 사용해야 하므로 건전한 카드 사용을 위해 현재 소비를 관리할 수 있는 능력이 필요하다.

017
다음 글에 대한 이해로 적절하지 않은 것은?

> 엘니뇨란 '신의 아들', 즉 아기 예수란 의미를 갖고 있다. 본래는 매년 크리스마스가 지난 후 남아메리카의 서부 해안을 따라 적도 쪽으로 흐르는 찬 페루 해류가 적도 해수면의 온도 상승 때문에 약화되면서 방향을 바꾸어 남쪽으로 흐르는 지역적인 현상을 의미했다. 평상시 이 해류는 용승(湧昇) 현상을 일으켜 해저의 영양분이 풍부한 해수를 끌어올림으로써 그곳에 훌륭한 어장을 형성한다. 그러나 엘니뇨 현상이 나타나는 동안에는 이 용승 작용이 차단된다. 또한 남쪽으로 흐르는 따뜻한 해류의 영향으로 해수면의 온도가 높아져 어장이 일시 중단된다. 그 후 몇 주 또는 한두 달이 지나 페루 해류가 다시 강화되면 영양분 있는 저층의 찬 해수가 용승, 이곳의 어업 활동이 재개된다. 그런데 평균적으로 3, 4년을 주기로, 이와 같은 엘니뇨 현상이 시간이 지나면서 수그러들기는커녕 더욱더 심화되어 높은 해수면 온도가 그해 말까지 계속된다.

① 엘니뇨 현상이 일어나면 해류의 방향이 바뀌게 된다.
② 엘니뇨 현상이 일어나면 어업 활동이 전보다 나빠진다.
③ 엘니뇨 현상이 일어나지 않으면 용승 현상이 나타난다.
④ 엘니뇨 현상이 일어나지 않으면 남쪽으로 페루 해류가 흘러간다.

018
밑줄 친 부분의 한자 표기가 옳지 않은 것은?

> 각운동량 ㉠보존(保存)의 원리는 스포츠에서도 쉽게 확인할 수 있다. 피겨 선수에게 공중 회전수는 중요한데 이를 확보하기 위해서는 공중 ㉡회전(回轉)을 하는 동안 각속도를 크게 해야 한다. 이를 위해 피겨 ㉢선수(先手)가 공중에서 팔을 몸에 바짝 붙인 상태로 회전하는 것을 볼 수 있다. 피겨 선수의 회전 관성은 몸을 이루는 질량 요소들의 회전 관성의 합과 같다. 따라서 팔을 몸에 붙이면 팔을 ㉣구성(構成)하는 질량 요소들이 회전축에 가까워져서 팔을 폈을 때보다 몸 전체의 회전 관성이 줄어들게 된다.

① ㉠　　② ㉡　　③ ㉢　　④ ㉣

019

⊙~㉡에 드러난 인물의 정서와 태도에 대한 설명으로 적절하지 않은 것은?

> "오빠, 편히 사시오."
> 계연은 이미 시뻘겋게 된 두 눈으로 성기의 마지막 시선을 찾으며 하직 인사를 했다.
> 성기는 계연의 이 말에 꿈을 깬 듯, 마루에서 벌떡 일어나, 계연의 앞으로 당황히 몇 걸음 어뜩 어뜩 걸어오다간, 돌연히 다시 정신이 나는 듯 그 자리에 화석처럼 발이 굳어 버린 채, 한참 동안, 장승같이 계연의 얼굴만 멍하게 바라보고 있었다.
> "오빠, 편히 사시오."
> 이렇게 두 번째 하직을 하는 순간까지도, ㉠계연의 그 시뻘건 두 눈은 역시 성기의 얼굴에서 그 어떤 기적과도 같은 구원만을 기다리는 것이었고 그러나, 성기는 그 자리에 그냥 주저앉아 버릴 뻔하던 것을 겨우 버드나무 가지를 움켜잡을 수 있었을 뿐이었다.
> 계연의 시뻘겋게 상기된 얼굴은, 옥화와 그녀의 아버지가 그녀들을 지켜보고 있다는 것도 잊은 듯이 성기의 얼굴만 뚫어지게 바라보고 있었으나, 버드나무에 몸을 기대인 ㉡성기의 두 눈엔 다만 불꽃이 활활 타오를 뿐, 아무런 새로운 명령도 기적도 나타나지 않았다.
> ㉢"오빠, 편히 사시오."
> 하고, 거의 울음이 다 된, 마지막 목소리를 남기고 돌아선 계연의 저만치 가고 있는 항라 적삼을, 고운 햇빛과 늘어진 버들가지와 산울림처럼 울려오는 뻐꾸기 울음 속에, ㉣성기는 우두커니 지켜보고 있을 뿐이었다.

— 김동리, 「역마」에서 —

① ㉠: '성기'가 자신을 붙잡아 주기를 바라는 태도가 드러난다.
② ㉡: 자신을 매정하게 떠나는 '계연'에 대한 반감이 드러난다.
③ ㉢: 작별 인사를 반복하는 것에서 떠나고 싶지 않은 간절함이 드러난다.
④ ㉣: '계연'이 떠나 버리고 만 상황을 받아들이지 못하는 심리가 드러난다.

020

다음 글에 대해 추론한 내용으로 적절하지 않은 것은?

> 빅데이터 환경에서 기업은 SNS나 인터넷 검색어 및 댓글을 분석하여 성공적인 마케팅 전략을 수립하고 있다. 공공 부문에서도 세계 각국은 빅데이터를 활용하여 다양한 공공 서비스의 품질 향상을 실현하고 있다. 그런데 빅데이터 기술이 발달함에 따라 개인 정보와 관련된 문제가 발생하고 있으며, 이러한 문제에 따라 최근 '잊힐 권리'가 이슈화되고 있다.
> 잊힐 권리란 개인이 자신과 관련된 인터넷상의 정보에 삭제를 요구할 수 있는 권리를 말한다. 현재 우리나라는 잊힐 권리의 법제화를 위해 제도적 논의를 진행하고 있는데, 이는 잘못된 개인 정보의 수정과 삭제 요청 조항을 담은 정보 통신망법의 규정을 강화하려는 의도이다. 인터넷 시대에는 개인이 자신에 대한 정보나 자신의 경험 등을 여러 사이트에 짧게 올린 경우에도 검색을 통해 그 개인의 정보를 완성하는 이른바 '프로파일링'이 가능하다. 그리고 누구든지 인터넷을 활용하여 그러한 정보를 언제든지 유포시킬 수 있다. 이에 따른 당사자들의 정신적 충격을 구제해야 할 현실적 필요성이 존재한다는 것이 법제화에 찬성하는 이들의 생각이다.
> 하지만 광범위한 정보망에서 개인의 일부 정보를 영구적으로 삭제하는 것이 기술적으로 불가능하다는 점을 바탕으로 이에 반대하는 목소리도 있다. 또한 공익을 목적으로 한 특정 개인에 대한 기사나 자료를 과도하게 삭제한다면 감시자로서 언론 본연의 역할이 무너질 가능성이 크다는 점 등을 논거로 잊힐 권리를 입법화하는 데 신중해야 한다는 입장을 보이는 의견도 있다. 다양한 의견을 고려할 때, 앞으로 국내 잊힐 권리 법제화의 귀추가 주목된다.

① 빅데이터 환경에서 잊힐 권리가 이슈화되는 것은 빅데이터 활용 기술이 온라인의 수많은 개인 정보를 이용하기 때문이라고 볼 수 있겠군.
② 잊힐 권리에서 개인이 개인 정보의 수정 및 삭제를 요청할 수 있는 것은 곧 개인에게 자신의 정보에 대한 소유권이 있다는 것을 의미하겠군.
③ 잊힐 권리의 법제화를 찬성하는 입장에서는 개인 정보의 수집과 유포를 금지해야 할 의무를 개인 정보의 수정과 삭제의 권리보다 우선시하겠군.
④ 잊힐 권리의 법제화를 반대하는 입장에서는 과도한 개인 정보에 대한 삭제 요청으로 인해 언론의 감시 역할이 축소되는 상황을 우려하겠군.

모의고사 24회

001
다음 중 서술어의 자릿수를 잘못 제시한 것은?
① 나는 그의 보호자가 아니다. → 두 자리 서술어
② 아버지는 할아버지와 많이 닮았다. → 두 자리 서술어
③ 그는 정직을 신조로 삼았다. → 세 자리 서술어
④ 철수는 평소보다 일찍 잤다. → 두 자리 서술어

002
밑줄 친 부분이 바르게 쓰인 것은?
① 별이 나 있는데 비가 오다니 희한하다.
② 잠에서 덜 깼는지 정신이 흐리멍텅하였다.
③ 그는 여러 글을 짜집기하여 졸업 논문을 썼다.
④ 지금은 남들보다 뒤쳐지지만 곧 따라잡을 것이다.

003
밑줄 친 부분이 어법에 맞는 것은?
① 페틋병은 꼭 재활용 통에 넣으렴.
② 그녀는 아름다운 노랫말을 잘 짓는다.
③ 요즘 전셋방을 구하기가 너무 어렵다.
④ 갯펄에 발이 푹푹 빠져 걷기 힘들었다.

004
밑줄 친 부분이 표준 발음법에 맞지 않는 것은?
① 늑막염[능마겸]으로 한참을 앓아누웠다.
② 성인을 위한 물약[물략]이 꽤 호응이 좋다.
③ 가수가 되어[되여] 마음껏 노래를 불러야지.
④ 오랜만에 집밥을 먹으니 정말 맛있다[마딛따].

005
다음 대화를 분석한 내용으로 적절하지 않은 것은?

> **수연**: SNS를 많이 이용하면 삶의 만족도가 떨어질 수도 있대. SNS를 보면 사람들이 화려하고 즐겁게 사는 것 같아서 나만 불행한 것 같은 생각이 들잖아. 그러니 나의 행복을 위해서는 SNS를 멀리해야 해.
> **민재**: 얼마나 SNS를 이용해야 많이 이용한다고 할 수 있을까? 나는 하루에 1시간 정도 SNS를 하는 것 같은데.
> **수연**: '청소년 행복 연구원'이라는 곳에서 발표한 자료에 따르면, 매일 3시간 이상 SNS를 이용하면 SNS의 행복해 보이는 사람들을 자신과 비교하고 상대적 박탈감을 느낄 수 있대.
> **민재**: 그렇다면 SNS를 무조건 나쁘게만 볼 것이 아니라, SNS를 적당히 이용하면서 남들과 자신을 비교하지 않고 자존감을 가지면 문제를 해결할 수 있지 않을까?

① '수연'은 첫 번째 발화에서 화제를 제시하고 있다.
② '민재'는 첫 번째 발화에서 '수연'에게 추가 정보를 요청하고 있다.
③ '수연'은 두 번째 발화에서 근거의 출처를 밝혀 '민재'의 질문에 답하고 있다.
④ '민재'는 두 번째 발화에서 '수연'이 제시한 자료와 상반되는 자료를 제시하고 있다.

006
다음 작품에 대한 이해로 적절하지 않은 것은?

> 공산(空山)에 쌓인 잎을 삭풍이 거둬 불어
> 떼구름 거느리고 눈조차 몰아오니
> 천공(天公)이 호사로워 옥으로 꽃을 지어
> 만수천림(萬樹千林)을 꾸며도 내는구나
> 앞 여울 가리워 얼어 외나무다리 비꼈는데
> 막대 멘 늙은 스님 어느 절로 간단 말인고
> 산옹의 이 부귀를 남에게 자랑 마오
> 경요굴 은세계(銀世界)를 찾을 이 있을세라
> 산중에 벗이 없어 ㉠서책(書冊)을 쌓아 놓고
> 만고의 인물들을 거슬러 헤아려 보니
> 성현도 많거니와 호걸도 많기도 많구나
> ㉡하늘이 만물을 지으실 때
> 어찌 아무 의도가 없었을까마는
> 어찌 된 시운이 흥했다 망했다를 반복하였는가
> 모를 일도 많거니와 애달픔도 끝이 없다
> ㉢기산의 늙은 고불*은 귀를 어찌 씻었던가
> 표주박 하나도 귀찮다는 핑계로
> 세상을 버린 허유의 행실이 가장 현명하구나
> 인심이 얼굴 같아 볼수록 새롭거늘
> 세상사는 구름 같아 험하기도 험하구나
> 엊그제 빚은 ㉣술이 얼마나 익었느냐
> 술잔을 잡거니 밀거니 실컷 기울이니
> 마음에 맺힌 시름이 조금이나마 덜어지는구나
> 거문고 줄을 얹어 풍입송을 타자꾸나
>
> - 정철, 「성산별곡(星山別曲)」 -
>
> *고불: 나이가 많은 불상. 여기서는 허유를 지칭함.

① ㉠: 화자가 세상의 이치에 대해서 의구심을 품게 만든다.
② ㉡: 화자의 운명론적 가치관을 드러낸다.
③ ㉢: 역사적 인물의 행적에 대한 화자의 책망이 드러난다.
④ ㉣: 화자의 근심을 위로하는 소재이다.

007
밑줄 친 부분의 한자 표기가 잘못된 것은?

① 식량난을 겪는 국가에 구호품을 원조(援助)하였다.
② 최신 시설을 구비(具備)한 연구소에서 일하게 되었다.
③ 그는 자신의 과오를 각성(覺醒)하고 성실한 생활을 하였다.
④ 날 위해서 한 말이라는 것을 알지만 그 순간에는 그가 야속(野粟)했다.

008
다음 중 '실학 발생의 원인'으로 보기 어려운 것은?

> 실학의 발생은 사상적인 면에서 조선 왕조의 지배 원리였던 성리학의 반역사성에 기인한다. 임진왜란 후의 조선 왕조 사회는 많은 분야에 걸쳐 그 부조리가 드러나고 변화의 조짐이 나타남에 따라 전면적이고 본질적인 개혁이 필요했다. 그러나 당시의 지배 원리였던 성리학은 합리적 수습책을 제시하지 못했을 뿐만 아니라 오히려 명분론을 강화하여 심한 당쟁을 유발했다. 이에 공허한 관념주의에 함몰된 성리학적 학풍에 대한 반성과 반발이 일어나면서, 실천적이고 생산적인 학풍의 건설이 요청되었다. 실학사상은 이 같은 요청에 의해 형성될 수 있었다.
> 또한 조선 후기의 사회 계급적 변동도 실학 발생의 배경이 되었다. 임진왜란 이후 중세적 신분 질서가 비교적 폭넓게 붕괴해 갔고, 그것은 양반의 일부와 대다수의 농민층이 경제적으로 몰락해 가는 하향 방향과 서민층의 일부가 신분 상승을 성취하는 상향 방향으로 나타났다. 이런 변화에 직면한 일부 진보 성향의 사상가들은 하향 과정에 놓여 있는 양반층의 생계 대책에 주목하게 되었다. 이들은 그 대책을 이론적으로 찾으려고 하였고 그 과정에서 독자적인 사회 사상인 실학사상을 형성해 갔다.

① 성리학의 반역사성
② 몰락 양반들의 증가
③ 계층 간의 이동 제한
④ 현실적인 학풍에 대한 요구

009
다음 조건을 모두 충족하는 글로 가장 적절한 것은?

> ○ 에너지 절약하기를 홍보한다.
> ○ 대구의 표현 방식을 활용한다.
> ○ 행위의 부정적 결과를 비유적으로 표현한다.

① 꺼진 콘센트 위로 / 녹색 에너지가 피어납니다.
② 에너지를 아껴 쓰는 일 / 지구를 아끼는 일입니다.
③ 집 안의 온도가 올라갈수록 / 에너지의 생명은 줄어듭니다.
④ 당신이 쓰는 에너지 / 미래의 에너지를 당겨쓰는 것입니다.

010
다음 글에 대한 이해로 적절하지 않은 것은?

> 많은 사람들이 1870년대 러시아에서 전개된 '인민 속으로' 운동을 포퓰리즘의 기원으로 꼽고 있으나, 본격적인 의미의 포퓰리즘은 미국의 인민당에서 비롯된다. 1892년에 창당된 이 정당은 소외받은 농민들의 권익을 대변하면서 기성 정치 체제에 상당한 충격을 주었다. 러시아와 미국에서 태동된 이런 고전적 혹은 낭만적 포퓰리즘은 20세기 전반 이후 라틴 아메리카에서 목격되는 포퓰리즘과는 큰 차이를 보인다. 그리고 오늘날 신(新)포퓰리즘이라는 이름으로 유럽과 라틴 아메리카에서 재차 등장하는 정치 현상과도 매우 이질적이다.
> 포퓰리즘은 이데올로기라면 응당 갖추어야 할, 모두가 인정하는 공통적인 역사나 정책, 사회적 기반 등을 결여하고 있다. 포퓰리즘이라는 말도 일종의 경멸적인 의미로 사용한다. 가장 중요한 사실은 포퓰리즘에는 핵심 이념이나 가치가 없다는 점이다. 다른 이데올로기는 명시적, 혹은 묵시적으로 한두 개의 중심 가치를 표방하며, 그것이 곧 정체성을 구성한다. 그러나 포퓰리즘은 그런 것을 구비하고 있지 못한다. 오히려 상황에 따라 다양한, 그리고 때로는 이질적이기까지 한 여러 이념적 요소와 손쉽게 결합한다.

① 포퓰리즘 현상이 광범위하게 확산되면서 그 성격을 규정하기가 어려워졌다.
② 포퓰리즘은 일관된 가치를 추구하지 않는다는 점에서 이데올로기와 차이가 있다.
③ 현대의 포퓰리즘은 정체성이 불분명하며 다양한 이념적 요소와 자유롭게 결합한다.
④ 현대의 포퓰리즘은 고전적·낭만적 포퓰리즘으로 회귀하며 부정적인 평가를 받고 있다.

011
다음 시에 대한 설명으로 적절하지 않은 것은?

> 새마을 회관 앞마당에서
> 자연보호를 받고 있는
> 늙은 소나무
> 시원한 그림자 드리우고
> 바람의 몸짓 보여주며
> 백여 년을 변함없이 너는
> 그 자리에 서 있었다
> 송진마저 말라버린 몸통을 보면
> 뿌리가 아플 때도 되었는데
> 너의 고달픔 짐작도 못하고 회원들은
> 시멘트로 밑둥을 싸바르고
> 주사까지 놓으면서
> 그냥 서 있으라고 한다
> 아무리 바람직하지 못하다 해도
> 늙음은 가장 자연스러운 일
> 오래간만에 털썩 주저앉아 너도
> 한번 쉬고 싶을 것이다
> 쉬었다가 다시 일어나기에
> 몇 백년이 걸릴지 모르겠지만
> 너의 졸음을 누가 막을 수 있으랴
> 백여 년 동안 뜨고 있던
> 푸른 눈을 감으며
> 끝내 서서 잠드는구나
> 가지마다 붉게 시드는 늙은 소나무
>
> – 김광규, 「늙은 소나무」 –

① '자연보호'는 자연의 속성을 따르려는 인간의 노력과 한계를 드러낸다.
② '송진마저 말라버린 몸통'은 죽음의 순간에 이른 대상의 속성을 드러낸다.
③ '시멘트'와 '주사'는 자연의 섭리를 거스르려는 인간 중심의 사고를 보여 준다.
④ '잠드는구나'는 순리에 따르는 자연의 모습에 대한 화자의 인식을 드러낸다.

012
다음 글에서 제시된 설명 방식이 아닌 것은?

속이 빈 나무 상자나 박, 야자열매 위에 길이가 조금씩 다른 가늘고 얇은 쇠막대를 튕기면, 맑고 청아한 음이 투명하고 영롱하게 퍼져 나간다. 이 악기는 아프리카의 전통 악기 '칼림바(Kalimba)'이다. 칼림바는 고대 아프리카, 정확히는 짐바브웨와 모잠비크의 민속 악기에 속한다. 약 3,000년 전 나무나 대나무 등으로 만들어졌고, 지난 수천 년 동안 아프리카의 여러 지역에서 개발되고 연주되어 왔다. 나무 대신 쇠를 재료로 만들기 시작한 시기는 약 1,000년 전으로 알려져 있다. 칼림바는 엄지손가락만으로 가는 막대 판을 튕겨서 소리를 내는 타악기이다. 타악기는 인류의 역사에서 가장 오래된 악기로 꼽히는데, 원시인들이 춤이나 외침 소리에 손뼉을 치고 발 구르기, 돌끼리 부딪히기 등 박자를 맞추던 것에서 시작됐다고 추정되고 있다.

① 정의　② 묘사　③ 분류　④ 인용

013
다음 글에 대한 이해로 적절하지 않은 것은?

예술은 자기 고유의 형식으로써 사물에서 심성에 이르는 말을 주고받는 언어요, 또한 심성이 이런 형식을 통해서만 획득할 수 있는 양식이다. 예술이 이와 같은 과업을 멀리한다면 그 공백은 메워지지 않은 채로 남아 있을 수밖에 없다. 왜냐하면 예술을 대신할 수 있는 다른 어떠한 힘도 존재하지 않기 때문이다.

그리고 심성이 물질주의적인 세계관과 불신, 또 거기에서 흘러온 투철한 실천적 노력 등에 의해서 마비되고 게으르게 되는 시대에 있어서는 순수 예술은 특수한 목적을 위해 인간에게 주어진 것이 아니라, 단지 무목적적이라는 견해, 즉 예술은 다만 예술을 위해서만 존재한다는 견해가 생겨나게 마련이다.

이러한 경우에는 예술과 심성과의 유대는 반쯤 마비된다. 그리고 그것은 곧 보복을 받는다. 예술가와 관중은 심성 언어의 도움으로 서로 대화하는 것이 어려워진다. 더 이상 서로 이해를 나누지 못하며, 관중은 예술가에게 등을 돌리거나 예술가를 마치 외적인 기능과 독창력 때문에 경탄하게 되는 마술사처럼 생각하기 때문이다.

① 예술은 형식을 통해 소통하는 언어의 일종이다.
② 예술을 위한 예술은 예술의 무목적론과 연결된다.
③ 예술은 심성이 형식을 통해서 획득할 수 있는 양식이다.
④ 예술과 심성의 연결고리가 무너질 때 작품을 이해할 수 있다.

014
다음 작품에 대한 언급으로 적절하지 않은 것은?

추양대에게는 이날 그의 운명을 바꾸어 놓은 중대한 사건이 임박하고 있었다. 오늘이 바로 혼례를 치르기 며칠 전이었다. 그래서 그 중대한 행사를 위하여 바쁘게 돌아갔다. 벌써부터 경사스러운 준비를 하느라고 야단들이었다. 상대방 혼가에서도 몇 사람인가 와 있는 듯하였다.

그러나 추양대 자신은 이러한 경사스러운 일에도 불구하고 그다지 기쁜 줄을 모르는 모양이었다. 기쁘기는커녕 절망하고, 절망이 넘쳐서 죽음을 각오하고까지 있었다. 추양대는 출가를 강요당하는 것이었다.

신랑은 성주 땅에 있는 심천이라는, 이름난 재상의 외아들이었다. 아버지의 벼슬이 재상이고 보니 부귀영화가 온 집안에 가득 차 있었다. 그의 이름은 의랑이라고 하는데, 벌써부터 등과해서 그 이름이 조야(朝野)에 떨치고 있는 재주덩이였다. 그의 재주만 가지고도 십 준 장래의 영화를 예측할 수 있었다.

그래서 자식의 백년 배필을 찾는 부모의 허영심은 클 대로 컸다. 웬만한 규수는 쳐다보지도 않고, 문벌과 재치와 교양과 미모와 재산에 있어서 최고가 아니면 아니 되고, 군자가 애써서 바라는 요조숙녀가 아니면 아니 되었다.

이러한 고상한 취미와 까다로운 조건을 내걸고 심 재상이 힘써서 간택한 결과 평강 땅에 있는 추 상서의 무남독녀 추양대가 제일 적격이라는 결론을 내렸다. 추 상서로 보더라도 명예가 아닐 수 없었다.

이렇게 해서 매파가 오고가고, 양가의 통혼은 서로의 기쁨 속에 완전히 성공하였다. 그것은 매우 급속히 이루어졌다. 딸이 심 재상의 자제와 혼사를 반대하자 추 상서는 화를 내며 강제하였다.

"네 3년을 집을 떠나 공부는 유명무실하고 너 같은 불효녀를 두어 문호를 더럽힐 줄 어찌 알았으리오. 다시는 그런 욕된 말을 내지 말라."

하고, 딸이 양산백의 이야기를 하자 분격한 그는 언성을 높이며 호령하였다.

"규수의 몸으로 학업을 위하여 산간에 들어가옴이 그 죄 크오나, 이제 소녀가 고한 말씀은 예절에 마땅하온 바이거늘 어찌 욕된다 하시나이까. 비록 납폐지례(納幣之禮)는 없사오나 맹약이 있사오니 중도에 배반하오면 이 또한 절개를 지키지 않는 것이오니 바라건대 아버님께옵서는 숙찰(熟察)하소서."

추양대는 최후로 아버지에게 그렇게 선언하고 자기 방으로 돌아갔다.

그러나 추 상서의 결심은 대단하여 딸의 반대를 무시하고 혼사를 정해 버렸다. 아버지의 권위로 딸을 처리하자는 결심이었다. 그것은 아버지의 당연한 권리라고 그는 생각하였다.

- 작자 미상, 「양산백전(梁山伯傳)」에서 -

① '추양대'는 과거에 부모의 승낙을 얻어 집을 떠나 공부한 뒤 돌아왔다.
② '심천'과 '추 상서'는 '양산백'과 '추양대'의 사랑을 방해하는 장애적 요소이다.
③ '추 상서'는 부모의 권위를 내세워 자신의 뜻대로 딸을 혼인시키려 한다.
④ '추양대'는 '양산백'과의 약속을 깰 수 없다고 말하며 '심의랑'과의 혼인을 거부한다.

015

㉠과 ㉡에 대한 이해로 적절하지 않은 것은?

㉠노장(老莊) 철학과 ㉡공맹(孔孟) 철학은 정치 철학적 측면의 양극단을 형성한다. 즉 노자, 장자의 철학과 공자, 맹자의 철학은 정부와 정책을 바라보는 정반대의 시각을 지닌다. 이때 노장의 철학이 무정부, 혹은 작은 정부를 지향한다면, 공맹의 철학은 크고 권위적인 정부를 지향한다고 볼 수 있다. 이러한 차이는 도(道)를 바라보는 두 철학의 관점이 다르기 때문에 발생한다.

공맹은 도를 인위적이고 간섭주의적인 정치 철학의 요소로 보았다. 이들은 인의(仁義)를 바탕으로 천하를 다스리는 것이 곧 진정한 도라고 하였다. 그러나 노장은 이러한 관점을 부정하며, 인위적이고 상대적인 인의예악(仁義禮樂)이 사람들에게 불의(不義)를 행하도록 종용한다고 주장한다. 노장에 따르면 도는 태초부터 자연적으로 존재하고 있었으며, 우주와 만물을 다스리고 있는 절대적이면서도 불가사의한 것이다. 장자는 인의로 천하를 다스리면 인의를 빌려 나라를 훔치는 큰 도둑이 생겨난다고 질타했다.

이를 고려할 때, 정부가 법과 질서를 유지할 수 있는가 하는 질문에 대하여 노장은 정부가 오히려 무질서와 혼란의 원인이라고 주장할 것이다. 반면 공맹은 정부가 정의롭게 법과 질서를 지킨다고 생각할 것이다. 또한 사회에서 가장 중요시해야 하는 것이 무엇인가 하는 질문에는 노장 철학은 개인을, 공맹 철학은 전체의 선을 답으로 삼을 것이다. 이러한 관점은 정치를 넘어 사회와 자연의 질서에까지 적용할 수 있다.

① ㉠은 ㉡과 달리 우주 만물의 도는 태초부터 자연적으로 존재하고 있는 것으로 보았다.
② ㉠은 ㉡과 달리 무정부 또는 작은 정부를 통해 공동체의 선을 이루어 갈 수 있다고 보았다.
③ ㉡은 ㉠과 달리 크고 권위적인 정부가 존재할 때에 법과 질서를 지켜 갈 수 있다고 보았다.
④ ㉡은 ㉠과 달리 인의의 작용을 긍정적으로 여기면서 인위적이고 간섭적인 정치가 바람직하다고 보았다.

016

글의 흐름을 고려할 때 빈칸에 들어갈 말로 가장 적절한 것은?

팝 아트는 말 그대로 대중적인 예술을 추구한다. 그런데 팝 아트가 대중적인 예술을 추구한다고 해서 사람들에게 인기 있거나 대중적인 상품을 만들어 내는 것은 아니다. 팝 아트가 근본적으로 보여 주는 것은 이른바 순수 예술 작품이라고 간주되는 것들과 한갓 상품으로 취급되는 것들이 본질적으로 차이가 없다는 점이다. 이를 다시 말하면 대중 사회에서 순수 예술이라는 것 역시 하나의 상품에 불과하다는 말이기도 하다. 따라서 팝 아티스트들은 대중적 이미지와 순수 예술 이미지 사이의 경계를 허무는 데 치중한다. 즉, 팝 아트는 ㅤㅤㅤㅤ에 주목적이 있다.

① 예술 작품에 대한 대중들의 관심을 고양시키는 데
② 장르 간의 경계를 허물어 새로운 형식을 창출하는 데
③ 순수 예술과 대중 예술의 구분은 허상임을 밝히는 데
④ 예술은 상품화의 대상이 될 수 없다는 것을 밝히는 데

017

밑줄 친 말을 잘못 고친 것은?

① <u>한창</u> 커 가는 아이들에게 희망을 붙이고 사는 것이 큰 낙이다. → <u>한참</u>
② 사람들은 영수를 그의 쌍둥이 동생과 <u>혼돈</u>하곤 한다. → <u>혼동</u>
③ <u>육계장</u>이 너무 매워 아직까지 입안이 얼얼하다. → <u>육개장</u>
④ <u>하로</u>라고 한 것이 이 모양이다. → <u>하노라고</u>

018

다음 글에 대한 설명으로 적절하지 않은 것은?

　둘 사이에는 한참 동안 말이 없었다. 너무나 다급하고 또 수다한 말들이 두 사람의 입을 한꺼번에 봉해 버렸다 할까!
　바로 어제 있은 일이었다. 하단서 들은 대로 소위 배짱들이 만들어 둔 엉터리 둑을 허물어 버린 얘기였다.
　— 비는 연사흘 억수로 쏟아지지, 실하지도 않은 둑을 그대로 두었다가 물이 더 불었을 때 갑자기 터진다면 영락없이 온 섬이 떼죽음을 했을 텐데, 마침 배에서 돌아온 갈밭새 영감이 설두를 해서 미리 무너뜨렸기 때문에 다행히 인명에는 피해가 없었다는 것이다.
　"그런데 와 건우 할아버진 끌고 갔느냐고요?"
　윤춘삼 씨는 그제야 소주를 한 잔 혹 들이켜고 다음을 계속했다. 섬사람들이 한창 둑을 파헤치고 있을 무렵이었다 한다. 좀 더 똑똑히 말한다면, 조마이섬 서쪽 강둑길에 검정 지프차가 한 대와 닿은 뒤라 한다. 웬 깡패같이 생긴 청년 두 명이 불쑥 현장에 나타나더니, 둑을 허물어뜨리는 광경을 보자, 이내 노발대발 방해를 하기 시작하더라고. 엉터리 둑을 막아 놓고 섬을 통째로 집어 삼키려던 소위 유력자의 앞잡인지 뭔지는 모르되, 아무리 타일러도, "여보 당신들도 보다시피 물이 안팎으로 이렇게 불어나는데 섬사람들은 어떻게 하란 말이오?" 해 봐도, 들어주긴커녕 그중 힘깨나 있어 보이는, 눈이 약간 치째진 친구가 되레 갈밭새 영감의 괭이를 와락 뺏더니 물속으로 핑 집어 던졌다는 거다. 그러곤 누굴 믿고 하는 수작일 테지만 후욕 패설을 함부로 뇌까리자, 순간 화가 머리끝까지 치밀었을 갈밭새 영감도
　"이 개 같은 놈아, 사람의 목숨이 중하냐, 네놈들의 욕심이 중하냐?"
　말도 채 끝내기 전에 덜렁 그자를 들어 물속에 태질을 해 버렸다는 것이다. 상대방은 '아이고' 소리도 못해 보고 탁류에 휘말려가고, 지레 달아난 녀석의 고자질에 의해선지 이내 경찰이 둘이나 달려왔더라고.
　"내가 그랬소!"
　갈밭새 영감은 서슴지 않고 두 손을 내밀었다는 거다. 다행히도 벌써 그때는 둑이 완전히 뭉개지고, 섬을 치덮던 탁류도 빙 에워 돌며 뭉그적뭉그적 빠져나가고 있었다는 것이다.
　"정말 우리 조마이섬을 지키다시피 해 온 영감인데…… 살인죄라니 우짜문 좋겠능기요?"
　게까지 말하고 나를 쳐다보는 윤춘삼 씨의 벌건 눈에서는 어느덧 닭똥 같은 눈물이 뚝뚝 떨어지기 시작했다.

— 김정한, 「모래톱 이야기」에서 —

① 인물이 다른 인물로부터 지난 사건의 전모를 전해 듣고 있다.
② 작품 외부의 서술자가 작중 상황을 객관적으로 서술하고 있다.
③ 발화와 행동을 통해 인물의 성격을 간접적으로 드러내고 있다.
④ 사투리와 비속어를 활용한 발화를 통해 현장감을 부각하고 있다.

019

밑줄 친 한자성어의 표기가 잘못된 것은?

① 그는 남들이 부추기는 대로 쉽게 <u>附化雷同</u>하는 사람이다.
② 비록 이번엔 실패했지만 <u>捲土重來</u>하여 반드시 성공할 거야.
③ 나도 일찍 부모님을 여의었기에 그녀에게 <u>同病相憐</u>을 느꼈다.
④ 민족의 전통은 <u>溫故知新</u>의 정신에 바탕하여 창조적으로 계승되어야 한다.

020

다음 글에서 추론한 것으로 적절하지 않은 것은?

　우리나라는 2008년부터 국민 참여 재판을 운영하고 있다. 국민 참여 재판은 만 20세 이상의 국민 중 무작위로 선정된 배심원이 참여하는 형사 재판으로, 배심원으로 선정된 국민은 재판에서 피고인의 유무죄에 관하여 평결을 내리고 적정한 형벌에 대해 토의하는 등 재판에 참여한다. 이러한 배심원단의 평결이 법적 구속력을 갖지는 않는다. 하지만 재판장은 판결을 선고할 때, 피고인에게 배심원의 평결 결과를 고지하고, 배심원의 평결 결과와 다른 판결을 선고할 때에는 피고인에게 그 이유를 설명하고, 판결서에 그 이유를 기재하도록 하고 있다.

① 배심원의 성향에 맞춰 피고인의 변호 방식이 달라지겠군.
② 배심원들 사이에서 형벌에 대한 입장이 서로 다를 수 있겠군.
③ 배심원들의 평결이 판결에 반드시 영향이 끼치는 것은 아니겠군.
④ 국민 참여 재판의 판사는 배심원들과 다른 판결을 내릴 수 있겠군.

모의고사 25회

001
밑줄 친 단어와 문맥적으로 가장 가까운 것은?

> 내가 무엇을 하든 네가 알 바 아니니 내 일에 상관하지 마라.

① 기억할　② 납득할　③ 관여할　④ 인지할

002
다음 사이시옷을 넣은 단어 중 잘못된 것이 들어 있는 것은?

① 툇간, 찻간, 횟수
② 수랏간, 인삿말, 모깃불
③ 곗날, 등굣길, 샛강
④ 우윳빛, 장밋빛, 대푯값

003
다음 중 화자가 이상적으로 여기는 상황은?

> ㉠잊음 많아 이 책 저 책 뽑아 놓고서
> 흩어진 걸 도로 다 정리하자니
> 해가 문득 서쪽으로 기울어지고
> ㉡강에는 숲 그림자 흔들리누나
> 막대 짚고 뜨락으로 내려 가서
> 고개 들고 구름재를 바라다보니
> 아득아득 밥 짓는 연기가 일고
> 으스스 산과 별은 싸늘하구나
> 농삿집 가을걷이 가까워지니
> 방앗간 우물터에 기쁜 빛 돌아
> ㉢갈가마귀 날아드니 절기 익었고
> 해오라비 우뚝 서니 모습 훤칠해
> 내 인생은 홀로 무얼 하는 건지 원
> 숙원이 오래도록 풀리질 않네
> 이 회포를 뉘에게 얘기할거나
> ㉣거문고만 둥둥 탄다 고요한 밤에
>
> - 이황, 「만보(晩步)」 -

① ㉠　② ㉡　③ ㉢　④ ㉣

004
밑줄 친 부분에 해당하는 사례로 적절하지 않은 것은?

> '역전앞'과 마찬가지로 '넓은 광장'에도 의미의 중복이 나타난다. '광장'의 '광(廣)'에 이미 '넓다'라는 의미가 포함되어 있기 때문이다.

① 창문을 열어 자주 환기를 해야 한다.
② 그 문제에 대해서는 다시 재론할 여지가 없다.
③ 각종 공구를 쓰이는 용도별로 분류하여 놓았다.
④ 개인이 소유하고 있는 사유지에 함부로 들어가면 안 된다.

005
다음 대화에 대한 설명으로 적절하지 않은 것은?

> A: 여기 기사 좀 봐. 내년 정부 예산에서 빈곤층을 위한 사회 복지 예산을 대폭 늘리기로 했대.
> B: 경기가 오랫동안 침체되어 있어서 빈곤층의 고통이 컸을 텐데, 잘됐네. 우리 사회에는 소득이 최저 생계비에도 미치지 못하는 사람들이 많다던데, 이럴 때일수록 당연히 정부가 나서야지.
> A: 하지만 요즘 같은 상황에선 경기를 활성화하는 것이 더 급하지 않을까? 경기가 활성화돼서 우리 경제가 성장하면 빈곤층 문제도 저절로 해결될 거야. 그러니 사회 복지 예산은 예년 수준으로 하고, 오히려 경기를 활성화하는 데 필요한 예산을 대폭 늘려야 한다고 생각해.
> B: 글쎄. 과연 경제가 성장한다고 해서 빈곤층 문제가 저절로 해결될까? 우리 경제는 꾸준히 성장해 왔고, 대기업이 거두어들인 순이익도 매년 크게 증가하고 있는 추세야. 그에 비해 국민의 개인 소득은 조금씩밖에 늘지 않았어. 우리 엄마도 아빠 월급은 늘었는데 물가가 올라 살림하기가 더 힘들다고 하셔. 그러니 소득이 최저 생계비에도 미치지 못하는 사람들은 어떻겠어.

① 'A'는 경기가 활성화되면 빈곤층도 그 혜택을 받을 것이라고 생각하고 있다.
② 'B'는 경제가 성장하더라도 그 이익이 사회적으로 나누어지지 않는다고 생각하고 있다.
③ 'B'는 경기가 어려울수록 더욱 정부가 나서 빈곤 문제를 책임져야 한다고 생각하고 있다.
④ 'A'와 'B'는 경기 침체를 걱정하며 정부가 경제 활성화를 먼저 신경 써야 한다고 생각하고 있다.

006
다음 글에 대한 설명으로 가장 적절하지 않은 것은?

> 진주 장터 생어물전에는
> 바다밑이 깔리는 해 다 진 어스름을,
>
> 울엄매의 장사 끝에 남은 고기 몇 마리의
> 빛 발하는 눈깔들이 속절없이
> 은전만큼 손 안 닿은 한이던가
> 울엄매야 울엄매.
>
> 별밭은 또 그리 멀리
> 우리 오누이의 머리 맞댄 골방 안 되어
> 손 시리게 떨던가 손 시리게 떨던가,
>
> 진주 남강 맑다 해도
> 오명 가명
> 신새벽이나 밤빛에 보는 것을,
> 울엄매의 마음은 어떠했을꼬.
> 달빛 받은 옹기전의 옹기들같이
> 말없이 글썽이고 반짝이던 것인가.
>
> — 박재삼, 「추억에서」 —

① 의문형 표현을 활용하여 한(恨)의 정서를 드러내고 있다.
② 어조의 변화를 통해 과거를 극복하려는 태도를 보여주고 있다.
③ 회상의 방식으로 어머니에 대한 추억과 그리움을 드러내고 있다.
④ 구체적인 지명과 방언을 활용하여 향토적 정감을 표현하고 있다.

007
밑줄 친 한자어의 쓰임이 문맥상 적절한 것은?

① 길에서 聲得한 돈을 파출소에 맡겼다.
② 지식의 短篇만을 전달하는 교육은 쓸모없는 것이다.
③ 항만 시설의 老後로 하루에 처리될 수 있는 화물의 양은 매우 적다.
④ 일을 할 때 문제의 본질은 외면하고 附隨적인 일에 중요한 시간을 소비해 버리는 것은 좋지 않다.

008
㉠~㉣ 중 안갖춘꽃과 유사한 의미에 해당하는 것은?

> 장미와 복숭아꽃은 갖춘꽃이며 소나무와 보리는 못갖춘꽃이다. 꽃을 이루는 기본 요소인 꽃잎과 꽃받침, 암술과 수술을 모두 갖고 있을 때 우리는 그 꽃을 갖추었다는 의미로 갖춘꽃이라고 부른다. 못갖춘꽃이라고 할 때는 대부분 암술과 수술만을 가지고 꽃잎이나 꽃받침은 없는 꽃을 말한다.
> 그런데, 못갖춘꽃을 안갖춘꽃이라고도 한다. 안갖춘꽃이라는 말과 못갖춘꽃이라는 말은 별 차이가 없는 것 같지만, 여기에는 우리가 자연을 대하는 사고방식의 차이가 담겨 있다. 안갖춘꽃이라는 말에는 꽃의 시각에서 본 당당함과 선택의 의미가 담겨 있지만, 못갖춘꽃이라고 할 때는 인간의 잣대를 들이댄 ㉠결핍과 미완의 의미가 드러난다. 못 갖춘 것이 아니라 안 갖춘 것이 많다는 것을 사람들은 얼마나 이해하고 있을까?
> 식물은 ㉡인간의 기쁨을 위해 꽃을 피우지 않는다. 식물의 꽃은 죽음에 대한 생명의 답이다. 꽃을 피우는 일은 ㉢사치와 낭만이 아니라, 제한된 양분과 생명의 시간들을 할애하여 수고로움으로 진행하는 엄숙한 생명의 작업인 것이다. 안 갖추었느냐 못 갖추었느냐는 구분은 우리가 식물을 바라보고 이해하는 주관적 반영일 뿐 객관적 실재는 아니다. 여백은 모자람이 아니라 힘 있게 자신을 표현하는 ㉣당당한 무늬일 수 있다.

① ㉠ ② ㉡ ③ ㉢ ④ ㉣

009
다음 글에 대한 설명으로 적절하지 않은 것은?

> 그어 놓은 금이나 줄을 의미하는 '선(線)'은 여백과 더불어 그림을 그리는 데에 빠질 수 없는 필수적 요소이다. 동양에서는 이러한 선을 예술가의 내면을 표현하는 최고의 수단으로 여기고, 굵기와 짙고 옅음 등 선의 다양한 표현 방법을 중시했다. 반면 서양에서는 선을 사물을 구분 짓는 윤곽에 불과하다고 보았다. 즉, 서양의 예술가들에게는 선은 현실의 대상을 그림으로 옮기는 수단에 지나지 않았기 때문에 주요한 관심의 대상이 아니었다. 그런데 19세기 이후에 이르러 이러한 선에 대한 동서양의 인식은 그 구분이 모호해졌다. 왜냐하면 사진의 발명에 따라 미술의 역할은 더 이상 현실 재현에 있지 않았기 때문이다. 회화는 예술가의 내면을 비롯하여 다양한 관념을 주제로 다루기 시작하였고, 그 표현 방법에 있어서도 무의식적이고 자유로운 '새로운 선'을 탄생시켜 활용하였다. 추상 회화는 이와 같은 '새로운 선'을 활용한 회화 경향 중 하나이다.

① 정의의 방식을 통해 '선'의 의미를 설명하고 중심 소재를 제시하고 있다.
② 부연의 방식을 통해 '선'에 대한 동서양의 구분이 모호해진 이유를 밝히고 있다.
③ 대조의 방식을 통해 '선'을 바라보는 동서양 예술가들의 관점의 차이를 드러내고 있다.
④ 비유의 방식을 통해 추상 회화를 탄생시킨 '새로운 선'의 역할을 간접적으로 나타내고 있다.

010
다음 작품에 대한 이해로 적절하지 않은 것은?

> 화왕이 춘추가 높아지자 사치와 호사가 날마다 심해졌다. 해당화가 경국지색(傾國之色)이라는 말을 듣고 나비로 하여금 사자를 삼아 그를 맞아 오게 했다. 화왕은 그를 만나니 곱고도 요염하여 별궁에 따로 두고 밤낮을 가리지 않고 행락에 빠졌다. 대나무가 화왕에게,
> "제가 듣기는 '마음이 색에 방탕하면 나라가 망하지 않을 수 없다.'라고 하였습니다. 그러므로 오왕은 서시로 인하여 그의 대궐에 연못을 파고, 당명황은 양귀비 때문에 서측에 파천되었으니 이를 경계하지 않을 수 없습니다."
> 하고 간했으나 화왕은 듣지 않았다. 하루아침에 욕수(蓐收)가 서쪽으로부터 오자 가을바람이 별안간 일고, 철마가 제멋대로 달려 삼엄한 살기가 천지 사이에 가득 차서 지나치는 곳마다 꺾이지 않는 것이 없을 만큼 되었다. 그제야 화왕은 마음에 놀랍고 얼굴이 처참하여 상교(商郊)에서 죽으매 나라는 드디어 망하고 말았다.
> – 이이순,「화왕전(花王傳)」에서 –

① 상상적 세계를 배경으로 삼아 허구성을 강화하고 있다.
② 사물을 의인화한 우의적 방식을 활용하여 이야기를 전개하고 있다.
③ '나비'의 꼬임에 넘어간 '화왕'은 '해당화'에 빠져 정사(政事)를 게을리한다.
④ '대나무'는 '화왕'을 '당명황'에, '해당화'를 '양귀비'에 빗대어 대상의 태도를 경계하고 있다.

011
다음 조건을 모두 만족시키는 표어로 적절한 것은?

> ○ 친환경 전기 버스를 홍보할 것.
> ○ 친환경 전기 버스로 인한 긍정적 전망을 표현할 것.
> ○ 유사한 발음을 반복한 표현을 활용할 것.

① 미래를 충전하다, 청정 도시로 환승하다
② 매연 없는 친환경 전기 버스와 함께 달려요
③ 친환경 전기 '버스'로, 맑은 도시를 '벗'으로
④ 친환경 전기 버스의 도착지는 푸르른 내일입니다

012
다음 글에 대한 이해로 적절하지 않은 것은?

> 중국의 봉건제는 주나라 때 처음 시행된 것으로, 중앙 정부가 직접 행정관을 파견하여 지방을 통치하는 중앙 집권적인 군현제와 달리, 황족과 공신들을 요충지의 제후로 봉하여 황실을 지키는 번병(藩屏)으로 삼은 것에서 시작되었다. 주나라 이전부터 봉건 제도와 유사한 형태의 체제는 있었지만, 주나라 때 정치·사회 제도로 정비된 것으로 보는 것이 일반적이다. 대부분의 제후는 주나라 황족에서 임명되었으며, 제후들은 다시 혈족을 중심으로 경대부(卿大夫)를 임명하고 영지를 나누어 줌으로써 계층적인 통치 체제를 형성했다. 혈족 중심이다 보니 군사적 봉사 외에도 제사를 올리고 종법(宗法) 질서를 확인하는 일이 크게 중시되었고, 이에 따라 제후들에게는 제사에 쓸 공물을 공급하는 책무 역시 부여되었다.
> 그러나 시간이 지나면서 제후들의 세력이 점차 강화되고 여러 세대가 흘러 제후와 주나라 황실 간의 혈연관계가 약화되면서 종법 질서를 중심으로 한 통제 체제가 약화되기 시작하였다. 그리고 주나라 황실이 이민족의 침략으로 수도를 이전하고 제후국에 대한 실질적인 국력 우위마저 갖추지 못하게 되자 중앙 정부의 통제력이 완전히 소멸되고 혼란기가 찾아왔다.

① 종법(宗法) 질서가 유지되는 동안에는 제후에 대한 황실의 통제도 유효했다.
② 주나라 봉건제가 흔들리게 된 원인에는 황실과 제후 간의 혈연관계 약화도 있다.
③ 중국의 봉건제는 주나라 때 이루어진 것으로 제후들은 군사적 봉사 의무를 지녔다.
④ 황실이 경대부에 대한 인사권을 행사하지 못하면서부터 봉건제가 흔들리기 시작하였다.

013

다음 글에 대한 이해로 가장 적절한 것은?

말소리는 음성과 음소로 구분될 수 있다. 음성은 사람의 발음 기관을 통해 나는 구체적이고 물리적인 소리이며, 음소는 더 이상 작게 나눌 수 없는 음운론상의 최소 단위이다. 우리는 우리말의 음소에 대한 지식을 바탕으로 '바지'의 '바'와 '지바'의 '바'가 동일하다고 생각한다. 그런데 '바지'의 발음을 음성학적으로 적으면 [padʑi]이고 '지바'의 발음은 [tʃiba]이다. 두 '바'의 'ㅂ'이 [p]와 [b]로 서로 달리 발음되는 것이다. 이는 두 'ㅂ'이 음소는 같지만 음성이 다름을 나타낸다. 두 '지'의 'ㅈ' 역시 [dʑ]와 [tʃ]로 달리 발음된다. 이와 같이 동일한 음소이지만 환경에 따라 달리 실현되어 음성학적으로 구별되는 발음을 변이음이라고 한다.

'보리밥'이라는 말에는 음소 /ㅂ/이 세 개 들어 있다. 어두의 초성에 있는 'ㅂ'은 무성음 [p], 모음 'ㅣ'와 'ㅏ' 사이에 있는 'ㅂ'은 유성음 [b], 종성에 있는 'ㅂ'은 불파음 [p>]로, 각기 발음이 다르다. 무성음은 성대(聲帶)를 떨지 않고 내는 소리이며, 유성음은 성대가 떨려 울리는 소리이다. 그리고 불파음은 입안의 어떤 부위를 막았다가 터뜨리지 않은 상태에서 발음이 끝나는 소리를 가리킨다.

① '지바'의 'ㅂ'과 '바지'의 'ㅂ'은 물리적으로 같은 소리이다.
② '지바'의 'ㅈ'과 '바지'의 'ㅈ'은 음성적으로 구별되지 않는다.
③ '보리밥'에 들어있는 세 개의 'ㅂ'은 음성적으로 모두 구별된다.
④ 유성음으로 발음되는 'ㅂ'과 무성음으로 발음되는 'ㅂ'은 동일한 음소로 볼 수 없다.

014

다음 글을 잘못 이해한 것은?

임제순: (능글맞게 웃음을 흘리며) 곰치! 오늘 잘했어! 자네가 제일 많이 했어! 거 참 멋있거등!

곰치: (건성으로) 예에! 예에!

임제순: 부서 떼도 몇 십 년 만이지만 부서 크기도 처음이여! 죄다 허벅다리 같은 놈들이니……. (갑자기 불만스러운 얼굴을 해 가지곤) 그라제만 나는 손해여! 이익이 없그등! 천상 널린 돈 거둔 것뿐잉께……. 그나마도 일부분만 거뒀으니……. (속상한다는 듯이) 진장칠 놈의 것, 그 돈을 다른 사람한테 줘서 이자만 키웠어도……. 에잇! 쯧쯧!

범쇠: (여전히 마당을 서성대며) 아암!

임제순: 곰치!

곰치: (넋 빼고 서선, 헛소리처럼) 예에! 예에!

… (중략) …

임제순: ……자네 섭섭할는지 모르겠네만은……. (강경하게) 남은 이만 원 청산할 때까지 내일부터 배를 묶겠네! 묶겠어!

곰치: (기겁할 듯 놀라) 예에? 아니 배, 배를 묶어라우?

성삼·연철·도삼: 배를 묶다니?

구포댁: (펄쩍 뛰며) 웟따! 믄 말씀이싱게라우? 아니, 해필이면 이럴 때 배를 묶으라우? 예에?

임제순: (단호하게) 나는 두말 않는 사람이여!

곰치: (애걸조로) 영감님! 배만은, 배만은…….

– 천승세, 「만선」에서 –

① '곰치'는 '임제순'에게 빚을 지고 있고 이를 온전히 갚지 못했다.
② '범쇠'는 '임제순'의 말에 호응하지만 내심 '곰치'의 상황을 염려하고 있다.
③ '곰치'는 '임제순'의 칭찬에 건성으로 대답하면서 자신의 태도를 드러낸다.
④ '구포댁'은 부서 떼가 몰려온 때에 배를 묶으려 하는 '임제순'에게 반발한다.

015

다음 글에서 (가)~(다)의 순서를 자연스럽게 배열한 것은?

> 사회는 개인의 집합체에 불과하고 실제로 의미 있는 것은 개인뿐이라고 생각한 학자들도 있다.
>
> (가) 사회는 구성원 개개인이 모인 단순한 집합에 불과하며, 사회란 개인들의 특성에서 유래하는 것으로, 사회가 개인의 속성으로 환원될 수 있다고 보는 것이다.
>
> (나) 개인들 사이의 상호 작용과 관계는 개인들 외부에 존재하는 어떤 것 때문에 형성되는 것이 아니라 개개인들의 내적 의지나 주관 세계를 바탕으로 형성되기 때문에 개인을 지배하는 사회가 존재한다는 사회 실재론적 사고는 상상에 불과한 것이라고 보는 것이다.
>
> (다) 이러한 관점을 사회 명목론이라고 한다. 사회 명목론에서는 개인의 행위에 초점을 두어 사회를 연구하고, 사회보다 사회를 구성하는 개인, 즉 독자적으로 사고하고 행위하는 개인을 더 중시한다.
>
> 이와 같은 관점을 취한 학자들로는 베버, 쿨리, 미드, 짐멜 등이 있다. 이들은 모두 객관적인 사회 구조보다 개개인들의 행위를 더 중시하였다.

① (가)-(나)-(다)
② (가)-(다)-(나)
③ (나)-(가)-(다)
④ (다)-(나)-(가)

016

밑줄 친 한자성어의 쓰임이 적절하지 않은 것은?

① 나이 차이가 나지만 肝膽相照하며 친하게 지냈다.
② 늦게 일어났는데, 雪上加霜으로 길까지 막혀 지각했다.
③ 힘을 합쳐도 모자랄 판에 安貧樂道로 인해 일을 망쳤다.
④ 잔인무도했던 악인이 전혀 다른 사람으로 改過遷善하였다.

017

다음 글에 나타난 필자의 생각으로 가장 적절한 것은?

> 유교 국가의 군주는 자기가 신권을 갖는 존재라는 생각을 갖고 있지 않았다. 중국의 천자는 천명을 받은 존재라고 생각되었지마는 그의 도덕 정치에 중대한 결함이 있을 때에는 천명이 철회되어 제위를 잃을 수 있다는 전제를 갖고 있었다. 이런 점에서 국가를 지배 군주의 세습적 가산으로 보는 이른바 가산제(家産制) 국가의 이론은 유교 국가에는 맞지 않는다.
>
> 강병으로 외국을 정벌해서 인구와 영토의 확장을 꾀하는 것이 국가 목적으로 설정된 일도 없다. 북방 유목 민족 국가의 경우는 이런 식의 국가 운영이 이루어지기도 하지마는, 유교 정치상에서는 명분 없는 침략은 정당화되지 않았다. 그렇다고 경제를 발전시켜서 국민의 소비 생활을 향상시키는 것이 정부의 가장 중요한 책무라는 그런 공리적인 국가 관념도 없었다. 물론 백성의 의식을 족하게 하고 외적 침입과 천재지앙에 대해서 보호해 주는 것이 정치의 책무이기는 하지마는, 그것이 곧 국가의 이상 목표가 된다는 것은 아니다. 목표는 더 차원이 높은 것이라야 한다. 그것은 곧 요순과 같은 성왕의 정치와 같은 도덕 정치의 구현이다.

① 유교 국가는 영토를 확장하여 유교 이념을 퍼뜨리는 것을 국가의 목표로 삼았다.
② 유교 국가의 군주는 도덕 정치라는 이상적인 목표를 구현하기 위해 노력해야 한다.
③ 유교 국가에서 권력의 세습이 가능한 것은 유교로서 백성을 교화하였기 때문이다.
④ 유교 국가의 군주는 하늘이 준 권력으로 풍요롭고 평화로운 사회를 건설해야 한다.

018

㉠, ㉡에 대한 설명으로 가장 적절한 것은?

오케스트라가 악보의 내용을 구현하기 위해서는 지휘자가 필요하다. 그리고 지휘자는 오케스트라에 지휘를 내리기 전에 악보에 나타난 음표를 얼마나 큰 소리로 어떻게 연주할 것인지를 결정한다. 이러한 과정을 음악 해석이라고 하는데, 모든 지휘자는 해석을 통해 음악을 이해하고 연주의 방식을 결정한다. 지휘자는 해석한 바에 따라 오케스트라 단원들에게 손동작이나 표정, 동작 등을 전달하며, 음악 해석에 따라 악보의 내용은 전혀 다른 빠르기나 분위기로 연주될 수 있다.

베토벤은 '운명 교향곡'으로 불리는 자신의 작품 〈교향곡 No. 5〉의 시작 부분에 '알레그로 콘 브리오'라는 음악 용어를 명시했다. 이는 해당 부분을 씩씩하고 빠르게 연주하라는 표기로, 지휘자나 연주자가 곡을 해석하는 데에 있어 일종의 기준을 제시한 것과 같다. 또한 베토벤은 악보를 연주하는 정확한 템포를 지시하기 위해 1분에 2분음표를 108번 연주하라는 의미로 '♩=108'이라는 표기도 함께 적었다.

이에 ㉠토스카니니는 〈교향곡 No. 5〉의 표기를 고려하여 모든 부분을 베토벤이 의도한 대로 연주하도록 하였다. 토스카니니는 곡에서 계속 반복되는 부분을 사정없이 몰아치는 파도처럼 해석하였는데, 이러한 해석이 악보를 정확하게 재현하는 것이라고 생각했기 때문이다. 정확한 재현과 부분적 강조가 담긴 연주는 작품의 추진력을 높이는 효과를 불러일으켰다. 토스카니니는 이러한 해석과 지휘 과정에서 지휘자의 감정이 작품에 스며드는 것을 경계했다.

반면 ㉡푸르트벵글러는 지휘자가 음악을 주관적으로 해석해야 한다고 보았으며, 음악 해석 과정에서 베토벤이 적어 놓은 음악 표기 등을 고려하지 않았다. 따라서 자신의 해석에 따라 오케스트라 단원들에게 〈교향곡 No. 5〉를 매우 느린 템포로 연주하도록 하였다. 푸르트벵글러는 악보에 충실하지 않은 자신의 지휘가 오히려 웅장한 분위기를 자아내는 악보의 의도를 더욱 생생하게 전달하는 일이라고 생각했다. 결과적으로 그의 해석과 지휘에 따른 연주는 느리지만 또렷하고 힘 있게 느껴졌다.

① 작곡가가 제시한 기준은 ㉠과 ㉡의 주관적 해석 과정에 반영되었다.
② 작곡가가 명시한 기준 중 ㉠은 분위기를 ㉡은 빠르기를 수용하여 연주했다.
③ 지휘자의 감정을 개성적으로 표현하기 위해 ㉠과 달리 ㉡은 음악 해석 과정을 생략했다.
④ 음악 해석을 바탕으로 ㉠은 작곡가의 의도를, ㉡은 곡의 의도를 정확하게 전달하려 했다.

019

로마자 표기 규정에 따라 올바르게 표기한 것은?

① 한라산 – Hanlasan
② 집현전 – Jiphyeonjeon
③ 압록강 – Amrokgang
④ 영등포 – Yeongdeungpho

020

다음 글에서 추론한 것으로 적절하지 않은 것은?

자본주의 체제에서 가격 결정은 일반적으로 수요와 공급에 맡긴다. 수요가 부족하면 공급은 넘치므로 가격이 떨어지지만, 반대로 수요가 넘치면 공급은 부족하므로 가격이 오른다. 그런데 때로는 특정 상품에 대해 정부가 인위적으로 가격을 정하는 정책적인 노력을 기울이기도 한다. 이를 가격 통제라 한다. 가격 통제의 대표적인 정책으로서 최고 가격제가 있다. 최고 가격제는 시장에 재화의 공급량이 절대적으로 부족하여 물가가 치솟을 때 물가를 안정시키고 실수요자를 보호할 목적으로 정부가 가격의 상한선을 설정하고 그 상한선 이상에서의 거래를 법으로 금지하는 제도를 말한다. 최고 가격제를 실시하는 상황에서는 공급 부족량이 발생한다. 이러한 상태에서는 소비자들이 어떻게든 부족한 상품을 구입하고자 하기 때문에, 자신의 이익을 취하기 위해 정부의 최고 가격제를 따르지 않는 공급자들에 의해 암시장이 형성되기도 한다.

① 최고 가격제가 실시되면 사람들은 원하는 제품을 사지 못할 수 있다.
② 암시장에서 제공되는 상품은 시중의 상품보다 더 싼 가격으로 거래될 것이다.
③ 재화의 수요가 부족한 상황에서는 정부가 최고 가격제를 시행하지 않을 것이다.
④ 물가 안정을 위해 최고 가격제를 실시할 때에는 재화의 공급량 부족이 심화될 것이다.

MEMO

MEMO

MEMO

"나는 너보다
　더 열심히 할 것이다"
　　　　　　　　- 권규호

KWON LAB
권규호국어연구실

2024
VERSION.2

9·7급 공무원
국어 시험 대비
모의고사 25회분

수능형 공무원 모의고사

권규호
공무원국어

정답과 해설

수능형 공무원 모의고사

2024 VERSION.2

정답과 해설

KWON LAB

모의고사 01회

01회

001 ②	002 ②	003 ④	004 ③	005 ④
006 ②	007 ④	008 ②	009 ③	010 ④
011 ②	012 ①	013 ②	014 ③	015 ④
016 ①	017 ①	018 ④	019 ②	020 ③

001
정답 | ②
해설 | ⓒ '색연필'은 'ㄴ' 첨가에 의해 [색년필]이 되어 음운이 1개 늘어나고, 비음화에 의해 [생년필]로 발음된다. 따라서 음운 변동으로 인해 음운의 수가 1개 늘어난다.
오답피하기 |
① ㉠ '흙일'은 겹받침 규칙에 의해 [흑일]이 되어 음운이 1개 줄어들고, 'ㄴ' 첨가에 의해 [흑닐]이 되어 음운이 1개 늘어나고, 비음화에 의해 [흥닐]로 발음된다. 따라서 음운의 수는 변화가 없다.
③ ⓒ '물난리'는 유음화에 의해 [물랄리]로 발음된다. 따라서 음운의 수는 변화가 없다.
④ ⓒ '껴안다'는 된소리되기에 의해 [껴안따]로 발음된다. 따라서 음운의 수는 변화가 없다.

002
정답 | ②
해설 | 결제하지(○): '결제하다'는 '증권 또는 대금을 주고받아 매매 당사자 사이의 거래 관계를 끝맺다'를 뜻하므로 적절하게 쓰였다. 이는 '결정할 권한이 있는 상관이 부하가 제출한 안건을 검토하여 허가하거나 승인하다'를 뜻하는 '결재하다'와 구별하여 써야 한다.
오답피하기 |
① 붙였다(×) → 부쳤다(○): '붙이다'는 '맞닿아 떨어지지 않게 하다'를 뜻하므로 적절하지 않다. 따라서 '편지나 물건 따위를 일정한 수단이나 방법을 써서 상대에게로 보내다'를 뜻하는 '부치다'로 써야 한다.
③ 막역하다(×) → 막연하다(○): '막역하다'는 '허물이 없이 아주 친하다'를 뜻하므로 적절하지 않다. 따라서 '갈피를 잡을 수 없게 아득하다'를 뜻하는 '막연하다'로 써야 한다.
④ 빌어(×) → 빌려(○): '빌다'는 '바라는 바를 이루게 하여 달라고 신이나 사람, 사물 따위에 간청하다'를 뜻하므로 적절하지 않다. 따라서 '어떤 일을 하기 위해 기회를 이용하다'를 뜻하는 '빌리다'로 써야 한다.

003
정답 | ④
해설 | 傳傳(전할 전/전할 전)은 '끊임없이 전하여짐'을 뜻하므로 적절하지 않다. 해당 문장에는 '이리저리 굴러다니거나 옮겨 다님'을 뜻하는 轉轉(구를 전/구를 전)으로 써야 한다.
오답피하기 |
① 回轉(돌아올 회/구를 전)은 '어떤 것을 축으로 물체 자체가 빙빙 돎'을 뜻하므로 적절하게 쓰였다.
② 操作(잡을 조/지을 작)은 '기계 따위를 일정한 방식에 따라 다루어 움직임'을 뜻하므로 적절하게 쓰였다.
③ 流通(흐를 유/통할 통)은 '공기 따위가 막힘이 없이 흘러 통함' 또는 '화폐나 물품 따위가 세상에서 널리 쓰임'을 뜻하므로 적절하게 쓰였다.

004
정답 | ③
해설 | '엄마'는 '주말 이틀 중 하루만 가족과 시간을 보내고, 다른 날에 개인 시간을 가지면 되지 않겠니?'라며 의문문을 통해 자신의 의견을 제시하고 있다. 그러나 이를 통해 '민준'의 의견을 뒷받침하는 부분은 나타나 있지 않다.
오답피하기 |
① '아빠'는 '기특한 생각을 했구나. 가족들과 시간을 함께 보내는 것이 중요하지.'라며 '민지'의 의견에 대해 동의를 표현하고 있다.
② '민준'은 '그런데 주말에는 친구들과 만날 시간도 필요해요.'라며 '아빠'의 의견에 대해 우회적으로 반대하고 있다.
④ '민지'는 '그럼, 각자 가족과 함께하고 싶은 활동들을 적어 봐요.'라며 '엄마'가 우려한 문제의 해결 방안을 제시하고 있다.

005
정답 | ④
해설 | 해당 작품은 게젓을 파는 '장수'와 어떤 사람의 대화를 보여 주고 있을 뿐, 서민의 가난한 모습은 확인할 수 없다.
오답피하기 |
① 게젓을 파는 '장수'가 게의 모습과 게장의 맛을 한자어로 장황하게 묘사하자, 어떤 사람이 게젓이라고 말하면 될 것을 왜 그렇게 장황하게 말하느냐고 풍자하고 있다. 이때, 한자어를 써서 장황하게 말한 '장수'의 태도를 현학적이라고 볼 수 있다.
② 중장에서 '장수'는 게의 모습과 게장의 맛을 장황하게 묘사하고 있으며, 허장성세를 부리는 '장수'의 모습에서 해학성을 확인할 수 있다.
③ '장수'와 어떤 사람 간의 대화를 활용하여 상황을 생동감 있게 제시하고 있다.

006
정답 | ②
해설 | 역설은 모순을 일으키지만 진리를 함축하는 표현을 의미한다. 그러나 해당 시에서 역설적 표현은 나타나 있지 않다.
오답피하기 |
① 3연에서 '푸른 바다'와 '흰 돛단배'를 대비하여 희망의 이미지를 강조하고 있다.
③ 2연의 '전설이 주저리주저리 열리고'에서 '전설'은 오감으로 파악할 수 없는 관념적 대상인데, 이를 구체적 형상을 가진 것처럼 열린다고 표현하고 있다.

④ 6연에서 '아이'를 청자로 설정하고 말을 건네며 시상을 마무리하여 여운을 드러내고 있다.

007
정답 | ④

해설 | 글쓴이는 예전에는 존재했던 금줄 문화가 사라져 가는 것에 대한 아쉬움을 표현하고 있다. 따라서 이 글의 제목으로 가장 적절한 것은 '사라져 가는 금줄'이다.

008
정답 | ②

해설 | 제시문에 따르면 망각이 나타나는 이유는 기억들이 혼재해 있기 때문이다. 기억을 담당하는 일부 세포가 손상되었다는 내용은 나타나 있지 않다.

오답피하기 |

① 제시문에 따르면 망각이 나타나는 이유는 기억들이 혼재해 있기 때문이다. 그러므로 학습한 내용을 체계적으로 잘 정리한다면 어렵지 않게 기억해 낼 수 있다고 하였다.
③ 제시문에 따르면 뒤에 배운 내용이 앞에서 배운 내용을 기억의 저편으로 밀어내는 역행 억제가 작용하면 기억을 방해한다. 한국어를 익힌 외국인이 한국어에 해당하는 모국어를 떠올리지 못하는 것은 뒤에 배운 한국어가 먼저 배운 모국어를 기억에서 밀어낸 역행 억제가 작용한 것이라고 이해할 수 있다.
④ 제시문에 따르면 앞서 배운 내용이 나중에 공부한 내용을 밀어내는 순행 억제가 작용하면 기억을 방해한다. 따라서 이전 비밀번호가 떠올라 현관문 새 비밀번호가 기억나지 않는 것은 순행 억제에 해당한다고 볼 수 있다.

009
정답 | ③

해설 | '상우'가 '수진'의 말을 자신의 처지로 바꾸어 의미를 재구성하는 부분은 나타나 있지 않다.

오답피하기 |

① '상우'는 '무슨 일이에요? 자세히 말씀해 보세요.'라며 '수진'의 말에 집중하고 있음을 보여 주고 있다.
② '상우'는 '수진 씨가 이번 분기 활동 결과 자료 정리를 맡았군요. 처음 하는 업무라서 막막하겠군요.'라며 '수진'의 말을 요약하고 감정을 헤아려 주고 있다.
④ '상우'는 '지난번에는 누가 자료를 정리하셨어요?'라며 '수진'이 스스로 문제를 해결할 수 있는 실마리를 제시하고 있다.

010
정답 | ④

해설 | ㉠에는 연준모치가 호수를 지배하게 될 때 발생하는 결과가 들어가야 한다. 그런데 1문단에 따르면 연준모치는 동물 플랑크톤을 주식으로 삼고, 호수 생태계에 플랑크톤이 늘어나면 대기로 방출되는 탄소가 획기적으로 많아진다. 따라서 연준모치가 호수 생태계를 지배하면 연준모치가 주식으로 삼는 동물 플랑크톤의 수가 줄어들 것이고, 플랑크톤이 줄어들면 대기로 방출되는 탄소도 줄어들게 될 것이다. 따라서 ㉠에 들어갈 내용으로 가장 적절한 것은 ④이다.

오답피하기 |

① 연준모치가 호수 생태계를 지배한다고 해서 먹이 피라미드 상층에 위치한 배스의 유입을 막을 수 있다고 보기 어렵다.
② 연준모치는 동물 플랑크톤을 주식으로 삼고, 동물 플랑크톤은 말조류 식물을 먹는다. 따라서 연준모치가 호수 생태계를 지배하면 동물 플랑크톤이 줄어들 것이므로, 반대로 말조류 식물은 증가하게 될 것이다. ㉠ 앞에서도 말조류 식물이 크게 증가한다고 설명하고 있다.
③ 연준모치는 동물 플랑크톤을 주식으로 삼고, 동물 플랑크톤은 말조류 식물을 먹는다. 따라서 연준모치가 호수 생태계를 지배하면 동물 플랑크톤이 줄어들 것이다.

011
정답 | ②

해설 | ㉡: '공주'가 '임경업'의 꾀에 넘어간 것은 맞지만, ㉡은 '공주'가 '임경업'에게 높은 평가를 내리고 있는 부분이다.

오답피하기 |

① ㉠: '공주'는 키를 세 치나 돋우고 들어간 '임경업'을 보고 안타까워한다. 따라서 ㉠은 이를 예측하고 위기에서 벗어나기 위해 '임경업'이 기지를 발휘한 것으로 볼 수 있다.
③ ㉢: '임경업'은 자신에게 조강지처가 있으므로 부마가 될 수 없다고 말하고 있다. 따라서 ㉢의 대화에서 의리를 중시하는 '임경업'의 성격을 확인할 수 있다.
④ ㉣: '임경업'이 부마가 되기를 거절하자 '호왕'은 서운해하였다. 그러나 '호왕'은 잔치를 베풀고 예물을 갖추어 '임경업'을 의주로 보냈다. 따라서 ㉣은 '호왕'이 '임경업'을 마지못해 보내면서 그에게 은혜를 내린 것으로 볼 수 있다.

012
정답 | ①

해설 | ㉠에서는 따로 떼어 낸 심장은 근육 덩어리일 뿐이라고 하였다. 그리고 2문단에서는 학문에서는 문제와 관련하여 알려진 모든 사실들을 연구해야 한다고 하였다. 이를 고려할 때, ㉠을 통해 말하고자 하는 바로 가장 적절한 것은 학문 전체와의 연관성을 고려하지 않고서는 특정한 부분을 제대로 이해할 수 없다는 것이다.

오답피하기 |

② 따로 떼어 낸 심장은 심장이 아니라 근육 덩어리라는 ㉠의 내용은 전체와 부분의 연관성을 강조한 것이다. 학문의 각 부분들에 대한 연구가 바탕이 되어야 전체 구조를 이해할 수 있다는 것은 ㉠의 내용에 어긋나므로 적절하지 않다.
③ 따로 떼어 낸 심장은 심장이 아니라 근육 덩어리라는 ㉠의 내용은 전체와 부분의 연관성을 강조한 것이다. 학문의 부분이 전체에 영향을 주지 않는다는 것은 ㉠의 내용에 어긋나므로 적절하지 않다.
④ ㉠에서는 신체의 일부분인 심장을 신체로부터 떼어 내면 심장은 근육 덩어리가 될 뿐이라고 하였다. 전체와 부분의 경계를 분명하게 나눌 수 없다는 것은 ㉠의 내용에 어긋나므로 적절하지 않다.

013
정답 | ②

해설 | 고춧가루만을(○): '을/를'은 목적격 조사일 때, 이동을 표시하는 동사와 어울려서 장소를 나타날 때, 일부 부사 뒤에서 보조사로 기능할 때 쓰인다. 따라서 해당 문장의 '을'은 목적격 조사로 쓰였으므로 조사의 쓰임이 적절하다.

오답피하기 |
① 시민에(×) → 시민에게(○): '에'는 무정 명사가 대상일 때 쓰이고, '에게'는 유정 명사가 대상일 때 쓰인다. 따라서 '시민'은 유정 명사이므로 '시민에게'로 써야 한다.
③ 우리 팀에서(×) → 우리 팀에(○): '에서'는 앞말의 행동이 이루어지고 있는 처소의 부사어임을 나타내는 격 조사이고, '에'는 앞말이 단순히 처소의 부사어임을 나타내는 격 조사이다. 따라서 '우리 팀'은 단순히 처소를 나타내므로 '우리 팀에'로 써야 한다.
④ 모르겠다라고(×) → 모르겠다고(○): '라고'는 앞말이 직접 인용되는 말임을 나타내는 격 조사이고, '고'는 앞말이 간접 인용되는 말임을 나타내는 격 조사이다. 따라서 해당 문장은 간접 인용을 나타내므로 '모르겠다고'로 써야 한다.

014
정답 | ③
해설 | 2문단에 따르면 범종각에는 누각을 이루는 기둥 네 개에 모두 심하게 휘어져 있는 휜 나무를 사용하였다. 따라서 범종각에 곧은 형태의 휜 나무를 사용하였다고 한 설명은 적절하지 않다.
오답피하기 |
① 1문단에 따르면 휜 나무는 궁궐에서부터 민가, 불교 건축에서 유교 건축에 이르기까지 두루 사용되었다.
② 1문단에 따르면 만대루에는 휜 나무가 기둥으로 사용되어 하단을 받치고 상단부에서는 대들보 역할을 하고 있고, 이렇게 사용된 휜 나무는 구조적 안정성을 나타낸다.
④ 1문단에 따르면 만대루는 휜 나무를 사용하여 자연 재료의 아름다움과 가치를 드러낸다. 그리고 2문단에 따르면 범종각의 휜 나무를 사용한 기둥은 자연적인 상태를 받아들이고 치장은 불필요한 것임을 깨닫게 한다.

015
정답 | ④
해설 | 제시문에서 ㉠을 통해 가설을 세운다는 내용을 확인할 수 없으며, ㉡이 가설을 수정하며 정확한 의미를 찾는다는 내용도 확인할 수 없으므로 적절하지 않다.
오답피하기 |
① 1문단에서 ㉠은 많은 의미의 층위를 담고 있으며, ㉡은 그 두꺼운 의미의 층위를 캐내고 의미 체계를 이해하는 것이라고 하였으므로 적절하다.
② 2문단에서 ㉡은 ㉠에 담긴 시대적 의미 변화를 추적하는 일이라고 하였으며, ㉡을 할 때에는 과거의 지평에 자신을 놓아두고 사물을 봐야 한다고 하였으므로 적절하다.
③ 2문단에서 ㉡은 ㉠을 둘러싼 변화하지 않는 전체적인 틀을 파악하고, ㉠의 의미와 상징의 체계를 읽어 내야 한다고 하였으므로 적절하다.

016
정답 | ①
해설 | (가)~(라)는 장염이 일어나는 과정에 대해 설명하고 있다. 이때, (가)에서 장염이 일어나는 원인을 제시하였으므로 (가)가 제일 먼저 오는 것이 적절하다. 그리고 (가)에서 미생물의 수소 가스에 의해 장벽에 염증이 발생한다고 하였고, (나)에서 장벽의 세포가 장 내부의 오염을 인지하면 신호를 내보내 대뇌로 신호가 전달된다고 하였다. 따라서 장 내부의 오염에 대해 서술한 (가)와 내부 오염에 따라 신호가 대뇌로 전달되는 것을 서술한 (나)가 이어지는 것이 적절하다. 이때, (라)에서 대뇌가 장의 신호를 받으면 세로토닌의 양을 늘릴 것을 지시한다고 하였으므로 (나) 다음으로 (라)가 오는 것이 적절하며, (다)에서 이에 따라 세로토닌이 증가하면 장의 연동 운동이 촉진된다고 하였으므로 (라) 다음에 (다)가 이어지는 것이 적절하다.

017
정답 | ①
해설 | ㉠ 下石上臺(아래 하/돌 석/윗 상/대 대)는 '임시변통으로 이리저리 둘러맞춤'을 뜻하므로 적절하게 쓰였다.
㉡ 亡羊補牢(망할 망/양 양/도울 보/우리 뢰)는 '이미 어떤 일을 실패한 뒤에 뉘우쳐도 아무 소용이 없음'을 뜻하므로 적절하게 쓰였다.
오답피하기 |
㉠ 下石上對(아래 하/돌 석/윗 상/대할 대)는 잘못된 표기이다.
㉡ 亡羊保牢(망할 망/양 양/지킬 보/우리 뢰)는 잘못된 표기이다.

018
정답 | ④
해설 | '하원이는 나보다 한 살 밑이어서 열여덟 살이었다.'에서 해당 소설이 1인칭 시점에서 서술되고 있음을 알 수 있다. 따라서 작품 밖 서술자가 작중 상황을 객관적으로 전달하고 있다고 한 설명은 적절하지 않다.
오답피하기 |
① 작업반 반장이 돌아가고 난 뒤 '두찬이'와 '광석이'가 나눈 대화에서 인물 간의 갈등을 확인할 수 있다.
② 화차 칸에서 살아가는 인물들의 처지와 "타향에 나와선 첫째, 사교성이 좋고 주변머리가 있어야 하는 긴데."라고 한 '광석이'의 말을 통해 그들이 타향에서 힘들게 살아가고 있음을 알 수 있다.
③ '두찬이'와 '광석이'의 외양을 묘사하여 인물의 성격을 간접 제시하고 있다.

019
정답 | ②
해설 | ㉠에는 고고학이 역사의 고리를 '잇는' 학문임을 나타내는 단어가 들어가야 한다. 이때 '계승'은 '조상의 전통이나 문화유산, 업적 따위를 물려받아 이어 나감'을 뜻하고, '승계'는 '선임자의 뒤를 이어받음' 또는 '다른 사람의 권리나 의무를 이어받는 일'을 뜻한다. 따라서 ㉠에는 '계승'이 들어가야 한다. 그리고 ㉡에는 고고학에서 다루는 유물의 제작 연대나 제작지, 제작 방법을 '이해하는' 데에는 자연 과학적 실험 방법이 요구됨을 나타내는 단어가 들어가야 한다. 이때 '포착'은 '꼭 붙잡음', '요점이나 요령을 얻음', '어떤 기회나 정세를 알아차림'을 뜻하고, '파악'은 '어떤 대상의 내용이나 본질을 확실하게 이해하여 앎'을 뜻한다. 따라서 ㉡에는 '파악'이 들어가야 한다. 마지막으로 ㉢에는 실험 고고학은 고고학의 문제를 푸는 데 '도움이 됨'을 나타내는 단어가 들어가야 한다. 이때 '공헌'은 '힘을 써 이바지함'을 뜻하고, '기여'는 '도움이 되도록 이바지함'을 뜻한다. 따라서 ㉢에는 '공헌'과 '기여'가 모두 들어갈 수 있다. 이러한 내용을 종합해 볼 때, ㉠~㉢에 들어갈 말로 가장 적절한 것은 ②이다.

020
정답 | ③
해설 | 제시문에 따르면 하위 영주는 세금과 일정 기간의 군사적 봉사를 제공하고 상위 영주는 토지(봉토)를 제공하는 관계였다고 하였다. 하위

영주가 충성을 맹세한 상위 영주가 여러 명일 수는 있어도, 각각의 영주에게 세금과 군사적 봉사를 제공했어야 할 것이다. 따라서 세금을 내야 할 대상과 군사적 봉사를 제공하는 대상이 같지 않았다고 보기 어렵다.

오답피하기 |
①, ② 하위 영주가 혼인과 상속을 통해 다수의 봉토를 획득함으로써 여러 명의 상위 영주를 가지게 되는 경우가 많았다고 하였다. 따라서 유럽의 영주들 간에는 혈연관계로 묶인 경우가 있었을 것이고, 유럽의 영주는 충성해야 할 대상이 한 명이 아닐 수도 있었을 것이다.
④ 봉토의 소유권과 충성 계약은 세습되었다고 하였다. 따라서 유럽의 영주는 자신의 후손에게 토지에 대한 권리뿐만 아니라 책무도 함께 물려줬을 것이다.

모의고사 02회

02회

001 ②	002 ①	003 ①	004 ③	005 ④
006 ①	007 ③	008 ④	009 ③	010 ②
011 ③	012 ④	013 ③	014 ①	015 ②
016 ③	017 ④	018 ④	019 ④	020 ③

001
정답 | ②
해설 | '걸맞다'는 현재 시제 선어말 어미 '-는-'이 결합하여 '걸맞는다(×)'로 쓸 수 없으므로 형용사이다.
오답피하기 |
① '늙다'는 현재 시제 선어말 어미 '-는-'이 결합하여 '늙는다(○)'로 쓸 수 있으므로 동사이다.
③ '굶다'는 현재 시제 선어말 어미 '-는-'이 결합하여 '굶는다(○)'로 쓸 수 있으므로 동사이다.
④ '맞추다'는 현재 시제 선어말 어미 '-ㄴ-'이 결합하여 '맞춘다(○)'로 쓸 수 있으므로 동사이다.

002
정답 | ①
해설 | 두루뭉실하여(×) → 두루뭉술하여(○)/두리뭉실하여(○): '두루뭉술하다'의 의미로 '두루뭉실하다'를 쓰는 경우가 있으나, '두루뭉술하다'만 표준어로 삼고 '두루뭉실하다'는 버린다. 또한 '두리뭉실하다'는 본래 '두루뭉술하다'의 비표준어였으나, 2011년 국립국어원에서 '두루뭉술하다'와 어감에 차이가 있는 것으로 판단하여 표준어로 인정하였다.
오답피하기 |
② 남사스럽다(○): '남사스럽다'는 본래 '남우세스럽다'의 비표준어였으나, 2011년 국립국어원에서 복수 표준어로 인정하였다. 참고로 '남우세스럽다'의 준말로 '남세스럽다'도 쓸 수 있다.
③ 메꾸기(○): '메꾸다'는 본래 '메우다'의 비표준어였으나, 2011년 국립국어원에서 '메우다'와 동일한 뜻으로 널리 쓰이는 것과 뜻에 차이가 있는 것으로 판단하여 표준어로 인정하였다.
④ 이쁘다(○): '이쁘다'는 본래 '예쁘다'의 비표준어였으나, 2015년 국립국어원에서 표준어로 인정하였다.

003
정답 | ①

해설 | ㉠: '빗물 배수구와 배수펌프를 점검되어야 한다.'에서 '점검되어야 한다'는 불필요한 피동 표현이 사용된 것은 맞다. 그러나 '점검시켜야 한다'는 불필요한 사동 표현이 사용된 것이다. 따라서 ㉠은 '점검해야 한다'로 수정하는 것이 적절하다.

오답피하기 |

② ㉡: '주변 상황과 일기예보를 항상 청취해야 한다.'에서 목적어 '주변 상황'과 호응하는 서술어가 생략되었다. 따라서 ㉡은 '주변 상황에 주의를 기울이고'로 수정해야 한다.

③ ㉢: ㉢의 앞에는 논에 배수가 잘 이루어지지 않는다는 내용이, ㉢의 뒤에는 논마다 수로를 잘 정비해 두어야 한다는 내용이 이어진다. 따라서 ㉢은 앞 내용이 뒤 내용의 근거가 됨을 나타내는 '따라서'로 수정해야 한다.

④ ㉣: 제시문은 전체적으로 여름철 집중 호우를 대비하는 방안에 대해 설명하고 있다. 따라서 ㉣의 밭이 가뭄에 불리하다는 내용은 전체 글 내용과 관련이 없으므로 글의 통일성을 위해 삭제해야 한다.

004
정답 | ③

해설 | 干涉(방패 간/건널 섭)은 '직접 관계가 없는 남의 일에 부당하게 참견함'을 뜻하므로 적절하게 쓰였다.

오답피하기 |

① 數理(셈 수/다스릴 리)는 '수학의 이론이나 이치', '수학과 자연 과학을 아울러 이르는 말'을 뜻하므로 적절하지 않다. 해당 문장에는 '고장 나거나 허름한 데를 손보아 고침'을 뜻하는 修理(닦을 수/다스릴 리)로 써야 한다.

② 輕新(가벼울 경/새 신)은 잘못된 표기이다. 해당 문장에는 '어떤 분야의 종전 최고치나 최저치를 깨뜨림'을 뜻하는 更新(고칠 경/새 신)으로 써야 한다.

④ 價格(값 가/격식 격)은 '물건이 지니고 있는 가치를 돈으로 나타낸 것'을 뜻하므로 적절하지 않다. 해당 문장에는 '손이나 주먹, 몽둥이 따위로 때리거나 침'을 뜻하는 加擊(더할 가/칠 격)으로 써야 한다.

005
정답 | ④

해설 | 제시된 작품에서 '신(臣)'의 횡포로 인해 '군(君)'이 바른 정치를 펴지 못하는 현실을 비판하는 내용은 나타나 있지 않다. '군(君)', '신(臣)', '민(民)'이 자신의 직분을 다해야 함을 강조하고 있을 뿐이다.

오답피하기 |

① '군(君)은 어비여 / 신(臣)은 ᄃᆞᆺ샬 어ᄉᆞ여 / 민(民)은 얼흔아히고(임금은 아버지요 / 신하는 사랑을 주시는 어머니요 / 백성은 어린아이라고)'라는 구절에서 '나라'의 구성원들을 가족 관계에 빗대어 제시하고 있다.

② '군(君)다이 신(臣)다이 민(民)다이 ᄒᆞᆯ 든 / 나라악 태평(太平)ᄒᆞ니잇다(임금답게 신하답게 백성답게 할 것이면 / 나라 안이 태평할 것입니다)'라는 구절에서 '군(君)', '신(臣)', '민(民)'이 자신의 직분을 다해야 함을 강조하고 있다.

③ '구믈ᄉ다히 살손 물생(物生) / 이흘 머기 다스라(꾸물거리며 사는 백성들 / 이들을 배불리 먹이고 다스려)'라는 구절에서 '민(民)'을 평화롭게 살게 하는 것을 바람직한 통치 방향으로 제시하고 있다.

006
정답 | ①

해설 | 먹어서 이다(×) → 먹어서이다(○): '이다'는 조사이므로 그 앞말에 붙여 써야 한다. 연결 어미 '-어서' 뒤에 붙어, 주체의 행동에 관여하는 상황을 나타내는 서술격 조사로 쓰였다.

오답피하기 |

② 대답은커녕(○): '은커녕'은 조사이므로 그 앞말에 붙여 쓴다. 보조사 '은'에 보조사 '커녕'이 결합한 말이다.

③ 목소리마저(○): '마저'는 조사이므로 그 앞말에 붙여 쓴다. '하던 일이나 마저 끝내라.'처럼 부사로 쓰일 때와 구별해야 한다.

④ 선생님같이(○): '같이'는 조사이므로 그 앞말에 붙여 쓴다. '모두 같이 갑시다.'처럼 부사로 쓰일 때와 구별해야 한다.

007
정답 | ③

해설 | ㉢: '나'는 목소리를 칭찬하는 '가'의 말에 비법이 있는 것은 아니라며 '아버지께 유전적으로 물려받았어요.'라고 대답하였다. 이는 자신에 대한 칭찬을 줄이고 비방을 늘리는 것이 아니므로 ㉢이 사용된 발화로 적절하지 않다. 해당 대화에서 ㉢이 사용되었다고 볼 수 있으려면 '과찬이십니다. 제 목소리는 별로 좋지도 않은데요.' 등의 발화가 있어야 한다.

오답피하기 |

① ㉠: '가'는 '이것 좀 들어줘.'라는 말 대신 '괜찮다면 잠깐만 이것 좀 같이 들어줄 수 있어?'라는 말을 사용하여 상대에게 부담을 주는 표현을 줄이고, 선택권을 부여하는 등의 이익을 주는 표현을 사용하였다.

② ㉡: '나'는 '가'에게 설명을 다시 해 달라고 요청하는 과정에서 '제가 그 부분을 잘 이해하지 못해서 그런데'라며 자신에게 부담이 되는 표현을 사용하였다.

④ ㉣: '나'는 자신과 다른 '가'의 생각에 대해 '그 점에서는 네 말이 맞아.'라며 동의를 표현한 후 자신의 입장을 말하고 있다.

008
정답 | ④

해설 | '한 여름에 들린 / 가야산 / 독경 소리'에서 과거의 상황, '오늘은 ~ 매화 봉오리' 등에서 현재의 상황을 제시하여, 시간의 흐름에 따라 매화가 벙글고 눈이 쌓인 자연의 변화를 보여주고 있다.

오답피하기 |

① 자연과 인간을 대비하고 있는 부분은 확인할 수 없다.

② 음성 상징어는 의태어나 의성어를 말한다. 음성 상징어를 활용한 부분은 확인할 수 없다.

③ '서설', '매화', '눈'이라는 색채 이미지를 사용하고 있으나 특정한 색채어를 반복하고 있지는 않다.

009
정답 | ③

해설 | 제시문에 따르면 사회적인 지위나 직업은 인간의 자아의식에 심리적 규제로만 영향을 끼치지 않고 삶을 발전해 가게 이끈다. 따라서 사회적 지위가 인간의 심리적 규제에 영향을 끼치지 않는다고 한 언급은 적절하지 않다.

오답피하기 |

①, ②, ④ '선생님' 혹은 '아버지'와 같은 호칭은 행동과 삶에 작용하여 유동적인 행동이나 삶을 늘 일정한 길을 따라 발전해 가게 한다고 하였다.

010
정답 | ②

해설 | ⓒ은 '본론-Ⅱ-1'의 개선 방안의 대상이 되는 '현행 아동 급식 제도의 미비점' 또는 '현행 아동 급식 제도의 문제점'과 관련된 내용이 들어가야 한다. '본론-Ⅱ-1'의 '지자체에 아동 급식의 최저 단가 기준 준수 권고'라는 내용을 고려할 때, ⓒ에는 '지자체별 아동 급식의 과도한 편차 발생'이라는 문제점이 들어가는 것이 적절하다. '아동 급식 지원 현황의 실태 조사 근거 마련'은 현행 아동 급식 제도의 문제점이 아니며, '본론-Ⅱ-1'과 관련된 내용도 아니므로 ⓒ에 들어가기에 적절하지 않다.

오답피하기 |
① '본론-Ⅰ'의 하위 내용을 고려할 때, ㉠을 '현행 아동 급식 제도의 미비점'으로 수정하는 것은 적절하다.
③ '본론-Ⅰ-2'의 '아동 급식 카드의 사용 가맹점 부족'이라는 문제점을 고려할 때, ㉢을 '아동 급식 카드의 가맹점 확대 및 가맹 절차 간소화'로 수정하는 것은 적절하다.
④ '본론'을 고려할 때, ㉣을 '아동 급식에 대한 국가와 지자체 지원 및 관리 책임'으로 작성하는 것은 적절하다.

011
정답 | ③

해설 | 화자가 과거를 후회하는 내용은 나타나 있지 않다. 화자는 '질화로'에 얽힌 이웃 늙은 부부의 이야기와 자신의 추억을 회고하고 있다.

오답피하기 |
① 이웃 늙은 부부의 아들이 '질그릇 도(陶), 당국 당(唐)'을 '꼬끼요 도, 당국 당'으로 오독을 하였지만, 아들을 변호한 해학적 사건을 통해 가족애를 드러내고 있다.
② 화자가 5, 6세 때 경험했던 '질화로'와 관련된 사건들을 제시하여 사실감을 형성하고 있다.
④ '질화로'를 중심 소재로 삼아 이와 관련된 이웃 늙은 부부의 이야기와 화자가 5, 6세 때 경험했던 이야기를 병렬적으로 전달하고 있다.

012
정답 | ④

해설 | 제시문에 따르면 예술가도 그 나름대로의 논리를 가지기는 하지만, 그것은 소재를 조정시키는 논리이거나 기분을 조화시키는 논리이다. 또한 그것은 사상가가 사용하는 것 같은 변증법적이고, 추상적이며, 내적인 논리가 아니라고 설명하고 있다. 즉, 철학의 논리는 추상적(관념적)이지만, 예술의 논리는 그렇지 않다는 것이다. 따라서 예술의 논리는 관념적이지만 철학은 그렇지 않다고 한 설명은 제시문의 내용과 상반된다.

오답피하기 |
① 제시문에서 철학자는 주제를 논리적으로 관련시키는 고찰을 하고, 예술가도 그 나름대로의 논리를 가지기는 하지만, 그것은 소재를 조정시키는 논리이거나 기분을 조화시키는 논리라고 설명하고 있다. 이는 철학은 논리적이지만, 예술의 논리는 철학에 비해 단순한 차원의 것이라는 의미이다. 따라서 철학은 논리적이나 예술은 상대적으로 그렇지 않다고 볼 수 있다.
② 제시문에서 예술가는 어떤 소재의 미적 감흥, 분명한 형태의 쾌감, 정서적인 공감의 설득에 관심이 있지만, 철학자는 주제를 논리적으로 관련시키는 정열 없는 고찰을 꾀한다고 설명하고 있다. 따라서 예술은 열정적이지만 철학은 그렇지 않다고 볼 수 있다.
③ 제시문 마지막에서 시인과 화가는 철학자와 마찬가지로 대상에 눈을 던질 것을 주장한다고 설명하고 있다. 이를 통해 철학과 예술 모두 대상의 본질에 주목하려 한다는 점을 알 수 있다.

013
정답 | ③

해설 | 제품의 등급에 따라 서로 다른 가격을 지불하는 경우는 일등석과 비즈니스석과 이코노미석의 요금이 다른 것이다. 가격 차별화란 비용이 다른데도 동일한 가격을 받거나 동일한 비용인데도 다른 가격을 받는 것인데, 이 같은 경우에는 비용에 차이가 나서 다른 가격을 받는 것이기 때문에 가격 차별화에 해당하지 않는다.

오답피하기 |
① 동일한 서비스나 재화에 다른 가격을 부여하는 것은 가격 차별 전략에 따른 것이라고 하였다.
② 판매 시간에 따라 비행기 좌석 가격을 달리 책정하는 것을 가격 차별 전략이라고 하였다.
④ 재화나 서비스를 공급하는 비용이 서로 다른 상황에서 동일한 가격을 부과하는 것을 가격 차별 전략이라고 하였다.

014
정답 | ①

해설 | 1문단에 따르면 후세에 오면서 학문을 하는 사람은 점차 근본에서 이탈하여 부질없는 말로 서로를 다투어 자랑했다. 그리고 2문단에 따르면 필자는 자질구레하며 불경스러운 이야기를 마구 읽어 경전과 세상을 다스리는 업무에 대해서는 공부할 겨를이 없었다고 반성하고 있다. 따라서 필자가 조언하는 독서 방법은 '모름지기 세상에는 잡다한 책도 많으니 가치 있는 책을 가려서 읽어야 한다.'라고 볼 수 있다.

오답피하기 |
② 잡다한 책을 읽지 말아야 한다는 의도를 전달하고 있다.
③ 발췌에 대한 내용은 나타나 있지 않다.
④ 글쓴이의 마음을 꿰뚫어 보는 것과 같은 책을 읽는 자세에 대해서 이야기하고 있지 않다.

015
정답 | ②

해설 | 제시문에 따르면 집단 구성원 사이에 공유되는 모든 것은 집단의 고유한 문화로 자리 잡으며, 모든 문화는 일반적으로 추구하는 사회적 가치를 반영한다. 따라서 집단의 고유한 문화가 일반적인 사회적 가치와 상반된다는 것은 적절하지 않다.

오답피하기 |
① 집단의 구성원들은 행동 양식이나 생활 양식, 가치관 등을 공유하며, 이때 공유되는 모든 것이 집단의 문화가 된다고 하였으므로 적절하다.
③ 미국은 자유를 필수적 권리로 여길 뿐만 아니라 금지에도 강조를 두었다고 하였으므로 적절하다.
④ 문화가 추구하는 가치 중 특정한 가치와 이와 상반되는 가치 사이에 긴장이 존재한다고 하였으며, 이는 다양한 상황에서 충돌하는 가치 중 무엇을 추구해야 하는지에 대한 긴장이라고 하였으므로 적절하다.

016
정답 | ③

해설 | 빈칸의 앞부분에서는 지난 수 세기 동안 사람들은 기본적인 욕구의 충족만을 원했고, 재능의 사용이나 복지 향상, 흥미로움 등을 고려하지 못했다고 하였다. 반면 빈칸의 뒷부분에서는 기술의 발달과 물질적 풍요

에 따라 사람들이 성취감을 좇으려는 마음을 추구할 수 있게 되었다고 하였다. 그리고 이를 바탕으로 성취감과 관련된 욕구는 현대적인 개념임을 알 수 있다고 하였다. 따라서 최초의 근대 사전, 즉 과거에 대해 서술한 빈칸에는 성취감이 존재하지 않았다는 내용이 들어가야 한다. 이를 고려할 때, 빈칸에 들어갈 말로 적절한 것은 ③이다. 성취감과 유사한 단어들이 많다거나 성취감이 추상적인 개념으로 서술되었다면 최초의 사전에도 성취감이라는 개념이 있었다는 것이므로 성취감을 현대적인 개념이라고 할 수 없을 것이다. 또한 성취감의 반의어의 존재 여부는 제시문의 내용과 자연스럽게 이어지지 않는다.

017
정답 | ④
해설 | 2문단에 따르면 백화점은 새로운 산업에서 발전시킨 새로운 상품들을 사치품으로 변화시켰다. 양탄자, 유리 제품, 크리스털 등이 그러한 예에 해당하는데, 이는 개인이 조금씩 생산하던 희소성이 있는 것을 대량으로 재생산 가능한 것으로 변모시킨 것이다. 따라서 제시문을 통해 '백화점의 등장으로 희소하지 않아도 사치품으로 인정받을 수 있게 되었다.'라는 진술을 이끌어 낼 수 있다.

018
정답 | ④
해설 | '어머니는 그 다리를 어디다 숨기려는지 몸부림쳤다.'에서 '어머니'가 자신의 다리를 숨기고자 했음을 알 수 있다. 그러나 '어머니의 그 다리와 아들과의 동일시가 나한테까지 옮아 붙은 것처럼 나는 그 다리가 무서웠다.' 부분을 통해 '어머니'는 자신의 다리를 '나'가 아닌 '아들'로 인식하고 있음을 알 수 있다.

오답피하기 |
① '어머니'는 눈앞에 실제로 없는 '군관'의 환영을 보고 두려움을 느끼고 있으며, 화자는 이러한 '어머니'를 보고 '가엾은 어머니, 차라리 저승의 사자를 보시는 게 나았을 것을……'이라고 생각하며 '어머니'를 안타까워한다.
② '그 몹쓸 일을 두 번 겪게 하시다니……'에서 '나'는 '어머니'가 자신을 '군관'으로 여기는 것이 과거의 경험과 밀접한 관련이 있다고 생각하고 있음을 알 수 있다.
③ '나는 벽까지 떠다밀린 채 와들와들 떨면서 점점 심해 가는 어머니의 광란을 지켜 볼 수밖에 없었다.'에서 '나'는 '어머니'가 환각 상태에 빠졌다는 것을 알면서도 해결 방안을 찾지 못하고 있음을 알 수 있다.

019
정답 | ④
해설 | 曲學阿世(굽을 곡/배울 학/언덕 아/인간 세)는 '바른길에서 벗어난 학문으로 세상 사람에게 아첨함'을 뜻하므로 적절하지 않다. 해당 문장에는 '세상일의 변천이 심함'을 뜻하는 桑田碧海(뽕나무 상/밭 전/푸를 벽/바다 해)로 써야 한다.

오답피하기 |
① 咸興差使(다 함/일 흥/다를 차/하여금 사)는 '심부름을 가서 오지 아니하거나 늦게 온 사람'을 뜻하므로 적절하게 쓰였다.
② 小貪大失(작을 소/탐낼 탐/클 대/잃을 실)은 '작은 것을 탐하다가 큰 것을 잃음'을 뜻하므로 적절하게 쓰였다.
③ 不撓不屈(아닐 불/어지러울 요/아닐 불/굽힐 굴)은 '한번 먹은 마음이 흔들리거나 굽힘이 없음'을 뜻하므로 적절하게 쓰였다.

020
정답 | ③
해설 | 피타고라스는 '하모니아'와 '시메트리아'라는 용어를 통해 아름다움을 표현했다. 이때 '하모니아'는 음의 조화, '시메트리아'는 시각의 비례와 균형과 관련된 아름다움을 의미한다. 즉, 피타고라스는 음과 시각과 같은 구체적인 감각적 대상이 균형과 비례를 이룰 때 아름다움을 갖출 수 있다고 본 것이다. 따라서 피타고라스가 추상적 대상도 아름다움을 인식할 수 있다고 생각하지 않았을 것이다.

오답피하기 |
① 피타고라스는 아름다움을 균형과 비례라고 보았다. 따라서 균형과 비례를 얼마나 더 갖추었는지를 바탕으로 두 대상을 비교할 수 있다고 보았을 것이다.
②, ④ 피타고라스는 '미는 곧 비례다'라고 보았다. 따라서 만물의 아름다움을 객관적인 수, 즉 법칙으로 표현할 수 있다고 보았을 것이다.

모의고사 03회

03회

001 ①	002 ①	003 ④	004 ③	005 ②
006 ④	007 ②	008 ④	009 ③	010 ③
011 ④	012 ②	013 ③	014 ①	015 ②
016 ③	017 ④	018 ④	019 ②	020 ②

001
정답 | ①

해설 | 문장 성분은 문장을 구성하는 기능적 단위를 뜻한다. 문장 성분은 주성분, 부속 성분, 독립 성분으로 나뉜다. ㉠'부속 성분'은 관형어와 부사어가 속한다. 밑줄 친 단어 중 ㉠'부속 성분'이 아닌 것은 '아! 버스가 빨리 와야 할 텐데.'의 '아'이다. 이는 독립어로, 다른 성분과 긴밀한 관계 없이 독립적으로 쓰이는 문장 성분이다.

오답피하기 |
② '헌'은 체언 '양복'을 수식하는 관형어이다.
③ '아름답게'는 형용사의 부사형으로, 해당 문장에서는 서술어인 '빛나고 있었다'를 수식하는 부사어이다. 따라서 부속 성분에 해당한다.
④ '매우'는 서술어인 '독창적이고'를 수식하는 부사어이다. 따라서 부속 성분에 해당한다.

002
정답 | ①

해설 | 부쳤다(○): '부치다'는 '어떤 문제를 다른 곳이나 다른 기회로 넘기어 맡기다'를 뜻하므로 적절하게 쓰였다.

오답피하기 |
② 올런지(×) → 올는지(○): '-ㄹ런지'가 결합한 '올런지'는 잘못된 표기이다. 따라서 실현 가능성에 대한 의문을 나타내는 어미인 '-ㄹ는지'가 결합한 '올는지'로 써야 한다.
③ 있다가(×) → 이따가(○): '있다가'는 동사 '있다'의 활용형으로 '머물다가'를 뜻하므로 적절하지 않다. 따라서 '조금 지난 뒤에'를 뜻하는 부사 '이따가'로 써야 한다.
④ 웬지(×) → 왠지(○): '웬지'는 잘못된 표기이다. 따라서 '왜 그런지 모르게, 또는 뚜렷한 이유도 없이'를 뜻하는 '왠지'로 써야 한다.

003
정답 | ④

해설 | 떨어져 있는 섬들이 바다 밑에서 서로 연결되어 있는 것처럼 멀게 느껴지는 남도 보이지 않는 관계 속에 있다고 하며, 타인과 자신을 섬에 비유하여 서로 상관을 맺고 있다는 점을 드러냈다. 또한 '섬은 떨어져 있지만 ~ / 남은 멀게 느껴지지만 ~'에서 대구의 방법을 활용했다고 볼 수 있다.

오답피하기 |
① 사람과 사람이 사회를 이루는 것을 나무와 나무가 숲을 이루는 것에 비유하였으며, '나무와 나무 사이의 간격이 ~ / 사람과 사람 사이의 배려가 ~'에서 대구의 방법을 활용하였다. 그러나 사람과 사람이 배려를 해야 한다는 것이 타인이 나와 깊은 상관을 맺고 있다는 점과 관련이 있다고 보기 어렵다.
② 우리 모두를 꽃에 비유하였으며, 모든 꽃이 인연이라는 양분 속에서 핀다는 것에서 타인이 나와 깊은 상관을 맺고 있다는 점이 드러난다고 볼 수 있다. 그러나 대구의 방법을 활용하지 않았다.
③ '나라는 존재가 없다면 ~ / 너라는 존재가 없다면 ~'에서 대구의 방법을 활용하였으며, 너라는 존재가 없다면 우리가 존재할 수 없다는 것에서 타인이 나와 깊은 상관을 맺고 있다는 점이 드러난다고 볼 수 있다. 그러나 비유의 방법을 활용하지 않았다.

004
정답 | ③

해설 | '황 교수'는 외교관의 종류인 대사와 공사, 영사를 비교하여 설명하고 있으나, 일반적 통념을 반박하는 부분은 나타나 있지 않다.

오답피하기 |
① '그러니까 대사와 공사는 외교 교섭을 할 수 있는데, 영사는 그렇지 못하다는 말씀이군요.'에서 알 수 있다.
② '저는 대사와 공사는 외교 사절이라고 하고, 영사는 그렇지 않다고 알고 있습니다. 맞습니까?'에서 알 수 있다.
④ '황 교수'는 외교관의 종류인 대사와 공사, 영사를 비교하여 차이점을 설명하고 있다.

005
정답 | ②

해설 | 決産(결단할 결/낳을 산)은 잘못된 표기이다. 해당 문장에는 '일정한 기간 동안의 수입과 지출을 마감하여 계산함'을 뜻하는 決算(결단할 결/셈 산)으로 써야 한다.

오답피하기 |
① 輿論(수레 여/논할 론)은 '사회 대중의 공통된 의견'을 뜻하므로 적절하게 쓰였다.
③ 明白(밝을 명/흰 백)은 '의심할 바 없이 아주 뚜렷함'을 뜻하므로 적절하게 쓰였다.
④ 濫發(넘칠 남/필 발)은 '어떤 말이나 행동 따위를 자꾸 함부로 함'을 뜻하므로 적절하게 쓰였다.

006
정답 | ④

해설 | 접두사처럼 쓰이는 한자가 붙어서 된 단어는 뒷말을 두음 법칙에 따라 적으므로 '실-낙원(失樂園)'이 옳은 표기이다. 또한 고유어나 외래어 뒤에 결합한 한자어는 독립적인 한 단어로 인식이 되기 때문에 두음 법칙이 적용되므로 '구름양(量)'이 옳은 표기이다.

오답피하기 |
① 단어의 첫머리 이외의 경우에는 본음대로 적으므로 '쌍룡(雙龍)'은 옳은 표기이다. 또한 모음이나 'ㄴ' 받침 뒤에 이어지는 '률'은 '율'로 적으므로 '실패율(失敗率)'은 옳은 표기이다.
② 외자로 된 이름을 성에 붙여 쓸 경우에도 본음대로 적을 수 있으므로 '최린/최인(崔麟)' 모두 옳은 표기이다.
③ 준말에서 본음으로 소리 나는 것은 본음대로 적으므로 '국련'은 옳은 표기이다.

007

정답 | ②

해설 | '삼신산이 어디메뇨 / 일봉래(一蓬萊) 이방장(二方丈)과 삼영주(三瀛洲)이 아니냐'라는 구절에서 화자는 '삼신산'이라고 지칭되는 봉래산, 방장산, 영주산을 찾아가겠다는 의지를 드러낼 뿐 목적지를 잃고 배회하는 것이 아니다.

오답피하기 |
① '모춘(暮春)이라 붉은꽃 푸른 잎', '나는 나비 우는 새는 춘광춘색(春光春色)'에서 봄의 계절감을 드러내는 소재를 활용하여 작품의 분위기를 형성하고 있다.
③ '백절폭포(百折瀑布) 급한 물은 은하수를 기울인 듯'에서 직유법을 통해 폭포의 아름다움을 은하수에 빗대어 부각하고 있다.
④ '모춘(暮春)이라 붉은꽃 푸른 잎'에서 붉은색과 푸른색의 이미지를 대비하여 선명한 인상을 제시하고 있다.

008

정답 | ④

해설 | 제시문에 따르면 사실주의 회화는 결코 대상을 좇아갈 수 없다는 한계를 가지고 있다. 그리고 사실과 화가인 쿠르베의 일화는 이러한 사실주의 회화의 한계를 보여 준다. 일화를 보면 누군가가 쿠르베에게 그림 속 대상이 무엇인지 물었고, 쿠르베는 그 그림의 대상이 무엇인지 바로 대답하지 못하고 사물을 보고서야 그것이 나뭇단임을 알아차렸다. 즉, 화가조차도 자신의 그림 속 대상이 무엇인지 정확히 몰랐던 것이다. 따라서 ㉠은 그림이 대상을 정확히 재현하지 못한다는 사실주의의 한계를 보여 준 것이다.

009

정답 | ③

해설 | '박질 붉은 황토'는 '가지들'에게 시련을 유발한 '비바람들'과 유사한 부정적 소재이다. 따라서 '박질 붉은 황토'는 생명을 키워내는 풍요로운 삶의 터전이라고 보기 어렵다.

오답피하기 |
① '(과목의) 가지들은 한낱 비바람들 속에 뻗어 출렁거렸으나'에서 '비바람'이 '과목'을 출렁거리게 했음을 알 수 있으며, 이 '비바람'은 시련을 상징한다고 볼 수 있다.
② 화자는 가을에 '과목에 과물들이 무르익어 있는 사태'를 보고 '경악'을 금치 못했다. 그리고 이 '사태'를 '기적'이라 표현하며 (떨어졌던) '시력을 회복한다'고 했으므로, 이때 '시력'의 '회복'은 '과목'이라는 자연물을 통해 얻은 깨달음을 표현한 것이라고 볼 수 있다.
④ '시를 잃고'에서 화자가 본래 가지고 있던 '시'를 잃어버렸음을 알 수 있으므로, '시를 잃'은 것은 화자가 안고 있는 문제점이라고 볼 수 있다.

010

정답 | ③

해설 | '여비(旅費)'는 '여행하는 데에 드는 비용'을 뜻하므로, '여비'를 '남은 돈'으로 고치는 것은 적절하지 않다.

오답피하기 |
① '소정(所定)'은 '정해진 바'를 뜻하므로, '소정의'를 '정해진'으로 고칠 수 있다.
② '순번(順番)'은 '순서대로 매겨지는 번호'를 뜻하므로, '순번을'을 '차례를'로 고칠 수 있다.
④ '저촉(抵觸)'은 '법률이나 규칙 따위에 위반되거나 어긋남'을 뜻하므로, '저촉되는'을 '어긋나는'으로 고칠 수 있다.

011

정답 | ④

해설 | 2문단에서 희소한 재화가 만족감을 줄 수 있다고 하였다. 그러므로 사용 가치가 높은 재화가 희소하다면 만족감을 주기 쉽다고 봐야 한다. 따라서 ④의 언급은 적절하지 않다.

오답피하기 |
①, ② 1문단에서 물은 사용 가치가 무엇보다 큼에도 불구하고 교환 가치가 작고, 다이아몬드는 사용 가치가 작음에도 불구하고 교환 가치가 큰 경우를 제시하고 있다.
③ 2문단에서 '스미스의 역설'을 재화의 희소한 정도로 설명하고 있다.

012

정답 | ②

해설 | '그 소녀를 본 주생은 넋이 구름 밖으로 날아가고 마음이 공중에 뜬 듯이 황홀하였다. 그래서 몇 번이나 미친 듯이 소리를 지르며 달려 들어갈 뻔했다.' 등에서 '주생'의 심리가 세밀하게 묘사되고 있음을 확인할 수 있다.

오답피하기 |
① 제시문은 주로 '주생'이 '부인'과 '소녀', '배도'를 보고 느낀 심리를 묘사하고 있다. 이러한 묘사는 시간의 흐름을 정지시켜 장면을 자세히 그려내는 것이다. 따라서 사건이 역동적으로 서술되고 있다고 보기 어렵다.
③ 제시문에서 인물 간의 대화는 나타나 있지 않다.
④ 제시문은 '주생'이 '부인'과 '소녀', '배도'를 보고 있는 장면을 서술하고 있다. 즉, 제시문은 단일한 공간에서 벌어지는 사건을 제시하고 있으므로, 서로 다른 공간에서 벌어진 사건을 병치하고 있다고 보기 어렵다.

013

정답 | ③

해설 | 제시문은 공공 미술 예술의 자율성과 소통 가능성에 대한 우려, 바람직한 창작과 감상 방식을 설명하고 있다. (나)에서 공공 미술의 개념을 설명하며 화제를 제시하고 있으므로, (나)가 가장 먼저 와야 한다. 그리고 (가)에서 공공 미술은 대중이 쉽게 감상할 수 있도록 미술가가 자신의 미학적 입장을 포기해야 한다는 우려와 오해에 대해서 설명하고, (라)에서 난해한 작품들도 대중과의 소통 가능성이 열려 있다고 말하며 우려를 반박하고 있다. 따라서 (나) 다음에는 (가), (라)가 순서대로 이어져야 한다. 그리고 마지막으로 (다)에서 공공 미술에서의 예술의 자율성과 소통 가

능성을 높이기 위한 주의점을 이르고 있다. 따라서 (가)~(라)의 논리적인 전개 순서로 가장 적절한 것은 (나) - (가) - (라) - (다)이다.

014
정답 | ①
해설 | ①은 모든 문화에서 동족을 살해하는 일을 나쁘게 평가한다고 설명하고 있다. 이는 문화의 보편적 특징을 드러낸 것인데, 제시문에서 이와 관련된 내용은 확인할 수 없다. 오히려 2문단에 따르면 문화는 다양한 방식으로 나타난다. 이는 문화가 다양성을 지닌다는 의미이므로 ①의 사례와 상반된다.
오답피하기 |
②, ④ 2문단에 따르면 문화는 다양한 방식으로 나타난다. ②, ④의 사례는 이러한 제시문의 내용과 관련지을 수 있다.
③ 1문단에 따르면 본능적이고 생리적인 행위들은 문화가 아니다. ③의 사례는 이러한 제시문의 내용과 관련지을 수 있다.

015
정답 | ②
해설 | 책은 노정기이고, 행함이란 노정기에 따라 말과 수레를 몰고 달리는 것이라고 하였다. 그리고 말과 수레를 달리지 않고, 노정기만 강론한다면 계획은 이루어질 수 없다고 지적하고 있다. 즉, 책만 읽고 행하지 않으면 의미가 없다고 말하고 있는 것이다. 따라서 필자의 궁극적 주장은 '책을 읽는 것에서 그치지 않고 행동으로 옮겨야 한다.'이다.
오답피하기 |
①, ④ 책의 내용을 곱씹어 의미를 이해해야 한다는 내용이나, 여러 책을 비교해서 읽으라는 내용은 나타나 있지 않다.
③ 책의 내용을 실천으로 옮기지 않는 것을 지적하고 있다. 책의 내용을 그대로 따르지 말라는 내용에 대해서 말한 것이 아니다.

016
정답 | ③
해설 | 1문단에 따르면 연료 전지는 화학 에너지를 전기 에너지로 전환하는 장치이다. 그러나 ③은 이러한 선후 관계를 뒤집어서 설명하고 있으므로 적절하지 않다.
오답피하기 |
① 1문단에 따르면 연료 전지는 미래의 석유 고갈과 환경 문제에 대비할 수 있는 효과적인 에너지 장치로 떠오르고 있다.
②, ④ 2문단에 따르면 기존의 발전 시스템은 연료를 연소시켜서 증기를 발생시키고, 증기로 터빈을 회전시킨 후 전기를 만드는 복잡한 공정이 필요하다. 그러나 연료 전지는 중간 공정이 필요 없어 발전 장치를 매우 작게 만들 수 있다.

017
정답 | ④
해설 | '나'는 '맥고모자'가 아버지를 잘 안다는 말에 남방 '청년'이 쥐고 있는 퉁퉁한 가방을 보고, '혹시 울 아버지를 도와주려고 왔나'라고 생각한다. 따라서 '나'가 '맥고모자'가 가지고 온 가방의 물건을 수상하게 바라보았다는 설명은 적절하지 않다.

오답피하기 |
① '맥고모자'가 '청년'을 시켜 캐러멜하고 일제 과자가 든 봉지를 '나'에게 건넸고, '나'는 자신의 인내력은 너무도 취약했다고 서술하고 있다. 이를 통해 '나'는 '맥고모자'가 준 과자를 거부하지 못했음을 알 수 있다.
② '나'는 '맥고모자'를 보고 '아찌들이 절 찾았나요?'라고 물으면서도 '어디서 많이 본 듯한 느낌'을 받는다. 따라서 '나'는 '맥고모자'를 처음 보지만 낯익은 느낌을 받았음을 알 수 있다.
③ '맥고모자'는 땀범벅이 된 '내' 머리를 쓰다듬어 주고, '염려 놓으라니깐. 우린 네 아버지를 잘 아는 사람이야.'라고 말한다. 이를 볼 때 '맥고모자'는 '나'의 경계심을 풀기 위해서 머리를 쓰다듬어 주었음을 알 수 있다.

018
정답 | ④
해설 | 필자는 3문단에서 '국가의 부에 따라 적응의 가능성이 명확하게 달라진다는 점을 간과해서는 안 된다.'라며 예방론자와 적응론자가 국가 간의 사회적 비용과 적응 능력의 차이에 대해 관심을 기울이지 않았다고 보았다. 따라서 필자의 관점에서는 ㉠에 대하여, 국가의 부에 따라 사회적 비용과 적응 능력이 다르므로, 이러한 점 때문에 적절하게 농업 환경을 변화시키지 못할 수 있다고 반론을 제기할 수 있다. 따라서 가장 적절한 것은 ④이다.
오답피하기 |
① 필자는 3문단에서 예방론자들은 적응에 대한 연구를 회피했고, 적응론자들은 사회적 비용을 무시하거나 자본주의 경제의 원리에 따른 것이라고 생각했다고 하였다. 따라서 적응 가능성을 비용의 관점으로 연구하여 적응 능력이 감소할 수 있다는 것은 필자가 ㉠에 대해 제기할 반론으로 적절하지 않다.
② 필자는 3문단에서 환경 변화의 영향을 제대로 평가하기 위해서는 사회적 비용과 적응 능력의 차이를 이해해야 하지만, 예방론자와 적응론자는 이를 간과했다고 하였다. 자본주의의 발전에 따라 환경 변화로 인한 경제적 손실이 커질 수 있다는 것은 필자가 ㉠에 대해 제기할 반론으로 적절하지 않다.
③ 필자는 3문단에서 적응론자들이 사회적 비용을 무시하거나, 보이지 않는 손의 원리에 의해 움직이는 것이라고 생각했다고 하였다. 그러나 필자는 이러한 생각이 국가 간의 사회적 비용의 차이를 간과한 것이라고 하였으므로, 해당 내용은 필자가 ㉠에 대해 제기할 반론으로 적절하지 않다.

019
정답 | ②
해설 | 刻苦勉勵(새길 각/쓸 고/힘쓸 면/힘쓸 려)는 '어떤 일에 고생을 무릅쓰고 몸과 마음을 다하여, 무척 애를 쓰면서 부지런히 노력함'을 뜻하므로 〈보기〉와 뜻이 가장 비슷하다.
오답피하기 |
① 莫無可奈(없을 막/없을 무/옳을 가/어찌 내)는 '달리 어찌할 수 없음'을 뜻하므로 〈보기〉와 뜻이 비슷하지 않다.
③ 貧而無怨(가난할 빈/말 이을 이/없을 무/원망할 원)은 '가난하지만 남을 원망하지 않음'을 뜻하므로 〈보기〉와 뜻이 비슷하지 않다.
④ 水魚之交(물 수/물고기 어/갈 지/사귈 교)는 '아주 친밀하여 떨어질 수 없는 사이'를 뜻하므로 〈보기〉와 뜻이 비슷하지 않다.

020

정답 | ②

해설 | 1문단에서 한 사회의 대다수가 어떤 행위를 옳게 여긴다고 해서 그 행위가 반드시 옳다고 말할 수 없다고 하며, 인도의 카스트 제도나 나치의 유태인 박해 등을 예로 들고 있다.

오답피하기 |

①, ③ 1문단에서 한 사회의 대다수가 어떤 행위를 옳게 여긴다고 해서 그 행위가 반드시 옳다고 말할 수 없다고 하였다. 이때 그 행위가 반드시 옳다고 말할 수 없다는 것은 보편적 규범이 될 수 없다는 뜻이다.

④ 2문단에서 다른 사회의 규범과 관행이 탐탁지 않다고 해서 군사적으로 간섭하는 것은 옳지 않다고 하였다.

모의고사 04회

04회

001 ④	002 ①	003 ②	004 ②	005 ④
006 ①	007 ④	008 ③	009 ②	010 ③
011 ②	012 ④	013 ①	014 ④	015 ③
016 ④	017 ④	018 ④	019 ②	020 ④

001

정답 | ④

해설 | ㄹ: 해당 문장의 '먹다'는 '욕, 핀잔 따위를 듣거나 당하다'를 뜻하므로 유의어 '품다'의 예문으로 적절하지 않다. '어떤 마음이나 감정을 품다'를 뜻하는 '먹다'는 '그는 독하게 마음을 먹고 노력했다.'와 같이 써야 한다.

오답피하기 |

① ㉠: 해당 문장의 '먹다'는 '바르는 물질이 배어들거나 고루 퍼지다'를 뜻하므로 유의어 '배어들다'의 예문으로 적절하다.

② ㉡: 해당 문장의 '먹다'는 '물이나 습기 따위를 빨아들이다'를 뜻하므로 유의어 '빨아들이다'의 예문으로 적절하다.

③ ㉢: 해당 문장의 '먹다'는 '겁, 충격 따위를 느끼게 되다'를 뜻하므로 유의어 '느끼다'의 예문으로 적절하다.

002

정답 | ①

해설 | 며칠(○): '며칠'은 '몇 날'을 뜻하므로 적절하게 쓰였다. 이를 '몇 일'로 쓰지 않도록 주의해야 한다.

오답피하기 |

② 울쩍한(×) → 울적한(○): '울쩍하다'는 잘못된 표기이다. 따라서 '마음이 답답하고 쓸쓸하다'를 뜻하는 '울적하다'로 써야 한다.

③ 들이키고(×) → 들이켜고(○): '들이키다'는 '안쪽으로 가까이 옮기다'를 뜻하므로 적절하지 않다. 따라서 '물이나 술 따위의 액체를 단숨에 마구 마시다'를 뜻하는 '들이켜다'로 써야 한다.

④ 얼키고설켜서(×) → 얽히고설켜서(○): '얼키고설키다'는 잘못된 표기이다. 따라서 '가는 것이 이리저리 뒤섞이다'를 뜻하는 '얽히고설키다'로 써야 한다.

003

정답 | ②

해설 | 제시된 단어는 모두 'ㅈ'으로 시작하므로 모음과 종성 자음의 배열 순서를 확인해야 한다. 이때, 모음은 'ㅓ-ㅗㅏ-ㅚ'의 순서로 사전에 실려 있고, 종성 자음은 'ㄽ-ㅁ'의 순서로 사전에 실려 있다. 따라서 ㉠'젊다' → ㉢'점심' → ㉣'좌석' → ㉡'죄송하다'의 순서로 사전에 등재되어야 한다.

004

정답 | ②

해설 | 차례[차례](×) → [차례](○): '예, 례' 이외의 'ㅖ'는 [ㅔ]로도 발음한다. 따라서 '례'의 'ㅖ'는 [ㅖ]로만 발음하므로 '차례'는 [차례]로 발음해야 한다.

오답피하기 |

① 닁큼[닝큼](○): 자음을 첫소리로 가지고 있는 음절의 'ㅢ'는 [ㅣ]로 발음한다.
③ 혜택[혜:택](○)/[헤:택](○): '예, 례' 이외의 'ㅖ'는 [ㅔ]로도 발음한다.
④ 주의[주:의](○)/[주:이](○): 단어의 첫음절 이외의 '의'는 [ㅣ]로 발음함도 허용한다.

005

정답 | ④

해설 | '찬혁'은 '저는 동성끼리 지낼 때보다 남녀 합반이 더 폭넓은 인간관계를 맺게 해 준다고 봅니다.'라고 하였다. 또한, '수현'은 '남녀 합반을 하니 남학생들과 편하게 어울릴 수 있게 되었어요.'라고 하였다. 따라서 남녀 합반에 대한 두 사람의 공통된 의견은 폭넓은 인간관계를 형성하는 능력을 기를 수 있다는 내용이 가장 적절하다.

오답피하기 |

① '수현'은 '아무래도 이성을 서로 배려하다 보니 학급 분위기가 자연스럽게 밝아진 것 같아요.'라고 하였다. 그러나 '찬혁'은 남녀 합반이 서로 배려하는 밝은 학급 분위기를 조성한다는 취지의 말을 하지 않았다.
② '수현'은 '남녀의 역할에 대한 고정 관념을 벗어나게 하는 데에 도움을 주는 것 같습니다.'라고 하였다. 그러나 '찬혁'은 남녀 합반이 잘못된 성 역할에 대한 인식을 수정할 수 있다는 취지의 말을 하지 않았다.
③ '찬혁'은 '여학생들이랑 경쟁해야 하기도 하지만, 이성에게 잘 보이려고 공부를 열심히 하게 됩니다.'라고 하였다. 그러나 '수현'은 남녀 합반이 공부를 더 열심히 하게 만드는 동기를 제공한다는 취지의 말을 하지 않았다.

006

정답 | ①

해설 | '교사나 교수가 학생들에게 내어 주는 연구 문제'를 뜻하는 '과제'는 課題(공부할 과/제목 제)로 표기한다. 따라서 밑줄 친 부분의 한자가 나머지 셋과 다르다.

오답피하기 |

② '일이 되어 가는 과정'을 뜻하는 '경과'는 經過(지날 경/지날 과)로 표기한다.
③ '예정하거나 필요한 수량보다 많이 남음'을 뜻하는 '과잉'은 過剩(지날 과/남을 잉)으로 표기한다.
④ '일정한 수나 한도 따위를 넘음'을 뜻하는 '초과'는 超過(뛰어넘을 초/지날 과)로 표기한다.

007

정답 | ④

해설 | (가)에서는 육적회귤(陸績懷橘) 고사에 자신의 처지를 대입하고 있으나, 현실 극복 의지를 드러내고 있지 않다. (가)는 작가 박인로가 이덕형의 집을 찾아갔을 때 한음으로부터 조홍감(早紅柿)을 대접받고, 중국의 육적회귤(陸績懷橘) 고사를 떠올리며 돌아가신 어버이에 대한 그리움을 표현한 것이다. 육적회귤(陸績懷橘) 고사란 중국 후한(後漢) 때 여섯 살 난 육적이 친구인 원술의 집에 갔을 때 먹으라고 내놓은 귤을 집에 가져가서 어머님께 드리려고 가슴에 몰래 품었다는 이야기이다. 또한 (나)에서는 고사가 드러나 있지 않다.

오답피하기 |

① (가)의 '반중(盤中) 조홍(早紅)감(소반 가운데 놓인 일찍 익은 감)'이라는 구체적 사물로부터 '품어가 반길 이 없을새(품 안에 넣어 가도 반가워할 이가 없으니)'라는 상황을 확인하고 있다.
② (나)의 '종루(鐘樓) 저재에 달래 파라 배 사고 감 사고 유자(柚子) 사고 석류(石榴) 샀다(종루 시장에 머리카락을 팔아 배 사고 감 사고 유자 사고 석류를 샀다)'에서 열거의 방식을 활용하여 시상 전개에 생동감을 부여하고 있다.
③ (가)의 '설워하노라'와 (나)의 '한숨계워 하노라'에서 '-노라'라는 영탄적 표현을 통해 화자의 정서를 직접적으로 나타내고 있다.

008

정답 | ③

해설 | '본론'에서 신용 카드 사용으로 인한 부작용과 그 원인을 개인적, 사회적 측면에서 설명하고 있으므로, '결론'에는 신용 카드의 올바른 사용을 위해 개인과 사회의 노력이 필요하다는 내용이 가장 적절하다.

오답피하기 |

① 사회적 측면이 포함되지 않았으므로 '결론'으로 적절하지 않다.
② 개인적 측면이 포함되지 않았으므로 '결론'으로 적절하지 않다.
④ 다양한 혜택을 확인하는 것은 신용 카드의 올바른 사용을 위한 궁극적인 해결 방안이 아니므로 '결론'으로 적절하지 않다.

009

정답 | ②

해설 | 고향을 그리워하는 화자의 정서는 드러나 있으나, 체념적 정서는 드러나 있지 않다.

오답피하기 |

① 1연에서 겨울에서 봄으로 넘어가는 계절적 배경을 확인할 수 있다.
③ '떠내려간다', '휩쓸어 간다' 등의 현재형 시제를 통해 현장감을 부여하고 있다.
④ '누룩을 디디는 소리', '누룩이 뜨는 내음새' 등 감각적 표현을 사용하여 화자가 그리워하는 고향의 모습을 형상화하고 있다.

010

정답 | ③

해설 | 제시문에서는 삼밭에 난 쑥이 받쳐 주지 않아도 스스로 곧고, 진흙 속에 있는 흰 모래가 진흙과 같이 검어진다는 증자의 말을 제시하였다. 이는 특정한 사물의 본질이 주위 환경에 따라 변화한다는 내용이므로, 주위 환경을 적절하게 조성해야 한다는 것을 글의 중심 내용으로 볼 수 있다. 따라서 글의 중심 내용과 관련된 문장으로는 '반반한 판자를 굽은 판자 위에다 두게 되면 굽은 판자도 단단하게 된다.'가 가장 적절하다. 해당

문장에서는 굽은 판자가 반반한 판자라는 환경에 의해 단단해진다는 내용이 제시되었다.

오답피하기 |
① 사람의 천성이 서로 비슷하지만 습관에 의해 멀어진다는 것은 사물의 본질이 주위 환경에 따라 변화하는 것이라고 보기 어렵다.
② 굳고 여문 물건을 아무리 갈고 닦아도 얇게 되지 않는다는 것은 사물의 본질이 주위 환경에 따라 변화하는 것과 관련성이 떨어진다.
④ 어진 사람을 본받고 어질지 못한 사람을 통해 스스로를 반성한다는 것은 사물의 본질이 주위 환경에 따라 변화하는 것과 관련성이 떨어진다.

011
정답 | ②
해설 | "머리를 깎았다"라고 표현하더라도 머리를 깎은 행위를 수행하는 사람은 이발사이다. 다만 화자가 주체적으로 이발사에게 머리를 깎으라고 시키는 것이기에 "머리를 깎였다"라고 피동형으로 표현해야 할 것을, 우리말에서는 능동형으로 표현한다는 뜻이다.

오답피하기 |
① "머리를 깎으러 간다"라는 말에는 주인공인 화자가 깎으라고 해서 이발사가 머리를 깎았다는 의미가 내포되어 있다.
③ 이발사가 머리를 깎는 것이니까 얼핏 보면 피동형으로 표현하는 것이 더 합리적이라고 하였다. 즉, 능동형인 "머리를 깎았다"보다 피동형인 "머리를 깎였다"라고 표현하는 것이 더 합리적이라는 것이다.
④ "머리를 깎이었다"라고 말하면 그것은 자의에 의한 것이 아니라 강제로 머리를 깎이었다는 뜻으로 이해하기 쉽다고 하였다.

012
정답 | ④
해설 | 필자는 서얼의 자손이 벼슬을 할 수 없게 된 것이 오래된 일이 아니라 『경국대전』 편찬 뒤부터 서자의 벼슬길이 막혔다고 하였다. 그리고 뛰어난 재주를 가진 높은 벼슬가의 자손이 오직 외가가 하찮아 벼슬길이 막히는 것이 가엽다며 이를 비판하고 있다. 이를 고려할 때, 필자가 적서 구별 없이 모두 벼슬을 할 수 있어야 한다고 생각함을 알 수 있다. 따라서 필자가 궁극적으로 말하고자 하는 바로 가장 적절한 것은 ④이다.

오답피하기 |
① 필자는 벼슬길을 막는 나라가 세상 천지에 어디 있냐며 벼슬가의 자손이 오직 외가가 하찮아 벼슬길이 막히는 것이 가엽다고 하였다. 이는 적서 구별 없이 벼슬을 해야 한다는 것이며, 적서 구별 없이 가문의 계보를 이어야 한다는 내용은 확인할 수 없다.
② 중국의 법 『경제육전(經濟六典)』에 서얼 자손에게 높은 벼슬을 주어서는 안 된다는 내용이 있다는 것은 옳다. 그러나 우리나라에서도 『경국대전』을 편찬한 뒤부터 서자의 벼슬길을 막고 있으며 필자가 이를 비판하고 있으므로, 조선의 법을 따라야 한다는 것은 옳지 않다.
③ 필자는 법률을 통해 서자의 벼슬길을 막은 것이 잘못되었다며 이를 비판하고 있다. 필자가 법률에서 벼슬의 높고 낮음을 잘못 가르고 있다고 서술한 부분은 확인할 수 없다.

013
정답 | ①
해설 | 제시문에 따르면 벼농사는 농번기에는 노동력의 집중이 필요하고, 이런 필요 때문에 마을 단위로 상부상조하는 두레가 정착된 것이다. 따라서 벼농사는 노동 집약적이기 때문에 두레가 급속히 퍼진 것이라고 이해할 수 있다. 따라서 빈칸에 들어갈 말로 가장 적절한 것은 ①이다.

014
정답 | ④
해설 | 2문단에 따르면 정보 민주주의가 이루어진다고 해도 현실의 사회가 그러한 방향으로 나아간다는 보장은 없다고 하였다. 따라서 ④의 언급은 적절하지 않다.

오답피하기 |
① 1문단에 따르면 정보화의 특징 중 하나는 속도의 증대이다. 그리고 이러한 정보화는 정보의 가치를 증가시키게 된다.
② 2문단에 따르면 만약 정보가 특정한 사회 세력에 의해 지배된다면 불평등 사회로 이어질 수 있다.
③ 1문단에 따르면 정보화는 대상에 대한 불확실성을 감소시키는 능력이 증대되는 것을 의미한다.

015
정답 | ③
해설 | 제시문에 따르면 구석기 시대 미술은 자연을 충실하게 묘사하려는 자연주의적 경향을 띠었고, 신석기 시대 미술은 사물의 이념이나 개념 내지는 본질을 포착하려 하였다. 따라서 구석기와 신석기 시대의 미술이 표현하고자 한 본질은 서로 달랐다고 볼 수 있다.

오답피하기 |
① 구석기 시대 미술은 자연을 충실하게 묘사하려는 자연주의적 경향을 띠었다.
② 신석기 시대 미술은 개념의 고정 불변성에 의존하게 되고, 표현은 상징화되었다.
④ 신석기 시대의 미술은 자연의 구체적이고 생생한 모습보다는 사물의 이념이나 개념 내지는 본질을 포착하려 하였다.

016
정답 | ④
해설 | ㉠ 앞 문장은 우리가 모든 관계를 원하는 것은 아니라고 말하고 있고, ㉠ 뒤 문장은 각각의 관계에 대해 우리가 원하는 친밀도 혹은 접촉의 수준이 다르다고 말하고 있다. 즉, ㉠ 뒤 문장은 ㉠ 앞 문장을 부연하고 있다. 따라서 ㉠에는 '그러니까', '말하자면', '다시 말해'가 들어갈 수 있다. 그리고 ㉡ 앞 문장은 사람들이 기대했던 친밀도의 수준을 넘어서는 것을 당황해한다고 말하고 있고, ㉡ 뒤 문장은 친밀도는 만남이 지속됨에 따라 증가한다고 말하고 있다. 따라서 ㉡ 앞 문장과 뒤 문장은 상반되는 내용이므로, ㉡에는 '그래도', '물론'이 들어갈 수 있다. ㉢ 앞 문장은 우리는 적정 수준의 친밀도를 넘으면 불편해한다고 말하고 있고, ㉢ 뒤 문장은 상대방이 원하는 친밀도 수준에 대해서 생각하지 않는 경우가 많다고 말하고 있다. 따라서 ㉢ 뒤 문장은 앞 문장과 다른 방향의 내용이므로, '그런데'가 들어가야 한다.

017
정답 | ④
해설 | 1문단에 따르면 채찍 효과는 최종 소비자의 수요 변동 폭이 크지 않더라도 공급 사슬을 거슬러 올라갈수록 변동 폭이 크게 확대되는 현상을 말한다. 그리고 수요 변동의 단계적 증폭 현상이 채찍을 휘두르는 것과 같은 양상을 보인다. 따라서 채찍 효과가 발생할 경우, 수요의 변화가 미미할수록 공급 사슬의 혼란이 가중될 것이라고 보기는 어렵다. 채찍 효

과가 발생하면 수요의 변동에 따른 공급 사슬의 증폭 현상이 발생할 것이다. 그러나 수요 변동 폭이 작으면 비교적 작은 증폭 현상이 발생할 것이고, 수요 변동 폭이 크면 비교적 큰 증폭 현상이 발생할 것이라고 추측할 수 있다.

오답피하기 |
① 1문단의 '소매상, 도매상, 완제품 제조업자, 부품 제조업자 등 공급 사슬을 거슬러 올라갈수록 변동 폭이 크게 확대되는 현상이 발생한다.'에서 알 수 있는 내용이다.
② 2문단의 '공급 사슬에서 채찍 효과가 발생하는 원인은 무엇보다도 수요 예측상의 문제점들 때문이다.'에서 알 수 있는 내용이다.
③ 1문단의 '제품에 대한 최종 소비자의 수요는 그 변동 폭이 크지 않다. 그러나 ~ 공급 사슬을 거슬러 올라갈수록 변동 폭이 크게 확대되는 현상이 발생한다.'에서 알 수 있는 내용이다.

018
정답 | ④
해설 | '나'는 '그'가 자신의 연주를 기억하지 못하는 것을 타박하며, 아까 베낀 음보를 펴 놓고 베낀 곳부터 연주를 하였다. 따라서 '나'는 '그'의 음악을 따로 기록해 두었다가 그것을 재현했다고 볼 수 있다.

오답피하기 |
① '그'가 귀기 넘치는 자신의 연주에 불만을 드러낸 부분은 나타나 있지 않다. '그'는 귀기 넘치는 음악을 연주하지 못하고 부끄러운 듯 말한다. 그리고 '나'가 베낀 음보를 연주하자 '나'를 떠밀쳐 버리고 미친 사람과 같이 빛을 내며 연주를 한다.
② '그'는 귀기 넘치는 자신의 음악을 기억하지 못하고 부끄러운 듯이 "선생님, 잘 안 됩니다."라고 말한다.
③ '나'가 베낀 음보를 연주하자 '그'는 '나'를 떠밀쳐 버리고 음보를 읽은 뒤 미친 사람과 같이 빛을 내며 연주를 한다. 이는 '그'가 '나'의 연주를 못마땅하게 생각했기 때문이 아니라, 자신의 음악을 듣고 흥분하였기 때문으로 볼 수 있다.

019
정답 | ②
해설 | 左顧右眄(왼 좌/돌아볼 고/오른쪽 우/곁눈질할 면)은 '앞뒤를 재고 망설임'을 뜻하므로 적절하게 쓰였다.

오답피하기 |
① 利用後生(이로울 이/쓸 용/뒤 후/날 생)은 잘못된 표기이다. '기구를 편리하게 쓰고 먹을 것과 입을 것을 넉넉하게 하여, 국민의 생활을 나아지게 함'을 뜻하는 利用厚生(이로울 이/쓸 용/두터울 후/날 생)으로 써야 한다.
③ 切齒府心(끊을 절/이 치/마을 부/마음 심)은 잘못된 표기이다. '몹시 분하여 이를 갈며 속을 썩임'을 뜻하는 切齒腐心(끊을 절/이 치/썩을 부/마음 심)으로 써야 한다.
④ 氣虎之勢(기운 기/범 호/갈 지/형세 세)는 잘못된 표기이다. '이미 시작한 일을 중도에서 그만둘 수 없는 경우'를 뜻하는 騎虎之勢(말 탈 기/범 호/갈 지/형세 세)로 써야 한다.

020
정답 | ④
해설 | 1문단에 따르면 일부 후원자들은 비전을 갖춘 일에 투자하여 금전적 보상을 기대한다. 그러나 이때 프로젝트가 성공하지 못한다면 후원자들은 금전적인 보상을 받지 못할 것이므로, 프로젝트의 성공 가능성을 예상하지 못하는 개인도 투자의 손해를 방지할 수 있을 것이라는 추론은 적절하지 않다.

오답피하기 |
① 1문단에 따르면 크라우드 펀딩의 후원자들은 비전을 갖추었거나 가치 있어 보이는 일에 금전적 도움을 준다. 따라서 기업의 프로젝트의 내용이 매력적이지 않으면 크라우드 펀딩에 실패할 수도 있을 것이다.
② 1문단에 따르면 크라우드 펀딩을 통해 기업과 개인이 사업의 기반을 마련할 수 있다. 따라서 우수한 아이디어만 있다면 기업가가 아닌 개인도 크라우드 펀딩을 활용하여 사업을 벌일 수 있을 것이다.
③ 1문단에 따르면 모금자는 크라우드 펀딩을 활용하여 불특정 다수로부터 자금을 조달받을 수 있고, 2문단에 따르면 기업이 크라우드 펀딩을 활용하면 더 이상 고정된 소수의 투자자에게 의존하지 않아도 된다. 따라서 크라우드 펀딩으로 인해 기업에 투자하는 대상의 범위가 소수의 전문 투자자에서 불특정 다수로 확장될 수 있을 것이다.

모의고사 05회

05회

001 ①	002 ①	003 ④	004 ①	005 ①
006 ②	007 ④	008 ②	009 ③	010 ④
011 ③	012 ④	013 ④	014 ②	015 ①
016 ③	017 ③	018 ③	019 ①	020 ④

001
정답 | ①

해설 | '달리기'는 접사 '-기'가 동사 어근 '달리-'에 붙어 명사가 된 것이다. '걸음' 또한 접사 '-음'이 동사 어근 '걷(걸)-'에 붙어 명사가 된 것이므로 단어의 구성이 '달리기'와 같다.

오답피하기 |

② '날고기'는 접사 '날-'이 명사 어근 '고기'에 붙어 명사가 된 것이다.
③ '넓이'는 접사 '-이'가 형용사 어근 '넓-'에 붙어 명사가 된 것이다.
④ '오뚝이'는 접사 '-이'가 부사 어근 '오뚝'에 붙어 명사가 된 것이다.

002
정답 | ①

해설 | 주술 호응이 잘 이루어진 자연스러운 문장이다. '보인다'를 이중 피동인 '보여진다'로 쓰지 않도록 주의해야 한다.

오답피하기 |

② '열이 나면 가능한 한 빨리 병원에 가야 한다.'가 자연스럽다.
③ '꼭 하고 싶었던 말은 언제나 용기를 잃지 않기를 바란다는 것이다.'가 자연스럽다.
④ '다이어트에 성공하려면 식단을 조절하고 운동을 열심히 해야 한다.'가 자연스럽다.

003
정답 | ④

해설 | '성민'은 두 번째 발화에서 '사람마다 다를 수 있잖아.'라며 '지은'의 의견을 반박하여 자신의 의견을 고수하고 있다.

오답피하기 |

① '지은'은 첫 번째 발화에서 '나도 지금은 학업에 집중하기 위해 연애를 미뤄야 한다고 생각해.'라며 '현우'의 생각에 동의하고 있음을 드러내고 있다.
② '성민'은 첫 번째 발화에서 '성적이 떨어지지 않을 수도 있잖아?'라며 '지은'이 한 주장의 타당성에 의문을 제기하고 있다.
③ '지은'은 두 번째 발화에서 '우리 언니만 보더라도 남자친구가 생긴 이후로부터 성적이 꽤 많이 떨어졌어.'라며 언니의 사례를 들어 자신의 주장을 강화하고 있다.

004
정답 | ①

해설 | 끄나풀(○), 깡충깡충(○), 허드레(○), 짓무르다(○): 각각 '끄나불(×)', '깡총깡총(×)', '허드래(×)', '짓물다(×)'로 쓰지 않도록 주의해야 한다.

오답피하기 |

② 수평아리(○), 담쟁이덩쿨(×) → 담쟁이덩굴/넝쿨(○), 또아리(×) → 똬리(○), 천장(○): 각각 '숫병아리(×)', '천정(×)'으로 쓰지 않도록 주의해야 한다.
③ 숫염소(○), 으례(×) → 으레(○), 귀이개(○), 나무래다(×) → 나무라다(○): 각각 '수염소(×)', '귀개(×)'로 쓰지 않도록 주의해야 한다.
④ 사글세(○), 부조돈(×) → 부좃돈(○), 웃어른(○), 귀띰(×) → 귀띔(○): 각각 '삭월세(×)', '윗어른(×)'으로 쓰지 않도록 주의해야 한다.

005
정답 | ①

해설 | 화자는 '내 팔자가 사는 대로 내 고생이 닿는 대로'라고 말하고, '춘삼월 호시절에 화전놀음'을 즐기라고 말하고 있다. 따라서 화자는 자신에게 주어진 팔자, 즉 운명에 만족하면서 살기를 권유하고 있다고 볼 수 있다.

오답피하기 |

② 화자가 근면 성실하게 살아가야 한다고 말하는 내용은 나타나 있지 않다. 화자는 자기의 팔자에 따라 살며, 화전놀음을 즐기라고 말하고 있을 뿐이다.
③ 화자는 '부귀 호강 하는 사람 이팔청춘 요사하니 / 고생하는 사람 덜 사잖코 호강하는 사람 더 사잖네 / 호강살이 제 팔자요 고생살이 제 팔자라'라고 말하고 있다. 그러나 이는 좋은 일을 당하였더라도 마냥 좋아해서는 안 된다는 것이 아니라, 고생과 호강도 끝이 있으며, 모두 자기 팔자일 뿐이라는 뜻이다.
④ 화자는 '남의 고생 꿔다 하나 한탄한들 무엇할고'라고 말하고 있다. 그러나 이는 사람들은 모두 팔자대로 살 뿐이므로, 자기 팔자를 한탄하고 원망해도 소용이 없다는 것이다. 화자가 남의 잘못에 대해 말하는 내용이나 남을 원망하는 태도에 대해 말하는 내용은 나타나 있지 않다.

006
정답 | ②

해설 | 敎涉(가르칠 교/건널 섭)은 잘못된 표기이다. 해당 문장에는 '어떤 일을 이루기 위하여 서로 의논하고 절충함'을 뜻하는 交涉(사귈 교/건널 섭)으로 써야 한다.

오답피하기 |

① 報告(갚을 보/고할 고)는 '일에 관한 내용이나 결과를 말이나 글로 알림'을 뜻하므로 적절하게 쓰였다.
③ 應答(응할 응/대답 답)은 '부름이나 물음에 응하여 답함'을 뜻하므로 적절하게 쓰였다.
④ 破棄(깨뜨릴 파/버릴 기)는 '깨뜨리거나 찢어서 내버림'을 뜻하므로 적절하게 쓰였다.

007
정답 | ④
해설 | 제시문은 한국인이 농경 문화를 영위해 왔기에 공동체의 협동이 당연할 수밖에 없었으며, 그 때문에 향약, 두레, 품앗이 등의 덕목을 지닐 수 있었다고 밝히고 있다. 또한 이 때문에 지역 공동체를 중시하는 고향 의식이 유별나게 강할 수밖에 없었음을 인과적으로 제시하고 있다. 그런데 ㉣은 벼농사의 중요성을 얘기하고 있다. 따라서 제시문의 흐름에 적절하지 않다.

008
정답 | ②
해설 | ㉡: '주인집 늙은이'가 공연히 눈물지우는 것은 고향을 상실한 화자의 처지에 공감하고 있기 때문이다. 따라서 '주인집 늙은이'가 고향을 잃은 화자의 처지와 대비되는 인물이라고 한 설명은 적절하지 않다.
오답피하기 |
① ㉠: 고향을 상실한 화자는 '나룻가'에서 서성거리고, 행인의 손을 쥐면 따뜻하리라고 말하고 있다. 이를 볼 때 화자는 행인의 손을 쥐며 고향에 대한 그리움을 달래 보려고 한 것으로 볼 수 있다. 따라서 '나룻가'는 고향을 그리워하는 화자의 마음이 드러나는 공간이라고 볼 수 있다.
③ ㉢: 화자는 장꾼들에게 '혹여나' 고향을 보았는지 묻고 있다. 따라서 '혹여나'라는 시어는 고향을 그리워하는 화자의 태도를 함축하는 표현으로 볼 수 있다.
④ ㉣: 화자는 고향 가까운 곳에서 고향을 그리워하고 있다. 마지막 연에서 제시된 '누룩이 뜨는 내음새'는 화자의 마음속 고향의 이미지를 표현한 것이라고 볼 수 있다.

009
정답 | ③
해설 | 내레이션(○): 'narration'의 올바른 외래어 표기는 '내레이션'이다. 이를 '나레이션'으로 쓰지 않도록 주의해야 한다.
오답피하기 |
① 케잌(×) → 케이크(○): 'cake'의 올바른 외래어 표기는 '케이크'이다.
② 컨텐츠(×) → 콘텐츠(○): 'contents'의 올바른 외래어 표기는 '콘텐츠'이다.
④ 심포지움(×) → 심포지엄(○): 'symposium'의 올바른 외래어 표기는 '심포지엄'이다.

010
정답 | ④
해설 | 제시문에서는 예시로 볼 수 있는 진술은 나타나지 않는다.
오답피하기 |
① 인과의 방식을 활용하여 핑 공격을 받는 문제 상황을 제시하고 있다.
② '도스 공격'의 개념을 정의하고 있다.
③ 핑 공격을 당하면 핑 명령어를 차단한다고 한 부분에서 문제의 원인을 분석하고 해결책을 설명하고 있다.

011
정답 | ③
해설 | '평양에서 맞았던 매가 얼마나 아프더냐?'에서 '춘풍 아내'는 평양의 일을 언급하고 있으나, 자신의 행동에 대한 자부심을 드러내고 있지는 않다.
오답피하기 |
① '열두 바리 실은 돈을 장사에서 남긴 듯이 여기저기 들여놓고 의기양양하는구나.'에서 '춘풍'은 장사로 이익을 남긴 체하며 교만한 태도를 보이고 있음을 알 수 있다.
② '춘풍 아내 춘풍을 속이려고 ~ 평양에 왔던 일을 생각하라.'에서 '춘풍 아내'는 '비장'의 모습으로 나타나 '춘풍'에게 과거의 잘못을 상기시키고 있음을 알 수 있다.
④ '춘풍이 그제야 ~ 소인에게는 상이로소이다.'에서 '춘풍'은 '비장'의 정체가 '아내'임을 알지 못하고 '비장'의 비위를 맞추는 모습을 보이고 있음을 알 수 있다.

012
정답 | ④
해설 | '동양 건축은 ㉠허(虛)한 방(房)을 두고 마당을 두어 무 또는 ㉡여백의 미를 주고'에서 ㉠과 ㉡은 동양 건축이 추구하는 것으로 볼 수 있다. 그리고 '동양 건축의 미는 ~ ㉢건축물과 이용자와의 사이의 설정에 있으며'에서도 ㉢은 동양 건축이 추구하는 것으로 볼 수 있다. 반면, '동양, 또 한국의 건축에서는 ㉣새로운 형태의 발명, 창조에 의한 절대미의 추구보다, 자연의 기를 파악하고'에서 ㉣은 동양 건축이 추구하지 않는 것으로 볼 수 있다. 요약하자면, ㉠~㉢은 동양 건축이 추구하는 것, ㉣은 동양 건축이 추구하지 않는 것이다. 따라서 문맥적 의미가 다른 하나는 ㉣이다.

013
정답 | ④
해설 | 제시문은 로마군이 사자를 내세웠지만 마르코만인이 그것을 개로 인식하면서 힘을 얻어 전쟁에서 이길 수 있었다는 내용을 전달하고 있다. 사자도 개라고 인식하면 긍정적 태도를 가질 수 있다는 교훈을 이끌어 낼 수 있다. 따라서 제시문에서 이끌어낼 수 있는 결론은 '대상을 어떻게 인식하느냐에 따라 태도가 달라질 수 있다.'라는 것이다.

014
정답 | ②
해설 | 순자가 '심'을 억압하지 않아야 편견에 빠지지 않을 수 있다고 본 내용은 나타나 있지 않다. 오히려 순자는 누구나 '심'을 수양하면 성인의 경지에 이를 수 있다고 보았다. 즉, '심'을 자유롭게 두는 것이 아니라, 갈고 닦아야 하는 대상으로 본 것이다.
오답피하기 |
① 순자는 '도'는 도덕적 행위의 기준이고, '심'은 '도'를 인식하고 실천하는 주체라고 하였다.
③ 순자에 따르면 '심'이 올바르게 작용하지 못하는 상태를 '폐'라고 하는데, 이런 문제의 해결책으로 인간이 끊임없이 수양을 해야 한다고 보았다.
④ 순자는 '심'이 제대로 작용하지 않으면 도덕적으로 행동하는 주체가 되지 못한다고 하였다.

015
정답 | ①
해설 | 제시문은 사회화 과정에 대해 설명하고 있다. 일란성 쌍둥이는 유전자가 유사하다. 그런데 각각 다른 나라에 입양된 후 성인이 되면 각각 다른 사고방식을 가지게 되는 것은 다른 사회에서 양육된 사회화의 영향으로 볼 수 있다.

| 오답피하기 |
② 유대인들이 세계 각지에 흩어져 살았지만 자신들의 가치관을 유지하면서 민족성을 잃지 않은 것은 사회화의 영향을 받지 않았음을 의미한다.
③ 남녀 간에 나타나는 생물학적 차이는 사회화와 관련이 없다.
④ 지리적으로 유사한 환경에 속한 두 부족의 문화적 관습이 유사한 것은 환경의 영향에 따른 것이지, 사회화의 영향으로 보기 어렵다.

016
정답 | ③
해설 | 토론의 반론 과정에서는 상대측 입론의 모순점, 문제점을 드러내야 한다. 따라서 반론 과정에서 자신이 주장한 내용에 대하여 잘못된 근거나 자료를 수정해야 한다는 설명은 적절하지 않다.

017
정답 | ③
해설 | 제시문에서는 100명의 화가가 동일한 대상을 그리더라도 100개의 그림이 서로 다를 것이라고 하며, 어떤 사람이 특정한 대상을 그린다면 그 사람은 그 대상을 자신만의 방식으로 표현하는 유일한 예술가가 된다고 하였다. 따라서 다른 사람이 동일한 대상을 그린다고 했을 때, 그 사람이 또 다른 유일한 예술가가 될 수 있는 것은, 그 사람 또한 대상을 자신만의 방식으로 표현할 것이기 때문임을 알 수 있다. 따라서 밑줄 친 부분의 이유로 가장 적절한 것은 ③이다.
| 오답피하기 |
① 제시문을 고려할 때, 그림은 대상이 가진 예술성을 나타내는 것이 아니라 화가가 가진 독특한 예술성을 나타내는 것임을 알 수 있으므로 적절하지 않다.
② 제시문에서는 여러 사람이 동일한 대상을 그리더라도, 그 사람들이 자신만의 방식으로 대상을 그리므로 그림이 같지 않다는 내용을 서술하고 있다. 대상과 완벽하게 일치하는 그림을 그린다는 것은 적절하지 않다.
④ 제시문에서는 여러 사람이 동일한 대상을 그리더라도 그림이 같지 않은 이유는 각각의 사람이 대상을 자신만의 방식으로 표현하기 때문이며, 그러므로 대상을 바라보는 자신만의 시각을 이해해야 한다고 서술하였다. 따라서 해당 내용은 밑줄 친 부분에 따라 행해야 할 행동이며, 밑줄 친 부분의 이유라고 볼 수 없다.

018
정답 | ③
해설 | ⓒ: '윤 씨'가 '거처할 곳이 만만치 않을 것 같은데.'라고 말하자 '준구'는 '네?'라고 하며 의아해하는 태도를 보였으며, 이는 '윤 씨'에게 감사를 표하는 것이라 보기 어렵다.
| 오답피하기 |
① ㉠: '준구'가 '윤 씨' 앞에 무릎을 꿇고 앉은 것에서, '윤 씨'가 '준구'보다 가문 내의 위계가 높으며 '윤 씨' 가문에 질서가 존재함을 알 수 있다.
② ㉡: '당분간만 아주머니께 폐를 끼치려고 내려오라고 기별했사옵니다.'라는 '준구'의 발화에서 '홍 씨'가 등장할 것임을 짐작할 수 있다. 그리고 '삼월이가 열어 주는 문으로 홍 씨가 들어선다.'에서 실제로 '홍 씨'가 '윤 씨'의 방으로 들어왔음을 알 수 있다.
④ ㉣: '거긴 안 될 게요. 서희 있는 곳이라.'에서 '별당'이 '서희'가 생활하는 공간임을 알 수 있으며, '별당'을 '서희'가 사용한다는 점에서 '서희'가 '홍 씨'보다 가문 내에서 높은 지위를 갖고 있음을 알 수 있다.

019
정답 | ①
해설 | 痴人說夢(어리석을 치/사람 인/말씀 설/꿈 몽)은 '어리석은 사람이 꿈 이야기를 한다'라는 뜻으로, '허황된 말을 지껄임'을 이르는 말이므로 적절하지 않다. 해당 문장에는 '앉아도 자리가 편안하지 않다'라는 뜻으로, '마음이 불안하거나 걱정스러워서 한군데에 가만히 앉아 있지 못하고 안절부절못하는 모양'을 이르는 말인 坐不安席(앉을 좌/아닐 불/편안 안/자리 석)으로 써야 한다.
| 오답피하기 |
② 明鏡止水(밝을 명/거울 경/그칠 지/물 수)는 '맑은 거울과 고요한 물'이라는 뜻으로, '잡념과 가식과 헛된 욕심 없이 맑고 깨끗한 마음'을 이르는 말이므로 적절하게 쓰였다.
③ 眼下無人(눈 안/아래 하/없을 무/사람 인)은 '눈 아래에 사람이 없다'라는 뜻으로, '방자하고 교만하여 다른 사람을 업신여김'을 이르는 말이므로 적절하게 쓰였다.
④ 本末顚倒(근본 본/끝 말/엎드러질 전/넘어질 도)는 '사물의 순서나 위치 또는 이치가 거꾸로 된 것'을 뜻하므로 적절하게 쓰였다.

020
정답 | ④
해설 | '···은 ···의 동쪽에 있다'와 같은 관계도 플라톤주의자들에게는 추상적 존재자들인데, 추상적 존재자들은 시공간을 벗어나 독립적으로 존재한다. 따라서 플라톤주의에 따르면 '···는 ···의 아버지이다'라는 관계는 아버지가 아이를 얻을 때 생겨난 것이 아니고, 시공간 밖에 독립적으로 존재할 것이다.
| 오답피하기 |
① 플라톤주의자들에 따르면 추상적 존재자들은 인식 주체와 독립적으로 그리고 객관적으로 존재하는데, 명제도 그중에 하나라고 하였다.
② 플라톤주의자들에 따르면 '푸른 하늘, 푸른 지붕, 푸른 공'에서 더 나아가 '푸름'이라는 속성이 존재한다고 믿으며, 속성은 추상적 존재자로서 시공간밖에 존재한다고 본다고 하였다.
③ 플라톤주의자들에 따르면 수학적 대상 같은 추상적 존재자들이 시공간 안에 존재하지 않는다고 하였다.

모의고사 06회

06회

001 ③	002 ①	003 ②	004 ②	005 ④
006 ①	007 ①	008 ①	009 ④	010 ①
011 ④	012 ④	013 ④	014 ④	015 ③
016 ②	017 ②	018 ①	019 ①	020 ②

001
정답 | ③

해설 | 청유문은 일반적으로 화자가 청자에게 같이 행동할 것을 요청하는 문장을 뜻한다. 하지만 일부 경우에는 밑줄 친 내용처럼 청자만 행하기를 바라는 경우에도 청유문을 쓸 수 있다. 해당 문장의 화자는 지각한 학생에게 학교에 빨리 다닐 것을 요구하고 있으므로 청자만 행하기를 바라는 표현으로 볼 수 있다.

오답피하기 |
① '내립시다'의 생략된 주어는 화자이다. 따라서 이는 화자만 행하기를 바라는 청유문이다.
② '학교 가는' 대상은 화자인 '수지'와 청자인 '철수'이다. 따라서 화자와 청자가 공동으로 하도록 유발하는 청유문이다.
④ '잠 좀 잡시다'의 생략된 주어는 화자이다. 따라서 이는 화자만 행하기를 바라는 청유문이다.

002
정답 | ①

해설 | 이틀날(×) → 이튿날(○): 끝소리가 'ㄹ'인 말과 딴 말이 어울릴 적에 'ㄹ' 소리가 'ㄷ' 소리로 나는 것은 'ㄷ'으로 적는다. 따라서 '이튿날(이틀+날)'로 적어야 한다.

오답피하기 |
② 배불뚝이(○): '-하다'나 '-거리다'가 붙는 어근에 '-이'가 붙어서 명사가 된 것은 그 원형을 밝히어 적는다. 이를 '배불뚜기(×)'로 쓰지 않도록 주의해야 한다.
③ 섣부른(○): 끝소리가 'ㄹ'인 말과 딴 말이 어울릴 적에 'ㄹ' 소리가 'ㄷ' 소리로 나는 것은 'ㄷ'으로 적는다. 이를 '설부른(×)'으로 쓰지 않도록 주의해야 한다.
④ 오뚝이(○): '-하다'나 '-거리다'가 붙는 어근에 '-이'가 붙어서 명사가 된 것은 그 원형을 밝히어 적는다. 이를 '오뚜기(×)'로 쓰지 않도록 주의해야 한다.

003
정답 | ②

해설 | ㉠ 行使(다닐 행/하여금 사)는 '어떤 사람에게 또는 단체에 강제적인 힘을 따르게 하거나 굴복하게 하기 위해 사용하는 것'을 뜻한다.
㉡ 斬新(벨 참/새 신)은 '새롭고 산뜻함'을 뜻한다.

오답피하기 |
㉠ 行事(다닐 행/일 사)는 '어떤 일을 시행함'을 뜻한다.
㉡ 參新(참여할 참/새 신)은 잘못된 표기이다.

004
정답 | ②

해설 | 책꽤나(×) → 책깨나(○): '꽤나'는 부사 '꽤'와 보조사 '나'의 결합으로, '2월이었지만 햇살은 꽤나 따뜻했다.'와 같이 쓰인다. 따라서 '어느 정도 이상'의 뜻을 나타내는 보조사 '깨나'를 결합한 '책깨나'로 써야 한다.

오답피하기 |
① 부딪쳤다(○): '부딪치다'는 '부딪다'를 강조하여 이르는 말로 적절하게 쓰였다.
③ 돋우었다(○): '돋우다'는 '돋다'의 사동사로, '입맛을 당기게 하다'를 뜻하므로 적절하게 쓰였다.
④ 너머(○): '너머'는 높이나 경계를 나타내는 명사 다음에 쓰여, '높이나 경계로 가로막은 사물의 저쪽. 또는 그 공간'을 뜻하므로 적절하게 쓰였다. 이는 '넘다'의 활용형인 '넘어'와 구별하여 써야 한다.

005
정답 | ④

해설 | '학생 3'은 '네가 PPT 제작을 하는 건 어때?'라고 묻는 '학생 1'의 질문에 '그렇구나. 일단 알겠어.'라고 대답하며 분명하게 반응하지 않았다. '학생 3'은 PPT를 잘 다루지 못한다고 해서 대답했을 뿐이었으나, 나머지 학생들은 이를 '학생 3'이 PPT 제작을 하겠다는 뜻으로 받아들이면서 의사소통 장애가 발생하였다.

오답피하기 |
① '학생 1'이 권위적으로 역할을 나누려고 한 부분은 나타나 있지 않다.
② '학생 1'이 맥락과 관계없는 화제로 전환한 부분은 나타나 있지 않다.
③ '학생 2'가 '조금 전에 알겠다고 한 거 아니야?'라고 하며 '학생 3'의 말을 오해하였음이 나타나 있으나, 이를 갈등의 책임을 상대에게 전가하려고 한 것으로 보기는 어렵다.

006
정답 | ①

해설 | (가)의 '대동강 물'은 '이별의 눈물'과 대응되어 임과 이별한 화자의 슬픔을 형상화하는 자연물이다. 그리고 (나)의 '아가씨'는 '달'을 바라보며 눈물을 흘리고 있다. 이때, '달'은 임과 이별한 시적 대상('아가씨')의 애달픈 심정을 심화하는 자연물이다.

오답피하기 |
② (가)의 3, 4구는 도치를 이루고 있으나 (나)에서는 도치법이 사용된 구절을 찾을 수 없다.
③ (가)와 (나) 모두 회상의 방식이 사용된 구절을 찾을 수 없다.
④ (가)는 선경후정의 방식이 사용되었으나 (나)는 선경후정의 방식이 사용되지 않았다.

007
정답 | ①

해설 | 棟梁之材(마룻대 동/들보 량/갈 지/재목 재)는 '기둥과 들보로 쓸 만한 재목'이라는 뜻으로, '집안이나 나라를 떠받치는 중대한 일을 맡을 만한 인재'를 이르는 말이다. 따라서 빈칸에 들어갈 사자성어로 가장 적절하다.

오답피하기 |

② 見蚊拔劍(볼 견/모기 문/뽑을 발/칼 검)은 '모기를 보고 칼을 뺀다'라는 뜻으로, '사소한 일에 크게 성내어 덤빔'을 이르는 말이다.
③ 隔靴搔癢(사이 뜰 격/신 화/긁을 소/가려울 양)은 '신을 신고 발바닥을 긁는다'라는 뜻으로, '성에 차지 않거나 철저하지 못한 안타까움'을 이르는 말이다.
④ 傍若無人(곁 방/같을 약/없을 무/사람 인)은 '곁에 사람이 없는 것처럼 아무 거리낌 없이 함부로 말하고 행동하는 태도가 있음'을 뜻한다.

008
정답 | ①

해설 | 참여 게시판 이용률이 매우 낮은 이유는 본인의 실명 확인 및 승인 절차를 반드시 거쳐야 게시판에 글을 올릴 수 있기 때문임을 파악할 수 있다. 따라서 ㉠에는 참여 게시판 이용률이 저조한 것은 이용이 불편하기 때문임을 밝히고, 이용 절차를 간소화해야 함을 강조한다는 내용이 가장 적절하다.

오답피하기 |

②, ③, ④ 참여 게시판 필요성에 대한 주민들의 인식이 높다고 하였으므로 ㉠에 들어갈 내용으로 적절하지 않다.

009
정답 | ④

해설 | 제시된 작품은 '유리'의 속성에 빗대어 섬세하고 연약한 화자의 내면을 표현하고 있다. 이때, ㉠, ㉡, ㉢은 이러한 화자의 내면을 의미한다. 반면, ㉣은 화자가 부러워하는 대상이다. 따라서 ㉠~㉣ 중 문맥적 의미가 다른 하나는 ㉣이다.

010
정답 | ①

해설 | 제시문에서 언어는 그 말을 쓰는 겨레의 몸과 마음 그리고 삶을 총체적으로 반영한다고 설명하고 있다. 이때 사회 구성원들 사이에 공유된 삶의 양식을 문화라고 할 수 있다. 따라서 제시문에 언어와 문화는 불가분의 관계에 있다는 생각이 전제되어 있는 것으로 볼 수 있다.

011
정답 | ④

해설 | 2문단에 따르면 물리 법칙은 시간과 함께 변할 수도 있고, 만일 이것이 사실로 판명된다면 물리학에서도 우주의 역사에 대한 역사적 질문을 할 수 있을 것이다. 다시 말해 물리 법칙이 변하면 물리학에서도 역사적 질문을 할 것이므로, 물리 법칙이 불변하면 물리학에서도 역사적 질문을 할 것이라는 설명은 적절하지 않다.

오답피하기 |

① 1문단에 따르면 생물학에서 모든 것을 이해하게 되었다면 "지구 위에 그런 생물이 왜 존재하는가?"에 대해 궁금해할 것이다.
② 1문단에 따르면 "별들은 어떻게 진화하는가?"는 천문학에서 다루어져야 할 역사적 질문이다.
③ 2문단에 따르면 현시점에서 물리학은 역사적 질문으로 고민하지 않는다.

012
정답 | ④

해설 | 제시문에 따르면 국가의 발전 과정 처음에는 철권통치가 효과적일 수 있지만, 사회가 어느 정도 풍요를 이루게 되면 국민들은 인간다운 삶을 추구하게 된다고 설명하고 있다. 그리고 이러한 이유 때문에 진나라가 몰락하게 된 것에서 가르침을 얻어야 한다고 강조하고 있다. 따라서 제시문을 통해 국민의 질적 삶에 대한 욕구를 충족시켜 줄 정치 체제가 필요하다는 결론을 도출할 수 있다.

013
정답 | ④

해설 | 2문단에 따르면 양극화 현상이 심화된 이유는 산업 자본가들의 성장으로 인해 소규모 사업가들이 하층으로 몰락했기 때문이다. 따라서 ④의 언급은 적절하지 않다.

오답피하기 |

① 1문단에 따르면 중간층은 상·하층 사이의 완충 지대로서 사회 안정과 발전에 중요한 역할을 한다.
② 1문단에 따르면 중간층 귀속 의식이 하층으로 확산될수록 사회는 그만큼 안정을 유지할 가능성이 높다. 이때 중간층의 귀속 의식이 하층으로 확산된다는 것은, 하층도 중간층이라는 의식을 갖게 되는 것을 의미한다.
③ 3문단에 따르면 20세기에 접어들어 기업의 규모가 커짐에 따라 중간 관리자나 사무직이 증가하면서 이들이 중간층의 주축으로 성장하였다.

014
정답 | ④

해설 | 청자를 호명하는 방식은 나타나 있지 않다. 그리고 글쓴이는 작품의 마지막에서 '이야기 속의 소년같이 용감해지지 않으면 안 된다.'라고 말하며 가을이 주는 감상에 젖지 않고 현실의 삶을 살아가겠다는 의욕을 다지고 있다. 따라서 삶에 대한 무상감을 드러내고 있다고도 보기 어렵다.

오답피하기 |

① 낙엽이 타는 소리를 '푸슥푸'로, 냄새를 '갓 볶아낸 커피'나 '잘 익은 개암 냄새'로 표현한 것 등에서 가을날의 배경을 드러내고 있다.
② '가난한 벌거숭이의 뜰은 벌써 꿈을 꾸기에는 적당하지 않은 탓일까?'에서 글쓴이의 상념을 드러내고 있다.
③ '가을이다! 가을은 생활의 계절이다.'에서 영탄적 표현으로 계절감을 강하게 드러내고 있다.

015
정답 | ③

해설 | (가)에서는 누군가의 말을 들을 때 잘 집중하지 못하고 상황을 산만하게 느끼는 문제를 제시하고 있다. 그런데 (라)는 이러한 문제에 대한 해결 방안을 제시하므로 (가)의 뒤에 이어져야 한다. 그리고 (나), (마), (다)는 질문하며 듣기의 효과에 대해 제시하므로 (라)의 뒤에 이어지는 것이 적절하다.

016
정답 | ②
해설 | 제시문의 맥락에 따르면 일반적인 독서는 일방향성을 띠지만, 전자 매체를 통한 독서는 독자와 필자가 서로 견해를 주고받을 수 있는 양방향성을 띠게 된다. 따라서 양방향성을 강조하는 ②가 빈칸에 들어갈 말로 가장 적절하다.

017
정답 | ②
해설 | 1문단에 따르면 근대의 복지 국가는 가족이 아이와 노인을 부양할 것이라는 가정을 당연시하는 사회적 분위기 덕분에 복지 부분에서 공적 지출을 줄일 수 있었다. 따라서 ㉠'복지 국가 시대'에는 공동체 구성원에게 고정된 역할을 기대하고 제 역할을 수행하지 못하는 이들을 위한 복지를 국가가 담당하였다고 보기 어렵다.
오답피하기 |
① 1문단에 따르면 근대의 복지 국가는 모든 구성원이 동질적인 생활양식을 소유하고 있다는 인식에 기초하여, 동질성을 증진시키고자 하였다.
③ 2문단에 따르면 탈근대성의 시대에는 국가 운영의 암묵적인 억압과 불관용을 개선하려 하며, 인간에게 개별적인 삶의 계획을 가질 수 있도록 기회를 만들어 주려 하였다.
④ 2문단에 따르면 탈근대성의 시대에는 여성들이 가족 관계를 포기함에 따라 아이들이 가족의 테두리 밖에서 양육되며, 사회 체계는 이러한 사회적 변화를 반영하여 변화될 수밖에 없다.

018
정답 | ①
해설 | '종이 꾸러미', '검정 넥타이'라는 상징적 소재를 활용하여 작중 인물인 '미이'가 지닌 가치관을 드러내고 있다.
오답피하기 |
② '이틀날부터 ~ 이 때문일세.'에서는 1인칭 시점으로 이야기가 전개되고, '조운의 긴 이야기를 ~ 차 있었기 때문이었다.'에서는 3인칭 전지적 작가 시점으로 이야기가 전개되고 있다.
③ '조운의 긴 이야기를 듣고 난 석은'부터 시점이 변화하며 장면이 전환되고 있으나 해당 문장은 간결한 문장으로 서술되어 있지 않다.
④ 공간적 배경이 확실하게 드러나지 않으며 두 공간에서 동시에 벌어진 사건도 확인할 수 없다.

019
정답 | ①
해설 | '제고'는 '수준이나 정도 따위를 끌어올림'을 뜻한다. ㉠에는 '어떤 일이나 문제 따위를 다시 생각함'을 뜻하는 '재고'가 들어가야 한다.
오답피하기 |
② '첨예'는 '상황이나 사태 따위가 날카롭고 격함'을 뜻한다.
③ '통찰'은 '예리한 관찰력으로 사물을 꿰뚫어 봄'을 뜻한다.
④ '고취'는 '힘을 내도록 격려하여 용기를 북돋움'을 뜻한다.

020
정답 | ②
해설 | 제시문에 따르면 비종교적인 민화도 행복한 한평생을 살아가기를 기원하는 마음이 강력하게 담겨 있다. 따라서 기원을 담은 주제의 민화가 반드시 종교적 민화에 해당한다고 보기 어렵다.
오답피하기 |
① 제시문에 따르면 그림을 제대로 배우지 못한 사람이 그린 그림을 민화라고 한다.
③ 제시문에 따르면 비종교적인 민화는 장식을 위한 것이다.
④ 제시문에 따르면 한국 민화는 주제를 되풀이하여 그렸으나 똑같이 그린 그림은 없다.

모의고사 07회

07회

001 ①	002 ①	003 ③	004 ②	005 ④
006 ④	007 ②	008 ③	009 ③	010 ②
011 ④	012 ④	013 ③	014 ②	015 ④
016 ③	017 ③	018 ③	019 ①	020 ③

001
정답 | ①
해설 | 제시문은 동모음 탈락에 관한 설명이다. '놓-+-아서 → 놔서'는 동모음 탈락이 아닌 모음 축약이 일어난다.
오답피하기 |
② '파-+-았-+-다 → 팠다'는 동모음 'ㅏ'가 탈락한다.
③ '차-+-아서 → 차서'는 동모음 'ㅏ'가 탈락한다.
④ '가-+-아 → 가'는 동모음 'ㅏ'가 탈락한다.

002
정답 | ①
해설 | 하굣길(○): '하굣-길(下校길)'은 [하ː교낄/하ː굗낄]로 소리 나므로 사이시옷을 받치어 적는다.
오답피하기 |
② 촛점(×) → 초점(○): 한자어끼리 결합하였을 경우에는 사이시옷을 받치어 적지 않는다.
③ 햇님(×) → 해님(○): 합성어가 아닌 단일어나 파생어에서는 사이시옷을 받치어 적지 않는다.
④ 뒷뜰(×) → 뒤뜰(○): 뒤 단어의 첫소리가 된소리나 거센소리일 경우에는 사이시옷을 받치어 적지 않는다.

003
정답 | ③
해설 | '백두산 바윗돌은 칼을 갈아 닳게 하고'는 사물이나 사실을 지나치게 크게 표현함으로써 문장의 효과를 높이는 과장법으로 볼 수 있다. 이러한 과장법이 나타난 것은 ③이다. ③의 '울리는 소리가 용궁까지 들리겠네'라는 구절에서 사실을 지나치게 크게 표현하고 있음을 확인할 수 있다.
오답피하기 |
① 해당 작품은 '이내 가슴 속 단풍은 / 시시때때로 든다'라는 구절로 '앞 남산의 피나무 단풍'을 보고 느낀 감흥을 표현하고 있다. 그러나 이는 비유적 표현일 뿐, 사실을 지나치게 크게 표현한 과장법으로 보기 어렵다.
② 해당 작품은 '낙엽(落葉)', '돌', '박주산채(薄酒山菜)' 등으로 상징되는 소박한 자연 그대로의 것을 즐기는 마음을 표현하고 있다. 이러한 소재들은 구체적인 사물일 뿐, 사물을 지나치게 크게 표현한 과장법으로 보기 어렵다.
④ 해당 작품은 몰락한 고려 왕조의 터인 '만월대(滿月臺)'에서 자연과 인간의 역사를 대비하며 무상감을 표현하고 있다. 이때 '오백 년(五百年) 왕업(王業)'은 실제 고려 왕조의 역사를 말한 것일 뿐, 사실을 지나치게 크게 표현한 과장법으로 보기 어렵다.

004
정답 | ②
해설 | 도리어(○), 콧방울(○): 각각 '되려(×)', '콧망울(×)'로 쓰지 않도록 주의해야 한다.
오답피하기 |
① 주꾸미(○), 아둥바둥(×) → 아등바등(○): '쭈꾸미(×)'로 쓰지 않도록 주의해야 한다.
③ 총각무(○), 쌀뜬물(×) → 쌀뜨물(○): '알타리무(×)'로 쓰지 않도록 주의해야 한다.
④ 미워할려고(×) → 미워하려고(○), 애달픈(○): '애닯은(×)'으로 쓰지 않도록 주의해야 한다.

005
정답 | ④
해설 | 상대방의 태도를 지적한 부분은 나타나 있지 않다.
오답피하기 |
① '왜? 아버지께 걱정 끼쳐 드린 일 있어?'에서 알 수 있다.
② '수지 너도 공부 때문에 스트레스를 받는데, 아버지께서 그런 말씀을 하셔서 속상했겠구나.'에서 알 수 있다.
③ '사실 나도 얼마 전부터 어머니가 성적 이야기를 자주 하신 적이 있어.'에서 알 수 있다.

006
정답 | ④
해설 | 청자에게 말을 건네는 방식을 활용하여 화자의 심리를 드러내는 부분은 확인할 수 없다.
오답피하기 |
① '~ 되라 하네', '~ 되라네'와 같이 유사한 시구를 반복하여 시적 의미를 강조하고 있다.
② 화자는 방랑과 정착 사이에서 고민하고 있으며 이를 중심으로 시상이 전개되고 있다.
③ '목계 나루, 방물장수' 등과 같이 토속적인 시어를 사용하여 향토적 분위기를 환기하고 있다.

007
정답 | ②
해설 | 제시문에 따르면 농부는 농작물의 수확량을 늘리기 위해 경작 방식을 비교한다. 이때 제시문에서는 농작물의 생장에는 다양한 요소가 영향을 미치므로, 빈칸의 내용을 하지 않았을 때에는 어떤 경작 방식이 수확량에 영향을 미쳤는지 파악할 수 없다고 하였다. 따라서 빈칸에는 다양한 요소 중 어떠한 요소가 수확량에 영향을 미쳤는지 파악할 수 있게끔 해야

한다는 내용이 들어가야 하므로, 빈칸에 들어갈 말로 '수확량을 결정하는 요소 중 한 가지만을 변화시켜 비교해야 한다.'가 가장 적절하다.
오답피하기 |
① 제시문에서는 농작물의 생장을 좌우하는 요소들로 밭의 위치, 농작물과 비료의 종류, 일조량, 물의 양 등을 제시했다. 이때 이들의 정보를 정확히 파악한다고 해서 이들 중 어떤 요소가 수확량에 영향을 미쳤는지는 알 수 없으므로 적절하지 않다.
③ 제시문에서는 농작물의 생장에 다양한 요소가 영향을 미치므로, 더 나은 경작 방식을 결정하기 위해서는 빈칸의 내용을 해야 한다고 하였다. 이때 기존의 경작 방식과 바꾼 경작 방식의 수확량을 따져야 한다는 것은 농작물의 생장에 다양한 요소가 영향을 미친다는 내용과 관련성이 떨어지므로 적절하지 않다.
④ 제시문에 따르면 농부는 농작물의 수확량을 늘리기 위해 각기 다른 경작 방식을 비교하여 더 나은 방식을 결정하기로 하였다. 이때 농작물의 생장에 다양한 요소가 영향을 미치므로, 더 나은 경작 방식을 결정하기 위해서는 빈칸의 내용을 해야 한다고 하였다. 따라서 빈칸의 내용에는 경작 방식을 비교할 때 지켜야 할 조건이 들어가야 한다. 각기 다른 경작 방식을 설정해야 한다는 것은 경작 방식을 비교해야 한다는 것 자체를 의미하므로 적절하지 않다.

008

정답 | ③

해설 | 延期(늘일 연/기약할 기)는 '정해진 기한을 뒤로 물려서 늘림'을 뜻하므로 적절하게 쓰였다.
오답피하기 |
① 邁進(멀리 갈 매/나아갈 진)은 '어떤 일을 전심전력을 다하여 해 나감'을 뜻하므로 적절하지 않다. 해당 문장에는 '하나도 남지 아니하고 모두 다 팔려 동이 남'을 뜻하는 賣盡(팔 매/다할 진)으로 써야 한다.
② 解産(풀 해/낳을 산)은 '아이를 낳음'을 뜻하므로 적절하지 않다. 해당 문장에는 '모였던 사람이 흩어짐' 또는 '집단, 조직, 단체 따위가 해체하여 없어짐'을 뜻하는 解散(풀 해/흩을 산)으로 써야 한다.
④ 商術(장사 상/재주 술)은 '장사하는 재주나 꾀'를 뜻하므로 적절하지 않다. 해당 문장에는 '자세하게 설명하여 말함'을 뜻하는 詳述(자세할 상/펼 술)로 써야 한다.

009

정답 | ③

해설 | 1문단에 따르면 로고스적 서양 문화의 관점에서 보면 언어화되지 않은 앎은 진정한 의미에서 앎이 아니라, 하나의 불분명한 상념이나 인상 정도에 지나지 않는다.
오답피하기 |
① 1문단에 따르면 로고스 중심적 사고는 말과 이성을 존중하였다. 말이 진정한 의미의 앎을 담기에 부족하다고 보는 관점은 동양 사상이며, 이를 표현하는 것이 언어도단(言語道斷)이다.
② 2문단에 따르면 동양 사상은 최고의 진리는 결코 말로 담을 수 없다고 본다.
④ 1문단에 따르면 이성을 강조하는 것은 로고스적 서양 문화이다. 또한 2문단에 따르면 동양 사상은 언어도단(言語道斷)을 강조하였는데, 이는 직관적인 앎을 의미한다. 따라서 동양 사상에 따르면 직관적인 앎을 초월한 이성적 인식을 통해서만 최고의 진리에 도달할 수 있다는 설명은 적절하지 않다.

010

정답 | ②

해설 | 정부가 관리 감독해야 할 대상은 정보 이용자인 투자자가 아니라 정보 제공자인 기업이다. 따라서 ②의 언급은 적절하지 않다.
오답피하기 |
① 1문단에 따르면 기업에 관련된 의사 결정을 할 때 유용한 정보로 사용되는 것이 회계이다.
③ 2문단에 따르면 기업이 공정한 정보를 작성하고, 투자자에게 제공되는 정보가 회계 원칙에 따른 것인지 감독하는 것이 외부 감사 제도이다.
④ 1, 2문단에 따르면 기업은 이해관계자에게 정보를 제공해야 원활한 경제 활동이 이루어지고, 정부는 외부 감사 제도를 마련하여 이러한 과정을 감독해야 한다.

011

정답 | ④

해설 | ㉠은 입법과 관련하여 발생할 수 있는 사회 갈등을 예방하기 위한 것이고, ㉡은 이미 발생하여 존재하는 사회 갈등을 해결하는 것이다.
오답피하기 |
① ㉠은 입법과 관련하여 발생할 수 있는 사회 갈등을 사전에 예방하기 위한 것이다. 따라서 ㉠은 갈등을 일으킨 당사자들이 없다.
② ㉠은 사회 갈등을 사전에 예방하기 위한 분석과 평가를 진행하는데, 그 내용이 부정적이라면 입법은 무산될 수 있다. 따라서 ㉠은 입법적 조치를 취하는 것에 목적이 있지 않다.
③ ㉠은 사회 갈등을 예방하기 위한 것이다. ㉠이 꼭 개인 간의 갈등이라고 보기 어렵고, 갈등을 조정하는 것이라고도 보기 어렵다.

012

정답 | ④

해설 | ㄱ에서 고사리의 부분 중 뿌리에 대해 설명하고 있으므로, ㄱ 다음에도 고사리의 일부분에 대한 설명이 이어지는 것이 적절하다. 이때 ㄷ에서 고사리의 부분 중 식용으로 채취하는 것은 잎자루와 잎이라고 하며 잎자루에 대해 설명하고, ㅁ에서 잎에 대해 설명하고 있으므로, ㄱ 다음으로 ㄷ – ㅁ이 오는 것이 적절하다. 그리고 ㄴ에서는 고사리가 온난다습한 곳에 서식하며 경사진 곳에서도 잘 자라난다고 하였고, ㄹ에서 고사리가 이러한 습성과 생명력 덕분에 인류보다 긴 역사를 가지고 있다고 하였으므로, ㄷ – ㅁ 다음으로 ㄴ – ㄹ이 이어지는 것이 적절하다.

013

정답 | ③

해설 | 'A'는 '어쩜 이렇게 화단을 잘 가꾸어 놓았니?'라고 말하며 'B'를 칭찬하고 있다. 따라서 상대방에 대한 비난을 최소화하고 칭찬의 표현을 최대화하는 찬동의 격률이 나타나 있다.
오답피하기 |
① 관용의 격률에 대한 설명으로, 대화에 나타난 공손성의 원리로 보기 어렵다.
② 겸양의 격률에 대한 설명으로, 대화에 나타난 공손성의 원리로 보기 어렵다.
④ 요령의 격률에 대한 설명으로, 대화에 나타난 공손성의 원리로 보기 어렵다.

014
정답 | ②

해설 | 2문단에 따르면 당시 사람들은 미술 작품을 예술의 한 영역이자 감상의 대상으로, 대중문화를 쉽고 가치 없는 것으로 여겼으며 릭텐스타인의 작품이 미술의 가치를 전락시킨다고 비판하였다. 따라서 당시 사람들은 대중문화가 아니라 미술의 가치를 훼손했다는 점에서 ⊙을 감상의 대상으로 여기지 않았을 것이므로 적절하지 않다.

오답피하기 |

① 1문단에 따르면 릭텐스타인은 일반적인 미술 작품과 달리 점으로 채색 효과를 불러일으켰으며, 점의 모양이 일그러지거나 물감이 번지더라도 수정하지 않았다. 또한 2문단에 따르면 '이처럼' 릭텐스타인은 작품에 새로운 시도를 담았다. 따라서 ⊙에서 점의 모양이 일그러지거나 물감이 번져 있는 것은 새로운 시도라고 볼 수 있다.

③ 2문단에 따르면 릭텐스타인은 대상을 만화처럼 표현하며 만화와 미술의 경계를 모호하게 만들었다. 이에 미술의 가치를 전락시킨다는 비판을 받았으나, 3문단에 따르면 그는 자신의 작품 세계에서 예술의 장난스러운 변형을 지속했다. 따라서 릭텐스타인이 ⊙에서 대상을 만화처럼 표현한 것도 예술을 장난스럽게 변형하기 위한 시도였음을 알 수 있다.

④ 3문단에 따르면 팝 아트가 지속됨에 따라 새로운 계층의 미술 애호가가 형성되었고, 신흥 부자들은 팝 아트를 적극적으로 후원했다. 이러한 흐름을 바탕으로 릭텐스타인의 작품이 현재까지도 작품으로서의 가치를 인정받고 있다. 따라서 새로운 계층의 미술 애호가들과 신흥 부자들은 모두 ⊙의 가치를 높이는 데 기여했다고 볼 수 있다.

015
정답 | ④

해설 | 제시문의 시점은 3인칭 전지적 작가 시점으로, 서술의 시점이 일관되게 유지되고 있다.

오답피하기 |

① 1문단에서는 '대학생'의 생각, 2문단에서는 '행상꾼 아낙네들'의 생각이 나타나 있으므로 인물들의 생각이 병렬적으로 연결되어 있다고 볼 수 있다.

② 1문단에서는 '대학생'의 심리, 2문단에서는 '행상꾼 아낙네들'의 심리가 세밀하게 묘사되고 있다.

③ '대합실 안'이라는 한정된 공간을 배경으로 사건이 전개되고 있다.

016
정답 | ③

해설 | 螳螂拒轍(사마귀 당/사마귀 랑/막을 거/바퀴 자국 철)은 '제 역량을 생각하지 않고, 강한 상대나 되지 않을 일에 덤벼드는 무모한 행동거지'를 비유적으로 이르는 말이다. 중국 제나라 장공(莊公)이 사냥을 나가는데 사마귀가 앞발을 들고 수레바퀴를 멈추려 했다는 데서 유래한다.

오답피하기 |

① 怒氣登天(성낼 노/기운 기/오를 등/하늘 천)은 '성이 하늘을 찌를 듯이 머리끝까지 치받쳐 있음'을 뜻한다.

② 送舊迎新(보낼 송/예 구/맞을 영/새 신)은 '묵은해를 보내고 새해를 맞음'을 뜻한다.

④ 類類相從(무리 유/무리 유/서로 상/좇을 종)은 '같은 무리끼리 서로 사귐'을 뜻한다.

017
정답 | ③

해설 | ⊙은 인간의 몸을 가시적 현상으로만 설명하려는 시도로서, 물리학의 법칙과 기계적 작용으로 인간의 몸을 이해한다. 그러나 ③에서 '마음과 몸의 조화로운 균형'이란 물리학의 법칙이나 기계적 작용으로 설명할 수 없는 비가시적 관점이다. 따라서 ③은 ⊙의 사례로 적합하지 않다.

오답피하기 |

① 인간의 감정을 호르몬 때문이라고 설명하는 것은 인간의 몸을 물리학의 법칙과 기계적 작용으로 파악한 것이다.

② 인간의 눈을 카메라의 작동 원리로 설명하는 것은 인간의 몸을 물리학의 법칙과 기계적 작용으로 파악한 것이다.

④ 인간의 고통을 말단에 있는 신경계의 작용 때문이라고 설명하는 것은 인간의 몸을 물리학의 법칙과 기계적 작용으로 파악한 것이다.

018
정답 | ③

해설 | '왕이 지난날 댁의 아들을 내 딸과 혼인시키자고 약조하시고, 이렇듯 약속을 어기셨습니다. 이는 진실로 예의에 맞는 일이 아닌 듯합니다.'는 '양왕'이 한 말로, '양왕'은 혼사의 약속을 지키지 않은 '위왕'의 잘못을 지적하며 책망하고 있다.

오답피하기 |

① '매향은 왕의 딸인데, 이선의 둘째 부인이 된다면 남들로부터 조롱을 받을 것이다. 어찌하면 이를 면할 수 있겠느냐?'에서 '황제'는 딸의 혼사 문제로 인한 '양왕'의 체면을 걱정하고 있음을 알 수 있다.

② '저는 이선의 둘째 부인은커녕 ~ 여자로서 올바른 도리가 아니옵니다.'에서 '매향'은 사회적 지위보다 여자가 지켜야 할 이치를 중시하고 있음을 알 수 있다.

④ '경의 여식이 얼음처럼 ~ 딸과의 혼사를 허락하시게.'에서 '황제'는 '매향'이 '이선'과 혼인할 수 있는 명분을 밝혀 문제 해결의 실마리를 제시하고 있음을 알 수 있다.

019
정답 | ①

해설 | 곤혹(○): '곤혹'은 '곤란한 일을 당하여 어찌할 바를 모름'을 뜻하므로 적절하게 쓰였다. 이는 '심한 모욕, 또는 참기 힘든 일'을 뜻하는 '곤욕'과 구별하여 써야 한다.

오답피하기 |

② 일절(×) → 일체(○): '일절'은 '아주, 전혀, 절대로'의 뜻으로, 흔히 행위를 그치게 하거나 어떤 일을 하지 않을 때에 쓰는 부사이므로 적절하지 않다. 따라서 '모든 것'을 뜻하는 명사 '일체'로 써야 한다.

③ 계발(×) → 개발(○): '계발'은 '슬기나 재능, 사상 따위를 일깨워 줌'을 뜻하므로 적절하지 않다. 따라서 '토지나 천연자원 따위를 유용하게 만듦'을 뜻하는 '개발'로 써야 한다.

④ 불편부당(×): '불편부당'은 '아주 공평하여 어느 쪽으로도 치우침이 없음'을 뜻하므로 해당 문맥에는 적절하지 않다. 따라서 '그는 불편부당한 태도로 공정한 심사를 하였다.'와 같이 써야 한다.

020
정답 | ③

해설 | 제시문에 따르면 로마에서는 자유롭다고 통솔할 수 있는 것은 아니다. 자유로운 시민은 투표권 같은 소극적 참정권만 획득할 수 있었을 뿐 통솔할 수 있는 공직의 지위를 반드시 지니지는 못했다. 따라서 로마인들이 자유와 통솔권을 동일시했다는 ②의 언급은 적절하지 않다.

모의고사 08회

08회

001 ③	002 ②	003 ②	004 ②	005 ④
006 ④	007 ①	008 ③	009 ④	010 ③
011 ②	012 ④	013 ②	014 ②	015 ③
016 ②	017 ③	018 ③	019 ①	020 ②

001
정답 | ③

해설 | ㉠: 해당 문장의 '우리'는 청자인 '아버지'를 포함하고 있으므로 ㉠의 예로 적절하다.

㉡: 해당 문장의 '우리'는 '부부'를 가리키며, 청자인 '자네'를 포함하지 않으므로 ㉡의 예로 적절하다.

오답피하기 |

① ㉠: 해당 문장의 '우리'는 청자를 포함하고 있으므로 ㉠의 예로 적절하다.
　㉡: 해당 문장의 '우리'는 청자를 포함하고 있으므로 ㉡이 아닌 ㉠의 예에 해당한다.

② ㉠: 해당 문장의 '우리'는 청자를 포함하지 않으므로 ㉠이 아닌 ㉡의 예에 해당한다.
　㉡: 해당 문장의 '우리'는 청자를 포함하지 않으므로 ㉡의 예로 적절하다.

④ ㉠: 해당 문장의 '우리'는 청자를 포함하지 않으므로 ㉠이 아닌 ㉡의 예에 해당한다.
　㉡: 해당 문장의 '우리'는 청자를 포함하고 있으므로 ㉡이 아닌 ㉠의 예에 해당한다.

002
정답 | ②

해설 | 치뤘다(×) → 치렀다(○): '치르다'의 의미로 '치루다'를 쓰는 경우가 있으나 '치르다'만 표준어로 삼으므로 적절하지 않다. 따라서 기본형이 '치르다'이므로 '치르-+-었-+-다 → 치렀다'로 써야 한다.

오답피하기 |

① 데면데면(○): '데면데면'은 '사람을 대하는 태도가 친밀감이 없이 예사로운 모양'을 뜻하므로 적절하게 쓰였다. 이를 '대면대면'으로 쓰지 않도록 주의해야 한다.

③ 염두에 두어야(○): '염두에 두다'의 '염두'는 '마음의 속'을 뜻하므로 적절하게 쓰였다. 이를 '염두해 두다'로 쓰지 않도록 주의해야 한다.

④ 상큼해졌네(○): '상큼하다'는 '까칠하고 눈이 쏙 들어가다'를 뜻하므로 적절하게 쓰였다.

003
정답 | ②
해설 | 온국민의(×) → 온 국민의(○): '온'은 '전부의, 또는 모두의'를 뜻하는 관형사이므로 띄어 써야 한다.
오답피하기 |
① 한밤중에(○): '한밤중'은 '깊은 밤'을 뜻하는 한 단어이므로 붙여 쓴다.
③ 천여 명의(○): '-여'는 수량을 나타내는 말 뒤에 붙어, '그 수를 넘음'의 뜻을 더하는 접미사이므로 앞말에 붙여 쓴다.
④ 우천 시에는(○): '시'는 '어떤 일이나 현상이 일어날 때나 경우'를 뜻하는 의존 명사이므로 띄어 쓴다.

004
정답 | ②
해설 | '찬성 측'은 학생들이 옷을 고르는 데 불필요한 시간이 소모된다는 '반대 측'의 발언이 개인적인 생각이므로 객관적인 근거가 될 수 없음을 지적했다. 또한 교복 자율화가 학생들을 오히려 수동적으로 만들 것이라는 '반대 측'의 발언에 대해, 이러한 문제는 인성 교육을 통해 방지할 수 있으며 이것이 오히려 교육의 수준을 높일 계기를 마련해 준다고 반박하여 교복 자율화의 필요성을 강조하였다.
오답피하기 |
① 교복이 이전 시대에 학생들을 통제하던 수단이었다는 것을 교복에 대한 사회적 통념이라고 보기 어려우며, '찬성 측'이 학생들의 요구를 충족하기 위해 교복 자율화가 필요하다고 제시한 부분을 확인할 수 없다.
③ '반대 측'은 교복 자율화로 인해 일어날 수 있는 현실적인 문제 상황을 제시하였다. 이때 문제 상황을 친숙한 상황에 빗대어 효과적으로 나타냈다고 보기 어렵다. 또한 '반대 측'은 교복 자율화에 대해 반대하는 입장이므로, '반대 측'이 교복 자율화가 필요함을 주장했다는 설명은 적절하지 않다.
④ 학생들의 자유로운 활동은 복장이 아니라 교육 환경에서 나온다는 '반대 측'의 발언은 '찬성 측'의 논리를 지적한 것이며, '찬성 측' 발언의 모순을 지적한 것이라고 보기 어렵다. 또한 학생을 자유롭게 만드는 것은 교육 환경이며 교복 자율화는 학생들을 오히려 수동적으로 만들 수 있다고 하였으므로, 학생을 수동적으로 만드는 것이 교육 환경임을 강조했다는 설명은 적절하지 않다.

005
정답 | ④
해설 | (가)는 '눈'이 몰아치고 '찬 기운'이 새어드는 상황에도 그러한 혹한의 상황을 이겨 내고 핀 '매화'의 '봄 뜻'을 빼앗을 수 없다고 말하고 있다. 그리고 (나)는 '춘절(春節)'이 돌아왔지만 '춘설(春雪)'이 난분분하니' 하는 시련의 상황으로 인해 '매화'가 필지 말지 한다고 안타까워하고 있다. 따라서 (가)와 (나)를 비교하여 이해한 내용으로 가장 적절한 것은 ④이다.
오답피하기 |
① (가)는 '매화'에 미래에 대한 다짐을 투영하고 있지 않다. 그리고 (나)도 '매화'를 통해 과거를 반성하고 있다고 보기 어렵다.

② (가)는 '매화'의 절개를 예찬하고 있다. 그러나 (나)는 '매화'와 자신의 처지를 대비하고 있지 않으며, 자신의 처지에 좌절하고 있다고 보기도 어렵다.
③ (가)는 '매화'를 예찬하고 있으나, 표면적으로 화자가 '매화'와 자신을 동일시하고 있음은 뚜렷하게 드러나지 않는다. 다만, '매화'는 사군자(四君子) 중 하나로 선비들이 사군자를 통해 지조와 절개의 마음을 표현하고자 했던 관습을 고려할 때, '매화'와 자신을 동일시하였다고도 볼 수 있다. 그러나 (나)는 '매화'가 임을 상징한다고 보기 어렵다. 해당 시조는 '매화'라는 기생이 평양 감사 유춘색과 가까이하였으나, 나중에 그가 '춘설'이라는 기생을 가까이하자 원망하며 지은 작품으로 알려져 있다. 이때, '매화'는 자신의 이름과 꽃 이름을 이중의 뜻이 되도록 한 것이다.

006
정답 | ④
해설 | 1문단에서 인간의 창조적 활동은 시대의 요구로서의 도전에 대한 응답의 몫을 담당하여 왔고, 이러한 활동은 역사적 · 사회적으로 상호 연관성을 갖고 전개된다고 설명하고 있다. 따라서 인간의 활동이 외부 상황에 의존하지 않고 전개된다는 설명은 적절하지 않다.
오답피하기 |
① 1문단에서 사회 제도나 문화적인 여러 현상이 인간의 창조 활동에 의해 만들어졌다고 설명하고 있다.
② 2문단에서 자연의 시간은 내가 자고 있는 동안에도 흘러가지만, 인간의 새로운 역사는 자연에 있어서처럼 저절로 이루어지는 것이 아니라고 설명하고 있다.
③ 1문단에서 인간의 창조적인 활동은 역사 형성의 추진력이므로, 그 힘을 북돋우어 국가, 민족의 주체성을 살리고 있다고 설명하고 있다.

007
정답 | ①
해설 | 積發(쌓을 적/필 발)은 잘못된 표기이다. 해당 문장에는 '숨겨져 있는 일이나 드러나지 아니한 것을 들추어냄'을 뜻하는 摘發(딸 적/필 발)로 써야 한다.
오답피하기 |
② 報復(갚을 보/회복할 복)은 '남이 저에게 해를 준 대로 저도 그에게 해를 줌'을 뜻하므로 적절하게 쓰였다.
③ 改編(고칠 개/엮을 편)은 '책이나 과정 따위를 고쳐 다시 엮음'을 뜻하므로 적절하게 쓰였다.
④ 困難(곤할 곤/어려울 란)은 '사정이 몹시 딱하고 어려움'을 뜻하므로 적절하게 쓰였다.

008
정답 | ③
해설 | '서론'을 고려하여 청년 예술인 지원 사업의 현황을 토대로 의의와 필요성을 밝힐 수 있다. 또한 청년 예술인 지원 사업의 활성화 저해 요인에 대응되는 활성화 방안이 나타나 있으므로, 청년 예술인 지원 사업의 저해 요인을 해결하는 방향으로 활성화 방안을 밝히는 데에 초점을 맞춘다는 설명은 적절하다.
오답피하기 |
① 청년 예술인 지원 사업을 활성화하기 위해서는 논의의 초점을 청년 예술인 지원 사업의 활성화 방안에 맞추어야 한다.

② 청년 예술인 지원 사업의 의의와 필요성을 토대로 청년 예술인 지원 사업의 현황을 이끌어 내기는 어렵다.
④ 청년 예술인 지원 사업의 홍보 부족과 예산 부족 문제가 초점이라고 보기 어렵다. 논의의 초점은 이러한 문제점을 해결할 수 있는 활성화 방안에 맞추어야 한다.

009
정답 | ④
해설 | '벌레 우는 고풍한 뜰', '달빛' 등을 통해 전원적 분위기를 드러내고 있으나, 도시 문명을 비판하는 부분은 확인할 수 없다.
오답피하기 |
① '달빛이 밀물처럼 밀려왔구나.', '동해 바다 물처럼 / 푸른 / 가을 / 밤' 등에서 시각적 이미지를 위주로 시상을 전개하고 있음을 알 수 있다.
② '달은 과일보다 향그럽다.'에서 시각적 이미지를 후각적 이미지로 전이한 공감각적 표현으로 '달'에 대한 인상을 선명하게 전달하고 있음을 알 수 있다.
③ '포도는 달빛이 스며 고웁다. / 포도는 달빛을 머금고 익는다.'에서 포도와 달빛을 조응시켜 성숙의 이미지를 제시하고 있음을 알 수 있다.

010
정답 | ③
해설 | 제시문은 문자 언어의 중요성을 말하며 그것이 배우기 어려운 것임을 영어 단어를 통해서 제시하고 있다. 따라서 제시문의 주제는 문자 언어 배우기의 어려움이라고 할 수 있다.
오답피하기 |
① 제시문에서 영어를 예로 든 것은 문자 언어가 학습이라는 의식적인 노력이 필요함을 설명하기 위해서이다.
②, ④ 제시문은 문자 언어의 학습에 의식적인 노력을 기울여야 함을 강조하고 있다. 아동에게 학습이 필요하다거나, 언어 학습에 대한 의미를 강조하고 있지 않다.

011
정답 | ②
해설 | 3문단에서 사람들이 기호의 변화 현상을 있을 수 있는 일로 받아들이지 않기 때문에 새로운 기호를 수용하지 않는다고 설명하고 있다.
오답피하기 |
① 1문단에서 음악적 기호는 변하며, 불멸의 기호는 없다고 설명하고 있다.
③ 2문단에서 한 음악 양식의 생명보다 사람의 생명이 훨씬 짧으며, 그렇기 때문에 사람들은 기호의 변화를 목격하지 못한다고 설명하고 있다.
④ 1문단에서 음악적 기호는 사회적 내지 역사적 상황에 따라 변한다고 설명하고 있다.

012
정답 | ④
해설 | 사람 목숨에 한계가 있다는 말은 '끝이 있다'라는 의미이다. 따라서 '무엇이나 끝이 있다'를 뜻하는 '하늘도 끝 갈 날이 있다'가 ㉠에 함축된 의미와 그 뜻이 가장 가깝다.
오답피하기 |
① '달도 차면 기운다'는 '세상의 온갖 것이 한번 번성하면 다시 쇠하기 마련이다'라는 말이다.

② '고생 끝에 낙이 온다'는 '어려운 일이나 고된 일을 겪은 뒤에는 반드시 즐겁고 좋은 일이 생긴다'라는 말이다.
③ '바늘구멍으로 하늘 보기'는 '조그만 바늘구멍으로 넓디넓은 하늘을 본다'라는 뜻으로, '전체를 포괄적으로 보지 못하는 매우 좁은 소견이나 관찰'을 비꼬는 말이다.

013
정답 | ②
해설 | ㉠ 앞에서는 마케팅이 생산자로부터 소비자에게 제품을 원활하게 이전하기 위한 활동이라고 하였고, ㉠ 뒤에서는 생산자와 소비자 사이에 제품이 거래되는 것이 시장의 특징이라고 하였다. 따라서 ㉠에는 화제를 앞의 내용과 관련시키면서 다른 방향으로 이끌어 나가는 '그런데'가 오는 것이 적절하다. 이때 ㉡에서는 ㉠ 앞뒤의 내용을 바탕으로 마케팅이 시장에서의 활동 자체를 의미한다고 볼 수 있다고 하였으므로, '따라서, 그러므로, 이에 따라'가 모두 올 수 있다. ㉢ 앞에서는 다양한 시도들이 모두 마케팅이 될 수 있다고 하였으며, ㉢ 뒤에서는 새로운 경로를 찾는 것, 제품을 홍보하는 것, 상품의 판매를 종료하는 것 등 마케팅의 구체적인 예시를 드러냈으므로, ㉢에는 '가령, 이를테면'이 오는 것이 적절하다. 이때 ㉣ 뒤에서는 항로의 발전에 따라 경로가 달라지며, 새로운 제품의 생산이 시대의 흐름에 영향을 받으므로 시대의 변화가 곧 마케팅의 변화로 이어진다고 하였다. 이는 모든 것이 마케팅이 될 수 있다는 ㉣ 앞 내용에 따른 결과로 볼 수 있으므로, ㉣에는 '따라서, 그러므로'가 들어가는 것이 적절하다.

014
정답 | ②
해설 | 제시문은 사람들의 공간 지각 능력 차이에 대해 의문을 던지고 이에 대한 답을 하고 있다. 따라서 이러한 의문에 대해 정보 처리 기억 과정을 이해함으로써 답을 찾을 수 있을 수 있다고 한 (나)가 가장 먼저 와야 한다. 그리고 (라)와 (가)는 정보 처리 기억 과정에 대해 설명하고 있는데, (라)의 '먼저'와 (가)의 '그리고'라는 표지를 통해 (라), (가)의 순서대로 이어져야 함을 알 수 있다. 그리고 마지막으로 (라), (가)의 내용을 전제하고, 정보 처리 과정에서 오류가 발생하면 이를 수정해야 한다고 한 (다)가 이어져야 한다. 따라서 제시문의 논리적 전개 순서로 가장 적절한 것은 (나) – (라) – (가) – (다)이다.

015
정답 | ③
해설 | ㉠은 상대방의 반응이 있을 수 없는 상황에서 사람들이 협조를 하는지를 파악하는 실험의 결과이다. 이 실험에서 만약 자기에게 주어진 돈을 공공재에 투자하게 되면 타인에게 협조하는 것이 되지만 투자한 돈보다는 적은 돈을 받아 가므로 결국 자신에게는 손해가 된다. 그럼에도 ㉠과 같이 40~60% 정도가 공공재에 투자했다는 것은 상대방의 반응이 없더라도 사람들에게는 협조하려는 마음이 있다는 것을 보여 준다. 따라서 정답은 ③이다.

016
정답 | ②
해설 | 해당 작품은 비자반 특급품에서 얻은 깨달음을 인생에까지 확장하여 적용하고 있다. 즉, 상처가 아문 비자반이 특급품이 되는 것처럼 인생에서도 시련을 이겨 내면 인격이 더 커 가고 깊어 간다는 것이다.
오답피하기 |

① 비자반이라는 사물과 삶에 대한 인식을 드러내고 있을 뿐, 현실의 세태를 비판하고 있지 않다.
③ 비자반이라는 특정 대상에 대한 고찰을 드러내고 있을 뿐, 서로 반대되는 의미를 지닌 대상을 비교하고 있지 않다.
④ 과거에 대한 회상은 나타나 있지 않다.

017

정답 | ③

해설 | 刮目相對(긁을 괄/눈 목/서로 상/대할 대)는 '눈을 비비고 상대편을 본다'라는 뜻으로, '남의 학식이나 재주가 놀랄 만큼 부쩍 늚'을 이르는 말이므로 적절하지 않다. 해당 문장에는 '시간이 지날수록 하는 짓이나 몰골이 더욱 꼴불견임'을 비유적으로 이르는 말인 漸入佳境(점점 점/들 입/아름다울 가/지경 경)으로 써야 한다.

오답피하기 |
① 異口同聲(다를 이/입 구/한가지 동/소리 성)은 '입은 다르나 목소리는 같다'라는 뜻으로, '여러 사람의 말이 한결같음'을 이르는 말이므로 적절하게 쓰였다.
② 束手無策(묶을 속/손 수/없을 무/꾀 책)은 '손을 묶은 것처럼 어찌할 도리가 없어 꼼짝 못 함'을 뜻하므로 적절하게 쓰였다.
④ 指呼之間(가리킬 지/부를 호/갈 지/사이 간)은 '손짓하여 부를 만큼 가까운 거리'를 뜻하므로 적절하게 쓰였다.

018

정답 | ③

해설 | 제시문은 '새'와 '유령거미'의 예시를 통해 동물의 몸이 그들의 행동 양상을 파악하기 위한 단서로 활용되지 못하는 경우를 제시하고 있다. 즉, 동물의 몸만을 보고 그들의 행동 양상을 모두 파악하기는 어렵다는 것을 말하고자 하는 것이다. 따라서 '형상만으로는 모든 속성을 알 수 없다.'가 제시문이 말하고자 하는 바를 가장 잘 드러내는 표현이라고 볼 수 있다.

019

정답 | ①

해설 | '부아가 나다'는 '노엽거나 분한 마음이 일어나다'를 뜻하므로 관용어의 뜻풀이가 적절하지 않다. '걱정이 되거나 안타까워 마음이 몹시 달다'를 뜻하는 관용어는 '복장이 타다'이다.

오답피하기 |
② '곁을 주다'는 '다른 사람으로 하여금 자기에게 가까이할 수 있도록 속을 터 주다'를 뜻하므로 관용어의 뜻풀이가 적절하다.
③ '어깃장을 놓다'는 '(사람이) 짐짓 반항하는 말이나 행동을 하다'를 뜻하므로 관용어의 뜻풀이가 적절하다.
④ '학을 떼다'는 '괴롭거나 어려운 상황을 벗어나느라고 진땀을 빼거나, 그것에 거의 질려 버리다'를 뜻하므로 관용어의 뜻풀이가 적절하다.

020

정답 | ②

해설 | 2문단에서 석가탑은 신라 특유의 절제된 아름다움을 보여 주며, 각 층이 황금 비율을 이루는 동시에 전체적으로 균형과 조화가 나타난다고 하였다. 그리고 이는 완전한 석조 불탑의 정형을 확립한 것이라고 하였다. 이때 2문단에서 석가탑이 신라 당대에 추구했던 미적 감각을 단적으로 보여 주었다고 하였으므로, 신라 시대에는 균형과 조화를 통한 아름다움이 중시되었음을 알 수 있다.

오답피하기 |
① 1문단에서 불국사 3층 석탑을 석가탑 또는 무영탑이라고 부른다고 하였고, 이때 석가탑이라는 이름은 마주 보고 서 있는 다보탑과 대응되도록 붙여졌다고 하였다. 따라서 불국사 대웅전 앞뜰에는 석가탑과 무영탑이 아니라 석가탑과 다보탑이 위치한다는 것을 알 수 있다.
③ 3문단에서 석가탑의 해체 작업은 도굴꾼에 의해 훼손된 부분을 복원하기 위해 진행된 것이며, 해체 작업을 진행하는 도중에 2층 중앙의 빈 공간이 드러났음을 알 수 있다. 따라서 문화재가 도굴당했다는 설명은 적절하지 않으며, 2층 중앙의 빈 공간이 드러나서 해체 작업이 진행되었다는 설명 또한 적절하지 않다.
④ 2, 3문단에 따르면 석가탑의 국보 번호는 제21호, 「무구 정광 대다라니경」의 국보 번호는 제126호이다. 따라서 국보 번호가 문화재 제작 연대 차이를 반영한 것이라면 「무구 정광 대다라니경」이 석가탑보다 이후에 만들어졌어야 한다. 그러나 3문단에서 「무구 정광 대다라니경」이 석가탑의 빈 공간에서 발견되었다는 점을 고려할 때, 「무구 정광 대다라니경」이 석가탑보다 먼저 만들어졌을 것임을 추론할 수 있으므로 적절하지 않다.

모의고사 09회

001 ②	002 ③	003 ①	004 ③	005 ②
006 ④	007 ①	008 ③	009 ④	010 ①
011 ②	012 ③	013 ③	014 ③	015 ③
016 ③	017 ④	018 ③	019 ②	020 ③

001
정답 | ②
해설 | '여쭈다'는 '내가 선생님께 여쭈다'와 같이 부사어(선생님)를 높이는 객체 높임 특수 어휘이다. 따라서 '주체 높임법'의 예로 적절하지 않다.
오답피하기 |
① '주무시다'는 '할머니께서 주무시다'와 같이 주어(할머니)를 높이는 주체 높임 특수 어휘이다.
③ '잡수다'는 '할머니께서 점심을 잡수다'와 같이 주어(할머니)를 높이는 주체 높임 특수 어휘이다.
④ '계시다'는 '아버지께서 댁에 계시다'와 같이 주어(아버지)를 높이는 주체 높임 특수 어휘이다.

002
정답 | ③
해설 | 깍두기(○): 'ㄱ, ㅂ' 받침 뒤에서 나는 된소리는 같은 음절이나 비슷한 음절이 겹쳐 나는 경우가 아니면 된소리로 적지 않는다. 이를 '깍뚜기'로 적지 않도록 주의해야 한다.
오답피하기 |
① 담북(×) → 담뿍(○): 'ㄴ, ㄹ, ㅁ, ㅇ' 받침 뒤에서 나는 된소리는 된소리로 적는다.
② 북쩍거렸다(×) → 북적거렸다(○): 'ㄱ, ㅂ' 받침 뒤에서 나는 된소리는 같은 음절이나 비슷한 음절이 겹쳐 나는 경우가 아니면 된소리로 적지 않는다.
④ 딱다구리(×) → 딱따구리(○): 'ㄱ, ㅂ' 받침 뒤에서 나는 된소리는 같은 음절이나 비슷한 음절이 겹쳐 나는 경우 된소리로 적는다.

003
정답 | ①
해설 | 묽고[묵꼬](×) → [물꼬](○): 겹받침 'ㄺ, ㄻ, ㄿ'은 어말 또는 자음 앞에서 각각 [ㄱ, ㅁ, ㅂ]으로 발음한다. 다만, 용언의 어간 말음 'ㄺ'은 'ㄱ' 앞에서 [ㄹ]로 발음한다.

오답피하기 |
② 훑다[훌따](○): 겹받침 'ㄳ', 'ㄵ', 'ㄼ, ㄽ, ㄾ', 'ㅄ'은 어말 또는 자음 앞에서 각각 [ㄱ, ㄴ, ㄹ, ㅂ]으로 발음한다.
③ 밟소[밥쏘](○): '밟-'은 자음 앞에서 [밥]으로 발음한다.
④ 넓죽하다[넙쭈카다](○): '넓-'은 '넓죽하다', '넓둥글다', '넓적하다'의 경우에 [넙]으로 발음한다. 따라서 각각 [넙쭈카다], [넙뚱글다], [넙쩌카다]로 발음한다.

004
정답 | ③
해설 | '미진'은 '비만으로 인한 사회적인 의료비 부담이 증가하고, 생산성이 저하될 수도 있어.'라며 비만을 사회적 문제로 보아야 하는 구체적 이유를 밝히고 있다. 그러나 '은수'의 주장을 뒷받침하는 것이 아니라 반박하고 있다.
오답피하기 |
① '미경'은 '우리 사회에서 너무 많은 사람들이 비만에 시달리고 있고, 비만이 건강 문제를 일으키고 있어.'라며 비만 문제를 화제로 제시하였다. 그리고 '정부가 강력한 대책을 세워서 이 문제를 해결해야 해.'라며 정부가 적극적으로 비만 문제를 해결해야 한다고 주장하고 있다.
② '은수'는 '자신의 건강을 돌보는 것은 개인의 책임이야. 정부가 비만 문제에 개입하면 개인의 자유가 제한될 수도 있고,'라며 자신의 건강을 돌보는 것은 개인의 자유와 책임이라고 말하며 '미경'의 주장에 반대하고 있다.
④ '재영'은 '개인들이 건강한 선택을 할 수 있도록 정부가 교육과 정보를 제공하면 어떨까?'라며 정부가 개인의 자유를 침해하지 않고 비만 문제를 해결할 수 있는 방안을 제시하고 있다.

005
정답 | ②
해설 | ㉡은 '이끼'를 의미하므로 적절하지 않다.
오답피하기 |
① ㉠은 '날아가던'을 의미하므로 적절하다.
③ ㉢은 '이렇게'를 의미하므로 적절하다.
④ ㉣은 '갈 이' 또는 '갈 사람'을 의미하므로 적절하다.

006
정답 | ④
해설 | 제시문은 김홍도가 풍속화의 대가일 뿐만 아니라 당대 최고의 작가라는 점을 부각하고 있다. 따라서 ㉣은 수정하지 않고 그대로 두는 것이 글의 흐름상 적합하다.
오답피하기 |
① 제시문은 김홍도가 풍속화의 대가일 뿐만 아니라 당대 최고의 작가라는 점을 부각하고 있다. 따라서 ㉠은 '인식하게 되었을까'로 수정해야 한다.
② 제시문은 김홍도를 풍속화 대가로 인식하게 된 이유를 민족주의 측면과 관련지어 설명하고 있다. 민족주의는 한국적 요소를 찾으려 하는 것으로 볼 수 있다. 따라서 ㉡은 '찾고자'로 수정해야 한다.
③ 제시문에서 김홍도가 풍속화의 대가가 된 이유가 그의 풍속화에서 한국적인 요소가 풍부하게 드러나기 때문이라고 설명하고 있다. 따라서 김홍도의 그림은 한국적 가치를 보여 주는 것으로 격상되었을 것이다. 따라서 ㉢은 '격상되었고'로 수정해야 한다.

007
정답 | ①

해설 | 자연을 의사소통의 대상으로 삼고 있다는 것은 자연물을 의인화하여 청자로 삼고 있다는 것이다. 예를 들어, '꽃아', '산이여'와 같이 자연물을 호명하는 표현이 나타나면 자연을 의사소통의 대상으로 삼고 있다고 볼 수 있다. 그러나 제시된 작품에서는 그러한 부분은 확인할 수 없다.

오답피하기 |

② 3연의 '한 뼘이라도 꼭 여럿이 함께 손을 잡고 올라간다'에서 연대하며 절망을 덮어 나가는 '담쟁이'의 모습을 그려내고 있다.
③ 3연의 '푸르게 절망을 다 덮을 때까지'에서 푸른색의 색채 이미지를 활용하여 시상을 전개하고 있다.
④ '그 벽을 오른다', '앞으로 나아간다', '손을 잡고 올라간다' 등에서 현재형 시제를 활용하여 대상의 움직임을 포착하고 있다.

008
정답 | ③

해설 | '~는 ~이지만, ~는 ~입니다'의 구조로 대구법을 사용하고 나트륨 섭취를 '약'과 '독'에 비유하여, 나트륨 섭취를 줄이자는 취지를 표현하였다.

오답피하기 |

① 나트륨 섭취를 줄이자는 취지를 표현하였다. 그러나 대구법과 비유법을 사용하였다고 보기 어렵다.
② '당신의 몸이 절여지고 있습니다'라고 비유법을 사용하여, 나트륨 섭취를 줄이자는 취지를 표현하였다. 그러나 대구법을 사용하였다고 보기 어렵다.
④ '나트륨 권장량이라는 안전선'이라고 비유법을 사용하여, 나트륨 섭취를 줄이자는 취지를 표현하였다. 그러나 대구법을 사용하였다고 보기 어렵다.

009
정답 | ④

해설 | 1문단에 따르면 디자인의 정교함은 1인치당 얼마나 많은 올이 있는지에 달렸다고 한다. 이를 토대로 디자인이 정교할수록 고급 카펫으로 인정받음을 추측할 수 있다. 따라서 카펫은 디자인의 정교함은 중요하지 않다고 한 설명은 적절하지 않다.

오답피하기 |

① 1문단에 따르면 카펫은 베틀로 씨줄과 날줄을 엮어 만든다. 따라서 카펫을 제작하기 위해서는 베틀이 필요하다.
② 1문단에 따르면 고급 카펫은 인치당 500~1,000올이 들어가 있어야 한다. 따라서 1인치 내 800올이 들어가 있는 카펫의 품질은 좋다고 볼 수 있다.
③ 2문단에 따르면 유목민들은 자신의 안전을 위협받을 때 베틀을 해체하거나 급히 이동시켜야 했기 때문에, 그들의 창작품들은 직조법이나 크기, 그리고 디자인 등이 일정하지 않다. 따라서 동일한 제작자가 만든 카펫이라도 직조법이 다를 수 있다.

010
정답 | ①

해설 | '사물이나 사건이 성립되는 까닭'을 뜻하는 '요인'은 要因(요긴할 요/인할 인)으로 표기한다. 따라서 밑줄 친 부분의 한자가 나머지 셋과 다르다.

오답피하기 |

② '확실히 그렇다고 여김'을 뜻하는 '인정'은 認定(알 인/정할 정)으로 표기한다.
③ '틀림없이 그러한가를 알아보거나 인정함'을 뜻하는 '확인'은 確認(굳을 확/알 인)으로 표기한다.
④ '어떤 사실을 마땅하다고 받아들임'을 뜻하는 '승인'은 承認(이을 승/알 인)으로 표기한다.

011
정답 | ②

해설 | ②는 국가의 구성 요소를 설명하고 있으므로, 분석의 방식이 사용되었다고 할 수 있다. 그러나 제시문에서 구성 요소를 분석하는 방식은 나타나 있지 않다.

오답피하기 |

① 제시문에서 방언, 지역 방언, 계급 방언 등을 정의하고 있다. 그리고 ①에서도 정의의 방식을 활용하고 있다.
③ 제시문에서 사회 방언의 예로 '물개', '낚다' 등을 제시하고 있다. 그리고 ③에서도 자극과 반응의 형식 속에서 감정이 발생하는 예로서 부모에게 효가, 임금에게 충이 발생함을 설명하고 있다.
④ 제시문에서 방언을 지역 방언, 사회 방언으로 구분하고 있으며, 지역 방언을 또 하위 방언으로 구분하고 있다. 그리고 ④에서도 구분의 방식을 활용하고 있다.

012
정답 | ③

해설 | 제시문에서 내적 독백을 활용한 부분은 나타나지 않는다.

오답피하기 |

① '그리고 일주일이 채 못 돼서 ~ 집달리가 현장에 나타났다. 강제 철거다.'라는 부분에서 요약적 제시를 활용하여 긴 시간에 걸쳐 일어난 사건을 압축적으로 전달하고 있다.
② "이 개 같은 놈들아"라는 비속어를 사용한 '황거칠'의 발화는 '마샛등' 사람들의 생존과 관련된 수도 시설을 강제로 철거하는 부당한 현실을 향한 비판 의식을 담고 있다.
④ '황거칠'이 수도 시설을 강제로 철거하는 '집달리'와 '인부들'에게 욕을 하자, '부락민들'도 몰려가 '집달리' 일행과 싸운다. 이로부터 '황거칠'을 중심으로 하여 부조리한 현실에 저항하는 집단의 모습을 확인할 수 있다.

013
정답 | ③

해설 | 제시문에서는 올바른 칭찬 방법에 대해 서술하며 일반적인 표현은 구체적인 성과나 행동을 표현하는 것에 비해 칭찬의 의미가 떨어진다고 하였다. 또한 아이가 보여 주려는 것을 제대로 확인하지 않고 칭찬을 하면 아이가 심리적으로 위축될 수 있다고 하였다. 이때 빈칸은 현명한 부모가 되기 위해 해야 할 행동이며, 아이는 이를 통해 부모의 사랑을 알 수 있다고 하였으므로 빈칸의 내용에는 앞서 제시된 두 가지 칭찬의 방법이 모두 포함되어야 한다. 따라서 빈칸에 들어갈 말로 '눈에 띄는 관심에서 비롯된 구체적 칭찬을 하는 것'이 가장 적절하다.

오답피하기 |

① 아이의 눈높이에 맞춰 구체적으로 칭찬하는 것은 아이가 보여 주려는 것을 제대로 확인해야 한다는 내용을 포함하지 않으므로 빈칸에 들어갈 말로 적절하지 않다.

② 제시문에서는 일반적인 표현보다 구체적인 표현이 더욱 칭찬의 의미를 잘 나타낼 수 있다고 하였다. 일반적인 표현보다 격려를 담은 표현을 써야 한다는 것은 제시문의 내용에 어긋나므로 적절하지 않다.
④ 아이가 하는 말에 귀를 기울이는 것은 구체적인 성과나 행동을 표현해야 한다는 내용을 포함하지 않으므로 빈칸에 들어갈 말로 적절하지 않다.

014
정답 | ③
해설 | 3문단에 따르면 전제는 '어떤 진술을 하기 위해 당연한 것으로 여기는 의미 부분', 즉 '화자가 참인 것으로 가정하는 부분'이다. '저녁에 눈이 내릴지도 모르니까 우산을 챙겨 봤어.'에서 화자는 저녁에 눈이 내릴지, 내리지 않을지 확신하지 못하고 있다. 따라서 '저녁에 눈이 내리는 것'이 화자가 당연한 것으로 여기거나 참인 것으로 가정하는 부분인 전제에 해당한다는 설명은 적절하지 않다.
오답피하기 |
① 2문단을 고려할 때 직시는 '의미 해석을 위해 언어 사용의 맥락을 고려하는 일', 즉 화자와 청자가 처한 환경 등을 고려하는 일임을 알 수 있다. 따라서 '이것이 그것보다 예쁘다.'에서 '이것'과 '그것'의 해석을 위해 화자와 청자의 위치를 고려하는 것은 직시라고 볼 수 있다.
② 2문단에 따르면 직시적 표현은 '해석을 위해 맥락이 절대적으로 필요한 표현'을 말하며, '이', '그', '저'도 직시적 표현에 해당한다. 따라서 '저 사람이 범인이야.'에서 '저'가 해석을 위해 맥락이 필요한 직시적 표현이라는 설명은 적절하다.
④ 4문단에서 화행은 '모든 언어로 하는 행위'라고 하였으며, 서양에서 왕이 칼로 상대의 어깨를 두드리며 '기사의 작위를 주노라.'라고 말함으로써 기사가 탄생하는 것을 예로 들었다. 이를 고려할 때, 판사가 판사 봉을 두드리며 '종신형을 선고합니다.'라는 말로 형을 확정한 것도 화행임을 알 수 있다.

015
정답 | ③
해설 | 먹으매(○): '-으매'는 '어떤 일에 대한 원인이나 근거'를 나타내는 연결 어미로 적절하게 쓰였다.
오답피하기 |
① 와중(×) → 가운데(○): '와중'은 흔히 '와중에' 꼴로 쓰여, '일이나 사건 따위가 시끄럽고 복잡하게 벌어지는 가운데'를 뜻하므로 적절하지 않다. 따라서 시끄럽고 복잡한 상황이 아닌 경우에는 '가운데'로 써야 한다.
② 성패(×) → 승패(○): '성패'는 '성공과 실패'를 아울러 이르는 말이므로 적절하지 않다. 따라서 '승리와 패배'를 아울러 이르는 말인 '승패'로 써야 한다.
④ 높으심으로(×) → 높으시므로(○): '-ㅁ으로(써)'는 '-는 것으로(써)'라는 수단 또는 방법의 의미를 나타내므로 적절하지 않다. 따라서 '-기 때문에'라는 까닭의 의미를 나타내는 '-므로'로 써야 한다.

016
정답 | ③
해설 | 제시문에서는 지도가 지리적 정보를 제공하기 위해 현실을 왜곡한다고 하며 지도의 기호에 축척이 적용되지 않는 점, 지도가 모든 지형을 다 보여 주지 않는다는 점을 제시했다. 이때 제시문에서는 이러한 불완전함이 오히려 현실에 유용한 그림을 완성해 준다고 하였으므로, 글의 제목에는 지도에 현실이 불완전하게 담긴다는 점, 이것이 오히려 현실에 유용하다는 점이 드러나야 한다. 따라서 글의 표제와 부제로는 '지도의 가치 – 지도의 불완전성의 역설'이 가장 적절하다.
오답피하기 |
① 제시문에서는 지도에 나타나는 불완전함이 오히려 현실에 유용하다고 하였다. 따라서 글의 표제가 '지도의 함정'인 것은 적절하지 않다.
② 제시문에서는 지도에 현실이 불완전하게 반영되지만, 이것이 현실에 유용함을 준다고 하였다. 따라서 제시문의 부제가 '지도의 측량의 문제점'인 것은 적절하지 않다.
④ 제시문에서는 지도가 현실을 불완전하게 구성한다고 하였으므로 글의 부제가 '지도의 사실성 구현 원리'가 되는 것은 적절하다. 그러나 이러한 점이 오히려 현실에 유용하다고 하였으므로 글의 표제가 '지도의 한계'인 것은 적절하지 않다.

017
정답 | ④
해설 | '그 유 어사께서는 신병으로 황제께 표를 올리고, 지금 고향으로 가서 휴양하신다더라.'에서 새로운 인물인 '어떤 사람'의 발화를 통해 다른 공간에 있는 '유 한림'의 정보가 주인공인 '은하 낭자'에게 전해지고 있다.
오답피하기 |
① 주변 인물에 대한 주인공의 오해가 해소되는 부분은 확인할 수 없다.
② 초월적 존재가 개입하는 부분은 확인할 수 없다.
③ 주인공의 성격과 행위의 괴리가 드러나는 부분은 확인할 수 없다.

018
정답 | ③
해설 | 2문단을 통해 멕시코와 필리핀이 녹색 혁명을 통해 농업 생산량을 크게 늘렸음을 알 수 있다. 그러나 우리나라의 녹색 혁명이 멕시코와 필리핀의 사례를 본받았다는 것은 제시문의 내용을 통해 알 수 없으므로 적절하지 않다.
오답피하기 |
① 1문단에서 녹색 혁명은 전통 농법에 과학 기술을 적용하여 농작물의 생산량을 늘리는 것이라고 하였고, 많은 국가들이 식량 문제를 해결하기 위해 녹색 혁명을 시행했다고 하였으므로 적절하다.
② 2문단에서 녹색 혁명의 대표적 방법으로 화학 비료를 통해 농작물의 생장을 최대화하거나 신품종을 개발하는 것이 있다고 하였으므로 적절하다.
④ 3문단에서 우리나라의 경우 벼 생산량 증대를 목표로 녹색 혁명을 진행하였고, 농촌진흥청에서 열대 지역의 인디카 품종과 온대 지역의 자포니카 품종을 교잡하여 통일벼를 개발하여 벼 수확량을 이전보다 30% 증가시켰다고 하였으므로 적절하다.

019
정답 | ②
해설 | 自繩自縛(스스로 자/노끈 승/스스로 자/얽을 박)은 '자기의 줄로 자기 몸을 얽어 묶는다'라는 뜻으로, '자기가 한 말과 행동에 자기 자신이 얽혀 곤란하게 됨'을 이르는 말이다. 따라서 제시된 상황에 어울리는 한자성어로 적절하지 않다.
오답피하기 |

① 牛耳讀經(소 우/귀 이/읽을 독/지날 경)은 '쇠귀에 경 읽기'라는 뜻으로, '아무리 가르치고 일러 주어도 알아듣지 못함'을 이르는 말이다.
③ 對牛彈琴(대할 대/소 우/탄알 탄/거문고 금)은 '소를 마주 대하고 거문고를 탄다'라는 뜻으로, '어리석은 사람에게는 깊은 이치를 말해 주어도 알아듣지 못하므로 아무 소용이 없음'을 이르는 말이다.
④ 馬耳東風(말 마/귀 이/동녘 동/바람 풍)은 '동풍이 말의 귀를 스쳐 간다'라는 뜻으로, '남의 말을 귀담아듣지 아니하고 지나쳐 흘려버림'을 이르는 말이다.

020
정답 | ③
해설 | 제시문에 따르면 협상의 결과에 따라 협상 당사자들은 서로 다른 이익을 취하게 된다는 내용만 있을 뿐, 협상을 성공적으로 이끌기 위해 자신들의 이익을 포기한다는 내용은 나타나지 않는다. 따라서 ③의 추측은 적절하지 않다.
오답피하기 |
① 협상이란 갈등을 해소하기 위해 공동으로 의사 결정을 내리는 과정이라고 하였다. 따라서 ①의 추측은 적절하다.
② 협상의 결과에 따라 갈등 당사들은 서로 다른 이익을 취하게 된다고 하였다. 따라서 ②의 추측은 적절하다.
④ 협상은 상호 의존적인 사회 개체 간에 이루어지는 과정으로, 이때 상호 의존적인 사회 개체란 서로 영향을 주고받는 관계의 개체이다. 따라서 ④의 추측은 적절하다.

모의고사 10회

10회				
001 ③	002 ②	003 ③	004 ③	005 ①
006 ④	007 ③	008 ②	009 ①	010 ④
011 ④	012 ③	013 ②	014 ②	015 ④
016 ③	017 ①	018 ②	019 ①	020 ④

001
정답 | ③
해설 | 해당 문장의 '막다'는 '강물, 추위, 햇빛 따위가 어떤 대상에 미치지 못하게 하다'를 뜻하므로, '주다'는 반의어로 적절하지 않다.
오답피하기 |
① 해당 문장의 '막다'는 '병 따위의 입구를 통하지 못하게 하다'를 뜻하므로, '열다'는 반의어로 적절하다.
② 해당 문장의 '막다'는 '길, 통로 따위가 통하지 못하게 하다'를 뜻하므로, '뚫다'는 반의어로 적절하다.
④ 해당 문장의 '막다'는 '트여 있는 곳을 가리게 둘러싸다'를 뜻하므로, '트다'는 반의어로 적절하다.

002
정답 | ②
해설 | 케케묵은(×) → 케케묵은(○): 혼용되고 있는 이중 모음과 단모음 중 단모음을 현실적으로 인정하는 원칙에 따라 '케케묵다'만 표준어로 삼는다.
오답피하기 |
① 털어먹었다(○): '털어먹다'와 '떨어먹다' 중에 거센소리를 가진 '털어먹다'가 널리 쓰이므로 '털어먹다'만 표준어로 삼는다.
③ 괴팍해(○): '괴팍하다, 괴퍅하다'의 경우 원래의 형태는 '괴퍅하다'이나 '퍅'의 이중 모음인 '야'가 '아'로 단모음화되어 '괴팍하다'로 굳어졌다고 판단하여 '괴팍하다'를 표준어로 삼는다.
④ 지루하다는(○): '지리하다, 지루하다'의 경우, 모음의 발음 변화를 인정하여 '지루하다'를 표준어로 삼는다.

003
정답 | ③
해설 | 문장의 주술 호응이 자연스러우며, '훌륭하다고'에서 '앞말이 간접 인용되는 말임'을 나타내는 격 조사 '고'가 올바르게 쓰였다.
오답피하기 |

① '내가 얘기해 주고 싶은 점은 상대방의 말을 경청해야 한다는 것이다.'와 같이 수정해야 문장 성분의 호응이 자연스럽다.
② '그녀는 며칠만이라도 휴가를 떠나는 것이 좋겠다고 결정했다.'와 같이 수정해야 문장 성분의 호응이 자연스럽다.
④ '이번 신제품은 비싸기만 한 기존 제품을 보완하여 가격 부담을 낮추고 내구성을 높여 출시되었다.'와 같이 수정해야 문장 성분의 호응이 자연스럽다.

004

정답 | ③

해설 | 제시된 작품은 양심이라는 추상적 관념을 금속이라는 구체적 사물의 이미지로 표현하고 있다. 이때 ㉠, ㉡, ㉣은 이러한 양심을 의미하는 것으로, 화자의 내면에서 항상 은빛으로 빛나며, 파편처럼 쉬지 않고 화자를 찌르는, 금속성을 띠고 있다. 반면, ㉢은 이러한 양심과 반대되는 의미를 갖는 것으로, 연소되고 취(醉)하는 것들이 향하는 대상이다. 따라서 ㉠~㉣ 중 시적 의미가 이질적인 것은 ㉢이다.

005

정답 | ①

해설 | 교내에서 학생들 간의 폭력 사건이 발생했을 때 CCTV를 활용하면 사건의 진상을 규명할 수 있으며(㉠), 범죄 예방을 위해 교내 경비 인력을 충원하는 것보다 CCTV를 설치하는 것이 경제적 비용을 아낄 수 있다.(㉡) 또한 CCTV를 활용하면 교내 사각지대에서 발생할 수 있는 범죄를 방지할 수 있다.(㉣) 따라서 찬성 측에서 활용할 수 있는 근거로 적절한 것은 ㉠, ㉡, ㉣이다.

오답피하기 |

㉢ 교내에 CCTV가 설치되면 교내의 행동이 모두 녹화되므로 사생활과 표현의 자유를 침해받을 수 있다. 또한 CCTV가 교실의 수업 장면을 비춘다면 교사의 수업권이 보장된다고 보기 어려우므로 적절하지 않다.

㉤ 학부모가 CCTV 자료를 바탕으로 학교나 교사를 상대로 불필요한 민원을 제기한다는 것은 CCTV의 부정적 효과이므로 찬성 측의 근거로 적절하지 않다.

006

정답 | ④

해설 | '우습다'는 '낚싯대 하나'만으로도 만족하는 화자의 태도를 드러내는 표현이며, 화자의 자조적 태도는 확인할 수 없다.

오답피하기 |

① 화자가 '청풍'과 '명월'을 좋게 여긴다고 했으므로, 두 대상에 대한 화자의 친화적 태도가 나타났다고 볼 수 있다.
② '띠집'은 소박한 삶의 태도를 드러내는 소재이고, '작녹(관작(官爵)과 봉록(俸祿)을 아울러 이르는 말)'은 세속적 가치를 의미하므로, 이 둘은 상반되는 의미를 형성한다고 볼 수 있다.
③ 화자는 화자를 찾아온 사람이 '어제 맞춘 므지술'을 맛보러 왔다고 여기고 있다. 따라서 '술'이라는 소재를 통해 화자의 풍류적 태도를 부각한다고 볼 수 있다.

007

정답 | ③

해설 | '한유'는 책에 빠지기만 하면 잘못된 길로 빠질 수 있다고 보았다. 즉, 자신의 생각 없이 책의 내용만을 받아들이면 교조주의에 빠질 수 있다는 것이다. 이를 방지하고자 '한유'는 자신만의 생각이 가미된 독창적 독서법을 강조한 것이다. 따라서 자기만의 생각을 갖추기 위해서는 책에 빠지는 것이 아니라 오히려 빠지지 말아야 하는 것이다.

008

정답 | ②

해설 | 展望(펼 전/바랄 망)은 '앞날을 헤아려 내다봄. 또는 내다보이는 장래의 상황'을 뜻하므로 적절하게 쓰였다.

오답피하기 |

① 思前(생각 사/앞 전)은 잘못된 표기이다. '일이 일어나기 전'을 뜻하는 事前(일 사/앞 전)으로 써야 한다.
③ 新說(새 신/말씀 설)은 '새로운 학설이나 견해'를 뜻하므로 적절하지 않다. '새로 설치하거나 설비함'을 뜻하는 新設(새 신/베풀 설)로 써야 한다.
④ 模方(본뜰 모/모 방)은 잘못된 표기이다. '다른 것을 본뜨거나 본받음'을 뜻하는 模倣(본뜰 모/본뜰 방)으로 써야 한다.

009

정답 | ①

해설 | 대부분의 게임 업체들이 청소년이 법정 대리인의 동의 없이도 과도한 결제를 할 수 있도록 방치하고 있다는 조사 결과는 게임 결제에 대한 내용이다. 따라서 이를 청소년 스마트폰 중독 현상의 예로 제시하기는 어렵다.

010

정답 | ④

해설 | 2문단에서 ㉡'저기'에서 일어나는 변화는 ㉠'여기'에도 영향을 미치는 상호 의존적인 변화라고 설명하고 있다. 따라서 ㉠'여기'의 변화가 선행되어야 ㉡'저기'의 변화가 나타난다고 한 설명은 적절하지 않다.

오답피하기 |

① 1문단에서 ㉠'여기'는 자기에 의해 부여된 독특한 장소적 실체를 의미한다고 설명하고 있다.
② 1문단에서 ㉡'저기'는 자신에 의해 의미성이 부여된 ㉠'여기' 이외의 모든 장소를 가리키는 말이라고 설명하고 있다.
③ 1문단에 따르면 ㉠'여기'를 잘 이해하기 위해서는 ㉡'저기'에 대한 연구가 필요하다고 설명하고 있다.

011

정답 | ④

해설 | 글쓴이가 파초를 보며 자신의 삶을 반성했는지는 알 수 없다. 글쓴이는 비 오는 날 은은히 빗방울을 퉁기어 듣는 이의 마음 위에까지 비를 뿌리는 파초를 즐길 뿐이다.

오답피하기 |

① 글쓴이는 작년 봄에 이웃에서 파초 한 그루를 사 왔고, 선지와 생선 씻은 물, 깻묵물 같은 것을 틈틈이 주면서 정성껏 키웠다.
② 글쓴이는 이웃에서 파초 한 그루를 사 왔는데, 이미 얻어 온 것도 두어 뿌리가 있었다.
③ 글쓴이는 비 오는 날 다른 화초들은 입을 다문 듯 우울할 때 파초만 은은히 빗방울을 퉁기어 듣는 이의 마음 위에까지 비를 뿌린다고 하였다. 따라서 글쓴이는 파초에서 다른 화초와 다른 매력을 느꼈다고 볼 수 있다.

012
정답 | ③
해설 | 2, 3문단을 고려할 때, 영화가 가공하지 않은 자연적 공간을 바탕으로 대본을 구현한다는 것은 적절하다. 그러나 3문단에서는 연극의 3차원적 공간이 영화의 2차원적 영상보다 한정되어 있다고 하였으므로, 영화가 연극과 달리 영상이 제한적이라는 설명은 적절하지 않다.
오답피하기 |
① 1문단에서 문학과 영화가 문자를 통해 이루어진다는 점에서 범주적으로 유사하다고 하였고, 4문단에서 영화는 문학에서 유래했다고 하였다. 이때, 2문단에서 영화에서 대본의 기능이 종속적이라고 하였으므로 적절하다.
② 1, 2문단에 따르면 영화는 영상을 매체로 삼아 시각적, 청각적 부호들을 체계화시켰다. 또한 영화의 본질을 문자만으로 설명할 수 없다고 하였으므로 적절하다.
④ 3문단에서 영화는 인위적인 무대를 보여 주는 연극과 달리, 카메라 초점을 중심으로 직접적이고 자연적인 공간을 보여 준다고 하였다. 또한 4문단에서 영화 속의 시간은 늘어나기도 하고 짧아지기도 한다고 하였으므로 적절하다.

013
정답 | ②
해설 | 유추는 비슷한 것에 빗대어 다른 것을 추측하는 방식이다. 그러나 제시문에서 유추의 방식은 나타나지 않는다.
오답피하기 |
① 인종적·민족적 갈등이 극심해지고, 세계화의 기본 취지가 변질된 것에 대한 해결책을 나열하고 있다.
③ '이러한 변질을 막을 방안은 없을까?'라고 물은 뒤 그에 대한 답을 제시하고 있다. 따라서 자문자답의 방식을 통해 논지를 전개한다고 볼 수 있다.
④ 기든스가 〈제3의 길〉에서 이야기한 것을 인용하고 있다.

014
정답 | ②
해설 | 'ㅸ'은 글자를 세로로 나란히 쓰는 연서법(連書法)에 따른 글자이다. 연서법(連書法)에 따른 글자(ㅸ, ㆄ, ㅹ, ㅱ)는 초성 17자(ㄱ, ㄴ, ㄷ, ㄹ, ㅁ, ㅂ, ㅅ, ㅇ, ㅈ, ㅊ, ㅋ, ㅌ, ㅍ, ㅎ, ㆁ, ㆆ, ㅿ)에 포함되지 않는다.

015
정답 | ④
해설 | 인물의 성격 변화란 부정적 태도에서 긍정적 태도, 소극적 태도에서 적극적 태도로 변하는 것과 같은 성격의 변화가 드러나야 한다. 그러나 제시된 작품은 인물이 서로 대립하는 상황 위주로 전개되어 있을 뿐, 인물의 성격 변화를 중심으로 서술되어 있다고 보기 어렵다.
오답피하기 |
① 국군과 인민군이 대립하고 있는 상황에서 '달수'와 '달수 처'가 자신들이 말을 대신 전해 주겠다고 하는 장면은 해학적 웃음을 자아내며, 심리적 긴장감을 이완시키는 역할을 한다.
② 제시된 작품에서는 국군인 '상상', '현철', 인민군인 '영희', '치성', '택기'가 등장한다. 국군과 인민군 사이에는 대립적 관계가 드러나고, 같은 소속의 군인 간에는 우호적 관계가 드러난다.
③ '(겁에 질린 투로)'라는 제시문이나, '거 괜히 세게 나가디 마시라요. 우린 총알도 없는데…….'라는 '영희'의 발화에서 소극적이고 겁 많은 인물의 성격이 드러난다. 그리고 '전사 동무, 그냥 내 뒤에 있으라우!', '와? 방아쇠에 손가락 집어 넣었으면 땡겨야지……. 다른 볼 일 있네?' 등 '치성'의 발화에서는 대담한 인물의 성격이 드러난다. 이외에도 다양한 인물의 성격이 드러나지만, 인물의 성격이 변화하는 양상은 나타나 있지 않다.

016
정답 | ③
해설 | 제시문은 한국식 복지 정책을 구현하기 위해서는 가족 복지의 전통을 살리는 것이 중요하다고 말하며(ㄴ), 그것이 복지의 책임을 가족이나 여성에게 전가하는 것으로 매도되어서는 안 된다고 주장한다(ㄷ). 한국의 가족주의적 전통은 미래 지향적이므로(ㄱ), 이를 최대한 되살려 나가도록 노력해야 한다(ㄹ)며 설득력을 높이고 있다.

017
정답 | ①
해설 | ㉠은 매우 작은 영향이지만, 이것이 조금만 달라져도 일기의 변천을 완전히 다르게 예측하게 된다. ㉡은 ㉠을 나비 효과에 빗대어 표현한 것이다. 따라서 ㉠과 ㉡은 같은 의미를 갖는다. 반면, ㉢은 ㉠, ㉡으로부터 일어날 수 있는 결과를 의미하고, ㉣은 나비 효과와 같은 현상에서 발견한 규칙성을 의미하므로 ㉠, ㉡과 의미가 같지 않다.

018
정답 | ②
해설 | 1문단에 따르면 추상 표현주의는 미국의 지역주의 회화가 너무 형식주의적이라는 인식과 유럽의 추상 미술이 내용이 없다는 인식, 살바도르 달리 등 초현실주의자의 동참에 의해 태동하였다. 따라서 살바도르 달리가 초현실주의자라는 것은 옳으나, 그가 미국의 지역주의 회화에서 벗어난 유럽의 추상 미술을 발전시켰다는 것은 적절하지 않다.
오답피하기 |
① 1문단에 따르면 추상 표현주의는 표현주의와 초현실주의의 영향을 받았으며, 작가의 내면을 표현하는 시기에 전개되었다. 또한 3문단에 따르면 추상 표현주의 작가인 폴록이 작품을 통해 심리적 미로를 표현했으므로 적절하다.
③ 2문단에 따르면 추상 표현주의자들은 초현실주의의 자동기술법을 바탕으로 인간적인 경험들을 표현하려 했음을 알 수 있다. 이때, 인간적인 경험들은 인간의 잠재의식으로부터 창작되었다고 하였으므로 적절하다.
④ 3문단에 따르면 폴록은 물감을 쏟아붓는 기법과 물감 방울을 떨어뜨리는 기법 등을 활용하여 복잡하게 얽혀버린 심리적 미로를 표현했다. 이때, 이 그림이 〈작품 No. 1A〉로 명명되었다고 하였으므로 적절하다.

019
정답 | ①
해설 | 一筆揮之(한 일/붓 필/휘두를 휘/갈 지)는 '단숨에 글씨나 그림을 줄기차게 쓰거나 그림'을 뜻한다. 따라서 빈칸에 들어갈 말로 가장 적절하다.
오답피하기 |
② 優柔不斷(넉넉할 우/부드러울 유/아닐 부/끊을 단)은 '어물어물 망설

이기만 하고 결단성이 없음'을 뜻하므로 적절하지 않다.
③ 目不識丁(눈 목/아닐 불/알 식/고무래 정)은 '아주 까막눈임'을 이르는 말이므로 적절하지 않다.
④ 表裏不同(겉 표/속 리/아닐 부/한가지 동)은 '겉으로 드러나는 언행과 속으로 가지는 생각이 다름'을 뜻하므로 적절하지 않다.

020
정답 | ④
해설 | '전체적 견해'는 실제로 존재하는 사람들의 행복과 새로운 존재들의 행복을 동등하게 고려할 것이다. 따라서 두 행복이 동등하다면 X라는 행동으로 인해 실제로 존재하는 사람들의 행복이 증가한 양이 미래 존재들의 행복이 감소한 양보다 크다면 X를 도덕적 가치가 있다고 평가할 것이다.
오답피하기 |
①, ② '실제적 견해'는 이미 실제로 존재하는 사람들의 행복을 도덕적으로 중요하게 고려하고, 아직 태어나지 않은 사람들의 행복은 중요하게 고려하지 않는다. 따라서 X라는 행동으로 인해 미래의 존재가 불행해지더라도 현재 존재들의 행복의 양이 증가한다면 X는 도덕적 가치가 있다고 판단할 것이다.
③ '전체적 견해'는 실제로 존재하는 사람들의 행복의 양과 새로운 존재들의 행복의 양을 늘리는 것을 옳은 행동으로 본다. 따라서 X라는 행동이 현재 존재들의 행복의 양과 미래 존재들의 행복의 양이 모두 증가한다면 X는 도덕적 가치가 있다고 판단할 것이다.

모의고사 11회

11회

001 ②	002 ①	003 ④	004 ③	005 ①
006 ④	007 ③	008 ②	009 ①	010 ①
011 ②	012 ④	013 ①	014 ④	015 ②
016 ④	017 ③	018 ④	019 ③	020 ②

001
정답 | ②
해설 | ㉠ '굽다'는 'ㅂ' 불규칙 용언으로 어간만이 불규칙적으로 바뀌는 예에 해당한다.
㉡ '이르다'는 '러' 불규칙 용언으로 어미만이 불규칙적으로 바뀌는 예에 해당한다.
오답피하기 |
① ㉠ '흐르다'는 '르' 불규칙 용언으로 어간만이 불규칙적으로 바뀌는 예에 해당한다.
㉡ '짓다'는 'ㅅ' 불규칙 용언으로 어간만이 불규칙적으로 바뀌는 ㉠의 예에 해당한다.
③ ㉠ '듣다'는 'ㄷ' 불규칙 용언으로 어간만이 불규칙적으로 바뀌는 예에 해당한다.
㉡ '파랗다'는 'ㅎ' 불규칙 용언으로 어간과 어미가 모두 불규칙적으로 바뀌는 예에 해당한다. 따라서 ㉠과 ㉡의 예에 해당하지 않는다.
④ ㉠ '하다'는 '여' 불규칙 용언으로 어미만이 불규칙적으로 바뀌는 ㉡의 예에 해당한다.
㉡ '구르다'는 '르' 불규칙 용언으로 어간만이 불규칙적으로 바뀌는 ㉠의 예에 해당한다.

002
정답 | ①
해설 | 펴서(×) → 피워서(○): '(일부 명사와 함께 쓰여) 그 명사가 뜻하는 행동이나 태도를 나타내다'를 뜻하는 말은 '피우다'이다. 따라서 '피우다'의 어간 '피우-'에 어미 '-어서'가 붙어 줄면 '피워서'가 된다.
오답피하기 |
② 돼서(○): 'ㅚ' 뒤에 '-어, -었-'이 어울려 'ㅙ, ㅙㅆ'으로 될 때에 준 대로 적는다. 따라서 '되다'의 어간 '되-'에 어미 '-어서'가 붙어 줄면 '돼서'가 된다.
③ 뵀다(○): 'ㅚ' 뒤에 '-어, -었-'이 어울려 'ㅙ, ㅙㅆ'으로 될 때에 준 대로 적는다. 따라서 '뵈다'의 어간 '뵈-'에 어미 '-었-'이 붙어 줄면 '뵀

다'가 된다.
④ 설레었다(○): '마음이 가라앉지 아니하고 들떠서 두근거리다'를 뜻하는 말은 '설레다'이다. 따라서 '설레다'의 어간 '설레-'에 어미 '-었-'이 붙으면 '설레었다'가 된다. 이때, '설레이다'는 표준어가 아니므로 '설레였다'로 활용하지 않도록 주의해야 한다.

003
정답 | ④
해설 | ㉣: '접수되다'는 '신청이나 신고 따위가 구두(口頭)나 문서로 받아들여지다'를 뜻하므로, 이미 그러한 상태로 되었음을 나타낸다. 따라서 ㉣과 같이 써도 어법에 어긋난다고 보기 어렵다.
오답피하기 |
① ㉠: '-시키다'는 일부 명사 뒤에 붙어 '사동'의 뜻을 더하고 동사를 만드는 접미사이므로, ㉠과 같이 '사동'의 뜻을 더하는 경우가 아닌데 '-시키다'를 붙여 표현하는 것은 적절하지 않다. 따라서 '등록시키고'는 사동의 뜻을 나타내므로 '등록하고'로 고쳐 쓴다는 설명은 적절하다.
② ㉡: '~를 갖도록 하자'는 영어 번역 투이므로, '~를 하도록 하자'가 올바른 표현이다. 따라서 '회의를 갖겠습니다'는 번역 투이므로 '회의하겠습니다'로 고쳐 쓴다는 설명은 적절하다.
③ ㉢: '-히-'는 '피동'의 뜻을 더하는 접미사이고, 여기에 '-어지다'가 결합하면 이중 피동이 된다. 따라서 '닫혀져'는 '-히-'와 '-어지다'가 결합한 이중 피동 표현이므로 '닫혀'로 고쳐 쓴다는 설명은 적절하다.

004
정답 | ③
해설 | '진행자'는 '산악인'에게 설명을 요청하는 질문을 하고 있을 뿐, 자신의 이해가 맞는지 질문하고 있는 부분은 나타나 있지 않다.
오답피하기 |
① '진행자'는 '지난여름에 제가 처음 가 본 산에서 길을 잃고 고생을 한 적이 있습니다.'라고 개인적 경험을 들어 대담을 시작하고 있다.
② '진행자'는 '산악인'의 설명을 듣고 '그러니까 시침과 태양을 잇는 일직선과 12시 방향을 반으로 가르는 방향이 남쪽이라는 것이군요.'라고 내용을 요약하고 있다.
④ '진행자'는 '그런데 정오에는 시침의 방향과 12시 방향이 일치하는데 이때는 어떻게 방향을 알 수 있죠?'라고 '산악인'에게 추가 설명을 요청하는 질문을 하고 있다.

005
정답 | ①
해설 | ㉠ 攪亂(흔들 교/어지러울 란)은 '마음이나 상황 따위를 뒤흔들어서 어지럽고 혼란하게 함'을 뜻한다.
㉡ 付託(줄 부/부탁할 탁)은 '어떤 일을 해 달라고 청하거나 맡김'을 뜻한다.
오답피하기 |
㉠ 矯亂(바로잡을 교/어지러울 란)은 잘못된 표기이다.
㉡ 負託(질 부/부탁할 탁)은 잘못된 표기이다.

006
정답 | ④
해설 | 1~8구에서 누이를 잃은 슬픔과 인생에 대한 무상감을 드러내고 있다. 그러나 9~10구의 '아으 미타찰(彌陀刹)애 맛보올 내 / 도(道)닷가 기드리고다(아아 미타찰에서 만날 나 / 도 닦아 기다리겠다)'에서 시상을 전환하여 슬픔을 구도적 태도로 승화하고 있다. 그러나 이는 누이를 미타찰에서 만날 것을 다짐하는 미래 지향적인 태도이다. 따라서 과거 지향적인 태도를 보이고 있다고 한 이해는 적절하지 않다.
오답피하기 |
① 6구의 '뻐딜 닙다이(떨어지는 잎처럼)'에서 비유를 통해 누이의 죽음을 표현하고 있다.
② 9~10구의 '아으 미타찰(彌陀刹)애 맛보올 내 / 도(道)닷가 기드리고다(아아 미타찰에서 만날 나 / 도 닦아 기다리겠다)'에서 구도적 태도로 누이를 잃은 슬픔을 승화하고 있다.
③ 9~10구의 '아으 미타찰(彌陀刹)애 맛보올 내 / 도(道)닷가 기드리고다(아아 미타찰에서 만날 나 / 도 닦아 기다리겠다)'는 낙구에 해당한다. 여기에서 '아으'라는 감탄사를 활용하여 감정을 집약하고 있다.

007
정답 | ③
해설 | 사회 질서를 유지하는 데에 교화가 우선되어야 한다는 것은, 사회 질서를 유지하는 데에 교화를 가장 중요하다고 여긴다는 의미이다. 그러나 제시문에서 '정조'의 법률관에는 사회 질서를 바로잡는 데 교화(敎化)만으로는 한계가 있다는 생각이 내포되어 있다고 설명하고 있다.
오답피하기 |
① '정조'의 법률관에는 법이 사회의 척도로서 국가 통치에 없어서는 안 될 필수 불가결한 도구라는 인식이 내포되어 있다고 설명하고 있다.
② '정조'의 법률관에는 왕은 법을 제정하는 입법자이지만 왕도 마음대로 법을 위반하거나 폐기할 수 없다는 인식이 내포되어 있다고 설명하고 있다.
④ '정조'의 법률관에는 형벌은 공의(公義)와 대의(大義)로 결단해야 하며 사사로운 감정에 흔들려서는 안 된다는 인식이 내포되어 있다고 설명하고 있다.

008
정답 | ②
해설 | 3문단에 따르면 식민지 근대화론자들은 식민지 시대의 착취와 압제가 그동안 과장되었다고 생각하기는 하지만 분명 존재하였다고 주장하였다. 그리고 2문단에 따르면 일제 강점기를 거치면서 조선의 경제는 선진 제국이 근대 경제 성장으로 진입할 때의 수준에 도달하였다고 하였다. 그러나 식민지 시대의 착취와 압제가 자본주의 사회의 발전에 긍정적 영향을 주었다고 주장하지는 않았다.
오답피하기 |
① 3문단에 따르면 식민지 근대화론자들은 실증적이고 계량적인 자료에 근거한 탈민족주의적 담론을 통해 역사 연구의 수준을 질적으로 향상시키려 한다고 주장하고 있다.
③ 1문단에 따르면 식민지 근대화론자들은 한국은 일제 강점기 시기에 자본주의의 도입과 발전을 경험하면서 1960년대 이후의 고도 경제 성장의 기반을 마련하였다고 주장하였다.
④ 1문단에 따르면 식민지 근대화론자들은 전근대 사회가 근대 사회로 이행하는 본질은 자본주의의 도입과 발전이라고 주장하였다.

009
정답 | ①
해설 | 반어란 겉으로 드러난 표현과 이면의 뜻이 상반되는 수사법을 의미한다. 해당 작품에서 반어는 나타나 있지 않다.

오답피하기 |
② 화자를 비롯하여 이탈하지 못한 존재들과 궤도를 이탈한 별을 대비하여 주제 의식을 부각하고 있다.
③ 화자 자신과 뭇별을 대응시켜 궤도를 이탈하지 못한 존재로 표현하고 있다.
④ 궤도에 따르는 삶을 살던 화자는 궤도를 이탈한 별을 보며 깨달음을 얻고 이를 표현하고 있다.

010
정답 | ①
해설 | 名論卓說(이름 명/논할 론/높을 탁/말씀 설)은 '훌륭하고 이름난 이론이나 학설'을 뜻하므로 적절하지 않다. 해당 문장에는 '기쁨과 노여움과 슬픔과 즐거움'을 아울러 이르는 말인 喜怒哀樂(기쁠 희/성낼 로/슬플 애/즐길 락)으로 써야 한다.
오답피하기 |
② 不問可知(아닐 불/물을 문/옳을 가/알 지)는 '묻지 아니하여도 알 수 있음'을 뜻하므로 적절하게 쓰였다.
③ 三旬九食(석 삼/열흘 순/아홉 구/밥 식)은 '삼십 일 동안 아홉 끼니밖에 먹지 못한다'라는 뜻으로, '몹시 가난함'을 이르는 말이므로 적절하게 쓰였다.
④ 烏飛梨落(까마귀 오/날 비/배나무 이/떨어질 락)은 '까마귀 날자 배 떨어진다'라는 뜻으로, '아무 관계도 없이 한 일이 공교롭게도 때가 같아 억울하게 의심을 받거나 난처한 위치에 서게 됨'을 뜻하므로 적절하게 쓰였다.

011
정답 | ②
해설 | 1문단에서 모네는 화실 밖으로 나와 대상물이 빛에 따라 순간순간 변하는 인상을 표현하였다. 이것은 대상물을 보이는 그대로를 표현한 것이다. 따라서 ㉠에는 '어떻게 보이는 그대로를 표현할 것인가'가 들어가야 한다.
오답피하기 |
① 모네가 그림을 사진과 똑같이 표현하려고 하였다고 보기 어렵다.
③ 모네는 고유색으로 그림을 그려내는 것을 싫어했고, 빛에 따라 변하는 인상을 표현하려고 하였다.
④ 모네는 그리스-로마 시대의 작가들을 모방하는 것을 싫어했다. 따라서 모네가 고대 작품의 전통을 이어 갔다고 보기 어렵다.

012
정답 | ④
해설 | 아기, 동자, 아이가 성장한 상황과 관련지어 시의 근본, 시의 기미, 시의 허위가 무엇인지 열거하고 있다.
오답피하기 |
① 대화법이란 둘 이상의 화자가 등장하여 말을 주고받는 전개 방식을 의미한다. 제시문에서는 한 명의 화자가 진실한 시에 대한 주관적 인식을 드러내고 있을 뿐이다.
② 역설이란 모순을 일으키나 그 속에는 중요한 진리가 함축되어 있는 표현을 의미한다. 제시문에서 역설은 나타나 있지 않다.
③ 연역이란 어떤 보편적인 명제나 원리로부터 추론하여 구체적인 결론을 이끌어 내는 것이다. 제시문은 진실한 기쁨과 진실한 슬픔이 시를 만든다는 중심 내용을 설명하기 위해 다양한 예를 들고 있을 뿐, 연역을 활용하고 있다고 보기 어렵다.

013
정답 | ①
해설 | 제시문에 따르면 대중 예술은 통속성을 양보하지 않으면서 전통적 제도권의 예술의 논의에 포함될 수 있다고 하였다. 따라서 대중 예술이 전통적 예술에 포괄될 수 없다고 한 언급은 글쓴이의 주장으로 보기 어렵다.
오답피하기 |
② 대중 예술은 그 나름의 잠재력을 완성시키는 기존에 없었던 어떤 특정한 체험 영역을 가능케 한다고 하였다.
③ 예술이란 어휘가 세속적으로 사용된 것에 못마땅해하는 사람들이 있으나, 대중 예술이란 용어는 나름대로의 의의가 있다고 하였다.
④ 대중 예술은 '통속적'과 '예술'이 서로 분리될 수 없이 상호 관련을 맺으면서 어떠한 힘을 만들어 낸다고 하였다.

014
정답 | ④
해설 | 제시문에서 자신의 느낌을 정확하게 표현하지 못하고 돌려서 표현한다는 내용은 나타나 있지 않다.
오답피하기 |
① 3문단에서 의사와 청년의 일화를 듣고 대부분이 둘을 부자 관계로 추측할 것이라는 점을 들어 언어에 반영된 성차별적 인식을 지적하고 있다. 영어에서 'fireman'은 소방관을 지칭하지만 여성 소방관을 의미하지는 않는다는 것은 언어에 반영된 성차별적 인식의 예이다.
② 2문단에서 계층 구조의 언어적 반영과 관련하여 가장 주목되는 것은 우리말의 경어법이라고 설명하고 있다. 국어에서 겸양의 정도에 따라 어미가 바뀌는 것은 우리말의 경어법의 예이다.
③ 2문단에서 최근 젊은이들 사이에서 경어법의 체계가 상당히 느슨해지고 있는데, 이를 두고 동방예의지국의 전통이 무너지고 있다는 식으로 비판하는 경우가 많다고 설명하고 있다.

015
정답 | ②
해설 | '형이 입던 옷 좀 그만 물려 입으면 안 돼요?'라는 'A'의 물음에 'B'는 '새 옷을 입고 싶은가 보구나.'라며 상대방 말의 의미를 재구성하고 있다. 따라서 ②는 '반영하기'에 해당한다.
오답피하기 |
①, ③ 상대방의 상태에 대해 재진술하는 '요약하기'에 해당한다.
④ 상대방의 생각을 수용하고 있지 않으므로 '반영하기'에 해당하지 않는다.

016
정답 | ④
해설 | (가)는 사람에게 본래부터 인의예지가 내재되어 있다고 보지만, (나)는 사람의 본성은 악하므로 후천적 교육을 통해 선함을 길러야 한다고 보았다. 따라서 교육을 받지 않은 자가 옳고 그름을 가릴 수 없어 마음대로 행동하지 않느냐는 말은 (나)의 입장에서 (가)의 필자에게 할 말로 적절하다. (가)의 필자에 따르면 교육을 받지 않더라도 옳고 그름을 가릴 수 있어야 하기 때문이다.
오답피하기 |
① (나)는 교육을 통해 선함을 길러야 한다고 보므로, 남을 측은하게 여기지 않는 자들은 올바른 배움을 얻지 못한 자들이라고 볼 것이다. 따

라서 해당 내용은 (나)의 입장에서 (가)의 필자에게 할 말로 적절하지 않다.
② (나)는 인간의 본성은 본래 악하다고 여기므로, 일부 사람이 선한 본성을 지녔다는 것은 (나)의 입장으로 적절하지 않다.
③ (나)는 인간의 본성은 본래 악하다고 여기므로, 사양하는 마음을 본래부터 지닌 자를 가정하는 것은 (나)의 입장으로 적절하지 않다.

017
정답 | ③
해설 | 2문단에 따르면 ㉠은 실체의 변화 정도가 커서 기체가 무엇인지 분명하지 않은 변화이고, ㉡은 실체가 전혀 또는 많이 변하지 않아서 기체가 분명하게 식별되는 변화이다. 그러나 모든 변화에서는 기체가 유지된다고 전제한다. 따라서 ㉠은 ㉡과 달리 형상과 기체가 모두 바뀔 수 있다고 보기 어렵다.

오답피하기 |
① ㉠은 실체의 변화 정도가 커서 기체가 무엇인지 분명하지 않은 변화를 가리킨다. 병아리가 자라서 닭이 될 때 변하지 않는 기체를 확인하기 어려우므로, ㉠에 해당한다고 볼 수 있다.
② ㉡은 실체가 전혀 또는 많이 변하지 않아서 기체가 분명하게 식별되는 변화이다. 바람을 넣어서 풍선이 커지는 것은 기체를 분명하게 확인할 수 있으므로, ㉡에 해당한다고 볼 수 있다.
④ ㉠은 실체의 변화 정도가 커서 기체가 무엇인지 분명하지 않은 변화를 가리킨다. 그리고 ㉡은 실체가 전혀 또는 많이 변하지 않아서 기체가 분명하게 식별되는 변화이다. 따라서 ㉡은 ㉠에 비해 기체를 분명하게 식별할 수 있다.

018
정답 | ④
해설 | '나'는 '당신'에게 소풍을 가자고 했으나 그는 소풍이 '고통'을 받는 일이라며 소풍 가는 것을 거부했다. 또한 '나'가 '당신'에게 죽으면 어떡하냐고 묻자 그는 죽으면 할 수 없다는 대답을 한다. 이를 통해 '나'와 '당신' 간의 소통이 제대로 이뤄지지 않고 있음을 알 수 있다.

오답피하기 |
① 제시문에서 서술자는 '나'로 일관되게 유지되고 있다.
② 서술자는 작중 인물인 '나'로 작품 속에 위치하고 있다.
③ 장면이 전환되려면 시간적 배경이나 공간적 배경이 바뀌어야 한다. 제시문에서는 장면이 전환되는 부분을 확인할 수 없다.

019
정답 | ③
해설 | '오금'은 '무릎의 구부러지는 오목한 안쪽 부분'을 뜻한다. '종아리의 살이 불룩한 부분'을 뜻하는 말은 '장딴지'이다.

020
정답 | ②
해설 | 1, 2문단을 고려할 때, 특정한 문인의 작품을 계속적으로 언급하고 인용하는 것은 작품을 오래도록 보존하기 위한 노력임을 알 수 있다. 그런데 1문단에 따르면 작품의 가치는 노력을 통해 높일 수 없으며, 작품의 가치가 어떻게 평가되는지는 앞과 같은 노력이 아니라 순전히 글의 내용에 달렸다. 따라서 이러한 노력이 작품의 가치를 높이기 위한 노력이라는 설명은 적절하지 않다.

오답피하기 |
① 1문단에 따르면 문인을 기억하는 핵심적인 방법은 문인이 남긴 작품을 오래도록 보존하는 것이며, 작품을 보존한다는 것은 사람들이 작품을 잊지 않도록 하는 것이므로 적절하다.
③ 1문단에 따르면 문학관은 관광객에게 작품을 소개하는 역할을 한다. 또한 2문단에 따르면 '소나기 마을'은 마을을 찾는 관광객이 소설의 한 장면을 직접 체험할 수 있도록 조성했다. 따라서 '소나기 마을'에 작품의 배경을 구현해 놓은 것은 작품을 체험하는 것뿐만 아니라, 문학관과 같이 작품을 소개하는 역할도 할 것임을 추론할 수 있다.
④ 3문단에 따르면 「소나기」는 소년과 소녀의 순수한 사랑 이야기를 담았다는 점에서 그 가치를 높게 평가받고 있다. 또한 1문단에 따르면 작품의 가치가 어떻게 평가받는지는 노력과 상관없이 순전히 글의 내용에 달렸다. 따라서 「소나기」가 현재까지 높게 평가받는 것은 '소나기 마을'의 영향이라기보다 작품 자체의 영향이라고 볼 수 있다.

모의고사 12회

12회

001 ④	002 ③	003 ③	004 ①	005 ④
006 ④	007 ①	008 ①	009 ①	010 ④
011 ④	012 ③	013 ④	014 ①	015 ②
016 ②	017 ②	018 ②	019 ③	020 ①

001
정답 | ④
해설 | '친구 몇몇과'는 접속 조사가 사용된 것이 아닌 필수 부사어이므로 홑문장이다.
오답피하기 |
① '삼촌의 이야기가 끝나기'라는 명사절을 안은문장이므로 겹문장이다.
② '그 둘은 어색한'이라는 관형절을 안은문장이므로 겹문장이다.
③ '서울에서 부산까지 가려면'과 '세 시간은 걸립니다'라는 두 문장이 종속적으로 이어진문장이므로 겹문장이다.

002
정답 | ③
해설 | 접지른(×) → 접질린(○): '접질리다'는 '심한 충격으로 지나치게 접혀서 삔 지경에 이르다'를 뜻한다. 이때, '접질리다'의 의미로 '접지르다'를 쓰는 경우가 있으나 '접질리다'만 표준어로 삼는다.
오답피하기 |
① 오손도손(○): '오손도손'은 본래 '오순도순'의 비표준어였으나, 2011년 국립국어원에서 '오순도순'과 어감에 차이가 있는 것으로 판단하여 표준어로 인정하였다.
② 손주(○): '손주(孫-)'는 본래 '손자(孫子)'의 비표준어였으나, 2011년 국립국어원에서 '손자(孫子)'와 뜻에 차이가 있는 것으로 판단하여 표준어로 인정하였다.
④ 추켜세웠다(○): 본래 '추켜세우다'는 '어떤 것을 위로 치올려서 세우다'라는 뜻으로 쓰였고, '치켜세우다'는 '누군가를 정도 이상으로 칭찬하다'라는 뜻으로 쓰였다. 그러나 이 단어들의 실제 쓰임을 반영하여 현재는 별다른 의미 구분 없이 '추켜세우다'와 '치켜세우다'를 두 가지 의미 모두로 쓸 수 있다.

003
정답 | ③
해설 | ㄴ. 푸르던(○): '과거의 어떤 상태'를 나타내는 어미 '-던'이 적절하게 쓰였다.
ㄹ. 죽든지(○): '나열된 동작이나 상태, 대상들 중에서 어느 것이든 선택될 수 있음'을 나타내는 연결 어미 '-든지'가 적절하게 쓰였다.
오답피하기 |
ㄱ. 먹든지(×) → 먹던지(○): 막연한 의문이 있는 채로 그것을 뒤 절의 사실과 관련시키는 데 쓰는 연결 어미인 '-던지'로 써야 한다.
ㄷ. 살던(×) → 살든(○): '실제로 일어날 수 있는 여러 가지 중에서 어느 것이 일어나도 뒤 절의 내용이 성립하는 데 아무런 상관이 없음'을 나타내는 연결 어미 '-든지'의 준말인 '-든'으로 써야 한다.

004
정답 | ①
해설 | 'Ⅱ-1'에는 유해 식품의 실태와 문제점에 대한 내용이 들어가야 한다. 식품의 영양 성분 함유량을 허위로 표시하는 것은 일반 식품이 영양 성분을 허위로 표시하는 문제에 대한 것이며, 유해 식품의 실태와 문제점이라고 보기 어려우므로 적절하지 않다.
오답피하기 |
② 불량 유해 식품을 가려낼 기술과 시설 장비가 부족하다는 것은 유해 식품이 근절되지 못하고 있는 이유이므로 적절하다.
③ 'Ⅱ-2-가'에 유해 식품이 근절되지 않는 이유로 전문 인력이 부족함을 들었으므로, ⓒ에 이와 대응되는 '전문 인력 확보를 통한 철저한 식품 관리'를 추가하는 것은 적절하다.
④ 글의 주제문이 '유해 식품을 퇴출하여 국민 건강을 지키자.'이며, '본론'에서 유해 식품의 원인과 유해 식품 퇴출을 위한 정부의 방안에 대해 다루고 있으므로 적절하다.

005
정답 | ④
해설 | (가)와 (나)에서 뚜렷한 계절감을 확인할 수 있는 이미지는 나타나 있지 않다.
오답피하기 |
① (가)는 '백구(白鷗, 갈매기)'를 의인화하여 화자에게 '강호(江湖, 자연)'에 '더디 온다'라고 말하는 존재로 표현하고 있다.
② (나)는 '말 없는 청산(靑山)이요 태(態) 없는 유수(流水)로다 / 값 없는 청풍(淸風)과 임자 없는 명월(明月)이라'에서 '~ 없는 ~'라는 유사한 시구를 반복하여 운율감을 드러내고 있다.
③ (가)는 '성은(聖恩, 임금의 은혜)'을 갚고서 '강호(江湖, 자연)'로 가고자 하는 소망을 드러내고 있다. 그리고 (나)는 '청산(靑山)', '유수(流水)', '청풍(淸風)', '명월(明月)'로 표현되는 자연에 묻혀 살아가는 삶에 대한 만족감을 드러내고 있다.

006
정답 | ④
해설 | (라): '마개'는 동사 '막다'의 어간 '막-'에 접미사 '-애'가 붙은 것이므로 (나)에 해당하는 예이다. 또한 '먹이'는 동사 '먹다'의 어간 '먹-'에 접미사 '-이'가 붙은 것이므로 (가)에 해당하는 예이다. 따라서 '마개'와 '먹이'는 (라)의 예로 적절하지 않다.

007
정답 | ①
해설 | ㉠: 1연에서 '해가 스무 번 바뀌었는데 / 내 기린(麒麟)은 영영 울지를 못한다'고 말하고 있다. 따라서 '해'가 '기린'이 울도록 만드는 부정

적 상황이라는 설명은 적절하지 않다.
오답피하기 |
② ⓒ: 2연에서 '노인(老人)의 손'이 '그 가슴을 통 흔들고' 갔으며, '땅 우의 외론 기린(麒麟)이야 하마 잊어졌을라'라고 말하고 있다. 이때, '기린(麒麟)'은 '거문고'를 의미한다. 즉, '노인(老人)'이 '기린(거문고)'을 퉁기고 떠나 '향연에 높이 앉았을' 것인데, '땅' 위의 외로운 '기린(거문고)'을 벌써 잊지는 않았을까 우려하고 있는 것이다.
③ ⓒ: 3연에서 '바깥은 거친 들 이리떼만 몰려다니고 / 사람인 양 꾸민 잔나비떼들 쏘다니어 / 내 기린(麒麟)은 맘둘 곳 몸둘 곳 없어'졌다고 말하고 있다.
④ ⓒ: 4연에서 '문 아주 굳이 닫고 벽에 기대선' 대상은 '내 기린(麒麟)'으로 볼 수 있는데, '기린(麒麟)'이 그와 같이 세상과 단절한 것은 3연의 '이리떼'와 '잔나비떼' 때문으로 볼 수 있다.

008
정답 | ①
해설 | 想起(생각 상/일어날 기)는 '지난 일을 돌이켜 생각하여 냄'을 뜻하므로 적절하게 쓰였다.
오답피하기 |
② 全開(온전할 전/열 개)는 '꽃이 활짝 다 핌'을 뜻하므로 적절하지 않다. 해당 문장에는 '내용을 진전시켜 펴 나감'을 뜻하는 展開(펼 전/열 개)로 써야 한다.
③ 家舍(집 가/집 사)는 '사람이 사는 집'을 뜻하므로 적절하지 다. 해당 문장에는 '살림살이에 관한 일'을 뜻하는 家事(집 가/일 사)로 써야 한다.
④ 同情(한가지 동/뜻 정)은 '남의 어려운 처지를 자기 일처럼 딱하고 가엾게 여김'을 뜻하므로 적절하지 않다. 해당 문장에는 '일이나 현상이 벌어지고 있는 낌새'를 뜻하는 動靜(움직일 동/고요할 정)으로 써야 한다.

009
정답 | ①
해설 | 제시문에 따르면 초기 비변사 때에는 전직 관료가 구성원이 되었다고 한다. 따라서 전직 관료의 경우에는 비변사의 요직을 차지하기 어려웠다는 진술은 적절하지 않다.
오답피하기 |
② 비변사가 상설화되고 소수 가문이 비변사 요직을 차지하여 왕권이 상대적으로 약화되었다고 하였다.
③, ④ 비변사는 처음에는 국가적 비상사태가 발생하면 소집되는 한시적 기관이었다고 하였다. 그러나 임진왜란을 계기로 국정 전반을 관장하는 최고 기구의 역할을 하기 시작하였고 상설화되었다고 하였다.

010
정답 | ④
해설 | '제가 게을러 일을 제때 하지 못해서'라고 말하며 자신에 대한 비방을 표현하고 있다. 따라서 공손성의 원리 중 겸양의 격률을 나타내는 ④가 가장 적절하다.
오답피하기 |
① 공손성의 원리 중 동의의 격률을 나타낸다.
② 공손성의 원리 중 요령의 격률을 나타낸다.
③ 공손성의 원리 중 찬동의 격률을 나타낸다.

011
정답 | ④
해설 | 외경심이란 공경하고 두려워하는 마음을 의미한다. 제시된 작품은 일출의 광경을 목격하고 이를 묘사하고 있을 뿐, 자연에 대한 외경심을 표현하고 있지 않다. 또한 자연과 인간을 대비하고 있지도 않다.
오답피하기 |
① '밤에 물 치는 굽이는 옥같이 희더니, 즉금(卽今) 물굽이는 붉기 홍옥 같아서'에서 비유적 표현이 드러나며, 이로부터 글쓴이의 섬세한 관찰력을 엿볼 수 있다.
② '홍색(紅色)이 분명하니', '붉은 기운이 동편 길게 뻗쳤으니', '만경창파(萬頃蒼波)가 일시에 붉어' 등에서 붉은색의 색채 이미지를 활용하여 일출의 장관을 감각적으로 묘사하고 있다.
③ 동이 트기 전의 상황, 동이 터 오르기 시작한 상황, 동이 터 바다가 붉게 물든 상황을 순차적으로 묘사하고 있다.

012
정답 | ③
해설 | 1문단에 따르면 표상은 현전에서 파악한 것에 시공간적 내용을 추가해 이미지를 떠올리는 것이다. 그러나 이를 통해 일치감을 느끼게 되는지는 알 수 없다. 2문단에 따르면 뒤프렌이 제시한 마지막 단계 중 한 방식인 '공감적 반성'을 통해 감상자는 작품의 세계와 내면세계가 일치함을 느낄 수 있다.
오답피하기 |
① 1문단에 따르면 현전은 감상자가 작품의 감각적 특징에 신체적으로 반응하면서 주목하는 것이다.
② 1, 2문단에 따르면 표상 단계에서 상상력으로 작품을 지각하고, 비평적 반성을 통해 예술 작품을 객관적으로 분석하여 상상력이 만든 감상자의 표상이 타당한 것인지를 검증한다.
④ 2문단에 따르면 예술가의 제작 의도를 파악하는 비평적 반성만으로는 작품 속에 담긴 내면적 의미까지는 이해하지 못한다고 하였다.

013
정답 | ④
해설 | '철호'가 '영호'의 태도 때문에 자신이 가난하다고 생각한 부분은 나타나 있지 않다. '철호'는 "양심을 버리고, 윤리와 관습을 무시하고, 법률까지도 범하고!"라고 말하며 비도덕적으로 살아가는 '영호'의 삶의 방식을 지적하고 있을 뿐이다.
오답피하기 |
① "그렇게나 살자면 이 형도 벌써 잘 살 수 있었다.", "양심을 버리고, 윤리와 관습을 무시하고, 법률까지도 범하고!"라는 대화에서 '철호'가 '영호'의 삶의 방식을 비도덕적이라고 비난했음을 확인할 수 있다.
② "양심이란 손끝의 가십니다. 빼어버리면 아무렇지도 않은데", "윤리요? 윤리. 그건 나이롱 빤쯔 같은 것이죠."라는 대화에서 '영호'는 '철호'가 양심을 지키며 살아갈 필요가 없다고 생각했음을 확인할 수 있다.
③ "저도 형님을 존경하고 있어요. 고생하시는 형님을 용케 이 고생을 참고 견디는 형님을."이라는 대화에서 '영호'는 힘겨운 삶을 이겨 내려고 노력하는 '철호'를 높게 평가했음을 알 수 있다.

014
정답 | ①

해설 | 괄호 뒤의 문장이 '그러나'로 시작하므로, 뒤의 내용과 상반되는 내용이 괄호 안에 들어가야 한다. 뒤의 문장은 자원인 들소의 수가 줄어들어 공동 자원으로 운용할 수 없다는 내용이다. 따라서 괄호 안에는 자원(들소)의 수요보다 공급이 많을 때는 공동 자원 운용이 합리적인 분배 방식일 수 있었다는 내용이 들어갈 수 있다.

오답피하기 |
② 괄호의 앞뒤에 자원의 종류가 다양할 경우와 관련된 내용은 나타나 있지 않다.
③ 괄호의 앞뒤에 자원으로 여겨지는 오늘날의 대상이 과거에는 어떠한 가치도 갖지 않는 존재일 수 있었다는 내용은 나타나 있지 않다.
④ 괄호의 앞뒤에 자원의 소유권을 가진 대상에 따라 자원의 희소성이 달라진다는 내용은 나타나 있지 않다.

015
정답 | ②

해설 | ㉠ 앞뒤 문장에서 결단에 이르기까지의 과정이 높은 지식과 생각에 의하여 뒷받침되어 있어야 한다고 하였고, 깊은 산 속에서 길을 잃은 사람에게 신중함과 결단력이 있어야 한다고 예를 들고 있다. 따라서 ㉠에는 '예를 들어, 이를테면'이 모두 들어갈 수 있다. ㉡ 앞뒤 문장에서 상황 판단을 정확히 하기 위하여 침착하고 신중한 관찰을 해야 한다고 하였고, 서로의 의견 교환도 필요하다고 하였다. 이 두 내용은 인과로 엮이는 내용이라고 보기 어렵다. ㉡ 뒤의 내용을 더 살펴보면 시야가 넓은 곳으로 올라가 주변을 파악하고, 지혜를 모으는 것이 중요하다고 하였다. 이는 ㉡ 앞뒤 문장과 동일한 의미이며, 이 문장을 순서대로 나열하고 있다. 따라서 ㉡에는 '그리고'가 들어가야 한다. ㉢ 뒤에서는 앞의 내용들을 요약하여 말을 하기 전에 충분한 성찰 과정을 겪어야 한다고 말하고 있다. 따라서 ㉢에는 '요컨대'가 들어가야 한다.

016
정답 | ②

해설 | '홉스'에 의하면 인간의 욕망은 끊임없이 나아가는 운동성을 그 본질로 삼기 때문에, 어떠한 목적이든 그것이 충족된 순간에는 그 자체가 또 다른 목적을 위한 수단이 되어 버린다. 따라서 인간에게 불변의 목적이란 존재하지 않을 것이므로, ②의 진술은 '홉스'의 견해에 부합하지 않는다.

오답피하기 |
① '홉스'에 의하면 인간은 기계적으로 끊임없이 운동하는 자연물 중의 하나이다.
③ '홉스'에 의하면 어떠한 목적이든 그것이 충족된 순간에는 그 자체가 또 다른 목적을 위한 수단이 되어 버린다.
④ '홉스'에 의하면 욕망이 충족되면 인간은 그 만족 상태에 계속 머물러 있지 못하고, 다음 욕망으로 나아가려 한다.

017
정답 | ②

해설 | 제시문에서는 편경에 대해 서술하고 있으므로, 편경이 무엇인지에 대해 서술한 ㄴ이 가장 먼저 오는 것이 적절하다. 이때 ㄷ에서는 편경의 형태에 대해 설명하며 경이 무엇인지에 대해 말하고 있고, ㄱ에서는 경에 대해 더욱 자세하게 설명하고 있다. 따라서 ㄷ – ㄱ이 이어지는 것이 적절하다. 그리고 ㄱ에서 국내에서 경석이 발견되지 않아 편경을 외국에서 들여왔다고 하였는데, ㅁ에서 세종 7년에 국내에서 경석이 발견되어 국내에서 편경을 제작했다고 하였으므로 ㄱ – ㅁ이 이어지는 것이 적절하다. 한편 ㅁ에서 편경은 매우 귀하게 여겨졌다고 하였고, ㄹ에서는 편경이 극진한 대접을 받은 이유를 제시하였으므로 ㅁ 다음에 ㄹ이 오는 것이 적절하다. 이를 조합했을 때, 글의 순서로 가장 자연스러운 것은 ㄴ – ㄷ – ㄱ – ㅁ – ㄹ이다.

018
정답 | ②

해설 | (가)를 통해 사람들은 자신을 더 나은 상품으로 과시하기 위해서 스스로를 상품화했음을 알 수 있다. 그런데 (나)에서 주인공이 여성의 상의 단추를 나사로 여긴 것은 자신을 더 나은 상품으로 과시하는 것으로 보기 어렵고, 여성이 스스로를 상품화했다고 볼 근거도 찾을 수 없다. 주인공이 여성의 상의 단추까지 나사로 여기게 된 것은 인간을 기계 부품으로 전락시킨 것, 또는 인간이 상품 가치로 평가된 것 등으로 볼 수 있다.

오답피하기 |
① (가)에 따르면 인간은 공장의 철저한 분업으로 인해 기계 부품으로 전락했다. 이를 고려할 때, (나)의 주인공이 공장에서 종일 나사를 조이다 모든 것을 조이려는 강박을 얻은 것은 인간이 분업에 의해 기계 부품으로 전락했음을 의미한다고 볼 수 있다.
③ (가)에서는 자본주의가 발전하며 인간이 기계 부품으로 전락하였다고 했다. 그리고 (나)에서는 나사를 조이는 기계 부품으로 전락해 버린 주인공이 정신 병원에 들어가 강박증을 고쳤으므로, 이를 통해 자본주의로 인한 문제가 비정상적인 상황임을 드러낸다고 볼 수 있다.
④ (가)에서는 자본주의 현실에서 자신의 가치를 증명하지 못한 인간은 쓸모없는 존재가 된다고 하였다. 그리고 (나)에서 주인공은 감옥에서 나오자 불안을 느끼고, 다시 감옥에 들어가기 위해 고군분투한다. 이를 고려할 때, (나)에서 주인공이 다시 감옥에 들어가려 한 것은 자본주의 현실에서의 삶이 두렵고 위태로운 일임을 드러낸 것임을 알 수 있다.

019
정답 | ③

해설 | 鏡中美人(거울 경/가운데 중/아름다울 미/사람 인)은 '거울에 비친 미인'이라는 뜻으로, '실속 없는 일'을 비유적으로 이르는 말이다. 따라서 사자성어의 뜻이 나머지와 가장 다르다.

오답피하기 |
① 傾國之色(기울 경/나라 국/갈 지/빛 색)은 '임금이 혹하여 나라가 기울어져도 모를 정도의 미인'이라는 뜻으로, '뛰어나게 아름다운 미인'을 이르는 말이다.
② 丹脣皓齒(붉을 단/입술 순/흴 호/이 치)는 '붉은 입술과 하얀 치아'라는 뜻으로, '아름다운 여자'를 이르는 말이다.
④ 雪膚花容(눈 설/살갗 부/꽃 화/얼굴 용)은 '눈처럼 흰 살갗과 꽃처럼 고운 얼굴'이라는 뜻으로, '미인의 용모'를 이르는 말이다.

020
정답 | ①

해설 | 제시문에 따르면 지대는 도심지가 가장 높고 외곽 지역일수록 낮아진다. 따라서 지대는 도심지와의 거리에 비례하는 것이 아니라 반비례한다. 따라서 ①의 추론은 적절하지 않다.

| 오답피하기 |

② 공장은 도시의 외곽으로 흩어지려는 경향을 가지고, 지대는 도심이 일반적으로 높게 형성된다고 하였다. 따라서 공장은 도심이 아닌 지대가 낮은 외곽을 선호한다고 추론할 수 있다.
③ 주거지, 학교, 대규모 공장 등은 도시 외곽으로 흩어지려는 경향을 가지는데, 지대는 도심이 일반적으로 높게 형성된다고 하였다. 주거지, 학교, 대규모 공장은 지대에 따라서 외곽으로 흩어지려는 경향을 가지는 것이다. 따라서 지대는 여러 기능들을 분산시키는 역할을 한다고 추론할 수 있다.
④ 도심은 유동 인구가 많고 교통이 편리하여 접근성이 좋다고 하였다. 따라서 유동 인구가 중요한 사업일수록 도심지를 선호할 것이라고 추론할 수 있다.

모의고사 13회

13회

001 ②	002 ①	003 ①	004 ①	005 ④
006 ③	007 ②	008 ③	009 ①	010 ④
011 ③	012 ③	013 ①	014 ③	015 ③
016 ④	017 ③	018 ④	019 ④	020 ③

001
정답 | ②
해설 | '삶만'은 뒤에 자음으로 시작하는 조사가 결합했으므로 겹받침 중 하나가 탈락하는 자음군 단순화를 적용하여 [삼ː만]으로 발음한다.
| 오답피하기 |
① '많은'은 뒤에 모음으로 시작하는 어미가 결합했으므로 자음군 단순화가 적용되지 않고, 'ㅎ'이 탈락하여 [마는]으로 발음한다.
③ '넓네'는 겹받침 중 하나가 탈락하는 자음군 단순화를 적용하여 [널네]가 되고, 'ㄴ'은 'ㄹ'의 영향으로 유음화되어 [널레]로 발음한다.
④ '읽는'은 겹받침 중 하나가 탈락하는 자음군 단순화를 적용하여 [익는]이 되고, 'ㄱ'은 'ㄴ'의 영향으로 비음화되어 [잉는]으로 발음한다.

002
정답 | ①
해설 | 아니오(×) → 아니요(○): 대답하는 표현인 '응ː아니'에 대한 높임의 표현으로 '예ː아니요'가 쓰인다.
| 오답피하기 |
② 붇기(○): '붇다'는 'ㄷ' 불규칙 용언으로 '붇기, 붇는, 불어, 불으니'와 같이 활용된다. 이를 '불기'로 쓰지 않도록 주의해야 한다.
③ 걸맞은(○): '걸맞다'는 형용사이므로 '걸맞은'으로 활용된다. 이를 동사로 착각하여 '걸맞는'으로 쓰지 않도록 주의해야 한다.
④ 자랑스러운(○): '자랑스럽다'는 'ㅂ' 불규칙 용언으로 '자랑스러운'으로 활용된다. 이를 '자랑스런'으로 쓰지 않도록 주의해야 한다.

003
정답 | ①
해설 | 'A'는 '실제로 최근 2년 사이 인공 지능 기술을 활용한 비대면 업무를 중심으로 2천 명의 채용이 중단되거나 미뤄졌다고 합니다.'라며 문제 현황을 언급하였다. 또한 '인공 지능에 세금을 부과해야 하지 않을까요?'라며 자신의 주장을 드러내고 있다.
| 오답피하기 |

② 'B'는 '인공 지능에 법인세나 소득세 이외에 별도의 세금을 부과하면 중복 과세가 됩니다.'라며 'A' 주장의 한계를 지적하고 있다. 그러나 보완 방법을 제시하는 부분은 나타나 있지 않다.
③ 'C'는 '인공 지능 산업 변화에 대처할 수 있는 인력을 양성하는 것이 좋지 않을까요?'라며 질문의 형식으로 인공 지능으로 인한 일자리 감소 문제의 대처 방안을 제시하고 있다. 그러나 'B'의 주장에 대한 근거를 요구하는 부분은 나타나 있지 않다.
④ 'C'는 '인공 지능으로 인한 일자리 감소 문제에 대처해야 한다는 점에는 동의합니다.'라며 'A' 주장의 의도에 공감하고 있다. 그러나 그 주장을 재진술하는 부분은 나타나 있지 않다.

004
정답 | ①
해설 | 정답란(正答欄)(○): 단어 첫머리 이외의 경우는 두음 법칙이 적용되지 않으므로 본음대로 적는다. 참고로 고유어나 외래어 뒤에 결합하는 경우에는 한자어 형태소가 하나의 단어로 인식되므로, 두음 법칙이 적용된 형태로 적는다.
오답피하기 |
② 고냉지(×) → 고랭지(高冷地)(○): '표고(標高)가 높고 한랭한 곳'이란 뜻의 '高冷地'는 '고냉지'가 아닌 '고랭지'로 적는다. 발음이 [고랭지]이고 '고랭-지'로 분석되기 때문이다.
③ 백분률(×) → 백분율(百分率)(○): '率'은 모음이나 'ㄴ' 받침 뒤에서는 '율'로 적고 그 외의 받침 뒤에서는 '률'로 적는다.
④ 회계년도(×) → 회계연도(會計年度)(○): 접두사처럼 쓰이는 한자가 붙어서 된 말이나 합성어에서는 뒷말의 첫소리가 'ㄴ' 소리로 나더라도 두음 법칙에 따라 적는다.

005
정답 | ④
해설 | ⓐ'두메산골'은 산밭을 일구느라 고생하는 곳으로 생계를 꾸리기 어려운 척박한 공간이다. ⓑ'평지'는 두려운 벼슬아치가 있는 곳으로 착취를 두려워해야 하는 시련의 공간이다.
오답피하기 |
① ⓐ'두메산골'은 척박한 곳으로 생계를 유지하기 어려운 공간이므로 정신적 만족감을 느끼는 공간이라 할 수 없다. ⓑ'평지'는 '두메산골'보다 척박하지는 않지만 물질적 풍요로움을 경험하는 공간임은 알 수 없다.
② ⓐ'두메산골'은 생계를 유지하기 어렵고 외로움을 느끼는 공간이므로 탈속적 공간이라 볼 수 없다. ⓑ'평지'가 현실과 타협하게 되는 세속의 공간임은 알 수 없다.
③ ⓐ'두메산골'은 이웃이 없는 곳으로 이웃과 유대감을 느낄 수 없는 곳이다. ⓑ'평지'는 이웃이 살아가는 곳으로 추측할 수 있으므로 인적이 끊긴 고독한 공간이라 볼 수 없다.

006
정답 | ③
해설 | ㉠ 未盡(아닐 미/다할 진)은 '아직 다하지 못함'을 뜻한다. ㉡ 看破(볼 간/깨뜨릴 파)는 '속내를 꿰뚫어 알아차림'을 뜻한다.
오답피하기 |
㉠ 未眞(아닐 미/참 진)은 잘못된 표기이다.
㉡ 看把(볼 간/잡을 파)는 잘못된 표기이다.

007
정답 | ②
해설 | 근대화론은 유럽 중심부와 미국 중심으로 사회 진화 모델을 근대의 기준으로 삼은 것이다. 따라서 서구를 근대화의 기준으로 삼은 것이며, 이에 따라 '개발'과 '저개발'을 판단하는 것이다.
오답피하기 |
①, ③ 근대화론에 따르면 유럽 중심부와 미국을 중심으로 한 사회 진화 모델을 근대의 기준으로 잡고, '근대'와 '전근대' 이항 대립의 범주로 나눌 것이다.
④ 근대화론에 따르면 '전근대', '후진', '특수'는 사회 진화 모델에서 벗어나는 같은 범주이다.

008
정답 | ③
해설 | ㉢: 아름다움을 적극적으로 찾아 나서지 못한 과거의 태도가 나타나 있지 않으며, 과거의 태도에 대한 화자의 뉘우침도 확인할 수 없다.
오답피하기 |
① ㉠: 화자는 노을을 보려고 그네를 탔으나 노을이 어둠에 잡아먹힘에 따라 화자의 소망이 좌절되었다. 이로 인한 화자의 불안과 안타까움을 '그넷줄'에 투영하여 표현하고 있다.
② ㉡: 화자는 땅끝에 서 있으며 파도가 끊임없이 땅을 먹어 들어오고 있으므로 계속해서 삶의 위기를 겪고 있음을 알 수 있다. 또한 화자가 '뒷걸음질' 치는 것에서 삶의 위기로부터 벗어나고자 하고 있음을 알 수 있다.
④ ㉣: '아름다움'을 보려고 위태로운 공간인 '땅끝'을 찾아가는 것에서 화자의 역설적 인식을 확인할 수 있다. '땅끝'을 절망, '아름다움'을 희망이라고 보았을 때 절망 속에서 희망을 깨닫는 성숙한 화자의 태도가 드러난다고 볼 수 있다.

009
정답 | ①
해설 | 독서를 통해 깨달음을 얻는다는 내용으로 독서를 권장하고 있으며, '~을 ~다 / ~을 ~다'로 대구의 방식을 활용하고 있다. 또한 '넘기다'와 '남기다'에서 유사한 음절을 반복한 표현을 활용하고 있다.
오답피하기 |
② 책을 함께 읽자는 내용으로 독서를 권장하고 있다. 그러나 대구의 방식과 유사한 음절을 반복한 표현을 활용하고 있지 않다.
③ '~요 / ~요'로 대구의 방식을 활용하고 있으며, '만나요'와 '맛나요'에서 유사한 음절을 반복한 표현을 활용하고 있다. 그러나 독서를 권장하는 내용은 표현하고 있지 않다.
④ 책을 통해 생각을 할 수 있다는 내용으로 독서를 권장하고 있다. 그러나 대구의 방식과 유사한 음절을 반복한 표현을 활용하고 있지 않다.

010
정답 | ④
해설 | 순자와 한비자는 인간의 본성이 이기적이라고 보았다. 그리고 순자는 예를 통해 백성들의 욕망을 조절해야 한다고 생각하였고, 한비자는 법치를 통해 특혜와 불로 소득을 감히 생각하지 않게 해야 한다고 보았다. 따라서 ㉠과 ㉡은 모두 인간의 욕망은 사회적으로 제한될 필요가 있다고 보았다.

오답피하기
① 순자와 한비자는 인간의 본성 자체가 이기적이라고 보았다. 인간이 환경에 의해 이기적으로 변한다고 본 것이 아니다.
② 순자가 인간의 욕망이 부귀영화를 이루는 수단이라고 보았다는 내용은 나타나 있지 않다.
③ 한비자는 순자와 달리 인간의 이기적 본성을 교화할 수 없다고 하였다.

011
정답 | ③
해설 | '콩쥐'의 '부친'은 '배 씨'의 말이라면 '팥으로 메주를 쑨다' 하더라도 곧이듣게 되었다고 서술하고 있다. 이러한 관용적 표현을 통해 '콩쥐'가 아버지로부터 보호를 받지 못하고 계모인 '배 씨'로부터 구박을 받는 처지가 되었음을 알 수 있다.
오답피하기
① 제시된 작품에서 비현실적인 사건이나 환상적인 분위기는 드러나지 않는다.
② 제시된 작품은 '배 씨'의 외양을 묘사하고, '배 씨'가 '콩쥐'를 구박하는 장면을 제시하고 있다. 따라서 긴박한 상황은 드러나지 않는다. 또한 짧은 문장을 활용하고 있지도 않다.
④ 시공간적 배경을 자세히 묘사한 부분은 나타나 있지 않다.

012
정답 | ③
해설 | 反面教師(돌이킬 반/낯 면/가르칠 교/스승 사)는 '사람이나 사물 따위의 부정적인 면에서 얻는 깨달음이나 가르침을 주는 대상'을 뜻한다. 따라서 빈칸에 들어갈 사자성어로 가장 적절하다.
오답피하기
① 一刀兩斷(한 일/칼 도/두 양/끊을 단)은 '칼로 무엇을 대번에 쳐서 두 도막을 낸다'라는 뜻으로, '어떤 일을 머뭇거리지 아니하고 선뜻 결정함'을 이르는 말이다.
② 玉石俱焚(구슬 옥/돌 석/함께 구/불사를 분)은 '옥이나 돌이 모두 다 불에 탄다'라는 뜻으로, '옳은 사람이나 그른 사람이 구별 없이 모두 재앙을 받음'을 이르는 말이다.
④ 支離滅裂(지탱할 지/떠날 리/멸할 멸/찢을 렬)은 '이리저리 흩어지고 찢기어 갈피를 잡을 수 없음'을 뜻한다.

013
정답 | ①
해설 | 제시문은 (나) 생명이란 고귀하지만, (가) 우리 사회에서는 생명의 가치를 망각하고 있다고 지적한다. 그리고 (다) 생명을 존중하기 위해서는 어떻게 해야 하는지 의문을 던지고, 그에 대한 답을 하고 있다. 그리고 마지막으로, (라) 생명의 가치를 제대로 인식하기 위해 필요한 노력들을 언급하고 있다.

014
정답 | ③
해설 | 1문단에 따르면 콩스탕이 추구한 자유의 논리는 외적 권위에 저항한다는 점에서 프로테스탄티즘과 맥을 같이 한다. 그러나 외적 권위에 저항한다는 것은 사적 활동의 자유를 추구하는 것을 의미하지 정치적 자유를 중시하는 것은 아니다. 따라서 콩스탕의 주장은 정치적 자유를 중시한다는 점에서 프로테스탄티즘과 맥을 같이 한다는 설명은 적절하지 않다.
오답피하기
① 1문단에 따르면 고대적 자유는 주권의 많은 부분을 집단적, 직접적으로 행사하나, 근대적 자유는 대의 제도를 통한 주권 행사라는 정치 활동의 형식에 만족한다. 따라서 고대적 자유와 근대적 자유의 차이는 주권 행사의 직접성 여부에서 나타남을 알 수 있다.
② 1문단에 따르면 콩스탕은 개인적 자유의 극대화와 공동체적 자유의 극소화를 추구했다. 따라서 콩스탕은 공동체적 자유를 개인적 자유와 대립적인 관계를 이루는 것으로 보았음을 알 수 있다.
④ 2문단에 따르면 사회적 동물로서의 인간이 지닌 자아실현에의 욕구는 공동체의 운영과 발전에 참여하려는 자유를 아울러 희구한다. 따라서 인간이 지닌 자아실현의 욕구가 성취되기 위해서는 공동체적 자유의 충족을 무시할 수 없음을 알 수 있다.

015
정답 | ③
해설 | 1문단에서는 존속적 혁신과 상반되는 파괴적 혁신의 특성 및 시장 장악 원리에 대해 서술하고 있다. 그리고 2문단에서는 파괴적 혁신을 활용하여 시장을 장악한 예로 온라인 스트리밍 콘텐츠 사업을 제시하였다. 따라서 글의 중심 내용을 담은 제목에는 파괴적 혁신이 시장을 장악한다는 내용이 들어가야 한다. 이를 고려할 때, 글의 중심 내용을 담은 제목으로는 '기존의 시장을 무너뜨리는 경쟁자, 파괴적 혁신 전략'이 가장 적절하다. 해당 제목에서는 존속적 혁신의 틈을 파고들어 시장을 새롭게 장악하는 파괴적 혁신의 특성을 드러내고 있다.
오답피하기
① 제시문에서는 파괴적 혁신이 시장을 장악하는 원리에 대해 서술하고 있다. 파괴적 혁신의 부정적인 면모에 대한 내용을 찾을 수 없으므로, '혁신의 명과 암', '파괴적 혁신의 양면성' 등은 적절하지 않다.
② 제시문에서는 존속적 혁신과 다른 방법으로 시장을 장악하는 파괴적 혁신의 원리를 제시하고 있다. 혁신 기업이 딜레마를 겪는다는 내용은 확인할 수 없다.
④ 제시문의 내용을 고려할 때, '밑바닥으로부터의 반란'은 파괴적 혁신을 의미한다는 것을 알 수 있다. 이때 제시문에서는 이에 대한 존속적 혁신의 생존이 아니라, 파괴적 혁신이 어떻게 시장을 장악하는지에 대해 서술하고 있으므로 적절하지 않다.

016
정답 | ④
해설 | 제시문에 따르면 이성은 언어 사용을 통해 발전한다. 따라서 인간은 언어를 사용함으로써 이성의 완성으로 향해가는 것이므로, 이성의 완성 이전에도 언어를 사용할 수 있다는 결론을 내릴 수 있다.
오답피하기
① 1문단의 '언어는 우리의 삶의 세계를 밝히며'에서 언어가 세계를 탐구함을 알 수 있고, '언어가 우리의 사람됨을 창조'한다는 것을 통해 언어가 인간성을 창조한다는 사실을 알 수 있다.
② 2문단의 '우리의 정서 역시 우리가 언어를 사용하고 주위의 사람들과 언어를 통해 의사소통을 해 나가면서 발전'한다는 내용에서 알 수 있다.
③ 1문단의 '우리의 외부 세계와 내부 세계는 서로 대응'된다는 내용에서 알 수 있다.

017
정답 | ③
해설 | 제시문에서 인간의 지각 활동의 과정을 단계별로 나누어 제시한 부분을 확인할 수 없다.

오답 피하기 |
① 2문단의 '간결성의 원리란 인간의 지각 활동은 가장 간결한 것을 중심으로 이루어진다는 것이다.'에서 간결성의 원리의 뜻을 밝히고 있다.
② 2문단의 '간결성의 원리가 나타나는 이유는 인간이 최소한의 에너지를 사용하여 목적을 달성하려고 하기 때문이다.'에서 간결성의 원리가 나타나는 원인을 밝히고 있다.
④ 1문단에서 전체와 부분의 관계를 대사와 행동, 장면 등이 모여 연극이라는 전체를 이루는 경우에 빗대어 설명하고 있다.

018
정답 | ④
해설 | '원장의 의견은 정수의 애국 인민과 평양의 행정에 종사할 사람을 치료하기에도 일손이 모자란다는 것이었으나'에서 '원장'은 '한영덕'에게 이념에 따라 생명의 가치를 판단하도록 요구했음을 알 수 있다.
오답 피하기 |
① '방공호(적의 항공기 공습이나 대포, 미사일 따위의 공격을 피하기 위하여 땅속에 파 놓은 굴이나 구덩이)', '삼팔선'과 같이 시대적 배경을 짐작하게 하는 어휘를 통해 6·25 전쟁 직후의 작중 분위기를 환기하고 있다.
② '시월 칠일에 ~ 열심히 일하는 척하다가'에서 '서학준'은 다친 사람들을 치료하는 사회적 의무보다 개인적인 안위를 중요하게 여기고 있음을 알 수 있다.
③ 개인적인 안위를 중요시하는 '서학준'과 사회적 의무를 중시하는 '한영덕'을 대비하여 극적 긴장감을 고조시키고 있다.

019
정답 | ④
해설 | ㉠에는 '참고하여 생각함'을 뜻하는 '감안(勘案)'이 들어가야 한다. 그리고 ㉡에는 '굳게 지니거나 지킴'을 뜻하는 '견지(堅持)'가 들어가야 한다.
오답 피하기 |
'상정(想定)'은 '어떤 상황이나 조건을 가정적으로 생각하여 판정함'을 뜻한다. '주의(注意)'는 '마음에 새겨 두고 조심함' 또는 '어떤 한 곳이나 일에 관심을 집중하여 기울임'을 뜻한다.

020
정답 | ③
해설 | 2문단에 따르면 타일러는 프랑스 계몽주의자들이 야만성과 미개성에 대비하기 위해 착안한 문명 개념을 받아들이고, 문명은 문화가 발전된 것이라고 보았다. 따라서 타일러는 원시적이고 미개한 사회에도 문화가 존재하고, 이것이 발전하면 문명이 된다고 보았을 것이다.
오답 피하기 |
① 1문단에 따르면 독일 낭만주의자들은 문화를 정신적 특성으로 규정하고, 문명을 물질적인 것에 국한시켰다. 따라서 둘을 구분해서 파악하였을 것이다.
② 1문단에 따르면 독일 낭만주의자들은 문화를 정신적 특성으로, 문명을 물질적인 것으로 보았다. 그리고 아놀드는 이런 구분을 받아들였다. 따라서 아놀드는 문화와 문명을 구분하였을 것이다.
④ 19세기 인문주의자들이 프랑스 계몽주의자들의 문화의 개념을 배격했는지 알 수 없다.

모의고사 14회

14회

001 ①	002 ①	003 ①	004 ②	005 ④
006 ①	007 ③	008 ②	009 ②	010 ③
011 ③	012 ④	013 ①	014 ④	015 ③
016 ③	017 ③	018 ④	019 ②	020 ④

001
정답 | ①
해설 | 심심잖게(×) → 심심찮게(○): '심심하지 않게'는 '-하지' 뒤에 '않-'이 어울려 '-찮-'이 되는 경우에 해당한다.
오답 피하기 |
② 변변찮아도(○): '변변하지 않아도'는 '-하지' 뒤에 '않-'이 어울려 '-찮-'이 되는 경우에 해당한다.
③ 생각건대(○): '생각하건대'는 어간의 끝음절 '하'가 줄어들 때, '무성음+하'의 경우에 해당하므로 '하'가 탈락한다.
④ 만만찮은(○): '만만하지 않은'은 '-하지' 뒤에 '않-'이 어울려 '-찮-'이 되는 경우에 해당한다.

002
정답 | ①
해설 | '눌러'는 '누르다'의 활용형이다. '누르다'는 '르' 불규칙 용언이다. 어미 '-아/어'와 결합하는 경우에 어간의 '르'가 'ㄹㄹ'로 바뀐다. 이처럼 '르' 불규칙 활용이 나타나는 것은 '흐르다'이다. '흐르다'도 어미 '-아/어'와 결합한 활용형은 '흘러'이다.
오답 피하기 |
② '따르다'는 규칙 활용을 한다. 대신 어간이 '一'로 끝나는 용언이므로 '-아/어'와 결합하는 경우에는 어간의 '一'가 탈락한 '따라'가 된다.
③ '치르다'는 규칙 활용을 한다. 대신 어간이 '一'로 끝나는 용언이므로 '-아/어'와 결합하는 경우에는 어간의 '一'가 탈락한 '치러'가 된다.
④ '들르다'는 규칙 활용을 한다. 대신 어간이 '一'로 끝나는 용언이므로 '-아/어'와 결합하는 경우에는 어간의 '一'가 탈락한 '들러'가 된다.

003
정답 | ①
해설 | '걷잡다'는 '한 방향으로 치우쳐 흘러가는 형세 따위를 붙들어 잡다'를 뜻하고, '겉잡다'는 '겉으로 보고 대강 짐작하여 헤아리다'를 뜻한다. 따라서 ①은 두 단어를 서로 바꾸어 써야 한다.

오답피하기 |
② '거치다'는 '마음에 거리끼거나 꺼리다'를 뜻하고, '걷히다'는 '구름이나 안개 따위가 흩어져 없어지다'를 뜻한다. 따라서 ②는 단어의 쓰임이 적절하다.
③ '벌리다'는 '둘 사이를 넓히거나 멀게 하다'를 뜻하고, '벌이다'는 '일을 계획하여 시작하거나 펼쳐 놓다'를 뜻한다. 따라서 ③은 단어의 쓰임이 적절하다.
④ '그슬다'는 '불에 겉만 약간 타게 하다'를 뜻하고, '그을다'는 '햇볕이나 불, 연기 따위를 오래 쬐어 검게 되다'를 뜻한다. 따라서 ④는 단어의 쓰임이 적절하다.

004
정답 | ②
해설 | 광한루[광:한누](×) → [광:할루](○): 'ㄴ'은 'ㄹ'의 앞이나 뒤에서 [ㄹ]로 발음한다.
오답피하기 |
① 상견례[상견녜](○), ④ 생산량[생산냥](○): 'ㄹ'을 [ㄴ]으로 발음하는 경우에 해당한다.
③ 닳는[달른](○): 첫소리 'ㄴ'이 'ㅀ', 'ㄾ' 뒤에 연결되는 경우에도 [ㄹ]로 발음한다.

005
정답 | ④
해설 | 제시문에서 'A'와 'B' 모두 자신의 요구를 숨기지 않고 구체적으로 제시하고 있다. 따라서 자신의 요구를 숨기고 상대방의 요구를 분석함으로써 유리한 상황을 유지하는 전략을 사용한다는 설명은 적절하지 않다.
오답피하기 |
① 'A'는 처음에 운송비 8% 인하를 요구했고 'B'는 운송비 4% 인하를 요구했으나, 양측은 운송비 6% 인하로 협의하였다. 따라서 이해 당사자들이 상호 이익이 되는 합의에 도달하기 위해 자신의 이익을 양보했다고 볼 수 있다.
② 'A'는 자신의 회사에서 운송을 요청할 물류량이 많아질 것이므로, 운송비를 인하하더라도 재계약을 하면 상대측에도 이익이 될 것이라고 말하고 있다. 따라서 자신의 제안이 상대방에게 이익이 됨을 강조하여 합의를 유도하는 전략을 사용했다고 볼 수 있다.
③ 'B'는 운송비를 8% 인하하는 것은 손실이 너무 커서, 그 조건대로라면 재계약을 하는 것이 어려울 것 같다고 말하고 있다. 따라서 물러설 수 없는 자신의 입장을 밝히고 협상이 결렬될 수 있음을 표현하는 전략을 사용했다고 볼 수 있다.

006
정답 | ①
해설 | '돈이나 재물 따위를 걸고 주사위, 골패, 마작, 화투, 트럼프 따위를 써서 서로 내기를 하는 일'을 뜻하는 '도박'은 賭博(내기 도/넓을 박)으로 표기한다. 따라서 밑줄 친 부분의 한자가 나머지 셋과 다르다.
오답피하기 |
② '전화, 주문 따위가 한꺼번에 세차게 몰려듦'을 뜻하는 '쇄도'는 殺到(빠를 쇄/이를 도)로 표기한다.
③ '목적한 곳에 다다름'을 뜻하는 '도착'은 到着(이를 도/붙을 착)으로 표기한다.
④ '이르는 곳'을 뜻하는 '도처'는 到處(이를 도/곳 처)로 표기한다.

007
정답 | ③
해설 | 해당 시에서 '고봉(외로운 봉황)'을 예찬하는 내용은 나타나지 않는다. '어엿불사 편편(翩翩) 고봉(孤鳳)이 갈 바 업서 하낫다(불쌍하다 훨훨 나는 외로운 봉황 갈 곳 없어 하는구나)'에서 '고봉'을 불쌍하다고 여기며 감정을 이입하고 있다.
오답피하기 |
① '저 두견(杜鵑)'을 호명하고, '낙화광풍(落花狂風)에 어느 가지 의지하리(꽃잎 떨어지도록 부는 세찬 바람에 어느 가지에 의지할까)'라고 안타까워하고 있다. 이를 통해 '낙화광풍'은 '두견'을 힘들게 하는 시련을 상징함을 알 수 있다.
② '백조(白鳥)야 한(恨)하지 말아 내곳 설워 하노라(백조야 한탄하지 마라 내가 서러워하노라)'에서 '백조'가 우는 모습을 표현하고 있는데, 이는 화자 자신의 설움을 이입한 것으로 볼 수 있다.
④ '연화(煙火) 수삼 어촌(數三漁村)이 무릉(武陵)인가 하노라(연기 몇 줄기 피어오르는 어촌이 무릉도원인가 하노라)'에서 '무릉'은 화자가 지내는 어촌 마을을 빗대어 표현한 것으로, 자연에 묻힌 공간으로 볼 수 있다.

008
정답 | ②
해설 | '자연재해 방지를 위한 시설 정비'는 안전사고 예방과 관련이 없다. 그리고 'Ⅱ-1-가'와의 관계를 고려할 때, ㉡에는 '안전 교육의 정기적 실시' 또는 '안전 교육 실시의 의무화'라는 내용이 들어가야 한다.
오답피하기 |
① 'Ⅱ-2-나'와의 관계를 고려할 때, '정부 차원의 안전 관리 체계 미비'는 ㉠에 들어갈 내용으로 적절하다.
③ 'Ⅱ-1-나'와의 관계를 고려할 때, '정부 차원의 안전 관리 체계 정비'는 ㉢에 들어갈 내용으로 적절하다.
④ '본론'의 내용을 고려할 때, '안전 의식 강화와 안전 관리 체계 정비 촉구'는 ㉣에 들어갈 내용으로 적절하다.

009
정답 | ②
해설 | 제시문의 중심 생각은 특정한 일을 지속적으로 수행하면 뇌는 그 문제를 해결하는 데에 필요한 신경계를 연결한다는 것이다. 나머지 문장은 이러한 중심 내용을 설명하기 위한 전제와 부연에 해당한다.
오답피하기 |
① 제시문에서 배우와 택시 운전사를 예로 들어 뇌의 발달 부분이 달라짐을 설명하고 있다. 이는 특정한 일을 지속적으로 수행하면 뇌는 그 문제를 해결하는 데에 필요한 신경계를 연결한다는 중심 생각을 부연하기 위한 예시에 해당한다.
③ 제시문에서 각 개인의 뇌는 독특한 속성을 가지고 있다고 설명하고 있다. 그러나 이는 뇌가 개인의 생존 목적에 따라 변화함을 드러내기 위한 전제에 해당하므로, 중심 생각으로 보기 어렵다.
④ 제시문에서 특정한 일을 지속적으로 수행하면 해당 뇌 부분이 효율적으로 발달한다고 설명하고 있다. 뇌의 여러 영역들이 서로 다른 특정 기능을 수행한다는 것은 뇌의 발달에 대한 내용을 담고 있지 않으므로, 중심 생각으로 보기 어렵다.

010
정답 | ③
해설 | 제시된 작품은 암담한 현실의 어려움을 이겨 내고자 하는 삶의 의지와 이상을 추구하고 있다. 화자는 과거를 그리워하고 있지 않으며, 현재와 과거를 대비하고 있는 것도 아니다.
오답피하기 |
① '푸른 산', '푸른 별' 등에서 '푸른'이라는 색채어를 반복하고 있다. 이때 '푸른 산', '푸른 별'은 암담한 현실의 어려움을 이겨 내고자 하는 의지와 희망을 의미한다.
② '하늘을 향하고 산림처럼 두 팔을 드러낼 수 있는', '푸른 산처럼 든든하게 지구를 디디고' 등에서 비유가 나타난다. 이는 인간을 하늘을 향해 가지를 뻗은 산림이나 지구를 디디고 선 산에 빗댄 것이다. 따라서 자연물과 인간의 유사성을 제시하고 있다고 볼 수 있다.
④ '얼마나 숭고한 일이냐'에서 설의적 표현을 활용하고 있다. 이는 '하늘을 향하고 산림처럼 두 팔을 드러'내며 희망을 지닌 긍정적 태도로 현실을 이겨 내고자 하는 의지를 표현한 것으로 볼 수 있다.

011
정답 | ③
해설 | 제시문에서 동양은 현상과 실체, 정신과 물질의 이분(二分)을 근원적으로 허용치 않으며, 우주 만물과 하나로서의 일체화된 '나'를 지향한다고 설명하고 있다. ③에는 '우리도 한 떨기 단풍에 지나지 않아 보인다. 다리는 줄기요, 팔은 가지인 채, 피부는 단풍으로 물들어 버린 것 같다.'라고 하면서 자연과 일체화된 모습을 보여주고 있다.
오답피하기 |
①, ②, ④ 아름다운 자연의 모습에 대한 감상을 보여주고 있을 뿐 자연과 일체화된 모습은 나타나지 않는다.

012
정답 | ④
해설 | '병일'은 '사진사'에게 불쾌함을 느끼고 '그래 댁이 무슨 상관이오.'라는 말을 생각하였으나, 용기가 나지 않아 말을 하지 않았다. 이는 '병일'이 '사진사'에게 반감을 느꼈으나 겉으로 표현하지 않은 것일 뿐, '사진사'의 지적을 받아들인 것이라고 보기 어렵다.
오답피하기 |
① '사진사'는 '병일'의 월급을 묻고 저금을 2백 원은 앞세웠으리라고 짐작한다.
② '병일'은 돈을 무엇에 썼는지 궁금해하는 '사진사'에게 싫은 대답을 간신히 한다. 그리고 '사진사'가 설교하려 드는 것에 대단히 불쾌함을 느꼈다.
③ '사진사'는 '병일'이 적지 않은 돈을 저금도 안 하고 책을 사 보는 것을 말이 안 된다며 이해하지 못하는 태도를 보인다.

013
정답 | ①
해설 | 제시문에서 창의적 독해를 통해 개인 또는 개인이 속한 사회적 문제를 해결할 수 있는 방법에 대해서 생각을 진전시킬 수 있다고 하였다. 따라서 제시문이 전제하는 바는 독자는 책을 독해함으로써 당면한 문제를 해결할 수 있다는 점이다.
오답피하기 |
② 창의적 독해는 필자의 생각과 자신의 생각을 종합하여 새로운 의미를 만들어 내는 것이라고 하였다.
③, ④ 타인의 시각을 통해 독해가 책의 의미를 왜곡시킬 수 있다는 것이나, 능숙한 독자가 독해를 통해 자신의 생각을 타인과 공유할 수 있다는 것은 제시문을 통해 알 수 없는 내용이다.

014
정답 | ④
해설 | 2문단에서 부농들은 납속과 공명첩과 같은 제도를 이용하여 신분을 상승시켰다고 설명하고 있다. 따라서 납속과 공명첩은 정부에서 인정한 제도일 것이므로, 정부에서 신분제의 동요를 막으려 했다고 보기 어렵다. 납속과 공명첩은 곡물을 나라에 바치게 하고 관직을 주거나 면역해 주던 제도를 의미한다.
오답피하기 |
① 1문단에서 새로운 농법과 작물을 이용하여 부를 축적한 부농들이 있었다고 설명하고 있다.
② 2문단에서 부농의 등장은 봉건 체제의 핵심이었던 신분제에 동요가 나타나는 원인이 되었다고 설명하고 있다.
③ 2문단에서 부농은 각 지방에서 향직(鄕職)에 진출하거나, 향촌에서 수령과 유착하여 중간 수탈을 자행하는 경우도 있었다고 설명하고 있다.

015
정답 | ③
해설 | (나)에 따르면 배아 복제 허용을 주장하는 사람들은 자궁 착상 이전 단계의 배아를 다루기 때문에, 인간 배아 복제 문제를 윤리 논쟁의 대상으로 삼는 것은 설득력이 없다. 이는 배아 복제 허용을 주장하는 사람들의 논리를 인정하며, 그들의 논리를 윤리적으로 지적할 수 없다는 의미이다. 따라서 ③은 (나)의 필자의 주장과 일치하지 않는다.
오답피하기 |
① (가)에 따르면 배아 복제 연구는 인간 배아 수정 후 14일 이전의 수정란만 연구가 가능하도록 허용하고 있다. 이는 14일 이후부터 배아가 분화되기 시작하는데, 생물학적으로 분화 전 단계의 수정란은 생명으로 보지 않기 때문이다. 따라서 ①은 (가)의 필자의 주장과 일치한다.
② (가)에 따르면 배아 복제 연구를 통해 세포가 분화하는 과정을 관찰할 수 있고, 노화의 현상을 규명하고, 현대의 난치병인 암의 발생 기전을 밝혀낼 수 있을 것이다. 따라서 ②는 (가)의 필자의 주장과 일치한다.
④ (나)에 따르면 인간 배아 복제가 인간 개체 복제로 이어질 가능성과 이 경우 초래될 영향이 너무 크다는 점이 문제가 된다. 따라서 ④는 (나)의 필자의 주장과 일치한다.

016
정답 | ③
해설 | 제시된 작품은 숨겨져 있는 것, 비밀스러운 것을 예찬하며, 이러한 것들을 갖출 때에 '두께'로 존재할 수 있음을 강조하고 있다. 이때 ㉠'우물'은 사막에 숨겨져 있는 것, ㉡'비밀'은 땅집에는 숨겨져 있지만, 아파트에는 숨겨져 있지 않은 것을 의미한다. 그리고 이것들은 ㉢'두께'와 동질적인 의미를 갖는다. 한편, ㉢'골동품'은 아파트에서 존중받는 것으로 나머지와 대조적 의미를 갖는다. 따라서 ㉠~㉣ 중 의미가 가장 이질적인 것은 ㉢이다.

017
정답 | ③
해설 | 제시문에 따르면 홉스는 강력한 공화국을 만들기 위해서는 시민들

이 사회적 계약을 통해 자신의 자유와 권리를 권력자에게 양도해야 한다고 보았다. 또한 이를 통해 주권자가 다수의 의지를 대표할 수 있게 되고, 군주는 절대적인 권력을 얻을 수 있다고 하였다. 그런데 이는 곧 시민들이 무정부의 혼란을 막기 위해 계약을 통해 자유와 권리를 권력자에게 양도한 것이므로, 계약의 상태에 놓이면 시민들은 주권자에게 저항할 가능성을 잃게 된다. 따라서 제시문의 내용을 고려할 때, 빈칸에 들어갈 말로 가장 적절한 것은 주권자에게 대항하는 것이 사회적 계약보다 우선시될 수 없다는 ③이다.

오답피하기 |
① 제시문에서 주권자는 모든 시민의 의지나 판단을 대표할 수 있다고 하였다. 주권자가 집단의 의지에 저항하면 주권자로서의 지위를 잃는다는 내용은 확인할 수 없다. 또한 주권자가 집단의 의지에 저항하면 지위를 잃는다는 것은 시민들이 주권자에게 저항할 가능성을 잃는다는 것의 근거로 적절하지 않다.
② 시민과의 계약에 의해 선출된 주권자가 다수의 의지 중 대표적 의지만을 고려할 것이라는 내용을 확인할 수 없다. 또한 주권자가 집단의 통합에 기여하는 대표적 의지를 고려한다는 것은 시민들이 주권자에게 저항할 가능성을 잃는다는 것의 근거로 적절하지 않다.
④ 주권자의 단일 의지가 평화를 위해 사용되지 않았을 때 시민들이 사회적 계약을 무효화할 수 있는 권리가 있다는 내용을 확인할 수 없다. 또한 시민들에게 사회적 계약을 무효화할 수 있는 권리가 있기 때문에 시민들이 주권자에게 저항할 가능성을 잃는다는 것은 적절하지 않다.

018
정답 | ④
해설 | 3문단에서 개인들에게 이타적 동기를 유발시키는 방안으로 이기적인 행동이 잘못되었다는 점을 지적하거나, 바람직한 행동을 시범으로 보여 주는 것을 제시했다. 분리배출로 쓰레기 처리 비용을 절감할 수 있음을 홍보하는 것은 앞의 두 가지 경우에 해당하지 않으므로, 제시문에 제시된 '사회 궁지'의 해결 방안으로 적절하지 않다.

오답피하기 |
① 2문단에서 공동선을 위한 법률 및 규제를 마련하여 '사회 궁지'를 해결할 수 있다고 하였다. 수질 오염 예방을 위해 폐수의 일일 배출 한도를 정하여 모든 공장에 통보하는 것은 공동선을 위한 법률을 통해 특정한 개인이 이익을 추구할 수 없게 한 것이므로 적절하다.
② 2문단에서 공동의 우려 상황에 대해 구성원들 간의 의사소통을 활성화시키는 것으로 '사회 궁지'를 해결할 수 있다고 하였다. 국가적인 토의의 장을 마련하여 자원 고갈 문제에 대해 토의하도록 하는 것은 구성원들이 공동의 우려 상황에 대해 의사소통하며 집단 정체성을 형성할 수 있도록 하는 것이므로 적절하다.
③ 3문단에서 '사회 궁지'를 야기하는 이익을 추구하는 개인에게 부정적 보상을 부여하는 것으로 '사회 궁지'를 해결할 수 있다고 하였다. 기업이 배출하는 온실가스의 양에 비례하여 차등적으로 기업의 세금을 부여하는 것은 '사회 궁지'를 야기하는 온실가스의 배출량에 따라 부정적 보상을 부여하는 것이므로 적절하다.

019
정답 | ②
해설 | 十日之菊(열 십/날 일/갈 지/국화 국)은 '한창때인 9월 9일이 지난 9월 10일의 국화'라는 뜻으로, '이미 때가 늦은 일'을 비유적으로 이르는 말이므로 적절하지 않다. 해당 문장에는 '쓴 것이 다하면 단 것이 온다'는 뜻으로, '고생 끝에 즐거움이 옴'을 뜻하는 苦盡甘來(쓸 고/다할 진/달 감/올 래)로 써야 한다.

오답피하기 |
① 反哺之孝(돌이킬 반/먹일 포/갈 지/효도 효)는 '까마귀 새끼가 자라서 늙은 어미에게 먹이를 물어다 주는 효'라는 뜻으로, '자식이 자란 후에 어버이의 은혜를 갚는 효성'을 이르는 말이므로 적절하다.
③ 殺身成仁(죽일 살/몸 신/이룰 성/어질 인)은 '자기의 몸을 희생하여 인을 이룸'을 뜻하므로 적절하다.
④ 有名無實(있을 유/이름 명/없을 무/열매 실)은 '이름만 그럴듯하고 실속은 없음'을 뜻하므로 적절하다.

020
정답 | ④
해설 | 2문단에서 알타이인은 여러 민족을 통합하는 개념이라고 하였으며, 같은 문화를 공유하며 살아간다고 하였다. 그리고 알타이인의 80%가 전통 종교인 부르하니즘을 믿는다고 하였다. 이때 알타이인의 80%가 전통 종교를 믿는다는 것은 나머지 20%는 믿지 않는다는 것을 의미하므로, 알타이인 중에도 전통 종교를 믿지 않는 사람이 있음을 알 수 있다. 따라서 전통 종교를 믿지 않는 이들을 알타이인으로 분류할 수 없다는 추론은 적절하지 않다.

오답피하기 |
① 1문단에서는 알타이가 오랜 기간 동안 중앙아시아의 교착 지점이었으므로, 알타이어의 특징이 여러 언어에서 나타난다고 하였다. 따라서 알타이 어족에 속하는 언어들 간에는 공통된 문법 규칙이 존재할 것임을 알 수 있다.
② 1문단에서 알타이가 오랜 기간 동안 중앙아시아의 여러 민족이 교착하는 지점이었다고 하였으므로, 알타이 지역이 높은 접근성을 지녔음을 알 수 있다. 또한 알타이어는 이러한 점 때문에 중앙아시아의 다양한 언어들과 유사한 속성을 공유했다고 하였으므로, 알타이 지역의 높은 지리적 접근성이 알타이어의 언어적 유사성에 영향을 미쳤다고 볼 수 있다.
③ 2문단에서는 알타이인이 다양한 민족으로 구성되었으며, 이들이 주거나 생활, 정신적인 문화까지 동일한 문화를 향유하고 있기 때문에 알타이인으로 묶일 수 있다고 하였다. 따라서 언어와 생활 방식, 가치관 등으로 알타이인이라는 개념을 규정할 수 있음을 알 수 있다.

모의고사 15회

15회

001 ③	002 ①	003 ②	004 ③	005 ③
006 ④	007 ②	008 ④	009 ②	010 ③
011 ③	012 ③	013 ②	014 ②	015 ②
016 ②	017 ④	018 ①	019 ①	020 ④

001
정답 | ③
해설 | ⓒ: '내일은 일찍 일어나 마당을 쓸겠다.'의 '-겠-'은 가능성이나 능력이 아닌 주체의 의지를 나타내는 어미이다. 따라서 ③은 ⓒ의 예문으로 적절하지 않다.

002
정답 | ①
해설 | 장딴지(○): '장딴지'는 '종아리의 살이 불룩한 부분'을 뜻한다. 이때, '장딴지'의 의미로 '다리배'를 쓰는 경우가 있으나 '장딴지'만 표준어로 삼는다.
오답피하기 |
② 뒤어냈다(×) → 뒤져냈다(○): '뒤져내다'는 '샅샅이 뒤져서 들춰내거나 찾아내다'를 뜻한다. 이때, '뒤져내다'의 의미로 '뒤어내다'를 쓰는 경우가 있으나 '뒤져내다'만 표준어로 삼는다.
③ 허구헌(×) → 허구한(○): '허구하다'는 '세월 따위가 매우 오래다'를 뜻한다. 이때, '허구한'의 의미로 '허구헌'을 쓰는 경우가 있으나 '허구한'만 표준어로 삼는다.
④ 윗돈(×) → 웃돈(○): '아래, 위'의 대립이 없는 단어는 '웃-'으로 발음되는 형태를 표준어로 삼는다. 따라서 '웃돈'과 '윗돈' 중에서, 개념상 '아랫돈'이 없으므로 '웃돈'을 표준어로 삼는다.

003
정답 | ②
해설 | 이중 주어 구문이 자연스럽게 주술 호응을 이루고 있다.
오답피하기 |
① '인간은 환경에 적응하고 환경을 지배하기에 이르렀다.'로 수정하는 것이 자연스럽다.
③ '날씨가 변덕스러운 까닭은 지구 온난화가 심해졌기 때문이다.'로 수정하는 것이 자연스럽다.
④ '가장 자랑스러운 점은 우리 민족이 유구한 역사를 지녔다는 것이다.'로 수정하는 것이 자연스럽다.

004
정답 | ③
해설 | ⓒ: '선생님'의 대화 상대방은 '상민'인데, '어머니'의 입장에 공감하고 있다. 따라서 대화 상대방의 입장을 이해하고 감정에 공감하고 있다고 보기 어렵다.
오답피하기 |
① ⊙: '선생님이 무슨 일인지 물어봐도 될까?'와 같은 질문의 방식을 활용하여 상대방에게 선택의 권한을 넘겨주고 있다. 이러한 말하기는 부드러운 대화의 분위기를 조성한다.
② ⓒ: 대화의 화제가 진로 문제라는 점과 관련하여 상대방의 진로가 웹툰 작가였다는 정보를 활용하고 있다. 이는 상대방의 말을 경청하고 있음을 보여 준다.
④ ⓔ: '어머니께서도 웹툰 작가에 대해서 잘 아시니?'라고 새로운 관점에서 질문을 하고 있다. 이로써 상대방은 어머니께 웹툰 작가에 대해 설명드리려고 하며 문제를 스스로 해결하고 있다.

005
정답 | ③
해설 | 人面獸心(사람 인/낯 면/짐승 수/마음 심)은 '사람의 얼굴을 하고 있으나 마음은 짐승과 같다'라는 뜻으로, '마음이나 행동이 몹시 흉악함'을 뜻한다. 따라서 사자성어의 뜻이 나머지와 가장 다르다.
오답피하기 |
① 蓋世之才(덮을 개/인간 세/갈 지/재주 재)는 '세상을 뒤덮을 만큼 뛰어난 재주, 또는 그 재주를 가진 사람'을 뜻한다.
② 群鷄一鶴(무리 군/닭 계/한 일/학 학)은 '닭의 무리 가운데에서 한 마리의 학'이란 뜻으로, '많은 사람 가운데서 뛰어난 인물'을 이르는 말이다.
④ 囊中之錐(주머니 낭/가운데 중/갈 지/송곳 추)는 '주머니 속의 송곳'이라는 뜻으로, '재능이 뛰어난 사람은 숨어 있어도 저절로 사람들에게 알려짐'을 이르는 말이다.

006
정답 | ④
해설 | (가)는 '히오라바', '고기', '믈' 등의 자연물을 활용하여 강자가 약자를 노리는 인간 세태를 우의적으로 표현하고 있다. (나)는 '굼벵이', '매암', '거믜줄' 등의 자연물을 활용하여 벼슬살이를 하며 주위를 경계해야 하는 인간 세태를 우의적으로 표현하고 있다.
오답피하기 |
① (가)는 명령적 어조가 나타나지 않는다. (나)에서는 '조심ᄒ여라'를 통해 명령적 어조를 활용하여 '거믜줄'에 대한 화자의 경계를 드러내고 있다.
② (나)는 의문형 표현이 나타나지 않는다. (가)에서는 '잇ᄂ다', '므슴ᄒ려ᄂ다' 등의 의문형 표현을 활용하여 시적 의미를 강조하고 있음을 알 수 있다.
③ (나)는 '매암', '거믜줄' 등 대비되는 시어가 나타나고, (가)는 '히오라바'와 '져 고기'를 대비하여 주제를 효과적으로 전달하고 있다.

007
정답 | ②
해설 | 자세[姿勢], 커피[coffee](×) → 자세(姿勢), 커피(coffee)(○): 우리말 표기와 한자나 영어 등의 원어 표기를 아울러 보일 때는 소괄호를 쓴다.
오답피하기 |
① 말이나 글을 직접 인용할 때에는 큰따옴표(" ")를 쓴다.
③ 책의 제목, 신문 이름 등을 나타낼 때는 겹화살괄호(《 》)를 쓴다. 참고로 겹화살괄호 대신 겹낫표(『 』)나 큰따옴표(" ")를 쓸 수도 있다.
④ 한 문장 안에 선택적인 물음이 이어질 때는 물음표는 맨 끝의 물음에만 사용한다.

008
정답 | ④
해설 | 제시문에 따르면 처음에는 우리나라 근대를 조선 개항 이후로 보았지만 내부적 논란을 거치면서 18세기 영·정조 시대를 근대의 기점으로 보기로 하였다. 그러나 조선 개항 이전을 중세로 보는 까닭에 대해서는 제시문에서 언급하지 않았다.
오답피하기 |
① 유럽의 근대 역사학으로부터 영향을 받아 우리나라의 역사를 발전의 역사로 인식하였다.
② 고조선부터 통일 신라까지를 고대로 묶은 것은 노예 제도가 존재했기 때문이다.
③ 18세기 영·정조 시대에 자본주의 체제가 싹트고 있었다는 평가가 지배적이었다.

009
정답 | ②
해설 | 제시문은 모든 물질이 비물질로 이루어져 있다는 사실을 설명하고 있다. 이때 물질은 고체, 액체, 기체 등과 같이 눈에 보이거나 손으로 만질 수 있는 것이고, 비물질은 빛이나 열처럼 눈에 보이지 않거나 손으로 만질 수 없는 것이다. 이러한 문맥을 고려할 때, ㉠'본질', ㉢'에너지', ㉣'존재하지 않는 것'은 비물질을 의미하고, ㉡'물'은 물질을 의미한다. 따라서 ㉠~㉣ 중 문맥적 의미가 다른 하나는 ㉡이다.

010
정답 | ③
해설 | 명령형 표현을 확인할 수 없으며, 대상에게 닥칠 미래의 고난에 대한 경계도 드러나 있지 않다.
오답피하기 |
① '무수한 별똥', '엉겅퀴 같은 옥례', '우리 시인' 등에서 비유와 상징을 사용하여, 남 대신 울어 주는 '곡비'의 기구한 처지를 드러내고 있다.
② '엉겅퀴 같은 옥례야 ~ 우는 법 깨쳐야 하리'에서 청자를 호명하며 '옥례'가 갖춰야 할 삶의 자세를 당부하고 있다.
④ '이 세상 가장 슬픈 사람들의 울음 / 천지가 진동하게 대신 울어 주고' 등에서 청각적 이미지를 활용하여 대상의 슬픔을 위로하는 '곡비'의 모습을 드러내고 있다.

011
정답 | ③
해설 | 토의는 공동의 문제 해결이나 결론을 도출하기 위한 협동적 말하기이다. 반면, 토론은 찬성과 반대로 갈리는 논제에 대한 자신의 주장이 옳음을 주장하는 경쟁적 말하기이다. 따라서 토론자는 주장을 말할 때 근거를 함께 밝힌다는 것은 맞으나, 상대방과의 의견 차이를 좁혀 나가야 한다는 설명은 적절하지 않다.

012
정답 | ③
해설 | 외교 수사를 통해 핵심적 내용이 가려질 수 있겠으나 그것이 가려질수록 더 좋다는 내용은 제시문에 나타나지 않는다.
오답피하기 |
① 3문단에 따르면 외교 수사는 부분적으로든 전적으로든 사실을 말한다.
② 2문단에 따르면 외교 수사는 상대방에게 심리적·실질적 부담으로 작용할지도 모를 표현을 삼감으로써, 상대방과의 갈등을 예방한다.
④ 3문단에 따르면 외교 수사는 어느 누구에게도 해가 되지 않으며 상호 관계를 긍정적·발전적으로 유지시켜 나간다.

013
정답 | ②
해설 | ㉠은 다른 나라의 것도 우리의 실정에 맞게 바꾸어 나가는 한국인의 태도가 발휘된 예이다. 그러나 우리 전통 한복을 활용하여 '생활한복'을 만드는 것은 우리의 것을 현대적으로 변용한 예이다. 전통 한복은 다른 나라의 것이 아니므로 ②는 ㉠의 예에 해당하지 않는다.
오답피하기 |
① '침대'라는 다른 나라의 것에 온돌 문화를 적용하여 '돌침대'를 만든 것은 ㉠의 예로 볼 수 있다.
③ '냉장고'라는 다른 나라의 것을 김치를 즐겨 먹는 우리의 식문화에 맞게 응용하여 '김치냉장고'를 만든 것은 ㉠의 예로 볼 수 있다.
④ '통조림 햄'이라는 다른 나라의 것을 우리의 식문화에 맞게 이용하여 '부대찌개'를 만든 것은 ㉠의 예로 볼 수 있다.

014
정답 | ②
해설 | 제시문은 (가) 우라늄의 방사성 붕괴로 납이 만들어진다는 베트렘 볼트우드의 주장이 사실로 받아들여지면서, (다) 이를 이용해 암석의 나이를 측정할 수 있게 되었다고 하였다. 그리고 구체적으로 (라) 홈스가 우라늄을 포함한 암석 속에 함유된 납의 양을 측정하여 암석의 나이를 결정하였고, (나) 이후 지구에서 가장 오래된 암석의 나이를 측정하여 지구의 나이를 밝혀냈다는 내용이 이어진다.

015
정답 | ②
해설 | 2문단에 따르면 셸러는 인격은 감정 작용을 통해 더 높은 가치를 선택하여 선을 실현할 수 있다고 보았다. 따라서 인간이 더 높은 가치를 선택하는 것은 인격과 독립적으로 작용하지 않는다.
오답피하기 |
① 1문단에 따르면 칸트는 인간이라면 모두 이성을 바탕으로 자신이 지켜야 할 도덕 법칙을 인식하고 이를 실천할 수 있는 도덕적 인간성을 가지고 있다고 보았다.
③ 2문단에 따르면 셸러는 가치와 감정은 낮고 높은 가치, 낮고 높은 감정으로 구분할 수 있는 객관적인 위계질서가 있다고 보았다.
④ 2문단에 따르면 셸러는 인간이 어떤 가치를 지향하느냐에 따라 인격이 달라진다고 보았다.

016
정답 | ②
해설 | 언어유희란 동음이의어나 유사 음운, 도치 등을 활용하여 말을 재미있게 꾸미는 표현법이다. 제시문에서 언어유희는 나타나 있지 않다.
오답피하기 |
① '~ 한들 ~ 하며'라는 문장 구조를 반복하고 열거한 장황한 '놀부'의 발화가 나타난다.
③ '놀부'가 '천불생무록지인(天不生無祿之人)', '지불생무명지초(地不生無名之草)' 등의 한자어와 고유어를 함께 사용하여 발화의 의도를 풍부하게 전달하고 있다.
④ '흥부'가 '도척(盜跖)', '관숙(管叔)'이라는 역사적 인물과 '놀부'를 비교하여 자신을 박대하는 상황에 대한 안타까움을 드러내고 있다.

017
정답 | ④
해설 | 2문단에 따르면 신조형주의 작가들은 화면의 구도를 정확하게 설계하였다. 또한 3문단에 따르면 신조형주의의 중추적 작가인 몬드리안은 〈차가운 추상〉을 비롯한 자신의 작품에서 규칙성을 바탕으로 기하학적 무늬들을 배열하였다. 따라서 몬드리안이 〈차가운 추상〉에서 기하학적 요소들을 무질서하게 배열했다는 것은 적절하지 않다.
오답피하기 |
① 1문단에 따르면 추상주의는 미술 작품에서 현실을 배제하려고 하였고, 추상주의 작가들은 작품에 구체적인 사물을 드러내지 않기 위해 색, 선, 형만을 사용했다고 하였으므로 적절하다.
② 2문단에 따르면 신조형주의 작가들은 다채로운 색이 작품과 현실을 밀접하게 연결시킨다고 보며, 삼원색만을 사용하여 작품을 채색했다고 하였으므로 적절하다.
③ 2문단에 따르면 신조형주의 작가들은 화면의 구도를 정확하게 설계하기 위해 수학적 계산을 적용하며, 열십자 모양의 수평선, 수직선으로만 작품을 구성했다고 하였으므로 적절하다.

018
정답 | ①
해설 | 마지막 문장에서 '적절한 상황보다 더 큰 정도의 정확성으로 정보, 혹은 수치를 제공해 주는 것'이 '부정확한 정밀성'이라고 설명하고 있다. 따라서 대상의 뜻을 명백히 밝혀 규정하는 '정의'의 서술 방식을 활용하고 있음을 알 수 있다.
오답피하기 |
② '분류'는 대상들을 공통적인 특성을 기준으로 나누는 것이다.
③ '인용'은 남의 말이나 글을 자신의 말이나 글 속에 끌어 쓰는 것이다.
④ '유추'는 서로 다른 범주에 속하는 대상 간의 유사성을 근거로 대상의 원리나 개념 등에 대해 보다 쉽게 접근하는 것이다.

019
정답 | ①
해설 | 所得(바 소/얻을 득)은 '일한 결과로 얻은 정신적, 물질적 이익'을 뜻하므로 적절하게 쓰였다.
오답피하기 |
② 純位(순수할 순/자리 위)는 잘못된 표기이다. 해당 문장에는 '차례나 순서를 나타내는 위치나 지위'를 뜻하는 順位(순할 순/자리 위)로 써야 한다.
③ 納致(들일 납/이를 치)는 잘못된 표기이다. 해당 문장에는 '강제 수단을 써서 억지로 데리고 감'을 뜻하는 拉致(끌 납/이를 치)로 써야 한다.
④ 代柵(대신할 대/울타리 책)은 잘못된 표기이다. 해당 문장에는 '어떤 일에 대처할 계획이나 수단'을 뜻하는 對策(대할 대/꾀 책)으로 써야 한다.

020
정답 | ④
해설 | 2문단에 따르면 조사의 경우에는 의존 형태소라서 자립성이 없지만 자립할 수 있는 형태소에 붙어서 쉽게 분리되는 특성이 있기 때문에 단어로 본다. 따라서 모든 의존 형태소는 그 자체로는 단어가 될 수 없다는 설명은 적절하지 않다.
오답피하기 |
① 형태소는 의미를 가진 가장 작은 단위이고, 형태소는 단어를 이룬다고 하였다. 따라서 모든 형태소와 단어는 의미를 가지고 있다고 추론할 수 있다.
② 동일한 의미를 가지고 있지만 특정 환경에 꼴을 달리하기도 하는 것을 이형태라고 한다고 하였다. 따라서 형태가 다르더라도 의미가 같은 형태소가 있다고 추론할 수 있다.
③ 자립할 수 있는 말이나 자립할 수 있는 형태소가 있다고 하였다.

모의고사 16회

16회

001 ②	002 ②	003 ①	004 ④	005 ④
006 ③	007 ③	008 ③	009 ①	010 ②
011 ③	012 ①	013 ②	014 ③	015 ②
016 ④	017 ②	018 ③	019 ②	020 ④

001
정답 | ②
해설 | '너무 걸었더니 다리가 후들후들 떨렸다.'의 '다리'는 '사람이나 동물의 몸통 아래 붙어 있는 신체의 부분'을 뜻한다. 그러나 '마을 입구에는 나무로 만든 다리가 있다.'의 '다리'는 '한편에서 다른 편으로 건너다닐 수 있도록 만든 시설물'을 뜻한다. 따라서 ②의 '다리'는 서로 다른 표제어로 제시되는 동음이의어이다.
오답피하기 |
①, ③, ④ 한 표제어 아래에 제시되는 다의어이다.

002
정답 | ②
해설 | 당겼다(×) → 땅겼다(○): '당기다'는 '물건 따위를 힘을 주어 자기 쪽이나 일정한 방향으로 가까이 오게 하다'를 뜻하므로 적절하지 않다. 따라서 '몹시 단단하고 팽팽하게 되다'를 뜻하는 '땅기다'의 활용형 '땅겼다'로 써야 한다.
오답피하기 |
① 받쳐서(○): '받치다'는 '화 따위의 심리적 작용이 강하게 일어나다'를 뜻하므로 적절하게 쓰였다. 이는 '머리나 뿔 따위에 세차게 부딪히다'를 뜻하는 '받히다'와 구별하여 써야 한다.
③ 삭이고(○): '삭이다'는 '긴장이나 화를 풀어 마음을 가라앉히다'를 뜻하므로 적절하게 쓰였다. 이는 '김치나 젓갈 따위의 음식물을 발효시켜 맛이 들게 하다'를 뜻하는 '삭히다'과 구별하여 써야 한다.
④ 맞힌(○): '맞히다'는 '문제에 대한 답을 틀리지 않게 하다'를 뜻하므로 적절하게 쓰였다. 이는 '둘 이상의 일정한 대상들을 나란히 놓고 비교하여 살피다'를 뜻하는 '맞추다'와 구별하여 써야 한다.

003
정답 | ①
해설 | 사이시옷은 한자어끼리 결합하였을 경우에 받치어 적지 않는다. 따라서 '마구간(馬廐間)'이 옳은 표기이다.

오답피하기 |
② 1-(1) 규정에 부합하는 표기이다.
③ 2-(1) 규정에 부합하는 표기이다.
④ 2-(2) 규정에 부합하는 표기이다.

004
정답 | ④
해설 | 제시문에 따르면 진정한 공감은 상대방에게 잘못을 지적하거나 해결책을 제시하거나 조언을 해 주는 것이 아니라 상대방의 경험을 존중하고 이해해 주는 것이다. 'B'는 'A'에게 어떠한 조언도 하지 않고 상대방의 상황을 이해해 주고 있으므로, 공감적 대화로 가장 적절하다고 볼 수 있다.
오답피하기 |
① 'B'는 'A'에게 '나만 떨리는 게 아니라는 생각을 가져 봐.'라고 조언을 해 주고 있으므로, 공감적 대화로 적절하지 않다.
② 'B'는 'A'에게 '며칠만 아무 생각 말고 좀 쉬면 어떨까?'라고 해결책을 제시하고 있으므로, 공감적 대화로 적절하지 않다.
③ 'B'는 'A'에게 '그럴수록 더 열심히 면접 준비를 하다 보면 조금 더 자신감이 생길 거야.'라고 조언을 해 주고 있으므로, 공감적 대화로 적절하지 않다.

005
정답 | ④
해설 | 診察(진찰할 진/살필 찰)은 '의사가 여러 가지 방법으로 환자의 병이나 증상을 살핌'을 뜻하므로 적절하게 쓰였다.
오답피하기 |
① 感傷(느낄 감/다칠 상)은 '하찮은 일에도 쓸쓸하고 슬퍼져서 마음이 상함'을 뜻하므로 적절하지 않다. 해당 문장에는 '주로 예술 작품을 이해하여 즐기고 평가함'을 뜻하는 鑑賞(거울 감/상줄 상)으로 써야 한다.
② 放免(놓을 방/면할 면)은 '붙잡아 가두어 두었던 사람을 놓아줌'을 뜻하므로 적절하지 않다. 해당 문장에는 '오줌을 눔'을 뜻하는 放尿(놓을 방/오줌 뇨)로 써야 한다.
③ 應援(응할 응/도울 원)은 '운동 경기 따위에서 선수들이 힘을 낼 수 있도록 도와주는 일'을 뜻하므로 적절하지 않다. 해당 문장에는 '시험에 응함'을 뜻하는 應試(응할 응/시험 시)로 써야 한다.

006
정답 | ③
해설 | 반어적인 표현은 나타나지 않는다.
오답피하기 |
① '가시리 / 가시리 / 잇고', '버리고 / 가시리 / 잇고'와 같이 어절을 규칙적으로 배열하여 리듬감을 살리고 있다.
② '서운하면 아니 오실까'와 같은 부분에서 의문형의 표현이 나타난다.
④ '위 증즐가 태평성대'라는 후렴구를 반복하여 작품 전체에 통일성을 부여하고 있다.

007
정답 | ③
해설 | ㉠은 특정한 상품보다 보험사가 추구하는 가치를 표현한 감성적 광고이고, ㉡은 좋은 어른이 되기 위해서 모험이 필요하다는 점을 강조하여 여행을 떠나도록 동기를 유발하는 감성적 광고이다. 따라서 ㉡은 이성적 광고의 예로 적절하지 않다.

오답피하기 |
① ㉠은 티슈와 그리움이라는 이미지를 관련지은 감성적 광고이고, ㉡은 다운 패딩보다 보온력이 좋다는 제품의 속성을 강조한 이성적 광고이다.
② ㉠은 커피를 여행에 빗댐으로써 즐거움을 느끼게 하는 감성적 광고이고, ㉡은 바나나를 두 번이나 세척하여 껍질까지 깨끗하다는 차별성을 부각한 이성적 광고이다.
④ ㉠은 술과 고백이라는 사랑의 이미지를 관련지은 감성적 광고이고, ㉡은 스틱에 가루가 아닌 커피 원액을 넣었다는 차별성을 강조한 이성적 광고이다.

008
정답 | ③
해설 | '마른 옷'은 비를 맞지 않은 상태를 상징하므로 과거의 상태라고 볼 수 있으나, 화자가 '마른 옷'이라는 과거의 가치를 되찾으려 하고 있음은 확인할 수 없다.
오답피하기 |
① 화자는 자신의 직업이 '시인'임을 드러내면서 '어린 것들', '인간'과 관련된 고뇌를 드러내고 있으므로 적절하다.
② 화자는 '낡은 모자'를 쓰고 '비 오는 거리'를 헤맸다고 했으므로, '비 오는 거리'는 화자가 겪는 현실의 어려움을 상징한다고 볼 수 있다.
④ 화자는 '두발이 젖지 않는' 현재의 처지가 '고맙고 눈물겹다'고 했으므로, 현재 상황에 감사함을 느끼고 있음을 알 수 있다.

009
정답 | ①
해설 | ㉠ 脣亡齒寒(입술 순/망할 망/이 치/찰 한)은 '서로 이해관계가 밀접한 사이에 어느 한쪽이 망하면 다른 한쪽도 그 영향을 받아 온전하기 어려움'을 뜻한다. ㉡ 易地思之(바꿀 역/땅 지/생각 사/갈 지)는 '처지를 바꾸어서 생각하여 봄'을 뜻한다. 따라서 ㉠과 ㉡은 비슷한 의미의 사자성어로 보기 어렵다.
오답피하기 |
② ㉠ 刻舟求劍(새길 각/배 주/구할 구/칼 검)은 '융통성 없이 현실에 맞지 않는 낡은 생각을 고집하는 어리석음'을 뜻한다. ㉡ 守株待兎(지킬 수/그루 주/기다릴 대/토끼 토)는 '한 가지 일에만 얽매여 발전을 모르는 어리석음'을 뜻한다.
③ ㉠ 群鷄一鶴(무리 군/닭 계/한 일/학 학)은 '많은 사람 가운데서 뛰어난 인물'을 뜻한다. ㉡ 囊中之錐(주머니 낭/가운데 중/갈 지/송곳 추)는 '재능이 뛰어난 사람은 숨어 있어도 저절로 사람들에게 알려짐'을 뜻한다.
④ ㉠ 甲男乙女(갑옷 갑/사내 남/새 을/여자 녀)는 '평범한 사람들'을 뜻한다. ㉡ 張三李四(베풀 장/석 삼/오얏 이/넉 사)는 '이름이나 신분이 특별하지 아니한 평범한 사람'을 뜻한다.

010
정답 | ②
해설 | 1문단에 따르면 미국은 자본주의 경제가 가장 발달한 나라이지만 출산율이 2.0명 이상으로 선진국 중에서 가장 높다. 이러한 미국의 출산율은 자본주의가 출산율 저하의 원인이 아님을 보여 준다.

오답피하기 |
① 2문단에 따르면 우리나라의 경우 연평균 소득이 높을수록 출산율 저하의 원인으로 양육 및 교육비 증가를 지목했다. 따라서 경제적으로 하위 계층일수록 교육비에 대한 부담을 많이 느낀다는 설명은 적절하지 않다.
③ 2문단에 따르면 우리나라의 경우 연평균 소득이 높을수록 출산율 저하의 원인으로 양육 및 교육비 증가를 지목했다. 그러나 출산율 저하의 원인은 양육 및 교육비의 증가이지, 연평균 소득의 증가 자체가 아니다.
④ 1문단에 따르면 유럽은 여성의 경제 활동 참가율이 높은 나라일수록 출산율도 높다. 따라서 지역과 상관없이 여성의 경제 활동 참여율이 높을수록 출산율은 낮아진다는 설명은 적절하지 않다.

011
정답 | ③
해설 | 제시문은 1인칭 관찰자 시점으로 이야기가 전개되고 있다. '나'는 '우리'를 꾸중하는 '그'를 보며 '놀라운 효성을 부리는 게 도무지 우리 야단칠 밑천을 장만하는 게로구나.'라고 생각하고 있으므로, 특정 인물('나')의 관점에서 다른 인물('그')을 판단하여 주관적인 정서를 전달하고 있음을 알 수 있다.
오답피하기 |
① 서술자는 '나'로 일관되게 유지되고 있으므로 적절하지 않다.
② 서술자가 회상을 하고 있는 부분은 확인할 수 없다.
④ 의식의 흐름 기법이 사용된 부분은 확인할 수 없다.

012
정답 | ①
해설 | 제시문은 '관찰의 이론 독립성'을 제시하고 있다. 이는 관찰이나 실험은 객관적으로 이루어지기 때문에 이론의 우열을 가리는 기준이 될 수 있다는 주장이다. 그런데 핸슨은 동일한 관찰 대상을 '산양'으로 보기도 하고, '물새'로 보기도 하는 실험 결과를 통해 객관적인 관찰이 불가능할 수 있다는 점을 보여 주었다. 따라서 빈칸에 들어갈 말로 가장 적절한 것은 '중립적이고 순수한 관찰은 어려울 수 있다'이다.

013
정답 | ②
해설 | 제시문은 과학의 양면성을 함께 고려해야 함을 강조하고 있다. 따라서 과학의 장점을 표현하는 빛과 과학의 단점을 표현하는 그림자는 항상 함께한다고 한 언급이 가장 적절하다.

014
정답 | ③
해설 | 2문단을 통해 발레는 날려 하며, 한국의 춤은 수동적이라는 사실을 알 수 있다. 그러나 한국의 춤이 땅에서 벗어나려는 욕망을 품고 있는지는 확인할 수 없다.
오답피하기 |
① 1문단에 따르면 춤과 체조는 중력으로부터의 자유로움을 꿈꾼다.
② 2문단에 따르면 지휘의 모습은 소리가 마치 지휘자의 팔과 손끝을 통해 분출하듯 신체를 뒤흔드는데, 이는 힘찬 물줄기가 고무호스의 끝을 통해 용솟음치며 나오는 듯한 모습이다. 그러나 지휘는 발이 바닥으로부터 떨어져서는 안 된다. 따라서 지휘자의 지휘는 역동적이지만 일정한 제한 속에서 이루어진다고 볼 수 있다.

④ 3문단에 따르면 관현악단 단원들은 자신의 음악을 반주로 춤추는 지휘자의 몸짓을 감상하는 것으로 춤추고 싶은 욕망을 달래는 것인지도 모른다고 서술하고 있다.

015
정답 | ②
해설 | 2문단의 '법률은 특정한 경우에 대해서는 죄인의 처분을 가장에게 맡긴다고 규정하기까지 하였다.'를 고려할 때, 조선 시대의 법률에서는 가장에게 노비를 처벌할 수 있는 권한을 규정했음을 알 수 있다. 따라서 법률에서 해당 권한을 규정한 바가 없었다는 설명은 적절하지 않다.
오답피하기 |
① 1문단에 따르면 상황에 맞는 조항이 없을 경우, 다른 조항의 내용으로부터 유추 적용하여 판결하는 것이 허용되었으므로 적절하다.
③ 2문단에 따르면 삼강오륜의 덕목을 지키기 위한 복수가 허용되었으며, 노파를 살해한 여인이 무죄 방면된 사례를 제시하였으므로 적절하다.
④ 3문단에 따르면 조선 시대에는 송사를 부정적인 것으로 보았으며, 소송이 증가하는 것을 어지러운 시대 상황으로 인해 백성들이 간사해져서 일어나는 일로 인식하였다. 또한 소장의 작성을 돕는 외지부의 행위를 불법으로 간주하고 처벌하기도 하였음을 확인할 수 있으므로 적절하다.

016
정답 | ④
해설 | ⊙ 앞에서는 디자인이 대상을 예쁘게 만드는 것이라고 생각하는 이들이 많다고 하였으며, ⊙ 뒤에서는 디자인에 대한 이해나 정의를 '스타일링'이나 '미화' 정도로 바꿀 수 있다고 하였다. 디자인을 '스타일링', '미화'로 바꿀 수 있다는 것은 앞의 생각이 바탕이 된 것이므로, ⊙에는 '이러한, 이로부터, 이와 같은'이 들어갈 수 있다. 그런데 ⓒ 뒤에서는 디자인에 대한 이러한 이해가 오해라고 하였다. 따라서 ⓒ에는 '하지만, 그런데, 그러나'가 들어갈 수 있다. 이때 ⓒ 앞에서는 스타일링이 디자인의 목표라고 볼 수 없다고 하였으며, ⓒ 뒤에서는 디자인은 무엇이고 무엇을 목표로 하는지를 묻고 있다. 따라서 ⓒ에는 '그렇다면'이 들어가야 한다. 마지막으로 ⓔ 앞에서는 스타일링에 대해 설명하고 있고, ⓔ 뒤에서는 디자인에 대해 설명하고 있다. 제시문의 앞부분에서 스타일링과 디자인을 같은 것으로 볼 수 없다고 하였으므로, ⓔ에는 '반면'이 들어가는 것이 적절하다.

017
정답 | ②
해설 | 자동사는 주어만 있어도 문장이 성립될 수 있다고 하였다. 따라서 부사어가 있어야만 문장이 성립되는 것은 아니다.
오답피하기 |
① '먹다'는 주어와 목적어가 있어야 완전한 문장을 이루는 타동사라고 하였다.
③ '쏟아지다'는 주어만 있으면 하나의 완전한 문장을 이루는 자동사라고 하였다.
④ 불완전한 문장도 그 앞에 문맥이 주어지면 뜻이 통할 수도 있다고 하였다.

018
정답 | ③
해설 | '나는 굳이 내 결백을 수식할 필요도 내 단정한 품격을 조작할 필요도, 시간에 분망할 필요도 없다.'에서 '변소'는 자신을 되돌아볼 필요가 없는 공간임을 알 수 있으므로 적절하지 않다.
오답피하기 |
① '변소에 문을 닫고 용변하는 시간만은 완전히 이 세상과 절연된 특권을 향유한다.', '법률이야 물론이지만 ~ 시비 훼예도 없다.'에서 '변소'는 현실로부터 완전히 단절되는 공간임을 알 수 있다.
② '그 시간만은 아무도 내 절대권을 침해하려 들지 않는다.', '모든 사회적인 간섭, 인간적인 관련에서 오는 시비 훼예도 없다.'에서 '변소'는 타인으로부터 어떠한 간섭을 받지 않는 공간임을 알 수 있다.
④ '평온한 희황 시대(羲皇時代)로 돌아온다.', '유유자적한 세계에서 기상천외의 꿈속을 헤매며 오유(遨遊)하는 것도 나의 자유일 것이다.'에서 '변소'는 평온한 상태로 자유롭게 상상을 할 수 있는 공간임을 알 수 있다.

019
정답 | ②
해설 | (가)에는 '일이나 사건을 풀어 나갈 수 있는 첫머리'를 의미하는 '단초(端初)'가 들어가야 한다. (나)에는 '속에 품고 있는 생각'을 의미하는 '저의(底意)'가 들어가야 한다.
오답피하기 |
'유래(由來)'는 '사물이나 일이 생겨남, 또는 그 사물이나 일이 생겨난 바'를 의미한다. '개요(槪要)'는 '대강의 요점'을 의미한다.

020
정답 | ④
해설 | 1문단에 따르면 윤리적 이기주의는 각 개인이 오로지 자신의 이익만을 추구해야 한다고 주장한다. 따라서 자신에게 이익이 되는 경우에만 타인을 돕는 행위를 한다면 윤리적 이기주의에서는 옳다고 평가할 것이다.
오답피하기 |
①, ② 1, 2문단에 따르면 윤리적 이기주의는 오로지 자신의 이익만을 추구해야 한다는 주장이며, 자신과 타인에게 모두 이익이 되는 행위도 있다고 본다.
③ 2문단에 따르면 윤리적 이기주의는 단지 어떤 행위가 다른 사람에게 이익이 된다는 이유로 옳은 행위가 되지 않는다고 본다. 따라서 윤리적 이기주의는 길을 잃고 우는 아이를 돕는 것이 나에게 이익이 되지 않는다면 도울 의무가 없다고 볼 것이다.

모의고사 17회

17회

001 ②	002 ③	003 ②	004 ①	005 ④
006 ③	007 ①	008 ②	009 ③	010 ①
011 ①	012 ②	013 ④	014 ④	015 ③
016 ④	017 ④	018 ③	019 ③	020 ④

001
정답 | ②
해설 | ㉠: '어디나 정들면 고향이라지만 내 고향은 한 곳뿐이다.'의 '어디'는 정해지지 않은 공간, 지역을 가리키는 대명사로 쓰였으므로 ㉠이 아닌 ㉡의 예이다.
오답피하기 |
① ㉠: '오늘 아침에 운동장을 뛰고 있던 사람은 누구일까?'의 '누구'는 운동장을 뛰고 있던 사람이 누구인지 화자가 모르므로 ㉠의 예로 적절하다.
③ ㉡: '시끄럽게 구는 저 아이를 누가 좀 데리고 나가라.'의 '누가'는 정해지지 않은 사람을 가리키는 대명사로 쓰였으므로 ㉡의 예로 적절하다.
④ ㉡: '어디라도 좋으니 바람을 쐬러 가고 싶다.'의 '어디'는 정해지지 않은 공간, 지역을 가리키는 대명사로 쓰였으므로 ㉡의 예로 적절하다.

002
정답 | ③
해설 | 未定(아닐 미/정할 정)은 '아직 정하지 못함'을 뜻하므로 적절하게 쓰였다.
오답피하기 |
① 常住(항상 상/살 주)는 '늘 일정하게 살고 있음'을 뜻하므로 적절하지 않다. 해당 문장에는 '주가 되는 상제'를 뜻하는 喪主(잃을 상/주인 주)로 써야 한다.
② 原告(언덕 원/고할 고)는 '법원에 민사 소송을 제기한 사람'을 뜻하므로 적절하지 않다. 해당 문장에는 '인쇄하거나 발표하기 위하여 쓴 글이나 그림 따위'를 뜻하는 原稿(언덕 원/볏짚 고)로 써야 한다.
④ 炊事(불 땔 취/일 사)는 '끼니로 먹을 음식 따위를 만드는 일'을 뜻하므로 적절하지 않다. 해당 문장에는 '쓸 것은 쓰고 버릴 것은 버림'을 뜻하는 取捨(가질 취/버릴 사)로 써야 한다.

003
정답 | ②
해설 | 주어 '~ 것은'은 '발견할 수 있어야 한다'와도 호응하지 않으므로 적절하지 않다. '발견하도록 해야 한다'를 '발견해야 한다는 것이다'로 고쳐 쓰는 것이 적절하다.
오답피하기 |
① '라는'은 '라고 하는'의 줄임말로 직접 인용한 문장 뒤에 사용한다. '세 살 적 버릇이 여든까지 간다'라는 문장을 간접 인용한 문장이므로 '는'을 사용하는 것이 적절하다.
③ 부사어와 서술어가 적절하게 호응하고 있는지 확인해야 한다. 부사어의 의미를 먼저 파악하고 그에 맞게 연결 어미나 종결 어미를 사용해야 한다.
④ 이어진문장에서는 각 문장의 주어가 무엇인지 확인해야 한다. 각 문장의 주어가 다를 경우에는 각각의 주어를 밝혀주어야 한다. 따라서 '그곳은'과 같은 주어를 보충한다는 설명은 적절하다.

004
정답 | ①
해설 | 올라갈수록(○): '-ㄹ수록'은 '앞 절 일의 어떤 정도가 그렇게 더하여 가는 것이, 뒤 절 일의 어떤 정도가 더하거나 덜하게 되는 조건이 됨'을 나타내는 연결 어미이므로 앞말에 붙여 쓴다.
올라갈 수(○): '수'는 관형어 '올라갈'의 수식을 받는 의존 명사이므로 앞말과 띄어 쓴다.
오답피하기 |
② 읽는데(×) → 읽는 데(○): '데'는 '것에'로 대체가 가능한 의존 명사이므로 앞말과 띄어 쓴다.
읽는 데(×) → 읽는데(○): '-는데'는 '뒤 절에서 어떤 일을 설명하기 위하여 그 대상과 상관되는 상황을 미리 말할 때'에 쓰는 연결 어미이므로 앞말에 붙여 쓴다.
③ 10년만(×) → 10년 만(○): '만'은 '시간'을 나타내는 말 뒤에 쓰인 의존 명사이므로 앞말과 띄어 쓴다.
10년 만(×) → 10년만(○): '만'은 앞말을 한정하는 보조사이므로 앞말에 붙여 쓴다.
④ 노력한만큼(×) → 노력한 만큼(○): '만큼'은 관형어 '노력한'의 수식을 받는 의존 명사이므로 앞말과 띄어 쓴다.
당신 만큼은(×) → 당신만큼은(○): '만큼'은 체언 바로 뒤에 붙어 '정도'를 나타내는 조사이므로 앞말에 붙여 쓴다.

005
정답 | ④
해설 | '김 대리'는 '마케팅은 디자인을 강조하고, 제품을 체험할 수 있는 이벤트나 프로모션을 통해 기술적 측면을 알리는 것이 좋을 것 같습니다.'라며 '박 과장'과 '이 대리'가 제안한 마케팅 전략의 실현 방법을 제시하고 있다.
오답피하기 |
① '박 과장'은 '기술적인 측면에서 새 제품의 장점을 강조하는 쪽으로 마케팅을 진행하면 어떨까요?'라며 마케팅 방향에 대한 자신의 의견을 제시하고 있다. 그러나 기대 효과를 언급하는 부분은 나타나 있지 않다.
② '이 대리'는 '고객들은 먼저 눈으로 보고 마음에 들지 않으면 기술적인 측면을 알아보려고 하지도 않습니다.'라고 명시적인 이유를 밝히며 자

정답과 해설 055

신의 의견을 제시하고 있다. 그러나 '박 과장'이 제안한 마케팅 방향에 동의하는 부분은 나타나 있지 않다.
③ '김 대리'가 '박 과장'과 '이 대리'가 제안한 마케팅 방향의 장단점을 비교하는 부분은 나타나 있지 않다.

006
정답 | ③
해설 | ⓒ: '휘파람'은 몰락한 왕조를 떠올리며 느끼는 무상감과, '천손'과 '기린마'가 부재하는 현실로 인한 쓸쓸함을 표현한 행위이다. 이를 단절된 역사의 회복을 기대하는 행위라고 보기 어렵다.
오답피하기 |
① ⓐ: '텅 빈 옛 성터'는 몰락한 옛 왕조의 성터를 의미하는데, 이는 유한한 인간의 역사에 대해 생각하게 한다.
② ⓑ: '천년의 구름 아래 바위'는 시간의 흐름을 자연물을 이용하여 표현한 것으로, 천년이라는 세월의 덧없음을 느끼게 한다.
④ ⓔ: '산'은 오늘도 푸른 모습을 보여 주는데, 이는 인간의 역사인 왕조의 몰락과 대비된다.

007
정답 | ①
해설 | 제시문은 자본주의 맹아론이 무엇인지를 정의의 방식으로 설명하고 있다. 두 번째 문장에서 '자본주의 맹아론이란 ~ 이론이다'라며 자본주의 맹아론이 '이론'이라는 유개념과 종차로 설명되는 개념임을 밝히고 있다.

008
정답 | ②
해설 | 자의성이란 언어의 형식과 내용 간의 관계가 필연적이지 않고 자의적이라는 뜻이다. 즉, 내용과 형식과의 관계가 일대일(一對一) 대응이 되지 않는다.
오답피하기 |
① 연속적으로 이어진 대상을 언어를 통해 불연속적인 것으로 나누는 것을 분절성이라고 한다.
③ 인간은 유한한 언어를 통해 실체가 없는 대상이나 상상의 산물 등 무한한 표현을 할 수 있으며, 이러한 언어의 속성을 개방성(창조성)이라고 한다.
④ 인간의 언어는 대상들 사이의 공통된 속성을 추출해 유개념을 창조한다. 개별 대상으로의 공통점을 추출해 내는 과정을 추상화 과정이라고 하며, 이러한 언어의 속성을 추상성이라고 한다.

009
정답 | ③
해설 | 제시문에서 순자가 신분 세습이 당연하다고 말한 내용은 나타나 있지 않다.
오답피하기 |
① 순자는 상하의 신분 질서가 인간 사회를 유지시켜 준다고 하였다.
② 순자는 예를 기준으로 한 가변적인 신분 질서를 인정하였다. 왕공이나 사대부의 자손도 예를 지키지 못하면 서인으로 강등시키고, 서인의 자손이라도 예를 지킬 줄 알면 사대부로 승격시켜야 한다고 주장하였다.
④ 순자는 인간이 소와 말을 이용하는 것은 사회적 능력 때문이라고 생각했다.

010
정답 | ①
해설 | '자욱한 풀벌레 소리'는 청각적 이미지를 시각적 이미지로 전이시킨 공감각적 이미지이고, '풀벌레 소리 발길로 차며'는 청각적 이미지를 촉각적 이미지로 전이시킨 공감각적 이미지이다. 해당 작품은 이러한 공감각적 표현을 통해 가을의 무상감을 드러내고 있다.
오답피하기 |
② 청자를 구체적으로 설정하거나, 청자를 가정한 의문문, 상대 높임법 등이 나타날 때에 말 건네는 방식을 활용한다고 볼 수 있다. 그러나 해당 작품에서는 이러한 말 건네는 방식이 아닌 독백의 방식을 활용하고 있다.
③ 감탄사, 영탄적 어미, 설의법 등이 나타날 때에 영탄적 표현 또는 영탄법을 활용한다고 볼 수 있다. 그러나 해당 작품은 이러한 영탄법을 사용하지 않고, 감정을 절제하고 있다.
④ '흰 이빨'에서 하얀 색채 이미지를 확인할 수 있다. 그러나 이러한 색채어를 활용하여 시적 분위기를 전환하고 있는 것은 아니다.

011
정답 | ①
해설 | 소방 안전 지키기에 대한 내용으로, 화재 발생 상황에 따라 진화와 대피가 중요함을 강조하고 있다. 또한 '작은 불'과 '큰불'을 짝지어 대구의 표현 방식을 활용하고 있다.
오답피하기 |
② 소방 안전 지키기에 대한 내용으로, '소화기'와 '비상구'를 짝지어 대구의 표현 방식을 활용하고 있다. 그러나 화재 발생 시의 대응 방법을 강조하고 있다고 보기 어렵다.
③ 소방 안전 지키기에 대한 내용으로, '비상 출구'와 '생명의 출구'를 짝지어 대구의 표현 방식을 활용하고 있다. 그러나 화재 발생 시의 대응 방법을 강조하고 있다고 보기 어렵다.
④ 소방안전 지키기에 대한 내용이다. 그러나 대구의 표현 방식을 활용하거나, 화재 발생 시의 대응 방법을 강조하고 있다고 보기 어렵다.

012
정답 | ②
해설 | 제시문에서 사진에는 실물이 등장하며, 실물이 실물 그대로의 모습으로 등장한다는 것은 작가의 통제를 거치지 않았다는 뜻이라고 설명하고 있다. 즉, 사진에 등장하는 실물과 통제는 반대 의미를 가진다고 볼 수 있다. 이를 바탕으로 할 때, ⓐ, ⓒ, ⓔ은 사진에 등장하는 실물과 같은 의미를 지닌다. 그러나 ⓑ은 실물과 반대되는 조작을 의미하는 것이므로 ⓐ, ⓒ, ⓔ과 의미가 다르다.

013
정답 | ④
해설 | 해당 작품은 시간의 흐름에 따라 일어나는 사건을 순차적으로 제시하고 있다. 현재와 과거의 상황을 대비한 부분은 나타나 있지 않다.
오답피하기 |
① '허씨의 용모를 말하자면 ~ 그 주둥이를 썰어 내면 열 사발은 되고, 얽기는 콩멍석 같으니'에서 '허씨'의 외양을 묘사하여 인물의 성격을 간접적으로 드러내고 있다.
② '그것이 계집이라고 그 달부터 태기가 있어 연달아 아들 삼 형제를 낳았다.'에서 '허씨'가 임신을 하고 아들 삼 형제를 낳기까지의 오랜 사건을 요약적으로 서술하여 속도감 있게 전개하고 있다.

③ '조용히 타일렀지만 승냥이 같은 그 마음이 어찌 뉘우치겠는가.'에서 서술자가 개입하여 작중 상황에 대한 논평을 제시하고 있다.

014
정답 | ④

해설 | 1, 2문단에 따르면 양이나 염소와 같이 가로로 길쭉한 눈동자를 가지고 있는 초식 동물은 단안시이다. 그리고 단안시는 눈의 위치가 좌우로 많이 벌어질수록 포식자의 출현을 확인하는 데에 유리하다. 따라서 단안시인 동물의 눈의 위치가 위아래로 벌어질수록 넓은 시야를 경계하는 데에 유리하다고 한 설명은 적절하지 않다.

오답피하기 |
① 1문단에 따르면 동물들은 홍채에 있는 근육의 수축과 이완을 통해 눈으로 들어오는 빛의 양을 조절하므로 눈동자 모양이 원형인 것이 가장 일반적이다.
② 1, 2문단에 따르면 고양이나 늑대와 같은 육식 동물은 세로로 길쭉한 눈동자 모양을 가지고 있는데, 이러한 눈동자로 볼 때 사냥감은 더욱 선명해지고 사냥감을 제외한 다른 물체들이 흐릿해진다.
③ 2문단에 따르면 세로로 눈동자가 길쭉한 육식 동물은 양안시인데, 이는 사냥감과의 거리감을 파악하는 데에 중요한 역할을 한다.

015
정답 | ③

해설 | 제시문에 따르면 다다이즘 예술가들은 현실에 대한 자조적인 시각을 보이며 근대 사회 체제와 문명을 부정했다. 또한 예술 작품에도 이러한 질서가 반영되어 있다고 보며 반예술, 반현실을 추구했다. 따라서 ㉠에는 '예술을 벗어난 예술', '예술 같지 않은 예술'이 들어가야 한다. 또한 이들은 ㉡을 기존 체제에 순응하는 것으로 보며, 작품을 새로운 시각으로 감상해야 한다고 보았다. 이때 앞에서 다다이즘 예술가들이 반이성, 반예술, 반현실 등을 추구했다고 하였으므로, ㉡에는 이들이 부정적으로 생각하는 이성, 예술, 현실과 관련된 감상이 들어가야 한다. 따라서 ㉡에는 '감각적이고 사실적인 감상', '합리적이고 현실적인 감상', '추상적이고 낭만적인 감상'이 모두 들어갈 수 있다. 이를 고려할 때, ㉠, ㉡에 들어갈 말로 가장 적절한 것은 ③이다.

016
정답 | ④

해설 | (가)~(마)는 불가사리의 특성에 대해 서술하고 있다. 이때, (다)에서 불가사리가 무엇인지 서술하였으므로 (다)가 가장 먼저 오는 것이 적절하다. 그리고 (가)에서는 불가사리가 죽일 수 없는 생물이기 때문에 '불가살'이라는 이름을 얻었음을 제시하였고, (라)에서는 '이러한' 불가사리도 유일한 약점이 있다고 하였다. 따라서 (가)와 (라)가 이어지는 것이 적절하다. 이때, (나)는 불가사리가 쇠를 먹고 불에 죽는 까닭을 밝히고 있으므로 (가), (라) 뒤에 이어지는 것이 적절하다. 또한 (나)에서는 불가사리가 조각으로 세워졌음을 제시하였고, (마)에서는 현재 경복궁 경회루에도 불가사리 석상이 남아 있음을 제시하였으므로 (나) 다음으로 (마)가 이어지는 것이 적절하다. 이를 고려할 때, 글의 전개 순서로 가장 자연스러운 것은 (다) - (가) - (라) - (나) - (마)이다.

017
정답 | ④

해설 | '나기배 씨'가 '색 구슬'과 '흙'을 지저분하다고 말하는 아이들을 꾸짖는 것을 볼 때, 그는 그것을 소중하게 여겼음을 알 수 있다. 그러나 아이들이 구슬 놀이에 싫증을 내고 떠나자, '나기배 씨'는 앞으로 부딪치게 될 일에 대해서조차 기대나 의욕을 잃어버린다. 이로부터 소중했던 가치를 잃어버린 '나기배 씨'의 아픔을 짐작할 수 있다.

오답피하기 |
① '나기배 씨'는 '색 구슬'과 '흙'을 지저분하다고 말하는 아이들을 꾸짖었다. 그러나 아이들은 그런 '나기배 씨'에게 쏘아붙이며 그를 두고 돌아서고, '나기배 씨'는 허망함을 느낄 뿐이다. '나기배 씨'가 권위적 성격을 지닌 인물이라고 보기 어렵다.
② '나기배 씨'는 '색 구슬'과 '흙'을 지저분하다고 말하는 아이들을 꾸짖을 뿐, 아이들과의 갈등을 회복하기 위한 노력을 하고 있지 않다.
③ '나기배 씨'는 '색 구슬'과 '흙'을 가치 있게 여겼으나, 아이들이 이를 싫증 내는 것을 보고 허망함을 느꼈다. '나기배 씨'가 겉과 속이 다른 이중적 모습을 보인다고 보기 어렵다.

018
정답 | ③

해설 | 3문단에서 외국인 노동자에게 온정주의적 자세로만 접근한다면 우리 사회가 온전한 공동체로 발전해 나가기 어렵다고 설명하고 있다. 따라서 외국인 노동자에게 동정심을 가지는 것은 필자가 주장하는 바로 적절하지 않다.

오답피하기 |
① 2문단에서 우리와 다를 바 없이 성장한 화교 3세들에게 취업과 직책 및 임금과 승진의 기회를 차등 적용하는 것을 지적하며 바로잡아야 한다고 설명하고 있다.
② 2문단에서 한국 혈통의 국민이 한국에 거주하는 외국인에 비하여 국가로부터 받는 공공복지에서 더 많은 혜택을 누려야 한다고 주장하는 것을 지적하며 바로잡아야 한다고 설명하고 있다.
④ 3문단에서 법적으로나 제도상으로 모두가 동등한 국가 공동체를 만들기 위해서는 문화적 민족주의나 인종주의적 편견의 한계에서 벗어나야 한다고 설명하고 있다.

019
정답 | ③

해설 | 和而不同(화할 화/말 이을 이/아닐 부/한가지 동)은 '남과 사이좋게 지내기는 하나 무턱대고 어울리지는 아니함'을 뜻하므로 적절하지 않다. 해당 문장에는 '우선 당장 편한 것만을 택하는 꾀나 방법'을 뜻하는 姑息之計(시어머니 고/쉴 식/갈 지/셀 계)로 써야 한다.

오답피하기 |
① 內憂外患(안 내/근심 우/바깥 외/근심 환)은 '나라 안팎의 여러 가지 어려움'을 뜻하므로 적절하게 쓰였다.
② 靑出於藍(푸를 청/날 출/어조사 어/쪽 람)은 '제자나 후배가 스승이나 선배보다 나음'을 뜻하므로 적절하게 쓰였다.
④ 十匙一飯(열 십/숟가락 시/한 일/밥 반)은 '여러 사람이 조금씩 힘을 합하면 한 사람을 돕기 쉬움'을 뜻하므로 적절하게 쓰였다.

020
정답 | ④

해설 | 2문단에 따르면 무신론자는 자연에 필연적인 이유는 없고, 모든 것은 우연에 의해 이루어진다고 보았다. 그리고 이러한 견해는 자연 선택의 우연성을 통해 진화를 설명한 다윈의 견해와 상통한다. 따라서 다윈은 생물의 진화도 우연적인 것으로 여겼을 것이므로, 다윈이 생물이 자연의 질서를 실현하는 방향으로 진화한다고 보았다는 설명은 적절하지 않다.

| 오답피하기 |
① 1문단에 따르면 화이트헤드와 같은 유신론의 입장은 사과가 빨간색인 필연적인 이유가 있으며, 이는 신이 다양한 가능성 중에 하나를 선택하여 자연법칙을 지배하기 때문이라고 보았다. 따라서 화이트헤드는 사과의 색이 파란색이라 하더라도 사과의 색은 신의 의지가 개입된 필연적 결과라고 여길 것이다.
② 2문단에 따르면 사르트르는 모든 것은 우연적으로 존재하며, 따라서 모든 존재가 무의미하다고 보았다. 따라서 사르트르는 우리가 어떠한 인과 관계 때문이 아니라 우연적으로 무의미하게 존재한다고 설명할 것이다.
③ 1문단에 따르면 유신론의 입장은 자연 세계의 모든 사태가 이성을 통해 합리적으로 설명될 수 있어야 한다는 근대 합리주의의 연장선에 있는 것이므로 적절하다.

모의고사 18회

18회

001 ①	002 ③	003 ①	004 ④	005 ③
006 ②	007 ④	008 ③	009 ③	010 ④
011 ②	012 ②	013 ②	014 ②	015 ①
016 ②	017 ④	018 ③	019 ③	020 ③

001
정답 | ①
해설 | '끌다'는 '~을 끌다'와 같이 목적어를 요구하는 두 자리 서술어이다. 따라서 '논에서'는 필수적 부사어에 해당하지 않는다.
| 오답피하기 |
② '둘러쌓다'는 '~을 ~에 둘러쌓다', '~을 ~으로 둘러쌓다' 등과 같이 목적어와 부사어를 요구하는 세 자리 서술어이다. 따라서 '울타리로'는 필수적 부사어이다.
③ '보다'는 다양한 문형으로 쓰일 수 있다. 해당 문장의 '보다'는 '대상을 평가하다'를 뜻하며, '~을 ~으로 보다', '~을 ~게 보다' 등과 같이 목적어와 부사어를 요구하는 세 자리 서술어이다. 따라서 '만만하게'는 필수적 부사어이다.
④ '싸다'는 다양한 문형으로 쓰일 수 있다. 해당 문장의 '싸다'는 '물건을 안에 넣고 보이지 않게 씌워 가리거나 둘러 말다'를 뜻하며, '~을 ~에 싸다', '~을 ~으로 싸다' 등과 같이 목적어와 부사어를 요구하는 세 자리 서술어이다. 따라서 '포장지로'는 필수적 부사어이다.

002
정답 | ③
해설 | 왔길래(○): '-길래'는 '-기에'의 구어적 표현으로 2011년 국립국어원에서 표준어로 인정하였다. 따라서 '왔기에/왔길래' 모두 옳은 표기이다.
| 오답피하기 |
① 잘하대(×) → 잘하데(○): '-대'는 직접 경험한 사실이 아니라 남이 말한 내용을 간접적으로 전달할 때 쓰인다. 반면, '-데'는 화자가 직접 경험한 사실을 나중에 보고하듯이 말할 때 쓰이는 것으로, '-더라'와 같은 의미를 전달하는 데 쓰인다. 따라서 해당 문장은 직접 경험한 사실을 말하고 있으므로 '잘하데'로 써야 한다.

② 친구로써(×) → 친구로서(○): '로써'는 수단, 도구를 나타내는 데 쓰이는 격 조사이다. 반면, '로서'는 지위, 신분, 자격을 나타내는 데 쓰이는 격 조사이다. 따라서 해당 문장은 자격을 나타내고 있으므로 '친구로서'로 써야 한다.
④ 할려고(×) → 하려고(○): '-려고'는 어떤 행동을 할 의도나 욕망을 가지고 있음을 나타내는 연결 어미이다. 따라서 '-ㄹ려고'는 옳은 표기가 아니므로 '하려고'로 써야 한다.

003
정답 | ①
해설 | ㉠: 제19항에 따라 어간에 '-음'이 붙어서 명사로 바뀐 것이라도 그 어간의 뜻과 멀어진 것은 원형을 밝히어 적지 않는다. '노름에 빠지면 돈을 잃기 쉽다.'의 '노름'은 '놀이'라는 본뜻과 멀어져 '돈내기'라는 뜻을 나타내므로 '노름'으로 적어야 한다. 따라서 '노름'를 '놀음'으로 수정해야 한다는 설명은 적절하지 않다.
오답피하기 |
② ㉡: 제19항 [붙임]에 따라 어간에 '-이'나 '-음' 이외의 모음으로 시작된 접미사가 붙어서 다른 품사로 바뀐 것은 그 어간의 원형을 밝히어 적지 않는다. '언덕 너머 작은 마을이 있다.'의 '너머'는 어간 '넘-'에 접미사 '-어'가 붙어서 명사로 바뀐 것이므로 소리 나는 대로 적는다. 따라서 '넘어'를 '너머'로 수정해야 한다는 설명은 적절하다. 이때, '너머'는 '넘다'에서 온 말이지만 명사로 굳어진 것으로 '넘다'의 활용형 '넘어'와는 구별된다.
③ ㉢: 제20항에 따라 명사 뒤에 '-이'가 붙어서 된 말은 그 명사의 원형을 밝히어 적는다. '이번 일은 낱낱이 조사할 것이다.'의 '낱낱이'는 명사 '낱낱' 뒤에 접미사 '-이'가 붙어서 부사가 되는 경우이므로 원형을 밝히어 적는다. 따라서 '난나치'를 '낱낱이'로 수정해야 한다는 설명은 적절하다.
④ ㉣: 제20항 [붙임]에 따라 '-이' 이외의 모음으로 시작된 접미사가 붙어서 된 말은 그 명사의 원형을 밝히어 적지 않는다. '겨울의 끄트머리에 강추위가 몰아닥친다.'의 '끄트머리'는 명사 '끝'에 접미사 '-으머리'가 붙어서 된 말이므로 소리 나는 대로 적는다. 따라서 '끝으머리'를 '끄트머리'로 수정해야 한다는 설명은 적절하다.

004
정답 | ④
해설 | ㉠: 'Ⅱ-2'에서 청소년 놀이 문화의 문제점을 열거하고 있으므로, '청소년 놀이 문화의 문제점'은 ㉠에 들어갈 내용으로 적절하다.
㉡: 'Ⅱ-2-가'에서 청소년 놀이 문화의 문제점으로 개인 중심적이고 폐쇄적인 특성을 제시하였으므로, '공동체 놀이 문화의 개발과 지원'은 ㉡에 들어갈 내용으로 적절하다.
오답피하기 |
① ㉠: '청소년 놀이 문화의 유래'는 제시문에 나타나 있지 않다.
㉡: 'Ⅱ-2-가'에서 청소년 놀이 문화의 문제점으로 개인 중심적이고 폐쇄적인 특성을 제시하였으므로, '가족 놀이 문화의 연구와 보급'은 ㉡에 들어갈 내용으로 적절하다고 볼 수 있다.
② ㉠: '청소년 놀이 문화의 유래'는 제시문에 나타나 있지 않다.
㉡: 'Ⅱ-2-가'에서 청소년 놀이 문화의 문제점으로 개인 중심적이고 폐쇄적인 특성을 제시하였으므로, '개인적 놀이 문화의 개발과 지원'은 ㉡에 들어갈 내용으로 적절하지 않다.
③ ㉠: 'Ⅱ-2'에서 청소년 놀이 문화의 문제점을 열거하고 있으므로, '청소년 놀이 문화의 문제점'은 ㉠에 들어갈 내용으로 적절하다.
㉡: 'Ⅱ-2-가'에서 청소년 놀이 문화의 문제점으로 개인 중심적이고 폐쇄적인 특성을 제시하였으므로, '전통적 놀이 문화의 연구와 보급'은 ㉡에 들어갈 내용으로 적절하지 않다.

005
정답 | ③
해설 | 面從腹背(낯 면/좇을 종/배 복/등 배)는 '겉으로는 복종하는 체하면서 내심으로는 배반함'을 뜻한다. 반면, 刮目相對(긁을 괄/눈 목/서로 상/대할 대)는 '남의 학식이나 재주가 놀랄 만큼 부쩍 늚'을 뜻한다. 따라서 이는 '面從腹背(면종복배)'의 뜻과 가장 거리가 멀다.
오답피하기 |
① 羊頭狗肉(양 양/머리 두/개 구/고기 육)은 '겉보기만 그럴듯하게 보이고 속은 변변하지 아니함'을 뜻한다.
② 口蜜腹劍(입 구/꿀 밀/배 복/칼 검)은 '말로는 친한 듯하나 속으로는 해칠 생각이 있음'을 뜻한다.
④ 表裏不同(겉 표/속 리/아닐 부/한가지 동)은 '겉으로 드러나는 언행과 속으로 가지는 생각이 다름'을 뜻한다.

006
정답 | ②
해설 | 해당 작품에 실제 의도한 뜻과 반대되는 표현을 사용하는 반어는 나타나 있지 않다.
오답피하기 |
① 〈제3수〉의 '시내'에 감정을 이입하여 '님 향한 내 뜻'을 표현하고 있다.
③ 〈제5수〉에서 '어버이'를 그리워하는 마음과 '님군 향한 뜻'을 대응시키고 있다.
④ 〈제4수〉에서 '뫼흔 길고 길고 물은 멀고 멀고'에서 동일한 시어를 반복하여 '어버이'를 그리워하는 마음을 강조하고 있다.

007
정답 | ④
해설 | 폐기물을 처리할 때 소형 가전제품이나 가구 같은 생활 폐기물과 대형 설비 기계와 같은 사업장 폐기물을 서로 다르게 처리한다는 내용은 글에 제시되어 있다. 그러나 이렇게 분류해서 처리하는 까닭은 나타나 있지 않다.
오답피하기 |
① 중간 처리를 철저히 하면 자원 절약과 에너지 회수 효과를 얻을 수 있고, 최종 처리의 부담을 덜 수 있다고 하였다.
② 폐기물 처리란 폐기물을 해가 없는 물질로 만드는 공정을 말한다고 하였다.
③ 폐기물을 처리하는 단계적 과정에 대해 설명하고 있다.

008
정답 | ③
해설 | '피면접자'가 지원자 소개서에서 ㉡의 내용을 밝혔는지 확인할 수 없다. 제시된 대화문을 통해서는 지원자 소개서에 '피면접자'의 전공이 쓰여 있다는 사실만 확인할 수 있으므로 적절하지 않다.
오답피하기 |

정답과 해설 059

① '면접자'는 지원자의 소개서를 통해 '피면접자'가 기계공학을 전공했음을 확인했다. 그리고 이를 바탕으로 기계공학과 영업 마케팅 부서 사이의 관계에 대해 질문했으므로 적절하다.
② '면접자'는 '피면접자'의 전공인 기계공학과 영업 마케팅 부서가 거리가 멀어 보인다고 하였다. 그리고 기계공학과 영업 마케팅 부서 사이에 어떤 관계가 있는지 질문했다. 따라서 '면접자'는 ㉠을 통해 '피면접자'의 정보와 업무와의 연관성을 알고자 하였음을 알 수 있다.
④ '피면접자'는 ㉡에서 영업 업무를 경험한 이후 제품 기획 업무를 하고자 한다며 자신의 업무 목표를 전달하고 있으므로 적절하다.

009
정답 | ③
해설 | 1~3연에서 화자는 '동무들'과 즐겁게 노동을 마치고 귀가하는 꿈을 꾸지만, '보습 대일 땅'조차 없는 떠돌이 신세임을 확인하고 희망의 '별빛'이 아득하기만 하다고 말하고 있다. 그러나 4연에서는 시상을 전환하여 화자는 '가늘은 길'일지라도 길을 따라 당당히 나아가리라는 현실 극복의 의지를 드러내고 있다.
오답피하기 |
① 1연에서 화자는 '동무들'과 즐겁게 노동을 마치고 귀가하는 꿈을 꾼다. 그러나 이것이 과거의 모습이라고 보기 어렵다. 그리고 4연에서 화자는 '가늘은 길'일지라도 길을 따라 당당히 나아가리라는 의지를 드러내고 있다. 따라서 화자는 미래 지향적인 현실 극복의 태도를 드러내고 있다고 볼 수 있다.
② 반어란 실제와 반대되는 뜻의 말을 하여 표현의 효과를 높이는 수사법이다. 제시된 작품에서 반어적 표현은 나타나 있지 않다.
④ 역설법이란 논리적 모순을 일으키는 표현을 사용하는 수사법이다. 제시된 작품에서 역설법은 나타나 있지 않다.

010
정답 | ④
해설 | 제시문은 초가공식품에 대한 연구가 시작된 것은 겨우 십 년밖에 되지 않았음을 지적하고, 가공 처리 기술이 식품의 고유한 조합과 자연 재료의 결합 방식을 변형시키고 손상시킬 수 있다는 점에 대한 우려를 드러내고 있다. 따라서 제시문의 주제는 초가공식품에 대한 과학적 연구 부족으로 볼 수 있다.
오답피하기 |
①, ② 초가공식품의 정의와 종류, 자연식과의 차이점 등을 제시문을 통해 파악할 수 있지만, 이는 초가공식품에 대한 문제점과 우려에 대한 내용을 담고 있지 못하므로 제시문의 주제로 보기 어렵다.
③ 제시문에서 초가공식품에 대한 연구가 부족하며, 대신 영양학자들에 의한 영양분 평가만 이루어졌다고 설명하고 있다. 즉, 제시문은 초가공식품에 대한 연구가 부족하다는 것을 문제점으로 지적하고 있는 것이다. 그리고 제시문에 초가공식품의 영양학적 불균형에 대해 설명하고 있는 내용은 나타나 있지 않다.

011
정답 | ②
해설 | '밝다'의 중심 의미는 '불빛 따위가 환하다'라는 의미이다. 그런데 해당 문장의 '밝다'는 '감각이나 지각이 뛰어나다'라는 전이된 의미이다. 따라서 ㉠의 예로 가장 적절한 것은 ②이다.

오답피하기 |
①, ③ 색깔을 나타내는 표현은 나타나지 않으며, '뜨겁다', '깊다' 등에서 의미의 전이가 나타나는 표현은 확인할 수 없다.
④ 해당 문장의 '하얗다'는 의미의 전이가 나타나지 않는다.

012
정답 | ②
해설 | 제시문은 표준어에 대해 이야기하고 있으므로, '표준어'를 정의하면서 화제를 제시하는 (다)가 가장 먼저 와야 한다. 그리고 (다)에서 표준어는 '교과서', '신문', '방송' 등에서 사용한다고 하였는데, (가)에서 '이와 같이'라는 표현을 통해 표준어의 특징을 가리키며, 표준어를 '공식적'으로 사용하는 '공용어'라고 설명하고 있다. 따라서 (다) 다음에는 (가)가 이어져야 한다. 그리고 (나)는 '공용어'가 여러 개인 나라의 경우를 설명하고, (라)는 '공용어'가 여럿일 경우 나타나는 문제점에 대해서 부연하고 있다. 따라서 (나), (라)가 순차적으로 이어져야 한다. 제시문의 논리적 전개 순서로 바른 것은 (다) – (가) – (나) – (라)이다.

013
정답 | ②
해설 | ㉡: 소작인은 한 해 동안 성실하게 농사를 지었으나 '도지', '장리쌀', '색조'를 제외하면 남는 것이 하나도 없었다. 소작인은 이 같은 처지에 있는 것을 부끄러워한 것은 맞으나 '동무들'을 책망하고 있지는 않다.
오답피하기 |
① ㉠: 소작인은 벼를 한 해 동안 애를 졸이며 홀자식 모양으로 알뜰히 가꾸지만 '도지', '장리쌀', '색조'를 제외하면 남는 것이 하나도 없어 가난한 생활을 했음을 짐작할 수 있다. 따라서 ㉠은 소작인들이 성실하게 농사를 지어도 가난을 벗어나지 못하는 왜곡된 농촌 현실을 형상화하고 있다고 볼 수 있다.
③ ㉢: '올 농사는 반실이니 도지도 좀 감해 주는 게 어떠냐'는 '그'의 물음에도 '지주'는 고개를 모로 흔들며 거절의 의사를 표했다. 따라서 ㉢은 소작인들이 처한 어려운 사정을 고려해 주지 않는 '지주'의 매정한 모습이 나타나 있다고 볼 수 있다.
④ ㉣: '응칠이'는 도지를 감해 주지 않는 몰인정한 '지주'에 대한 화를 참지 못하고 '주먹뺨'을 때렸다. 따라서 ㉣은 몰인정한 '지주'로 인한 분노를 주체하지 못하는 '응칠이'의 태도를 보여 주고 있다고 볼 수 있다.

014
정답 | ②
해설 | 인간의 본성을 선과 악으로 파악한 것이 정치적 논쟁의 이념적 논거로 사용된 것을 고려할 때, 인간의 본성에 선악이 모두 들어 있다는 세석의 주장을 정치적 중립과 관련지을 수 있다. 그러나 2문단에 따르면 맹자의 성선설은 공권력에 저항하는 논거로 사용되었고, 순자의 성악설은 공권력을 정당화하는 논거로 사용되었다. 해당 선지에서는 이를 반대로 서술하였으므로 적절하지 않다.
오답피하기 |
① 1문단의 '맹자에 따르면 인간은 태초부터 선하나, 외물에 의해 선한 본성이 어지럽게 변화한다.'와 '순자는 이에 반대하며 선은 인위적 노력의 결과라고 주장했다. 순자에 따르면 인간은 모두 악하게 태어나므로, 선을 함양하기 위해 힘써야 한다.'를 통해 알 수 있는 내용이다.

③ 2문단에서 맹자와 순자가 인간의 본성을 구분한 이유는 사회적이고 정치적인 이유라고 하며, 맹자의 성선설은 공권력에 저항하는 이념적 논거로, 순자의 성악설은 공권력을 정당화하는 논거로 사용되었다고 하였다. 따라서 이들의 논쟁이 인간의 본성 자체에 대한 고민이 아니라고 하였으므로 적절하다.
④ 2문단에서 맹자와 순자의 인성론은 순수한 철학적 고민이 아니라고 하였고, 3문단에서 고자의 인성론이 오히려 철학사적으로 중요한 의의를 지닌다고 하였다. 또한 고자는 본성이라는 윤리적 개념을 정치적 개념으로 다룰 수 없음을 명시했다고 하였으므로 적절하다.

015
정답 | ①
해설 | ㉠ 恣意(방자할 자/뜻 의)는 '일정한 질서를 무시하고 제멋대로 하는 생각'을 뜻한다.
ⓒ 干與(방패 간/줄 여)는 '어떤 일에 간섭하여 참여함'을 뜻한다.
오답피하기 |
㉠ 自意(스스로 자/뜻 의)는 '자기의 생각이나 의견'을 뜻한다.
ⓒ 間與(사이 간/줄 여)는 잘못된 표기이다.

016
정답 | ②
해설 | 제시문에서 석빙고의 기원이나 역사에 대한 설명은 나타나 있지 않다.
오답피하기 |
① 제시문에 따르면 '빙고'는 '얼음'을 뜻하는 '氷'과 '곳집'을 뜻하는 '庫'가 결합한 단어로 '얼음을 두는 창고'를 뜻한다. 그리고 '석빙고'는 돌로 만든 빙고라는 뜻이라고 설명하고 있다.
③ 제시문에서 설명하고 있는 석빙고가 위치한 반지하 공간, 석빙고의 배수구, 환기구, 단열재 등에서 내부의 온도를 유지하는 과학적 원리를 확인할 수 있다.
④ 제시문에서 석빙고는 땅을 파서 반지하에 만들었으며, 바닥을 경사지게 하여 입구 반대편 끝에 배수구를 두었고, 천장에는 환기구를 두었다고 설명하고 있다. 그리고 바닥은 흙으로 다지거나 편평한 돌을 깔았고, 단열재로 볏짚이나 갈대를 이용했고, 석재는 화강암을 이용했다고 설명하고 있다. 이로부터 석빙고의 구조와 재료를 확인할 수 있다.

017
정답 | ④
해설 | 2문단에서 어리석은 사람은 자신의 소견과 다른 것을 다 부정하려고 덤벼든다고 하였으며, 4문단에서는 사물의 색깔을 보지도 않고 마음속으로 결정해 버린다고 하였다. 또한 5문단에서 어리석은 사람은 미리 마음속으로 까마귀의 색깔을 결정하며, 까마귀를 검은 색깔에 봉쇄시킨다고 하였으므로, 어리석은 사람은 자신의 식견만으로 경험하지 못한 일을 판단한다는 것을 알 수 있다.
오답피하기 |
① 1문단에서 총명한 선비는 한 가지를 들어도 열 가지를 형상화할 수 있다고 하였으며, 물건의 본질에 충실하여 응수를 무궁무진하게 할 수 있다고 하였으므로 적절하다.
② 2문단에서 본 것이 적은 사람은 한 가지라도 제 소견과 다르면 천하 만물을 다 부정한다고 하였으므로, 자신의 이해를 기준으로 모든 사물의 옳고 그름을 따지려 한다는 것을 알 수 있다.
③ 1문단에서 총명한 선비는 물건의 본질에 충실하여 객관적으로 보며 주관을 섞지 않는다고 하였으므로 적절하다.

018
정답 | ③
해설 | 3문단에 따르면 ⓒ은 닫힌 형식으로 완결되어 있으며, ㉠은 열린 형식으로 회화와 현실 세계가 이어지는 것처럼 나타냈다. 또한 이에 대한 예시로 삼각형 구도를 제시하였는데, ⓒ에서는 삼각형의 구도가 작품 속에 모두 드러나며, ㉠에서는 삼각형의 구도가 바깥으로 이어지는 것처럼 보인다. 이를 통해 ㉠도 특정한 구도를 갖출 수 있음을 알 수 있으므로, ㉠이 구도를 갖추지 않았다는 것은 적절하지 않다.
오답피하기 |
① 1문단을 통해 ㉠이 역동적인 동작을 중시했음을 알 수 있다. 그리고 2문단을 통해 ㉠이 불명확한 형태가 대상의 본질을 잘 나타낼 수 있다고 보았음을 알 수 있다. 이때 ⓒ은 균형과 조화를 중시하며 명료한 형태를 중시했으므로 해당 설명은 적절하다.
② 1문단을 통해 ⓒ은 균형과 조화를 중시했음을 알 수 있다. 또한 2문단에서 ⓒ이 작품의 대상을 배경과 구별되게 표현했다고 하였으며, 4문단에서 ⓒ이 작품 속의 대상을 각각의 주체로 보았다고 하였다. 이때 ㉠은 작품의 균형과 조화보다 역동적인 움직임을 중시했으며, 대상을 배경과 함께 어우러진 존재로 보았으므로 해당 설명은 적절하다.
④ 3문단에 따르면 ⓒ의 작품은 닫힌 형식으로 완결되어 있으며, 작품 속에 구도가 모두 드러난다. 반면 ㉠은 열린 형식을 보여 완결되지 않은 듯한 느낌을 주므로 해당 설명은 적절하다.

019
정답 | ③
해설 | '남상(濫觴)'은 '양쯔강 같은 큰 하천의 근원도 잔을 띄울 만큼 가늘게 흐르는 시냇물'이라는 뜻으로, '사물의 처음이나 기원'을 이르는 말이다. '다른 방향이나 상태로 바뀌는 계기 또는 고비'를 이르는 말은 '전환점(轉換點)'이다.

020
정답 | ③
해설 | 1문단에 따르면 환율의 급격한 변동을 초래하는 외부 충격이 발생하는 경우에 한해 정부나 중앙은행이 외환 시장에 개입하고 있다. 이는 환율의 급격한 변동으로 인해 경제의 불확실성이 확대되는 것을 방지하기 위하여 실시하는 것이다. 그러나 경제의 불확실성이 확대되면 환율의 급격한 변동을 초래하는 외부 충격이 발생한다고 보기 어렵다.
오답피하기 |
① 1문단에 따르면 외환 위기 이후 우리나라의 환율 제도는 외환 시장에서의 수요와 공급에 따라 환율이 결정되는 자유 변동 환율 제도로 바뀌었다.
② 2문단에 따르면 경제가 침체되어 있는 경우 정책 당국이 수출 진작으로 경기를 부양하기 위해 외환 시장 개입을 하여 환율 상승을 유도할 수 있다.
④ 2문단에 따르면 특히 환율의 수급은 경상 수지에 의해 결정된다. 따라서 경상 수지에 의존하는 정도가 높을수록 환율이 경제에 끼치는 영향이 상당할 것이다.

모의고사 19회

19회

001 ③	002 ①	003 ②	004 ③	005 ②
006 ①	007 ①	008 ④	009 ③	010 ④
011 ③	012 ②	013 ④	014 ③	015 ③
016 ④	017 ②	018 ①	019 ②	020 ③

001
정답 | ③

해설 | '꽃향기'의 받침 'ㅊ'은 음절 끝소리 규칙에 따라 종성에서 발음될 수 있는 [ㄷ]으로 바뀐다. 따라서 ㉠에 들어갈 적절한 발음은 '꽃향기'에 음절 끝소리 규칙을 적용한 [꼳향기]이다. 그 후에 음운 축약에 의해 'ㄷ'과 'ㅎ'이 [ㅌ]으로 합쳐져 [꼬턍기]로 발음된다. 따라서 ㉡에는 '축약'이 들어가야 한다. 요컨대, ㉠에는 [꼳향기]가, ㉡에는 '축약'이 들어가는 것이 적절하다.

002
정답 | ①

해설 | 내노라하는(×) → 내로라하는(○): '내로라하다'는 '어떤 분야를 대표할 만하다'를 뜻한다. '내놓을 만하다'라고 잘못 생각하여 '내노라하다'를 쓰는 경우가 있지만, 이는 틀린 표기임에 주의해야 한다.

오답피하기 |

② 널브러져(○): '널브러지다'는 '몸에 힘이 빠져 몸을 추스르지 못하고 축 늘어지다'를 뜻한다. 이를 '널부러지다'로 쓰지 않도록 주의해야 한다.

③ 뒤치다꺼리(○): '뒤치다꺼리'는 '뒤에서 일을 보살펴서 도와주는 일'을 뜻한다. 이를 '뒤치닥거리'로 쓰지 않도록 주의해야 한다.

④ 금세(○): '금세'는 '지금 바로'를 뜻하며, '금시에'가 줄어든 말로 구어체에서 많이 사용된다. 이를 '금새'로 쓰지 않도록 주의해야 한다.

003
정답 | ②

해설 | 콩트(○): (나)를 고려할 때 파열음 표기에는 된소리를 쓰지 않아야 하므로 '콩트'로 써야 한다.

오답피하기 |

① 까페(×) → 카페(○): (나)를 고려할 때 파열음 표기에는 된소리를 쓰지 않아야 하므로 '카페'로 써야 한다.

③ 쥬니어(×) → 주니어(○): (다)를 고려할 때 'ㅈ' 뒤 반모음 'ㅣ'가 결합될 수 없으므로 '주니어'로 써야 한다.

④ 화운데이션(×) → 파운데이션(○): (가)를 고려할 때 [f] 발음은 오직 'ㅍ'으로 표기해야 하므로 '파운데이션'으로 써야 한다.

004
정답 | ③

해설 | '진행자'는 '소장'의 설명을 듣고 내용을 정리하며, '그래서 ○○ 대교에 여러 줄의 케이블이 있었던 것이군요.'라며 자신의 이해를 드러내고 있다. 그러나 '진행자' 자신의 잘못된 이해는 나타나지 않으며, 이를 수정하고 있지도 않다.

오답피하기 |

① '진행자'는 '소장'의 설명을 듣고 '그러니까 ○○ 대교가 □□ 대교보다 2km 더 길다는 말씀이군요.'라며 내용을 정리하고 있다.

② '소장'은 현수교와 아치교의 개념을 분명하게 밝히며 ○○ 대교와 □□ 대교를 설명하고 있다.

④ '소장'은 '○○ 대교와 같은 다리를 현수교라고 ~ 반면, □□ 대교는 아치에 부착된 줄이 다리를 지지하는 아치교입니다.'라며, □□ 대교와 비교하여 중심 대상인 ○○ 대교의 특징을 드러내고 있다.

005
정답 | ②

해설 | 역설은 모순된 표현을 활용하여 진실을 드러내는 수사법이다. 해당 작품에서 '아름다운 상처'는 역설적 표현을 활용하고 있다. '아름답다'는 즐겁고 만족할 만한 것을 의미하지만, 상식적으로 '상처'는 그러한 대상이 되기 어려우므로 모순적 표현이다. 따라서 '아름다운 상처'는 진정한 사랑을 이루기 위해서는 아픔을 겪어야 한다는 의미를 강조한 것이며, 이는 곧 작품의 주제 의식으로 볼 수 있다.

오답피하기 |

① 반어는 본래의 뜻과는 반대로 표현하여 의미를 강조하는 수사법이다. 해당 작품에서 반어적 표현은 나타나 있지 않다.

③ 정형적인 운율이란 고정된 형식에 의해 형성되는 운율을 의미한다. 해당 작품은 자유로운 형식의 시이므로 정형적 운율이 드러나지 않는다.

④ 해당 작품에서 '눈'은 '나뭇가지'에 꽃을 피우려고 도전하고 춤을 추는 존재로 그려져 있고, '나뭇가지'는 아름다운 상처를 터뜨리는 존재로 그려져 있다. 이러한 표현은 의인화가 적용된 것이라고 볼 수 있으나, 사회 구조적 문제를 보여주고 있다고 보기 어렵다.

006
정답 | ①

해설 | 밑줄 친 '가, 께서, 에서'는 주격 조사이다. 하지만 '드디어 동생이 선생님이 되었다.'의 '이'는 '되다' 앞에서 쓰였으므로 보격 조사이다. '되다'나 '아니다'의 바로 앞에 쓰인 조사 '이/가'는 보격 조사이다.

오답피하기 |

② '우리가'는 서술어 '이기다'의 주어이다. 따라서 '가'는 주격 조사이다.

③ '선생님께서'는 서술어 '내 주셨다'의 주어이다. 따라서 '께서'는 높임의 주격 조사이다.

④ '정부에서'는 서술어 '실시하다'의 주어이다. 따라서 '에서'는 단체를 나타내는 명사 뒤에 붙는 주격 조사이다.

007
정답 | ①

해설 | 제시문에 따르면 '나무'라는 개념이 현실에 존재하는 나무를 지시하는 것이지, 현실에 존재하는 나무가 '나무'라는 개념을 지시하는 것은 아니다. 따라서 ①의 언급은 적절하지 않다.

오답피하기 |
② 언어 기호는 언어 형식과 의미로 나눌 수 있으며, 의미는 추상화된 개념이다.
③, ④ '나무'라는 언어 기호의 의미는 실제 나무를 지칭하는 것이 아니라 실제 나무들의 공통점을 추상화한 개념이라고 하였다.

008
정답 | ④

해설 | 글쓴이는 책의 내용이 자신의 기준에 맞지 않더라도 무시해서는 안 된다고 말하고 있다. 그리고 자신의 생각이 좁고 막힌 것으로 생각하며 책의 내용에 집중해야 한다고 말하고 있다. 따라서 책의 내용을 자기 생각으로만 바라보는 폐쇄적인 태도를 버리고 열린 마음으로 바라봐야 한다고 말하는 ④가 이 글의 주제로 가장 적절하다.

009
정답 | ③

해설 | 〈보기〉는 겸양의 격률에 대하여 설명하고 있다. ③은 '나는 창의력이 부족해서 이런 디자인을 생각해 내지 못했을 거'라며 화자 자신에 대한 칭찬은 최소화하고 자신에 대한 비방을 극대화하고 있으므로 가장 적절한 예이다.

010
정답 | ④

해설 | (가)의 '임 그리워한 꿈(=마음)이 실솔(蟋蟀)의 넋이 되어 / 추야장(秋夜長) 깊은 밤의 임의 방에 들렀다가'에서 화자는 자신이 '실솔'이 되어 '임'을 만나려 하고 있음을 알 수 있다. (나)의 '저 임아 꿈이라 말고 자주자주 뵈소서'에서 화자는 '임'에게 자신의 소망을 들어 달라고 부탁하고 있음을 알 수 있다.

오답피하기 |
① (가)의 '꿈'과 (나)의 '꿈'은 부재하는 '임'에 대한 그리움을 드러내는 소재이다. (가)와 (나)에서 재회에 대한 낙관적 전망은 드러나 있지 않다.
② (가)의 '임 그리워한 꿈'에서 화자가 '임'에 대한 그리움을 드러내고 있음을 알 수 있다. (나)의 '저 임아 꿈이라 말고 자주자주 뵈소서'에서 화자가 '임'에 대한 그리움과 사랑을 표현하고 있음을 알 수 있다.
③ (가)의 화자가 '임'을 원망하고 있음은 확인할 수 없다. (나)의 '꿈에 뵈는 임이 신의(信義) 없다 하건마는'에서 '임'은 '꿈' 속에서 화자에게 '신의 없다'며 못마땅함을 드러내고 있음을 알 수 있다.

011
정답 | ③

해설 | 優柔不斷(넉넉할 우/부드러울 유/아닐 부/끊을 단)은 '어물어물 망설이기만 하고 결단성이 없음'을 뜻한다. 따라서 빈칸에 들어갈 한자성어로 가장 적절하다.

오답피하기 |
① 牽強附會(이끌 견/강할 강/붙을 부/모일 회)는 '이치에 맞지 않는 말을 억지로 끌어 붙여 자기에게 유리하게 함'을 뜻하므로 적절하지 않다.
② 艱難辛苦(어려울 간/어려울 난/매울 신/쓸 고)는 '몹시 힘들고 어려우며 고생스러움'을 뜻하므로 적절하지 않다.
④ 虛張聲勢(빌 허/베풀 장/소리 성/형세 세)는 '실속은 없으면서 큰소리치거나 허세를 부림'을 뜻하므로 적절하지 않다.

012
정답 | ②

해설 | ⓒ: 콜라를 고객과 가까우면서도 '손에 닿기 쉬운 위치에 배열'하는 것은 상품과 고객 사이의 관계에 집중하는 행위이지, 제품과 제품의 관계에 집중하는 행위는 아니다.

오답피하기 |
① ㉠: '대학가 점포'는 주로 학생 고객을 대상으로 운영하는 점포일 것이다.
③ ㉢: '쏟아져 들어오는 메일'은 더 많이, 더 깊은 관계를 맺고자 애쓰는 모습의 한 예이다.
④ ㉣: '인터넷과 통신 기술'은 개인의 관계 영역과 대상을 시공간을 넘어선 관계로 확장시키는 수단이다.

013
정답 | ④

해설 | '까투리'가 지난밤 꿈이 불길하다는 이유로 콩을 먹으려는 '장끼'를 만류한다. 그러나 '장끼'는 "내 간밤에 한 꿈을 얻으니 ~ 어디 한번 주린 배를 채워 봐야지."라고 말한다. 이는 '까투리'가 꾼 꿈을 다르게 해석한 것이 아니라, 자신이 꾼 꿈을 길몽으로 해석한 것이다.

오답피하기 |
① "눈 위에 사람 자취가 수상하오. ~ 제발 덕분 그 콩일랑 먹지 마오."라는 '까투리'의 말에서 알 수 있다.
② "일이 되어가는 형편은 그럴 듯 하오마는 지난밤 꿈이 크게 불길하니 자랑하여 처사하오."라는 '까투리'의 말에서 알 수 있다.
③ "첩첩이 쌓인 눈이 곳곳에 덮여 있어 ~ 사람의 자취가 있을까 보냐?"라는 '장끼'의 말에서 알 수 있다.

014
정답 | ③

해설 | 제시문에 따르면 자본주의는 체제가 지니고 있는 불평등으로 인해 언제나 부패할 가능성이 있다. 그런데 사회주의적 이념과 종교와 철학에 의해 자본주의는 건전한 발전을 할 수 있다. 따라서 사회주의, 종교, 철학은 자본주의 체제의 부패를 막아주는 역할을 한다고 볼 수 있으므로, 빈칸에는 '방부제'가 들어가야 한다.

015
정답 | ③

해설 | 2문단에 따르면 공연은 일상적 시간을 멈추고 그것을 다른 시간으로 전환시킨다는 점에서 제의적이고 축제적인 시간이다. 즉, 공연의 축제적 시간은 일상적 시간이 멈춘 시간이므로, 일상적 시간은 축제적 시간과 같지 않다. 따라서 마당극을 통해 일상적 삶을 축제로 받아들일 수 있다는 것은 적절하지 않다.

오답피하기 |
① 1문단에 따르면 마당극의 열린 연극 지향성은 이데올로기적으로는 닫힌 사회에 대한 저항적 표현이라고 할 수 있다.
② 1문단에 따르면 마당극의 마당이라는 공간에서 공연자-관객의 개방적 상호 관계를 맺는다. 이때 마당극의 마당은 곧 무대라고 할 수 있다.

④ 2문단에 따르면 마당극은 사건이 일어난 그때가 아니라 공연이 일어나고 있는 '지금'을 지속적으로 환기시킨다. 그리고 '지금'은 곧 공연이 상연되는 그 순간의 시간을 의미한다.

016
정답 | ④
해설 | 1문단에 따르면 19세기 이후 감상자의 시선을 작품에만 집중시키는 단순하고 추상화된 작품들이 많이 등장했고, 이러한 경향 속에서 미니멀리즘이 등장했다. 따라서 미니멀리즘은 조각을 향한 감상자들의 시선을 분산시키지 않았을 것이다.

오답피하기 |
① 1문단에 따르면 조각은 근대 이전에는 신전, 사원, 왕궁 등의 장소의 일부로서 존재하며, 종교적인 분위기를 조성하거나 왕의 권력을 상징하는 부여된 의도를 표현하였다.
② 1문단에 따르면 근대에 들어서고 19세기 이후 조각은 작품 외적 맥락에 구속되기보다는 작품 자체에서 의미의 완결을 추구하는 경우가 많아졌다.
③ 2문단에 따르면 미니멀리즘은 가공하지 않은 산업 재료들을 사용했기 때문에 그 결과물은 사물로 인식되기도 했다.

017
정답 | ②
해설 | 2문단에 따르면 구조적 실업은 기술의 발전에 따라 과거 기술을 보유한 노동자가 일자리를 잃는 것이다. 이때 기술 로봇이 도입된 것은 기술의 발전에 따른 결과라고 볼 수 있으나, 기술직 근로자가 부서를 이동한 것은 일자리를 잃은 것이라고 볼 수 없으므로 적절하지 않다.

오답피하기 |
① 1문단에 따르면 실업은 일할 의사와 노동력이 있는 사람이 일자리를 얻지 못한 상태를 말한다. 재학 중인 대학생은 일할 의사가 있는 사람이라고 보기 어렵고, 노인 복지 시설의 보호를 받는 노인은 노동력이 없는 사람이므로 둘을 실업 상태로 분류하지 않는 것은 적절하다.
③ 2문단에 따르면 경기적 실업은 재화나 서비스에 대한 총수요가 부족해지면서 노동에 대한 수요가 감소하여 생기는 실업 상태이다. 경기 침체로 백화점을 찾는 소비자가 감소한 것은 재화나 서비스에 대한 수요가 부족해진 것이며, 이에 따라 백화점에서 신규 직원을 채용하지 않는 것은 노동에 대한 수요가 감소한 것이므로 적절하다.
④ 2문단에 따르면 노동자가 직업을 찾는 과정에서 생기는 마찰적 실업은 다른 실업의 유형에 비해 문제가 될 가능성이 적다. 대학을 졸업한 사람이 전공과 관련된 회사를 찾는 동안의 실업 상태는 마찰적 실업이므로, 해당 설명은 적절하다.

018
정답 | ①
해설 | '어떤 직위에 있는 사람을 다른 사람으로 바꿈'을 뜻하는 '경질'은 更迭(고칠 경/번갈아들 질)로 표기한다. 따라서 밑줄 친 부분의 한자가 나머지 셋과 다르다.

오답피하기 |
② '어떤 일을 하는 데 드는 비용'을 뜻하는 '경비'는 經費(지날 경/쓸 비)로 표기한다.
③ '일이 진행되어 온 과정'을 뜻하는 '경위'는 經緯(지날 경/씨 위)로 표기한다.
④ '기업이나 사업 따위를 관리하고 운영함'을 뜻하는 '경영'은 經營(지날 경/경영할 영)으로 표기한다.

019
정답 | ②
해설 | '황재석'은 '황만근'이 사는 동안 한 번도 밖에서 안 들어온 적이 없다고 말한다. 그러자 '황동수'는 '황만근'이 군대에 간다고 했을 때 여우 또는 토끼와 싸운다고 돌아오지 않은 적이 있다고 말한다. 그런데 이러한 '황동수'의 말은 '황재석'의 말에 동의한 것이 아니라, 그의 말을 반박한 것이다.

오답피하기 |
① '이장'은 '황만근'이 술을 먹고 집에 돌아오지 않는 것이라고 대수롭지 않게 여긴다. 그러나 '황재석'은 있던 사람이 없어지면 필시 연유가 있을 것이라고 말하며 '이장'의 말을 반박하며 심각성을 환기하였다.
③ '민 씨'는 '이장'이 궐기대회 전날 '황만근'을 따로 불러 말을 건넸던 것을 떠올린 다음, '황만근'이 농민궐기대회에 꼭 가야 했느냐고 따져 묻고 있다.
④ '이장'은 농가부채 탕감촉구에 대한 우리의 입장을 밝히자는 취지를 내세워 '황만근'에게 농민궐기대회에 참석하라고 한 자신의 요구는 잘못된 점이 없다고 말하고 있다.

020
정답 | ③
해설 | 제시문에서 차명 계좌를 개설하여 불순하게 사용한 것이 적발될 경우 명의를 빌려준 사람과 빌린 사람 모두 처벌을 받는다고 하였다. 그런데 제시문에 따르면 도명 계좌는 상대의 허락 없이 몰래 개설한 계좌이므로, 해당 경우 명의자가 명의를 빌려주었다고 볼 수 없다. 따라서 도명 계좌에서 명의를 빌려준 사람도 처벌받을 것이라는 추론은 적절하지 않다.

오답피하기 |
① 제시문에서는 정부가 1993년 금융 실명제를 실시하여 차명 계좌의 개설을 법적으로 금지하였고, 현재까지도 차명 계좌를 개설하거나 운용하는 것이 법적 제재를 받는다고 하였다. 따라서 합의 차명 계좌의 경우에도 계좌의 개설이 금지될 것이라는 추론은 적절하다.
② 제시문에서는 차명 계좌에 합의 차명 계좌와 도명 계좌가 포함되며, 가명 계좌는 포함되지 않는다고 하였다. 이때 합의 차명 계좌와 도명 계좌의 명의자는 실존 인물인데 반해 가명 계좌의 명의는 실재하지 않는 가상의 인물이므로 해당 추론은 적절하다.
④ 제시문에서는 차명 계좌의 개설이 금융 실명제에 따라 법적으로 금지되나, 친목 단체의 회비 관리용 계좌나 임의 단체의 자산 관리용 계좌는 특수성을 인정하여 차명 계좌 개설을 허용한다고 하였다. 이를 고려할 때, 이러한 예외가 단체라는 특이성 때문일 것이라는 추론은 적절하다.

모의고사 20회

20회

001 ③	002 ①	003 ③	004 ③	005 ③
006 ②	007 ②	008 ④	009 ①	010 ③
011 ④	012 ③	013 ①	014 ③	015 ①
016 ①	017 ④	018 ④	019 ②	020 ③

001
정답 | ③
해설 | '꺾어 왔다'의 '꺾어'와 '오다'는 각각 실질적인 의미를 지닌 '본용언+본용언'으로 구성되었다. 따라서 보조 용언은 결합하지 않았다.
오답피하기 |
① '따져 봤다'의 '보다'는 본용언인 '따져'에 '어떤 행동을 시험 삼아 함'의 의미를 보충해 주는 보조 용언이다.
② '닦아 냈다'의 '내다'는 본용언인 '닦아'에 '스스로의 힘으로 끝내 이루어짐'의 의미를 보충해 주는 보조 용언이다.
④ '켜 뒀다'의 '두다'는 본용언인 '켜'에 '앞말이 뜻하는 행동을 끝내고 그 결과를 유지함'의 의미를 보충해 주는 보조 용언이다.

002
정답 | ①
해설 | 꽃 위[꼬뒤](○): 받침 뒤에 모음으로 시작하는 실질 형태소가 오면 음절 끝소리 규칙에 따라 'ㅊ'을 [ㄷ]으로 교체하여 발음한다.
오답피하기 |
② 들녘에는[들ː례게는](×) → 들녘에는[들ː려케는](○): 받침 뒤에 모음으로 시작하는 형식 형태소가 왔으므로 그대로 연음한다.
③ 밭에[바체](×) → 밭에[바테](○): 홑받침이 모음으로 시작되는 조사 '에'와 결합되는 경우에는 제 음가대로 뒤 음절 첫소리로 옮겨 발음한다. 참고로 받침 'ㄷ, ㅌ'은 조사나 접미사의 모음 'ㅣ'와 결합할 때 [ㅈ], [ㅊ]으로 바꾸어 발음한다.
④ 옷이[오디](×) → 옷이[오시](○): 받침 뒤에 모음으로 시작하는 형식 형태소가 왔으므로 그대로 연음한다.

003
정답 | ③
해설 | 참여자들이 대립될 수 있는 논제에 대해 논의하는 것은 '토론'에 관한 설명이다. '토의'는 논의를 통해 문제 해결을 모색하는 화법 형태이므로 토론과 달리 찬반으로 나뉘지 않는다.

004
정답 | ③
해설 | '~한 관계로'는 어떤 일의 원인을 나타내는 일어 번역 투의 문장이다. 그런데 '아픈 관계로'를 '아픈 관계 때문에'라고 고친 것은 '~한 관계'라는 번역 투의 문장을 그대로 사용한 표현이다. 따라서 '아픈 관계로'는 '아파서'로 고치는 것이 자연스럽다.

005
정답 | ③
해설 | (나)에서 화자는 '물'을 건너지 말라고 당부하고, '임'은 결국 '물'을 건너다 휩쓸리고 만다. 이러한 사건들은 시간의 순서에 따라 일어난 것이다. 그러나 (가)는 '꾀꼬리'를 보고 느낀 순간의 정서를 표현한 것일 뿐, 시간의 흐름이 드러나지 않는다. 따라서 (가)는 시간의 흐름을 통해 시상을 전개하고 있다고 보기 어렵다.
오답피하기 |
① (가)의 화자는 암수 서로 정다운 '꾀꼬리'를 보고 함께 돌아갈 이가 없는 자신의 외로운 처지를 확인하고 있다. 따라서 '꾀꼬리'와 화자를 대비함으로써 현재 상황을 강조하고 있다고 볼 수 있다.
② (나)의 1행에서 '물'을 건너지 말라는 것은 사랑을 의미하고, 2행에서 '임'이 '물'을 건넌 것은 '임'과의 이별을 의미한다. 그리고 3행에서 '임'이 '물'에 휩쓸려 간 것은 '임'의 죽음을 의미한다. 따라서 '물'의 의미를 달리하면서 현재 상황에 대한 안타까움을 드러내고 있다.
④ (가)와 (나)는 모두 고대가요로 우리말을 표기할 문자가 없을 때에 한자로 창작된 작품이다.

006
정답 | ②
해설 | 제시된 자료의 '·배'는 '바+ㅣ'로 분석할 수 있다. 이는 주격 조사 '가'가 아닌 'ㅣ'가 사용된 것이다. 참고로 중세 국어 시기에 주격 조사는 '이, ㅣ'만 존재했다.
오답피하기 |
① 제시된 자료의 ':말쏘·미'에서 '말쏨+이'를 소리 나는 대로 이어 적는 연철 표기를 활용한 것을 알 수 있다.
③ 제시된 자료의 '·ᄠᅳ·들'에서 초성에 2개 이상의 자음이 오는 어두 자음군 'ㅂㄷ'이 사용된 것을 알 수 있다.
④ 제시된 자료의 '펴·디'에서 구개음화가 일어나지 않았음을 알 수 있다. 참고로 구개음화는 근대 국어의 특징이다.

007
정답 | ②
해설 | ㉠'자네의 말'은 혜자의 입장에서 쓸데없다고 여겨지는 장자의 말을 의미한다. 이에 장자는 쓸데없음으로 인해 쓸데 있는 것이 생긴다고 역설적인 깨달음을 전달한다. 이러한 관점에서 ㉡'발바닥 밑부분'은 쓸데 있는 것이고, ㉢'나머지'는 쓸데없는 것이다. 한편, ㉣은 자기가 자기 중심적인 사고를 가지고 있지 않은지 반문하는 것이다. 따라서 ㉠~㉣ 중 의미가 동일한 것은 쓸데없는 것을 의미하는 ㉠, ㉢이다.

008
정답 | ④
해설 | '나' 또는 '우리'라는 구절이 시에 나타날 때에 화자가 표면에 드러난다고 할 수 있다. 1연의 '나는 지난 날의 회상같이', '나의 가슴!', 2연의 '나의 마음!'에서 표면에 드러난 화자를 확인할 수 있다.

오답피하기 |
① 1, 2연에서 '나직하고 그윽하게 부르는 소리 있어 / 나아가 보니 아, 나아가 보니---'라는 동일한 시행을 반복하여 운율감을 느끼게 하고 있다.
② 1연의 '자지러지노라!', '아픈 나의 가슴!', 2연의 '근심같이 내리누나!', '나의 마음!' 등에서 영탄적인 어조로 고조된 감정을 표현하고 있다.
③ 1연의 '나의 가슴!', 2연의 '나의 마음!'에서 명사로 끝맺은 시행을 반복하여 시적인 여운을 주고 있다.

009
정답 | ①
해설 | ㉠ 收穫(거둘 수/거둘 확)은 '어떤 일을 하여 얻은 성과'를 비유적으로 이르는 말이다.
㉡ 待遇(기다릴 대/만날 우)는 '어떤 사회적 관계나 태도로 대하는 일', 또는 '예의를 갖추어 대하는 일'을 뜻한다.
오답피하기 |
㉠ 授穫(줄 수/거둘 확)은 잘못된 표기이다.
㉡ 待憂(기다릴 대/근심할 우)는 잘못된 표기이다.

010
정답 | ③
해설 | 1문단에 따르면 성문법은 보수적인 특징이 있기 때문에 빠르게 변화하는 현대 사회에 대응하기 어렵다. 따라서 현대 사회에 대응하기 위해서는 성문법의 기능을 살리는 것이 아니라 입법 활동을 활발히 해야 한다.
오답피하기 |
① 1문단에 따르면 우리나라는 로마법의 영향을 받은 대륙법 체계를 따르는 국가이다.
② 1문단에 따르면 우리나라가 따르는 대륙법 체계는 그 내용이 문서로 작성되어 일정한 형식과 절차를 거쳐서 공포된다.
④ 2문단에 따르면 영국에서 고수하는 영미법제는 성문법을 반대하는데, 그 이유는 법의 기본 원칙은 의회가 제정한 법률 속에서 발견되는 것이 아니라, 법원의 구체적인 판결에서 발견된다고 믿었기 때문이다.

011
정답 | ④
해설 | 자연과 인간의 속성을 대비한 내용은 확인하기 어렵다. 그리고 물의 근원을 찾아낸 것은 글쓴이 혼자서 한 일이므로, 집단의 지혜를 모아야 함을 강조하고 있다고 보기도 어렵다.
오답피하기 |
①, ② '하동'이라는 구체적인 지명을 밝힘으로써 그곳에서 '이웃 사람들'에게 샘의 근원을 찾아 주었던 사건의 사실성을 부각하고 있다.
③ '이웃 사람들'은 작은 샘의 근원이 수풀 속에 파묻혀 있어 그 물을 더럽게 여기고 먹지 않으려 하였으나, 글쓴이가 물의 근원을 찾아 주어 깨끗한 물임을 알게 된다. 이러한 일화를 통해 겉모습보다 근원을 파악하는 것이 더 중요하다는 교훈을 전달한다.

012
정답 | ③
해설 | 제시문에서는 자유와 평등을 양과 음에 빗대어 설명하고 있으며, 자유가 없는 사회를 '일률적인 크기의 새장에 갇혀 먹이를 공급받는 사회'로 비유하였다. ③에서도 기업의 경우를 철새에 빗대어 설명하고 있으므로 적절하다.
오답피하기 |
① 제시문에서 분류의 진술 방식을 사용한 부분을 확인할 수 없다.
② 제시문에서 정의의 진술 방식을 사용한 부분을 확인할 수 없다.
④ 제시문에서 구분의 진술 방식을 사용한 부분을 확인할 수 없다.

013
정답 | ①
해설 | 제시문은 음악이 해석을 통해 생명을 갖는다고 한 '도리안'의 말을 제시한 것이다. 따라서 이 문장 다음에는 '이 말은'이라는 지시어를 통해 '도리안'의 말을 구체적으로 상술하는 (나)가 와야 한다. 그리고 (나)의 끝에는 '베커'를 소개하며 끝냈으므로, 그다음은 '베커'를 지칭하며 그의 생각을 상술하는 (가)가 오고, 마지막으로 (가)를 부연하는 (다)가 와야 한다. 따라서 (가)~(다)를 맥락에 따라 가장 자연스럽게 배열한 것은 (나)-(가)-(다)이다.

014
정답 | ③
해설 | 泣斬馬謖(울 읍/벨 참/말 마/일어날 속)은 '큰 목적을 위하여 자기가 아끼는 사람을 버림'을 이르는 말이므로 적절하지 않다. 해당 문장에는 '용의 머리와 뱀의 꼬리'라는 뜻으로, '처음은 왕성하나 끝이 부진한 현상'을 이르는 말인 龍頭蛇尾(용 용/머리 두/뱀 사/꼬리 미)로 써야 한다.
오답피하기 |
① 犬馬之勞(개 견/말 마/갈 지/일할 로)는 '개나 말 정도의 하찮은 힘'이라는 뜻으로, '윗사람에게 충성을 다하는 자신의 노력'을 낮추어 이르는 말이므로 적절하게 쓰였다.
② 暗中摸索(어두울 암/가운데 중/본뜰 모/찾을 색)은 '어림으로 무엇을 알아내거나 찾아내려 함', 또는 '은밀한 가운데 일의 실마리나 해결책을 찾아내려 함'을 뜻하므로 적절하게 쓰였다.
④ 孤子單身(외로울 고/외로울 혈/홀 단/몸 신)은 '피붙이가 전혀 없는 외로운 몸'을 뜻하므로 적절하게 쓰였다.

015
정답 | ①
해설 | 제시문에 따르면 ㉠은 문제 상황을 해결하여 감정을 조절하는 방식이므로, ㉠이 부정적 상황 자체를 해결하는 방식이라는 이해는 적절하다. 또한 ㉡은 부정적 상황을 외면 또는 축소하여 인식하는 방식, ㉢은 타인의 지지와 공감을 통해 부정적 감정을 해결하는 방식이므로, ㉡, ㉢이 인식과 감정을 조절하는 방식이라는 이해도 적절하다.
오답피하기 |
② 문제 상황을 해결한다는 점에서 ㉠을 이성적 방식으로 볼 수 있으나, ㉡은 문제 상황에 대한 인식을 조절하는 것이므로 이성적 방식이라고 확답하기 어렵다. 또한 제시문에서 ㉡과 ㉢을 적절하게 사용하는 것도 효과적이라고 하였으므로 ㉢이 비합리적 해결 방식이라는 이해는 적절하지 않다.
③ ㉠은 문제 상황을 해결하는 것, ㉡은 문제 상황을 외면 또는 축소하는 것이므로 자발적 해결 방식이라고 할 수 있다. 반면 ㉢은 지지와 공감을 통한 방법이므로 타인에 의한 방법이라고 할 수 있다. 따라서 해당 설명은 적절하지 않다.

④ 제시문에서 ㉠이 부정적 감정을 조절하는 가장 건설적인 방법이라고 하였으며, ㉡과 ㉢을 적절하게 사용하는 것도 효과적이라고 하였다. 따라서 해당 설명은 적절하지 않다.

016
정답 | ①

해설 | 제시문에 따르면 「위치 정보법」에서는 개인의 동의 없이 위치 정보를 수집·이용할 수 없다. 그러나 ①의 백화점은 위치 정보 사업자로부터 고객 위치 정보를 제공받아 무단으로 근처 고객에게 모바일 할인권을 제공했으므로, 개인의 동의 없이 위치 정보를 수집·이용하였다는 점에서 「위치 정보법」에 저촉된다.

오답피하기 |
② 제시문에 따르면 「위치 정보법」에서는 개인의 동의 없이 위치 정보를 수집·이용할 수 없도록 하였다. 이때 ②에서 위치 기반 게임 서비스를 제공하는 사업체가 위치 정보 이용 가능성을 약관에 명시하여 고객의 확인을 받은 것은 위치 정보를 수집·이용함에 앞서 개인의 동의를 받은 것이므로 「위치 정보법」에 저촉되지 않는다.
③ 제시문에 따르면 「위치 정보법」에서는 개인 위치 정보의 수집·이용 및 제공 목적을 달성한 뒤에 개인 위치 정보를 파기하도록 하였다. 따라서 이동 통신사로부터 위치 정보를 제공받아 긴급 출동을 한 경호업체가 목적 달성 후에 개인 위치 정보를 파기한 것은 「위치 정보법」에 저촉되지 않는다.
④ 제시문에 따르면 「위치 정보법」에서는 개인의 동의 없이 위치정보를 수집·이용할 수 없도록 하였다. 이때 ④에서 고객이 주변 식당 찾기, 주변 길 안내 등의 서비스를 신청했다는 것은 위치 정보 제공에 동의를 했다는 것이므로 이동 통신업체가 고객에게 정보를 제공한 것은 「위치 정보법」에 저촉되지 않는다.

017
정답 | ④

해설 | '자네는 이미 내 종복이 아닐세. 장두가 이러면 되겠나.'라는 '채 군수'의 말을 볼 때, '이재수'는 과거 '채 군수'의 종이었다. 그러나 현재 '채 군수'는 '이재수'를 장두로 여기며 대하고 있다. 따라서 '채 군수'가 '이재수'를 과거의 개인적 관계에 따라 대하고 있는 것이 아니다.

오답피하기 |
① '이재수'의 발화를 통해 그가 장두로 나섰던 것, 백성들이 수탈을 당해 어려움을 겪었던 것 등의 사건의 정보를 제시하고 있다.
② '이재수'는 힘들게 살아가는 백성들을 위해 장두로 나서 성을 공격하려 한다고 말하고 있다. 이로부터 부당한 권력에 맞서는 민중들의 저항 의지를 확인할 수 있다.
③ '이재수'는 자신이 관노(官奴)였음을 언급하고 '채 군수'를 '군수 어른'이라고 부르며 존대하고 있다.

018
정답 | ④

해설 | 3문단에 따르면 허스트의 시도로 인해 예술에 대한 새로운 인식이 일어났다. 그러나 예술이 독창성과 영감에 의해 이루어진다는 근대적 예술은 허스트가 전복시킨 기존의 인식이므로 적절하지 않다. 제시문에 따르면 이러한 인식이 바탕이 된 근대적 의미의 예술은 허스트에 의해 죽음을 맞이하였다.

오답피하기 |
① 1문단에 따르면 허스트가 90년대 미술계에서 뜨거운 관심을 받았던 이유는 그의 작품만이 지닌 호소력 때문이다. 또한 허스트는 종래의 미학적 관점을 일부 수용하였으나 그것을 차용하고 발전시켜 새로운 작품을 창작했다고 하였으므로 적절하다.
② 2문단에 따르면 허스트는 '삶과 죽음'이라는 주제를 작품으로 구현하여 감상자들에게 충격과 경외감을 불러일으켰다. 또한 그는 작품〈의사소통을 위해 한 방향으로 헤엄치는 고립된 존재들〉에서 감상자들을 착각하게 하고 이로부터 성찰을 유도했으므로 적절하다.
③ 3문단에서 따르면 허스트는 기존의 작품들과 일상의 사물, 자신의 작품까지도 복제와 활용의 대상으로 삼았다. 그리고 이러한 시도로 인해 근대적 의미의 예술이 죽음을 맞이하고 새로운 예술이 탄생되었다고 하였으므로 적절하다.

019
정답 | ②

해설 | 풍랑이 지나가기를 버티는 것만으로도 훌륭한 항해사라고 한 것에서, 삶의 고난이 지나가기를 버티는 것만으로도 삶의 고난에 잘 대처하는 것임을 나타내고 있다.

오답피하기 |
① 노련한 항해사일수록 선원들을 소중히 대하고 살핀다고 한 것에서, 함께 삶을 살아가는 사람들을 소중히 대하여야 함을 나타내고 있다.
③ 내 배의 키를 남에게 맡겨서는 안 된다고 한 것에서, 남이 아닌 내가 삶의 주체가 되어야 함을 나타내고 있다.
④ 목적지가 없는 배에는 어떤 바람도 장애물일 뿐이라고 한 것에서, 삶의 목표가 중요함을 나타내고 있다.

020
정답 | ③

해설 | 제시문에 따르면 빵 1개를 소비할 때 총효용의 증가 폭은 10이다. 그리고 빵 2개를 소비할 때 총효용의 증가 폭은 8이다. 그러므로 재화 소비량이 증가할수록 총효용의 증가 폭은 작아진다. 따라서 재화 소비량과 총효용의 증가 폭은 반비례한다.

오답피하기 |
① 빵 1개를 먹으면 10의 효용이, 2개째 먹으면 8의 효용이, 3개째 먹으면 5의 효용이 있다고 하였다. 따라서 빵을 3개째 먹었을 때 얻을 수 있는 총효용은 23이다.
②, ④ 일반적으로 총효용은 그 재화의 소비량이 증가함에 따라서 일정 수준까지는 증가하지만 어느 한계점에 도달하면 총효용은 극대가 되고 그 이상을 더 소비하면 총효용은 증가하지 않고 오히려 감소한다고 하였다.

모의고사 21회

21회

001 ③	002 ①	003 ②	004 ③	005 ④
006 ①	007 ③	008 ①	009 ③	010 ③
011 ③	012 ①	013 ②	014 ②	015 ②
016 ④	017 ③	018 ①	019 ①	020 ③

001
정답 | ③

해설 | '누나가 진짜와 다름없이 그림을 그렸다.'는 '그림이 진짜와 다름없다.'라는 문장이 부사 파생 접미사 '-이'와 결합하여 '누나가 그림을 그렸다.'라는 문장에 부사절로 안긴 구조이다.

오답피하기 |
① '내가 방이 조용함에도 노래를 불렀다.'는 '방이 조용하다.'라는 문장이 명사형 어미 '-ㅁ'과 결합하여 '내가 노래를 불렀다.'라는 문장에 명사절로 안긴 구조이다.
② '누나가 노래를 부른 나를 나무랐다.'는 '나는 노래를 불렀다.'라는 문장이 관형사형 어미 '-ㄴ'과 결합하여 '누나가 나를 나무랐다.'라는 문장에 관형절로 안긴 구조이다.
④ '내가 노래를 부르고, 누나가 그림을 그렸다.'는 '내가 노래를 불렀다.'라는 문장과 '누나가 그림을 그렸다.'라는 문장이 대등적 연결 어미 '-고'를 통해 대등하게 이어진 구조이다.

002
정답 | ①

해설 | 시덥지(×) → 시답지(○): '시답다'는 '마음에 차거나 들어서 만족스럽다'를 뜻하며, '시덥다'는 틀린 표기이다.

오답피하기 |
② 자투리(○): '자투리'는 '어떤 기준에 미치지 못할 정도로 작거나 적은 조각'을 뜻한다. 이를 '짜투리'로 쓰지 않도록 주의해야 한다.
③ 십상(○): '십상'은 '열에 여덟이나 아홉 정도로 거의 예외가 없음'을 뜻한다. 이를 '쉽상'으로 쓰지 않도록 주의해야 한다.
④ 왠지(○): '왠지'는 '왜 그런지 모르게, 또는 뚜렷한 이유도 없이'를 뜻한다. 이를 '웬지'로 쓰지 않도록 주의해야 한다.

003
정답 | ②

해설 | 주제 문장에서 고전이 오늘날의 문제 해결의 실마리가 될 수 있다고 하였다. 그러나 뒷받침 문장에서는 고전이 우리에게 깊은 감동을 준다고 하였으므로, 주제 문장의 내용과 긴밀하게 연결된다고 보기 어렵다.

오답피하기 |
① 주제 문장에서 한옥의 구성에는 꺾임이 많다고 하였다. 그리고 다음 문장에서 꺾임이 많은 한옥의 구성을 예로 들고 있다.
③ 주제 문장에서 김치에 들어 있는 유산균은 생존력이 강하다고 하였다. 그리고 다음 문장에서 유제품에 들어 있는 유산균과의 비교를 통해 김치에 들어 있는 유산균의 생존력을 부각하고 있다.
④ 주제 문장에서 한복의 복원과 재창작이 이루어지고 있다고 하였다. 그리고 다음 문장에서 한복의 복원과 재창작이 이루어지고 있는 사례를 제시하고 있다.

004
정답 | ③

해설 | '송 팀장'이 '강 대리'와 '전 대리'의 주장이 받아들여질 경우의 문제점을 우려하는 부분은 나타나 있지 않다.

오답피하기 |
① '강 대리'는 '간결하고 빠른 결정을 위해 회의 시간을 단축하는 것이 좋지 않을까요?'라며 의문의 방식으로 자신의 의견을 간접적으로 드러내고 있다.
② '전 대리'는 '회의를 빨리 진행하려고 하면 문제가 발생할 수도 있어요.'라며 우려되는 문제 상황을 들어 '강 대리'의 주장에 반대하고 있다.
④ '송 팀장'은 '두 분의 의견이 모두 일리가 있습니다. 그럼 회의의 목적과 중요도에 따라서 방식을 다르게 적용하는 것은 어떨까요?'라며 '강 대리'와 '전 대리'의 주장을 긍정적으로 평가하며 절충안을 제시하고 있다.

005
정답 | ④

해설 | 現像(나타날 현/모양 상)은 '노출된 필름이나 인화지를 약품으로 처리하여 상이 나타나도록 함'을 뜻한다. 해당 문장에는 '인간이 지각할 수 있는 사물의 모양과 상태'를 뜻하는 現象(나타날 현/코끼리 상)이 적절하다.

오답피하기 |
① 誠實(정성 성/열매 실)은 '정성스럽고 참됨'을 뜻한다.
② 人相(사람 인/서로 상)은 '사람 얼굴의 생김새, 또는 얼굴의 근육이나 눈살'을 뜻한다.
③ 時期(때 시/기약할 기)는 '어떤 일이나 현상이 진행되는 시점'을 뜻한다.

006
정답 | ①

해설 | '고금(古今)을 사억(思憶)하고 / 어리석고 미친 회포(懷抱)에 헌원씨(軒轅氏)를 원망하노라(옛일을 생각하며 / 어리석고 미친 마음에 헌원씨를 원망하노라)'라는 구절에서 고사를 활용하고 있다. 그러나 이는 '헌원씨(중국 고대 전설의 제왕)'가 배를 만들었기 때문에 오랑캐들이 조선을 넘보게 되었다고 원망하는 것이다. 따라서 고사를 활용하여 안분지족의 삶을 예찬하고 있다고 보기 어렵다.

오답피하기 |
② '일장검(一長劍) 비스듬히 차고 병선(兵船)에 굳이 올라 / 여기진목(勵氣瞋目)하여 대마도(對馬島)를 굽어보니(한 자루 긴 칼 비스듬히

차고 병선에 구태여 올라 / 기운을 떨치고 눈을 부릅떠 대마도를 굽어보니)'에서 왜적에 대한 적개심을 드러내고 있다. 그리고 '어리석고 미친 회포(懷抱)에 헌원씨(軒轅氏)를 원망하노라(어리석고 미친 마음에 헌원씨를 원망하노라)'에서 '헌원씨'를 향한 원망을 드러내고 있다.

③, ④ '관방중지(關防重地)에 병(病)이 깊다고 앉아 있겠는가(국경의 요새지에서 병이 깊다 앉아만 있겠는가)' 등에서 설의적 표현이 나타나는데, 이러한 설의적 표현은 영탄적 어조로 볼 수 있다. 그리고 '어리석고 미친 회포(懷抱)에 헌원씨(軒轅氏)를 원망하노라(어리석고 미친 마음에 헌원씨를 원망하노라)' 등에서 영탄적 종결 표현을 활용하고 있다.

007
정답 | ③
해설 | 제시문에 따르면 우리 눈에 보이는 것은 반사되는 색이다. 그런데 모든 색소의 색을 다 섞게 되면 모든 영역의 색이 다 흡수되어 아무것도 반사되는 것이 없는 상태가 된다. 이럴 때 눈에는 검은색으로 보이게 된다. 따라서 정답은 ③이다.

008
정답 | ①
해설 | ㉠에서 불필요한 사동 접미사가 쓰였다는 것은 적절하다. 그러나 ㉠을 '요구하는'으로 수정해도 문장의 흐름이 어색하다. 따라서 문맥을 고려한 올바른 수정을 위해서는 ㉠을 '요구되는'으로 수정해야 한다.
오답피하기 |
② 1문단에서는 토론이 필요함을, 2문단에서는 우리 사회에 아직 토론 문화가 제대로 정착되지 않았음을 제시하고 있다. 따라서 두 문단은 반대되는 내용을 담고 있으므로 ㉡을 '그러나'로 수정하는 것은 적절하다.
③ ㉢은 '가장 시급한 것은'에 대응하는 서술어로 적절하지 않다. 따라서 ㉢을 '우리의 의식을 전환하는 일이다'로 수정하여 주어와의 호응 관계를 바로잡아야 한다는 것은 적절하다.
④ ㉣은 '손가락 따위로 어떤 방향이나 대상을 집어서 보이거나 말하거나 알리다'를 뜻하므로 해당 문맥에 적절하지 않다. 따라서 글의 흐름을 고려하여, '진리나 가치 따위를 밝혀내다'를 뜻하는 '가려내는'으로 수정하는 것은 적절하다.

009
정답 | ③
해설 | 장면을 재현하는 것은 공연 예술이라고 하였다. 퍼포먼스는 실연 예술로 대본을 바탕으로 하지 않기 때문에 장면을 재현하지 않는다.
오답피하기 |
① 퍼포먼스는 독립된 장르로서 형식 실험적인 경향의 실연 예술에 속한다고 하였다.
② 퍼포먼스는 실연 예술로 똑같은 행위를 반복하지 않는다고 하였다.
④ 퍼포먼스는 미술, 음악, 연극, 무용 등의 예술 매체 사이의 벽을 허물며 나타나는 새로운 형식과 관련된다. 따라서 여러 장르의 형식이 혼합되어 나타날 것이다.

010
정답 | ③
해설 | 제시문은 귀납 추리를 통해 ㉠을 세운다고 하였고, 이는 과학자들이 관찰을 통해 관찰을 통해 주장하는 ㉡과 같다. 그리고 이처럼 부분적 관찰 사실로부터 얻은 결론은 ㉢이 아니라고 하였다. 즉, ㉠, ㉡은 ㉢과 반대된다. 그리고 ㉣은 이러한 결론들이 '완전한 진리'가 아님을 보여주는 예이므로, ㉠, ㉡과 같다. 요컨대, ㉠, ㉡, ㉣은 귀납 추리의 결론이자, 완전한 결론이 아닌 것들이다. 반면, ㉢은 완전한 진리이므로 이것들과 반대된다.

011
정답 | ③
해설 | 5연에서 화자는 '내가 여읜 동심의 옛 이야기'에 대해 생각하고 있다. 그러나 이는 어른이 된 화자가 늙은 '선생님'에 대한 기억으로 인해 동심에 젖게 되었음을 드러낸 것이다. 화자가 자신의 삶의 태도를 반성하면서 개선하고자 한다고 보기 어렵다.
오답피하기 |
① 1, 2연에서 화자는 '눈을 감'고 '어린 때 선생님'을 회상하고 있음을 알 수 있다.
② 3연의 '선생님은 낙타처럼 늙으셨다.'와 4연의 '낙타는 어린 때 선생님처럼 늙었다.'에서 화자가 '낙타'와 '선생님'을 동일시하고 있음을 알 수 있다.
④ 3연의 '선생님은 낙타처럼 늙으셨다.'와 4연의 '낙타는 어린 때 선생님처럼 늙었다.'에서 시구의 반복과 변형을 하고 있음을 알 수 있다. 이는 화자가 '낙타'를 통해 늙은 '선생님'의 모습을 떠올리고 연민의 정을 느끼고 있음을 표현한 것으로 볼 수 있다.

012
정답 | ①
해설 | 제시문의 중심 문장은 '여론이란 본질적으로 야누스적인 성격을 지니고 있다.'이다. 1문단에서 여론의 상대성을 설명한 것은 여론의 이중성을 설명하기 위한 것이며, 이러한 전제를 통해 2문단에서 여론의 이중성에 대해 자세히 부연하고 있다.

013
정답 | ②
해설 | 1문단에서 계몽 없는 학문은 현실적 가치를 얻지 못한다고 설명하고 있다. 즉, 계몽이 뒷받침되어야 학문이 현실적 가치를 획득할 수 있는 것이다. 따라서 계몽에서 벗어나야 학문이 현실적 가치를 획득할 수 있다고 한 설명은 적절하지 않다.
오답피하기 |
① 1문단에서 계몽만을 강조하면 이데올로기에 빠질 수 있고, 역으로 계몽 없는 학문은 현실적 가치를 얻지 못한다고 설명하고 있다. 이를 통해 계몽과 학문은 상호 보완적 관계에서 가치를 지닐 수 있음을 알 수 있다.
③ 1문단에서 계몽만을 강조하면 이데올로기에 빠질 수 있고, 변화만을 강조하면 어떤 기준에 의해서 변화해야 하는지에 대한 점검 없이 변화 자체만을 위해서 실천을 논할 수 있다고 설명하고 있다.
④ 1문단에서 계몽만을 강조하면 이데올로기에 빠질 수 있다고 설명하고 있다.

014
정답 | ②
해설 | 제시문은 프로이트와 아들러의 견해 차이에 주목하여 이 둘을 비교하고 있다. 역사적 관점은 드러나 있지 않으며, 대상의 변화에 주목하고 있는 것도 아니다.

오답피하기 |
①, ③ 제시문은 프로이트의 입장에서 신경증이 발생하는 원인을, 아들러의 입장에서 열등감이 발생하는 원인을 분석하여 제시하고 있다. 따라서 프로이트와 아들러의 심리 치료 관점 차이를 드러내고 있다.
④ 제시문은 프로이트와 아들러의 견해를 인용하여 독자에게 전달하고 있다.

015
정답 | ②
해설 | '수습(收拾)'은 '어수선한 사태를 거두어 바로잡음'을 뜻한다. 그러나 ②에는 회사의 부당한 대우로 인해 파업이 일어났음을 의미하므로, '일이나 사건 등을 끌어 일으킴'을 의미하는 '야기(惹起)'가 들어가야 한다.
오답피하기 |
① '부각(浮刻)'은 '사물이나 현상의 특징을 두드러지게 나타냄'을 뜻한다.
③ '불식(拂拭)'은 '먼지를 떨고 훔친다는 뜻으로, 의심이나 부조리한 점 등을 말끔히 떨어 없앰'을 이르는 말'이다.
④ '도출(導出)'은 '어떤 생각이나 결론·반응 따위를 이끌어 냄'을 뜻한다.

016
정답 | ④
해설 | 원수 '이경작'과 태수 '설인수'는 서로의 정체를 알고 난 뒤 서로를 '경작 형', '형'이라고 부른다. 이는 군(軍)의 상하 관계가 아니라, 친족 관계로 대하고 있는 것이라고 볼 수 있다.
오답피하기 |
① 원수 '이경작'이 태수 '설인수'에게 '이경작'을 모르냐고 묻자, 원수의 정체를 알아보지 못한 '설인수'는 그 사람은 자신의 동서라고 말하고 있다.
② 태수 '설인수'는 원수를 만났으나 '이경작'이 원수가 되었음을 알지 못한다.
③ 원수 '이경작'은 태수 '설인수'를 알아보았고 아는 체하려 했지만 군영(軍營)이 요란하여 기회를 놓쳤다.

017
정답 | ③
해설 | 2문단에 따르면 맥거핀은 매우 중요해 보이거나 결정적인 역할을 할 것 같은 무언가가 영화의 끝으로 가면서 별 의미 없는 것이 되는 경우를 말한다. 그런데 주인공이 자신의 목걸이가 저주를 받았다고 생각했으나 그 목걸이가 사실 주인공을 저주로부터 지켜 주는 것이었다면, 목걸이가 주인공에게 중요한 역할을 한 것이다. 따라서 목걸이가 별 의미 없는 것이 되는 경우라고 보기 어려우므로, 해당 사례를 맥거핀으로 이해하는 것은 적절하지 않다. 해당 사례는 특정한 사건이 전혀 다른 원인에 따른 결과라는 점에서 반전에 가깝다.
오답피하기 |
① 1문단에 따르면 등장인물의 반전은 영화 시작 부분에서의 캐릭터 설정이 영화의 끝부분에 가서 완전히 뒤바뀌는 경우를 말한다. 그리고 이에 대한 예시로 선한 것 같았던 인물이 악인으로 밝혀지는 것이 제시되었다. 이를 고려할 때, 주인공의 절친한 친구가 악인이었음이 드러난 것은 등장인물의 반전으로 이해할 수 있다.
② 1문단에 따르면 상황의 반전은 영화가 진행되면서 특정한 사건이 전혀 다른 원인에 따른 결과라는 사실이 알려지게 되는 경우를 말한다. 이를 고려할 때, 영화 후반부에 주인공이 귀신을 보게 된 사건이 정신적 피로가 아니라 주인공이 죽었기 때문에 벌어진 일임이 밝혀진 것은 상황의 반전으로 이해할 수 있다.
④ 2문단에 따르면 맥거핀은 매우 중요해 보이거나 결정적인 역할을 할 것 같은 무언가가 영화의 끝으로 가면서 별 의미 없는 것이 되는 경우를 말한다. 또한 관객들은 맥거핀을 통해 현실을 성찰할 수 있다고 하였다. 이를 고려할 때, 범인으로 의심하던 사람이 사건과 관련 없는 인물임을 깨달은 관객이 사회에 대한 자신의 편견을 돌아본 것은 맥거핀을 통해 삶을 성찰한 것이라고 이해할 수 있다.

018
정답 | ①
해설 | '남자'는 아파트 주민과 직접적인 교류를 하지 않으면서, 쓰레기봉투를 뒤지는 은밀한 행동을 통해 아파트에 사는 90가구의 취향을 알아내고 있다. 따라서 '남자'는 단절된 관계 속에서 타인을 향한 일탈적 관심을 보이고 있다고 볼 수 있다.
오답피하기 |
② 세상에서 소외받은 자를 향한 따뜻한 관심은 확인할 수 없다.
③ '그 또는 그녀는 오비라거와 코카콜라를 즐겨 마시고 쿨 담배를 피우며 새우탕면을 좋아한다.' 등에 사물의 병치가 나타나 있으나, 무의식이 개인의 행동에 미치는 영향은 확인할 수 없다.
④ 의지와 괴리되는 감정적 행동과 현대인이 겪는 의식의 분열은 모두 확인할 수 없다.

019
정답 | ①
해설 | '간에 붙었다 쓸개에 붙었다 한다.'는 '자기에게 조금이라도 이익이 되면 지조 없이 이편에 붙었다 저편에 붙었다 함'을 비유적으로 이르는 말이다. 炎凉世態(불꽃 염/서늘할 량/인간 세/모습 태)는 '세력이 있을 때는 아첨하여 따르고 세력이 없어지면 푸대접하는 세상인심'을 비유적으로 이르는 말이므로 속담의 뜻과 가장 비슷하다.
오답피하기 |
② 釣而不網(낚을 조/말 이을 이/아닐 불/벼리 강)은 '낚시질은 해도 그물질은 하지 않는다'라는 뜻으로, '무슨 일에나 정도를 넘지 않는 훌륭한 인물의 태도'를 이르는 말이다.
③ 流芳百世(흐를 유/꽃다울 방/일백 백/인간 세)는 '향기가 백 대에 걸쳐 흐름'이란 뜻으로, '꽃다운 이름이 후세에 길이 전함'을 이르는 말이다.
④ 魚魯不辨(물고기 어/노나라 로/아닐 불/분별할 변)은 '어(魚) 자와 노(魯) 자를 구별하지 못한다'라는 뜻으로, '아주 무식함'을 비유적으로 이르는 말이다.

020
정답 | ③
해설 | 1문단에 따르면 모던 댄스는 형식의 추구 없이 내적 감정을 중시하였다. 또한 3문단에 따르면 모던 댄스의 모든 움직임은 메시지에 의해 촉발되고, 무용수의 모든 동작은 정서적인 이유에 따른 것이며 결코 보여 주기 위한 것이 아니었다. 이를 고려할 때, 모던 댄스에서는 내용만을 추구했음을 알 수 있으므로 적절하지 않다.

오답피하기

① 1문단에 따르면 발레가 형식과 기교에 치우친 장르라는 비난을 받음에 따라 새 장르로 모던 댄스가 탄생하였다. 또한 모던 댄스의 무용가들은 무용이 개인의 감정과 경험을 전달할 수 있어야 한다고 보았다. 따라서 모던 댄스 무용가들은 기존 무용인 발레가 개인의 내면을 표현할 수 없다고 여겼을 것이라는 추론은 적절하다.
② 2문단을 통해 모던 댄스에서의 주제는 작품의 핵심이자 본질임을 알 수 있다. 또한 3문단을 통해 모던 댄스의 모든 움직임은 메시지에 의해 촉발되므로, 동작이 엄격하게 절제되었음을 알 수 있다. 따라서 모던 댄스에서는 주제 구현에 기여하지 않는 볼거리로서의 동작을 엄격하게 배제했을 것임을 알 수 있다.
④ 3문단에 따르면 모던 댄스의 모든 움직임은 메시지에 의해 촉발되며, 모던 댄스의 무대나 의상에서 화려함이 배제되었다. 또한 2문단의 "나의 춤은 나의 존재를 표현하기 위한 시도 이외에 아무것도 아니다."라는 말을 고려할 때, 모던 댄스에서 단조로운 배경과 의상을 활용한 것은 무용가의 동작이 전달하는 메시지를 부각하기 위해서였음을 알 수 있다.

모의고사 22회

22회

001 ④	002 ①	003 ①	004 ③	005 ③
006 ②	007 ③	008 ③	009 ②	010 ③
011 ②	012 ②	013 ②	014 ③	015 ④
016 ④	017 ④	018 ②	019 ②	020 ④

001
정답 | ④
해설 | '내가 부모가 되어서야 부모님의 사랑을 알게 되었다.'의 '알다'는 '심리적 상태를 마음속으로 느끼거나 깨닫다'를 뜻한다. 이와 같은 의미로 사용된 것은 '사람이 부끄러움을 알지 못하면 짐승과 다를 바 없다.'의 '알다'이다.

오답피하기 |
① 해당 문장의 '알다'는 '어떤 일을 할 능력이나 소양이 있다.'를 뜻한다.
② 해당 문장의 '알다'는 '어떠한 사실에 대하여 그러하다고 믿거나 생각하다.'를 뜻한다.
③ 해당 문장의 '알다'는 '교육이나 경험, 사고 행위를 통하여 사물이나 상황에 대한 정보나 지식을 갖추다.'를 뜻한다.

002
정답 | ①
해설 | 만만찮게(○): 어미 '-지' 뒤에 '않-'이 어울려 '-잖-'이 될 때와 '-하지' 뒤에 '않-'이 어울려 '-찮-'이 될 때에는 준 대로 적는다. 따라서 '만만하지 않게'의 준말은 '만만찮게'이다.

오답피하기 |
② 쫴어(×) → 죄어(○)/쫴(○): 'ㅚ' 뒤에 '-어'가 어울려 'ㅙ'로 될 때에도 준 대로 적는다.
③ 헤매였다(×) → 헤매었다(○): '헤매다'의 의미로 '헤매이다'를 쓰는 경우가 있으나 '헤매다'만 표준어로 삼는다.
④ 서둘었다(×) → 서둘렀다(○): 용언의 준말 다음에 모음으로 시작하는 어미가 와서는 안 된다.

003
정답 | ①
해설 | 뉘연히(×) → 버젓이(○): '버젓이'는 '남의 시선을 의식하여 조심하거나 굽히는 데가 없이'를 뜻한다. 이때, '버젓이'와 '뉘연히' 중에서 '버젓이'가 널리 쓰이므로 '버젓이'를 표준어로 삼는다.

오답피하기 |
② 눈초리(○): '눈초리'는 '어떤 대상을 바라볼 때 눈에 나타나는 표정', 또는 '귀 쪽으로 가늘게 좁혀진 눈의 가장자리'를 뜻한다. 참고로 '눈꼬리'는 '귀 쪽으로 가늘게 좁혀진 눈의 가장자리'만을 뜻한다.
③ 귓불(○): '귓불'은 '귓바퀴의 아래쪽에 붙어 있는 살'을 뜻한다. '귓불'의 의미로 '귓방울, 귓볼'을 쓰는 경우가 있으나 '귓불'만 표준어로 삼는다.
④ 깨단하였다(○): '깨단하다'는 '오랫동안 생각해 내지 못하던 일 따위를 어떠한 실마리로 말미암아 깨닫거나 분명히 알다'를 뜻하는 표준어이다.

004
정답 | ③
해설 | 'A'는 팀장의 표정과 목소리를 바탕으로 판단하고 있으므로 비언어적 · 반언어적 표현에 초점을 두었음을 알 수 있다. 이에 반해 'B'는 팀장의 말을 바탕으로 판단하고 있으므로 언어적 표현에 초점을 둔 것이다. 따라서 'A'는 팀장의 언어적 표현에 초점을 두고, 'B'는 팀장의 비언어적 표현에 초점을 둔다는 설명은 적절하지 않다.
오답피하기 |
① 'A'는 디자인 시안에 대한 팀장의 말을 마음에 들어 하지 않는 것으로 해석한다. 이에 반해 'B'는 디자인 시안에 대한 팀장의 말을 마음에 들어 한 것으로 해석하고 있다. 따라서 'A'와 'B'는 디자인 시안에 대한 팀장의 말을 서로 다르게 해석한다는 설명은 적절하다.
② 'A'는 '팀장님께서는 늘 좋게 말씀해 주시잖아요. 저는 팀장님 표정이랑 목소리가 좋지 않아서 마음에 들어 하시지 않는 것 같다고 생각했어요.'라고 하였다. 따라서 'A'는 팀장이 회의 때 보여 준 태도와 평소의 태도가 다르다고 판단한다는 설명은 적절하다.
④ 'B'는 디자인이 제품 콘셉트에 잘 어울린다는 팀장의 말에 비추어 볼 때 '아마 긍정적으로 검토 중이실 거예요.'라고 하였다. 따라서 'B'는 디자인이 제품 콘셉트에 잘 어울린다는 말을 디자인 시안에 대한 긍정적 평가라고 판단한다는 설명은 적절하다.

005
정답 | ③
해설 | 해당 시에서 '늙은 홀아비'의 '밭의 벼며 기장'을 수탈하는 '참새'는 민중을 수탈하는 권력층으로, '늙은 홀아비'는 힘없는 민중으로 볼 수 있다. 즉, 해당 시는 권력자의 수탈과 횡포를 고발하고 풍자하고 있는 것이다. 따라서 해당 시의 주제는 '세상을 살다 보면 부정한 권력이 폐해를 끼치는 경우가 있다.'로 볼 수 있다.

006
정답 | ②
해설 | '철수의 그림'이 철수가 그린 그림인지, 철수를 그린 그림인지, 철수가 소유하고 있는 그림인지 명확하지 않다. 따라서 '교실에는 철수가 그린 그림이 걸려 있다.' 정도로 수정해야 한다.
오답피하기 |
① 아이가 가방을 메는 동작을 진행 중인지, 가방을 멘 상태가 지속되고 있는 것인지 명확하지 않다. 따라서 '아이는 지금 가방을 메는 중이다.'와 같이 수정해야 한다.
③ 내가 영희를 좋아하는 것보다 엄마가 영희를 더 좋아하는 것인지, 엄마가 나를 좋아하는 것보다 영희를 더 좋아하는 것인지 명확하지 않다. 따라서 '엄마는 내가 영희를 좋아하는 것보다 영희를 더 좋아한다.'와 같이 수정해야 한다.
④ 웃는 행동을 하는 사람이 '그'인지, '매장에 들어오는 손님'인지 명확하지 않다. 따라서 '그는 매장에 들어오는 손님에게 웃으면서 인사했다.'와 같이 수정해야 한다.

007
정답 | ③
해설 | 공감각적 이미지란 하나의 감각적 이미지를 다른 감각적 이미지로 전이시켜 표현하는 것을 의미한다. 예를 들어 '푸른 종소리'는 종소리라는 청각적 이미지를 푸른 색채의 시각적 이미지로 전이시켜 표현한 공감각적 이미지이다. 그러나 제시된 작품에 공감각적 이미지는 나타나 있지 않다. '복종하는 것은 아름다운 자유보다도 달콤합니다.'는 '복종'이라는 관념적 대상을 '달콤합니다'라는 미각적 이미지로 표현한 것으로, 관념의 구체화 또는 추상의 구체화에 해당한다.
오답피하기 |
① '당신'을 청자로 설정하여 말 건네는 방식을 활용하고 있다.
② '좋아하여요', '하고 싶어요', '달콤합니다' 등과 같이 경어체를 활용하고 있다.
④ '복종하는 것'이 '자유보다도 달콤'하다고 표현한 것에서 역설을 확인할 수 있다. 일반적으로 '복종'은 개인의 의지와 상관없이 권위를 따르는 것이므로 강압적이고 부정적이다. 그러나 화자는 오히려 이러한 '복종'이 '자유보다도 달콤'하다는 모순된 표현을 하고 있다.

008
정답 | ③
해설 | 주말에 영화를 보지 않겠냐는 'A'의 질문에 'B'는 주말에 영화를 볼 수 없다는 의미로 '팀장님께서 다음 주까지 중요한 보고서를 제출하라고 하셨어요.'라고 답하였다. 이때 팀장님이 보고서를 제출하라고 했다는 것은 영화를 보겠냐는 맥락과 관련성이 떨어지므로, 관련성의 규칙을 의도적으로 위배하여 이면적인 의미를 전달하는 경우로 적절하다.
오답피하기 |
① 먹고 싶은 것이 있냐는 'A'의 질문에 'B'가 먹고 싶은 것이 없다는 의미로 '아니요, 괜찮습니다.'라고 답하고 있다. 이는 맥락에 맞는 대답이므로 관련성의 규칙을 위배한 사례로 적절하지 않다.
② 김 교수님이 아동문학의 중심이라는 'A'의 말에 'B'가 아동문학의 중심이 박 교수님이 아니냐는 의미로 '한국아동문학협회 회장은 지난번에 뵈었던 박 교수님 아니야?'라고 말하고 있다. 이는 맥락에 맞는 대답이므로 관련성의 규칙을 위배한 사례로 적절하지 않다.
④ 어제 오락실에 가지 않았냐는 'A'의 질문에 'B'가 어제 오락실에 가지 않았다는 의미로 '어제 종일 집에만 있으면서 오로지 공부밖에 안 했는데 오락실이라뇨.'라고 답하고 있다. 이는 맥락에 맞는 대답이므로 관련성의 규칙을 위배한 사례로 적절하지 않다.

009
정답 | ②
해설 | 風俗(바람 풍/풍속 속)은 '옛날부터 그 사회에 전해 오는 생활 전반에 걸친 습관 따위'를 이르는 말이므로 적절하게 쓰였다.
오답피하기 |
① 誣告(속일 무/고할 고)는 '사실이 아닌 일을 거짓으로 꾸미어 해당 기관에 고소하거나 고발하는 일'을 뜻하므로 적절하지 않다. 해당 문장에는 '아무런 잘못이나 허물이 없음'을 뜻하는 無辜(없을 무/허물 고)로 써야 한다.

③ 理想(다스릴 이/생각 상)은 '생각할 수 있는 범위 안에서 가장 완전하다고 여겨지는 상태'를 뜻하므로 적절하지 않다. 해당 문장에는 '이미 그렇게 된 바에는'을 뜻하는 以上(써 이/윗 상)으로 써야 한다.

④ 充填(채울 충/메울 전)은 '메워서 채움', 또는 '교통 카드 따위의 결제 수단을 사용할 수 있게 돈이나 그것에 해당하는 것을 채움'을 뜻하므로 적절하지 않다. 해당 문장에는 '축전지나 축전기에 전기 에너지를 축적하는 일'을 뜻하는 充電(채울 충/번개 전)으로 써야 한다.

010
정답 | ③

해설 | 군자와 평범한 사람들 모두 기질을 가지고 있다고 하였다. 다만 군자는 갈고 닦은 인(仁)이 있기 때문에 기질이 악하게 작용하지 않을 뿐이다. 따라서 기질의 유무에 따라 군자와 평범한 사람들로 나눌 수 있다고 한 언급은 적절하지 않다.

오답피하기 |

① 인간의 본성은 선한 반면, 기질은 악하게도 작용할 수 있다. 그러나 군자에게는 갈고 닦은 인(仁)이 있기 때문에 기질이 악하게 작용하지 않는다. 따라서 군자는 본성과 기질 모두 선한 사람이라고 할 수 있다.

② 인간의 본성에는 어진 마음인 인(仁)이 있으며, 이것은 인간만이 가지고 있는 성질이라고 보았다. 그리고 군자도 인간이므로, 인(仁)은 군자를 군자답게 만드는 본성이라고 할 수 있다.

④ 기질은 항상 선하지도 항상 악하지도 않다고 하였다. 따라서 평범한 사람들이라고 할지라도 기질이 악한 것만은 아닐 것이다.

011
정답 | ②

해설 | 제시문에 따르면 인간 역시 급격히 변화해 버린 환경에 적응하는 데 어려움이 많다고 한다. 그런데 ②는 인간은 자유 의지를 가지며 결과를 선택할 수 있다고 하였다. 이는 인간이 환경에 적응할 수 있음을 의미하므로 글의 내용을 보충하는 사례로 보기 어렵다.

오답피하기 |

① 온난화로 북극곰의 생태계가 위협을 받고 있는 것은 변화된 환경에 적응하는 데에 어려움을 겪는 동물의 사례로 볼 수 있다.

③ 새라는 천적이 사라진 도시 환경은 곧 변화된 환경을 의미하고, 매미는 이러한 환경에서 오히려 더 번성하고 있는 사례로 볼 수 있다.

④ 공해 물질을 먹고 사는 적조류가 현대 사회에서 자손을 빠른 속도로 퍼뜨리고 있다는 것은 환경 오염에 강한 종들이 더 번성하는 사례로 볼 수 있다.

012
정답 | ②

해설 | 무제 때에 온 천하의 경제가 어려워지자, 임금이 '공방'을 불러 부민후(富民侯)로 삼았다고 서술하고 있다. '공방'이 벼슬을 하면서부터 나라의 경제가 어려워졌다고 한 것은 선후 관계가 바뀐 진술이므로 적절하지 않다.

오답피하기 |

① 무제 때에 임금이 '공방'을 부민후(富民侯)로 삼았으며, 그의 무리인 염철승(鹽鐵丞) '근(僅)'과 함께 조정에 있게 했다고 서술하고 있다.

③ '오왕(吳王) 비(妃)'가 교만하고 참람(僭濫)하여 나라의 권리를 혼자서 도맡아 부렸고, '방'은 여기에 붙어서 많은 이익을 보았다고 서술하고 있다.

④ '공방'은 생김새가 밖은 둥글고 구멍은 모나게 뚫렸다는 묘사에서 '공방'이 돈을 묘사한 인물임을 간접적으로 드러내고 있다.

013
정답 | ②

해설 | 제시문에 따르면 ㉠'존재', ㉢'구분', ㉣'집착'은 열반의 상태에 이른 뒤에 없어져 버리는 것으로, 사물의 본모습과 반대되는 것이다. 열반의 상태에 이르러 깨닫게 된 사물의 본모습은 ㉠'존재'조차 없으며, ㉢'구분'이 없고, ㉣'집착'이 없어진다. 반면, ㉡'어둠'은 혹 불어서 꺼 버린 열반의 상태를 의미한다.

014
정답 | ③

해설 | 1문단에서는 의태어와 의성어가 차이점에 비해 유사성이 많다고 하며, 대상의 움직임이나 소리를 묘사하는 것, 여러 감각을 동시에 표현하는 것, 심리적인 부분까지 보여 주는 것들이 이들의 ㉠이라고 하였다. 반복적인 단어 구성도 이들이 함께 논의되는 이유라는 뒤의 문장을 고려할 때, ㉠에는 이들이 유사하다는 의미의 말이 들어가야 한다. 따라서 ㉠으로는 '공통점', '동일점', '유사점'이 들어갈 수 있다. 한편 2문단에서는 의태어와 의성어가 음운과 음절 구조에 따라 표현된다는 점에서 ㉡으로 유사하나 서로 대응된다고 하였다. 따라서 ㉡에는 음운과 음절 구조에 따라 표현된다는 것과 관련 있는 말이 들어가야 하므로, '구조적', '형태적'이 들어갈 수 있다. 마지막으로 3문단에서는 의태어가 청각 이외의 감각을 ㉢의 형태로 보여 준다고 하며, 언어와 대상의 소리가 유사한 의성어와 달리 의태어는 임의적인 의도를 바탕으로 움직임을 언어로 표현한다고 하였다. 따라서 ㉢에는 '자의적', '임의적'이 들어갈 수 있다. 이를 종합하였을 때 ㉠~㉢에 들어갈 말로 가장 적절한 것은 ③이다.

015
정답 | ④

해설 | (가)~(바)에서는 설단 현상에 대해 설명하고 있다. 이때 제시된 선택지에 따르면 (나) 또는 (마)가 첫 번째 순서로 와야 한다. 그런데 (나)의 첫 문장에서 '이를'이라는 표현이 나오므로, (나)는 가장 처음 오기에 적절하지 않다. 따라서 (마)가 가장 먼저 오는 것이 적절하다. (마)에서는 알고 있는 내용임에도 정확히 기억나지 않아 표현하지 못하는 경우를 제시하고 있으며, (바)에서는 영화배우에 대해 말하려는데 배우의 이름이 또렷하게 기억나지 않는 경우를 앞 내용에 대한 예로 들었으므로 (마) 다음으로 (바)가 오는 것이 적절하다. 그리고 (나)에서 이러한 현상을 '설단 현상'으로 규정하고 있으므로 (바) 다음으로 (나)가 오는 것이 적절하다. 이때 (나)에서는 설단 현상이 장기 기억이 체계적으로 정립되지 못한 것에서 비롯되었다고 하였다. 따라서 이에 대해 부연한 (가)가 그다음으로 오는 것이 적절하며, 이러한 현상은 다른 사람의 도움으로 해결할 수 있음을 밝힌 (다)와 그러한 예를 제시한 (라)가 그다음으로 이어지는 것이 적절하다.

016
정답 | ④

해설 | 제시문에 따르면 '미적 정서', 즉 '심미적인 특성'에 초점을 맞추어 작품을 감상하게 된 것은 고대 이후의 시대와 관련이 있다. 따라서 고대 조각품을 감상할 때에 심미적인 특성에 초점을 둬야 한다고 한 설명은 적절하지 않다.

오답피하기 |

① 제시문에 따르면 고대 조각품들은 대부분 그 당시 사람들의 종교적 이상을 실현시킨 것이다.
② 제시문에 따르면 고대 조각품은 그 무엇에 대한 숭배심이 전제되어 있다.
③ 제시문에 따르면 고대 조각품들은 신성함, 거룩함 등과 같은 초월적인 느낌을 갖도록 하기 위해 존재했다.

017

정답 | ④

해설 | 2문단에서 트랜스 휴머니즘은 현재 인간의 모습이 발달의 끝이 아니며 과학 기술의 진보를 통해 신체 기능 및 삶의 조건 등 인간의 가능성을 무한히 향상시킬 수 있다고 보는 철학이라고 설명하고 있다. 따라서 트랜스 휴머니즘을 인류가 미래의 환경 변화를 극복할 것이라고 보는 철학이라고 한 설명은 적절하지 않다.

오답피하기 |
① 1문단에서 빙하기가 닥치는 등 환경이 갑작스럽게 변하면 생물은 순식간에 진화를 하여 적응하거나 그렇지 못하면 소멸하곤 했다고 설명하고 있다. 따라서 소멸하지 않고 오늘날까지 이어져 온 생명체들은 진화를 거쳐 왔을 것이라고 이해할 수 있다.
② 1문단에서 인간은 이제 웬만한 자연의 변화에는 대처할 수 있는 과학 기술을 갖게 됨으로써 자연의 선택에 의한 진화는 일어나지 않을지도 모른다고 설명하고 있다.
③ 2문단에서 과학 기술의 진보를 통해 신체 기능 및 삶의 조건 등 인간의 가능성을 무한히 향상시킬 수 있으며, 이러한 관점의 철학을 트랜스 휴머니즘이라고 지칭한다고 설명하고 있다.

018

정답 | ②

해설 | '그는 억지로 그 불길스러운 소리를 웃음으로 덮어 버리려 하였다.'에서 '그'가 '까마귀'를 불길하게 여기고 있음을 알 수 있다. 그리고 '전 이 동네가 모두 좋은데 저게 싫어요. 죽음을 잊어버리면 안 된다구 자꾸 깨쳐 주는 것 같아요.'에서 '여자'도 '까마귀'를 불길하게 여기고 있음을 알 수 있다.

오답피하기 |
① '까마귀'가 '그'가 '여자'를 오해하게 되는 원인으로 작용함은 확인할 수 없다.
③ '까마귀'가 '그'에게 생의 의지를 회복하게 만드는 계기로 작용함은 확인할 수 없다.
④ '까마귀'는 '여자'에게 죽음을 일깨워 주는 대상으로, '여자'에게 병을 이겨내고자 하는 삶의 의지를 불러일으킨다는 내용은 확인할 수 없다.

019

정답 | ②

해설 | 他山之石(다를 타/메 산/갈 지/돌 석)은 '다른 산의 나쁜 돌이라도 자신의 산의 옥돌을 가는 데에 쓸 수 있다'라는 뜻으로, '본이 되지 않은 남의 말이나 행동도 자신의 지식과 인격을 수양하는 데에 도움이 될 수 있음'을 비유적으로 이르는 말이다. 따라서 빈칸에 들어갈 한자성어로 가장 적절하다.

오답피하기 |
① 聲東擊西(소리 성/동녘 동/칠 격/서녘 서)는 '동쪽에서 소리를 내고 서쪽에서 적을 친다'라는 뜻으로, '적을 유인하여 이쪽을 공격하는 체하다가 그 반대쪽을 치는 전술'을 이르는 말이다.

③ 朝變夕改(아침 조/변할 변/저녁 석/고칠 개)는 '아침저녁으로 뜯어고친다'라는 뜻으로, '계획이나 결정 따위를 일관성 없이 자주 고침'을 이르는 말이다.
④ 累卵之勢(여러 누/알 란/갈 지/형세 세)는 '층층이 쌓아 놓은 알의 형세'라는 뜻으로, '몹시 위태로운 형세'를 비유적으로 이르는 말이다.

020

정답 | ④

해설 | 제시문에 따르면 정보 주체의 동의를 얻었더라도 목적 외 이용할 경우 법에 따라 처벌이 가능하다고 한다. 따라서 정보 주체의 동의를 구한 정보라도 개인 정보 보호법에 위배될 수 있으므로 ④의 언급은 적절하지 않다.

오답피하기 |
① 개인 정보 보호법에서 개인 정보는 살아 있는 개인에 관한 정보이다. 그러나 사망한 자의 정보가 사망자와 유족과의 관계를 나타내는 정보이거나 유족 등의 사생활을 침해하는 등의 경우에는 개인 정보 보호법에 따른 보호 대상이 될 수 있다고 하였다.
② 개인 정보는 성명, 주민 등록 번호 및 영상 등을 통하여 개인을 알아볼 수 있는 정보이다. 따라서 개인을 알아볼 수 없는 정보, 즉 개인을 특정할 수 없는 정보는 개인 정보 보호법의 대상이 아닐 것이다.
③ 개인 정보 보호법에 따르면 정보 주체의 동의 없이 무단으로 개인 정보를 제3자에게 제공하거나 목적 외에 이용할 경우 처벌된다. 따라서 비영리적 활동을 전제로 수집한 정보도 이러한 경우에 해당되지 않도록 보호의 대상이 될 것이다.

모의고사 23회

23회

001 ③	002 ①	003 ③	004 ③	005 ④
006 ①	007 ④	008 ④	009 ②	010 ④
011 ①	012 ③	013 ③	014 ③	015 ④
016 ②	017 ④	018 ③	019 ②	020 ③

001
정답 | ③

해설 | ㉠: 부사어는 부속 성분에 속한다. 이는 다른 문장 성분이나 문장 전체를 수식하는 역할을 한다.
㉡: 부사는 그 자체로 문장에서 부사어의 역할을 한다.
㉢: 부사어는 '빨리 달린다'에서처럼 용언을 수식할 수 있다. 또한 '꽤 많은 사람'에서처럼 관형어를 수식할 수도 있다.

오답피하기 |
㉣: 일반적으로 부사어는 부속 성분에 속하므로 문장에서 반드시 필요한 것은 아니다. 대신 예외적으로 일부 서술어의 경우에는 필수적 부사어를 요구하기도 한다.

002
정답 | ①

해설 | 임대(×) → 임차(○): '임대'는 '돈을 받고 자기의 물건을 남에게 빌려줌'을 뜻한다. 따라서 ⓐ은 사무실을 빌리는 상황이므로 '돈을 내고 남의 물건을 빌려 씀'을 뜻하는 '임차'가 옳은 표현이다.

오답피하기 |
② 회자(○): '회자'는 '회와 구운 고기'라는 뜻으로, '칭찬을 받으며 사람의 입에 자주 오르내림'을 이르는 말이다. 이를 칭찬을 받는 상황이 아닌 부정적인 상황에서 쓰지 않도록 주의해야 한다.
③ 계제(○): '계제'는 '사다리'라는 뜻으로, '일이 되어 가는 순서나 절차'를 비유적으로 이르는 말이다. 이를 '어떤 것들 사이에 끼어 있음'을 뜻하는 '개재'나, '글이나 그림 따위를 신문이나 잡지 따위에 실음'을 뜻하는 '게재'와 구별하여 써야 한다.
④ 불가결(○): '불가결'은 '없어서는 아니 됨'을 뜻한다. 이를 '피할 수 없음'을 뜻하는 '불가피'와 구별하여 써야 한다.

003
정답 | ③

해설 | ㉢: '바'는 뒤에 조사가 붙어 '것'으로 대체되면 의존 명사이므로 띄어 쓴다. 그렇지 않은 '-ㄴ바' 형태면 어미이므로 붙여 쓴다. 따라서 ㉢은 '-ㄴ바' 형태의 어미이므로 '동창인바'로 붙여 써야 한다.

오답피하기 |
① ㉠: '만'은 '기간'을 의미할 때는 의존 명사이므로 띄어 쓴다.
② ㉡: '밖에'는 체언 다음에 '오직'의 의미에 대응될 때는 조사이므로 붙여 쓴다.
④ ㉣: '듯'은 관형어 뒤에 올 때는 의존 명사이므로 띄어 쓴다.

004
정답 | ③

해설 | 'Ⅱ-1-(2)'에서 소비자들이 호화로운 포장을 선호하는 경향이 있다고 하였다. 이는 소비자들이 겉치레를 중시함을 나타낸다. 따라서 ㉠에 들어갈 포장재 쓰레기의 양을 줄이기 위한 방안으로는 소비자들이 겉치레보다 실속을 중시하는 소비 인식을 갖춰야 한다는 내용이 가장 적절하다.

오답피하기 |
① 'Ⅱ-1-(2)'에서 소비자들이 호화로운 포장을 선호하는 경향이 있다고 하였다. 따라서 이를 해결하기 위한 방안은 소비자들의 입장에서 제시되어야 하므로, 기업들이 환경친화적인 상품 개발을 위한 투자를 해야 한다는 설명은 적절하지 않다.
② 'Ⅱ-1-(2)'에서 소비자들이 호화로운 포장을 선호하는 경향이 있다고 하였다. 따라서 이를 해결하기 위한 방안은 소비자들의 입장에서 제시되어야 하므로, 기업들이 상품 판매를 위한 지나친 가격 경쟁을 자제해야 한다는 설명은 적절하지 않다.
④ 'Ⅱ-1-(2)'에서 소비자들이 호화로운 포장을 선호하는 경향이 있다고 하였다. 따라서 호화로운 포장과 분수에 맞는 소비는 관련이 적으므로, 소비자들이 재정 상태를 고려하여 분수에 맞는 소비를 해야 한다는 설명은 적절하지 않다.

005
정답 | ④

해설 | (나)는 '장안(長安)을 도라 보니 북궐(北闕)이 천리(千里)로다 / 어주(漁舟)에 누워신들 니즌 스치 이시랴(서울을 돌아보니 궁궐이 천 리로구나 / 고깃배에 누워 있은들 잊은 적이 있으랴)'라고 말하며 임금과 세상에 대한 근심을 드러낸다. 그러나 '두어라 내 시름 안니라 제세현(濟世賢)이 업스랴(두어라 내가 시름할 일 아니로다 세상을 구제할 현인이 없겠느냐)'라고 말하며 이러한 근심을 떨쳐 버리려 한다. 이때 '제세현(濟世賢)'은 세상을 구제할 현인으로, 화자가 임금과 세상에 대한 근심을 떨쳐 버리고자 떠올린 대상이다. 따라서 (나)가 '제세현'에 대한 비판적 인식을 나타낸다고 보기 어렵다.

오답피하기 |
① (가)는 '한운(閒雲, 한가로운 구름)'과 '백구(白鷗, 갈매기)'를 향해 '일생(一生)에 시르믈 닛고 너를 조차 노로리라(일생의 시름을 잊고 너를 좇아 놀리라)'라고 말한다. 따라서 자연물을 '너'로 지칭하여 말을 건네고 있다고 볼 수 있다.
② (가)는 '한운(閒雲, 한가로운 구름)'과 '백구(白鷗, 갈매기)'가 '무심(無心)코 다정(多情)(아무런 욕심 없이 다정)'하다고 예찬하고 있다. 따라서 '한운'과 '백구'에 대한 긍정적 인식을 나타내고 있다고 볼 수 있다.
③ (나)의 '장안(長安)을 도라 보니 북궐(北闕)이 천리(千里)로다(서울을 돌아보니 궁궐이 천 리로구나)'에서 '천리(千里)'라는 시어로 임금이 계신 '북궐(北闕)'과의 공간적 거리감을 드러내고 있다.

006
정답 | ①

해설 | '언뜻 보면 없을 듯한 곳에서도 자세히 살펴보면 혹 있을 수 있음'을 비유적으로 이르는 속담은 '깻묵에도 씨가 있다'이다.

오답피하기 |
② '물도 가다 구비를 친다'는 '사람의 한평생에는 전환기가 있기 마련'이라는 뜻을 가진 속담이다.
③ '개똥도 약에 쓰려면 없다'는 '평소에 흔하던 것도 막상 긴하게 쓰려고 구하면 없다'라는 뜻을 가진 속담이다.
④ '콩밭에 가서 두부 찾는다'는 '몹시 성급하게 행동함'을 비유적으로 이르는 속담이다.

007
정답 | ④

해설 | 제시문은 아이의 이름을 출생계에 기록하는 것은 큰 의미를 지니는 행위이며, 다른 사물과 구별 짓기 위해서라도 이름을 반드시 지어줘야 한다고 말하고 있다. 즉, 작명의 의미와 당위성을 강조하고 있다. 따라서 '아이의 이름을 짓는 것은 매우 의미 있고 당위적 행위이다.'라는 것을 제시문의 중심 내용으로 볼 수 있다.

008
정답 | ④

해설 | '어느 겨울인들'에서 겨울이라는 계절감을 드러내는 시어를 활용하고 있다. 그러나 계절의 흐름이 드러난다고 보기 어렵고, 화자의 정서가 변화하지도 않는다.

오답피하기 |
① '우리들의 꿈이 만나 / 한 폭의 비단이 된다면'에서 '비단'이라는 구체적 사물을 통해 '꿈'이라는 추상적 이미지를 표현하고 있다.
② 처음과 끝에서 '어느 날 당신과 내가 ~ 하나의 꿈을 엮을 수만 있다면'이라는 내용을 대응시켜 화자의 소망을 강조하고 있다.
③ '나는 기다리리, 추운 길목에서는'는 '나는 추운 길목에서 기다리리'라는 문장 구조를 도치시킨 표현이며, 이를 통해 화자의 의지적 태도를 부각하고 있다.

009
정답 | ②

해설 | 토의는 문제를 해결할 수 있는 다양한 대안을 도출하는 과정이 필요하다. 이때 참여자들은 타당한 근거와 함께 해결책을 제시해야 한다. 따라서 근거가 구체적이지 못하더라도 문제 해결안을 최대한 많이 제시한다는 설명은 적절하지 않다.

오답피하기 |
① 참여자들은 토의를 통해 해결해야 할 공동의 문제를 명확하게 인식해야 한다. 따라서 토의 문제의 발생 원인을 조사하고 문제의 핵심을 분석한다는 설명은 적절하다.
③ 참여자들은 도출된 대안에 대한 장단점을 면밀하게 살피고, 문제의 특성에 따라 실현 가능성, 기회비용, 효율성 등을 고려하여 최적의 해결안을 선택해야 한다. 따라서 제시된 해결안의 장단점, 실현 가능성 등을 따져 본 후 최선의 해결안을 선택한다는 설명은 적절하다.
④ 참여자들이 선택한 해결 방안을 실천하기 위한 의지를 갖는 것이 토의의 마지막 절차라고 할 수 있다. 따라서 선택된 해결안을 실행하는 데에 필요한 구체적이고 현실적인 방법을 모색한다는 설명은 적절하다.

010
정답 | ④

해설 | 2문단에 따르면 브레송은 형태적 구성을 완성한 순간을 포착하였다. 그러나 브레송은 안정된 구도, 회화에 기초한 구도를 통해 사진에서 안정감을 느낄 수 있도록 하는 것을 추구했다. 따라서 브레송이 순간적으로 균형을 벗어난 대상을 포착하였다고 보기 어렵다.

오답피하기 |
① 1문단에 따르면 브레송은 다양한 모습들이 하나의 긴밀한 구성을 이루고, 그 구성 안에 의미가 실리는 것을 추구했다. 따라서 구성과 의미, 즉 구성과 내용이 조화를 이루는 순간을 촬영했다고 볼 수 있다.
② 2문단에 따르면 브레송은 미리 계획했던 구도에 움직이는 대상이 들어와 원하는 형태적 구성을 완성한 순간이 포착될 때까지 끈질기게 기다렸다. 따라서 브레송은 돌발성을 기반으로 하여, 자신의 의도대로, 즉 계획대로 촬영하였다고 볼 수 있다.
③ 2문단에 따르면 브레송은 카메라 화각이 인간의 시야와 가장 비슷한 표준 렌즈를 주로 사용해 사람의 눈높이에서 촬영했다고 했다고 하였다. 따라서 브레송은 카메라의 위치나 렌즈 선택 시 사람의 눈과의 유사성을 중시하였다고 볼 수 있다.

011
정답 | ①

해설 | 주어진 문장은 '제4의 벽'이 무엇인지를 상술하고 있다. 따라서 '제4의 벽'이 제시문에 처음으로 언급된 후 주어진 문장이 바로 이어서 나와야 한다. ㉠ 앞에서 '제 4의 벽'을 언급하고 있으므로, 주어진 문장은 ㉠에 들어가야 한다.

012
정답 | ③

해설 | 見物生心(볼 견/물건 물/날 생/마음 심)은 '어떠한 실물을 보게 되면 그것을 가지고 싶은 욕심이 생김'을 뜻하므로 적절하지 않다. 해당 문장에는 '의지할 만한 사람이 아무도 없음'을 뜻하는 四顧無親(넉 사/돌아볼 고/없을 무/친할 친)으로 써야 한다.

오답피하기 |
① 弱肉強食(약할 약/고기 육/강할 강/밥 식)은 '약한 자가 강한 자에게 먹힌다'라는 뜻으로, '강한 자가 약한 자를 희생시켜서 번영하거나, 약한 자가 강한 자에게 끝내는 멸망됨'을 이르는 말이므로 적절하게 쓰였다.
② 目不忍見(눈 목/아닐 불/참을 인/볼 견)은 '눈앞에 벌어진 상황 따위를 눈 뜨고는 차마 볼 수 없음'을 뜻하므로 적절하게 쓰였다.
④ 牽強附會(이끌 견/강할 강/붙을 부/모일 회)는 '이치에 맞지 않는 말을 억지로 끌어 붙여 자기에게 유리하게 함'을 뜻하므로 적절하게 쓰였다.

013
정답 | ③

해설 | '주인'은 '오준'에게 계혈석을 비롯한 각종 석재를 보여 줬으나, 전황석의 가치를 속이기 위해 계혈석을 보여 줬다고 보기는 어렵다.

오답피하기 |
① '술을 들면서도 아무런 말이 없는 것이 마음의 동요를 누르려고 애쓰는 것 같이 보여'에서 '수하인'은 자신의 도장을 보고 느낀 씁쓸함을 나타내지 않으려고 참았음을 알 수 있다.

② '젊은 친구는 오준이라는 ~ 오히려 미안스러웠다.'에서 '주인'은 선의로 '수하인'에게 도장을 보여 줬지만 오히려 미안함을 느꼈음을 알 수 있다.
④ '혹시나 수하인이 늘 말하던 전황석 ~ 손님에게 설명할 필요 없었다.'에서 '주인'은 '오준'이 도장의 가치를 모를 것이라 생각해 전황석에 대해 말하지 않았음을 알 수 있다.

014
정답 | ③
해설 | 첫 번째 ⓘ 앞에서 결핍과 풍족은 동전의 양면처럼 존재하는 상호 배타적인 상황은 아니라고 설명하고 있다. 그리고 첫 번째 ⓘ 뒤에서는 그러한 이유로 우리가 결핍에 빠지는 것은 풍족함이 사라졌기 때문이 아니라, 풍족함 속에서 미래에 만끽할 수 있는 여유가 준비되지 못했기 때문이라고 결론을 이끌어 낸다. 또한 두 번째 ⓘ 앞에서 결핍 상황에서는 미래에 대한 대처나 준비가 이루어지기 어렵기 때문에 악순환이 이어진다고 설명하고 있다. 그리고 두 번째 ⓘ 뒤에서는 그러한 이유로 현시점의 풍족한 상황에서 미래 시점에 겪게 될 결핍 상황을 대비할 수 있는 여유를 마련해 두어야 한다고 결론을 이끌어 낸다. 따라서 ⓘ에는 앞 문장이 뒤 문장의 이유나 근거가 됨을 나타내는 '따라서'가 들어가야 한다.

015
정답 | ④
해설 | ㉣에 포함된 문장은 고지방 저탄수화물 감량법의 효과를 설명하는 부분이다. 따라서 몸무게를 '줄였다'가 문맥상 적절하므로 ㉣을 수정할 필요가 없다.
오답피하기 |
① ㉠에 포함된 문장은 비만과 특정 영양소의 관계에 대해 설명하는 부분이다. 비만은 인스턴트식품이나 패스트푸드 중심의 식단으로 영향 불균형에 빠지므로, 특정 영양소만이 '과다 축적'될 것이다. 따라서 ㉠을 '과다 축적'으로 수정해야 한다.
② ㉡에 포함된 문장은 금식으로 단기간에 체중을 감량하면 나타나는 문제를 설명하는 부분이다. 금식으로 단기간에 살을 빼면 필수 영양소가 '결핍'될 것이다. 따라서 ㉡은 '결핍으로'로 수정해야 한다.
③ ㉢은 최근 유행하는 고지방 저탄수화물 감량법의 효과를 설명하는 부분이다. 이러한 감량법이 인기를 끈 것은 요요 현상이 '나타나지 않았'기 때문일 것이다. 따라서 ㉢은 '나타나지 않는다는'으로 수정해야 한다.

016
정답 | ②
해설 | 2문단에 따르면 신용 카드를 발행했을 때의 비용보다 그로 인해 얻는 수입이 더 크기 때문에 신용 카드 회사 간에 과당 경쟁이 벌어지고 있다. 따라서 수익보다 발행 비용이 더 크다는 ②의 설명은 글의 내용에 부합하지 않는다.
오답피하기 |
① 1문단에 따르면 신용 카드 회사 간의 치열한 경쟁은 미성년자 카드 발급으로 이어져 사회 문제가 되고 있다.
③ 2문단에 따르면 신용 불량자가 양산되는 이유 중 하나는 신용 카드 가입 희망자는 자신이 실제보다 더 신용이 있는 사람이라고 거짓말을 하기 때문이다.
④ 3문단에 따르면 신용 카드는 미래 소득을 담보로 현재 소비 지출을 하려는 심리에서 사용하게 되는데, 미래 소득이 확실하지 않으면 현재의 소비를 낮춰야 한다.

017
정답 | ④
해설 | 제시문에서 엘니뇨란 적도 쪽으로 흐르는 찬 페루 해류가 적도 해수면의 온도 상승 때문에 약화되면서 방향을 바꾸어 남쪽으로 흐르는 지역적인 현상을 의미한다고 설명하고 있다. 엘니뇨 현상이 일어나지 않는 평상시에는 페루 해류가 적도 쪽으로 흐르고, 엘니뇨 현상이 일어나면 해류가 남쪽으로 흐른다는 것이다. 따라서 엘니뇨 현상이 일어나지 않으면 남쪽으로 페루 해류가 흘러간다고 한 설명은 적절하지 않다.
오답피하기 |
① 제시문에서 엘니뇨란 적도 쪽으로 흐르는 찬 페루 해류가 적도 해수면의 온도 상승 때문에 약화되면서 방향을 바꾸어 남쪽으로 흐르는 지역적인 현상을 의미한다고 설명하고 있다.
②, ③ 제시문에서 평상시에는 페루 해류가 용승(湧昇) 현상을 일으켜 훌륭한 어장을 형성하지만, 엘니뇨 현상이 나타나는 동안에는 이 용승 작용이 차단되어 어장이 일시 중단된다고 설명하고 있다.

018
정답 | ③
해설 | ㉢ 先手(먼저 선/손 수)는 잘못된 표기이다. '운동 경기나 기술 따위에서, 기량이 뛰어나 많은 사람 가운데에서 대표로 뽑힌 사람'을 뜻하는 選手(가릴 선/손 수)로 써야 한다.
오답피하기 |
① ㉠ 保存(지킬 보/있을 존)은 '잘 보호하고 간수하여 남김'을 뜻하므로 적절하게 쓰였다.
② ㉡ 回轉(돌아올 회/구를 전)은 '어떤 것을 축으로 물체 자체가 빙빙 돎'을 뜻하므로 적절하게 쓰였다.
④ ㉣ 構成(얽을 구/이룰 성)은 '몇 가지 부분이나 요소들을 모아서 일정한 전체를 짜 이룸'을 뜻하므로 적절하게 쓰였다.

019
정답 | ②
해설 | '계연'은 '성기'와의 이별을 원하지 않으며, '성기'의 얼굴에서 '그 어떤 기적과도 같은 구원'을 기다린다. 그러나 '성기의 두 눈엔 다만 불꽃이 활활 타오를 뿐', '성기'는 아무런 말도 하지 않고 떠나가는 '계연'을 우두커니 지켜볼 뿐이다. 이는 '계연'과의 이별을 받아들이지 못하면서도 아무것도 할 수 없는 자신의 처지에 망연자실하고 있음을 표현한 것이다. '성기'가 자신을 매정하게 떠나는 '계연'에게 반감을 가졌다고 보기 어렵다.
오답피하기 |
① '계연'이 "오빠, 편히 사시오."라는 작별 인사를 반복하는 것을 볼 때, '성기'와의 이별을 원하지 않음을 알 수 있다. 그리고 '계연'이 '성기'의 얼굴에서 '그 어떤 기적과도 같은 구원'을 기다렸다고 한 것에서, '성기'가 자신을 붙잡아 주기를 바라는 태도를 짐작할 수 있다.
③ '계연'이 "오빠, 편히 사시오."라는 작별 인사를 반복하는 것에서 '성기'와 이별하고 싶지 않은 간절함을 확인할 수 있다.
④ '성기'는 '계연'이 저만치 사라져 가고 있는 모습을 우두커니 지켜만 보고 있다. 이로부터 '성기'가 이별의 상황을 받아들이지 못하고 있음을 알 수 있다.

020

정답 | ③

해설 | 2문단에 따르면 잊힐 권리의 법제화를 찬성하는 이들은 인터넷을 통해 누구든지 정보를 유포시킬 수 있기 때문에, 이로부터 당사자들의 충격을 구제해야 한다는 생각으로 해당 사안에 찬성하였다. 따라서 이들은 개인 정보의 수집과 유포가 자유로운 인터넷의 특성에 따라, 개인 정보의 수정과 삭제의 권리를 보장해야 한다고 생각함을 알 수 있다. 이들이 개인 정보의 수정과 삭제의 권리보다 개인 정보의 수집과 유포를 금지해야 할 의무를 우선시한다는 추론은 적절하지 않다.

오답피하기 |

① 1문단에서 기업은 빅데이터 기술을 통해 SNS나 인터넷 검색어 및 댓글을 분석한다고 하였다. 그리고 2문단에서 빅데이터 기술을 활용하면 검색을 통해 개인의 정보를 완성할 수 있다고 하였다. 이를 고려할 때, 빅데이터 기술이 온라인의 수많은 개인 정보를 이용함에 따라 잊힐 권리가 이슈화된 것이라고 추론할 수 있다.

② 2문단에서 잊힐 권리란 개인이 자신의 정보에 삭제를 요구할 수 있는 권리라고 하였다. 이는 개인에게 자신의 정보를 자기 의지대로 수정하고 삭제할 권리를 주는 것이므로, 자신의 정보에 대한 소유권을 주는 것임을 추론할 수 있다.

④ 3문단에 따르면 잊힐 권리의 입법화에 신중해야 한다는 입장에서는 개인에 대한 기사와 자료를 과도하게 삭제할 경우, 감시자로서의 언론의 역할이 무너질 가능성이 크다고 보았다. 따라서 잊힐 권리의 법제화를 반대하는 입장에서 해당 내용을 우려할 것이라는 추론은 적절하다.

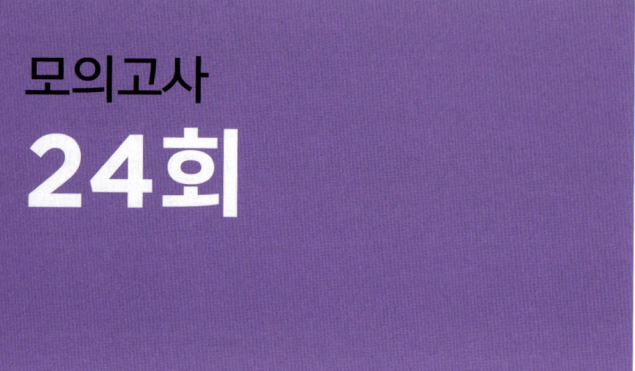

모의고사 24회

24회

001 ④	002 ①	003 ②	004 ①	005 ④
006 ③	007 ④	008 ③	009 ③	010 ④
011 ①	012 ④	013 ④	014 ①	015 ②
016 ③	017 ①	018 ②	019 ①	020 ①

001

정답 | ④

해설 | 해당 문장의 서술어인 '자다'는 주어('철수는')만을 요구하는 한 자리 서술어이다. 부사어인 '평소보다'와 '일찍'은 해당 문장에서 생략할 수 있으므로 서술어의 자릿수를 셀 때 포함되지 않는다.

오답피하기 |

① '아니다'는 주어('나는')와 보어('보호자가')를 요구하는 두 자리 서술어이다.

② '닮다'는 주어('아버지는')와 필수적 부사어('할아버지와')를 요구하는 두 자리 서술어이다.

③ '삼다'는 주어('그는')와 목적어('정직을')와 필수적 부사어('신조로')를 요구하는 세 자리 서술어이다.

002

정답 | ①

해설 | 희한하다(○): '희한하다'는 '매우 드물거나 신기하다'를 뜻한다. 이를 '희안하다'로 쓰지 않도록 주의해야 한다.

오답피하기 |

② 흐리멍텅하였다(×) → 흐리멍덩하였다(○): '흐리멍덩하다'는 '정신이 맑지 못하고 흐리다'를 뜻하며, '흐리멍텅하다'는 옳은 표기가 아니다.

③ 짜집기(×) → 짜깁기(○): '짜깁기'는 '기존 글이나 영화 따위를 편집하여 하나의 완성품으로 만드는 일'을 뜻하며, '짜집기'는 옳은 표기가 아니다.

④ 뒤쳐지지만(×) → 뒤처지지만(○): '뒤처지다'는 '어떤 수준이나 대열에 들지 못하고 뒤로 처지거나 남게 되다'를 뜻하며, '뒤쳐지다'는 옳은 표기가 아니다.

003

정답 | ②

해설 | 노랫말(○): 순우리말로 된 합성어로서 뒷말의 첫소리 'ㅁ' 앞에서 'ㄴ' 소리가 덧나는 경우이므로 사이시옷을 받치어 적는다.

오답피하기 |
① 페틋병(×) → 페트병(○): 외래어가 결합하였으므로 사이시옷을 받치어 적지 않는다.
③ 전셋방(×) → 전세방(傳貰房)(○): 한자어끼리 결합하였으므로 사이시옷을 받치어 적지 않는다.
④ 갯펄(×) → 개펄(○): 뒷말이 거센소리로 시작하므로 사이시옷을 받치어 적지 않는다.

004
정답 | ①
해설 | 늑막염[능마겸](×) → [능망념](○): 합성어 및 파생어에서, 앞 단어나 접두사의 끝이 자음이고 뒤 단어나 접미사의 첫음절이 '이, 야, 여, 요, 유'인 경우에는, 'ㄴ' 음을 첨가하여 [니, 냐, 녀, 뇨, 뉴]로 발음한다. 따라서 '늑막염'은 [늑마념 → 능망념]으로 발음한다.
오답피하기 |
② 물약[물략](○): 'ㄹ' 받침 뒤에 첨가되는 'ㄴ' 음은 [ㄹ]로 발음한다.
③ 되어[되여](○): '되어'의 어미는 [어]로 발음함을 원칙으로 하되, [여]로 발음함도 허용한다. 따라서 '되어'는 [되어/되여]로 발음한다.
④ 맛있다[마딛따](○): 받침 뒤에 모음 'ㅏ, ㅓ, ㅗ, ㅜ, ㅟ' 들로 시작되는 실질 형태소가 연결되는 경우에는, 대표음으로 바꾸어서 뒤 음절 첫소리로 옮겨 발음한다. 다만, '맛있다, 멋있다'는 [마싣따], [머싣따]로도 발음할 수 있다. 따라서 '맛있다'는 [마딛따/마싣따]로 발음한다.

005
정답 | ④
해설 | '민재'가 두 번째 발화에서 '수연'이 제시한 자료와 상반되는 자료를 제시하는 부분은 나타나 있지 않다.
오답피하기 |
① '수연'은 첫 번째 발화에서 'SNS를 많이 이용하면 삶의 만족도가 떨어질 수도 있다.'라며 화제를 제시하고 있다.
② '민재'는 첫 번째 발화에서 '얼마나 SNS를 이용해야 많이 이용한다고 할 수 있을까?'라며 '수연'에게 추가 정보를 요청하고 있다.
③ '수연'은 두 번째 발화에서 '청소년 행복 연구원'이라는 곳에서 발표한 자료라며 근거의 출처를 밝혀 '민재'의 질문에 답하고 있다.

006
정답 | ③
해설 | ©: '고불(허유)'이라는 역사적 인물의 행적이 나타나 있으나 이에 대한 화자의 책망은 드러나 있지 않다. '세상을 버린 허유의 행실이 가장 현명하구나'에서 '허유'에 대한 화자의 예찬적 태도가 드러나 있다.
오답피하기 |
① ㉠: 화자는 '서책'을 보고 '어찌 된 시운이 흥했다 망했다를 반복하였는가'라고 세상의 이치에 대해 의구심을 품고 있으므로 적절하다.
② ㉡: 화자는 '하늘'이 만물을 지었다고 생각하고 있으므로, 화자의 운명론적 가치관이 드러난다고 볼 수 있다.
④ ㉣: 화자는 '술'을 마시고 '마음에 맺힌 시름이 조금이나마 덜어지는구나'라고 하였으므로, '술'은 화자의 근심을 위로하는 소재라고 볼 수 있다.

007
정답 | ④
해설 | 野粟(들 야/조 속)은 잘못된 표기이다. '무정한 행동이나 그런 행동을 한 사람이 섭섭하게 여겨져 언짢음'을 뜻하는 野俗(들 야/풍속 속)으로 써야 한다.
오답피하기 |
① 援助(도울 원/도울 조)는 '물품이나 돈 따위로 도와줌'을 뜻하므로 적절하게 쓰였다.
② 具備(갖출 구/갖출 비)는 '있어야 할 것을 빠짐없이 다 갖춤'을 뜻하므로 적절하게 쓰였다.
③ 覺醒(깨달을 각/깰 성)은 '깨달아 앎'을 뜻하므로 적절하게 쓰였다.

008
정답 | ③
해설 | 2문단에 따르면 조선 후기의 사회 계급적 변동, 신분 질서 붕괴가 실학 발생의 배경이 되었다고 하였다. 따라서 계층 간의 이동 제한이 아닌, 계층 간 이동이 실학 발생의 원인에 해당한다.
오답피하기 |
① 1문단에 따르면 실학의 발생은 성리학의 반역사성에 기인한다.
② 2문단에 따르면 양반의 경제적 몰락은 실학 발생의 배경이 되었다.
④ 1문단에 따르면 실천적이고 생산적인 학풍의 건설이 요청되었고, 이에 의해 실학이 형성될 수 있었다.

009
정답 | ③
해설 | '~의 ~가 올라갈수록 / ~의 ~은 줄어듭니다'의 구조로 대구의 표현 방식을 활용하고, '에너지의 생명은 줄어듭니다'라고 행위의 부정적 결과를 비유적으로 표현하여 에너지 절약하기를 홍보하고 있다.
오답피하기 |
① 콘센트 끄기를 강조하여 에너지 절약하기를 홍보하고 있다. 그러나 대구의 표현 방식을 활용하지 않았으며, '녹색 에너지가 피어납니다'는 행위의 부정적 결과가 아니라 긍정적 결과를 비유적으로 표현한 것이다.
② '~를 아껴 쓰는 일 / ~를 아끼는 일'의 구조로 대구의 표현 방식을 활용하여 에너지 절약하기를 홍보한다고 볼 수 있다. 그러나 행위의 부정적 결과를 비유적으로 표현하지 않았다.
④ 미래의 에너지를 당겨쓰고 있음을 강조하여 에너지 절약하기를 홍보하고 있다. 그러나 대구의 표현 방식을 활용하지 않았으며, 행위의 부정적 결과를 비유적으로 표현하지 않았다.

010
정답 | ④
해설 | 1문단에서 고전적 혹은 낭만적 포퓰리즘은 20세기 전반 이후 라틴 아메리카에서 목격되는 포퓰리즘과는 큰 차이를 보인다고 설명하고 있다. 따라서 현대의 표퓰리즘이 고전적·낭만적 표퓰리즘으로 회귀하였다고 보기 어렵다.
오답피하기 |
① 1문단에 따르면 러시아와 미국에서 태동된 고전적 혹은 낭만적 포퓰리즘, 20세기 전반 이후 라틴 아메리카에서 나타난 포퓰리즘, 또 오늘날의 신(新)포퓰리즘 등이 있다. 따라서 표퓰리즘 현상은 광범위하게 확산되었다고 볼 수 있다. 그리고 이러한 표퓰리즘은 매우 이질적이라

고 설명하고 있는데, 이를 통해 표퓰리즘은 그 성격을 규정하기 어려워졌음을 알 수 있다.
② 2문단에 따르면 포퓰리즘은 이데올로기라면 응당 갖추어야 할, 모두가 인정하는 공통적인 역사나 정책, 사회적 기반 등을 결여하고 있다. 따라서 포퓰리즘은 일관된 가치를 추구하지 않는다는 점에서 이데올로기와 차이가 있음을 알 수 있다.
③ 2문단에 따르면 이데올로기는 명시적, 혹은 묵시적으로 한두 개의 중심 가치를 표방하며, 그것이 곧 정체성을 구성한다. 하지만 포퓰리즘은 그런 것을 구비하고 있지 못하며, 오히려 상황에 따라 다양한, 그리고 때로는 이질적이기까지 한 여러 이념적 요소와 손쉽게 결합한다. 따라서 현대의 포퓰리즘은 정체성이 불분명하며 다양한 이념적 요소와 자유롭게 결합함을 알 수 있다.

011
정답 | ①
해설 | 해당 시에서 '자연보호'는 '시멘트로 밑둥을 싸바르고 주사까지 놓'는 인간의 부정적 행위를 의미한다. 이는 자연의 속성을 거슬러 죽어 가는 '소나무'를 계속해서 서 있게 하려는 것이므로 적절하지 않다.
오답피하기 |
② '송진마저 말라버린 몸통'은 늙어서 죽음의 순간에 이른 '소나무'의 속성을 드러낸다.
③ '시멘트'와 '주사'는 자연의 섭리를 거슬러 '소나무'를 늙지 못하게 하기 위해 인간이 사용한 도구이므로 적절하다.
④ '잠드는' 주체는 '소나무'이므로 '잠드는구나'에는 순리에 따라 죽음을 맞이하는 '소나무'에 대한 화자의 인식이 드러나 있다고 볼 수 있다.

012
정답 | ④
해설 | 남의 말이나 글을 자신의 말이나 글 속에 끌어 쓰는 것을 인용이라고 한다. 주어진 제시문에는 인용이 나타나 있지 않다.
오답피하기 |
① '칼림바는 엄지손가락만으로 가는 막대 판을 튕겨서 소리를 내는 타악기이다.'에서 '칼림바'를 정의하고 있다.
② '칼림바'는 맑고 청아한 음이 투명하고 영롱하게 퍼져 나간다고 한 부분에서 소리에 대한 묘사가 나타난다.
③ '칼림바'는 민속 악기이고, 타악기라고 말하며 분류하고 있다.

013
정답 | ④
해설 | 3문단에 따르면 예술과 심성의 유대가 마비된 상황에서 예술가와 관중은 심성 언어의 도움으로 서로 대화하는 것이 어려워진다. 즉, 예술과 심성의 연결이 끊어지면 관중은 예술 작품을 이해하지 못하게 되는 것이다. 따라서 예술과 심성의 연결고리가 무너질 때 작품을 이해할 수 있다는 설명은 적절하지 않다.
오답피하기 |
① 1문단에 따르면 예술은 고유의 형식으로써 사물에서 심성에 이르는 말을 주고받는 언어이다.
② 2문단에 따르면 심성이 마비되고 게으르게 되는 시대에는 순수 예술은 무목적적이라는 견해, 즉 예술은 다만 예술을 위해서만 존재한다는 견해가 생겨나게 된다.
③ 1문단에 따르면 예술은 심성이 형식을 통해서만 획득할 수 있는 양식이다.

014
정답 | ①
해설 | '규수의 몸으로 학업을 위하여 산간에 들어오옴이 그 죄 크오나,'에서 '추양대'는 과거에 집을 떠나 공부했음을 알 수 있으나, 부모의 승낙을 받았는지는 확인할 수 없다.
오답피하기 |
② '심의랑'의 아버지인 '심천'은 며느릿감으로 '추양대'를 직접 간택했고, '추양대'의 아버지인 '추 상서'는 '추양대'의 거부에도 강제로 결혼을 시키려 하고 있다. 따라서 '심천'과 '추 상서'는 '양산백'과 '추양대'의 사랑을 방해하는 장애적 요소라고 볼 수 있다.
③ '그러나 추 상서의 결심은 ~ 권리라고 그는 생각하였다.'에서 '추 상서'는 부모의 권위를 내세워 자신의 뜻대로 딸을 혼인시키려 하고 있음을 알 수 있다.
④ '맹약이 있사오니 ~ 아버님께옵서는 숙찰(熟察)하소서.'에서 '추양대'는 '양산백'과의 약속을 깰 수 없다고 말하며 '심의랑'과의 혼인을 거부하고 있음을 알 수 있다.

015
정답 | ②
해설 | 1문단에 따르면 ㉠은 무정부, 혹은 작은 정부를 지향하며, ㉡은 크고 권위적인 정부를 지향한다. 그러나 3문단에 따르면 사회에서 가장 중요시해야 하는 것이 무엇인가 하는 질문에는 ㉠은 개인을, ㉡은 전체의 선을 답으로 삼을 것이다. 따라서 ㉠이 공동체의 선을 이루어 갈 수 있다고 보았다는 이해는 적절하지 않다.
오답피하기 |
① 2문단에 따르면 ㉠은 도는 태초부터 자연적으로 존재하고 있었으며, 우주와 만물을 다스리고 있는 것이라고 보았다. 반면 ㉡은 도를 인위적인 것이라고 보았으므로 적절하다.
③ 3문단에 따르면 ㉡은 정부가 정의롭게 법과 질서를 지킨다고 생각하였다. 반면 ㉠은 정부가 오히려 무질서와 혼란의 원인이라고 하였으므로 적절하다.
④ 2문단에 따르면 ㉡은 도를 인위적이고 간섭주의적인 정치 철학의 요소로 보았으며, 인의를 바탕으로 천하를 다스리는 것이 곧 진정한 도라고 하였다. 또한 3문단에 따르면 ㉡은 정부의 필요성을 언급하였다. 반면 ㉠은 정부가 오히려 무질서와 혼란의 원인이라고 하였으므로 적절하다.

016
정답 | ③
해설 | 제시문에 따르면 팝 아트는 대중적 이미지와 순수 예술 이미지 사이의 경계를 허무는 데 치중한다. 즉, 팝 아트는 순수 예술 작품과 대중적 상품의 차이가 없다는 것을 근본적으로 보여 주려 하는 것이다. 따라서 빈칸에 들어갈 말로 가장 적절한 것은 '순수 예술과 대중 예술의 구분은 허상임을 밝히는 데'이다.

017
정답 | ①

해설 | 한참(×) → 한창(○): '한창'은 '가장 왕성하고 활기 있는'을 뜻하므로 적절하게 쓰였다. 따라서 이를 '시간이 상당히 지나는 동안'을 뜻하는 '한참'으로 고치는 것은 적절하지 않다.

오답피하기 |
② 혼동(○): '혼돈'은 '마구 뒤섞여 있어 갈피를 잡을 수 없음'을 뜻하므로 적절하지 않다. 따라서 '구별하지 못하고 뒤섞어서 생각함'을 뜻하는 '혼동'으로 고치는 것이 적절하다.
③ 육개장(○): '소고기를 삶아서 알맞게 뜯어 넣고, 얼큰하게 갖은 양념을 하여 끓인 국'을 뜻하는 '육개장'이 바른 표기이다.
④ 하노라고(○): '하다'의 어간에 '자기 나름대로 꽤 노력했음'을 나타내는 연결 어미 '-노라고'가 붙은 형태인 '하노라고'가 바른 표기이다.

018
정답 | ②

해설 | 제시된 작품은 작중 서술자인 '나'의 눈을 통해 조마이섬 사람들의 삶을 전달하는 1인칭 관찰자 시점으로 쓰였다. 따라서 작품 외부의 서술자가 작중 상황을 객관적으로 서술하고 있다는 설명은 적절하지 않다.

오답피하기 |
① '나'는 '윤춘삼 씨'로부터 어제 조마이섬에서 있었던 사건의 전모를 전해 듣고 있다. 사건의 전모란 사건의 전체 내용이라는 의미이다.
③ '갈밭새 영감'은 조마이섬을 위해 둑을 허물려고 하였고, 이를 방해하는 청년들에게 욕을 하고 그중 하나를 탁류에 빠뜨린다. 이러한 '갈밭새 영감'의 발화와 행동을 통해 부당한 횡포에 저항하며 신념과 의지가 굳은 인물의 성격을 간접적으로 드러내고 있다.
④ "이 개 같은 놈아, 사람의 목숨이 중하냐, 네놈들의 욕심이 중하냐?"라는 '갈밭새 영감'의 발화에서 비속어를 확인할 수 있다. 그리고 "정말 우리 조마이섬을 지키다시피 해 온 영감인데…… 살인죄라니 우짜문 좋겠능기요?"라는 '윤춘삼 씨'의 발화에서 사투리를 확인할 수 있다. 이러한 사투리와 비속어는 현장감을 부각하는 역할을 한다.

019
정답 | ①

해설 | 附化雷同(붙을 부/될 화/우레 뇌/한가지 동)은 잘못된 표기이다. '줏대 없이 남의 의견에 따라 움직임'을 뜻하는 附和雷同(붙을 부/화할 화/우레 뇌/한가지 동)으로 써야 한다.

오답피하기 |
② 捲土重來(말 권/흙 토/무거울 중/올 래)는 '어떤 일에 실패한 뒤에 힘을 가다듬어 다시 그 일에 착수함'을 뜻하므로 적절하게 쓰였다.
③ 同病相憐(한가지 동/병 병/서로 상/불쌍히 여길 련)은 '어려운 처지에 있는 사람끼리 서로 가엾게 여김'을 뜻하므로 적절하게 쓰였다.
④ 溫故知新(따뜻할 온/연고 고/알 지/새 신)은 '옛것을 익히고 그것을 미루어서 새것을 앎'을 뜻하므로 적절하게 쓰였다.

020
정답 | ①

해설 | 국민 참여 재판에서 배심원들의 평결은 법적 구속력을 가지지 않는다고 하였다. 따라서 피고인의 변호는 배심원의 성향에 맞춰지지 않고 판사의 성향에 맞춰질 것이라고 추론하는 것이 적절하다.

오답피하기 |
② 배심원들은 피고인의 유무죄에 관하여 평결을 내리고 적정한 형벌에 대해 토의한다고 하였다. 이때 배심원들이 형벌에 대해 토의하는 것은 형벌에 대한 입장이 서로 다르기 때문에 이를 조율하려고 하는 것으로 볼 수 있다.
③ 배심원단의 평결이 법적 구속력을 갖지 않는다고 하였다.
④ 국민 참여 재판의 재판장은 배심원의 평결 결과와 다른 판결을 선고할 때 피고인에게 그 이유를 설명하고, 판결서에 그 이유를 기재한다고 하였다.

모의고사 25회

25회

001 ③	002 ②	003 ③	004 ①	005 ④
006 ②	007 ④	008 ④	009 ④	010 ③
011 ③	012 ④	013 ③	014 ②	015 ②
016 ③	017 ②	018 ④	019 ②	020 ②

001
정답 | ③

해설 | 밑줄 친 '알'은 '알다'의 관형사형으로, 해당 문장에서는 '어떤 일에 대하여 관여하거나 관심을 가지다'의 뜻으로 쓰였다. 이는 '어떤 일에 관계하여 참여하다'를 뜻하는 '관여(關與)하다'의 활용형 '관여할'로 바꾸어 쓸 수 있으므로, 두 단어는 문맥적으로 가장 가깝다.

오답피하기 |
① '기억할'의 기본형인 '기억(記憶)하다'는 '이전의 인상이나 경험을 의식 속에 간직하거나 도로 생각해 내다'의 뜻으로 쓰인다.
② '납득할'의 기본형인 '납득(納得)하다'는 '다른 사람의 말이나 행동, 형편 따위를 잘 알아서 긍정하고 이해하다'의 뜻으로 쓰인다.
④ '인지할'의 기본형인 '인지(認知)하다'는 '어떤 사실을 인정하여 알다'의 뜻으로 쓰인다.

002
정답 | ②

해설 | 수랏간(×) → 수라간(水刺間)(○): 한자어와 한자어 사이일 때는 사이시옷을 표기하지 않는다.
인삿말(×) → 인사말(○): '인사말'은 [인사말]로 소리 나기 때문에 사이시옷을 표기하지 않는다.
모깃불(○): '모깃불'은 바른 표기이다.

오답피하기 |
① 툇간(○), 찻간(○), 횟수(○): '곳간(庫間), 셋방(貰房), 숫자(數字), 찻간(車間), 툇간(退間), 횟수(回數)'의 6개의 한자어는 예외적으로 사이시옷을 표기한다.
③ 곗날(○), 등굣길(○), 샛강(○): 순우리말과 한자어로 된 합성어에서 뒷말의 첫소리가 된소리로 나거나, 'ㄴ' 소리가 덧나므로 사이시옷을 받쳐 적는다.
④ 우윳빛(○), 장밋빛(○), 대푯값(○): 순우리말과 한자어로 된 합성어에서 뒷말의 첫소리가 된소리로 나는 것이므로 사이시옷을 받쳐 적는다.

003
정답 | ③

해설 | 화자는 '갈가마귀'가 날아들어 '절기'가 익은 것을 흡족하게 여기고 있으므로, 화자가 이상적으로 여기는 상황으로 적절하다.

오답피하기 |
① '잊음'이 많은 것은 부정적인 상황이므로 적절하지 않다.
② '강에는 숲 그림자 흔들리누나'는 풍경을 묘사한 것이므로 적절하지 않다.
④ 화자는 회포를 풀지 못하고 '거문고만 둥둥' 타고 있으므로 적절하지 않다.

004
정답 | ①

해설 | 해당 문장은 의미의 중복이 나타나지 않으므로 이에 해당하는 사례로 적절하지 않다. 참고로 '환기'는 '탁한 공기를 맑은 공기로 바꿈'을 뜻하므로, '공기를 자주 환기하다'와 같이 쓰면 '공기'의 의미가 중복되어 나타난다.

오답피하기 |
② '재론'은 '이미 논의한 것을 다시 논의함'을 뜻하므로 '다시'의 의미가 중복되어 나타난다.
③ '용도'는 '쓰이는 길, 또는 쓰이는 곳'을 뜻하므로 '쓰이는'의 의미가 중복되어 나타난다.
④ '사유지'는 '개인 또는 사법인이 가진 땅'을 뜻하므로 '개인이 소유하고 있는'의 의미가 중복되어 나타난다.

005
정답 | ④

해설 | 'B'는 경기가 침체되어 있다고 생각하지만, 빈곤층의 복지를 중요하게 생각하고 있다. 'B'가 정부가 경제 활성화를 먼저 신경 써야 한다고 생각하는 부분은 나타나 있지 않다.

오답피하기 |
① 'A'는 '경기가 활성화돼서 우리 경제가 성장하면 빈곤층 문제도 저절로 해결될 거야.'라고 말하며, 경기가 활성화되면 빈곤층도 그 혜택을 받을 것이라고 생각하고 있다.
② 'B'는 '과연 경제가 성장한다고 해서 빈곤층 문제가 저절로 해결될까?'라고 말하며, 경제가 성장하더라도 그 이익이 사회적으로 나누어지지 않는다고 생각하고 있다.
③ 'B'는 '우리 사회에는 소득이 최저 생계비에도 미치지 못하는 사람들이 많다던데, 이럴 때일수록 당연히 정부가 나서야지.'라고 말하며, 경기가 어려울수록 더욱 정부가 나서 빈곤 문제를 책임져야 한다고 생각하고 있다.

006
정답 | ②

해설 | 시에서 어조란 화자가 말하는 태도를 의미한다. 그런데 화자가 말하는 태도는 곧 화자가 처한 상황과 정서에 영향을 받는다. 따라서 어조의 변화는 화자가 처한 상황이나 정서의 변화가 있을 때 나타난다. 그러나 제시된 작품은 전체적으로 어머니의 한스러운 삶에 대해 회상하고 있다. 화자가 처한 상황이나 정서의 변화가 나타나지 않으므로, 어조의 변화도 나타난다고 보기 어렵다.

오답피하기 |
① '은전만큼 손 안 닿은 한이던가', '손 시리게 떨던가 손 시리게 떨던가', '말없이 글썽이고 반짝이던 것인가' 등에서 의문형 표현을 활용하여 어머니가 느꼈을 한(恨)의 정서를 드러내고 있다.
③ '은전만큼 손 안 닿은 한이던가', '손 시리게 떨던가' 등에서 회상을 드러내는 어미 '-던'을 활용하고 있다. 그리고 '신새벽이나 밤빛에 보는 것을, / 울엄매의 마음은 어떠했을꼬.' 등에서 어머니의 마음을 추측하고 있다. 이를 볼 때, 화자는 회상의 방식으로 유년의 어머니에 대한 추억과 그리움을 드러내고 있다고 볼 수 있다.
④ '진주 장터 생어물전'에서 구체적인 지명을 활용하고, '울엄매'라는 방언을 활용하여 향토적 정감을 표현하고 있다.

007
정답 | ④
해설 | 附隨(붙을 부/따를 수)는 '주된 것이나 기본적인 것에 붙어서 따름'을 뜻하므로 적절하게 쓰였다.
오답피하기 |
① 習得(익힐 습/얻을 득)은 '학문이나 기술 따위를 배워서 자기 것으로 함'을 뜻하므로 적절하지 않다. 해당 문장에는 '주워서 얻음'을 뜻하는 拾得(주울 습/얻을 득)으로 써야 한다.
② 短篇(짧을 단/책 편)은 '짤막하게 지은 글'을 뜻하므로 적절하지 않다. 해당 문장에는 '전반에 걸치지 않고 한 부분에만 국한된 조각'을 뜻하는 斷片(끊을 단/조각 편)으로 써야 한다.
③ 老後(늙을 노/뒤 후)는 '늙어진 뒤'를 뜻하므로 적절하지 않다. 해당 문장에는 '제구실을 하지 못할 정도로 낡고 오래됨'을 뜻하는 老朽(늙을 노/썩을 후)로 써야 한다.

008
정답 | ④
해설 | 제시문에서는 '못갖춘꽃'과 '안갖춘꽃'이라는 말에 반영되어 있는 자연을 대하는 사고방식을 설명하고 있다. '못갖춘꽃'은 인간의 시각에서 꽃의 기본 요소를 다 갖추지 않은 꽃을 표현한 것이고, '안갖춘꽃'은 꽃의 시각에서 그러한 꽃을 표현한 것이다. ㉠'결핍과 미완의 의미', ㉡'인간의 기쁨', ㉢'사치와 낭만'은 '못갖춘꽃'과 같은 의미인 반면, ㉣'당당한 무늬'는 '안갖춘꽃'과 같은 의미이다. 따라서 ㉠~㉣ 중 '안갖춘꽃'과 유사한 의미에 해당하는 것은 ㉣이다.

009
정답 | ④
해설 | 제시문에서는 예술가들이 사진의 발명에 따라 '새로운 선'을 탄생시켰고, '새로운 선'을 활용한 회화 경향이 추상 회화라고 하였다. 비유의 방법을 통해 '새로운 선'의 역할을 간접적으로 나타낸 부분을 확인할 수 없다.
오답피하기 |
① '그어 놓은 금이나 줄을 의미하는 '선(線)'은 여백과 더불어 그림을 그리는 데에 빠질 수 없는 필수적 요소이다.'에서 '선'의 의미를 설명하며 해당 개념을 중심 소재로 제시하고 있다.
② '왜냐하면 사진의 발명에 따라 미술의 역할은 더 이상 현실 재현에 있지 않았기 때문이다.'에서 '선'에 대한 동서양의 구분이 모호해진 이유를 구체적으로 밝히고 있다.
③ '동양에서는 ~ 반면 서양에서는 ~'에서 '선'을 바라보는 동서양 예술가들의 관점의 차이를 대조하고 있다.

010
정답 | ③
해설 | 제시된 작품에 따르면 '화왕'이 '나비'의 꼬임에 넘어간 것이 아니라 '해당화'의 소문을 듣고 '화왕'이 '나비'를 시켜서 그를 데리고 온 것뿐이다. 따라서 '화왕'이 '나비'의 꼬임에 넘어갔다고 한 것은 적절하지 않다.
오답피하기 |
① 꽃을 의인화한 상상적 세계를 배경으로 삼아 허구성을 강화하고 있다.
② 꽃을 의인화한 우의적 방식을 활용하여 이야기를 전개하고 있다.
④ '화왕'은 경국지색(傾國之色), 임금이 혹하여 나라가 기울어져도 모를 정도의 미인인 '해당화'에 홀려 행락에 빠진다. 이에 '대나무'는 '화왕'에게 '당명황'은 '양귀비' 때문에 서촉에 파천(임금이 도성을 떠나 다른 곳으로 피란하던 일)되었으니 이를 경계하라고 충언한다. 이는 '당명황'이 '양귀비'에 빠져 파천하는 지경에 이른 바 있으니, '화왕'도 '해당화'에 빠져 있는 일을 반성하도록 요구한 것이다. 따라서 '대나무'는 '화왕'을 '당명황'에, '해당화'를 '양귀비'에 빗대어 대상의 태도를 경계하였다고 볼 수 있다.

011
정답 | ③
해설 | 친환경 전기 버스로 맑은 도시가 될 수 있음을 홍보하며 긍정적 전망을 표현하고 있다. 또한 '버스로'와 '벗으로'에서 유사한 발음을 반복한 표현을 활용하고 있다.
오답피하기 |
①, ②, ④ 유사한 발음을 반복한 표현을 활용하지 않았다.

012
정답 | ④
해설 | 1문단에 따르면 경대부는 처음부터 황실이 아닌 제후가 임명하였다. 따라서 황실이 경대부에 대한 인사권을 가진 적이 없으므로 황실이 경대부에 대한 인사권을 행사하지 못하면서부터 봉건제가 흔들리기 시작하였다는 설명은 적절하지 않다.
오답피하기 |
① 1문단에 따르면 황족과 공신들을 제후로 봉함으로써 혈족 중심의 통치 체제가 지켜졌고, 종법(宗法) 질서를 확인하는 일이 크게 중시되었다. 따라서 종법(宗法) 질서가 유지되는 동안에는 제후에 대한 황실의 통제도 유효했다고 이해할 수 있다.
② 2문단에 따르면 제후와 주나라 황실 간의 혈연관계가 약화되면서 종법 질서를 중심으로 한 통제 체제가 약화되기 시작하였다.
③ 주나라 때 봉건 제도가 정비된 것으로 보는 것이 일반적이며, 주나라의 봉건 제도에 따르면 제후들은 군사적 봉사 의무가 있었다고 하였다.

013
정답 | ③
해설 | 2문단에 따르면 '보리밥'에 들어 있는 세 개의 'ㅂ'은 각각 '[p], [b], [p>]'이다. 발음 기호가 다르다는 것은 곧 음성이 다르다는 의미이므로 이 셋은 음성적으로 구별되는 변이음이다.

오답피하기 |
①, ② 1문단에 따르면 '바지'와 '지바'의 'ㅂ'이 [p]와 [b]로 서로 달리 발음된다. 이는 두 'ㅂ'이 음소는 같지만 음성이 다름을 나타낸다. 두 '지'의 'ㅈ' 역시 [ʥ]와 [tʃ]로 달리 발음된다.
④ 1문단에 따르면 '바지'와 '지바'의 음성은 다르지만, 우리말에서는 'ㅂ'을 동일한 음소로 인식한다. 2문단에서도 '보리밥'에 들어 있는 세 개의 'ㅂ'은 각각 '[p], [b], [p>]'이지만, 같은 음소 /ㅂ/으로 설명하고 있다.

014
정답 | ②
해설 | 제시된 작품에서 '범쇠'가 내심 '곰치'의 상황을 염려하고 있는지 알 수 없다. '아암!'이라고 한 '범쇠'의 말은 '임제순'의 말에 동조하고 있음을 표현한 것이다.
오답피하기 |
① '임제순'은 '곰치'에게 남은 이만 원을 청산할 때까지 배를 묶겠다고 말한다. 이를 통해 '곰치'는 '임제순'에게 빚을 지고 있고 이를 온전히 갚지 못했음을 알 수 있다.
③ '임제순'은 '곰치! 오늘 잘했어! 자네가 제일 많이 했어! 거 참 멋있거등!'이라고 말하며 '곰치'를 칭찬한다. 그리고 '곰치'는 이에 건성으로 '예에! 예에!'라고 답한다.
④ '임제순'이 이만 원을 청산하지 않으면 배를 묶겠다고 말하자, '구포댁'은 '웟따! 믄 말씀이싱게라우? 아니, 해필이면 이럴 때 배를 묶으우? 예에?'라고 말하며 반발한다.

015
정답 | ②
해설 | 제시문은 사회보다 개인이 의미 있다는 견해를 제시한 학자들을 첫 문장에서 소개하고 있다. 따라서 그 뒤는 (가)가 와서 학자들의 생각이 구체적으로 어떠한지를 설명해 줘야 한다. 그다음에는 (다)가 와서 이러한 견해를 '사회 명목론'이라 지칭한다고 정리해 줘야 한다. 마지막으로 (나)가 와서 개인이 왜 우선시되는지 그들의 견해를 뒷받침해 줘야 한다.

016
정답 | ③
해설 | 安貧樂道(편안 안/가난할 빈/즐거울 낙/길 도)는 '가난한 생활을 하면서도 편안한 마음으로 도를 즐겨 지킴'을 뜻하므로 적절하지 않다. 해당 문장에는 '같은 편끼리 하는 싸움'을 뜻하는 自中之亂(스스로 자/가운데 중/갈 지/어지러울 란)으로 써야 한다.
오답피하기 |
① 肝膽相照(간 간/쓸개 담/서로 상/비칠 조)는 '서로 속마음을 털어놓고 친하게 사귐'을 뜻하므로 적절하게 쓰였다.
② 雪上加霜(눈 설/윗 상/더할 가/서리 상)은 '눈 위에 서리가 덮인다'라는 뜻으로, '난처한 일이나 불행한 일이 잇따라 일어남'을 이르는 말이므로 적절하게 쓰였다.
④ 改過遷善(고칠 개/지날 과/옮길 천/착할 선)은 '지난날의 잘못이나 허물을 고쳐 올바르고 착하게 됨'을 뜻하므로 적절하게 쓰였다.

017
정답 | ②
해설 | 2문단에 따르면 유교 국가는 요순과 같은 성왕의 정치와 같은 도덕 정치의 구현을 국가의 이상 목표로 설정하였다.

오답피하기 |
① 2문단에 따르면 유교 국가는 영토의 확장을 꾀하는 것이 국가 목적으로 설정된 일이 없으며, 명분 없는 침략은 정당화되지 않았다. 따라서 유교 국가가 영토 확장을 목표로 삼았다는 것은 적절하지 않으며, 또한 유교 이념을 퍼뜨리려는 것이 국가의 목표인지도 알 수 없다.
③ 1문단에 따르면 유교 국가의 군주는 언제든지 제위(제왕의 지위)를 잃을 수 있다는 전제를 갖고 있고, 이런 점에서 가산제 국가의 이론은 유교 국가에 맞지 않는다. 따라서 유교 국가에서 권력의 세습이 가능한 것이 유교로써 백성을 교화하였기 때문이라는 것은 적절하지 않다.
④ 2문단에 따르면 유교 국가는 경제를 발전시켜서 국민의 소비 생활을 향상시키는 것이 정부의 가장 중요한 책무라는 관념도 없었다. 따라서 유교 국가의 군주가 풍요롭고 평화로운 사회를 건설해야 한다는 것은 적절하지 않다.

018
정답 | ④
해설 | 3문단에 따르면 ㉠은 베토벤이 의도한 대로 곡을 연주하기 위해 악보를 정확하게 재현하였다. 또한 4문단에 따르면 ㉡은 악보에 충실하지 않은 지휘가 오히려 악보의 의도를 생생하게 전달한다고 여기며 음악 표기를 고려하지 않았다. 따라서 ㉠이 작곡가의 의도를, ㉡이 곡의 의도를 전달하려 했다는 설명은 적절하다.
오답피하기 |
① 4문단에 따르면 ㉡은 음악 해석 과정에서 베토벤이 적어 놓은 음악 표기 등을 고려하지 않았으므로 적절하지 않다.
② 3문단에 따르면 ㉠은 〈교향곡 No. 5〉의 모든 표기를 고려하며 베토벤의 의도대로 연주하였으므로 곡의 분위기를 수용했다고 볼 수 있다. 그러나 4문단에 따르면 ㉡은 자신의 해석에 따라 해당 곡을 매우 느린 템포로 연주하게 하였으므로 적절하지 않다.
③ 4문단에 따르면 ㉡은 지휘자가 음악을 주관적으로 해석해야 한다고 보았으며, 자신의 해석에 따라 〈교향곡 No. 5〉를 느리게 연주하도록 하였다. 따라서 ㉡이 음악 해석 과정을 생략했다는 설명은 적절하지 않다.

019
정답 | ②
해설 | 집현전[지편전] – Jiphyeonjeon(○): 체언에서 'ㄱ, ㄷ, ㅂ' 뒤에 'ㅎ'이 따를 때에는 'ㅎ'을 밝혀 'h'로 적는다.
오답피하기 |
① 한라산[할라산] – Hanlasan(×) → Hallasan(○): 자음 사이에서 동화 작용이 일어나는 경우 표기에 반영하여 적는다.
③ 압록강[암녹깡] – Amrokgang(×) → Amnokgang(○): 자음 사이에서 동화 작용이 일어나는 경우 표기에 반영하여 적는다. 또한 된소리되기는 표기에 반영하지 않는다.
④ 영등포 – Yeongdeungpho(×) → Yeongdeungpo(○): 'ㅍ'은 'p'로 적는다.

020
정답 | ②
해설 | 암시장에서 제공되는 상품은 수요는 넘치지만 공급이 부족한 상품이다. 제시문에 따르면 공급이 부족하면 가격이 올라간다. 따라서 암시장에서 제공되는 상품은 시중의 상품보다 더 비싼 가격으로 거래되는 것이 타당하다.

| 오답피하기 |

①, ④ 최고 가격제를 실시하는 상황에서는 공급 부족량이 발생한다고 하였다. 따라서 사람들이 원하는 제품을 사지 못할 수도 있다.

③ 최고 가격제는 시장에 재화의 공급량이 절대적으로 부족하여 물가가 치솟을 때 정부가 가격의 상한선을 설정하는 제도이다. 재화의 수요가 부족하다는 것은 재화를 필요로 하는 사람이 없다는 뜻이므로, 이러한 상황에서는 정부가 최고 가격제를 시행하지 않을 것이다.

MEMO

MEMO

MEMO

수능형
공무원 2024
모의고사 VERSION.2

> "나는 너보다
> 더 열심히 할 것이다"
> ― 권규호

KWON LAB
권규호국어연구실